中國古代史學叢書

[晋]陳壽 撰 [南朝宋]裴松之 注

盧弼 集解 錢劍夫 整理

# 三國志集解

陸

# 蜀書一〔一〕

## 劉二牧傳第一〔二〕

〔一〕高似孫曰：「劉備父子，在蜀四十餘年，始終號漢，豈可以蜀名哉！其曰蜀者，一時流俗之言耳。壽乃黜正號而從流俗，史之公法，國之正統，輒皆失之。」黄震曰：「蜀，地名，非國名。昭烈以漢名，未嘗以蜀名，孫氏之盟亦曰漢、吴，是天下未嘗以蜀名也。且國有稱號，猶人有姓氏，未有改人之姓氏而筆之書，亦未有改人國號而筆之史。謂其偏據歟？劉淵自謂漢，人猶謂之漢；謂未能中興歟？元帝南渡，世亦謂之晉矣，未聞以其居吴而謂之吴也。」（見黄氏日鈔卷四十八。）章學誠曰：「黄東發謂三國稱漢爲蜀，由曹操有心貶抑。又坐罪陳壽，謂命名不正，是則然矣。後世文士，亦多從之，則非有心爲貶抑也。蓋緣三國起事，漢獻帝尚在，其後昭烈據有梁、益，勢不容兩漢並稱，其中朝人士指西爲蜀，取便分別，初不爲貶抑地也。貶抑則稱僞漢，必不稱蜀也。」（見章氏遺書知非札記。）劉咸炘曰：「章氏謂沿稱非貶抑，是矣；而謂因並稱之嫌，則非。昭烈即位，魏已篡矣，何嫌于並邪？魏稱受禪于漢，自不容更有漢；指西爲蜀，亦非僅爲分別也。吴人則通稱爲漢，其證甚多，不獨盟詞。吴稱漢而魏獨不稱漢，其爲有心明矣。推承祚之意，蓋以魏既居正，二方自不可以國號對之，故以地稱。一中國而鼎立分割，本前此所未有，無例可沿，名書爲三國志，而各自爲書者，乃從其不相統屬之實，而名爲吴、蜀者，則示其本一全中國也。且晉既承魏，亦必不容有漢，承祚依時人之意，亦自不敢稱爲漢，此固非有心貶抑，然以魏爲正則明矣。」潘眉曰：「先主即尊繼漢統，不以蜀爲國號。江表傳載吴主曰：前所以名西爲蜀者，以漢帝尚存故耳。今漢已廢，自可名爲漢中王。後爲帝，遂稱爲漢，故其盟文曰：自今日漢、吴既盟之後，戮力一心。陳志改漢爲蜀，於義未當也。」周壽昌曰：「承祚以稱漢易混，故名蜀以分三國眉目，而於各文中或稱漢，或稱蜀漢，以存其真，並非改漢爲蜀。即諸葛設科條，亦自曰蜀科，不稱漢科也。名山存稿云：黄龍元年盟書，聯稱漢、吴，此吴稱漢也。毌丘儉傳裴注：文欽與郭淮書，託命歸漢，此魏稱漢也。或曰：蜀志較吴、魏爲略，然亦研練盡致。謂壽以父故肆情者，膚論也。或國小才乏，抑亦記注不立，無所承借耶？觀注楊戲諸公贊可明。」

〔二〕史通編次篇云：「陳勝、項籍，見編於高祖之後，隗囂、孫述，不列於光武之前。而陳壽蜀書，首標二牧，次列先主，以繼焉、璋，豈以蜀是僞朝，遂乃不遵恒例？」或曰：「既因鼎足立志，則此志宜首先主，二牧置之妃子傳後，如魏志之董、袁可也。」何焯曰：「二牧不從董、袁羣雄之例，而列蜀志首，非夷昭烈于割據也。王者之興，先有驅除，評云慶鍾二主，即以漢家故事，明統緒所歸，天祚真主，即二牧猶不得以闌干耳。其文則若霸國之書，其義莫非天子之事，遺臣故主之思淵矣哉！」又曰：「序吴事則正禮不先于討逆，系漢統則二牧乃冠乎興王，變其例，遜其詞，所以待後之人，自遇其旨于參錯迷謬之中，故非當時所測也。」李清植曰：「焉、璋以枝葉之親，而陰懷攘竊之志，漢帝既嘗收戮其二子，則亦與於叛亂之數者也。蜀志之首二牧，所以明先主之取益，於義爲可。又將以董扶所謂益州有天子氣者，爲季興受命之符，何焯之論確矣，而未盡也。」劉咸炘曰：「驅除者，一代之所因所勝也。凡斷代史書，列所因所勝，皆在列傳之首，未有冠于帝王之前者。若如何説，則班書陳、項當在高紀之前，范書更始、盆子當在光武之前乎？李氏之説，彌爲曲謬，列于前以示當取，借符讖而遂列于前，本不成理。盆子、王郎皆光武所當取，何不列于前？若謂故取董扶之言，以爲符命，則當塗之讖，袁術以己當之。作曹氏書者，亦可以袁術列于曹丕之前乎？若夫吴志之劉繇、士燮仍列權、亮、休、皓之後，與魏書董、袁諸傳同，而不與此同。轉似于蜀示偏方，而于吴則同正朝者。

此自别有其故。蓋季漢疆土，全因二牧，孫氏之于劉、士，曹氏之于袁、陶則不然。故二牧之列，不與劉、士同，而示其偏方則尤顯。何氏乃反以變例爲天子之事，而稱爲旨在參錯迷謬之中。果推此論，則凡古史之褒者，皆可依己意而説爲貶；卑者，皆可依己意而説爲尊。人謂明文不然，吾則曰此故爲迷謬。如是，則世尚復有真是非邪？」

劉焉字君郎，〔一〕江夏竟陵人也。〔二〕漢魯恭王之後裔，〔三〕章帝元和中，徙封竟陵，〔四〕支庶家焉。〔五〕焉少仕州郡，以宗室拜中郎，〔六〕後以師祝公喪去官。

臣松之案：祝公，司徒祝恬也。〔七〕

居陽城山，〔八〕積學教授，舉賢良方正，辟司徒府，歷雒陽令、冀州刺史、南陽太守、宗正、太常。焉覩靈帝政治衰缺，王室多故，乃建議言：「刺史、太守，貨賂爲官，割剥百姓，以致離叛。可選清名重臣，以爲牧伯，鎮安方夏。」〔九〕焉内求交阯牧，〔一〇〕欲避世難，〔一一〕議未即行。侍中廣漢董扶私謂焉曰：〔一二〕「京師將亂，益州分野有天子氣。」〔一三〕焉聞扶言，意更在益州。會益州刺史郤儉〔一四〕賦斂煩擾，謡言遠聞，〔一五〕

儉，郤正祖也。

而并州殺刺史張益，梁州殺刺史耿鄙，〔一六〕焉謀得施。〔一七〕出爲監軍使者，領益州牧，〔一八〕封陽城侯，〔一九〕當收儉治罪。〔二〇〕

續漢書曰：是時用劉虞爲幽州，劉焉爲益州，劉表爲荆州，賈琮爲冀州，〔二一〕虞等皆海内清名之士，或從列卿尚書以選爲牧伯，各以本秩居任。〔二二〕舊典：傳車參駕，施赤爲帷裳。〔二三〕

臣松之案：靈帝崩後，義軍起，孫堅殺荆州刺史王叡，然後劉表爲荆州，不與焉同時也。〔二四〕

漢靈帝紀曰：帝引見焉，宣示方略，加以賞賜，敕焉爲益州刺史。前刺史劉雋、郤儉皆貪殘放濫，〔二五〕取受狼籍，元元無聊，呼嗟充野。焉到，便收攝行法，以示萬姓，勿令漏露，使癰疽決潰，爲國生梗。焉受命而行，以道路不通，住荆州東界。〔二六〕

扶亦求爲蜀郡西部屬國都尉，〔二七〕及太倉令會巴西趙韙棄官，俱隨焉。〔二八〕

陳壽益部耆舊傳曰：〔二九〕董扶字茂安，少從師學，兼通數經，善歐陽尚書，〔三〇〕又事聘士楊厚，〔三一〕究極圖讖。遂至京師，游覽太學，還家講授，子弟自遠而來。〔三二〕永康元年，日有蝕之，詔舉賢良方正之士，策問得失。左馮翊趙謙等舉扶，〔三三〕扶以病不詣，遥於長安上封事，遂稱疾篤歸家。前後宰府十辟，公車三徵，再舉賢良方正、博士、有道，皆不就，名稱尤重。大將軍何進表薦扶曰：「資游、夏之德，述孔氏之風，内懷焦、董消復之術。方今并、涼騷擾，西戎蠢叛，宜敕公車特詔，待以異禮，諮謀奇策。」於是靈帝徵扶，即拜侍中。在朝稱爲儒宗，甚見器重。求爲蜀郡屬國都尉。扶出一歲，而靈帝崩，天下大亂。後去官，年八十二，卒于家。始扶發辭抗論，益部少雙，故號曰致止，〔三四〕言人莫能當，所至而談止也。後丞相諸葛亮問秦宓以扶所長，宓曰：「董扶褒秋毫之善，貶纖芥之惡。」〔三五〕

〔一〕官本考證云：「一本作君朗。」趙一清曰：「後漢書作君郎。」錢儀吉曰：「華陽國志作君朗。」

〔二〕郡國志：「荆州江夏郡竟陵。」一統志：「竟陵故城，今湖北安陸府天門縣西北。」

〔三〕漢書景十三王傳：「孝景皇帝十四男，程姬生魯共王餘，初立爲淮陽王，後徙王魯。好治宫室，壞孔子舊宅，以廣其宫，於其壁中得古文經傳。」

〔四〕漢書魯恭王傳：「哀帝建平三年，復立閔爲魯王。王莽時絶。」諸侯王表云：「王莽篡位，貶閔爲公。明年，獻神書，封列侯，賜姓王。」後漢書光武紀：「建武十三年，詔宗室及絶國封侯者，凡一百三十七人。」據此，則魯恭王後裔，西漢末已國絶，逮建武時始得封侯，至章帝元和中，乃徙封竟陵。惟由何地徙封，史文不載，並非由魯徙封，蓋魯地已於建武二年封光武兄子興爲魯王矣。沈家本曰：「西漢王子侯，王莽時俱已失國。東漢初續封者寥寥，安得有徙封竟陵之事？范云肅宗時徙竟陵爲得其實。」又曰：「范史：城陽恭王祉，建武十一年薨。十三年封祉嫡子平爲蔡陽侯；永平五年，顯宗更封平爲竟陵侯。平後傳四世。然則徙封竟陵者，乃城陽恭王之後裔，或此傳有譌字歟？」

〔五〕御覽五百五十九引盛洪之荆州記曰：「鄭鄉，即鄭城地也。崗南有劉長沙墓，益州牧焉之父。其南又有漢魏郡太守黄香冢。」

〔六〕范書劉焉傳作「郎中」。錢儀吉曰：「漢制，宗室爲佐吏，例補四百石，而中郎比六百石，郎中比三百石，疑當作中郎也。」羅振玉曰：「御覽引亦作中郎。」

〔七〕范書桓帝紀：「延熹二年八月，光禄大夫中山祝恬爲司徒；三年六月，司徒祝恬薨。」章懷注：「恬字伯休，盧奴人。」

〔八〕漢書地理志：「潁川郡陽城。陽城山，洧水所出，東南至長平入潁。」郡國志：「豫州潁川郡陽城。」范書黨錮傳李膺傳：「膺免歸鄉里，居陽城山中。」陳寔傳：「寔避隱陽城山中。」（李膺、陳寔，俱潁川人。）一統志：「陽城故城，今河南河南府登封縣東南。陽城山在登封縣東北，俗名車嶺山。」

〔九〕范書劉焉傳：「時靈帝政化衰缺，四方兵寇。焉以爲刺史威輕，既不能禁，且用非其人，輒增暴亂。乃建議改置牧伯，鎮安方夏，清選重臣，以居其任。」續百官志：「孝武帝初置刺史十三人，秩六百石。成帝更爲牧，秩二千石。建武十八年復爲刺史，十二人，各主一州，其一州屬司隸校尉。」劉昭曰：「孝武之末，始置刺史，監糾非法，不過六條，傳車周流，匪有定鎮，秩裁數百，威望輕寡，得有察舉之勤，未生陵犯之釁。成帝改牧，其萌始大，既非識治之主，故無取焉爾。世祖中興，監乎政本，復約其職，還遵舊制，斷親奏事，省入惜煩，漸得自重之路。因兹以降，彌於歲年。

母后當朝，多以弱守，六合危動，四海潰弊，財盡力竭，綱維撓毀。而八方不能內侵，諸侯莫敢入伐，豈非幹强枝弱，控制素重之所致乎？至孝靈在位，橫流既及，劉焉徼僞，自爲身謀，非有憂國之心，專懷狼據之策，抗論昏世，薦議愚主，盛稱宜重牧伯，謂足鎮壓萬里，挾姦樹算，苟罔一時，豈可永爲國本，長期勝術哉！夫聖主御世，莫不大庇生民，承其休謀，傳其典制，猶云事久弊生，無或通貫。故變改正服，革異質文，分爵三五，參差不一。況在豎騃之君，挾姦詐之臣，共所創置，焉可仍因，大建尊州之規，竟無一日之治。故焉牧益土，造帝服于岷峨；袁紹取冀，下制書于燕朔；劉表制南，郊天祀地；魏祖據兗，遂構皇業。漢之殄滅，禍原乎此。及臻後代，任寄彌廣，委之邦宰之命，授之斧鉞之重，假之都督之威，開之征伐之略。晉太康之初，武帝亦疑其然，詔省州牧，雖有其言，不卒其事。後嗣纘繼，牧鎮愈重，據地分爭，竟覆天下。」

〔一〇〕范書「內」作「陰」。交州刺史互見吳志士燮傳。郡國志：「交州蒼梧郡治廣信，交趾郡治龍編，南海郡治番禺。」劉昭注引漢官曰：「廣信，刺史治。」又引王範交廣春秋曰：「交州治羸𨻻縣，元封五年移治蒼梧廣信縣。建安十五年治番禺縣。詔書以州邊遠，使持節，并七郡皆授鼓吹，以重威鎮。」晉書地理志：「武帝元封中，置交阯刺史。順帝永和九年，（弼按：永和止六年，九字誤。）交阯太守求立爲州，朝議不許，即拜敞爲交阯刺史。建安八年，張津爲刺史，士燮爲交阯太守，共表立爲州，乃拜津爲交州牧。十五年，移居番禺。」宋書州郡志：「漢武帝元鼎六年，開百越，交阯刺史治龍編。獻帝建安八年，改曰交州，治蒼梧廣信縣。十六年，徙治南海番禺縣。及分爲廣州，治番禺，交州還治龍編。」馬與龍曰：「交州刺史，前漢治廣信，中興後徙治龍編。建安八年以前曰交趾，不曰交州。」吳增僅曰：「交州漢本定爲交趾刺史，不稱州。（郡國志作交州，乃校者不審。）建安八年，張津、士燮表請始稱交州，治廣信。十五年徙治番禺。」一統志：「廣信故城，今廣西梧州府蒼梧縣治；番禺故城，今廣東廣州府南海縣治；龍編故城，今廣西太平府憑祥州南七百五十里。」鄒代鈞云：「今越南（法蘭西領土）河內道治。」

〔一一〕胡三省曰：「以交阯僻遠，可以避禍也。」

〔一二〕董扶與任安俱以學行齊聲，事見後注，又見秦宓傳注引益部耆舊傳。

〔一三〕通鑑胡注引蔡邕月令章句、晉書天文志，解釋分野，文繁不録。

〔一四〕范書「郤」作「郄」。胡三省曰：「春秋晉大夫郤氏。」弼按：此與魏文帝典論所云之郤儉，别爲一人。

〔一五〕華陽國志云：「刺史河南郄儉，賦斂煩擾，流言遠聞。」

〔一六〕華陽國志「益」作「壹」，「梁」作「涼」，此誤。耿鄙事見馬超傳注引典略。官本考證曰：「張益，宋本作張壹，後漢書作張懿。梁州，後漢書作涼州。」錢大昕曰：「後漢書靈帝紀：中平五年，休屠各胡攻殺并州刺史張懿，此作張益，蓋避晉宣帝諱改之。紀又稱中平四年，涼州刺史耿鄙討金城賊韓遂，鄙兵大敗，不言被殺，與此傳異。漢時無梁州，此稱梁者，音之譌也。」錢儀吉曰：「先主穆皇后之兄吴壹，華陽國志作懿。」潘眉曰：「書中懿、師、昭、炎字皆不諱，不應獨改此名，當是傳寫之誤。」

〔一七〕元本、陳本「施」作「旋」，誤。

〔一八〕華陽國志云：「漢帝將徵儉加刑，以焉爲監軍使，尋領益州牧。」章懷注云：「前書任安爲監北軍使者。」

〔一九〕陽城見前。

〔二〇〕潘眉曰：「此詔旨如此，非實事也。儉爲馬相所殺，郤正傳亦云：爲盜賊所殺。」

〔二一〕范書賈琮傳：「琮字孟堅，東郡聊城人。中平元年，交阯屯兵反，執刺史及合浦太守。靈帝特敕三府，精選能吏，有司舉琮爲交阯刺史。琮到部，誅斬渠帥爲大害者。百姓歌曰：賈父來晚，使我先反；今見清平，吏不敢飯。在事三年，爲十三州最，徵拜議郎。時黄巾新破，詔書沙汰刺史二千石，更選清能吏，迺以琮爲冀州刺史。舊典：傳車驂駕，垂赤帷裳，迎於州界。及琮之部，升車言曰：刺史當遠視廣聽，糾察美惡，何有反垂帷裳，以自掩塞乎？迺命御者褰之。」

〔二二〕胡三省曰：「列卿，秩中二千石，尚書，秩六百石耳。東都以後，尚書職任重於列卿。」

〔二三〕惠棟曰：「風俗通，今刺史行部，號傳車。魏志云：漢刺史稱傳車，其吏言從事，居無常治。續志：大使車立乘駕駟，赤帷，持節者重導。」

〔二四〕趙一清曰：「後漢書有太僕黄琬爲豫州牧，無劉表。案：表傳云，李傕、郭汜入長安，欲連表爲援，乃以表爲鎮南將軍、荆州牧，裴注爲審也。」

〔二五〕官本「濫」作「溢」。

〔二六〕元本此節，注文訛誤極多，故未列舉。

〔二七〕續漢志百官志：「中興建武六年，省諸郡都尉，唯邊郡往往置都尉及屬國都尉，稍有分縣，治民比郡。」郡國志「益州蜀郡屬國」劉昭注：「故屬西部都尉。延光元年以爲屬國都尉，別領四城。」范書西南夷傳：「武帝天漢四年，以沈黎郡并蜀爲西部，置兩都尉，一居旄牛主徼外夷，一居青衣主漢人。安帝延光四年，分置蜀郡屬國都尉，領四縣，如太守。靈帝時以蜀郡屬國爲漢嘉郡。」弼按：據此，則靈帝時已改爲漢嘉郡，傳文應云「扶求爲漢嘉郡守」，何以仍書求爲蜀郡西部屬國都尉？按郡國志：漢嘉爲故青衣，蜀郡西部本有兩都尉，一雖改郡，尚有一都尉也。

〔二八〕續百官志：「太倉令一人，主受郡國傳漕穀，屬大司農。」官本考證云：「會字疑衍。」錢大昕曰：「華陽國志無會字，以太倉下屬，當從之。」巴西見魏志武紀建安二十年。

〔二九〕晉書陳壽傳：「壽撰益部耆舊傳十篇。」隋書經籍志雜傳類：「益部耆舊傳十四卷，陳長壽撰。」舊唐志：「益部耆舊傳十四卷，陳壽撰。」新唐志同。華陽國志卷十一後賢志云：「益部自建武後，蜀郡鄭伯邑、太尉趙彦信及漢中陳申伯、祝元靈、廣漢王文表皆以博學洽聞，作巴蜀耆舊傳。陳壽以爲不足經遠，乃并巴、漢撰爲益部耆舊傳十篇，散騎常侍文立表呈其傳，武帝善之。」又卷十二序志云：「陳君承祚別爲耆舊，始漢及魏，煥乎可觀。」章宗源隋志考證云：「漢中士女志曰：有陳術字申伯，作耆舊傳。愚按：裴松之、顔師古注史，皆引陳壽益部耆舊傳，（他書所引多不著名。）無引陳術者。」沈家本曰：「隋、唐志卷數增多，未詳其分合之故。隋志作長壽者，衍長字也。」

蜀志李譔傳：時又有漢中陳述字申伯，著益部耆舊傳及志。此書在陳壽之先，裴氏既稱陳壽，則所引非述書。」黄逢元曰：「漢書注、蜀志注、水經江水注、史記歷書、又大宛傳索隱引存，書鈔、初學記、御覽屢引。」

〔三〇〕漢書藝文志：「歐陽章句三十一卷。」儒林傳：「歐陽生字和伯，千乘人，事伏生，授倪寬，寬授歐陽生子，世世相傳，由是尚書世有歐陽氏學。

〔三一〕楊厚見秦宓傳注引益部耆舊傳。范書楊厚傳：「厚字仲桓，廣漢新都人。祖父春卿，善圖讖學，爲公孫述將。漢兵平蜀，春卿自殺。臨命戒子統曰：吾綈袠中有先祖所傳秘記，爲漢家用，爾其修之。厚少學統業，年八十二，卒于家。策書弔祭，鄉人謚曰文父，門人爲立廟。」

〔三二〕宋本作「弟子自遠而至」。范書方術傳：「董扶，廣漢綿竹人。少游太學，與鄉人任安齊名，俱事同郡楊厚，學圖讖。還家講授，弟子自遠而至。」

〔三三〕范書趙典傳：「典字仲經，蜀郡成都人。典兄子謙，字彥信，初平元年，代黄琬爲太尉。」

〔三四〕潘眉曰：「致當作至。」

〔三五〕何焯曰：「趙岐孟子注云：孔子舉毫毛之善，貶纖芥之惡，故皆録之於春秋。二語必經師成語也。」惠棟曰：「謝承書云：李咸奏曰，春秋之義，貶纖芥之惡，采毫毛之善。」

是時涼州逆賊〔一〕馬相、趙祗等於綿竹縣自號黄巾，〔二〕合聚疾疫之民，〔三〕一二日中，得數千人。先殺綿竹令李升，吏民翕集，〔四〕合萬餘人，便前破雒縣，〔五〕攻益州，殺儉；〔六〕又到蜀郡、犍爲，〔七〕旬月之閒，破壞三郡。〔八〕相自稱天子，衆以萬數。〔九〕州從事賈龍素領兵數百人，〔一〇〕在犍爲東界，〔一一〕攝斂吏民，得千餘人，攻相等，數月破走，〔一二〕州界清淨。〔一三〕龍乃選吏卒迎焉，焉徙治綿竹，〔一四〕撫納離叛，〔一五〕務行寬惠，〔一六〕陰圖異計。張魯母始以鬼道，又有少容，〔一七〕常往來焉家，故焉遣魯爲督義司馬，〔一八〕住漢中，〔一九〕斷絶谷閣，〔二〇〕殺害漢使。焉上書言米賊斷道，〔二一〕不得復通，又託他事，殺州中豪强王咸、李權等十餘人，以立威刑。

益部耆舊雜記曰：〔二二〕李權字伯豫，爲臨邛長。〔二三〕子福，見犍爲楊戲輔臣贊。

犍爲太守任岐及賈龍由此反攻焉，焉擊殺岐、龍。〔二四〕

英雄記曰：劉焉起兵，不與天下討董卓，保州自守。犍爲太守任岐，自稱將軍，與從事陳超舉兵擊焉，焉擊破之。董卓使司徒趙謙〔二五〕將兵向州，説校尉賈龍使引兵還擊焉，焉出青羌與戰，故能破殺。岐、龍等皆蜀郡人。

〔一〕潘眉曰：「范書作益州。下云於緜竹合聚，則在益州矣。涼州誤。」

〔二〕郡國志：「益州廣漢郡緜竹。」一統志：「緜竹故城，在今四川綿州德陽縣北。」緜自古爲由涪入成都必經之要道，又爲涪江所經，當在今羅江、德陽之閒。

〔三〕「疾疫」，宋本作「疲役」。潘眉曰：「疾疫當依後漢書作疲役，謂疲於徭役怨毒者。」

〔四〕官本考證云：「監本訛作翕習，今改正。」弼按：宋本亦作「翕習」。

〔五〕郡國志：「益州廣漢郡雒州，刺史治。」齊召南曰：「各州刺史治，例無州字，此州字衍。」一統志：「雒廢縣在今四川成都府漢州北。」

〔六〕周壽昌曰：「前云當收儉治罪，殆以遠道梗阻，命令不通。前云收儉者，止是虚辭，而儉仍在益州爲刺史，故爲賊殺也。」沈家本曰：「范云進攻雒縣，殺郤儉。東漢益州刺史治雒，雒縣益州非二地。此文既曰破，又曰攻，語意重沓。」惠棟曰：「華陽國志云：中平二年，涼州黄巾逆賊馬相、趙祇等聚衆緜竹，募疲役之民，一二日得數千人。遣王饒、趙播等進攻雒城，殺刺史儉。儉從事史燕邠、宋元侯使在葭萌，與從事董馥、張胤同行，聞故哀痛，説馥、胤赴難，二子不可。郤歎曰：使君已死，用生何爲？獨死之焉。嘉之，爲圖象學宮，誅馥等。」

〔七〕郡國志：「益州蜀郡，治成都；犍爲郡，治武陽。有彭亡聚。」章懷注：「岑彭死處。南中志曰：縣南二十里彭望山。益州記曰：縣有王喬仙處。王喬祠今在。縣下有彭祖冢，上有彭祖祠。」一統志：「成都故城，今四川成都府成都、華陽二縣治；武陽故城，今四川眉州彭山縣東北。」華陽國志：「漢太和四年，益州刺史任安城武陽，後遂爲郡治，去成都一百五十里。」寰宇記：「武陽城相傳秦惠王時張儀所築。」

〔八〕趙一清曰：「水經注、益州舊以蜀郡、廣漢、犍爲爲三蜀，所謂旬月之閒，破壞三郡者也。」

〔九〕沈家本曰：「范書作衆至十餘萬人。案：馬相破壞三郡，衆必不止萬數，恐此文有譌奪。」

〔一〇〕「領兵」，華陽國志作「領家兵」。何焯云：「素字衍。」

〔一一〕華陽國志作「在犍爲之青衣。」

〔一二〕宋本「月」作「日」，華陽國志作「破滅之」。

〔一三〕宋本「浄」作「静」。

〔一四〕何焯曰：「東漢益州刺史治雒縣，焉以郤儉被殺，故徙治綿竹。綿竹，西漢都尉治也。」

〔一五〕范書劉焉傳：「焉到，以龍爲校尉，徙居綿竹。龍撫納離叛。」黄山曰：「龍字誤衍。此叙焉事，與龍無涉。」

〔一六〕華陽國志作「務行小惠」。下有「時南陽三輔民數萬家，避地入蜀，焉恣饒之，引爲黨與，號東州士」。胡三省曰：「爲劉焉專制益州張本。」

〔一七〕「少容」見魏志方伎傳華佗傳注引文帝典論云：「甘始老有少容。」何焯曰：「所謂少容，蓋能久視之意。後漢書作有姿色，蓋范欲醜之，甚其詞耳。」

〔一八〕督義司馬見魏志張魯傳。

〔一九〕郡國志：「益州漢中郡，治南鄭。」一統志：「南鄭故城，今陝西漢中府南鄭縣城東。」漢中、南鄭互見魏志武紀建安十六年及張魯傳。

〔二〇〕潘眉曰：「谷閣，謂斜谷及閣道。三秦志曰：自秦入蜀有三谷四道，三谷者，其西南曰褒谷，南曰駱谷，從洋入；東南曰斜谷，從郿入，其所從皆殊。舊志謂首尾一谷，非是。其棧道有四，出，從成和、階文出者爲沓中陰平道，鄧艾伐蜀由之；從兩當出者爲故道，漢高帝攻陳倉由之；從褒鳳出者爲連雲棧道，漢王之南鄭由之；從成固、洋縣出者爲斜谷駱道，武侯屯渭上由之。此四道三谷者，關南之險阨，攻取所從來固矣。」

〔二一〕張魯祖父陵造作道書，從受道者，出五斗米，故世號米賊，見魯傳。

〔二二〕是書隋志不著録。新唐志：「益州耆舊雜傳記二卷。」章宗源隋志考證曰：「蜀志劉焉傳注、先主傳注、楊洪傳注、楊戲傳注並引益州耆舊雜記。初學記人部『張松爲人短小，而放蕩不理節操』二語，稱益部雜記，省耆舊二字。」沈家本曰：「新唐志載是書，雜傳二字誤倒。楊戲傳末云，益部耆舊雜記載王嗣、常播、衛繼三人，皆劉氏王蜀時人，故録于篇。據此，則雜記在陳壽之先，故壽得採之，疑即陳術書也。」丁國鈞曰：「華陽國志言常寬續陳壽耆舊傳作梁益篇，新志有益州耆舊雜傳記二卷，亦即此書。」吳士鑑説同。弼按：沈説是，丁、吳説誤。蓋承祚楊戲傳既引用此書，決非常寬續作之梁益篇也。

〔二三〕郡國志：「益州蜀郡臨邛。」一統志：「臨邛故城，今四川邛州治。」華陽國志：「秦張儀與張若城臨邛，城周迴六里，高五丈，在蜀郡西南二百里。」元和志：「銅官山在臨邛縣南二里，鄧通所封。後卓王孫買爲陶鑄之所。」漢書司馬相如傳相如與卓文君俱如臨邛，即此。

〔二四〕華陽國志：「漢獻帝初平二年，犍爲太守任岐與賈龍惡焉之陰圖異計也，舉兵攻焉，燒城都邑，下邑禦之。東州人多爲致力，遂克岐、龍。」姜宸英曰：「賈能破賊迎焉，及焉作逆，復攻焉，固一時之傑，惜其失勢。」

〔二五〕范書獻帝紀：「初平三年四月，誅董卓。六月，李傕等殺司徒王允，前將軍趙謙爲司徒。」趙典傳亦云：「謙代王允爲司徒。」是謙爲司徒，董卓已前死矣。此云董卓使司徒趙謙，疑誤。

焉意漸盛，造作乘輿車具〔一〕千餘乘，〔二〕荆州牧劉表表上焉，有「似子夏在西河疑聖人」之論。〔三〕時焉子範爲左中郎將，誕治書御史，璋爲奉車都尉，皆從獻帝在長安，

英雄記曰：範聞父焉爲益州牧，〔四〕董卓所徵發，皆不至。收範兄弟三人，鏁械於郿塢，〔五〕爲陰獄以繫之。〔六〕

惟小子別部司馬瑁素隨焉。〔七〕獻帝使璋曉諭焉，焉留璋不遣。

典略曰：時璋爲奉車都尉，在京師。焉託疾召璋，璋自表省焉，焉遂留璋不還。

時征西將軍馬騰屯郿而反，焉及範與騰通謀，引兵襲長安。範謀泄，奔槐里；騰敗，退還涼州；範應時見殺，於是收誕行刑。〔八〕

英雄記曰：範從長安亡之馬騰營，從焉求兵，焉使校尉孫肇將兵往助之，敗於長安。〔九〕

議郎河南龐羲與焉通家，〔一〇〕乃募將焉諸孫入蜀。〔一一〕時焉被天火燒城，車具蕩盡，〔一二〕延及民家。焉徙治成都，既痛其子，〔一三〕又感祅災。興平元年，癰疽發背而卒。〔一四〕州大吏趙韙等〔一五〕貪璋溫仁，共上璋爲益州刺史，詔書因以爲監軍使者，領益州牧。以韙爲征東中郎將，率衆擊劉表。

英雄記曰：焉死，子璋代爲刺史。會長安拜潁川扈瑁爲刺史，入漢中。荆州別駕劉闔，璋將沈彌、婁發、甘寧反，擊璋，〔一六〕不勝，走入荆州。璋使趙韙進攻荆州，屯朐䏰。上蠢，下如振反。〔一七〕

〔一〕范書「具」作「重」。章懷注：「重，輜重也。」

〔二〕華陽國志作「造乘輿車服千餘，僭擬至尊」。

〔三〕史記仲尼弟子列傳：「孔子既没，子夏居西河教授。」禮記檀弓篇：「子夏喪其子而喪其明，曾子弔之。子夏哭曰：天乎，予之無罪也！曾子怒曰：商，女何無罪也？吾與女事夫子洙、泗之閒，退而老于西河之上，使西河之民，疑女于夫子，爾罪一也。」胡三省曰：「表蓋言焉在蜀僭，擬使蜀人疑爲天子也。」

〔四〕「聞」字疑衍。

〔五〕郿塢見董卓傳。

〔六〕監本「繫」作「擊」，誤。周壽昌曰：「陰獄即魏志蔣濟傳所云之地獄，言置獄於陰處，使人不易探也。」

〔七〕惠棟曰：「華陽國志云：焉聞相者陳留吴懿妹當大貴，爲瑁聘之。故陳壽劉焉傳評云：聽相者之言，則求婚吴氏是也。」弼按：事見二主妃子傳。

〔八〕馬騰、劉範事詳見魏志董卓傳。范書焉傳：「興平元年，征西將軍馬騰與範謀誅李傕，焉遣叟兵五千助之，戰敗，範及誕並見殺。」康發祥曰：「二書所記，一謀反，一勤王，語氣大異。」陳仁錫曰：「範、誕就戮，焉識不如葵。」沈家本曰：「是時騰與範等謀誅李傕，非反也。此承祚承舊文之誤，范已刊正。」

〔九〕華陽國志：「治中從事廣漢王商極諫不從，謀泄，範、誕受誅。」

〔一〇〕璋長子循妻，爲龐羲女，見璋傳。羲爲巴西太守，好士，見鄧芝傳。

〔一一〕胡三省曰：「將如字，領也，攜也，挾也。」

〔一二〕華陽國志「具」作「乘」，范書作「重」。

〔一三〕華陽國志「其」作「二」。

〔一四〕説文：「疽，久癰也。」

〔一五〕華陽國志作「州帳下司馬趙韙、治中從事王商等」。（王商見許靖傳注。）

〔一六〕潘眉曰：「此甘寧即甘興霸，本傳不載曾仕於璋。然吳書稱寧曾客巴郡，補蜀郡丞，後乃依劉表，即在此時。」弼按：甘寧，巴郡臨江人。

〔一七〕「朐䏰」詳見魏志陳留王紀咸熙二年。范書焉傳：「先是荆州牧劉表表焉僭擬乘輿器服，韙以此遂屯兵朐䏰備表。」趙一清曰：「上蠢下如振反，此六字是裴音釋。師古曰：朐，音劬。方輿紀要卷六十九：萬縣，漢朐䏰縣地。三國志：漢建興八年，置南浦縣，屬巴東郡。沈約曰：時益州牧閻宇表改羊渠立縣，是南浦本名羊渠，蜀前此所置縣也。」潘眉曰：「朐音劬，此古音也。章懷吳漢傳注引十三州志音春，晉書音義引如淳曰：音蠢，後又改朐爲朐，朐既俗字，蠢亦非舊音，不可從；䏰字亦宜從地理、郡國二志作忍。」柳從辰曰：「朐䏰一作朐忍，說文作朐䏰。今案：前、續志皆作朐忍。前志顏注朐音劬，章懷吳漢傳注從之，故䏰亦音忍。下復引十三州志朐音春，䏰音閏者，兼存異說也。章懷劉焉傳注䏰音如尹反，雖仍是忍音，而朐音蠢，則又不同。音劬則字本从句，音春、蠢則字當从旬矣。然段玉裁據十三州志，其地下溼多朐忍蟲，字仍朐忍，不作朐䏰。說文新附增朐䏰二字，雖有所本，段氏已極論其失。至朐字明見許書，五音集韻乃謂其俗字，真大謬也。」沈家本曰：「上蠢以下六字，應作小字雙行。」

璋字季玉，〔一〕既襲焉位，而張魯稍驕恣，不承順璋，璋殺魯母及弟，遂爲讎敵。璋累遣龐義等攻魯，所破。〔二〕魯部曲多在巴西，〔三〕故以義爲巴西太守，領兵禦魯。〔四〕

英雄記曰：龐義與璋有舊，又免璋諸子於難，故璋厚德義，〔五〕以義爲巴西太守，遂專權勢。

後義與璋情好攜隙，趙韙稱兵內向，衆散見殺，皆由璋明斷少而外言入故也。〔六〕

英雄記曰：先是南陽、三輔人流入益州數萬家，收以爲兵，名曰東州兵。璋性寬柔，無威略。東州人侵暴舊民，璋不能禁，政令多闕，益州頗怨。趙韙素得人心，〔七〕璋委任之。韙因民怨謀叛，乃厚賂荆州請和，〔八〕陰結州中大姓，與俱起兵，還擊璋。蜀郡、廣漢、犍爲皆應韙。璋馳入成都城守，東州人畏威，〔九〕咸同心并力助璋，皆殊死戰，遂破反者，進攻韙於江州。〔一〇〕韙將龐樂、李異反，殺韙軍，斬韙。〔一一〕

漢獻帝春秋曰：漢朝聞益州亂，遣五官中郎將牛亶爲益州刺史，徵璋爲卿，〔一二〕不至。

璋聞曹公征荆州，已定漢中，〔一三〕遣河内陰溥致敬於曹公。〔一四〕加璋振威將軍，兄瑁平寇將軍。〔一五〕瑁狂疾物故。〔一六〕

臣松之案：魏臺訪「物故」之義，高堂隆答曰：「聞之先師，物，無也；故，事也。言無復所能於事也。」〔一七〕

璋復遣別駕從事蜀郡張肅送叟兵三百人〔一八〕并雜御物於曹公，曹公拜肅爲廣漢太守。〔一九〕璋復遣別駕張松詣曹公，曹公時已定荆州，走先主，不復存録松，松以此怨。〔二〇〕會曹公軍不利於赤壁，〔二一〕兼以疫死。松還，疵毁曹公，勸璋自絶。

漢晉春秋曰：張松見曹公，曹公方自矜伐，不存録松。松歸，乃勸璋自絶。

習鑿齒曰：昔齊桓一矜其功，而叛者九國，〔二二〕曹操暫自驕伐，〔二三〕而天下三分。皆勤之於數十年之内，而棄之於俯仰之頃，豈不惜乎！是以君子勞謙日昃，慮以下人，功高而居之以讓，〔二四〕勢尊而守之以卑。情近於物，故雖貴而人不厭其重；德洽羣生，故業廣而天下愈欣其慶。夫然，故能有其富貴，保其功業，隆顯當時，傳福百世，何驕矜之有哉！君子是以知曹操之不能遂兼天下者也。

因説璋曰：「劉豫州，使君之肺腑，可與交通。」璋皆然之，遣法正連好先主，尋又令正及孟達送兵數千，助先主守禦，〔二五〕正遂還。後松復説璋曰：「今州中諸將龐羲、李異等，皆恃功驕豪，〔二六〕欲有外意，〔二七〕不得豫州，則敵攻其外，民攻其内，必敗之道也。」〔二八〕璋又從之，遣法正請先主。璋主簿黄權陳其利害，〔二九〕從事廣漢王累，自倒縣於州門以諫，璋〔三〇〕一無所納，勑在所供奉先主，先主入境如歸。〔三一〕先主至江州北，由墊江水〔三二〕詣涪，〔三三〕去成都三百六十里，〔三四〕是歲，建安十六年也。璋率步騎三萬餘人，車乘帳幔，〔三五〕精光曜日，往就與會。〔三六〕先主所將將士，更相之適，〔三七〕歡飲百餘日。璋資給先主，使討張魯，然後分別。〔三八〕

吴書曰：璋以米二十萬斛，騎千匹，車千乘，繒絮錦帛，以資送劉備。

〔一〕璋祖母黄氏，黄琬爲璋祖母之姪，見來敏傳。璋母費氏，見費禕傳。

〔二〕官本考證云：「通鑑攻魯下多數爲二字。」

〔三〕巴東、巴西詳見魏志武紀建安二十年及張郃傳。趙一清曰：「續郡國志巴郡注引譙周巴記曰：初平六年，趙韙分巴爲二郡，欲得巴舊名，故郡以墊江爲治，安漢以下爲永寧郡。建安六年，劉璋分巴以永寧爲巴東郡，以墊江爲巴西郡。一清案：此引巴記有脱誤，是以三巴之説，不甚分明。全氏祖望曰：初平六年，趙韙分巴爲二，建安六年，以蹇俏之訟，分巴爲三，以永寧爲巴東，閬中爲巴西，墊江爲巴郡，是乃三巴分置之次第也。但初平僅四年，云六年，字誤耳。又劉璋嗣位，以趙韙爲征東，乃興平元年，正分巴之歲也，誤以爲初平。迨建安六年趙韙誅，故再分巴耳。」

〔四〕張魯事見魏志張魯傳。范書焉傳：「張魯以璋闇弱，不得承順。璋怒，殺魯母及弟，而遣其將龐羲等攻魯，數爲所破。魯部曲多在巴上，故以羲爲巴郡太守。魯因襲取之，遂雄於巴、漢。」華陽國志：「璋懦弱少斷，張魯稍驕於漢中，巴夷杜濩、朴胡、袁約等叛詣魯，璋怒，殺魯母及弟，遣和德中郎將龐羲討魯，不克。巴人日叛，乃以羲爲巴郡太守，屯閬中禦魯。羲以宜須兵衛，輒召漢昌賨民爲兵。」

〔五〕毛本「羲」作「義」，誤，下同。

〔六〕華陽國志：「或搆羲於璋，璋與之情好攜隙。趙韙數進諫，不從，亦恚恨也。建安五年，趙韙起兵數萬，將以攻璋，璋逆擊之。明年，韙破敗，羲懼，遣吏程郁（通鑑「郁」作「祁」。）宣旨於郁父漢昌令畿，索益賨兵。畿曰：郡合部曲，本不爲亂，縱有讒諛，要在盡誠，遂懷異志，非所聞也。羲令郁重往，畿曰：我受牧恩，當爲盡節，汝自郡吏，當爲效力，不義之事，莫有二義。羲恨之，使人告曰：不從太守，家將及禍。畿曰：昔樂羊食子，非無父子之恩，大義然也。今雖羹子，畿飲之矣。羲乃厚謝於璋，璋善畿，遷爲江陽太守。」

〔七〕胡三省曰：「趙韙從焉入蜀，璋又韙所立，益州之大吏也。」

〔八〕胡三省曰：「荊州，劉表也。」

〔九〕「威」當作「韙」。

〔一〇〕郡國志：「益州巴郡，治江州。」一統志：「江州故城，今四川重慶府巴縣西。」

〔一一〕胡三省曰：「趙韙隨劉焉入蜀，將以圖富貴，而卒以殺身。行險以徼幸，不如居易以俟命也。」

〔一二〕胡三省曰：「卿，九卿也。」

〔一三〕何焯曰：「已定漢中四字不可曉，疑有脱文。」梁章鉅曰：「操定漢中，張魯遁走，是建安二十年，尚在此後數年也。」王鳴盛説同。錢儀吉曰：「是時劉琮降曹公，曹公追先主於當陽，濟漢，至赤壁敗而逃命，無緣得至漢中。」

〔一四〕范書焉傳：「十三年，曹操自將征荊州，璋乃遣使致敬。」華陽國志：「十年，璋聞曹公將征荊州，遣中郎將河内陰溥致敬。」弼按：范書叙此事在建安十三年，華陽國志在十年。案：建安十年曹公方平冀州，北征幽、并，無暇南及荊州也。

〔一五〕潘眉曰：「焉四子，範、誕、璋及小子瑁，瑁乃璋弟，稱兄瑁，誤。」沈家本曰：「璋字季玉，則璋乃焉季子，似不得遽謂瑁爲璋弟也。范史亦稱兄瑁，其稱小子者，或是庶孽之子。」

〔一六〕漢書蘇武傳：「單于召會武官屬，前以降及物故。凡隨武還者九人。」師古曰：「物故，謂死也。言其同於鬼物而故也。一説，不欲斥言，但言其所服用之物，皆已故耳。而説者妄欲改物爲勿，非也。」宋祁曰：「物當作歾，音没。」王念孫曰：「釋名：漢以來謂死爲物故，言其諸物皆就朽故也。史記張丞相傳集解引高堂隆答魏朝訪曰：物，無也；故，事也。言無所能於事。念孫案：宋説近之。物與歾同。説文：歾，終也，或作殁。歾、物聲近而字通。今吴人言物字聲如没，語有輕重耳。物故，猶言死亡。楚元王傳云：物故流離以十萬數；夏侯勝傳云：百姓流離物故者過半。物故與流離對文，皆兩字平列，諸家皆不知物爲歾之借字，故求之愈深，而失之愈遠也。」弼按：霍光傳：「光勑左右謹宿衛，卒有物故自裁，令我負天下有殺主名。」師古曰：「物故，死也；自裁，自殺也。」此則物故與自裁相連屬而言之也。

〔一七〕范書儒林傳牟長傳注引此作「言死者無復所能於事故也」。康發祥曰：「今人謂人死曰物故，本此。」

〔一八〕李賢曰：「漢世謂蜀爲叟。孔安國注尚書云：蜀，叟也。」後漢書劉焉傳官本考證曰：「孔穎達尚書疏云：叟者，蜀夷之别名，漢世不即謂蜀爲叟也。光武紀中，注引常璩華陽國志云：武帝元封二年，叟夷反，將軍郭昌討平之，因開爲益州郡，是蜀人謂其西南勞深、靡莫諸夷爲叟，乃今雲南地也。」惠棟曰：「華陽國志云：夷人大種曰昆，小種曰叟，皆曲頭木耳，環鐵裹結。」

〔一九〕廣漢郡治雒，見前。華陽國志載此爲十二年事，並云拜肅爲掾。

〔二〇〕松事見先主傳注引益部耆舊雜記。華陽國志云：「十三年，仍遣肅弟松爲别駕詣公，公時已定荆州，追劉主，不存禮松，加表望不足，但拜越嶲比蘇令，松以是怨公。」

〔二一〕赤壁詳見魏志武紀建安十三年。

〔二二〕公羊傳曰：「葵丘之會，桓公震而矜之，叛者九國。」

〔二三〕毛本「伐」作「我」，誤。

〔二四〕監本無「之」字，誤。

〔二五〕華陽國志：「張松舉扶風法正，可使交好劉主，璋從之。又遣正同郡孟達將兵助劉主守禦，前後賂遺無限。」

〔二六〕胡三省曰：「據裴注，龐羲免璋諸子於難，而李異殺趙韙，故各恃功。」

〔二七〕胡三省曰：「謂其意欲附外也。」

〔二八〕張松、法正勸璋結先主，互見先主傳及法正傳。華陽國志：「建安十六年，璋聞曹公將遣司隸校尉鍾繇伐張魯，有懼心。松説璋結先主。」與先主傳同。

〔二九〕權諫阻璋迎先主，詳見權傳。

〔三〇〕華陽國志云：「從事烈至，諫君刎首。王累廣漢新都人也。州牧璋從別駕張松計，遣法正迎先主，主簿黄權諫，不納。累爲從事，以諫不入，自刎州門，以明不可。」

〔三一〕華陽國志：「劉主至巴郡，巴郡嚴顔拊心歎曰：此所謂獨坐窮山，放虎自衛者也。」

〔三二〕原注：「墊，音徒協反。」郡國志：「巴郡墊江。」宋書州郡志：「墊江，漢舊縣。獻帝建安六年屬巴西，劉禪建興十五年復舊。」一統志：「今四川重慶府合州治。」漢書地理志：「巴郡墊江。」孟康曰：「音重疊之疊。」王先謙曰：「應劭云：音徒浹反。説文：褺，重衣也。从衣，執聲。巴郡有褺江縣。段玉裁云：褺江縣爲嘉陵江、渠江、涪江會合之地，水如衣之重複，故曰褺江。淺人譌作昏墊之墊，觀應、孟之言，則知漢書故從衣也。」

〔三三〕原注：「音浮。」郡國志：「廣漢郡涪。」華陽國志：「涪縣屬梓潼郡，去成都三百五十里，水通於巴，於蜀爲東北之要。蜀時大將軍鎮之，大司馬蔣琬葬此。大姓楊、杜、李人士多見耆舊傳也。」胡三省曰：「巴郡治江州，墊江縣屬巴郡，涪縣屬廣漢郡。墊江水，蓋即涪内水也。」庚仲雍曰：「江州縣對二水口，右則涪内水，左則蜀外水。」一統志：「涪縣故城，今四川綿州東。」

〔三四〕宋本、元本作「三百六十里」，各本「三百」均誤作「三千」。官本考證盧明楷曰：「鄧艾傳徑漢德陽亭趣涪出劍閣西百里，去成都三百餘里。若云涪至成都三千餘里，是不應如此之遠。三千或三百之訛。」錢儀吉、李慈銘説同。

〔三五〕胡三省曰：「乘，繩證翻；幔，莫半翻；幕也。」

〔三六〕范書：「備自江陵馳至涪城，璋率步騎數萬與備會。」

〔三七〕胡三省曰：「之，往也。」

〔三八〕張松令法正白先主，便於會所襲璋，見先主傳。

明年，先主至葭萌，〔一〕還兵南向，所在皆克。〔二〕十九年，進圍成都數十日，城中尚有精兵三萬人，穀帛支一年，〔三〕吏民咸欲死戰。璋言：「父子在州二十餘年，〔四〕無恩德以加百姓，攻戰三年，〔五〕肌膏草野者，以璋故也。何心能安！」遂開城出降，〔六〕羣下莫不流涕。先主遷璋于南郡公安，〔七〕盡歸其財物、〔八〕故佩振威將軍印綬。〔九〕孫權殺關羽取荆州，以璋爲益州牧，駐秭歸。〔一〇〕璋卒，〔一一〕南中豪率雍闓據益郡反，附於吳。〔一二〕權復以璋子闡爲益州刺史，處交、益界首。丞相諸葛亮平南土，〔一三〕闡還吳，爲御史中丞。

吳書云：闡一名緯，爲人恭恪，輕財愛義，有仁讓之風，後疾終于家。

初，璋長子循妻，龐羲女也。先主定蜀，羲爲左將軍司馬，〔一四〕璋時從羲啓留循，先主以爲奉車中郎將。〔一五〕是以璋二子之後，分在吳、蜀。

〔一〕漢書地理志：「廣漢郡葭明。」應劭曰：「音家盲。」師古曰：「明，音萌。」（錢大昕曰：「古音明如盲。」）郡國志：「廣漢郡葭萌。」華陽國志：「晉壽縣本葭萌城，劉氏更曰漢壽，水通於巴西，又入漢川，蜀大將軍鎮之。大將軍費禕葬此。」胡三省曰：「蜀王封其弟葭萌於此，因以名邑，先主改曰漢壽。」一統志：「今四川保寧府昭化縣南。」漢壽詳見魏志齊王紀嘉平五年。

〔二〕華陽國志載先主貽璋書求益萬兵救孫權，見先主傳。又載龐統三策，見統傳，辭語略同，不録。范書焉傳：「張松勸備於會襲璋，備不忍。明年出屯葭萌，松兄廣漢太守肅懼禍及己，乃以松謀白璋，收松斬之，敕諸關戍無復通。備大怒，還兵擊璋，所在戰克。」

〔三〕宋本「二」作「一」，范書、通鑑同。華陽國志作「穀支二年。」

〔四〕胡三省曰：「靈帝中平五年，劉焉牧益州，至是二十七年。」

〔五〕自建安十七年至十九年。

〔六〕華陽國志：「璋遂遣張裔奉使詣劉主，主許裔禮其君，而安其民。劉主又遣從事中郎涿郡簡雍説璋，璋素雅敬雍，遂與同輿而出降。」

〔七〕郡國志：「荆州武陵郡孱陵。」劉昭注引魏氏春秋曰：「劉備在荆州所都，改曰公安。」先主傳：「劉琦死，羣下推先主爲荆州牧，治公安。」江表傳：「周瑜爲南郡太守，分南岸地以給備，備别立營於油江口，改名爲公安。」水經江水注：「江水又東右合油口，又東逕公安縣北。劉備之奔江陵，使築而鎮之。」一統志：「孱陵故城，今湖北荆州府公安縣南；公安故城，今公安縣東北。」弼按：孱陵、公安本爲兩縣，若如魏氏春秋所云，是改孱陵爲公安，不知先主所改者，乃改油江口爲公安，非改孱陵爲公安也。孱陵在今公安西南，公安在今公安東北，三國吴俱屬南郡，故此傳云南郡公安也。或謂章懷注引蜀志云：先主遷璋於公安南，此傳似南字誤倒，而又衍郡字。然華陽國志云：遷璋於南郡之公安，與此傳同也。

〔八〕范書作「財寶」。

〔九〕監本、官本「故」上有「及」字。何焯云：「宋本故字在佩字下。章懷注引蜀志作猶佩。」胡三省曰：「曹公先加璋振威將軍，故仍佩其印綬。」

〔一〇〕秭歸詳見魏志文紀黄初三年，今湖北宜昌府歸州治。

〔一一〕華陽國志：劉主東征，璋於吳卒也。

〔一二〕後主傳：「建興元年，先是益州郡有大姓雍闓反。」郡國志有益州郡，此奪「州」字。通鑑：「黄初四年初，益州郡耆帥雍闓殺太守正昂，因士燮以求附於吳。」

〔一三〕後主傳：「建興三年，丞相亮南征四郡，四郡皆平，改益州郡爲建寧郡。」

〔一四〕先主時爲左將軍。

〔一五〕洪貽孫曰：「奉車中郎將一人，建安末蜀所置。」

評曰：昔魏豹聞許負之言，則納薄姬於室；〔一〕

孔衍漢魏春秋曰：許負，河内温縣之婦人，漢高祖封爲明雌亭侯。臣松之以爲今東人呼母爲負，衍以許負爲婦人，如爲有似。然漢高祖時，封皆列侯，未有鄉亭之爵，疑此封爲不然。

劉歆見圖讖之文，則名字改易，〔二〕終於不免其身，而慶鍾二主。〔三〕此則神明不可虚要，〔四〕天命不可妄冀，必然之驗也。而劉焉聞董扶之辭，則心存益土；聽相者之言，則求婚吳氏。〔五〕遽造輿服，圖竊神器，其惑甚矣！璋才非人雄，而據土亂世，負乘致寇，〔六〕自然之理，其見奪取，非不幸也。〔七〕

張璠曰：劉璋愚弱，而守善言，斯亦宋襄公、徐偃王之徒，〔八〕未爲無道之主也。張松、法正，雖君臣之義不正，然固以委名附質，進不顯陳事勢，若韓嵩、劉光之說劉表，〔九〕退不告絶奔亡，若陳平、韓信之去項羽，而兩端攜貳，爲謀不忠，罪之次也。

〔一〕許負事詳見魏志方伎傳朱建平傳。史記外戚世家：「薄太后父吳人，姓薄氏，秦時與故魏王宗家女魏媪通，生薄姬。魏豹立爲魏王，魏媪内其女於魏宮。媪之許負所相，相薄姬云：當生天子。豹聞許負言，心獨喜，因背漢。漢使曹參等擊虜魏王豹，而薄姬輸織室。漢王見薄姬有色，詔内後宮，一幸生男，後立爲孝文皇帝。」

〔二〕漢書劉歆傳：「初，歆以建平元年改名秀，字穎叔云。」應劭曰：「河圖赤伏符云：劉秀發兵捕不道，四夷雲集龍鬬野，四七之際火爲主，故改名以趣也。」

〔三〕二主，謂漢文帝及光武也。

〔四〕馮本「虚」作「妄」。

〔五〕事見二主妃子傳。

〔六〕易解卦之辭：「負且乘，致寇至，貞吝。象曰：負且乘，亦可醜也；自我致戎，又誰咎也。」正義曰：「乘者，君子之器也；負者，小人之事也。施之於人，即在車騎之上，而負於物也。故寇盗知其非己所有，於是競欲奪之，故曰負且乘，致寇至也。」

〔七〕范蔚宗論曰：「劉焉覩時方艱，先求後亡之所，庶乎見幾而作。夫地廣則驕尊之心生，財衍則僭奢之情用，固亦恒人必至之情也。璋能閉隘養力，守案先圖，尚可與歲時推移。而遽輸利器，靜受流斥，所謂羊質虎皮，見豺則恐，吁哉！」常璩譔曰：「劉焉器非英傑，圖射僥倖，璋才非人雄，據土亂世，其見奪取，陳子以爲非不幸也。昔齊侯嗤晉、魯之使，旋蒙易乘之困，魏君賤公叔之侍人，亦受割地之辱。量才懷遠，誠君子之先略也。觀劉璋、曹公之侮慢法正、張松，二憾既徵，同怨相濟，或家國覆亡，或三分天下。古人一饋十起，輟沐揮洗，良有以也。」

〔八〕左傳僖公二十二年：「宋公及楚人戰于泓，宋師敗績。國人皆咎公。公曰：君子不重傷，不禽二毛。古之爲軍也，不以阻隘也。寡人雖亡國之餘，不鼓不成列。」史記趙世家：「徐偃王反，繆王日馳千里馬攻徐偃王，大破之。」後漢書東夷傳序：「徐夷僭號，穆王畏其方熾，乃分東方諸侯，命徐偃王主之。偃王處潢池東，地方五百里，行仁義，陸地而朝者三十六國。穆王後得驥騄之乘，乃使造父御以告楚，令伐徐，一日而至。於是楚文王大舉兵而滅之。偃王仁而無權，不忍鬭其人，故致於敗。」尸子曰：「偃王有筋而無骨，故曰偃。」博物志曰：「徐王妖異不常，自稱偃王。穆王使楚伐之，偃王仁不忍鬭，爲楚所敗北。」漢書人表「徐隱王」，師古曰：「即偃王。」弼案：徐偃王事，語多不經，譙周已有辨正，詳見陳逢衡竹書紀年集證卷二十九，梁玉繩人表考卷六。

〔九〕潘眉曰：「劉表傳劉光作劉先。按：先字始宗當名先，此光字誤。」

# 蜀書二



## 先主傳第二[一]

[一]史通列傳篇曰：「陳壽國志載孫、劉二帝，其實紀也，而呼之曰傳。」司馬光曰：「漢興，學者始推五德生勝，以秦爲閏位，於是正閏之論興矣。臣愚誠不足以知前代之正閏，竊以爲苟不能使九州合爲一統，皆有天子之名，而無其實者也。雖華夏仁暴、大小、强弱，或時不同，要皆與古之列國無異，豈得獨尊獎一國，謂之正統，而其餘皆爲僭僞哉！其地醜德齊，莫能相壹，名號不異，本非君臣者，皆以列國之制處之。彼此均敵，無所抑揚，庶幾不誣事實，近於至公。昭烈之於漢，雖云中山靖王之後，而族屬疏遠，不能紀其世數名位，亦猶宋高祖稱楚元王後，南唐烈祖稱吳王恪後，是非難辨，故不敢以光武及晉元帝爲比，使得紹漢氏之遺統也。」郝經曰：「漢建安末，曹氏廢漢，自立稱魏，孫氏據江左，僭號稱吳。昭烈以宗子繼漢，即位于蜀，討賊恢復，卒莫能相一，而折入于晉。晉平陽侯相陳壽，故漢吏也。漢亡仕晉，作三國志，以曹氏繼漢，而不與昭烈，稱之曰蜀，鄙爲偏霸僭僞，于是統體不正，大義不明，紊其綱維，故稱號論議，皆失其正。」又曰：「魏、晉自以爲正統相繼，故不舉昭烈之謚，稱曰先主。陳壽遂不以漢爲帝紀，曰先主傳，非也。先主者，大夫稱其先大夫之辭也。繼漢而不稱漢，未嘗稱蜀而稱蜀，蔑劣甚矣。」顧炎武曰：「春秋時，稱卿大夫曰主。南唐降號江南國主，亦以奉中國正朔，自貶其號。若劉玄德帝蜀，謚昭烈，葬惠陵，初無貶絀；末帝降魏，

封安樂公，自可以本封爲號。陳壽創先主、後主之名，常璩蜀志因之。千載之後，猶沿此稱，殊爲不當。如杜甫詩中稱蜀主，非知人論世之學也。」或曰：「魏武係追尊，猶稱帝稱紀，三國鼎立，既作蜀志，宜稱漢昭烈帝爲是。」劉咸炘曰：「史之有紀，乃一書之綱領，非帝者之上儀。然紀必取一時之主，三方鼎峙，莫適爲主，承祚則仍守舊法，以一方爲紀，而餘二方爲傳。然二方主傳，又爲彼二方之綱，故不得不仍用紀體，此實向來未有之例，固不可以爲有心貶吳、蜀也。」又曰：「原承祚本意，蓋以三方皆當爲紀，而一書不可三紀，故既不得不用紀體，又不得不名爲傳，以爲史法之不得不然也。」

先主姓劉，諱備，字玄德，涿郡涿縣人，〔一〕漢景帝子中山靖王勝之後也。〔二〕勝子貞，元狩六年封涿縣陸城亭侯，坐酎金失侯，因家焉。〔三〕

典略曰：備本臨邑侯枝屬也。〔四〕

先主祖雄，父弘，世仕州郡。雄舉孝廉，官至東郡范令。〔五〕

〔一〕郡國志：「幽州涿郡，治涿。」一統志：「涿縣故城，今順天府涿州治。」

〔二〕漢書景十三王傳：「孝景皇帝十四男，賈夫人生中山靖王勝，中山靖王勝以孝景前三年立。勝爲人樂酒好內，有子百二十餘人。」郝經曰：「武帝詔諸侯王得推恩侯支庶子弟，靖王百餘子，侯者五人。」弼按：中山靖王子封侯，見漢書王子侯表及水經注者七人，詳下。

〔三〕漢書王子侯表：「中山靖王子廣望節侯忠、將梁侯朝平、薪館侯未央、陸城侯貞、薪處侯嘉。」水經滱水注云：「滱水東過安憙縣南，漢武帝元朔五年，封中山靖王子劉應爲侯國。」又云：「滱水東南逕任丘城南，又東南逕安郭亭南。漢武帝元朔五年，封中山靖王子劉傳富爲侯國。」又云：「滱水又東北逕博陵縣故城南，即古陸成。漢武帝元朔二年，封中山靖王子劉貞爲侯國。」又云：「博水又東逕廣望縣故城北，漢武帝元朔二年，封中山靖王子劉忠爲侯國。」

又北逕清涼城東，即將梁也。漢武帝元朔二年，封中山靖王子劉朝平爲侯國。」一統志：「博陵故城，今直隸保定府蠡縣南，漢置陸城縣，封劉貞爲侯國。後漢廢入蠡吾，改置博陵。」史記平準書：「列侯坐酎金失侯者百餘人。」如淳曰：「漢儀注：王子爲侯，侯歲以戶口酎黃金於漢廟，皇帝臨受獻金以助祭。大祀日飲酎，飲酎受金，金少不如斤兩，色惡，王削縣，侯免國。」漢書景帝紀「高廟酎」張晏曰：「正月旦作酒，八月成，名曰酎。酎之言純也。至武帝時，因八月嘗酎會諸侯廟中，出金助祭，所謂酎金也。」師古曰：「酎，三重釀醇酒也。味厚，故以薦宗廟。酎音直救反。」潘眉曰：「前漢無鄉亭之封。攷漢書王子侯表貞封陸成侯，無亭字。地理志：陸成，中山國縣名，貞爲中山靖王之後，故封中山國之陸成縣侯，成字無土旁。王子侯表陸成侯下注涿字，亦誤。」又曰：「失侯在元鼎五年，始當家陸成，後徙涿耳。」官本攷證陳浩曰：「漢書王子侯表陸城侯貞元朔二年六月甲午封，元鼎五年坐酎金免。此云元狩六年，恐誤。」何焯曰：「元朔二年封，十五年元鼎五年免，蓋以始封之明年爲元年也。此云元狩六年，少十年矣。恐誤。」又曰：「續漢書百官志宗正卿下注云：郡國歲因計上宗室名籍。劉昭注引胡廣曰：又歲一治諸王世譜差序秩第，故西京枝屬其後衰者，猶皆可考。」趙一清曰：「漢表陸城是縣侯，非亭侯也。」又曰：「地理志：涿郡無陸城，陸城中山國之屬縣也。博陵，史記蠡吾故縣，蠡吾屬涿郡，故表云涿也。二縣川土相鄰矣。」（趙説見水經注釋卷十一。）錢大昕曰：「陸城本中山之地，貞以王子封侯，改隸涿郡；其後失侯，地入於漢爲縣。宣、元之世，中山王絶而更封，仍以縣還中山也。」（錢説見水經注疏要删。）錢儀吉曰：「涿縣當爲涿郡。」周壽昌曰：「華陽國志貞作真。漢武時以酎金失侯者，皆元鼎五年事。」

〔四〕後漢書北海靖王興傳：「建武三十年，封興子復爲臨邑侯。」郡國志：「兖州東郡臨邑。」一統志：「臨邑故城，今山東泰安府東阿縣北。」弼按：興爲光武兄伯升之子，興子復封臨邑侯，不解先主何以爲臨邑侯枝屬。或因與光武同出自景帝乎？胡三省曰：「蜀書云：備，中山靖王勝子陸城亭侯貞之後。然自祖父以上，世系不可攷。」沈家本曰：「漢表無臨邑，而中山靖王子有臨樂敦侯光，典略所言，或即指此，然與傳文異矣。范史北海靖王興傳子復爲臨邑侯，注：臨邑縣屬東海，然則臨邑侯乃齊武王之裔，非中山枝屬，惟臨邑國在東海，不聞遷涿，典略之說非也。」

〔五〕一統志：「范縣故城，今山東曹州府范縣東南二十里。」

先主少孤，與母販履織席爲業。舍東南角籬上，有桑樹生高五丈餘，遥望見童童如小車蓋，往來者皆怪此樹非凡，或謂當出貴人。〔一〕

漢晉春秋曰：涿人李定云：「此家必出貴人。」

先主少時，與宗中諸小兒於樹下戲，言「吾必當乘此羽葆蓋車」。〔二〕叔父子敬謂曰：〔三〕「汝勿妄語，滅吾門也！」年十五，母使行學，與同宗劉德然、遼西公孫瓚俱事故九江太守同郡盧植。〔四〕德然父元起，常資給先主，與德然等。元起妻曰：「各自一家，何能常爾邪！」元起曰：〔五〕「吾宗中有此兒，非常人也。」而瓚深與先主相友。瓚年長，先主以兄事之。先主不甚樂讀書，喜狗馬、音樂、美衣服。身長七尺五寸，垂手下膝，〔六〕顧自見其耳。〔七〕少語言，善下人，喜怒不形於色。好交結豪俠，年少爭附之。中山大商張世平、蘇雙等貲累千金，販馬周旋於涿郡，見而異之，乃多與之金財，先主由是得用合徒衆。〔八〕

〔一〕趙一清曰：「水經巨馬水注：督亢溝水東經涿縣酈亭樓桑里南，即劉備之舊里也。方輿紀要卷十一，樓桑村在涿州西南十五里。」

〔二〕續漢志輿服志「羽蓋華蚤」。徐廣曰：「翠羽蓋，黃裏，所謂黃屋車也。」東京賦曰：「樹翠羽之高蓋。」薛綜曰：「樹翠羽爲蓋，如雲龍矣。」

〔三〕錢大昭曰：「扶風孟達字子敬，避先主叔父敬，改爲子度，見劉封傳。」

〔四〕植事詳見魏志盧毓傳。范書植傳：「植字子幹，涿郡涿人。熹平四年，九江蠻反，四府選植才兼文武，拜九江太守，蠻寇賓服。以疾去官。」弼按：先主年十五，爲靈帝熹平四年，師事盧植，當在植去官歸里之時，故傳文云「故九江太守」也。

〔五〕宋本、馮本、吳本、毛本無「元」字。

〔六〕華陽國志「手」作「臂」，通鑑「膝」作「厀」。胡三省曰：「厀與膝同，言其有異相也。」

〔七〕范書呂布傳：「布目備曰：大耳兒最叵信。」

〔八〕華陽國志：「河東關羽雲長，同郡張飛益德，並以壯烈爲禦侮。」

靈帝末，黄巾起，州郡各舉義兵，先主率其屬從校尉鄒靖討黄巾賊有功，除安喜尉。〔一〕

典略曰：平原劉子平知備有武勇，時張純反叛，〔二〕青州被詔，遣從事將兵討純。過平原，子平薦備於從事，遂與相隨，遇賊於野。備中創陽死，賊去後，故人以車載之，得免。後以軍功，爲中山安喜尉。

督郵以公事到縣，〔三〕先主求謁，不通，直入縛督郵，杖二百，解綬繫其頸著馬枊，〔四〕棄官亡命。〔五〕

典略曰：其後州郡被詔書，其有軍功爲長吏者，當沙汰之。備疑在遣中。督郵至縣，當遣備，備素知之。聞督郵在傳舍，備欲求見督郵，督郵稱疾，不肯見備。備恨之，因還治，將吏卒更詣傳舍，突入門，言「我被府君密教收督郵」。遂就牀縛之，〔六〕將出到界，自解其綬，以繫督郵頸，縛之著樹，鞭杖百餘下，欲殺之。督郵求哀，乃釋去之。

頃之，大將軍何進遣都尉毌丘毅詣丹陽募兵，先主與俱行，至下邳遇賊，力戰有功，除爲下密丞。〔七〕復去官。後爲高唐尉，〔八〕遷爲令。

英雄記云：靈帝末年，備嘗在京師，復與曹公俱還沛國，〔九〕募召合衆。會靈帝崩，天下大亂，備亦起軍，從討董卓。

爲賊所破，往奔中郎將公孫瓚，〔一〇〕瓚表爲別部司馬，〔一一〕使與青州刺史田楷以拒冀州牧袁紹。〔一二〕數有戰功，試守平原令，後領平原相。〔一三〕郡民劉平素輕先主，恥爲之下，使客刺之，客不忍刺，語之而去。其得人心如此。〔一四〕

魏書曰：劉平結客刺備，備不知而待客甚厚。客以狀語之而去。是時人民饑饉，屯聚鈔暴，備外禦寇難，内豐財施，士之下者，必與同席而坐，同簋而食，無所簡擇，衆多歸焉。〔一五〕

〔一〕討賊事在中平元年，見華陽國志，時先主年二十四歲。郡國志：「冀州中山國安熹，本安險，章帝更名。」水經滱水篇：「滱水又東過安憙縣南。」酈注云：「縣故安險也，漢章帝改曰安憙。中山記曰：縣在唐水之曲，山高岸險，故曰安險；邑豐民安，改曰安憙。」一統志：「安熹故城，今直隸定州東三十里。」續百官志：「尉，大縣二人，小縣一人。尉主盜賊。」

〔二〕范書靈帝紀：「中平四年，漁陽人張純與同郡張舉舉兵叛。」

〔三〕續百官志：「其監屬縣，有五部督郵曹掾一人。」

〔四〕原注：「五莽反。」說文：「繫馬柱也。」康發祥曰：「蓋解綬繫其頸，而著於繫馬柱也。」

〔五〕華陽國志：「以綬繫督郵頭頸，著馬柳柱，委官亡命。」

〔六〕元本「就牀」作「兢林」，誤。

〔七〕郡國志：「青州北海國下密。」一統志：「下密故城，今山東萊州府昌邑縣東。」續百官志：「凡縣，丞一人。」

〔八〕郡國志：「青州平原郡高唐。」一統志：「今山東濟南府禹城縣西南境。」

〔九〕「復」，宋本作「後」。此爲中平六年事，曹操變易姓名，閒行東歸，見魏志武紀卷首。是時曹操年三十五歲，先主年二十九歲。

〔一〇〕魏志瓚傳：「瓚追討漁陽張純有功，遷騎都尉。屬國烏丸貪至王詣瓚降，遷中郎將。」

〔一一〕續百官志：「其別領營屬爲別部司馬。」郝經曰：「凡曰表，表請朝命也。」

〔一二〕各本「與」皆作「爲」。錢大昕曰：「爲字誤，當是助字之譌。」弼按：下文先主與田楷東屯齊，此亦當作與字。郝經續後漢書云：「初平二年夏六月，袁紹逐冀州牧韓馥，自領州；攻瓚所置青州刺史田楷。冬十月，瓚表昭烈爲別部司馬，使爲楷拒紹。」仍作「爲」字。林國贊曰：「武紀：呂布復爲袁術；呂布傳：布復叛爲術；本傳：郡縣多叛曹公爲先主。凡此皆爲猶助也。趙雲傳：瓚遣先主爲田楷拒袁紹，正與此同，爲字似不必改助。」

〔一三〕郡國志：「青州平原郡，治平原。」一統志：「平原故城，今山東濟南府平原縣西南五十里。」平原王石，見范書匽后傳。章懷注：「石，蠡吾侯翼子，桓帝兄也。」錢大昭後漢書補表云：「平原王碩，建和二年封，建安十一年國除。」弼按：桓、靈閒平原郡復爲國，故先主爲平原相也。

〔一四〕趙一清曰：「前注引典略言：平原劉子平薦先主，此言劉平刺之，何相反也？豈先主失歡於故人邪？抑別一人也。」

〔一五〕華陽國志：「北海相魯國孔融爲黃巾所圍，使太史慈求救於先主。先主曰：孔文舉聞天下有劉備乎？以兵救之。」

袁紹攻公孫瓚，先主與田楷東屯齊。曹公征徐州，徐州牧陶謙遣使告急於田楷，楷與先主俱救之。時先主自有兵千餘人及幽州烏丸雜胡騎，又略得饑民數千人。既到，謙以丹陽兵四千益先主，先主遂去楷歸謙。謙表先主爲豫州刺史，屯小沛。〔一〕謙病篤，謂別駕麋竺曰：〔二〕「非劉備不能安此州也。」謙死，竺率州人迎先主，先主未敢當。下邳陳登謂先主曰：「今漢室陵遲，海内傾覆，立功立事，在於今日。鄙州殷富，户口百萬，〔三〕欲屈使君撫臨州事。」先主曰：「袁公路近在壽春，此君四世五公，海内所歸，君可以州與之。」登曰：「公路驕豪，非治亂之主。今欲爲使君合步騎十萬，上可以匡主濟民，成五霸之業；下可以割地守境，書功於竹帛。〔四〕若使君不見聽許，登亦未敢聽使君也。」北海相孔融謂先主曰：「袁公路豈憂國忘家者邪？冢中枯骨，何足介意！〔五〕今日之事，百姓與能，天與不取，悔不可追。」〔六〕先主遂領徐州。〔七〕

獻帝春秋曰：陳登等遣使詣袁紹曰：「天降災沴，〔八〕禍臻鄙州，州將殂殞，生民無主，恐懼姦雄，一旦承隙，〔九〕以貽盟主日昃之憂，〔一〇〕輒共奉故平原相劉備府君以爲宗主，永使百姓知有依歸。方今寇難縱横，〔一一〕不遑釋甲，謹遣下吏奔告于執事。」紹答曰：「劉玄德弘雅有信義，今徐州樂戴之，誠副所望也。」

袁術來攻先主，先主拒之於盱眙、〔一二〕淮陰。〔一三〕曹公表先主爲鎮東將軍，〔一四〕封宜城亭侯。〔一五〕是歲，建安元年也。〔一六〕先主與術相持經月，吕布乘虚襲下邳，〔一七〕下邳守將曹豹反，間迎布。布虜先主妻子，〔一八〕先主轉軍海西。〔一九〕

英雄記曰：備留張飛守下邳，引兵與袁術戰於淮陰石亭，〔二〇〕更有勝負。陶謙故將曹豹在下邳，張飛欲殺之。豹衆堅營自守，使人招呂布。〔二一〕布取下邳，張飛敗走。備聞之，引兵還，北至下邳，〔二二〕兵潰。收散卒東取廣陵，與袁術戰，又敗。〔二三〕

楊奉、韓暹寇徐、揚閒，先主邀擊，盡斬之。〔二四〕

〔一〕李賢曰：「高祖本泗水郡沛縣人，及得天下，改泗水爲沛郡，小沛即沛縣。」胡三省曰：「沛國治相縣，而沛自爲縣，屬沛國，時人謂沛縣爲小沛，由此時呼備爲劉豫州，豫州刺史本治譙，備領刺史，而屯小沛。按此時又有豫州刺史郭貢，朝命不行，私相署置者也。」弼按：魏志武紀興平元年，陶謙將曹豹與劉備屯郯，東要太祖，太祖擊破之。陶謙死，劉備代之。又按：豫州刺史郭貢，見魏志荀彧傳。一統志：「沛縣故城，今江蘇徐州府沛縣東。」

〔二〕毛本、吴本「麋」作「糜」，誤。胡三省曰：「姓譜：楚大夫受封於南郡麋亭，因以爲氏。或言：工尹麋之後，以名爲氏。」李慈銘曰：「本作麋，从鹿，音武悲切。漢有麋敬，蜀有麋竺、麋芳。廣韻六脂、王應麟姓氏急就章皆同，並無作糜之姓。」

〔三〕各本「鄙州」皆作「彼州」，華陽國志作「鄙州」。錢大昕曰：「作鄙州是。登下邳人，下邳屬徐州，故云鄙州也。彼字誤。」沈家本曰：「續志：徐州部户四十七萬六千五十四，口二百七十九萬一千六百八十三。此稱百萬，已耗其十之六七矣。夫徐州經曹操屠戮之餘，而遺黎尚有是數，則先時之殷富可知。若冀州則操克譚、尚之後，僅得三十萬，其屠戮更何如哉！」

〔四〕胡三省曰：「觀登此言，固未易才也。」

〔五〕胡三省曰：「融言冢中枯骨，何足介意，正爲四世五公發也。」

〔六〕胡三省曰：「易曰：人謀鬼謀，百姓與能。言百姓惟能者是與也。前書曰：天與不取，反受其咎。」

〔七〕是時曹操新失兖州，還擊呂布，非不欲兼併徐州也。
〔八〕官本「沴」作「殄」。
〔九〕元本「承」作「乘」。
〔一〇〕盟主，謂袁紹也。
〔一一〕元本「難」作「讎」。
〔一二〕漢書地理志：「臨淮郡盱眙。」應劭曰：「音吁怡。」郡國志：「徐州下邳國盱台。」一統志：「今安徽泗州盱眙縣東北，縣東四十里有盱眙山。說文張目爲盱，舉目爲眙。城居山之上，可以眺遠，故名。」
〔一三〕漢書地理志：「臨淮郡淮陰。」郡國志：「徐州下邳郡淮陰。」劉昭注：「下鄉有南昌亭，韓信寄食處。」王先謙曰：「三國魏改屬廣陵郡。」胡三省曰：「魏廣陵郡治。」一統志：「淮陰故城，今江蘇淮安府清河縣東南。」
〔一四〕建安元年六月，曹操遷鎮東將軍，同時不得有兩鎮東。蓋操之鎮東爲楊奉所表請，見魏志董昭傳，先主之鎮東爲操所表請，羣帥表薦，各不相謀也。
〔一五〕郡國志：「荆州南郡宜城。」一統志：「今湖北襄陽府宜城縣南。」
〔一六〕先主時年三十六歲。
〔一七〕郡國志：「徐州下邳國，治下邳。」一統志：「今江蘇徐州府邳州東三里，漢徐州刺史治郯，漢末徐州牧徙治下邳。」
〔一八〕麋竺進妹於先主，在此時，見竺傳。
〔一九〕郡國志：「徐州廣陵郡海西。」一統志：「今江蘇海州南。」
〔二〇〕謝鍾英曰：「石亭在今江蘇淮安府山陽縣境。」
〔二一〕「招」一作「召」。

〔一二〕通鑑「北」作「比」。

〔一三〕趙一清曰：「呂布傳注引英雄記，與此異。一書自相違伐，殆不可解。通鑑從彼注。」

〔一四〕通鑑考異曰：「暹、奉後與呂布同破袁術，於時未死也，備傳誤。」弼按：暹、奉與呂布同破袁術爲建安二年事。魏志董卓傳：「暹、奉不能奉王法，各出奔寇徐、揚間，爲劉備所殺。」范書董卓傳：「奉、暹要遮車駕不及，縱暴揚、徐間。明年，左將軍劉備誘奉斬之。暹走并州，爲人所殺。」當在建安二年末，此傳誤書在前。沈家本曰：「范史董卓傳：明年，左將軍劉備誘奉斬之。暹懼，走并州，道爲人所殺。注引九州春秋曰：爲張宣所殺。是奉爲先主所斬，而暹則非也。魏志董卓傳亦云：暹、奉爲劉備所殺，而注引英雄記所言與范史同，恐此傳及魏志卓傳特約略之詞耳。范史所稱明年，指建安二年，而證之魏志呂布傳，先主屯小沛之後，布尚與暹、奉共破袁術，則暹、奉之死，又在其後。此叙于屯小沛之先，誠爲顛倒，不免如考異之所譏。至魏志卓傳叙此事於建安元年，則終言之詞，又不必議也。」

先主求和於呂布，布還其妻子。先主遣關羽守下邳，先主還小沛，〔一〕

英雄記曰：備軍在廣陵，饑餓困敗，〔二〕吏士大小自相啖食，窮餓侵偪，欲還小沛，遂使吏請降布。布令備還州，并勢擊術。具刺史車馬童僕，發遣備妻子、部曲、家屬於泗水上，〔三〕祖道相樂。〔四〕

魏書曰：〔五〕諸將謂布曰：「備數反覆難養，宜早圖之。」布不聽，以狀語備，備心不安，而求自託，使人説布，求屯小沛，布乃遣之。

復合兵得萬餘人。呂布惡之，自出兵攻先主，先主敗走，歸曹公。曹公厚遇之，〔六〕以爲豫州牧。將至沛收散卒，給其軍糧，益與兵使東擊布。布遣高順攻之，曹公遣夏侯惇往，不能救，爲順所敗，復虜先主妻子送布。曹公自出東征。

英雄記曰：建安三年春，布使人齎金，欲詣河内買馬，爲備兵所鈔。布由是遣中郎將高順、北地太守張遼等〔七〕攻備。九月，遂破沛城，備單身走，獲其妻息。〔八〕十月，曹公自征布，備於梁國界中與曹公相遇，遂隨公俱東征。

助先主圍布於下邳，生禽布。先主復得妻子，從曹公還許，表先主爲左將軍，禮之愈重。出則同輿，坐則同席。袁術欲經徐州北就袁紹，曹公遣先主督朱靈、路招要擊術，未至，術病死。〔九〕

〔一〕通鑑考異曰：「遣關羽守下邳，此在布敗後，備傳誤也。」弼按：魏志呂布傳云：「備東擊術，布襲取下邳，備還歸布，布遣備屯小沛，布自稱徐州刺史。」布既據有下邳，必不容關羽同城共守，若關羽守下邳，則與下文曹公助先主圍下邳之語相矛盾，且與後文先主殺徐州刺史車冑，留關羽守下邳而身還小沛之語相複，其誤無疑。若云布還其妻子，遣先主還小沛，於當日情勢方合。

〔二〕宋本「敗」作「踧」。

〔三〕水經淮水篇：「淮水又東北至下邳淮陰縣西，泗水從西北來流，注之。」酈注云：「淮、泗之會，即角城也。左右兩川，翼夾二水，決入之所，所謂泗口也。」

〔四〕一本「相」作「張」，毛本缺字。

〔五〕局本奪「曰」字，誤。

〔六〕監本「厚」作「後」，誤。

〔七〕趙一清曰：「張遼傳：遼從布於徐州時，領魯相。」

〔八〕宋本作「獲將士妻息」。

〔九〕范書獻帝紀：「建安四年夏六月，袁術死。」

先主未出時，獻帝舅車騎將軍董承

臣松之案：董承，漢靈帝母董太后之姪，於獻帝爲丈人。蓋古無丈人之名，故謂之舅也。〔一〕

辭受帝衣帶中密詔，當誅曹公，先主未發。〔二〕是時曹公從容謂先主曰：「今天下英雄，惟使君與操耳！本初之徒，不足數也。」先主方食，失匕箸。〔三〕

華陽國志云：〔四〕于時正當雷震，備因謂操曰：「聖人云，迅雷風烈必變，良有以也。〔五〕一震之威，乃可至於此也！」〔六〕

遂與承及長水校尉种輯、〔七〕將軍吳子蘭、王子服等〔八〕同謀，會見使，未發，事覺，承等皆伏誅。

獻帝起居注曰：承等與備謀，未發，而備出。承謂服曰：「郭多有數百兵，壞李傕數萬人，〔九〕但足下與吾同不耳。昔呂不韋之門，須子楚而後高，〔一〇〕今吾與子由是也。」服曰：「惶懼不敢當，且兵又少。」承曰：「舉事訖，得曹公成兵，顧不足邪？」服曰：「今京師豈有所任乎？」承曰：「長水校尉种輯、議郎吳碩，是吾腹心辦事者。」遂定計。

〔一〕何焯曰：「按此，則古人凡外家大人行，通謂之舅。」趙一清曰：「董承故董卓壻牛輔部曲將。皇甫酈謂李傕曰：近董公內有董旻、承、璜以爲鯁毒。旻，卓弟；璜亦卓兄子，則承必其支屬。其後有功獻帝，又以其女爲貴人，故謂之舅邪？裴以承爲董太后之姪，恐非。」（趙氏又有說見董卓傳注，與此說異。）錢儀吉曰：「曹操之弒伏后，范書伏后紀中備載其事。其殺董承夷三族，董后紀不書，蓋承非后族也。」弼按：范書伏后紀，董承女爲貴人，操誅承而求貴人殺之。帝以貴人有娠，累爲請，不能得。本傳稱舅者，蓋以女爲貴人也。至云承爲董后之姪，董卓之支屬，均未知何據。

〔二〕劉咸炘曰：「辭字當删，先主未發四字亦贅。」

〔三〕胡三省曰：「備以操知其英雄，懼將圖己，故驚失匕筯也。匕，匙也；筯，挾也。筯，遲助翻。」

〔四〕晉書載記第二十一云：「散騎常侍常璩等勸李勢降桓温。」隋書經籍志霸史類：「華陽國志十二卷，常璩撰。」舊唐志三卷，新唐志十三卷。高似孫史略云：「華陽國志十二卷，晉常璩志巴、漢風俗，公孫以後據蜀事。宋元豐戊午，吕大防華陽國志序云：晉常璩作華陽國志，於一方人物，丁寧反覆，如恐有遺。雖蠻髦之民，井臼之婦，苟有可紀，皆著於書。且云得之陳壽所爲耆舊傳。壽嘗爲郡中正，故能著述若此之詳。自先漢至晉初，踰四百歲，士女可書者，四百人，亦可謂衆矣。此書雖繁富，不及承祚之精微，然議論忠篤，樂道人之善，蜀記之可觀，未有過於此者。鏤行於世，庶有益於風教云。嘉泰甲子李垔序云：予嘗考其書，部分區别，各有條理。其指歸有三焉：首述巴、蜀、漢中、南中之風土，次列公孫述、劉二牧、蜀二主之興廢，及晉太康之混一，以迄於特、雄、壽、勢之僭竊，繼之以兩漢以來先後賢人，梁、益、寧三州士女總贊，序志終焉。就其三者之間，於一方人物，尤致深意。雖侏離之氓，賤俚之婦，苟有可取，在所不棄，此尤足以弘宣風教，使善惡知所懲勸，豈但屑屑於山川物産，以資廣見異聞而已乎。」四庫提要云：「晉常璩字道將，江原人。李勢時官至散騎常侍，勸勢降桓温，蓋亦譙周之流也。其書所述，始於開闢，終於永和三年。首爲巴志，次漢中志，次蜀志，次南中志，次公孫劉二牧志，次劉先主志，次劉後主志，次大同志。大同者，紀漢、晉平蜀之後事也。次李特雄期壽勢志，次先賢士女總讚論，次後賢志，次序志，次三州士女目録。宋元豐中，吕大防嘗刻於成都，大防自爲之序，又有嘉泰甲子李垔序。嘉慶甲戌廖寅序云：其書稱華陽者，晉代梁、益、寧三州故禹貢梁州之域，爲今四川省及雲南并陝西漢中迤南之境。按禹貢，華陽黑水惟梁州，注疏以華爲華岳，恐此華在迤東，陽爲荆州，非梁州。秦本紀：武公元年伐彭戲氏，至於華山下，居平陽封宮。正義曰：封宮在岐州平陽城内也。

則此華山在岐州之北，其南正值梁、益，與太華不同。黑水，據括地志云：源出梁州成固縣西北太山，亦與三危之黑水殊異。說經者誤以此爲滇池之黑水，又謂瀘水，皆誤。然常氏書以此爲名，而未記載辨析，惟蜀志云：五岳則華山表其陽，特用補其義云。」

〔五〕胡三省曰：「論語記孔子之容。」

〔六〕馮本「可」作「何」。華陽國志下有「公亦悔失言之語」。

〔七〕范書獻帝紀作越騎校尉。

〔八〕范書作偏將軍王服。趙一清曰：「武侯表云，任用李服，而李服圖之，服豈別姓李邪？」

〔九〕馮本「傕」作「催」，誤。

〔一〇〕史記呂不韋傳：「呂不韋者，陽翟大賈人也。秦安國君中男名子楚，質於趙。呂不韋賈邯鄲，見而憐之曰：此奇貨可居。乃往見子楚，說曰：吾能大子之門。子楚笑曰：且自大君之門，而乃大吾門？呂不韋曰：子不知也，吾門待子門而大。」

先主據下邳，靈等還，先主乃殺徐州刺史車胄，留關羽守下邳，而身還小沛。〔一〕

胡沖吳歷曰：曹公數遣親近，密覘諸將有賓客酒食者，輒因事害之。備時閉門，將人種蕪菁，曹公使人闚門。既去，備謂張飛、關羽曰：「吾豈種菜者乎？曹公必有疑意，不可復留。」其夜開後栅，〔二〕與飛等輕騎俱去，所得賜遺衣服，悉封留之，乃往小沛收合兵衆。〔三〕

臣松之案：魏武帝遣先主統諸將，要擊袁術，郭嘉等並諫，魏武不從，其事顯然，非因種菜遁逃而去，如胡沖所云，何乖僻之甚乎！

東海昌霸反，〔四〕郡縣多叛曹公爲先主，衆數萬人。遣孫乾與袁紹連和，曹公遣劉岱、王忠擊之，不克。五年，曹公東征先主，先主敗績。

魏書曰：是時公方有急於官渡，乃分留諸將屯官渡，自勒精兵征備。備初謂公與大敵連，不得東，而候騎卒至，言曹公自來。備大驚，然猶未信；自將數十騎出，望公軍，見麾旌，便棄衆而走。〔五〕

曹公盡收其衆，虜先主妻子，并禽關羽以歸。

〔一〕通鑑考異引魏志，備殺車冑在前，董承死在後，證蜀志之誤。詳見魏志武紀建安四年。

〔二〕宋本「棚」作「栅」。

〔三〕華陽國志云：「先主還沛廨，公使覘之，見其方披葱，使厮人爲之不端，正舉杖擊之。公曰：大耳翁未之覺也。其夜，先主急東行，程昱、郭嘉復言之，公馳使追之，不及。先主遂殺徐州刺史車冑以叛，留關羽行下邳太守事，身還小沛，而承等謀洩，受誅。」

〔四〕昌霸即昌豨，見魏志武紀建安五年。

〔五〕通鑑考異曰：「計備必不至此，魏書多妄。」

先主走青州，青州刺史袁譚，先主故茂才也，〔一〕將步騎迎先主。先主隨譚到平原，譚馳使白紹，紹遣將道路奉迎，身去鄴二百里，〔二〕與先主相見。

魏書曰：備歸紹，紹父子傾心敬重。

駐月餘日，所失亡士卒稍稍來集。曹公與袁紹相拒於官渡，汝南黄巾劉辟等叛曹公應紹，紹遣先主將兵與辟等略許下。〔三〕關羽亡歸先主。曹公遣曹仁將兵擊先主，先主還紹軍，陰欲離紹，乃説紹南連荆州牧劉表。紹遣先主將本兵復至汝南，與賊龔都等合，衆數千人。曹公遣

蔡陽擊之，〔四〕爲先主所殺。〔五〕

〔一〕錢大昕曰：「汝南在豫州部，先主領豫州牧，得舉譚茂才。」

〔二〕御覽「二」作「三」。胡三省曰：「紹遠出迎備，重敬之也。」

〔三〕魏志曹仁傳：「紹遣劉備徇㶏强諸縣，多舉衆應之。自許以南，吏民不安。」

〔四〕魏志武紀「龔」作「共」，「陽」作「揚」。

〔五〕事在建安五年。

曹公既破紹，自南擊先主。先主遣麋竺、孫乾與劉表相聞，表自郊迎，以上賓禮待之，益其兵，使屯新野。〔一〕荊州豪傑歸先主者日益多，〔二〕表疑其心，陰禦之。

九州春秋曰：備住荊州數年，〔三〕嘗於表坐起至廁，見髀裏肉生，慨然流涕。還坐，表怪問備，備曰：「吾常身不離鞍，〔四〕髀肉皆消；今不復騎，髀裏肉生。日月若馳，〔五〕老將至矣，〔六〕而功業不建，是以悲耳。」〔七〕

世語曰：備屯樊城，〔八〕劉表禮焉，憚其爲人，不甚信用。曾請備宴會，蒯越、蔡瑁欲因會取備，備覺之，僞如廁，潛遁出。所乘馬名的盧，騎的盧走，渡襄陽城西檀溪水中，〔九〕溺不得出。備急曰：「的盧，今日厄矣，可努力！」的盧乃一踊三丈，遂得過。乘桴渡河，中流而追者至，以表意謝之，曰：「何去之速乎！」

孫盛曰：此不然之言。備時羈旅，〔一〇〕客主勢殊，若有此變，豈敢晏然終表之世而無釁故乎？此皆世俗妄說，非事實也。〔一一〕

使拒夏侯惇、于禁等於博望。〔一二〕久之，先主設伏兵，一旦自燒屯僞遁，惇等追之，爲伏兵所破。〔一三〕

〔一〕事在建安六年。郡國志：「荆州南陽郡新野。」一統志：「今河南南陽府新野縣治南。」詳見魏志武紀建安十三年。

〔二〕諸葛亮傳：「先主屯新野，詣亮，凡三往。」建興五年，亮上疏云：「受任於敗軍之際，爾來二十有一年矣。」據此以推先主之得亮，當在建安十二年，此時初屯新野，雖豪傑歸附，尚未得亮也。

〔三〕自建安六年至十三年，住荆州八年。

〔四〕宋本「吾」作「平」，通鑑同。

〔五〕通鑑「若馳」作「如流」。

〔六〕建安八九年，時先主年四十餘矣。

〔七〕胡三省曰：「史言備志氣不衰，所以能成三分之業。」

〔八〕樊城，今湖北襄陽縣北，與襄陽隔水對峙。胡三省曰：「樊城在襄陽東，北臨漢水，周大夫樊仲山甫之邑也。」

〔九〕宋本「渡」作「墮」。水經沔水注：「沔水又東合檀溪水，又北逕檀溪，謂之檀溪水。谿之陽有徐元直、崔州平故宅，谿水旁城北注。昔劉備爲景升所謀，乘的顱馬西走，墜于斯谿，西去城里餘，北流注于沔。」趙一清曰：「御覽卷八百九十七引傅玄乘輿馬賦云：劉備之初降也，太祖賜之驄馬，使自至廄選之。名馬以百數，莫可意者。次至下廄，有的盧馬，委棄莫視，瘦瘁骨立。劉備撫而取之，衆莫不笑之。其後劉備奔於荆州，逸足電發，追不可逮，衆乃服焉。世說注引伯樂相馬經：馬白額入口至齒者，名曰榆雁，一名的盧。奴乘客死，主乘棄市。凶馬也。」

〔一〇〕宋本「羈」作「羇」。

〔一一〕郝經曰：「陳志：豪傑歸先主者日益多，表疑其心，陰禦之。則越、瑁之譖，或有之；檀溪之急，似不爲妄也。」

〔一二〕郡國志：「荆州南陽郡博望。」一統志：「今河南南陽府南陽縣東北六十里。」弼按：博望在新野北，在魯陽與南陽之閒。

〔一三〕劉表使劉備北侵至葉，夏侯惇率諸軍追擊，戰不利，見李典傳。

十二年，曹公北征烏丸，先主說表襲許，〔一〕表不能用。

漢晉春秋曰：曹公自柳城還，〔二〕表謂備曰：「不用君言，故爲失此大會。」備曰：「今天下分裂，日尋干戈，事會之來，豈有終極乎？若能應之於後者，則此未足爲恨也。」〔三〕

曹公南征表，會表卒，〔四〕

英雄記曰：表病，上備領荆州刺史。

魏書曰：表病篤，託國於備，顧謂曰：「我兒不才，而諸將並零落。我死之後，卿便攝荆州。」備曰：「諸子自賢，君其憂病。」〔五〕或勸備宜從表言。備曰：「此人待我厚，今從其言，人必以我爲薄，所不忍也。」〔六〕

臣松之以爲表夫妻素愛琮，捨適立庶，情計久定，無緣臨終舉荆州以授備，此亦不然之言。

子琮代立，遣使請降。先主屯樊，不知曹公卒至，至宛，〔七〕乃聞之，遂將其衆去。過襄陽，〔八〕諸葛亮說先主攻琮，荆州可有。先主曰：「吾不忍也。」〔九〕

孔衍漢魏春秋曰：劉琮乞降，不敢告備，備亦不知，久之乃覺。遣所親問琮，琮令宋忠詣備宣旨。〔一〇〕是時曹公在宛，〔一一〕備乃大驚駭，謂忠曰：「卿諸人作事如此，不早相語；今禍至方告我，不亦太劇乎！」〔一二〕引刀向忠曰：「今斷卿頭，不足以解忿，亦恥大丈夫臨別復殺卿輩！」遣忠去，乃呼部曲議。或勸備劫將琮〔一三〕及荆州吏士徑南到江陵，〔一四〕備答曰：「劉荆州臨亡託我以孤遺，〔一五〕背信自濟，吾

所不爲，死何面目以見劉荊州乎！」〔一六〕

乃駐馬呼琮，琮懼，不能起。琮左右及荊州人，多歸先主〔一七〕

典略曰：備過辭表墓，〔一八〕遂涕泣而去。

比到當陽，〔一九〕衆十餘萬，輜重數千兩，日行十餘里。別遣關羽乘船數百艘，使會江陵。或謂先主曰：「宜速行，保江陵。今雖擁大衆，被甲者少，若曹公兵至，何以拒之？」先主曰：「夫濟大事，必以人爲本；今人歸吾，吾何忍棄去！」

習鑿齒曰：先主雖顛沛險難，而信義愈明，〔二〇〕勢偪事危，而言不失道。追景升之顧，則情感三軍；戀赴義之士，則甘與同敗。觀其所以結物情者，豈徒投醪撫寒、含蓼問疾而已哉！其終濟大業，不亦宜乎！

〔一〕毛本「許」作「計」，誤。

〔二〕毛本「柳」作「抑」，誤。

〔三〕此已見魏志劉表傳注。

〔四〕官本攷證盧明楷曰：「武帝紀：建安十三年秋七月，公南征劉表。八月，表卒。此云南征表繫於十二年，誤恐。上更有脱文也。」（何焯説同。）

〔五〕馮本「病」作「疾」。

〔六〕馮本「忍」作「爲」。

〔七〕郡國志：「南陽郡，治宛。」一統志：「今河南南陽府南陽縣治。」通鑑輯覽曰：「宛在新野之北，琮降在新野，操已過宛而南。及備聞知，不應復在宛也。」

〔八〕郡國志：「荆州南郡襄陽。」一統志：「今湖北襄陽縣治。」

〔九〕王懋竑曰：「夫跨有荆、益，乃隆中之本計，而以當日事勢揆之，恐諸葛公未必出此。是時曹操已在宛，軍勢甚盛，先主以羈旅之衆，乘隙以攻人之國，縱琮可取，操其可禦乎？先主之欲南據江陵，人衆數萬，操以五千騎追之，不戰而敗，至棄妻子而走，其不能拒操也決矣。孔衍漢魏春秋：或説備劫劉琮，得荆州人士，南據江陵，而不言諸葛公之計，其語爲是。通鑑盡載其語，而不從陳志。然參用陳志二語，謂攻劉琮，荆州可有。據孔衍書或説，乃劫劉琮得荆州人士，南據江陵耳，非攻琮遂能奄有荆州也。朱子論此，謂先主不攻劉琮，而取劉璋，爲經權俱失。先主之取劉璋自非，是乃出於不得已之計，若不攻劉琮，則固未爲失也。此亦朱子未定之論耳。」

〔一〇〕宋忠事見魏志劉表傳注。

〔一一〕宛距樊甚近，敵兵已入境，秘不相告，宜先主驚駭也。

〔一二〕胡三省曰：「劇，甚也。」

〔一三〕馮本「劫」作「却」，誤。

〔一四〕郡國志：「南郡，治江陵。」一統志：「今湖北荆州府江陵縣治。」

〔一五〕胡三省曰：「無父曰孤。遺，棄也；言父母棄之而去，故曰孤遺。今人謂孤獨無所依仰者爲孤遺。」

〔一六〕黄以周儆季雜箸史説略四云：「武侯在隆中爲先主計畫，跨有荆、益。先主深善其言，則蜀之欲得荆、益二州，其處心積慮，非一日矣。建安十三年，曹操南伐劉表，表死，子琮以荆州降，武侯勸先主攻劉琮，荆州可有。陳志諸葛本傳不載其謀，而附見于先主傳。先主以表託孤之故，而曰吾不忍也。魏、晉閒議論此事，大都如習鑿齒之見，皆韙先主而不直武侯。孔衍作漢魏春秋，深爲之諱，乃易史文作或勸，以爲非武侯策。裴注、通鑑皆以孔衍之説爲然。至程子、朱子乃以先主之不攻劉琮爲失權，後之論者，遂力斥先主之坐失機宜。夫以漢之土地，降賊臣操，是琮有可攻之道也。先主駐馬呼琮，琮懼不能起，是琮有易劫之勢也。荊、益之取，定計於隆中，是先主未嘗忘情于荊也。以託孤而不忍，不過英雄善欺人，借此美語以籠絡荊州人士而已。劉璋何負於先主，先主卒襲而有之，是先主亦未見有愛於琮也。以久思奪荊之雄才，而值此可攻之時，以未有愛琮之實意，而當此易劫之勢，時即有以荊州不宜攻諫者，亦將謂搖惑軍心斬之以徇，則荊州之取，初無待武侯之勸矣。勸之而猶不從，此無他，其心實怯於操兵耳。操之南下也，兵數十萬，氣燄甚盛，先主部下之兵，不過數千，奪琮不難，拒操非易。以其旋得旋失，何如養晦待時，先主計之熟矣。而謂先主之不攻，全昧事機哉！論者又謂降操之日，荊州人士之去琮而附先主者十餘萬人。得十餘萬之勇力，其勢足以敵操，故武侯有此勸，此亦似是而非之論也。先主聞操兵至宛，急引衆避鋒，意欲趨江陵以自保。及抵當陽，操以五千騎追之，時先主有十餘萬之衆，不戰自潰，致妻子不能相顧，而謂一時附從之衆，可當操之全軍，未敢信也。然則武侯之勸，非其實與？是又不然。隆中之對，已勸取荊州，豈有此易劫之勢，值此可攻之時，而不爲其君勸哉！操以秋七月南征劉表，八月表卒，子琮屯襄陽，先主屯樊。九月，先主引兵走，過襄陽，而琮已降操。時操軍猶在新野也。武侯之勸先主，在過襄陽時，襄陽去新野尚有三百數十里，非四日不能至。於此數日内，號召荊州各郡，勢或足以一敵；即不能敵，終失襄陽，而荊州固劉氏之荊州，不至盡入于曹氏也。其後赤壁之勝，與吴分地，是亦分劉氏之地以畀吴，非枉取之於孫氏也。則當日先主之取荊州，可不言借；而異日孫氏之議荊州，亦無可言索。更何至彼此紛爭，喪名郡，踣大將，一蹶幾不克復振也！以武侯有先幾之哲，而先主之所不及料也夫。」

〔一七〕錢振鍠曰：「夫人情非不得已，必不肯棄鄉里，況先主奔亡之餘，從之未必得生；劉琮已降，不去未必死乎！吾意荊州之民，以曹操攻徐州，雞犬不留，故不憚從先主奔亡；不然，何以致此？」

〔一八〕表墓在襄陽城東，詳見魏志表傳注。先主戎馬倉卒，猶不忘故人，宜其得人心也。

〔一九〕郡國志：「南郡當陽。」水經沮水注：「沮水又東南逕當陽縣故城北，城因岡爲阻，北枕沮川，其故城在東百四十里，謂之東城，在緑林長阪南，長阪，即張翼德横矛處也。」一統志：「當陽故城，在今當陽縣東。」謝鍾英曰：「在今湖北荆門州當陽縣東一百四十里。荆州記曰：當陽縣有櫟阪、長阪。輿地紀勝：在當陽縣東北。」趙一清曰：「方輿紀要卷七十七：長阪在荆門州西北。胡氏曰：在當陽縣東南百二十里，長林城北。蓋長阪起於當陽之北，而接長林之襟要矣。」

〔二〇〕胡三省曰：「顛沛，猶言顛仆。」

曹公以江陵有軍實，〔一〕恐先主據之，乃釋輜重，輕軍到襄陽。聞先主已過，曹公將精騎五千急追之，一日一夜行三百餘里，及於當陽之長阪。〔二〕先主棄妻子與諸葛亮、張飛、趙雲等數十騎走，曹公大獲其人衆輜重。先主斜趣漢津，〔三〕適與羽船會，得濟沔，〔四〕遇表長子江夏太守琦衆萬餘人，與俱到夏口。〔五〕先主遣諸葛亮自結於孫權，

江表傳曰：孫權遣魯肅弔劉表二子，并令與備相結。肅未至，而曹公已濟漢津，肅故進前，與備相遇於當陽，因宣權旨，論天下事勢，致殷勤之意。且問備曰：「豫州今欲何至？」〔六〕備曰：「與蒼梧太守吴臣有舊，〔七〕欲往投之。」肅曰：「孫討虜聰明仁惠，〔八〕敬賢禮士，江表英豪，咸歸附之。已據有六郡，〔九〕兵精糧多，足以立事。今爲君計，莫若遣腹心使自結於東，崇連和之好，共濟世業，〔一〇〕而云欲投吴臣，臣是凡人，偏在遠郡，行將爲人所併，豈足託乎！」〔一一〕備大喜，進住鄂縣，〔一二〕即遣諸葛亮隨肅詣孫權，結同盟誓。

權遣周瑜程普等水軍數萬，與先主并力，

江表傳曰：備從魯肅計，進住鄂縣之樊口，〔一三〕諸葛亮詣吴未還，備聞曹公軍下，恐懼，日遣邏吏於水

次候望權軍。〔一四〕吏望見瑜船，馳往白備，備曰：「何以知之，非青、徐軍邪？」〔一五〕吏對曰：「以船知之。」備遣人慰勞之。瑜曰：「有軍任，不可得委署，〔一六〕儻能屈威，〔一七〕誠副其所望。」備謂關羽、張飛曰：「彼欲致我，我今自結託於東，而不往，非同盟之意也。」乃乘單舸〔一八〕往見瑜。問曰：「今拒曹公，深爲得計，戰卒有幾？」瑜曰：「三萬人。」備曰：「恨少。」瑜曰：「此自足用，豫州但觀瑜破之。」備欲呼魯肅等共會語。瑜曰：「受命不得妄委署，若欲見子敬，可別過之。〔一九〕又孔明已俱來，不過三兩日到也。」備雖深愧異瑜，〔二〇〕而心未許之能必破北軍也。故差池在後，將二千人與羽、飛俱，未肯係瑜，蓋爲進退之計也。

孫盛曰：劉備雄才，處必亡之地，告急於吴，而獲奔助，無緣復顧望江渚，而懷後計。江表傳之言，當是吴人欲專美之辭。

與曹公戰于赤壁，〔二一〕大破之，焚其舟船。先主與吴軍水陸並進，追到南郡，時又疾疫，北軍多死，曹公引歸。

江表傳曰：周瑜爲南郡太守，分南岸地以給備。〔二二〕備別立營於油江口，〔二三〕改名爲公安。〔二四〕劉表吏士見從北軍，〔二五〕多叛來投備。備以瑜所給地少，不足以安民，後從權借荆州數郡。〔二六〕

〔一〕胡三省曰：「軍實，糧儲器械之類。」

〔二〕長阪見上。魏志曹仁傳：「曹純追劉備於長坂，獲其二女輜重，收其散卒。」文聘傳：「與曹純追討劉備於長坂。」胡三省曰：「春秋傳曰：楚伐麇。潁容釋例曰：麇，當陽也。孔潁達曰：陂者曰坂。李巡曰：陂者，謂高峯山陂。」姚範曰：「當陽長坂在今縣北六十里。」

〔三〕水經沔水注：「揚水又北注于沔，謂之揚口，中夏口也。曹太祖之追劉備於當陽也，張飛按矛於長坂，備得與數騎斜趨漢津，遂濟夏口是也。」

〔四〕沔即漢，詳見魏志文聘傳注。

〔五〕夏口詳見魏志武紀建安十三年。

〔六〕胡三省曰：「備前爲豫州牧，故以稱之。」

〔七〕郡國志：「交州蒼梧郡，治廣信。」一統志：「今廣西梧州府蒼梧縣治。」官本考證曰：「吴臣，疑作吴巨，下同。」弼按：吴志士燮傳、步騭傳、薛綜傳均作吴巨，通鑑同。

〔八〕胡三省曰：「曹操表權爲討虜將軍，故稱之。」

〔九〕會稽、丹陽、豫章、廬陵、吴郡、廬江六郡，見孫策傳。

〔一〇〕胡三省曰：「荆州在西，吴在東。世業，猶言世事也。」

〔一一〕馮本「託」作「托」。

〔一二〕郡國志：「荆州江夏郡鄂。」水經江水注：「江之右岸，有鄂縣故城，舊樊楚地。世本稱熊渠封其中子紅爲鄂王。晉太康地記以爲東鄂矣。九州記曰：鄂，今武昌也。孫權以魏黄初元年自公安徙此，改曰武昌縣，鄂縣徙治于袁山東，又以其年立爲江夏郡，分建業之民千家以益之。至黄龍元年，權遷都建業，以陸遜輔太子，鎮武昌。孫晧亦都之。晧還東令滕牧守之。晉惠帝永平中，始置江州，傅綜爲刺史，治此城。後太尉庾亮之所鎮也。」一統志：「今湖北武昌府武昌縣治。」

〔一三〕胡三省曰：「住，止軍也。水經注江水過鄂縣北而東流，右得樊口樊山下，寒溪水所注也。陸游曰：黄州與樊口正相對。郡國志：鄂縣屬江夏郡，孫策破黄祖於此，改曰武昌，今壽昌軍是也。通鑑以爲孫權所改。」蘇軾詩：「君不見武昌樊口幽絶處。」東坡先生留五年，即此。方輿紀要：「樊山在武昌縣西三里，下有樊口。」一統志：「樊口在武昌縣西北五里。」

〔一四〕胡三省曰：「邏，巡也。」方輿紀要卷七十六：「陽邏鎮在黄州府西一百二十里，與江夏分界，相傳三國時先主約孫權拒操，旦夕使人於此邏吴兵之至，因名。」

〔一五〕何焯曰：「之字衍。」

〔一六〕胡三省曰：「委，棄也；署，置也。」

〔一七〕胡三省曰：「謂自屈其威而來見。」

〔一八〕馮本「舸」作「艑」，誤。

〔一九〕胡三省曰：「過，音戈。詩云：不我過。杜甫詩：吟詩許見過，皆從平聲。」

〔二〇〕通鑑作「備深愧喜。」胡注：「愧者，自愧呼肅之非；喜者，喜瑜之整也。」

〔二一〕赤壁詳見魏志武紀建安十三年。

〔二二〕胡三省曰：「荆江之南岸，則零陵、桂陽、武昌、長沙四郡地也。」

〔二三〕水經油水篇：「油水出武陵孱陵縣西界，東過其縣北，又東北入于江。」酈注云：「縣有白石山，油水所出。縣治故城，劉備孫夫人，權妹也，更修之。其城背油向澤，油水自孱陵縣之東北，逕公安縣西，又北流注于大江。」方輿紀要卷七十八：「油河在荆州府公安縣西北三里，自施州流經松滋縣界，（弼按：明施州，今湖北施南府恩施縣。）至縣西南，又東北合於大江，爲油口。」一統志：「油水在公安縣西，自松滋縣流入。油，古作繇，一名白石水，今名油河。」

〔二四〕公安見劉璋傳。

〔二五〕官本「從」作「堤」，誤。

〔二六〕趙一清曰：「後字何氏校改復。」何焯曰：「若從權借者，安得自表琦領州事乎？亦江表傳大言也。」姚範曰：「若非權借者，權安得使使報欲得荆州？又當時所云表者，皆虚言耳，孰爲報可者乎？」弼按：魯肅傳云：備詣京見權，求都督荆州，惟肅勸權借之，共拒曹公。曹公聞權以土地業備，方作書，落筆於地。又云：魯肅責關羽曰：國家區區，本以土地借卿家者，卿家軍敗遠來，無以爲資故也。裴注引漢晉春秋云：肅勸權宜以荆州借備。又引吴書云：肅謂羽曰：主上矜愍豫州之身，無有處所，不愛土地士人之力，使有所庇廕。吕蒙傳：孫權謂子敬勸吾借玄德地，是其一短。諸葛亮傳：亮説權曰：豫州遁逃至此，將軍量力而處之。據以上云云，先主之有荆州數郡，實爲權所借也。然案本傳下文，先主南征四郡，四郡皆降。又案諸葛亮傳，曹公敗于赤壁，先主遂收江南，使亮督零陵、桂陽、長沙三郡。據此二傳，是四郡皆爲先主自力征服，非爲吴借可知。然推究當日情勢，先主斜趣漢津，求援吴會，誠如子敬所云，赤壁戰勝，不爲無功。故孫權聽其自取荆州數郡，不加阻力，無異假借，遂各持一説，亦即爲劉、孫後日搆釁之因。爭此區區數郡，而曹氏遂雄據中原，葛相表中所謂吴更違盟，關羽毁敗，秭歸蹉跌，曹丕稱帝者是也。又按胡三省云：荆州八郡，瑜既以江南四郡給備，備又欲得江、漢閒四郡也。弼按：荆州八郡，南陽、章陵非吴所有，周瑜領南郡，程普領江夏，亦決不肯讓人。上文周瑜分南岸地給備者，即指油口立營之地，非謂江南四郡也。若已給江南四郡，又欲兼得江、漢閒四郡，將置周瑜、程普於何地乎？且公瑾方深忌先主，上疏以猥割土地爲慮，豈肯遽給四郡乎？是南岸之地，僅限於油口立營之地無疑。惟其僅有南岸油口之地，地小不足以安民，始從權借荆州數郡，身之此注，前後皆誤也。王懋竑曰：「先主南收四郡，立營公安，公安即武陵郡孱陵縣，與南郡無所與。所分南岸地，不知所在。（胡注以南岸爲南四郡，四郡乃備所自取，非瑜所分。）是時劉琦爲江夏太守，自奔江南後，魏以文聘爲江夏太守，屯沔口；吴以程普爲江夏太守，治沙羡。而先主表琦爲荆州刺史，南收四郡，各以兵力據而有之，孰肯以地分人者？且瑜於先主之詣京，方力言以土地業備之不可，豈肯自以地分與之乎？先主之欲都督荆州，以據地廣大，北可向襄陽以通宛、洛，西可由巫、秭歸以窺蜀，非僅爲地少不足以給也。陳志蜀先主、吴主傳皆不言借荆州，魯肅傳，肅勸借荆州在周瑜卒之前，蓋失其次。惟程普傳：瑜卒，普代領南郡太守，權分荆州與備，普還領江夏太守，此爲分明。通鑑：瑜以建安十四年十二月據江陵，十五年卒，其卒不詳何時，蓋在夏、秋間也。先主之詣京，則在春矣。其借荆州，當在秋、冬間。關羽爲襄陽太守，駐江北，張飛爲宜都太守，治秭歸，皆得南郡後事。參攷諸傳，略得其實。而江表傳所云以地給備、及備借荆州數郡之語，皆傳聞之妄，不足據也。」趙翼曰：「借荆州之説，出自吴人事後之論，而非當日情事也。夫借者，本我所有之物而假與人也。荆州本劉表地，非孫氏故物，當操南下時，孫氏江東六郡，方恐不能自保，諸將咸勸權迎操，權獨不願。會備遣諸葛亮來結好，權遂欲藉備共拒操，其時但求敵操，未敢冀得荆州也。亮之説權也，權即曰：非劉豫州莫可敵操者。乃遣周瑜、程普等隨亮詣備，并力拒操。（亮傳）是且欲以備爲拒操之主，而已爲從矣。亮又曰：將軍能與豫州同心破操，則荆、吴之勢强而鼎足之形成矣。是此時早有三分之説，而非乞權取荆州而借之也。赤壁之戰，瑜與備共破操；（吴志）華容之役，備獨追操。（山陽公載記）其後圖曹仁于南郡，備亦身在行間，（蜀志）未嘗獨出吴之力而備坐享其成也。破曹後備詣京見權，權以妹妻之，瑜密疏請留備于京，權不納，以爲正當延擥英雄。是權方恐備之不在荆州，以爲屏蔽也。操走出華容之險，喜謂諸將曰：劉備吾儔也，但得計少晚耳。（山陽公載記）是操所指數者惟備，未嘗及權也。程昱在魏，聞備入吴，論者多以爲權必殺備。昱曰：曹公無敵于天下，權不能當也。備有英名，權必資之以禦我。（昱傳）是魏之人亦只指數備，而未嘗及權也。即以兵力而論，亮初見權曰，今戰士還者及關羽精甲共萬人，劉琦戰士亦不下萬人，而權所遣周瑜等水軍，亦不過三萬人，（亮傳）則亦非十倍于備也。且是時劉表之長子琦，尚在江夏，破曹後備即表琦爲荆州刺史，權未嘗有異詞，以荆州本琦地也。時又南征四郡，武陵、長沙、桂陽、零陵皆降。琦死，羣下推備爲荆州牧，（蜀先主傳）備即遣亮督零陵、桂陽、長沙三郡，收其租賦，以供軍實。（亮傳）又以關羽爲襄陽太守、盪寇將軍，駐江北；（羽傳）張飛爲宜都太守、征虜將軍，在南郡；（飛傳）趙雲爲偏將軍領桂陽太守。（雲傳）遣將分駐，惟備所指揮，初不關白孫氏，以本非權地，故備不必白權，權亦不來阻備也。迨其後三分之勢已定，吴人追思赤壁之役，實藉吴兵力，遂謂荆州應爲吴有，而備據之，始有借荆州之說。抑思合力拒操時，備固有資于權，權不亦有資于備乎？權是時但自救危亡，豈早有取荆州之志乎？羽之對魯肅曰：烏林之役，左將軍寢不脱介，戮力破曹，豈得徒勞，無一塊土？（肅傳）此不易之論也。其後吴、蜀爭三郡，旋即議和，以湘水爲界，分長沙、江夏、桂陽屬吴，南郡、零陵、武陵屬蜀，最爲平允。而吴君臣伺羽之北伐，襲荆州而有之，反捏一借荆州之説，以見其取所應得，此則吴君臣之狡詞詭説，而借荆州之名，遂流傳至今，并爲一談，牢不可破，轉似其曲在蜀者，此耳食之論也。」

先主表琦爲荆州刺史，又南征四郡。武陵太守金旋、長沙太守韓玄、桂陽太守趙範、〔一〕零陵太守劉度皆降。〔二〕

三輔決録注曰：金旋字元機，京兆人。歷位黄門郎、漢陽太守。徵拜議郎，遷中郎將，領武陵太守，爲備所攻劫死。子禕，事見魏武本紀。〔三〕

廬江雷緒率部曲數萬口稽顙。〔四〕琦病死，〔五〕羣下推先主爲荆州牧，治公安。〔六〕

江表傳曰：備立營於油口，改名公安。〔七〕

權稍畏之，進妹固好。〔八〕先主至京見權，〔九〕綢繆恩紀。〔一〇〕

山陽公載記曰：備還，謂左右曰：「孫車騎長上短下，〔一一〕其難爲下，吾不可以再見之。」乃晝夜兼行。〔一二〕

臣松之案：魏書載劉備與孫權語，與蜀志述諸葛亮與權語正同。劉備未破魏軍之前，尚未與孫權相見，不得有此説，故知蜀志爲實。〔一三〕

權遣使云「欲共取蜀」，或以爲「宜報聽許，吴終不能越荆有蜀，蜀地可爲己有。」荆州主簿殷觀進曰：「若爲吴先驅，進未能克蜀，退爲吴所乘，即事去矣。今但可然贊其伐蜀，而自説新據諸郡，未可興動，〔一四〕吴必不敢越我而獨取蜀。如此進退之計，〔一五〕可以收吴、蜀之利。」先主從之，權果輟計。遷觀爲別駕從事。〔一六〕

獻帝春秋曰：孫權欲與備共取蜀，遣使報備曰：「米賊張魯居王巴、漢，〔一七〕爲曹操耳目，規圖益州。劉璋不武，不能自守。若操得蜀，則荆州危矣。今欲先攻取璋，進討張魯，首尾相連，〔一八〕一統吴、楚，雖有十操，無所憂也。」備欲自圖蜀，拒答不聽，曰：「益州民富彊，土地險阻，劉璋雖弱，足以自守；張魯虚僞，未必盡忠於操。今暴師於蜀、漢，轉運於萬里，欲使戰克攻取，舉不失利，此吴起不能定其規，孫武不能善其事也。曹操雖有無君之心，而有奉主之名，議者見操失利於赤壁，謂其力屈，無復遠志也。今操三分天下已有其二，將欲飲馬於滄海，觀兵於吴會，〔一九〕何肯守此坐須老乎？今同盟無故自相攻伐，借樞於操，〔二〇〕使敵承其隙，〔二一〕非長計也。」〔二二〕權不聽，遣孫瑜率水軍住夏口。備不聽軍過，謂瑜曰：「汝欲取蜀，吾當被髮入山，不失信於天下也。」〔二三〕使關羽屯江陵，張飛屯秭歸，〔二四〕諸葛亮據南郡，〔二五〕備自住潺陵。〔二六〕權知備意，因召瑜還。〔二七〕

〔一〕趙雲代趙範領桂陽太守，範欲以寡嫂配雲，見趙雲傳注。

〔二〕郡國志：「荆州武陵郡，治臨沅；長沙郡，治臨湘；桂陽郡，治郴；零陵郡，治泉陵。」一統志：「臨沅故城，今湖南常德府武陵縣西；（鄒安鬯云：「在縣西南七十里。」）臨湘故城，今湖南長沙府長沙縣治；郴縣故城，今湖南郴州治；泉陵故城，今湖南永州府零陵縣城北二里。」趙一清曰：「方輿紀要卷八十：劉公城在常德府沅江縣西三里，漢昭烈嘗徇武陵、長沙、桂陽、零陵四郡，立城於此。」

〔三〕見魏志武紀建安二十三年裴注引三輔決録注。弼按：金禕尚欲南援劉備，若云其父旋爲劉備所攻劫死，似不可信。

〔四〕雷緒見魏志夏侯淵傳，爲建安十四年事。

〔五〕趙一清曰：「方輿紀要卷七十六，江夏城中有劉琦廟及墓。」

〔六〕錢大昭曰：「荆州刺史治武陵漢壽，先主爲牧，改治公安。」

〔七〕官本攷證曰：「監本誤作公安縣。油口應作油江口，已見前，此處不應重出。」

〔八〕法正傳：「權妹才捷剛猛，有諸兄之風。侍婢百餘人，皆親執刀侍立。先主每入，衷心常凜凜。」趙雲傳注引雲別傳云：「權妹驕豪，多將吴吏兵，縱横不法。權聞備西征，大遣舟船迎妹，夫人欲將後主還吴，趙雲、張飛勒兵截江，乃得後主還。」一統志云：「繡林山在湖北荆州府石首縣西南二里，漢昭烈娶孫夫人於此。錦障如林，因名。」又云：「劉郎浦在石首縣西北，一名劉郎洑。胡三省注石首縣沙步有劉郎浦，蜀先主納吴女處。」又云：「孫夫人城在公安縣西，元和志在孱陵縣城東五里，漢先主孫夫人所築。夫人與先主相疑，別築此城居之。」梁章鉅曰：「先主納孫夫人事，此其始見也。」王曇曰：「此不紀年月，大致在建安十三年十二月，以十四年春婚於京也。」弼按：建安十四年，先主年四十九，孫權年二十九，其妹年約二十餘，嫁此將近五十之老翁，史文進妹固好，四字大可玩也。

〔九〕郡國志：「揚州吴郡丹徒。」元和志：「建安十三年，孫權自吴徙治丹徒，號曰京城。十六年遷建業，復於此置京口鎮。」又云：「吴時或稱京城，或稱徐陵。」胡三省曰：「京，京口城也。權時居京，故劉備、周瑜皆詣京見之。後都秣陵，於京口置京督，又曰徐陵督。爾雅：絶高曰京。其城因山爲壘，緣江爲境，因謂之京口。」一統志：「京城今江蘇鎮江府丹徒縣治。三國吴志：孫韶伯父河爲將軍，屯京城，建安九年，爲嬀覽等所殺。韶收餘衆，繕治京城，起樓櫓，以禦敵。」

〔一〇〕張云：「此處必有脱文，與下文意不相屬。」

〔一一〕孫權傳：「建安十四年，劉備表權行車騎將軍。」

〔一二〕周瑜勸權留備，即在此時，見瑜傳。呂範亦密請留備，見範傳。龐統傳注引江表傳云：「備歎息曰：孤危急，不得不往，殆不免周瑜之手。孔明諫孤莫行，亦慮此也。」康發祥曰：「先主身長七尺五寸，垂手下膝，則亦長上短下也。雄傑之姿，大都如是。」

〔一三〕宋本「實」作「是」。

〔一四〕宋本「興」作「與」。

〔一五〕郝經續後漢書作「進退在我」。

〔一六〕殷觀字孔休，見楊戲季漢輔臣贊。

〔一七〕郝經書作「據巴、蜀、漢」。

〔一八〕郝經書作「西連全蜀」。

〔一九〕胡三省曰：「吴會，謂吴地爲一都會，會讀如字。一説，吴會爲吴、會稽二郡之地。會，音工外翻。」

〔二〇〕胡三省曰：「樞者，門户所由以運動也。言操欲摇動吴、蜀，而未得其樞，若自相攻伐，是借之以可動之機也。」

〔二一〕元本「承」作「乘」，通鑑同。

〔二二〕華陽國志云：「先主報曰：益州不明，得罪左右，庶幾將軍高義，上匡漢朝，下輔宗室。若必尋干戈，備將放髮於山林，未敢聞命。」

〔二三〕胡三省曰：「言宗室被攻，而不能救，無面目以立於天下也。」周壽昌曰：「據華陽國志，是先主報權語，非對瑜言。」

〔二四〕毛本「秭」作「梯」，誤。秭歸，見劉璋傳。

〔二五〕胡三省曰：「南郡本治江陵，吴得荆州，置南郡於江南。晉平吴，以江陵爲南郡，以江南之南郡爲南平郡。亮所據，蓋江南之南郡也。」

〔二六〕「潺」當作「孱」，孱陵見劉璋傳公安注。

〔二七〕先主自赤壁戰後，爲荆州牧三四年，至建安十五年，已年五十矣。

十六年，益州牧劉璋遥聞曹公將遣鍾繇等向漢中討張魯，内懷恐懼。别駕從事蜀郡張松説璋曰：「曹公兵彊，無敵於天下，若因張魯之資，以取蜀土，誰能禦之者乎？」璋曰：「吾固憂之，而未有計。」松曰：「劉豫州，使君之宗室，而曹公之深讎也。善用兵，若使之討魯，魯必破；魯破，則益州彊；曹公雖來，無能爲也。」璋然之，遣法正將四千人迎先主，〔一〕前後賂遺以巨億計。正因陳益州可取之策。〔二〕

吴書曰：備前見張松，後得法正，皆厚以恩意接納，〔三〕盡其殷勤之歡。因問蜀中闊狹，兵器、府庫、人馬衆寡，及諸要害、道里遠近。松等具言之。又畫地圖山川處所，由是盡知益州虚實也。〔四〕

先主留諸葛亮、關羽等據荆州，〔五〕將步卒數萬人入益州。至涪，〔六〕璋自出迎，相見甚歡。張松令法正白先主，及謀臣龐統進説，便可於會所襲璋。先主曰：「此大事也，不可倉卒。」〔七〕璋推先主行大司馬，領司隸校尉；先主亦推璋持鎮西大將軍，領益州牧。〔八〕璋增先主兵，使擊張魯，又令督白水軍。〔九〕先主并軍三萬餘人，車甲、器械、資貨甚盛。是歲，璋還成都。先主北到葭萌，〔一〇〕未即討魯，厚樹恩德，以收衆心。〔一一〕

〔一〕張松、法正説劉璋結先主，互見劉璋傳、法正傳。嚴衍曰：「璋使正結備在十三年曹操定荆州之後。」

〔二〕見法正傳。或曰：方倚人爲腹心，人已賣我爲奇貨。太行、孟門，豈云險絶，人心亦大可畏哉！

〔三〕元本「意」作「義」，馮本作「遇」，通鑑考異作「德」。
〔四〕通鑑考異曰：「按劉璋、劉備傳，松未嘗先見備，吴書誤也。」
〔五〕華陽國志「據」作「鎮」，通鑑作「守」。
〔六〕涪見劉璋傳。趙一清曰：「方輿紀要卷七十八，巴山在荆州府松滋縣西南十五里，山上有馬鬃嶺及射垛崖，相傳昭烈入蜀時，走馬射的於此。又著紫山在枝江縣南五里，下有飲馬池。先主初入蜀，於此息馬更衣，愛其林木秀麗，建景帝祠於山上。」
〔七〕胡三省曰：「卒讀曰猝。」
〔八〕宋本「持」作「行」，通鑑同。華陽國志作「領牧如故」。胡三省曰：「晉書百官志：四鎮通於柔遠，謂鎮東、鎮西、鎮南、鎮北也。」潘眉曰：「持下當有節字。」沈家本曰：「持節之稱，起於魏、晉，蜀中未必遽效魏制。」
〔九〕胡三省曰：「白水關在廣漢白水縣，劉璋置軍屯守，即楊懷、高沛之軍也。杜佑曰：梁川金牛縣，漢葭萌縣地，縣南有故白水關。」一統志：「白水故城，在今四川保寧府昭化縣西北；白水關在昭化縣西北故白水縣界。」華陽國志：「白水縣有關尉。」通志：「關東接陰平，西達平武，北連文縣，最爲要隘。」趙一清曰：「關在昭化縣北二百五十里，與陝西寧羌州接。」
〔一〇〕葭萌見劉璋傳。
〔一一〕彭羕傳：「先主泝流北行，羕欲納説先主，龐統、法正並致之先主，亦以爲奇，識遇日加。」即在此時。

明年，曹公征孫權，〔一〕權呼先主自救。〔二〕先主遣使告璋曰：「曹公征吴，吴憂危急。孫氏與孤，本爲脣齒，又樂進在青泥〔三〕與關羽相拒，今不往救羽，進必大克，轉侵州界，〔四〕其憂有甚於魯。魯自守之賊，不足慮也。」乃從璋求萬兵及資寶，〔五〕欲以車行。璋但許兵四千，其餘皆給半。

魏書曰：備因激怒其衆曰：「吾爲益州征彊敵，師徒勤瘁，不遑寧居。今積帑藏之財，而悋於賞功，望士大夫爲出死力戰，其可得乎！」〔六〕

張松書與先主及法正曰：「今大事垂可立，〔七〕如何釋此去乎！」松兄廣漢太守肅，懼禍及己，白璋發其謀。於是璋收斬松，嫌隙始搆矣。〔八〕

益部耆舊雜記曰：張肅有威儀，容貌甚偉。松爲人短小，放蕩不治節操，然識達精果，有才幹。劉璋遣詣曹公，曹公不甚禮；公主簿楊修深器之，白公辟松，公不納。修以公所撰兵書示松，松宴飲之間，一看便闇誦，〔九〕修以此益奇之。〔一〇〕

璋勑關戍諸將，文書勿復關通先主。先主大怒，召璋白水軍督楊懷，責以無禮，斬之。〔一一〕乃使黄忠、卓膺勒兵向璋。〔一二〕先主徑至關中，〔一三〕質諸將并士卒妻子，引兵與忠、膺等進到涪，據其城。〔一四〕璋遣劉璝、冷苞、張任、鄧賢等拒先主於涪。〔一五〕

益部耆舊雜記曰：張任，蜀郡人。家世寒門，少有膽勇，有志節，仕州爲從事。

皆破敗，退保綿竹。〔一六〕璋復遣李嚴督綿州諸軍，嚴率衆降先主。〔一七〕先主軍益强，分遣諸將平下屬縣，諸葛亮、張飛、趙雲等將兵泝流定白帝、江州、江陽，〔一八〕惟關羽留鎮荆州。先主進軍圍雒，〔一九〕時璋子循守城，被攻且一年。〔二〇〕

〔一〕魏志武紀：「建安十七年冬十月，公征孫權。」

〔二〕通鑑輯覽曰：「東吴兵勢方張，且有魯肅、吕蒙等爲之經略，操至濡須，何至呼備自救？此蓋備藉口請劉璋益兵之辭。」

〔三〕魏志樂進傳：「進留屯襄陽，擊關羽、蘇非等，皆走之。」趙一清曰：「方輿紀要卷七十九：青泥河在襄陽府西北三十里，寰宇記作青泥池。」

〔四〕胡三省曰：「州界，謂益州界。」

〔五〕華陽國志作「求益萬兵及資實」，通鑑作「資糧」。

〔六〕劉咸炘曰：「下文勿關通乃怒，此時未有此意，王沈造作，故承祚不取。」

〔七〕通鑑無「可」字。

〔八〕張松事互見劉璋傳。

〔九〕御覽三百八十九引益部耆舊傳，「看」作「省」。

〔一〇〕宋本「奇」作「異」。

〔一一〕龐統傳作「斬楊懷、高沛」，通鑑同。胡三省曰：「責其無客主之禮也。」趙一清曰：「御覽三百四十六引零陵先賢傳曰：劉璋請劉備，璋將楊懷數諫。備請璋子褘及懷，酒酣，備見懷佩匕首，備出其匕首，謂曰：將軍匕首好，孤亦有，可得觀之？懷與之。備得匕首，謂懷曰：汝小子，何敢閒我兄弟之好邪！懷罵言未訖，備斬之。」弼按：先主斬懷，沛於白水關，不得與劉璋相晤，零陵先賢傳似失之。

〔一二〕黄忠傳：「忠自葭萌受任，還攻劉璋，常先登陷陣。」

〔一三〕通鑑作「關頭」。胡三省曰：「即白水關頭也。」

〔一四〕胡三省曰：「此用龐統之中計也。」弼按：龐統三計，見統傳。先主於涪大會，置酒作樂，亦見統傳。

〔一五〕通鑑鄧賢下有吴懿，懿詣軍降，見楊戲季漢輔臣贊。胡三省曰：「璝，姑回翻；冷，魯杏翻；姓也。本或作泠，魯經翻。」

〔一六〕綿竹見劉焉傳。

〔一七〕通鑑李嚴下有費觀，觀與嚴俱降，見楊戲季漢輔臣贊。

〔一八〕諸葛亮傳：「先主自葭萌還攻璋，亮與張飛、趙雲等率衆泝江，分定郡縣，與先主共圍成都。」張飛傳：「飛與諸葛亮等泝流而上，至江州，破璋將巴郡太守嚴顏，所過戰克，與先主會成都。」趙雲傳：「諸葛亮率雲等泝江西上至江州，分遣雲從外水上江陽，與亮會成都。」郡國志：「巴郡江州、魚復，犍爲郡江陽。」水經江水篇：「江水又東北至巴郡江州縣東，强水、涪水、漢水、白水、宕渠水五水合南流注之。」酈注云：「庾仲雍所謂江州縣對二水口，右則涪内水，左則蜀外水，即是水也。」又云：「江水又東逕魚服縣故城南，公孫述名之爲白帝。蜀章武二年，劉備爲吴所破，改白帝爲永安，巴東郡治也。」又云：「江陽縣枕帶雙流，據江、洛會江陽郡治，故犍爲枝江都尉，建安十八年劉璋立。」胡三省曰：「江陽縣本屬犍爲郡，劉璋分立江陽郡。」一統志：「魚復故城，今四川夔州府奉節縣東北；白帝故城，今奉節縣東；江州故城，今四川重慶府巴縣西；江陽故城，今瀘州治。」蓋諸葛亮等沿江而上，經今夔府、重慶、瀘州，會兵成都也。

〔一九〕雒見劉焉傳。

〔二〇〕龐統圍雒，中流矢卒，見統傳。華陽國志：圍雒在建安十八年。

十九年夏，〔一〕雒城破，

益部耆舊雜記曰：劉璋遣張任、劉璝率精兵拒捍先主於涪，爲先主所破，退與璋子循守雒城。任勒兵出於雁橋，〔二〕戰復敗，禽任。先主聞任之忠勇，令軍降之。任厲聲曰：「老臣終不復事二主矣！」乃殺之，先主歎息焉。〔三〕

進圍成都數十日，璋出降。〔四〕

傅子曰：初，劉備襲蜀，丞相掾趙戩曰：「劉備其不濟乎！拙於用兵，每戰必敗，〔五〕奔亡不暇，何以圖人？蜀雖小區，險固四塞，獨守之國，難卒并也。」徵士傅幹曰：〔六〕「劉備寬仁有度，能得人死力；諸葛亮達治知變，正而有謀，而爲之相；張飛、關羽勇而有義，皆萬人之敵，而爲之將。此三人者，皆人傑也。以備之略，三傑佐之，何爲不濟也！」

典略曰：趙戩字叔茂，京兆長陵人也。〔七〕質而好學，言稱詩、書，愛恤於人，〔八〕不論疏密。辟公府，入爲尚書選部郎。董卓欲以所私，並充臺閣，戩拒不聽。卓怒，召戩，欲殺之，觀者皆爲戩懼，而戩自若。及見卓，引辭正色，〔九〕陳説是非，卓雖凶戾，屈而謝之。遷平陵令。〔一〇〕故將王允被害，莫敢近者，戩棄官收斂之。〔一一〕三輔亂，戩客荆州，劉表以爲賓客。〔一二〕曹公平荆州，執戩手曰：「何相見之晚也！」遂辟爲掾。後爲五官將司馬，相國鍾繇長史，年六十餘卒。

蜀中殷盛豐樂，先主置酒大饗士卒，取蜀城中金銀〔一三〕分賜將士，還其穀帛。〔一四〕先主復領益州牧，〔一五〕諸葛亮爲股肱，法正爲謀主，關羽、張飛、馬超爲爪牙，許靖、麋竺、簡雍爲賓友。及董和、黄權、李嚴等，本璋之所授用也；〔一六〕吴壹、費觀等，又璋之婚親也；〔一七〕彭羕，〔一八〕又璋之所排擯也；〔一九〕劉巴者，宿昔之所忌恨也；〔二〇〕皆處之顯任，盡其器能。有志之士，無不競勸。〔二一〕

〔一〕元本、馮本未提行。

〔二〕胡三省曰：「雁江在雒縣南，曾有金雁，故名爲雁橋。」一統志：「雁橋在成都府漢州北一里，跨雁江水上。」

〔三〕宋本「息」作「惜」。

〔四〕互見劉璋傳。

〔五〕宋本「必」作「則」。

〔六〕幹事見魏志武紀建安十九年注引九州春秋，又見鍾繇傳注引司馬彪戰略。

〔七〕郡國志：「司隸京兆尹長陵。」一統志：「今陝西西安府咸陽縣東北四十里。」

〔八〕馮本「恤」作「惜」。

〔九〕御覽「引」作「列」。

〔一〇〕郡國志：「司隸右扶風平陵。」一統志：「今咸陽縣西北十五里。」

〔一一〕范書王允傳：「李傕殺王允，天子感慟，百姓喪氣，莫敢收允尸者，唯故吏平陵令趙戩棄官營喪。」李賢曰：「戩音翦。」惠棟曰：「戩，岐從子也。」

〔一二〕范書王允傳：「戩，初平中爲尚書，典選舉。董卓數欲有所私授，戩輒堅拒不聽，言色强厲。卓怒，召將殺之，衆人悚慄，而戩辭貌自若。卓悔，謝釋之。長安之亂，客於荆州，劉表厚禮焉。」惠棟曰：「典略云：時禰衡來游京師，詆訾朝士，及南見戩，歎之曰：所謂劍則干將、莫邪，木則椅桐、梓漆，人則顔、冉、仲弓也。」

〔一三〕毛本「蜀」作「出」，通鑑作「蜀」。

〔一四〕華陽國志：「賜諸葛亮、法正、關羽、張飛金五百斤，銀千斤，錢五千萬，錦段萬疋，其餘各有差。」胡三省曰：「凡城中公私所有金銀，悉取以分賜將士，至於穀帛，則各還所主也。」

〔一五〕康發祥曰：「復字疑衍。」弼按：傳文前領荆州牧，故云復也。康説誤。華陽國志：「以亮爲軍師將軍，署左將軍府事，正，揚武將軍、蜀郡太守，關羽督荆州事，張飛爲巴西太守，馬超平西將軍，不用許靖。法正説曰：有獲虚譽而無實者，靖也。然其浮名，稱播海内，人將謂公輕士。乃以爲長史。龐羲爲司馬，李嚴爲犍爲太守，費觀爲巴郡太守，徵益州太守南部董和爲掌軍中郎將，太守漢嘉王謀爲別駕，廣漢彭羕爲治中，辟零陵劉巴爲西曹掾，廣漢長黄權爲偏將軍。」

〔一六〕胡三省曰：「璋以和爲益州太守，權爲府主簿，嚴爲護軍。」

〔一七〕胡三省曰：「璋兄瑁娶吳懿妹，璋母費氏。」

〔一八〕馮本「羕」作「羡」，誤。

〔一九〕胡三省曰：「羕仕益州，不過書佐，人毀之於璋，髡鉗爲徒隸。」

〔二〇〕先主奔江南，劉巴北詣曹公，先主深以爲恨，見巴傳。

〔二一〕通鑑此句下有「益州之民，是以大和」二語。李光地曰：「規模何讓高、光？」

二十年，孫權以先主已得益州，使使報，欲得荆州。〔一〕先主言：「須得涼州，當以荆州相與。」權忿之，乃遣呂蒙襲奪長沙、零陵、桂陽三郡。〔二〕先主引兵五萬下公安，令關羽入益陽。〔三〕是歲，曹公定漢中，張魯遁走巴西。〔四〕先主聞之，與權連和，分荆州、江夏、長沙、桂陽東屬，南郡、零陵、武陵西屬，〔五〕引軍還江州。遣黄權將兵迎張魯，〔六〕張魯已降曹公。曹公使夏侯淵、張郃屯漢中，數數犯暴巴界。先主令張飛進兵宕渠，〔七〕與郃等戰於瓦口，〔八〕破郃等，收兵還南鄭，〔九〕先主亦還成都。

〔一〕孫權令諸葛瑾從求荆州，見吳主傳。

〔二〕通鑑輯覽曰：「荆州東南門户，吳、蜀勢所必爭。然兩雄相爭，而操挾天子以令諸侯，遂晏然得移漢祚。權固無足論，自私之罪，備不能辭。」

〔三〕郡國志：「長沙郡益陽。」水經資水篇：「資水又東北過益陽縣北。」酈注云：「縣有關羽瀨，所謂關侯灘也，南對甘寧故壘。昔關羽屯軍水北，孫權令魯肅、甘寧拒之于是水。寧謂肅曰：羽聞吾咳唾之聲，不敢渡也，渡則成擒矣。羽夜聞寧處分曰：興霸聲也，遂不渡。」弼按：互見甘寧傳。一統志：「益陽故城，今湖南長沙府益陽縣東。後漢建安二十年，孫權與蜀爭荆州，遣魯肅將兵拒關羽於益陽，是城肅所築。」

〔四〕漢中、巴西俱見劉焉傳。

〔五〕魯肅傳：「備遂割湘水爲界，於是罷軍。」胡三省曰：「班志：湘水出零陵陽海山，至酃入江，過郡二行二千五百三十里。吳、蜀分荆州，長沙、桂陽、零陵、武陵，以湘水爲界耳。南郡、江夏各自依其郡界。」弼按：是役分界，蜀失長沙、桂陽而有南郡，吳則已襲奪零陵。而復還蜀耳。然至建安二十四年，關羽敗亡，又全爲吳所有矣。

〔六〕黄權傳：「權曰：若失漢中，則三巴不振，此爲割蜀之股臂也。於是先主以權爲護軍，率諸將迎魯。」

〔七〕宕渠見魏志張郃傳。胡三省曰：「宕渠本屬巴郡，時屬巴西郡。」一統志：「宕渠故城，在今四川順慶府渠縣東北。」王先謙曰：「三國蜀置宕渠郡，尋省爲縣，改屬巴西郡。」

〔八〕水經沔水注：「沔水又南，汎水注之。水出梁州閬陽縣。魏遣夏侯淵與張郃下巴西，進軍宕渠，劉備軍汎口，即是水所出。張飛自別道襲張郃于此水，郃敗，棄馬升山，走還漢中。汎水又東逕巴西，歷巴渠北新城上庸東逕汎陽縣故城南，晉分筑陽立。自縣以上，山深水急，枉渚奔湍，水陸徑絶。汎水又東流注于沔，謂之汎口。」趙一清曰：「按寰宇記房州房陵縣下引水經注，汎水作筑水，汎口作筑口。校勘爲之辨證曰：按：今記房陵、穀城二縣所載，則筑水自房陵流至穀城入沔，其會沔處謂之筑口，穀城即漢之筑陽，距房陵尚三百餘里。又自房陵至南鄭千二百餘里，夏侯淵、張郃屯漢中，數暴犯巴界，先主令張飛進兵宕渠，與郃等戰于瓦口，郃等敗，收兵還南鄭。漢宕渠故城，乃在今渠州流江縣界，時張飛以巴西太守拒郃等還南鄭，則當取道今巴西，無緣相拒于穀城之筑口。意宕渠自有瓦口，而水經注誤以爲汎口，今記又誤以爲筑口也。宋書州郡志，閬陽屬新城郡，郡治房陵，去閬陽必不遠，汎水不應自閬陽東過巴西，更歷巴渠、上庸，復逕筑陽。水經之誤審矣。筑口、汎水，皆當在穀城之閒。竊謂校勘之言，似是而非也。蓋張飛自拒淵、郃于宕渠，先主軍汎口以爲聲援，非張飛與戰于是處也。汎口左接巴西，故駐軍以應接之。蜀志之瓦口，乃是汎口之誤，而樂史之改筑口，則又非矣。」弼按：先主傳：「先主引兵下公安，又引軍還江州。」乃泝江水而上，非循漢水而上。江州爲今四川重慶，筑陽爲今湖北穀城，兩地相距極遠，無緣駐軍筑陽之汎口，爲宕渠之聲援。且本傳明言張飛進兵宕渠，與張郃戰於瓦口，並非先主駐軍瓦口。細審傳文，瓦口必與宕渠相近，酈注、趙説均誤也。熊會貞曰：「汎水自滴水巖以西，毫無其迹。一統志遂謂今上流已堙。然審注云，自汎陽以上，山深水急，枉渚奔湍，水陸徑絶，明示可知不可知之意。酈氏蓋因宕渠有汎口，而牽連敍之於此，讀者須善會之。」謝鍾英曰：「瓦口即渠縣東流江河入渠水之口。」

〔九〕收兵上當有郃字。張郃傳「郃進軍宕渠，爲備將張飛所拒，引還南鄭」可證。是時漢中、南鄭爲夏侯淵、張郃屯兵之地，通鑑亦云「郃走還南鄭」。

二十三年，先主率諸將進兵漢中，〔一〕分遣將軍吴蘭、雷同等入武都，〔二〕皆爲曹公所没。〔三〕先主次于陽平關，〔四〕與淵、郃等相拒。〔五〕

〔一〕法正傳：「二十三年，正説先主曰：曹操定漢中，身遽北還，必有內憂。今策淵、郃才略，舉衆往討，必可克之。」

〔二〕武都郡治下辨，在今甘肅階州成縣西，詳見魏武紀建安二十年及夏侯淵傳。宋本「同」作「銅」，官本「武」作「成」，誤。錢大昕曰：「周羣傳作雷銅。」錢大昭曰：「魏武紀有任夔而無雷同。」

〔三〕事見魏武紀建安二十三年。

〔四〕陽平關在今陝西漢中府沔縣西北，詳見魏武紀建安二十年。

〔五〕徐晃傳：「晃與夏侯淵拒劉備於陽平，備遣陳式等十餘營絶馬鳴閣道，晃別征破之。」

二十四年春，自陽平南渡沔水，緣山稍前，於定軍山勢作營。〔一〕淵將兵來爭其地，先主命黃忠「乘高鼓譟」攻之，大破淵軍，斬淵、郃及曹公所署益州刺史趙顒等。〔二〕曹公自長安舉衆南征，〔三〕先主遥策之曰：「曹公雖來，無能爲也，我必有漢川矣！」及曹公至，先主斂衆拒險，終不交鋒，積月不拔，亡者日多。〔四〕夏，曹公果引軍還，〔五〕先主遂有漢中。遣劉封、孟達、李平等〔六〕攻申耽於上庸。〔七〕

〔一〕各本皆作「山勢」，局本作「興勢」，誤。定軍山在今陝西漢中府沔縣東南十里，興勢山在今漢中府洋縣北二十里，詳見夏侯淵傳注引魏略，又見曹爽傳注引漢晉春秋。趙一清曰：「法正傳作於定軍、興勢作營。興勢，地名。水經沔水注，漢水東逕小成固南，城北百二十里有興勢坂。方輿紀要卷五十六，興勢山在洋縣北二十里，亦曰興勢坂。山形如盆，外甚險，中有大谷，爲蜀漢之重鎮。」潘眉曰：「山勢當是興勢之訛。興勢亦山名，在成固縣。通典謂內有大谷盤道者是也。法正傳不誤。」姚範說同。弼按：定軍山在陽平關之南，亦在沔水之南，傳文明言自陽平南渡沔水，緣山稍前，其爲定軍山無疑。陽平關在今沔縣西北，定軍山在今沔縣東南，故云緣山稍前。若興勢山則在沔水之北，漢中之東，距陽平關數百里。漢中爲夏侯淵、張郃屯兵之地，先主縱善用兵，決不能入敵境爲營，此傳勢字當爲衍文。趙、潘二氏惑於法正傳有定軍、興勢之語，不審地勢，遽謂此傳爲誤，不知黃忠傳云，於漢中定軍山擊夏侯淵，一戰斬淵。華陽國志云：先主進軍攻漢中，至定軍，淵、郃、顒來戰，大爲先主所破，將軍黃忠斬淵、顒首。通鑑云：營於定軍山，考異亦云，法正傳誤。胡注亦云：興勢去沔陽地里相遠。是皆爲定軍山之證。勢字與下文郃字當同爲衍文也。定軍山又見黃忠傳。

〔二〕通鑑：「備使討虜將軍黃忠乘高鼓譟攻之，淵軍大敗，斬淵及益州刺史趙顒，張郃引兵還陽平。」胡三省曰：「張郃自廣石還陽平，顒刺益州，操所命也。淵軍既敗，顒亦死。顒，魚容翻。」李龍官曰：「張郃死於建興九年，此云淵、郃，恐誤。」錢大昕、錢大昭、王鳴盛説同。何焯曰：「華陽國志云：斬夏侯淵，張郃率吏民内徙。則此郃及曹公所署益州刺史趙顒等之下爲有脱字，郃字非衍也。通鑑删郃字而以斬淵屬下及字讀，亦誤。」趙一清曰：「定軍之戰，只斬夏侯淵耳，張郃於木門青封見殺，郃字衍。」潘眉曰：「郃字當爲等字。」法正傳：大破淵軍，淵等授首。」沈家本曰：「下文既云趙顒等，則上文不得云淵等，潘以法正傳推之，則郃字自是衍文，何説亦未必是。承祚之書，不必與常璩同。」

〔三〕趙一清曰：「南征，疑當作西征。」錢儀吉曰：「自長安至漢中，云南亦可。」

〔四〕胡三省曰：「亡，逃亡也。」

〔五〕魏武紀：「建安二十四年三月，王自長安出斜谷，臨漢中。備因險拒守。夏五月，引軍還長安。」

〔六〕趙一清曰：「李嚴傳嚴改名平，在後主建興八年，是時尚名嚴。下表中列銜，仍曰嚴，不應參差如是。而嚴傳又無攻申耽事，此或别是一人。」潘眉曰：「李嚴，建安十九年爲犍爲太守，至章武二年乃徵詣永安宫，當劉、孟攻上庸時，嚴方在犍爲也。蜀又不聞有兩李平，疑此爲衍。」

〔七〕申耽事詳見劉封傳及注引魏略。上庸，今湖北鄖陽府竹山縣東南，詳見魏武紀建安二十年。

秋，羣下上先主爲漢中王，〔一〕表於漢帝曰：「平西將軍都亭侯臣馬超、〔二〕左將軍領長史鎮軍將軍臣許靖、〔三〕營司馬臣龐羲、〔四〕議曹從事中郎軍議中郎將臣射援、〔五〕

三輔決録注曰：援字文雄，扶風人也。其先本姓謝，與北地諸謝同族。始祖謝服爲將軍出征，天子以謝服非令名，改爲射，子孫氏焉。〔六〕兄堅字文固，少有美名，辟公府，爲黄門侍郎。獻帝之初，三輔饑亂，堅去官，與弟援南入蜀，依劉璋，璋以堅爲長史。劉備代璋，以堅爲廣漢、蜀郡太守。援亦少有名行，太尉皇甫嵩賢其才，而以女妻之。丞相諸葛亮以援爲祭酒，遷從事中郎，卒官。〔七〕

軍師將軍臣諸葛亮、〔八〕盪寇將軍漢壽亭侯臣關羽、〔九〕征虜將軍新亭侯臣張飛、征西將軍臣

黄忠、鎮遠將軍臣賴恭、揚武將軍臣法正、興業將軍臣李嚴等〔一〇〕一百二十人上言曰：〔一一〕

「昔唐堯至聖而四凶在朝，〔一二〕周成仁賢而四國作難，〔一三〕高后稱制而諸呂竊命，〔一四〕孝昭幼沖而上官逆謀，〔一五〕皆馮世寵，藉履國權，窮凶極亂，社稷幾危。非大舜、周公、朱虛、博陸，則不能流放禽討，安危定傾。伏惟陛下，誕姿聖德，統理萬邦，而遭厄運不造之艱。董卓首難，蕩覆京畿；曹操階禍，竊執天衡。皇后太子，鴆殺見害；剝亂天下，殘毀民物。久令陛下，蒙塵憂厄，幽處虛邑；人神無主，遏絶王命；厭昧皇極，欲盜神器。左將軍領司隸校尉豫、荆、益三州牧宜城亭侯備，受朝爵秩，念在輸力，以殉國難。覩其機兆，赫然憤發，與車騎將軍董承同謀誅操，將安國家，克寧舊都。會承機事不密，令操游魂得遂長惡，殘泯海內。臣等每懼王室大有閻樂之禍，小有定安之變，

趙高使閻樂殺二世，〔一六〕王莽廢孺子以爲定安公。〔一七〕

夙夜惴惴，戰慄累息。昔在虞書，敦序九族；周監二代，封建同姓；詩著其義，歷載長久。漢興之初，割裂疆土，尊王子弟，是以卒折諸呂之難，而成大宗之基。〔一八〕臣等以備肺腑枝葉，宗子藩翰，〔一九〕心存國家，念在弭亂。自操破於漢中，海內英雄，望風蟻附，而爵號不顯，九錫未加，非所以鎮衛社稷，光昭萬世也。奉辭在外，禮命斷絶。昔河西太守梁統等值漢中興，限於山河，位同權均，不能相率，咸推竇融以爲元帥，卒立效績，摧破隗囂。〔二〇〕今社稷之難，急於隴、蜀。操外吞天下，內殘羣寮，朝廷有蕭牆之危，而禦侮未建，可爲寒心。臣等輒依舊

典,封備漢中王,拜大司馬,董齊六軍,糾合同盟,埽滅凶逆。以漢中、巴、蜀、廣漢、犍爲爲國,所署置依漢初諸侯王故典。夫權宜之制,苟利社稷,專之可也。然後功成事立。臣等退伏矯罪,雖死無恨。」遂於沔陽設壇場,〔二〕陳兵列衆,羣臣陪位,讀奏訖,御王冠於先主。〔三〕

〔一〕曹操已於建安二十一年五月爲魏王,二十二年設天子旌旗,出入警蹕,久已目無漢帝矣。羣下推尊先主,雖曰權宜之制,亦乘操漢中大敗之後,藉此以樹聲威耳。

〔二〕晉書百官志:「四平立於喪亂,謂平東、平西、平南、平北四將軍也。」章學誠曰:「此表以馬超冠首,許靖、龐羲、射爰諸名皆列於諸葛亮前,殆不可解。」見章氏遺書知非日記。蔣超伯南漘楛語卷四曰:「此奏先列超者,蓋馬氏爲西州右族,曹瞞所畏,新來歸附,故首列之。吴志薛綜傳稱零陵賴恭,先輩仁謹,不曉時事。是奏列名法正之上,蓋亦有時望者。」

〔三〕錢大昕曰:「領字衍。彼傳不書鎮軍將軍,史之漏也。」梁章鉅曰:「靖爲左將軍長史,在建安十九年,此領字疑當在鎮軍之上。」李慈銘曰:「先主爲左將軍,辟靖爲長史,更領軍號也。」

〔四〕左將軍之營司馬也。續百官志:「其別營領屬爲別部司馬。」趙雲傳注:「雲領留營司馬。」(洪表以爲大司馬之營司馬,誤。)

〔五〕洪飴孫曰:「軍議中郎將一人,蜀所置。」

〔六〕錢大昭曰:「射與謝,古字通用。漢書功臣侯表寧陵侯謝,史記作射,是其證。摯虞不識古文,採此妄説,猶是、氏古通,以氏爲民。無上乃戲謔之詞,非是儀之惡此而改是也。承祚亦信此説,過矣。」

〔七〕李慈銘曰:「先主爲漢中王時,射援署官曰議曹從事中郎者,左將軍之議曹從事中郎也。後諸葛亮以援爲祭酒者,丞相祭酒也;遷從事中郎者,丞相之從事中郎也。」

〔八〕諸葛亮傳：「先主收江南，以亮爲軍師中郎將。成都平，以亮爲軍師將軍署左將軍府事。」胡三省曰：「軍師亦古將軍號。曹操初置軍師祭酒，而備置軍師中郎將，皆以一時軍事創置官名也。然軍師祭酒止決軍謀，中郎將則有兵柄。」洪飴孫曰：「軍師中郎將一人，軍師將軍一人，皆蜀所置。」

〔九〕關羽傳：「羽斬顔良，曹公表封羽爲漢壽亭侯。先主收江南諸郡，以羽爲盪寇將軍。」郡國志：「荆州武陵郡漢壽，刺史治。」宋書州郡志：「武陵太守領縣漢壽，吴曰吴壽，晉復舊。」王先謙曰：「獻帝封關羽漢壽亭侯，當即縣亭。」一統志：「故城今湖南常德府武陵縣東北六十里。」弼按：此爲荆州武陵郡之漢壽，與益州廣漢郡葭萌改名之漢壽，同名異地。葭萌改名之漢壽，晉改曰晉壽；武陵之漢壽，吴改曰吴壽，晉仍爲漢壽。熊方後漢書補表作壽亭侯，誤。互見關羽傳。

〔一〇〕洪飴孫曰：「鎮遠、興業各一人，皆蜀所置。」

〔一一〕金石萃編卷二十三引蛾術編云：「曹魏受禪表、大饗碑、公卿上尊號奏，陳壽盡削不載。若蜀志於先主爲漢中王，羣下上漢帝表全載之，約六百三四十字；爲漢中王，先主上言漢帝，亦全載之，約五百字；即皇帝位，君臣述符命上言，亦全載之，約八百(宇)〔字〕；即位告天下，亦全載之，凡二百字；共二千二三百言。此其全予蜀以繼漢甚明。陋儒尚言壽全以正統與魏，而斥漢爲蜀，豈不謬哉！(互見魏文紀卷首改延康爲黄初注引獻帝傳。)何焯據後注此表，乃廣漢李朝所造。此文在西京亦不多得，疑諸葛公潤色也。」李安溪曰：「此文妙絶千古。」弼按：李朝見季漢輔臣贊。朝撰此文，見華陽國志。

〔一二〕尚書：「舜流共工于幽州，放驩兜于崇山，竄三苗于三危，殛鯀于羽山，四罪而天下咸服。」左氏傳：「舜臣堯，流四凶族。」

〔一三〕史記：「成王少，周公攝政當國，管叔、蔡叔、霍叔與殷武庚作亂。周公東征，殺武庚、管叔，放蔡叔、霍叔，以微子啓代殷後，國于宋。」

〔一四〕漢書：「呂后以周呂侯子台爲呂王，台弟產爲梁王，相國建成侯釋之子祿爲趙王上將軍，各領南北軍。呂后崩，祿、產因謀作亂。太尉勃與朱虛侯章等共誅之，遂滅呂氏，立文帝。」

〔一五〕漢書：「孝昭上官皇后，上官安之女也。安父桀爲左將軍，與霍光皆受遺詔，輔少主。昭帝立安女爲皇后，以安爲車騎將軍。桀、安遂與燕王旦謀殺霍光，因廢帝立桀。事覺，皆伏誅。」

〔一六〕史記：「二世齋于望夷宮，趙高使其壻咸陽令閻樂將吏卒千餘人入宮，前即二世，數曰：足下驕恣，誅殺無道，天下共畔足下，足下其自爲計。麾其兵進，二世自殺。」

〔一七〕漢書：「平帝崩，立宣帝玄孫嬰爲皇太子，號曰孺子。安漢公莽居攝踐阼，稱攝皇帝。及莽即真天子位，封嬰爲定安公，敕阿乳母不得與語。常在四壁中，至于長大，不能名六畜。」

〔一八〕宋本「大」作「太」，是。漢文帝廟號太宗。

〔一九〕詩大雅板之章：「价人爲藩，大師維垣，大邦維屏，大宗維翰。」毛傳云：「价，善也；藩，屏也；垣，牆也；翰，幹也。」鄭箋云：「王當用公卿諸侯及宗室之貴者，爲藩屏垣幹，爲輔弼。」

〔二〇〕後漢書：「更始以竇融爲張掖屬國都尉，酒泉太守梁統等推融行河西五郡大將軍事，遣使奉書獻馬于光武，率步騎數萬，與大軍會高平，共破隗囂，與五郡太守詣雒陽，上涼州牧安豐侯印綬，拜冀州牧，遷大司空。」

〔二一〕郡國志：「漢中郡沔陽。」水經沔水注：「沔水又東逕沔陽縣故城南，城舊言漢祖在漢中，蕭何所築也。漢建安二十四年，劉備北定漢中，始立壇即漢中王位于此。其城南臨漢水，北帶通逵，南對定軍山，諸葛亮遺令葬于其山，塋東即八陣圖也。」一統志：「沔陽故城，今陝西漢中府沔縣東南。」

〔二二〕胡三省曰：「王冠，遠游冠也。」

先主上言漢帝曰：〔一〕「臣以具臣之才，荷上將之任，董督三軍，奉辭于外，不能埽除寇難，靖匡王室，久使陛下聖教陵遲，六合之內，否而未泰，惟憂反側，疢如疾首。曩者，董卓造爲亂階，自是之後，羣兇縱橫，殘剥海內。賴陛下聖德威靈，人神同應，或忠義奮討，或上天降罰，暴逆並殪，以漸冰消。惟獨曹操，久未梟除，侵擅國權，恣心極亂。臣昔與車騎將軍董承，圖謀討操，機事不密，承見陷害，臣播越失據，忠義不果。遂得使操窮凶極逆，主后戮殺，皇子鴆害。雖糾合同盟，念在奮力，懦弱不武，歷年未效。常恐殞没，孤負國恩，寤寐永歎，夕惕若厲。今臣羣寮，以爲在昔虞書，敦敘九族，庶明厲翼，〔一〕

鄭玄注曰：庶，衆也；厲，作也；敘，次序也。序九族而親之，以衆明作羽翼之臣也。〔二〕

五帝損益，此道不廢。周監二代，並建諸姬，實賴晉、鄭夾輔之福。〔四〕高祖龍興，尊王子弟，大啓九國，〔五〕卒斬諸吕，以安太宗。〔六〕今操惡直醜正，寔繁有徒，包藏禍心，篡盜已顯。既宗室微弱，帝族無位，斟酌古式，依假權宜，上臣大司馬、漢中王。臣伏自三省，受國厚恩，荷任一方，陳力未效，所獲已過，不宜復忝高位，以重罪謗。羣寮見逼，迫臣以義。臣退惟寇賊不梟，國難未已，宗廟傾危，社稷將墜，成臣憂責碎首之負。〔七〕若應權通變，以寧靖聖朝，雖赴水火，所不得辭，敢慮常宜，以防後悔。輒順衆議，拜受印璽，以崇國威。仰惟爵號，位高寵厚，俯思報效，憂深責重，驚怖累息，如臨于谷。盡力輸誠，奬厲六師，率齊羣義，應天順時，撲討凶逆，以寧社稷，以報萬分。謹拜章因驛上還所假左將軍、宜城亭侯印綬。」〔八〕於是還治成都。〔九〕拔魏延爲都督，鎮漢中。

典略曰：備於是起館舍，築亭障，從成都至白水關四百餘區。〔一〇〕

時關羽攻曹公將曹仁，禽于禁於樊。俄而孫權襲殺羽，取荆州。〔一一〕

〔一〕何焯曰：「前一篇是西京，此一篇西京氣味，東京節奏。」

〔二〕尚書皋陶謨之辭。孔傳云：「厚次敍九族，則衆庶皆明其教，而自勉勵，翼戴上命。」

〔三〕馮本、毛本「臣」作「親」，誤。

〔四〕左氏傳：「昔武王克商，光有天下，兄弟之國者，十有五人，姬姓之國者，四十八，皆舉親也。」史記：「犬戎殺幽王，晉文侯、鄭武公立故太子宜臼，是爲平王。」

〔五〕九國，燕、代、齊、趙、梁、楚、吴、淮南、淮陽也。

〔六〕「太」當作「大」。

〔七〕郝經續後漢書「成」作「誠」。

〔八〕胡三省曰：「左將軍及宜城亭侯，皆操所表授也。」

〔九〕何焯曰：「還治成都，當時未必懷安，但與高祖氣燄差異，或以得其地不得其民，故不久駐邪？」

〔一〇〕白水關見前。

〔一一〕互見吴志孫權傳、吕蒙傳、陸遜傳。時在建安二十四年十二月，至是南郡、零陵、宜都、武陵四郡，全爲吴有矣。

二十五年，〔一〕魏文帝稱尊號，改年曰黄初。或傳聞漢帝見害，先主乃發喪制服，追謚曰孝愍皇帝。〔二〕是後在所〔三〕並言衆瑞，日月相屬，〔四〕故議郎陽泉侯劉豹，青衣侯向舉，〔五〕偏將軍張裔、黄權，〔六〕大司馬屬殷純，〔七〕益州别駕從事趙莋，治中從事楊洪、從事祭酒何宗，〔八〕議曹從事杜瓊，勸學從事張爽、尹默、譙周等〔九〕上言：「臣聞河圖、洛書，五經讖、緯，孔子所甄，驗應自遠。謹案洛書甄曜度曰：赤三日〔一〇〕德昌，九世會備，合爲帝際。洛書寶號命曰：天度帝道備稱皇，以統握契，百成不敗。洛書録運期曰：九侯七傑，爭命民炊骸；道路籍籍履人頭，誰使主者玄且來。孝經鉤命決録曰：帝三建九會備。臣父羣未亡時，〔一一〕言西南數有黄氣，直立數丈，見來積年，時時有景雲祥風，從璿璣下來應之，此爲異瑞。又二十二年中，數有氣如旗，從西竟東，中天而行。圖、書曰：必有天子出其方。加是年太白、熒惑、填星，常從歲星相追。近漢初興，五星從歲星謀；歲星主義，漢位在西，義之上方，故漢法常以歲星候人主。當有聖主起於此州，以致中興。時許帝尚存，故羣下不敢漏言。頃者，熒惑復追歲星，見在胃昴畢，昴畢爲天綱。經曰：帝星處之，衆邪消亡。聖諱豫覩，推揆期驗，符合數至，若此非一。臣聞聖王先天而天不違，後天而奉天時，故應際而生，與神合契。願大王應天順民，速即洪業，以寧海内。」

〔一〕元本、馮本未提行。

〔二〕李清植曰：「綱目既以蜀漢爲正統，則當以此謚爲正。今綱目不書愍而書獻，蓋猶沿通鑑之誤。」周壽昌曰：「獻帝殂於魏明帝青龍二年，此尚是建安二十五年，山陽公尚存也。敵國兵爭，傳聞無實，此謚自不得據爲典要，故綱目特取孝獻之謚以紀實，後世因之，並非沿誤。」梁章鉅曰：「本書甘皇后傳及晉書劉元海載記並稱孝愍，此外無聞。」

〔三〕劉家立曰：「在所似是所在。」

〔四〕韓慕廬曰：「是時正位，名號甚正，牽引圖書，得毋辭費？」弼按：此皆沿光武尚圖讖之習。

〔五〕趙一清曰：「宋書州郡志：廣漢太守領縣有陽泉，蜀分綿竹立。續郡國志：蜀郡屬國漢嘉，故青衣，陽嘉二年改。」沈家本曰：「續志：廬江郡有陽泉侯國，未詳所封何人，疑豹即是，其後蓋以王子封侯而傳國者。至廣漢之陽泉，蜀時所分，非此侯國邑。先主未稱尊之時，惟張飛封新亭侯，黄忠封關内侯。至如漢壽之封，出于孝愍；馬超爲都亭侯，亦因其舊。他未聞承制封拜，此陽泉侯必非蜀所封，其國邑不必定在蜀。續志既有陽泉侯國，豹是其後，可無疑也。下青衣侯向舉，當亦東漢末所封，其始終不可得而詳矣。」

〔六〕沈家本曰：「裔傳不言爲偏將軍。」

〔七〕大司馬之屬也。華陽國志「殷」作「陰」。

〔八〕潘眉曰：「按常璩言：宗通推步圖讖，讚立先主。楊羲亦言：宗援引圖讖，勸先主即尊號。然則勸進表即宗所撰歟？」

〔九〕何焯曰：「顧亭林言：譙周傳：建興中，丞相領益州牧，命周爲勸學從事，與此前後不同。案：周卒于晉泰始六年，年七十二，當昭烈即位之初，年僅二十三，未必與勸進之列，從本傳爲是。」趙一清曰：「周羣傳：羣子巨，此表不知何人所作，而云臣父羣，豈周氏之子，列名于中，傳寫者誤爲譙周邪？」沈家本曰：「譙周疑周羣之譌。下文臣父羣，當作臣羣父，惟羣本傳言爲儒林校尉，不言爲勸學從事。」錢儀吉曰：「譙周當爲周巨。」

〔一〇〕潘眉曰：「赤家有三日，高祖、光武、先主也。昔王莽嫌三日見於讖，改曡字爲疊，至是卒符三日之讖。」

〔一一〕錢大昕曰：「此奏列名者有劉豹、向舉、張裔、黄權、殷純、趙莋、楊洪、何宗、杜瓊、張爽、尹默、譙周等，而忽稱臣父，果何人之父邪？華陽國志云：周羣父未亡時，似當從之。又案周羣傳云：子巨，亦傳其術。或臣爲巨之誤，而上脱周字邪？」潘眉曰：「華陽國志作周羣父未亡時，則周舒也。然周舒亦著名于時，何以不竟稱周舒？宋書符瑞志云：先是術士周羣言云云，爲羣無疑，非舒也。臣父羣，父字當改周。」錢儀吉曰：「上文譙周即周巨之誤，此文臣當爲巨，巨上無周字。又按華陽國志：羣是年舉茂才，如謂羣甫亡，則巨方居憂，不得與於勸進之列。」周羣傳：「父舒，少學術於廣漢楊厚，名亞董扶、任安。然據宋符瑞志：先是術士周羣云云，則華陽國志亦未足據。」沈家本曰：「凡奏中列名，稱臣而不書姓；不列名者，稱名而不稱臣。其大較也。如改臣父羣爲臣周羣，若奏中未列名，則不必加臣字；若奏中列名，不必言周。潘說進退皆未當也。竊疑父羣二字，傳寫誤倒，當云臣羣父未亡時，與華陽國志之言亦不相悖。上文諱周之名，則周羣之譌，傳寫奪羣字，而又誤添諱字也。若周巨則傳中未言爲何官，而先主王漢中之時，周羣見在，距此時不過一年，未必遽卒，恐又不當作周巨也。」

太傅許靖、安漢將軍糜竺、軍師將軍諸葛亮、太常賴恭、光祿勳黃權、少府王謀等〔一〕上言：「曹丕篡弒，湮滅漢室，竊據神器，劫迫忠良，酷烈無道，人鬼忿毒，咸思劉氏。今上無天子，海内惶惶，靡所式仰。羣下前後上書者八百餘人，〔二〕咸稱述符瑞，圖讖明徵。閒黃龍見武陽赤水，九日乃去，〔三〕孝經援神契曰：德至淵泉，則黃龍見。龍者，君之象也。易乾九五，飛龍在天，〔四〕大王當龍升，登帝位也。又前關羽圍樊、襄陽，襄陽男子張嘉、王休獻玉璽，璽潛漢水，伏於淵泉，暉景燭燿，靈光徹天。夫漢者，高祖本所起定天下之國號也。大王襲先帝軌跡，亦興於漢中也。今天子玉璽，神光先見，璽出襄陽漢水之末，明大王承其下流，授與大王以天子之位，瑞命符應，非人力所致。昔周有烏魚之瑞，〔五〕咸曰休哉。二祖受命，圖書先著，以爲徵驗。今上天告祥，羣儒英俊，並進河、洛，孔子讖記，咸悉具至。伏爲大王〔六〕出自孝景皇帝中山靖王之胄，本支百世，〔七〕乾祇降祚，聖姿碩茂，〔八〕神武在躬，仁覆積德，愛人好士，是以四方歸心焉。考省靈圖，啓發讖、緯，神明之表，名諱昭著。宜即帝位，以纂二

祖，紹嗣昭穆，天下幸甚。臣等謹與博士許慈、議郎孟光，建立禮儀，擇令辰，上尊號。」即皇帝位於成都武擔之南。〔九〕

蜀本紀曰：〔一〇〕武都有丈夫化爲女子，顔色美好，蓋山精也。蜀王娶以爲妻，不習水土，疾病，欲歸國。蜀王留之，無幾，物故。蜀王發卒之成都，〔一一〕擔土於成都郭中葬，蓋地數畝，高七丈，〔一二〕號曰武擔也。〔一三〕

臣松之案：武擔，山名，在成都西北，蓋以乾位在西北，故就之以即阼。〔一四〕

爲文曰：〔一五〕「惟建安二十六年四月丙午，〔一六〕皇帝備〔一七〕敢用玄牡，昭告皇天上帝、后土神祇。漢有天下，歷數無疆。曩者王莽篡盜，光武皇帝震怒致誅，社稷復存。今曹操阻兵安忍，戮殺主后，滔天泯夏，罔顧天顯。操子丕，載其凶逆，竊居神器。羣臣將士，以爲社稷隳廢，備宜修之，嗣武二祖，龔行天罰。備雖否德，〔一八〕懼忝帝位，詢于庶民，外及蠻夷君長，僉曰：天命不可以不答，祖業不可以久替，四海不可以無主。率土式望，在備一人。備畏天明命，又懼漢邦將湮于地，〔一九〕謹擇元日，與百寮登壇，受皇帝璽綬。修燔瘞，告類于天神，惟神饗〔二〇〕祚于漢家，永綏四海！」

魏書曰：備聞曹公薨，遣掾韓冉奉書弔之，〔二一〕致賻贈之禮。文帝惡其因喪求好，勑荆州刺史斬冉，絕使命。

典略曰：備遣軍謀掾韓冉齎書弔，并貢錦布。冉稱疾，住上庸。上庸致其書，適會受終，有詔報答以引致之。備得報書，遂稱制。〔二二〕

〔一〕錢大昕曰：「上文已有偏將軍黄權，不應重見。考楊戲輔臣贊注，先主爲漢中王，用零陵賴恭爲太常，南陽王柱爲光禄勳，漢嘉王謀爲少府，此傳三人連名，必是王柱，非黄權也。黄權傳亦無除光禄勳事。」潘眉曰：「王柱當作黄柱。」

〔二〕潘眉曰：「前載一百二十人，後十二人及此六人而已。考太平御覽十五引蜀志云：劉毅、白攀等上言：建安二十二年，必有天子出其方。今蜀志無此文，然則譌脱不少矣。」

〔三〕犍爲郡，治武陽，見劉焉傳。趙一清曰：「寰宇記卷七十四云：黄龍廟在眉州彭山縣東二十八里，長江村導江東岸。華陽國志云：建安二十四年，黄龍見武陽赤水，仍立廟，今有石碑存。鼎録曰：時龍見武陽之水九日，因鑄一鼎，像龍形流水中。」

〔四〕毛本「五」作「三」，誤。

〔五〕史記：「武王渡河，白魚入于王舟，有火自上，復于下至王屋，流爲烏，其色赤，其聲魄云。」

〔六〕宋本「爲」作「惟」。

〔七〕宋本「支」作「枝」。

〔八〕元本「姿」作「哲」。

〔九〕郝經續後漢書「即」字上有「王乃」二字。弼按：按文，應增此二字，通鑑亦云，漢中王即皇帝位於武擔之南。諸葛亮傳：「二十六年，羣下勸先主稱尊號，先主未許。亮進言，先主於是即帝位。」費詩傳：「羣臣議推漢中王稱尊號，詩上疏諫，忤指左遷。」

〔一〇〕華陽國志序志曰：「司馬相如、嚴君平、揚子雲、陽城子玄、鄭伯邑、尹彭城、譙常侍、任給事等，各集傳記以作本紀，略舉其隅。」侯康曰：「蜀志秦宓傳注引譙周蜀本紀曰：禹本汶山廣柔縣人也，生於石紐，其地名刳兒坪。先主傳注亦引之，其文與揚雄蜀王本紀同，則無以定其必爲譙書也。」姚振宗曰：「蜀本紀之書，據常道將言，則司馬長卿倡爲之，諸家遞有增益。鄭伯邑名廑，尹彭城名貢，並詳見後漢藝文志地理類。任給事名熙，入晉不仕，見後賢志。自司馬氏以迄任氏，爲蜀本紀者凡八家。」沈家本曰：「蜀本紀，隋、唐志不著録，別有揚雄蜀王本紀一卷。」

〔一一〕宋本作「武都」。

〔一二〕宋本作「十丈」。

〔一三〕後漢書方術傳任文公傳：「公孫述時，蜀武擔石折。」章懷注：「武擔山在今益州成都縣北百二十步。揚雄蜀王本紀云：武都丈夫化爲女子，顏色美絶，蓋山精也。蜀王納以爲妃，無幾，物故。乃發卒之武都，擔土葬於成都郭中，號曰武擔。以石作鏡一枚，表其墓。華陽國志曰：王哀念之，遣五丁之武都，擔土爲妃作冢，蓋地數畝，高七丈，其石俗今名爲石笋。」

〔一四〕一統志：「武擔山在今四川成都府成都縣城内西北隅。」

〔一五〕此文劉巴所作，見巴傳。

〔一六〕康發祥曰：「建安本無二十六年，蓋其年爲章武元年，魏黄初二年也。文未便遽稱章武，故云。」弼按：不用延康年號者，或以延康爲曹氏所改也。郭宗昌金石史謂綱目不應削去延康，近於迂論。

〔一七〕趙一清曰：「備上當依宋書禮志三校增臣字。」

〔一八〕「雖」字，宋書禮志作「惟」。

〔一九〕官本考證曰：「邦疑作祚。」周壽昌曰：「高祖諱邦，此必不能稱漢邦，應是室字之誤。」

〔二〇〕宋本「饗」作「嚮」，「饗」上宋書禮志有「尚」字。

〔二一〕宋本「之」作「并」，屬下句讀。

〔二二〕郝經曰：「此皆魏自夸之辭，非實事也。昭烈與操、丕不共戴天，方討賊修復，豈弔喪致貢，與修好乎！」潘眉曰：「魏書言斬冉絶使命，典略言有詔報答以引致之，二説不同，典略爲確。考王朗與許靖書云：得因無嫌，道初開通，展敘舊情，以達聲問。又曰：正值天命受于聖主之會，正在此時。」

章武元年夏四月，大赦，改年。〔一〕以諸葛亮爲丞相，許靖爲司徒。置百官，立宗廟，祫祭高皇帝以下。

臣松之以爲：先主雖云出自孝景，而世數悠遠，昭穆難明，既紹漢祚，不知以何帝爲元祖，以立親廟。于時英賢作輔，儒生在官，宗廟制度，必有憲章，而載記闕略，良可恨哉！〔二〕

五月，立皇后吴氏，子禪爲皇太子。六月，以子永爲魯王，理爲梁王。〔三〕車騎將軍張飛，爲其左右所害。初，先主忿孫權之襲關羽，將東征；秋七月，遂帥諸軍伐吴。〔四〕孫權遣書請和，〔五〕先主盛怒不許。吴將陸議、〔六〕李異、〔七〕劉阿等屯巫秭歸，〔八〕將軍吴班、馮習自巫攻破異等，軍次秭歸。武陵五谿蠻夷，遣使請兵。〔九〕

〔一〕改年即改元。宋書歷志：「劉氏在蜀，不見改歷，當是仍用漢四分法。」蔣超伯曰：「陶宏景刀劍録：蜀主劉備以章武元年歲次辛丑，採金牛山鐵，鑄八劍，各長三尺六寸。一備自服，一與太子禪，一與梁王理，一與魯王永，一與諸葛亮，一與關雲長，一與張飛，一與趙雲。唐尚書郎李章武，本名方古。因理第掘得一劍，上有章武字，以爲孔明所佩劍也，乃改名章武，即八劍之一也。」

〔二〕宋書禮志三云：「備紹世而起，亦未辨繼何帝爲禰，亦無祖宗之號。劉禪面縛，北地王諶哭於昭烈之廟，此則備廟別立也。」李清植曰：「光武中興，繼體元帝，故成、哀、平三帝以及南頓君以上，四親皆別立廟。先主行輩，尊於孝愍，又當別有四親之廟，故裴注云然。但是時舊都未復，諸事草創，所謂祫祭高皇帝以下者，殆循東京同堂異室之制而行之耳。至于稽古禮文之事，疑未遑暇，故隋王通曰：諸葛亮而無死禮樂其有興乎！蓋指此類，未必記載之有闕略也。」何焯曰：「臣子一例，昭烈當日蓋以孝愍爲禰，而於本生則仍光武南頓君之例，此可以意推而知也。」

〔三〕皆遥領也，後同。晉書地理志上云：「劉備章武元年，亦以郡國封建諸王，或遥採嘉名，不由撿土地所出，其户二十萬，男女口九十萬。孫權亦取中州嘉號，封建諸王。」胡三省曰：「自此迄於南北朝，大率類此。」晉志又云：「建安二十一年，劉備分巴郡立固陵郡，蜀章武元年，又改固陵爲巴東郡，巴西郡爲巴郡，又分廣漢立梓潼郡，分犍爲立江陽郡，以蜀郡屬國爲漢嘉郡，以犍爲屬國爲朱提郡。」

〔四〕趙雲傳注引雲别傳：「雲諫曰：國賊是曹操，非孫權也。且先滅魏，則吴自服，不應置魏，先與吴戰。先主不聽，遂東征。」于慎行曰：「諸葛瑾牋云：陛下以關羽之親，何如先帝？荆州大小，孰與海内？俱應仇疾，孰當先後？此數言者，即腹心之臣，借箸熟數，亦何以踰？而先主不悟，甘心失策，豈非天哉！」黄恩彤曰：「外結孫權，隆中之對，早策及此矣。乃荆州之失，伐吴之舉，頓與初策相左，當亦武侯所扼腕太息者也。故猇亭既敗，即許吴以和，建興元年，復遣鄧芝固好，不得不用初策矣。」

〔五〕「遣」，一本作「遺」。

〔六〕陸議即陸遜。

〔七〕趙一清曰：「此李異疑即劉璋將降吴者。」

〔八〕郡國志：「荆州南郡巫，西有白帝城。」郭璞曰：「有巫山。」水經江水注：「江水又東逕巫縣故城南，縣故楚之巫郡也。秦省郡立縣，以隸南郡，吴孫休分爲建平郡，治巫城。城緣山爲墉，周十二里，一百一十步。東西北三面皆帶傍深谷，南臨大江，故夔國也。」胡三省曰：「巫縣漢屬南郡，吴初屬宜都郡，後孫休分立建平郡，巫屬焉。」一統志：「巫縣故城，今四川夔州府巫山縣東，蓋吴、蜀之界也。」秭歸詳見魏志文紀黄初三年，今湖北宜昌府歸州治。

〔九〕武陵蠻爲槃瓠之種落，見范書南蠻傳。事涉荒誕，文繁不録。馬援傳：劉尚擊武陵五溪蠻夷，即此。水經沅水注：「武陵有五溪，謂雄溪、樠溪、無溪、酉溪、辰溪。其一焉夾溪，悉是蠻左所居，（刊誤曰：六朝人稱蠻郡曰左郡，蠻縣曰左縣，故稱蠻左爲五溪蠻也。）故謂此蠻五溪蠻也。」洪亮吉曰：「太平寰宇記引蜀志，蜀先主於武陵五溪立黔安郡，領五縣，後主又增一縣。」謝鍾英曰：「三國志無先主置黔安郡事。先主敗後，五陵屬吴，後主亦無由增縣。宋黔州今彭水縣，五溪蠻在辰州府境，相去五百餘里，而樂史云，先主於五溪蠻置黔安郡，即今黔州。五溪、黔州，混而爲一，道里未晰，何知郡縣？洪氏不辨其妄，亦信古之過也。」

二年春正月，先主軍還秭歸，將軍吴班、陳式水軍屯夷陵，夾江東西岸。〔一〕二月，先主自秭歸率諸將進軍，緣山截嶺，〔二〕於夷道猇亭〔三〕駐營，〔四〕自佷山〔五〕通武陵，〔六〕遣侍中馬良安慰五谿蠻夷，咸相率響應。〔七〕鎮北將軍黄權督江北諸軍，與吴軍相拒於夷陵道。〔八〕夏六月，黄氣見，自秭歸十餘里中，廣數十丈。〔九〕後十餘日，陸議大破先主軍於猇亭，將軍馮習、張南等皆没。〔一〇〕先主自猇亭還秭歸，收合離散兵，遂棄船舫，由步道還魚復，改魚復縣曰永安。〔一一〕吴遣將軍李異、劉阿等踵躡先主軍，屯駐南山。〔一二〕秋八月，收兵還巫。〔一三〕司徒許靖卒。冬十月，詔丞相亮營南北郊於成都。孫權聞先主住白帝，甚懼，遣使請和。先主許之，遣太中大夫宗瑋報命。冬十二月，漢嘉太守黄元聞先主疾，不豫，〔一四〕舉兵拒守。

〔一〕夷陵詳見魏志文紀黄初三年，今湖北宜昌府東湖縣東。江水自此南行，故云夾江東西岸也。

〔二〕通鑑「嶺」作「領」，胡三省曰：「領，古嶺字通。」

〔三〕原注：「許交反。」

〔四〕郡國志：「荆州南郡夷道。」水經江水篇：「江水又東南過夷道縣北，夷水從佷山縣南東北注之。」酈注云：「夷道縣，漢武帝伐西南夷，路由此出，故曰夷道。魏武分南郡置臨江郡，劉備改曰宜都郡，治在縣東四百步，故城吴丞相陸遜所築，爲二江之會。」習鑿齒曰：「魏武平荆州，分南郡枝江以西爲臨江郡。建安十五年，劉備改爲宜都。」吴録：「劉備分南郡立宜都郡，領夷道、佷山、夷陵三縣。」孫權傳：「建安二十四年，陸遜別取宜都，屯夷陵，守峽口以備蜀。」郡遂入吴。一統志：「夷道故城，今湖北荆州府宜都縣西北，猇亭在宜都縣北三十里大江北岸，一名興善坊，今名虎腦背市。」方輿紀要：「猇亭今宜都縣西，地險隘，古戍守處也。」

〔五〕原注：「佷，音恒。」

〔六〕水經夷水注：「夷水又東逕佷山縣故城南，縣即山名也。孟康曰：佷音恒，出藥草，今世以銀爲音也。」胡三省曰：「佷山縣，前漢屬武陵郡，後漢屬南郡，吴屬宜都郡。」一統志：「佷山在今湖北宜昌府長陽縣西北八十里。」方輿紀要：「佷山城在長陽縣西六十五里同昌市。」武陵郡見前。

〔七〕馬良傳：「先主東征吴，遣良入武陵，招納五溪蠻夷，蠻夷渠帥皆受印號，咸如意指。」陸遜傳：「備以金銀爵賞，誘動諸夷。」

〔八〕黄權傳：「權督江北軍以防魏師，先主自在江南。及吴將軍陸議乘流斷圍，南軍敗績，先主引退，而道隔絶，權不得還，故率將所領降于魏。」

〔九〕宋書五行志云：「近黄祥也。」

〔一〇〕陸遜傳：「備從巫峽建平連圍至夷陵界，使將軍馮習爲大督，張南爲前部。陸遜斬張南、馮習，破其四十餘營。」姚範曰：「魏志武紀：建安十年，袁熙大將焦觸、張南叛攻熙、尚，即此張南邪？」

〔一一〕魚復見前。陸遜傳：「備因夜遁，僅得入白帝城。備大慙，恚曰：吾乃爲遜所折辱，豈非天邪！」孫桓傳：「桓投刀奮命，與遜努力。備踰山越險，僅乃得免。忿恚歎曰：吾初至京城，桓尚小兒，而今迫孤，乃至此也！」錢振鍠曰：「街亭之役，不用魏延、吴懿而用馬謖，自以致敗。夷陵之役，吴雖用新進之陸遜，然其下朱然、潘璋、韓當、徐盛等，大致宿將也。先主所用，則爲馮習、張南、輔匡、趙融、傅彤、吴班，又有杜路、劉寧等，絶大不知名，宜其敗矣。」

〔一二〕謝鍾英曰：「南山當在奉節縣東北。」

〔一三〕巫，見前。

〔一四〕「疾」字疑衍。郡國志：「益州蜀郡屬國，治漢嘉。」范書西南夷傳：「靈帝時，以蜀郡屬國爲漢嘉郡。」晉志以爲蜀章武元年置漢嘉郡，誤。（謝鍾英以漢嘉縣爲陽嘉縣，亦誤。）胡三省曰：「漢嘉郡本前漢青衣縣，地屬蜀郡。後漢順帝陽嘉二年，改爲漢嘉縣，屬蜀郡屬國，蜀分爲漢嘉郡。」弼按：胡云蜀分爲漢嘉郡，蓋沿晉志之誤。一統志：「漢嘉故城，在今四川雅州府雅安縣北。」

三年春二月，丞相亮自成都到永安。三月，黃元進兵攻臨邛縣。〔一〕遣將軍陳曶〔二〕討元，元軍敗，順流下江，爲其親兵所縛，生致成都，斬之。〔三〕先主病篤，託孤於丞相亮，尚書令李嚴爲副。夏四月癸巳，〔四〕先主殂于永安宮，〔五〕時年六十三。〔六〕

諸葛亮集〔七〕載先主遺詔敕後主曰：「朕初疾，但下痢耳；後轉雜他病，殆不自濟。人五十不稱夭，〔八〕年已六十有餘，何所復恨？不復自傷，但以卿兄弟爲念。射君到，〔九〕說丞相歎卿智量甚大，增修過於所望，審能如此，吾復何憂！勉之，勉之！勿以惡小而爲之，勿以善小而不爲。〔一〇〕惟賢惟德，能服於人。〔一一〕汝父德薄，勿效之。〔一二〕可讀漢書、禮記，〔一三〕閒暇歷觀諸子及六韜、商君書，益人意智。聞丞相爲寫申、韓、管子、六韜一通已畢，〔一四〕未送，道亡，可自更求聞達。」臨終時，呼魯王與語：「吾亡之後，汝兄弟父事丞相，令卿與丞相共事而已。」

〔一〕臨邛見劉焉傳注。胡三省曰：「臨邛縣，漢屬蜀郡，蜀既分置漢嘉郡，則此時當屬漢嘉。邛，渠容翻。」趙一清曰：「方輿紀要卷七十二，臨邛廢縣今邛州治。秦置縣，屬蜀郡，漢因之。三國漢屬漢嘉郡。」一清案：臨邛，漢、晉皆屬蜀郡，竊謂黃元舉兵攻臨邛城，未可即據爲臨邛屬漢嘉也。」

〔二〕原注：「音笏。」

〔三〕互見楊洪傳。康發祥曰：「猇亭敗後，賴有此捷，陳習之功，大可存録。」

〔四〕潘眉曰：「先主以四月二十四日殂。四月朔戊午，二十四日辛巳，非癸巳也。」

〔五〕水經江水注：「江水又東逕南鄉峽，東逕永安宮南，劉備終于此，諸葛亮受遺處也。其閒平地可二十許里，江山迴闊，入峽所無。城周十餘里，背山面江。」寰宇記：「先主於永安縣七里，別置永安宮，在平地。」入蜀記：「夔州在山麓沙上，所謂魚復永安宮也。」一統志：「永安宮城，今四川夔州府奉節縣治。」方輿紀要：「今夔州府學宮。」黄恩彤曰：「吳志于權書薨，魏志于丕書崩，史爲晉諱，强以天王書崩之例予之耳。于蜀，獨書先主殂于永安宮。蓋書崩則礙于帝魏之嫌，是二帝也；書薨則没其帝蜀之義，是無帝也。故祖尚書帝乃殂落之文，以尊異之。」

〔六〕姚範曰：「先主生於桓帝延熹四年辛丑。」

〔七〕諸葛亮傳：「亮言教書奏多可觀，別爲一集。」陳壽奏上諸葛集云：「删除重複，隨類相從，凡爲二十四篇。」文心雕龍詔策篇：「諸葛孔明之詳約，教之善也。」又章表篇云：「孔明之辭後主，志盡文暢，表之英也。」隨書經籍志：「蜀丞相諸葛亮集二十五卷，梁二十四卷。」唐經籍志：「諸葛亮集二十四卷。」藝文志同。宋史藝文志：「諸葛亮集十四卷。」武威張澍輯本序曰：「明王士祺集武侯全書二十卷，楊時偉以王書蕪累，更撰諸葛忠武全書十卷，亦無財擇。本朝朱璘輯諸葛武侯集二十卷，遂寧張鵬翮之忠武誌全襲之，庸俗詩文，盈汗篇牘，侯之著作，反多遺漏。澍搜采散佚，較諸本增益倍蓰，編文集四卷，附録二卷，別撰諸葛故事五卷，都爲十一卷。」姚振宗曰：「諸葛集，張氏所舉四本之外，又有明崇禎時武侯三十六世孫羲輯本二十三卷，道藏輯要中刻之。嚴氏全三國文輯本二卷，凡教、軍令、表、疏、上書、上言、公文、箋、書、誡、論、議、算計、兵要、兵法、木牛流馬法、記、序、贊、銘、雜文五十五篇，綜九十一首。」沈家本曰：「傳中詳録其書之篇名，古未有此式，足見陳壽之重諸葛氏也。傳中多隱微之詞，壽自以蜀人，又對晉人而言，不得不如此。粗心人讀之，輒以壽爲輕視武侯，皆不諒作史者之苦心也。」

〔八〕短折曰夭。

〔九〕何焯曰：「射君即射援，見上表中列名。」錢大昭曰：「即扶風射文雄也。」

〔一〇〕何焯曰：「易繫辭下傳云：善不積，不足以成名；惡不積，不足以滅身。小人以小善無益而弗爲也，以小惡無傷而勿去也，故惡積而不可掩，罪大而不可解。昭烈以此爲誡，則不甚樂讀書，特少年之事；其後則知書之要矣。賈誼新書審微篇：善不可謂小而無益，不善不可謂小而無傷，此二語亦繫傳。」

〔一一〕通鑑作「可以服人」。

〔一二〕通鑑作「不足效也」。胡三省曰：「自漢以下，所以詔勅嗣君者，能有此言否？」

〔一三〕漢書爲本朝之掌故，禮記爲治身之要籍。

〔一四〕姜宸英曰：「武侯爲軍師將軍，文事武備，倥偬未暇，而能手寫申、韓、管子、六韜以遺後主，今書生反不能之，可愧孰甚！」又云：「後主庸弱，故先主與亮皆欲其讀此書，可見古人讀書，皆以致用，儒生佔畢，以資口談，雖多亦奚以爲！」唐庚曰：「學者責孔明不以經書輔導少主，乃用六韜、管子、申、韓之書。吾謂不然。人君不問撥亂守文，要以智略爲先。後主寬厚仁義，襟量有餘，而權略智謀，是其所短。當時識者，咸以爲憂。六韜述兵權略計，管子貴輕重權衡，申子覈名實，韓子引繩墨，切事情，施之後主，正中其病矣。」

亮上言於後主曰：〔一〕「伏惟大行皇帝，邁仁樹德，覆燾無疆。昊天不弔，寢疾彌留，今月二十四日，奄忽升遐，臣妾號咷，若喪考妣。乃顧遺詔，事惟太宗，〔二〕動容損益；〔三〕百寮發哀，滿三日除服，到葬期復如禮。其郡國太守、相、都尉、縣令、長三日便除服。〔四〕臣亮親受勅戒，震畏神靈，〔五〕不敢有違。臣請宣下奉行。」五月，梓宮自永安還成都，謚曰昭烈皇帝。〔六〕

秋八月，葬惠陵。〔七〕

葛洪神仙傳曰：〔八〕仙人李意其，蜀人也。傳世見之，云是漢文帝時人。先主欲伐吳，遣人迎意其。意其到，先主禮敬之，問以吉凶。意其不答，而求紙筆，畫作兵馬器仗數十紙已，便一一以手裂壞之；又畫作一大人，掘地埋之，便徑去。先主大不喜，而自出軍征吳，大敗還，忿恥發病死，衆人乃知其意。其畫作大人而埋之者，即是言先主死意。

〔一〕劉咸炘曰：「此等書法，皆本紀之制。」

〔二〕郝經續後漢書作「大宗」。或曰：「太宗當作大宗，謂後主也。」章學誠曰：「漢昭烈皇帝廟號太宗，見本傳。諸葛亮請宣遺詔表，人多習而不察。按：孝文帝廟號太宗，不嫌重邪？」見章氏遺書知非日札。弼按：章說似不足據，如廟號太宗，本傳無不書之理。

〔三〕或曰：「動容」句未詳。

〔四〕宋書禮志曰：「蜀喪禮異於漢也。」

〔五〕宋本「畏」作「威」。

〔六〕胡三省曰：「謚法：昭德有勞曰昭，有功安民曰烈。」

〔七〕寰宇記卷七十二云：「益州成都縣有東陵，即蜀先主陵也。今有祠存，號曰東陵神。」又云：「惠陵東西七十步，齊高帝夢益州有天子鹵簿，詔刺史傅單修立而卑小，故相國李回在鎮，更改置守陵戶，四時祭祀。」嚴衍曰：「酉陽雜俎云：近有盜發先主墓者，見兩人張鐙對弈，侍衛十餘人。盜驚懼，拜謝。一人顧曰：爾欲飲乎？乃各飲以一杯，並乞以玉腰帶數條，各與束之而出。盜至外，口已漆矣，帶乃巨蛇也。視其穴，已平復如故。」弼按：盜已口漆，所見爲誰傳？說部荒誕，不足據。又按嚴衍資治通鑑補云：「初，吳既求和，吳王權乃送其妹孫夫人歸漢。至瀼江而帝崩，夫人乃投江死。土人哀之，爲築臺於蟂磯而祀之。」又按一統志云：「蟂磯在蕪湖縣西七里江中，磯上有靈澤夫人祠，俗傳以爲昭烈夫人孫權妹云。黄庭堅文云：磯有靈澤夫人廟，相傳蜀先主孫夫人葬此。」弼按：孫夫人有如此節烈，何以陳志不載？裴注喜搜異聞，亦無一字。宋蕭常續後漢書爲孫夫人立傳，亦未言及。一統志謂爲俗傳，誠有見矣。顧炎武曰：「孫夫人還吴後，不知所終。蟂磯之傳殆妄。」

〔八〕晉書葛洪傳：「洪字稚川，丹陽句容人。洪少好學，家貧，躬自伐薪，以貿紙筆。夜輒寫書誦悉，遂以儒學知名。尤好神仙導養之法。從祖玄，吴時學道得仙，號曰葛仙公。以其鍊丹秘術授弟子鄭隱，洪就隱學，悉得其法。後師事南海太守鮑玄，玄亦内學，逆占將來，以女妻洪。洪傳玄業，兼綜練醫術。太安中，洪破石冰別率，遷伏波將軍。元帝爲丞相，辟爲掾，賜爵關内侯。干寶薦洪才堪國史，洪以年老，欲鍊丹以祈遐壽，聞交阯出丹，求爲句扇令，止羅浮山煉丹，自號抱朴子，因以名所著書。言黄白之事名内篇，駁難通釋名外篇。其餘所著碑、誄、詩、賦百卷，移檄、章表三十卷，神仙、良吏、隱逸、集異等傳各十卷。又抄經史、百家、方技、雜事三百一十卷。金匱藥方百卷，肘後要急方四卷。洪博聞深洽，江左絶倫，著述篇章，富於班、馬，精辯玄賾，析理入微。卒時年八十一，顔色如生，世以爲尸解得仙云。」四庫提要云：「晉葛洪撰神仙傳十卷，據洪自序，蓋於抱朴子内篇既成之後，因其弟子滕升問仙人有無而作，所録凡八十四人。諸家著録皆作十卷，與今本合。惟隋志稱葛洪列仙傳，其名獨異。新、舊唐書並作葛洪神仙傳，知今本隋志殆承上列仙傳讚之文，偶然誤刊，非書有二名也。裴松之蜀志先主傳注引李意其一條，吴志士燮傳注引董奉一條，吴範、劉惇、趙達傳注引介象一條，並稱葛洪所記。近爲惑衆，其書文頗行世，故撮舉數事，載之篇末。是徵引此書，以三國志注爲最古也。」

評曰：先主之弘毅寬厚，知人待士，蓋有高祖之風，英雄之器焉。及其舉國託孤於諸葛亮，而心神無貳，誠君臣之至公，古今之盛軌也。〔一〕機權幹略，不逮魏武，是以基宇亦狹。然折而不撓，終不爲下者，抑揆彼之量，〔二〕必不容已，非唯競利，且以避害云爾。〔三〕

〔一〕或曰：誠古今盛事，三代而下，未多見也。

〔二〕毛本「抑」作「仰」，誤。

〔三〕華陽國志譔曰：「漢末大亂，雄桀並起，若董卓、呂布、二袁、韓、馬、張、楊、劉表之徒，兼州連郡，衆踰萬計，叱咤之閒，皆自謂漢祖可踵，桓文易邁。而魏武神武幹略，戡屠盪盡，於時先主名微人鮮，而能龍興鳳舉，伯豫君徐，假翼荆、楚，翻飛梁、益之地，克胤漢祚，而吳、魏與之鼎峙，非英才命世，孰克如之！然必以曹氏替漢，宜扶信順，以明至公，還乎名號，爲義士所非。及其寄死託孤於諸葛亮，而心神無貳，陳子以爲君臣之至公，古今之盛軌也。」藝文類聚卷二十二、太平御覽卷四百四十七並引張輔名士優劣論云：「世人見魏武皇帝處（當作據。）有中土，莫不謂勝劉玄德也。余以玄德爲勝。夫撥亂之主，當先以能收相獲將爲本，一身善戰，不足恃也。世人以玄德爲呂布所襲，爲武帝所走，舉軍東下，爲陸遜所覆，雖曰爲呂布所襲，未若武帝爲徐榮所敗，失馬被創之危也。玄德還據徐州，形勢未合，在荆州，劉景升父子不能用其計，舉州降魏，手下步騎，不滿數千，爲武帝大衆所走，未若武帝爲呂布北騎所擒，突火之急也。玄德爲陸遜所覆，未若武帝爲張繡所困，挺身逃遁，以喪二子也。若令高祖死于彭城，世人方之，不及項羽遠矣。武帝獲于宛下，將復謂不及張繡矣。而其安忍無親，荀文若、楊德祖之徒，多見賊害，孔文舉、桓文林等，以宿恨見殺，董公仁、賈文和恒以佯愚自免，良將不能任。行兵三十餘年，無不親征，功臣謀士，曾無列土之封，仁愛不加親戚，惠澤不流百姓，豈若玄德威而有恩，勇而有義，寬宏而大略乎！諸葛孔明達治知變，殆王佐之才，玄德無强盛之勢，而令委質；張飛、關羽，皆人傑也，服而使之。夫明闇不相爲用，臧否不相爲使。武帝雖處安强，不爲之用也。況在危急之閒，勢弱之地乎！若令玄德據有中州，將與周室比隆，豈徒三桀而已哉！」郝經議曰：「三王家天下，其子若孫，與其族屬，傳繼紹復，則統紀在焉，不幸而草竊閒貳，攘奪叨據，終非其有。故羿、浞割夏，則少康興；犬戎斃周，則平王立；吳、楚僭號，諸侯不王，孔子作春秋，加王于正，以大一統。歷五伯迄顯、赧，二周王室餘七邑，天下羣起而稱王稱帝，周之統自若也。漢得天統，莽篡而在光武，操竊而在昭烈，魏、吳雖僭，猶夫吳、楚也。昭烈天資仁厚，宇量弘毅，巋然一世之雄，以興復漢室爲己任。崎嶇百折，僨而益堅，顛沛之際，信義逾明，故能終繫景命，信大義于天下。任賢使能，灑落誠盡，使諸葛亮以死自效，復見三代君臣，高、光爲不亡矣。國賊未討，境土未復，而僨軍崩殂，哀哉！贊曰：於赫漢道，滅于閹醜，運踰百六，載罹陽九。裂土分曜，搴樞解紐，兇婪詐慝，攘據叨有。嚴翼昭烈，仁誠迪哲，弘我炎正，桓桓秉鉞。纂高系光，討賊立國，權競請盟，丕豈其敵！燕南三士，隆中一賢，左提右挈，百折彌堅。崦嵫返照，騰輝揭天，皇矣帝統，既絕復傳。」姜宸英曰：「先主傳始終無貶詞，與孫權傳不同，尚有故君之思。」

# 蜀書三

## 後主傳第三

後主諱禪，〔一〕字公嗣，〔二〕先主子也。〔三〕建安二十四年，先主爲漢中王，立爲王太子。及即尊號，册曰：「惟章武元年五月辛巳，皇帝若曰：太子禪，朕遭漢運艱難，賊臣篡盗，社稷無主，格人羣正，〔四〕以天明命，朕繼大統。今以禪爲皇太子，以承宗廟，祗肅社稷。使使持節丞相亮授印綬，敬聽師傅，行一物而三善皆得焉，可不勉與！」

禮記曰：行一物而三善者，惟世子而已，其齒於學之謂也。鄭玄曰：物，猶事也。〔五〕

三年夏四月，先主殂于永安宫。五月，後主襲位于成都，時年十七。尊皇后曰皇太后，〔六〕大赦，改元。〔七〕是歲，魏黄初四年也。〔八〕

魏略曰：初，備在小沛，不意曹公卒至，遑遽棄家屬，後奔荆州。禪時年數歲，竄匿，隨人西入漢中，爲人所賣。及建安十六年，關中破亂，扶風人劉括避亂入漢中，買得禪，問知其良家子，遂養爲子，與娶婦，生一子。初，禪與備相失時，識其父字玄德，比舍人有姓簡者，及備得益州，而簡爲將軍。〔九〕備遣簡到漢中，舍都邸。禪乃詣簡，簡相檢訊，事皆符驗。簡喜，以語張魯，魯乃洗沐〔一〇〕送詣益州，備乃立以爲太子。初，備以諸葛亮爲太子太傅，及禪立，以亮爲丞相，委以諸事。謂亮曰：「政由葛氏，祭則寡人。」〔一一〕亮亦以禪未閑於政，遂總内外。〔一二〕

臣松之案：二主妃子傳曰：「後主生於荆州。」後主傳云：「初即帝位，年十七。」則建安十二年生也。十三年敗於長阪，備棄妻子走。趙雲傳曰：「雲身抱弱子以免。」即後主也。如此，備與禪未嘗相失也。又諸葛亮以禪立之明年領益州牧，其年與主簿杜微書曰：「朝廷今年十八。」與禪傳相應，理當非虛。而魚豢云備敗於小沛，禪時年始生，〔一三〕及奔荆州，能識其父字玄德，計當五六歲。備則敗於小沛時，〔一四〕建安五年也。至禪初立，首尾二十四年，禪應過三十矣。以事相驗，理不得然，此則魏略之妄説，乃至二百餘言，異也！又案諸書記及諸葛亮集，亮亦不爲太子太傅。

〔一〕宋書五行志二云：「劉禪嗣位，譙周引晉穆侯、漢靈帝命子事譏之曰：先主諱備，其訓具也；後主諱禪，其訓授也。若言劉已具矣，當授與人，甚於穆侯、靈帝之祥也。蜀果亡，此言之不從也。」

〔二〕後主小名阿斗，見劉封傳；一字升之，見魏志明帝紀太和二年注引魏略。周壽昌曰：「後主小名阿斗，故有升之之字。」

〔三〕建安十二年，甘皇后生於荆州。

〔四〕尚書西伯戡黎篇「格人元龜」孔疏云：「格訓爲至。至人，謂至道之人，有所識解者也。」

〔五〕此禮記文王世子篇之辭。又云：「故世子齒於學，國人觀之曰：將君我而與我齒讓，何也？曰：有父在則禮然，然而衆知父子之道矣。其二曰：將君我而與我齒讓，何也？曰：有君在則禮然，然而衆著於君臣之義也。其三曰：

將君我而與我齒讓，何也？曰：長長也，然而衆知長幼之節矣。」

〔六〕華陽國志曰：「尊皇后吴氏曰皇太后。」

〔七〕宋書五行志二云：「劉備卒，劉禪即位，未葬，亦未踰月，而改元爲建興，此言之不從也。習鑿齒曰：禮，國君即位，踰年而後改元者，緣臣子之心，不忍一年而有二君也。今可謂亟而不知禮矣，君子是以知蜀之不能東遷也。後又降晉，吴孫亮亦然。」唐庚曰：「人君繼體，踰年改元，而章武三年五月，改爲建興，此陳壽所以短孔明也。以吾觀之，似不爲過。古者，人君雖立，尚未即位也，明元正月行即位之禮，然後書即位，而稱元年。後世承襲之初，固已即位矣，稱元年，不亦可乎？故曰：不爲過也。古者，人君襲位，未踰年不稱君，故子猛不書王，子般、子赤不書公。後世承襲之初，固已稱君矣，稱元不亦可乎？故曰：不爲過也。春秋之時，未有一年而二名者，如隱公之末年，即名之爲十一年矣，不可復名爲桓公元年。自紀元以來，有一歲而再易三四易者矣，豈復以二名爲嫌，而曰不可乎？故曰：不爲過也。」

〔八〕史通探賾篇曰：「班書之載吴、項，必係漢年，陳志之敍孫、劉，皆宗魏世。」趙翼曰：「蜀、吴二志於本國之君之即位，必明記魏之年號，如蜀後主即位，書是歲黄初四年也；吴孫亮之即位，書是歲魏嘉平四年也。此亦何與於魏而必繫以魏年，欲以見正統之在魏也。」劉咸炘曰：「此説明矣，既以魏爲紀，故於二方之傳，參以世家之法耳。」

〔九〕趙一清曰：「簡豈謂簡雍乎？雍拜昭德將軍。」

〔一〇〕元本「乃」作「爲」。

〔一一〕元本「祭」作「即」，誤。

〔一二〕宋本「總」作「揔」。

〔一三〕錢儀吉曰：「時當作是。」

〔一四〕趙一清曰：「則字疑衍。」

建興元年夏，牂柯太守朱褒擁郡反。〔一〕

魏氏春秋曰：〔二〕初，益州從事常房行部，〔三〕聞褒將有異志，收其主簿案問，殺之。褒怒，攻殺房，誣以謀反。諸葛亮誅房諸子，徙其四弟於越嶲，〔四〕欲以安之。褒猶不悛改，遂以郡叛應雍闓。

臣松之案：以爲房爲褒所誣，執政所宜澄察，安有妄殺不辜，以悦奸慝？斯殆妄矣！

先是益州郡有大姓雍闓反，〔五〕流太守張裔於吴，據郡不賓。越嶲夷王高定亦背叛。〔六〕是歲，立皇后張氏。〔七〕遣尚書郎鄧芝固好於吴，〔八〕吴王孫權與蜀和親使聘，是歲通好。〔九〕

〔一〕宋本「牂柯」作「牂牁」。胡三省曰：「牂柯，音臧哥。」漢書地理志：「牂柯郡武帝元鼎六年開，屬益州。」郡國志：「益州牂牁郡，治故且蘭。」應劭曰：「臨牂柯江也。」故且蘭，侯邑也。且，音苴。師古曰：「牂柯，係船杙也。」華陽國志云：楚頃襄王時，遣莊蹻伐夜郎，軍至且蘭，椓船於岸而步戰。既滅夜郎，以且蘭有椓船牂柯處，乃改其名爲牂柯。杙音弋。」水經温水注：「豚水東北流，逕談槀縣東逕牂柯郡且蘭縣，謂之牂柯水。水廣數里，縣臨江上，故且蘭侯國也。一名頭蘭，牂柯郡治也。楚將莊蹻泝沅伐夜郎，椓牂柯繫船，因名且蘭爲牂柯矣。牂、柯亦江中兩山名也。左思吴都賦云、吐浪牂、柯者也。（王先謙曰：「今吴都賦無之。」）元鼎五年，武帝伐南越，發夜郎精兵下牂柯江，同會番禺，是也。」王先謙曰：「牂柯，南夷國名，見管子小匡篇。是春秋時已有，非至楚頃襄王時改名。鄭珍云果如常説，且蘭自蹻後名牂柯，何以終西漢世止稱且蘭，不一及牂柯？蓋秦以前牂柯自爲國，後臣屬夜郎。史記西南夷傳所稱，此諸國及夜郎旁小邑者。異物志云：有一山在海内，小而高似繫船筏，俗人謂之越王牂柯。交州記云：侯石孤絶，高數丈，名爲牂柯，在海中，與酈注言江中兩山異。要是山似繫船牂柯，故以爲名，在其國境，即以名國。漢開郡取管書舊名耳。」一統志：「牂柯江在貴陽府定番州南，一名都泥江。源出州西北三十里亂山中，曰濛潭，經州南界，地名破蠶，又南入廣西泗城府界，名勝志。牂柯江南流入泗城界爲右江，至潯州與左江合，下番禺入南海。」洪亮吉貴州水道考云：「以沅、無二水出黃平州金鳳山證之，縣在黃平州以西，都匀府以北，左近界中。檢諸地志，貴筑、貴定、清平皆注云：故且蘭地。圖經云：且蘭在湄甕、黃施之交，明漢時縣大，自黃平州西南、貴筑縣東北，皆其地也。知且蘭即知牂柯郡治所在，並可因此正漢、晉地志之誤矣。鄭珍云：貴州鎮遠一府及貴陽之龍里、貴定，平越州之甕安、餘慶諸縣，都匀府之麻哈州、清平縣，石阡府之烏江以南境，皆且蘭地。元和志以播州爲且蘭，後人因以遵義地當之，誤也。阮元云：且蘭縣在今安順府等境，馬與龍云：故且蘭縣舊説今平越州，而實非也。平越州東有清水江，下流入沅，莊蹻泝沅，或至此，當爲且蘭縣東境。故水經云：沅水出且蘭縣也。夜郎豚水，當爲今北盤江。酈注：豚水東北流，逕談稾縣又東逕牂柯郡且蘭縣，又東南逕毋斂縣西。談稾今曲靖府陸涼州地，毋斂今貴陽府定番州西南，皆北盤江所經。若指且蘭在今平越，則東西易位，川流懸隔矣。今據酈注縣臨江上之文，漢且蘭縣故城，當在今安順府永寧州西南境。」

〔二〕元本「氏」作「書」，誤。

〔三〕華陽國志「常房」作「常頎」。

〔四〕郡國志：「益州越巂郡，治邛都。」劉昭注：「南中志曰：縣東南數里，有水名邛廣都河，(「廣」字衍。)從廣二十里，深百餘丈。有魚長一二丈，頭特大，遥視如戴鐵釜狀。」一統志：「邛都廢縣，在今四川寧遠府西昌縣東南，古西夷邛都國也。」史記西南夷傳：「自滇以北，君長以什數，邛都最大。」漢書西南夷傳：「且蘭君反，乃發兵誅且蘭邛君，以邛都爲越巂郡。」應劭曰：「有巂水，言越此水以章休盛也。」師古曰：「巂，音先蘂反。孟康音髓。」越巂事又見張嶷傳。謝鍾英曰：「邛都在今西昌縣西北一百四十里打沖河東岸。」

〔五〕漢書地理志：「益州郡，武帝元封二年開，屬益州。」應劭曰：「古滇王國也。」師古曰：「滇，音顛。」郡國志：「益州益州郡，治滇池。」一統志：「滇池故城，今雲南雲南府晉寧州東。」阮元雲南通志稿云：「漢滇池治當在宜良縣地。」

〔六〕華陽國志云：「先主薨後，越巂叟帥高定元殺郡將軍焦璜，舉郡稱王以叛。益州大姓雍闓亦殺太守正昂，更以蜀郡張裔爲太守。闓假鬼教曰：「張裔府君如瓠壺，外雖澤而內實麤，殺之不可，縛與吳。」於是執送裔於吳，吳主孫權遙用闓爲永昌太守，遣故劉璋子闡爲益州刺史，處交、益州際。牂柯郡丞朱提朱褒領太守，恣睢。丞相諸葛亮以初遭大喪，未便加兵，遣越嶲太守巴西龔禄住安上縣，遙領郡，從事蜀郡常頎行部，南入以都護李嚴書曉喻闓。闓答曰：「愚聞天無二日，土無二王。今天下派分，正朔有三，遠人惶惑，不知所歸。」其傲慢如此。頎至牂柯，收郡主簿考訊。姦褒因煞頎爲亂，益州夷復不從闓，闓使建寧孟獲説夷叟曰：「官欲得烏狗三百頭，膺前盡黑蟎腦三㪷，斷木構三丈者三千枚，汝能得不？」夷以爲然，皆從闓斷。木堅剛，性委曲，高不至二丈，故獲以欺夷。」

〔七〕華陽國志：「立皇后張氏，車騎將軍飛女也。封丞相亮武鄉侯，中護軍李嚴假節，加光禄勳，封都鄉侯，督永安事。中軍師衛尉魯國劉琰亦都鄉侯。中護軍趙雲、江州都督費觀、屯騎校尉丞相長史王連、中部督襄陽向寵及魏延、吳懿皆封都亭侯，楊洪、王謀等關内侯。」

〔八〕鄧芝傳：「入爲尚書。」「郎」字衍。

〔九〕鄧芝傳：「權遂絶魏，與蜀連和，遣張温報聘於蜀，蜀復令芝重往。」

二年，〔一〕務農殖穀，閉關息民。〔二〕

〔一〕宋本「二年」下有「春」字，馮本、毛本無之。

〔二〕此即孔子「足食足兵」之意。胡三省曰：「閉越嶲之靈關也。」李安溪曰：「大書特書，故仲淹謂陳壽史乎史乎。」華陽國志：「二年，丞相亮開府，領益州牧。事無巨細，咸決於亮。辟尚書郎蔣琬及廣漢李邵、巴西馬勳爲掾，南陽宗預爲主簿，皆德舉也。秦宓爲别駕，犍爲五梁爲功曹，梓潼杜微爲主簿，皆州俊彦也。而江夏費禕、南郡董允、郭攸之始爲侍郎，贊揚日月。」

三年春三月，丞相亮南征四郡，〔一〕四郡皆平。〔二〕改益州郡爲建寧郡，〔三〕分建寧、永昌郡〔四〕

爲雲南郡，〔五〕又分建寧牂柯爲興古郡。〔六〕十二月，亮還成都。〔七〕

〔一〕益州、永昌、牂柯、越巂四郡也。有今四川西部及雲南、貴州二省地。

〔二〕諸葛亮傳：「三年春，亮率衆南征，其秋悉平。軍資所出，國以富饒。」弼按：漢代西南夷反覆無常，最爲難治。葛相數月之閒，平定今日數省之地，恩威並用，純爲王者之師。後路無虞，國用饒足，終亮之世，夷不復反，遠謀碩畫，敻乎不可及已。

〔三〕宋書州郡志：「建寧太守，漢益州郡滇王國，劉氏更名。」水經温水注：「温水又西逕昆澤縣南，又逕味縣，縣故滇國都也。諸葛亮討平南中，劉禪建興三年，分益州郡，置建寧郡於此。水側皆是高山，山水之閒，悉是木耳夷居，語言不同，嗜欲亦異。」郡國志：「益州郡味。」孟康：音味。何焯云：「味字從末不從未。」王先謙曰：「味，蜀建寧郡治此。」一統志：在今雲南曲靖府南寧縣西十五里。酈安邕云：當在今雲南府宜良縣南，蓋據温水注。阮元云：温水注又逕味縣一段，當在又西逕昆澤縣之上。」

〔四〕郡國志：「益州永昌郡，治不韋。」范書明帝紀：「永平十二年，益州徼外夷哀牢王相率内屬，於是置永昌郡。」又西南夷傳注引孫盛蜀譜曰：「初，秦徙吕不韋子弟宗族於蜀，漢武帝開西南夷，置郡縣，徙吕氏以充之，因置不韋縣。」華陽國志曰：「武帝通博南，置不韋縣，徙南越相吕嘉子孫宗族資之，因名不韋，以章其先人之惡行也。」水經葉榆水注：「永昌郡治不韋縣，秦始皇徙吕不韋子孫於此，故名。」洪亮吉曰：「史記不韋傳明言不韋宗族徙蜀，而吕嘉之爲不韋後，馬、班二史無明文，恐當以世譜爲是。」一統志：「不韋廢縣，在今雲南永昌府保山縣北三十里鳳溪山下。」

〔五〕宋書州郡志：「雲南太守。晉太康地志云：故屬永昌。何志：劉氏分建寧、永昌立。」郡國志：「益州郡梇棟。」寰宇記：蜀漢時，雲南郡治梇棟。」一統志：「梇棟故城，今雲南楚雄府姚州治。」

〔六〕宋書州郡志：「興古太守，漢舊郡。晉太康地志：故牂柯，何志、劉氏分建寧、牂柯立則是後漢末省也。」華陽國志：「温縣，興古郡治。」水經温水注：「劉禪建興三年，分牂柯置興古郡，治温縣。」（常志：酈注均云温縣，不云宛温縣。）郡國志：「牂柯郡宛温。」劉昭注引南中志曰：「宛温縣北三百里有盤江，廣數百步，深十餘丈。此江有毒氣。」王先謙曰：「蜀興古郡治此。」謝鍾英曰：「水經注又引地道記云：興古郡治律高，蓋兩存其說。李兆洛云：宛温故縣，今貴州興義府普安廳西一百里。汪士鐸云：今雲南曲靖府羅平州北。」

〔七〕經營南中，近一年矣。華陽國志云：「建興三年春，亮南征，自安上由水路入越嶲，別遣馬忠伐牂柯，李恢向益州，以犍爲太守廣陵王士爲益州太守。高定元自旄牛、定笮、卑水多爲壘守。亮欲俟定元軍衆集合并討之，軍卑水。定元部曲殺雍闓及士庶等，孟獲代闓爲主。亮既斬定元，而馬忠破牂柯，李恢敗于南中。夏五月，亮渡瀘進征益州，生虜孟獲。秋，遂平四郡，改益州爲建寧，以李恢爲太守，加安漢將軍，領交州刺史，移治味縣。分建寧、越嶲置雲南郡，以呂凱爲太守，又分建寧、牂柯置興古郡，以馬忠爲牂柯太守，移南中勁卒青、羌萬餘家于蜀，爲五部，所當無前，號爲飛軍。分其羸弱，配大姓焦、雍、婁、爨、孟、量、毛、李爲部曲。置五部都尉，號五子。故南人言四姓五子也。以夷多剛狠不賓，大姓富豪，乃勸令出金帛，聘策惡夷爲家部曲，得多者奕世襲官。于是夷人貪貨物，以漸服屬于漢，成夷、漢部曲。亮收其俊傑建寧爨習、朱提孟琰及獲爲官屬。習官至領軍，琰輔漢將軍，獲御史中丞，出其金銀、丹漆、耕牛、戰馬給軍國之用，都督常用重人。」

四年春，都護李嚴自永安宮還住江州，〔一〕築大城。〔二〕

今巴郡故城是。〔三〕

〔一〕永安宮見先主傳，江州見劉璋傳注。

〔二〕李嚴傳：「諸葛亮欲出軍漢中，嚴當知後事，移屯江州。」華陽國志：「永安都護李嚴還督江州，城巴部（弼按：部當作郡。）大城，以征西將軍汝南陳到督永安，封亭侯。是歲，魏文帝崩，明帝立。」

〔三〕華陽國志：「秦惠文王遣張儀滅巴，城江州，漢世郡治江州。巴水北有甘橘宮，今北府城是也。後乃遷南城。劉先主初以江夏費觀爲太守，領江州都督。後都護李嚴更城大城，周迴十六里，欲穿城後山，自汶江通水入巴江。諸葛亮將北征，召嚴漢中，故穿山不逮，然造蒼龍、白虎門。」元和志：「巴縣在岷江之西，漢水之南，即李嚴所修古巴城也。」

五年春，丞相亮出屯漢中，營沔北陽平石馬。〔一〕

諸葛亮集載禪三月下詔曰：「朕聞天地之道，福仁而禍淫。善積者昌，惡積者喪，古今常數也。是以湯武修德而王，桀紂極暴而亡。曩者漢祚中微，網漏凶慝，董卓造難，震蕩京畿；曹操階禍，竊執天衡，殘剝海內，懷無君之心。子丕孤豎，敢尋亂階，盜據神器，更姓改物，世濟其凶。當此之時，皇極幽昧，天下無主，則我帝命隕越于下。昭烈皇帝體明叡之德，光演文武，應乾坤之運，出身平難，經營四方，人鬼同謀，百姓與能，兆民欣戴，奉順符讖，建位易號，丕承天序，補弊興衰，存復祖業，膺誕皇綱，〔二〕不墜於地。萬國未靜，〔三〕早世遐殂。朕以幼沖，繼統鴻基，未習保傅之訓，而嬰祖宗之重。六合壅否，社稷不建，永惟所以，念在匡救，光載前緒，未有攸濟，朕甚懼焉。是以夙興夜寐，不敢自逸，每崇菲薄，以益國用；勸分務穡，以阜民財；授方任能，以參其聽；斷私降意，以養將士。欲奮劍長驅，指討凶逆，朱旗未舉，而丕復隕喪，斯所謂不然我薪而自焚也。殘類餘醜，又支天禍，恣睢河、洛，阻兵未弭。諸葛丞相弘毅忠壯，忘身憂國，先帝託以天下，以勖朕躬。今授之以旄鉞之重，付之以專命之權，統領步騎二十萬衆，董督元戎，龔行天伐，〔四〕除患寧亂，克復舊都，在此行也。昔項籍總一彊衆，跨州兼土，所務者大。然卒敗垓下，死於東城，宗族如焚，〔五〕爲笑千載，皆不以義，〔六〕陵上虐下故也。〔七〕今賊傚尤，天人所怨，奉時宜速，庶憑炎精祖宗威靈相助之福，所向必克。吳王孫權，同恤災患，潛軍合謀，掎角其後。

涼州諸國王各遣月支、康居胡侯支富、康植等二十餘人，詣授節度。大軍北出，便欲率將兵馬，奮戈先驅，天命既集，人事又至，師貞勢并，必無敵矣。夫王者之兵，有征無戰，尊而且義，莫敢抗也。故鳴條之役，兵不血刃；〔八〕牧野之師，商人倒戈。〔九〕今旍麾首路，其所經至，亦不欲窮兵極武。有能棄邪從正，簞食壺漿以迎王師者，〔一〇〕國有常典，封寵大小，各有品限。及魏之宗族、支葉、中外，有能規利害、審逆順之數，來詣降者，皆原除之。昔輔果絶親於智氏，而蒙全宗之福；〔一一〕微子去殷，項伯歸漢，皆受茅土之慶。〔一二〕此前世之明驗也。若其迷沈不反，將助亂人，〔一三〕不式王命，戮及妻孥，罔有攸赦。廣宣恩威，貸其元帥，〔一四〕弔其殘民。他如詔書律令，丞相其露布天下，使稱朕意焉。」〔一五〕

〔一〕漢中見劉焉傳。沔北，沔水之北也。水經沔水注：「沔水又東逕武侯壘南，諸葛武侯所居也。南枕沔水，水南有亮壘，背山向水。」寰宇記：「隋開皇三年，置白馬鎮於古諸葛亮城是也。」陽平見魏志武紀建安二十年。胡三省曰：「水經注：沔水逕白馬戍南，謂之白馬城，一名陽平關。又有白馬山，山石似馬，望之逼真。」謝鍾英曰：「疑即石馬，其地當與陽平相近。方輿紀要卷五十六：石馬城在陝西漢中府沔縣東二十里，或以爲諸葛壘，亦曰諸葛城。」

〔二〕郝經續後漢書（下省作郝書。）「膺誕」作「誕膺」。弼按：作「誕膺」是。尚書武成篇：「誕膺天命，以撫方夏。」

〔三〕宋本「静」作「定」。

〔四〕宋本「伐」作「罰」。

〔五〕或曰：「如焚」疑作「焚如」。

〔六〕或曰：「皆」疑作「彊」。

〔七〕史記項羽本紀：「太史公曰：項羽乘勢拔起隴畝之中，三年遂將五諸侯兵滅秦，分裂天下，而封王侯，政由羽出，號爲伯王。位雖不終，近古以來，未嘗有也。及羽背關懷楚，放逐義帝而自立，怨王侯畔己，難矣！自矜功伐，奮其私智，而不師古，謂伯王之業，欲以力征，經營天下。五年卒亡其國，身死東城，尚不覺寤，而不自責，過矣！」

〔八〕史記湯本紀：「桀奔於鳴條。」括地志云：「高涯原在蒲州安邑縣北三十里南坡口，即古鳴條陌也。鳴條戰地在安邑西。」

〔九〕尚書武成篇：「會于牧野，罔有敵于我師，前徒倒戈，攻于後以北，血流漂杵。」

〔一〇〕孟子：「簞食壺漿，以迎王師者，豈有他哉，避水火也。」正義曰：「曲禮：圓曰簞，方曰笥，飯器也。何休云：壺，禮器，腹方口圓曰壺。釋名曰：漿，水也，飲也。或云，漿，酒也。」

〔一一〕戰國策：「智伯與韓、魏圍趙襄子于晉陽，張孟談陰見韓、魏之君曰：智伯伐趙，趙亡則二君爲之次。二君乃與孟談陰約，夜遣人入晉陽，智果見二君說智伯曰：二主色動而變，必背君矣，不如殺之。智伯曰：不可。智果出易姓爲輔氏。」

〔一二〕史記：「微子數諫紂，不聽，乃持其祭器奔周。周公誅武庚，立微子于宋，以續殷後。漢王以魯公禮葬項王于穀城，封項伯等四人，皆爲列侯，賜姓劉氏。」

〔一三〕郝書「將」作「獎」。

〔一四〕郝書作「誅其元惡」。

〔一五〕華陽國志：「五年，魏太和元年也。春，丞相亮將北伐，上疏以尚書南陽陳震爲中書令，治中張裔爲留府長史，與參軍蔣琬公琰知居府事。」

六年春，亮出攻祁山，〔一〕不克。冬，復出散關，圍陳倉，〔二〕糧盡退。魏將王雙率軍追亮，亮與戰，破之，斬雙，還漢中。〔三〕

〔一〕祁山在今甘肅鞏昌府西和縣西北，詳見魏志明紀青龍二年。

〔二〕散關在今陝西鳳翔府寶雞縣西南，陳倉在今寶雞縣東二十里。散關、陳倉均詳見魏志武紀建安二十年。

〔三〕魏志明紀：「太和二年，蜀大將諸葛亮寇邊，天水、南安、安定三郡叛應亮。遣曹真進兵，張郃擊亮於街亭，大破之。亮敗走，三郡平。」華陽國志：「六年春，丞相亮揚聲由斜谷道取郿，使鎮東將軍趙雲、中監軍鄧芝據箕谷爲疑軍。魏大將軍曹真舉衆當之。亮身率大衆攻祁山，賞罰肅而號令明，天水、南安、安定三郡叛魏應亮，關中響震。魏明帝西鎮長安，命張郃拒亮，亮使參軍襄陽馬謖、裨將軍巴西王平及張休、李盛、黃襲等在前，違亮節度，爲郃所破，平獨斂衆爲殿，而雲、芝亦不利。亮拔將西縣千餘家還漢中，戮謖及休、盛以謝衆。奪襲兵，貶雲秩。長史向朗以不時臧否，免罷。超遷平參軍，亮上疏請自貶三等，辟天水姜維爲倉曹掾。」

七年春，亮遣陳式攻武都、陰平，〔一〕遂克定二郡。〔二〕冬，亮徙府營於南山下原上，〔三〕築漢、樂二城。〔四〕是歲，孫權稱帝，與蜀約盟，共交分天下。〔五〕

〔一〕武都郡治下辨，今甘肅階州成縣西，詳見魏志武紀建安二十年及夏侯淵傳。胡三省曰：「陰平道前漢屬廣漢郡，後漢屬廣漢屬國都尉。魏分置陰平郡。」郡國志：「廣漢屬國都尉陰平道。」王先謙曰：「蜀作陰平縣，陰平郡治此。」一統志：「陰平故城，今甘肅階州文縣治。」

〔二〕華陽國志：「魏雍州刺史郭淮出將擊式，亮自至建威，淮退，遂平二郡。」

〔三〕南山當在今陝西漢中府沔縣南，四川保寧府南江縣北。張魯傳：「曹公破陽平關，魯奔南山，入巴中，即此。」

〔四〕漢城在沔縣東南，樂城在漢中府城固縣，詳見魏志鍾會傳。華陽國志：「蜀時以沔陽爲漢城，成固爲樂城。」通鑑：「築漢城於沔陽，築樂城於成固。」水經沔水注：「沔水又東逕西樂城北，城在山上，周三十里，甚險固。城側有谷，謂之容裘谷，道通益州，山多羣獠，諸葛亮築以防遏。」（沔水注亦引華陽國志云：蜀以成固爲樂城縣也。）方輿紀要卷五十六云：「西樂城即漢城，對樂城而言，故云西樂城。」本志王平傳「固守漢、樂二城」，姜維傳「監軍王含守樂城，護軍蔣斌守漢城」，即此。

〔五〕吴志孫權傳：「吴黄龍元年六月，蜀遣衛尉陳震慶權踐位。權參分天下，豫、青、徐、幽屬吴，兖、冀、并、涼屬蜀，其司州之土，以函谷關爲界。」

八年秋，魏使司馬懿由西城、〔一〕張郃由子午、〔二〕曹真由斜谷〔三〕欲攻漢中。丞相亮待之於城固赤阪。〔四〕大雨道絶，真等皆還。〔五〕是歲，魏延破魏雍州刺史郭淮于陽谿。〔六〕徙魯王永爲甘陵王，梁王理爲安平王，皆以魯、梁在吴分界故也。

〔一〕西城在今陝西興安府西北，漢末爲西城郡，魏改爲魏興郡，詳見魏志武紀建安二十年。晉書宣帝紀：「太和四年，與曹真伐蜀，帝自西城斫山開道，水陸並進，泝沔而上，至於朐䏰，拔其新豐縣，軍次丹口，遇雨班師。」

〔二〕子午谷在今陝西西安府長安縣南百里，詳見魏志張魯傳。

〔三〕原注：「斜，余奢反。」斜谷在今陝西鳳翔府郿縣西南，詳見魏志武紀建安二十四年及曹真傳。

〔四〕郡國志：「漢中郡城固。」一統志：「城固故城，今陝西漢中府城固縣西北。」水經沔水注：「漢水又東逕小城固南，州治大城固移縣北，故曰小城固。城北百二十里有興勢坂，諸葛亮出洛谷，戍興勢，置烽火樓處，通照漢水。」胡三省曰：「赤坂在今洋州東二十里龍亭山，坂色正赤。魏兵泝漢水及從子午道入者，皆會於成固，故於此待之。」輿地紀勝：「赤坂在洋州東二十里龍亭山，色甚赭。蜀漢建興八年，魏曹真、張郃、司馬懿侵漢，武侯次於城固赤坂以待之，即此。」方輿紀要卷五十六：「龍亭山在漢中府洋縣東二十里，乃入子午谷之口，其山坂赬色，亦名赤坂。曹真、司馬懿兩道並進，此爲總會之地也。」

〔五〕曹真傳：「真以八月發長安，從子午道南入，司馬宣王泝漢水，當會南鄭。會大霖雨三十餘日，或棧道斷絶，詔真還軍。」王肅傳：「肅上疏言：曹真發已踰月，行裁半谷。」即指此事。華陽國志：「丞相亮軍成固，表進江州都護李嚴驃騎將軍，將二萬人赴漢中，以嚴子豐爲江州都督。曹真等還，因留嚴漢中署留府事，嚴改名平。」

〔六〕魏延傳：「建興八年，使延西入羌中。魏後將軍費瑶、雍州刺史郭淮與延戰于陽谿，延大破淮等。」華陽國志：「丞相司馬魏延、將軍吴懿西入羌中，大破魏後將軍費曜、雍州刺史郭淮於陽谿。延遷前軍師，封南鄭侯；懿左將軍，高陽鄉侯。」

九年春二月，亮復出軍圍祁山，始以木牛運。〔一〕魏司馬懿、張郃救祁山。夏六月，亮糧盡退軍，郃追至青封，〔二〕與亮交戰，被箭死。秋八月，都護李平廢徙梓潼郡。〔三〕

漢晉春秋曰：〔四〕冬十月，江陽至江州〔五〕有鳥從江南飛渡江北，不能達，墮水死者以千數。〔六〕

〔一〕「木牛」詳見亮傳注引亮集。

〔二〕張郃傳：「亮還保祁山，郃追至木門。」御覽引魏末傳：「亮糧盡軍還，至於青封、木門。」是青封、木門實一地也。一統志：「木門山在甘肅秦州西南。」水經注有木門，谷水北流入藉水。」胡三省曰：「木門去今天水縣十里。」弼按：唐初析上邽置天水縣，仍在今秦州西也。

〔三〕華陽國志：「九年春，丞相亮復出圍祁山，慮糧運不繼，設三策告都護李平曰：上計斷其後道，中計與之持久，下計還住黄土。時盛夏雨水，平恐漕運不給，書白亮，宜振旅。秋八月，亮還漢中，平懼亮以運不辨見責，欲殺督運領岑述，驚問亮何故來還？又表後主言亮僞退。亮怒，表廢平爲民，徙梓潼，奪平子豐兵，以爲從事中郎，與長史蔣琬共知居府事。」郡國志：「廣漢郡梓潼。」劉昭注：「建安二十二年，劉備以爲郡。」華陽國志：「建安二十二年，分廣漢置梓潼郡，以霍峻爲太守。」謝鍾英曰：「置郡當在建安十九年。」一統志：「梓潼故城，今四川緜州梓潼縣治。」

〔四〕元本、官本「晉」作「書」，誤。

〔五〕今瀘州至重慶。

〔六〕趙一清曰：「宋書五行志：是時諸葛亮連年動衆，志吞中夏，而終死渭南，所圖不遂。又諸將分爭，頗喪徒旅，烏北飛不能達，墮水死，皆有其象也。亮竟不能過渭，又其應乎！」弼按：此無稽之談。

十年，亮休士勸農於黃沙，〔一〕作流馬木牛畢，教兵講武。〔二〕

〔一〕元本、馮本「勸」作「勤」，誤。水經沔水注：「漢水又東，黃沙水左注之。水北出遠山，山谷邃險，人跡罕交。谿曰五丈溪，水側有黃沙屯，諸葛亮所開也。其水南注漢水。」輿地紀勝：「沔縣東有青陽峽，黃沙水所出。」方輿紀要卷五十六：「黃沙戍在漢中府褒城縣南五十里，今爲黃沙驛，棧道至此，始出險就平。」漢中府志：「黃沙河在沔縣東四十里，源出雲濛山，南至褒城界入漢。」

〔二〕「流馬」詳見亮傳注引亮集。

十一年〔一〕冬，亮使諸軍運米，集於斜谷口，治斜谷邸閣。〔二〕是歲，南夷劉胄反，將軍馬忠破平之。〔三〕

〔一〕是年，魏青龍元年。

〔二〕邸閣，儲糧之所也。詳見魏志王基傳。通鑑：「息民休士，三年而後用之。」胡三省曰：「明年，亮出斜谷。所謂三年者，通自再攻祁山之後至是，凡三年也。」馮本「閣」作「閤」。沈家本曰：「當作閣。史記高紀：去輒燒絶棧道。索隱：棧道，閣道也。崔浩云：險絶之處，傍鑿山巖而施版，梁爲閣。若閤字乃門旁户，與此異義。」弼按：沈説當作閣是，惟邸閣與閣道爲兩事，不可不辨。

〔三〕詳見張翼傳。

十二年春二月，亮由斜谷出，始以流馬運。秋八月，亮卒于渭濱。〔一〕征西大將軍魏延與丞相長史楊儀爭權，不和；舉兵相攻。延敗走，斬延首。儀率諸軍還成都，大赦。〔二〕以左將軍吳壹爲車騎將軍，假節督漢中；以丞相留府長史蔣琬爲尚書令，總統國事。

〔一〕華陽國志：「亮從斜谷道出武功，據五丈原，與司馬宣王對於渭南，分兵屯田，耕者雜於渭濱居民之閒，百姓安堵，軍無私焉。秋八月，亮疾病，卒於軍，時年五十四。還葬漢中定軍山，謚曰忠武侯。」

〔二〕詳見魏延傳、楊儀傳、費禕傳。華陽國志：「亮既恃延勇猛又惜儀籌畫不能偏廢，爲作甘戚論，二子不感。延常舉刃擬儀，費禕和解，終亮之世，盡其器用。」

十三年春正月，中軍師楊儀廢徙漢嘉郡。〔一〕夏四月，進蔣琬位爲大將軍。〔二〕

〔一〕漢嘉郡見先主傳章武二年。

〔二〕華陽國志：「十三年，拜尚書令蔣琬爲大將軍，領益州刺史；以費禕爲尚書令，侍郎董允兼虎賁中郎將，統宿衞兵。軍師楊儀自以年宦在琬前，更處琬下，怨望，廢徙漢嘉。吳以亮卒，增巴丘守，蜀亦益白帝軍。」

十四年夏四月，後主至湔，〔一〕

臣松之案：湔，縣名也，屬蜀郡。音翦。

登觀阪，看汶水之流，〔二〕旬日還成都。徙武都氐王苻健及氐民四百餘户於廣都。〔三〕

〔一〕華陽國志：「文翁爲蜀守，穿湔江口，溉灌繁田千七百頃。」

〔二〕水經江水注：「江水又逕汶江道，汶出徼外嶓山西玉輪坂下而南行，又東逕其縣而東注于大江。故蘇代告楚曰：蜀地之甲，浮船于汶，乘夏水而下江，五日而至郢，謂是水也。又有湔水入焉江水，又歷都安縣。李冰作大堰於此，俗謂之都安大堰，亦曰湔堰，又謂之金堤。左思蜀都賦云「西踰金堤」者也。諸葛亮北征，以此堰農本，國之所資，以征丁千二百人主護之。有堰官。益州刺史皇甫晏至都安，屯觀坂，從事何旅曰：今所安營，地名觀坂，上觀下反。（一作「自上觀下，反上之象」。）其徵不祥。不從，果爲牙門張和所殺。」胡三省曰：「湔即漢之湔氐道，屬蜀郡，汶水即嶓江水也。嶓江出氐道西徼外嶓山，東流歷都安縣。沈約曰：縣，蜀所立。水經注：都安縣有桃關，蜀守李冰作大堰于此，謂之湔堋，亦曰湔堰。觀坂在其上。晉書音義：汶讀與嶓同。諸葛亮既没，漢主游觀，莫之敢止。」潘眉曰：「汶即岷字，説文作䍐，漢志作嶓，即䍐字之省。又省作岷，隸又作汶，與青州朱虚、萊蕪二汶音文者自别。」楊守敬水經注疏要删補遺卷三十三云：「楊升菴曰：岷江岷字，説文作㟩，省作岷，漢人隸書作汶。史記冉駹爲汶山郡，司馬温公類篇曰：汶音岷。據史記引禹貢『岷嶓既藝』、及『岷山之陽』、『岷山導江』，皆作汶。蓋古字通用。是岷江即汶江。酈氏於岷江之西，别出汶水，蓋因漢志涐、汶分出，故依志釋之。是岷與汶爲二矣，非也。」洪亮吉曰：「湔，漢舊縣。」謝鍾英曰：「兩漢志無湔縣，係桓、靈後所置。蜀後主傳，後主至湔，登觀坂，看汶水之流。裴松之注：湔，縣名也，屬蜀郡。水經注：即都安縣。方輿紀要：都安故城，今灌縣東二十里。胡三省謂即漢湔氐道。今考湔氐道在松潘廳蜀汶山郡地，與湔縣相隔，胡説非是。洪氏謂湔漢舊縣，蓋爲胡説所誤。」又曰：「都安，沈志：蜀立，屬汶山。輿地廣記：蜀置都安縣，屬汶山郡。鍾英按：水經注：皇甫晏至都安，屯觀坂，與蜀志後主至湔登觀坂之文合。準其地望，都安與湔，實爲一地。晉志蜀都無湔縣，汶山郡有都安，是湔縣改名都安，移屬汶山，非蜀漢復立都安縣。縣易虚設，地不能誣。按之於圖，沈志之誤自見。輿地廣記因沈志而爲之説，不足辨也。」楊守敬水經注疏要删卷三十三云：「都安，宋志蜀立，屬汶山郡。蜀志：後主至湔，登觀坂，看汶水之流。裴注：湔，縣名，屬蜀郡。觀皇甫晏至都安，屯觀坂，則都安即湔，湔是地名，（以湔水名。）非縣名。裴氏誤也。縣名都安，宋志可據。」姚範曰：「此即蜀漢之都安縣，唐之導江，今之灌縣也。若漢之湔氐道，今之松潘矣。揚雄蜀都賦：湔山巖巖，觀上岑嵓，觀坂即觀上也。」何焯曰：「大書此事，譏其不恤國事，盤游于外，自此始也，後不書者，不可諫則不足譏。」劉咸炘曰：「此等豈可盡書，自當止書其始，非以不可諫也。」弼按：汶水即岷江，潘、楊二說均是。胡注以湔爲湔氏道，誠誤，姚、謝說是。惟謝氏以都安爲湔縣改名，亦誤。案：兩漢志、晉宋志、水經注俱無湔縣。華陽國志亦云：「大江自湔堰下至犍爲，有五津。」亦無湔縣之名。以湔爲縣，殆爲裴注之誤。一統志：「觀坂在今成都府灌縣西。都安堰亦曰湔堰，亦曰犍尾堰，亦在灌縣西。」方輿紀要云：「湔堰即離堆。」漢書溝洫志：「蜀守李冰鑿離崖，避沫水之害，穿二江成都中。」晉灼曰：「崖，古堆字。崖，岸也。」師古曰：「沫水出蜀西南徼外，東南入江。」後主之登觀坂，或疑爲考究水利，似不盡如胡、何所云。不知譙周傳云：「後主頗出游觀，增廣聲樂。」即指此事也。

〔三〕郡國志：「蜀郡廣都。」揚雄蜀本紀：「蜀王本治廣都之樊鄉，後徙成都。蜀以成都、新都、廣都爲三都，號名城。」華陽國志：「廣都在郡西三十里，有鹽井魚田之饒。」一統志：「廣都故城有二，一在華陽縣東南，一在雙流縣東南。」據章懷注，參考岑彭、吳漢傳，漢縣當在府東南江北岸。據寰宇記、續通典，漢縣又當在今雙流縣界。華陽國志：「武都氐王苻健請降，將軍張尉迎，過期不至。大將軍琬憂之，牙門將巴西張嶷曰：健求附款，至必無返滯。聞健弟狡，不能同功，各將乖離，是以稽耳。健弟果叛就魏，健率四百家隨尉居廣都縣。」胡三省曰：「以此觀之，諸氐固先有苻姓矣，不待蒲堅以背文草付之祥，乃姓苻也。杜佑曰：氐者，西戎別種。漢武帝開武都郡，排其種人，分竄山谷，或在上祿，或在河隴左右。魏令夏侯淵討叛氐阿貴、千萬等，後因拔棄漢中，遂徙武都之種於秦川，是曰楊氏。苻堅之先，是曰苻氏。楊氏、苻氏同出略陽，世爲婚姻。」

十五年〔一〕夏六月，皇后張氏薨。〔二〕

〔一〕魏景初元年。

〔二〕華陽國志云：「謚曰敬哀。是歲，車騎將軍吳懿卒，以王平領漢中太守，代懿督漢中事。懿從弟班，漢大將軍何進官屬吴匡之子也。名常亞懿，官至驃騎將軍。時南郡輔匡元弼、零陵劉邕南和，官亦至鎮南將軍，潁川袁綝、南郡高翔至大將軍。綝征西將軍。」

延熙元年春正月，立皇后張氏。〔一〕大赦，改元。立子璿爲太子，子瑶爲安定王。〔二〕冬十一月，大將軍蔣琬出屯漢中。〔三〕

〔一〕敬哀皇后妹。趙一清曰：「時左將軍向朗行丞相事，見後主張皇后册文。」

〔二〕華陽國志：「以典學從事巴西譙周爲太子家令，梓潼李譔爲僕射，皆名儒也。」

〔三〕是年，詔琬屯住漢中，又命開府，見琬傳。

二年春三月，進蔣琬位爲大司馬。〔一〕

〔一〕杭世駿曰：「古今刀劍録曰：後主禪延熙二年造一大劍，長一丈二尺，鎮劍口山。往往人見光輝，後人求之不獲。」

三年〔一〕春，使越巂太守張嶷平定越巂郡。〔二〕

〔一〕魏正始元年。

〔二〕詳見嶷傳。越巂郡見前建興元年注。

四年冬十月，尚書令費禕至漢中，與蔣琬諮論事計，歲盡還。

五年春正月，監軍姜維督偏軍，〔一〕自漢中還屯涪縣。〔二〕

〔一〕胡三省曰：「蜀諸軍時皆屬蔣琬，姜維所領偏軍耳。」

〔三〕涪見劉璋傳。華陽國志：「大司馬琬以丞相亮數入秦川，不克；欲順沔東下，征三郡。朝臣咸以爲不可。安南將軍馬忠自建寧還朝，因至漢中，宣詔旨於琬，琬亦連疾動，輟計。還忠鎮南大將軍，封彭鄉侯。」

六年冬十月，大司馬蔣琬自漢中還，住涪。〔一〕十一月，大赦。以尚書令費禕爲大將軍。

〔一〕華陽國志：「琬上疏曰：臣既闇弱，加嬰疾疹，奉辭六年，規方無成，夙夜憂慘。今魏跨帶九州，除之未易，如東西掎角，但當蠶食。然吴期二三，連不克果。輒與費禕、馬忠議，以爲涼州胡塞之要，宜以姜維爲涼州刺史，銜持河右。今涪水陸四通，惟急是赴；東北之便，應之不難。冬十月，琬還鎮涪，以王平爲鎮北大將軍，督漢中事；姜維鎮西大將軍，涼州刺史還江州；都督鄧芝車騎將軍。」

七年春閏二月，〔一〕魏大將軍曹爽、夏侯玄等向漢中，鎮北大將軍王平拒興勢圍，〔二〕大將軍費禕督諸軍往赴救，魏軍退。〔三〕夏四月，安平王理卒。秋九月，禕還成都。〔四〕

〔一〕宋本作「閏月」，誤。

〔二〕興勢在今陝西漢中府洋縣北二十里，詳見夏侯淵傳、曹爽傳。

〔三〕詳見王平傳。通鑑：「費禕進據三嶺，以截爽。爽爭險苦戰，僅乃得過，失亡甚衆，關中爲之虛耗。」

〔四〕華陽國志：「大司馬琬以病故，讓州職於費禕、董允，以是禕領益州刺史，允守尚書令。於時蜀人以諸葛亮、蔣、費及允爲四相，一號四英。宦人黄皓便僻佞慧，畏允不敢爲非。後主欲採擇，允曰：妃后之數，不可過十二。」

八年秋八月，皇太后薨。〔一〕十二月，大將軍費禕至漢中，行圍守。〔二〕

〔一〕吴太后也。通鑑作甘太后，胡注已證誤。

〔三〕胡三省曰：「魏延鎮漢中，實兵諸圍以禦敵，所謂圍守也。」

九年夏六月，費禕還成都。秋，大赦。冬十一月，大司馬蔣琬卒。〔一〕

魏略曰：琬卒，禪乃自攝國事。〔二〕

〔一〕華陽國志：「中書令董允亦卒。」弼按：琬、允傳均同。通鑑均繫於魏正始六年，即蜀延熙八年，誤。何焯曰：「董允亦卒於是年，蜀内外之政始壞。」

〔二〕華陽國志：「超遷蜀郡太守、南陽吕乂爲尚書令，進姜維爲衛將軍。維出隴西，與魏將郭淮、夏侯霸戰，克之。」郝經曰：「後主即位，年已十七，使諸葛亮南征北伐，故亮言當親賢而遠小人，若猶未聽政，亮其爲是言哉！魏略之言，殆不其然。」林國贊曰：「費禕傳稱琬卒，禕顓政，後主仍未自攝國事也。魏略出敵國傳聞，失之。」

十年，涼州胡王白虎文、治無戴等率衆降，〔一〕衛將軍姜維迎逆安撫，居之于繁縣。〔二〕是歲，汶山平康夷反，〔三〕維往討，破平之。〔四〕

〔一〕胡三省曰：「據姜維傳，則白虎文與治無戴二人也。魏志：曹真討破叛胡治元多，蓋諸胡有治姓也。」

〔二〕郡國志：「蜀郡繁。」舊唐志：「劉禪時加新字。」寰宇記：「後主居涼州降人於繁縣，而移繁縣户於新繁。」一統志：「繁縣故城，在成都府新繁縣東北。」舊唐志、寰宇記皆非。蓋遷治或在蜀漢時，改名在後周時耳。

〔三〕范書西南夷傳：「冉駹夷者，武帝所開。元鼎六年，以爲汶山郡。至地節三年，夷人以立郡賦重，宣帝乃省并蜀郡爲北部都尉。靈帝時，復分蜀郡北部爲汶山郡。」本志陳震傳：「震隨先主入蜀，爲蜀郡北部都尉，因易郡名，爲汶山太守。」蓋自靈帝置郡後，不知何時復合爲蜀郡北部都尉，至蜀漢又復分置爲郡也。謝鍾英、王先謙説同。楊守敬曰：「後漢立郡，旋廢省也。」水經江水注：「湔水出綿虒道，亦曰綿虒縣之玉壘山，縣即汶山郡治，劉備之所置也。」互見陳震傳。郡國志：「蜀郡綿虒道。」鄒安鬯曰：「綿虒道，今四川茂州汶川縣西。」洪亮吉曰：「平康蓋蜀漢時立。」周濟曰：「平康在今四川松潘廳西南百五十里。」

〔四〕郝經續後漢書：「帝數出游觀，增廣聲樂，太子家令譙周諫，不聽。」

十一年夏五月，大將軍費禕出屯漢中。秋，涪陵屬國民夷反，〔一〕車騎將軍鄧芝往討，〔二〕皆破平之。〔三〕

〔一〕郡國志：「巴郡涪陵。」華陽國志：「建安六年，三巴既分，於是涪陵謝本白劉璋，求以丹興、漢髮二縣爲郡。初以爲巴東屬國，後遂爲涪陵郡。」又云：「涪陵郡，巴之南鄙，漢後恒有都尉守之。東接巴東，南接武陵，西接牂柯，北接巴郡。土地山險水灘，人戇勇，多獽蜑之民。漢時，赤甲軍常取其民。蜀丞相亮亦發其勁卒三千人爲連弩士，遂移家漢中。」又云：「涪陵縣，郡治。」胡三省曰：「涪陵縣，漢屬巴郡，蜀分置涪陵郡。」宋白曰：「蜀先主以地控江源，於此立涪陵郡，領漢平、漢葭二縣。」（弼按：當作漢髮。）四夷縣道記云：「故城在蜀江之南，涪江之西。」洪亮吉曰：「涪陵郡，漢建安六年劉璋分巴郡置。水經注：魏武分巴郡爲涪陵郡，寰宇記：謝本以涪陵廣大，白州牧劉璋，分置丹興、漢髮二縣，璋又分涪陵立永寧縣，合四縣置屬國都尉，治涪陵。蜀先主改爲涪陵郡。蓋創始於璋，先主特改郡名耳。」說或近之。楊守敬水經注疏要删說同。朱謀㙔曰：「晉書地理志，蜀置涪陵郡。水經云魏武分，所未詳也。」全祖望曰：「晉志又云：涪陵是劉璋置，劉璋之末，巴郡入于張魯，魯降曹氏，更入魏。魏或嘗立涪陵郡，未可知也。」弼按：洪、朱、全三説皆據水經云魏武分巴郡爲涪陵郡。然案水經此語，見延江水注，其原文云：「涪陵水出縣東，故巴郡之南鄙，王莽更名巴亭，魏武分邑立爲涪陵郡。公孫述擊張堪小別江，即此水也。」據水經此注，魏武當爲光武之訛。按上下文皆爲光武時事，洪、朱、全三家似皆未細審也。一統志：「涪陵故城，今四川酉陽州彭水縣治。」

〔二〕監本「芝」作「艾」，誤。

〔三〕詳見芝傳。華陽國志：「十一年，鎮北將軍王平卒，以中監軍胡濟爲驃騎將軍，代平督漢中事。」

十二年〔一〕春正月，魏誅大將軍曹爽等，右將軍夏侯霸來降。夏四月，大赦。秋，衛將軍姜維出攻雍州，不克而還。將軍句安李韶降魏。〔二〕

〔一〕魏嘉平元年。

〔二〕詳見魏志陳泰傳、郭淮傳。泰傳李韶作李歆。

十三年，姜維復出西平，〔一〕不克而還。

〔一〕西平，今甘肅西寧府西寧縣治，詳見魏志武紀建安十九年。維傳復出西平在十二年。

十四年夏，大將軍費禕還成都。冬，復北駐漢壽。〔一〕大赦。

〔一〕漢壽即葭萌，見劉璋傳，互見魏志齊王紀嘉平五年。胡三省曰：「葭萌縣，漢屬廣漢郡，蜀先主改曰漢壽縣，屬梓潼郡。」

十五年，吳王孫權薨。〔一〕立子琮爲西河王。〔二〕

〔一〕華陽國志：「吳主孫權薨，子亮立，來告赴，如古義也。」何焯曰：「不書吳主，書吳王，恐字誤。」周壽昌曰：「不書殂而書薨，是仍以王之例待之，王字非誤也。」弼按：後文景耀元年，吳孫綝廢其主亮。王當作主，傳寫之訛。

〔二〕華陽國志：「命大將軍禕開府。尚書令呂乂卒，以侍中陳祇守尚書令。」弼按：呂乂傳乂卒在延熙十四年，通鑑同，常志誤。

十六年春正月，大將軍費禕爲魏降人郭循所殺于漢壽。〔一〕夏四月，衛將軍姜維復率衆圍南安，〔二〕不克而還。〔三〕

〔一〕詳見魏志齊王紀嘉平四年，郭循作郭脩。

〔二〕南安郡治䝠道，今甘肅鞏昌府隴西縣東北、渭水北。詳見魏志武紀建安十九年。

〔三〕華陽國志：「費禕承諸葛亮之成規，故能邦家和壹。自禕歿後，閹宦秉權，姜維自負才兼文武，謂自隴以西可制，而有禕常裁制，至是無禕，屢出師旅，功績不立，政刑失措矣。」

十七年〔一〕春正月，姜維還成都。大赦。夏六月，維復率衆出隴西。冬，拔狄道、河閒、臨洮三縣民，〔二〕居于綿竹、繁縣。〔三〕

〔一〕魏正元元年。

〔二〕官本考證曰：「河閒當作河關，姜維傳誤同。」郡國志：「凉州隴西郡狄道、臨洮、河關。」一統志：「狄道故城，今甘肅蘭州府狄道州西南；臨洮故城，今甘肅鞏昌府岷州治；河關故城，今蘭州府河州西北。」胡三省曰：「河閒當作河關。河關縣前漢屬金城郡，後漢屬隴西郡。以地理考之，河關、臨洮在狄道西，姜維自狄道西拔河關、臨洮，意欲收魏之邊縣以自廣耳。」弼按：臨洮在狄道南，河關在狄道西北。

〔三〕綿竹見劉焉傳，繁縣見前延熙十年。華陽國志：「維復出隴西，魏狄道長李簡舉縣降。維圍襄武，魏大將徐質救之。是歲，魏帝齊王廢，高貴鄉公即位。」通鑑：「漢姜維自狄道進拔河閒、臨洮，將軍徐質與戰，殺其盪寇將軍張嶷，漢兵乃還。」詳見張嶷傳、姜維傳。

十八年春，姜維還成都。夏，復率諸軍出狄道，與魏雍州刺史王經戰于洮西，〔一〕大破

之。經退保狄道城，維卻住鍾題。〔二〕

〔一〕洮水之西也。

〔二〕鄧艾傳「題」作「提」。鍾提在狄道西。華陽國志：「十八年，維復議出征，征西大將軍張翼廷爭不聽。維出狄道，大破王經于洮西，經衆死數萬，退保狄道城。翼曰：可矣，不宜進。或毀此成功，爲蛇畫足。維必進，魏征西將軍陳泰救狄道，維退住鍾題。」詳見陳泰傳。

十九年〔一〕春，進姜維位爲大將軍，督戎馬，與征西將軍胡濟期會上邽，〔二〕濟失誓不至。〔三〕秋八月，維爲魏大將軍鄧艾所破于上邽，〔四〕維退軍，還成都。〔五〕是歲，立子瓚爲新平王。大赦。

〔一〕魏甘露元年。

〔二〕宋本「征西」作「鎮西」，是。姜維傳亦作「鎮西」，通鑑同。是時征西爲張翼也。上邽在今甘肅秦州東南四十里，詳見鄧艾傳。

〔三〕華陽國志「誓」作「期」，通鑑同。

〔四〕艾是時爲安西將軍，大字疑衍。

〔五〕詳見鄧艾傳。華陽國志：「維大爲魏將鄧艾所破，死者衆，士庶由是怨維，而隴以西亦無寧歲。冬，維還，謝過引負，求自貶削。於是以維爲後將軍，行大將軍事。」

二十年，聞魏大將軍諸葛誕據壽春以叛，〔一〕姜維復率衆出駱谷，〔二〕至芒水。〔三〕是歲，大赦。

〔一〕誕時爲征東大將軍，疑軍字衍。

〔一〕駱谷在今陝西西安府盩厔縣西南，詳見魏志陳留王紀景元四年及曹爽傳、鍾會傳。

〔三〕胡三省曰：「水經注：駱谷水出鄠塢東南山，駱谷北流逕長城西，又北流注于渭，渭水又東，芒水從南來注之。水出南山芒谷北，逕盩厔縣竹圃中。又北流注于渭。予按：駱谷在今洋州真符縣，屈回八十里，凡八十四盤。」吴熙載曰：「芒水在駱谷水之東。」

景耀元年，〔一〕姜維還成都。〔二〕史官言景星見，〔三〕於是大赦，改年。宦人黄皓始專政。〔四〕吴大將軍孫綝廢其主亮，立琅邪王休。〔五〕

〔一〕魏甘露三年。

〔二〕華陽國志：「維以誕破，退還成都，復拜大將軍。」

〔三〕周壽昌曰：「史官言景星見，是蜀有史官矣。或但紀祲祥，明占驗，而於一國君臣治亂之迹，典章文物之大，未遑紀載，故後世以蜀無史官爲諸葛譏也。」

〔四〕華陽國志：「黄皓與尚書令陳祗相表裏，始豫政。皓自黄門丞至今年爲奉車都尉中常侍，姜維雖班在祗右，權任不如，蜀人無不追思董允者。時兵車久駕，百姓疲弊，太中大夫譙周著仇國論，言可爲文王，難爲漢祖，人莫察焉。姜維議，退據漢、樂二城。」何焯曰：「皓專政五年而國亡。」

〔五〕華陽國志：「吴大臣廢其主亮，立孫休，來告難，如同盟也。」

二年夏六月，立子諶爲北地王，恂爲新興王，虔爲上黨王。〔一〕

〔一〕二主妃子傳注引孫盛蜀世譜「恂」作「詢」，「虔」作「璩」。華陽國志：「以張翼爲左車騎將軍，廖化爲右車騎將軍，閻宇爲右衛大將軍。陳祇卒，謚曰忠侯。祇上希主指，下接閹宦，後主甚善焉。以董厥爲尚書令。」

三年〔一〕秋九月，追謚故將軍關羽、張飛、馬超、龐統、黄忠。〔二〕

〔一〕魏景元元年。

〔二〕華陽國志：「追謚故前將軍關羽曰壯繆侯，車騎將軍張飛曰桓侯，驃騎將軍馬超曰威侯，軍師龐統曰靖侯，後將軍黄忠曰剛侯。是歲，魏帝高貴鄉公卒，常道鄉公即帝位。」蔣超伯曰：「華陽國志書法，極爲微婉。如勳臣補謚之遲，佞臣得謚之速，牽連書之，其失自見。」

四年春三月，追謚故將軍趙雲。〔一〕冬十月，大赦。

〔一〕華陽國志：「追謚故鎮軍趙雲曰順平侯，拜丞相亮子武鄉侯瞻中都護、衛將軍，遷董厥輔國大將軍，與瞻輔政。以樊建守尚書令。自瞻、厥用事，黄皓秉權，無能矯正者。」

五年春正月，西河王琮卒。是歲，姜維復率衆出侯和，〔一〕爲鄧艾所破，還在沓中。〔二〕

〔一〕侯和今甘肅洮州廳南洮水之南，見魏志陳留王紀景元三年。

〔二〕沓中在今洮州西南西傾山之南，見魏志陳留王紀景元四年。華陽國志：「姜維惡黄皓恣擅，啓後主欲殺之。後主勑皓詣維陳謝。維誘皓求沓中種麥，以避内逼。皓協比閻宇，欲廢維樹宇。故維懼，不敢還。」趙一清曰：「景耀五年，宫中大樹無故自折，此蜀亡之驗。事見杜瓊傳。」

六年夏，魏大興徒衆，命征西將軍鄧艾、鎮西將軍鍾會、雍州刺史諸葛緒數道並攻。〔一〕於是遣左右車騎將軍張翼、廖化、輔國大將軍董厥等拒之。〔二〕大赦，改元爲炎興。〔三〕冬，鄧艾破衛將軍諸葛瞻於綿竹。用光禄大夫譙周策，降於艾。奉書曰：「限分江、漢，遇值深遠，階緣蜀土，〔四〕斗絶一隅，干運犯冒，漸苒歷載，遂與京畿，攸隔萬里。每惟黄初中，文皇帝命虎牙將軍鮮于輔，宣温密之詔，申三好之恩，開示門户，大義炳然。而否德暗弱，竊貪遺緒，俛仰累紀，未率大教。天威既震，人鬼歸能之數，〔五〕怖駭王師，神武所次，敢不革面，順以從命？輒勑羣帥，投戈釋甲，官府帑藏，一無所毁。百姓布野，餘糧棲畝，以俟后來之惠，全元元之命。伏惟大魏，布德施化，宰輔伊周，含覆藏疾。謹遣私署侍中張紹、光禄大夫譙周、駙馬都尉鄧良，奉齎印綬，請命告誠，敬輸忠款，存亡勑賜，惟所裁之。輿櫬在近，不復縷陳。」是日，北地王諶傷國之亡，先殺妻子，次以自殺。

漢晉春秋曰：後主將從譙周之策，北地王諶怒曰：「若理窮力屈，禍敗必及，便當父子君臣，背城一戰，同死社稷，以見先帝可也。」後主不納，遂送璽綬。是日，諶哭於昭烈之廟，先殺妻子，而後自殺。左右無不爲涕泣者。〔六〕

紹、良與艾相遇於雒縣，〔七〕艾得書，大喜，〔八〕即報書，

王隱蜀記曰：艾報書云：「王綱失道，羣英並起，龍戰虎爭，終歸真主，此蓋天命去就之道也。自古聖帝，爰逮漢、魏，受命而王者，莫不在乎中土。河出圖，洛出書，聖人則之，以興洪業，其不由此，未有不顛覆者也。隗囂憑隴而亡，〔九〕公孫述據蜀而滅，〔一〇〕此皆前世覆車之鑒也。聖上明哲，宰相忠賢，將比隆黄軒，侔功往代。銜命來征，思聞嘉響，果煩來使，告以德音，此非人事，豈天啓哉！昔微子歸周，實爲上賓；君子豹變，義存大易。來辭謙沖，以禮輿櫬，皆前哲歸命之典也。全國爲上，破國次之，自非通明智達，何以見王者之義乎！」禪又遣太常張峻、益州別駕汝超受節度，遣太僕蔣顯有命勑姜維。又

遣尚書郎李虎送士民簿，領户二十八萬，男女口九十四萬，帶甲將士十萬二千，吏四萬人，〔一一〕米四十餘萬斛，金銀各二千斤，錦、綺、綵、絹各二十萬匹。餘物稱此。〔一二〕遣紹、良先還。艾至城北，後主輿櫬自縛，詣軍壘門。〔一三〕艾解縛焚櫬，延請相見，

晉諸公贊曰：劉禪乘騾車詣艾，不具亡國之禮。

因承制拜後主爲驃騎將軍。諸圍守悉被後主勅，〔一四〕然後降下。〔一五〕艾使後主止其故宫，身往造焉。資嚴未發，〔一六〕明年春正月，艾見收。鍾會自涪至成都作亂。會既死，蜀中軍衆鈔略，死喪狼籍，數日乃安集。

〔一〕詳見鄧艾傳、鍾會傳、姜維傳。

〔二〕董厥附諸葛亮傳。

〔三〕魏景元四年。趙一清曰：「宋書五行志：『炎興元年，蜀地震，此黄皓見任之應。是冬，蜀亡。』」

〔四〕宋本「階」作「偕」。

〔五〕官本考證曰：「此句上下，疑有闕文。」

〔六〕胡三省曰：「曾謂庸禪有子如此乎！」郝經曰：「嗚呼！親王義兼臣子，國有難猶當死義，以先諸臣，先王所以封建宗子，而固維城也。西漢之亡，獨劉更生諄諄勸戒，晻曖而卒，其餘諸侯，稱説符命，勸進于莽者以千數。故莽晏然盜國，坐追虞、黄，未聞一人獨不從而死之也。東漢之亡，封國亦既盡除，墮姙祝胤，劉氏無噍類。故操、丕居然爲西伯、舜、禹，未聞一人獨從容就義而死之也。惟朔易一遐孤。與隆中一草茅士，素無封爵，不階尺土一民，萬折而與操爭，肉薄血并者三十餘年，力竭而繼之以死。及其遂亡，昭烈之一孫，孔明之一子及孫，慨然赴義，與國俱滅。巍巍義烈，高視兩京，五百年所無有也。壯哉，諶也！後主爲有愧矣。勇哉，尚也！過夫瞻矣。」通鑑輯覽曰：「北地王

慷慨捐軀，凜凜有生氣。劉禪犂牛，固不足論，姜維以下諸將士，平日咸以恢復自命，乃俱聞風而靡，無復具人心者，不啻譙周釁國，罪不容誅矣。」

〔七〕雒見劉焉傳。胡三省曰：「雒縣屬廣漢郡，西南至成都八十餘里。」周壽昌曰：「華陽國志載，勸降是譙周，而遣使則爲張紹、鄧良二人，無周名。觀紹、良與艾相遇語，則常志爲信。」

〔八〕先主攻雒，且一年；攻成都數十日。今艾不攻而禪降，宜其大喜也。

〔九〕范書隗囂傳：「建武六年，隗囂據隴坻，公孫述以囂爲朔寧王。九年，囂死，子純爲王。明年，純降。」

〔一〇〕范書公孫述傳：「建武元年，公孫述僭號，號成家。十二年，吳漢克成都，滅之。」

〔一一〕趙一清曰：「通典云：魏武據中原，劉備割巴蜀，孫權盡有江東之地，三國鼎立，戰爭不息。劉備章武元年，有戶二十萬，男女口九十萬。及平蜀，得戶二十八萬，口九十四萬，帶甲將士十萬二千，吏四萬。通計戶九十四萬三千四百二十三，口五百三十七萬二千二百八十一。除平蜀所得，當時魏氏唯有戶六十六萬三千四百二十三，有口四百四十三萬二千八百八十一。一清案：續郡國志注云：景元四年，與蜀通計民戶九十四萬三千四百二十三，口五百三十七萬二千八百九十一人。」姚範曰：「以續漢志攷之，但以巴、蜀二郡校之，此已不足當其一郡之戶口，毋論兼餘郡矣。又晉志：章武時戶二十萬，男女口九十萬。攷晉時梁州戶七萬六千三百，益州戶十四萬九千三百，寧州戶八萬三千。」杭世駿曰：「通典云：蜀劉禪炎興元年，則魏常道鄉公景元四年，歲次癸未。是歲，魏滅蜀，至晉武帝太康元年，歲次庚子。凡十八年，戶增九十八萬六千三百八十一，口增八百四十九萬九百八十二，則當三國鼎峙之時，天下通計戶百四十七萬三千四百三十三，口七百六十七萬二千八百八十一。以奉三主，斯以勤矣。」

〔一二〕何焯曰：「蜀窮匱至此，固難以支久矣。」姚範曰：「先主入蜀，賜葛相、法孝直、關、張四人金各五百斤，銀千斤，錢五千萬，錦千匹，其餘頒賜各有差。可知當時蜀土之饒。」

〔一三〕通鑑作「面縛輿櫬詣軍門」。胡三省曰：「杜預云：面縛，縛手於後，唯見其面也。櫬，棺也。示將受死。後主時年四十八。」弼按：後主年十七即位，在位四十一年，時年五十八。胡注云四十八，誤。

〔一四〕胡三省曰：「圍守，即魏延所置漢中諸圍之守也。」

〔一五〕或曰：「見士猶有戰心也。」弼按：姜維傳：「尋被後主敕令，乃投戈放甲，詣會於涪軍前，將士咸怒，拔刀斫石。」華陽國志：「軍士莫不奮激，以刃斫石。」胡三省曰：「漢先主以獻帝建安十九年得蜀，魏文帝黄初二年即帝位，傳二世，四十三年而亡。」

〔一六〕潘眉曰：「漢避明帝諱莊，凡裝字亦改作嚴。裝、莊同字也。吴漢傳：辦嚴上道。章懷注：嚴即裝也。陳紀傳：不復辦嚴。章懷注：嚴讀曰裝也。惟許靖與曹公書，復共嚴裝，欲北上荆州。彼嚴字作治字解，與兹不同。」

後主舉家東遷，〔一〕既至洛陽，策命之曰：「惟景元五年三月丁亥，皇帝臨軒，使太常嘉命劉禪爲安樂縣公。〔二〕於戲！其進聽朕命：蓋統天載物，以咸寧爲大；光宅天下，以時雍爲盛。故孕育羣生者，君人之道也；乃順承天者，坤元之義也。上下交暢，然後萬物協和，庶類獲乂。乃者，漢氏失統，六合震擾，我太祖承運龍興，弘濟八極，是用應天順民，撫有區夏。于時，乃考因羣傑虎爭，九服不静，乘間阻遠，保據庸蜀，遂使西隅殊封，方外壅隔。自是已來，干戈不戢，元元之民，不得保安其性，幾將五紀。朕永惟祖考遺志，思在綏緝四海，率土同軌，故爰整六師，耀威梁、益。公恢崇德度，深秉大正，不憚屈身委質，以愛民全國爲貴，降心回慮，應機豹變，履信思順，以享左右無疆之休，豈不遠歟！朕嘉與君公長饗顯禄，用考咨前訓，開國胙土，率遵舊典，錫兹玄牡，苴以白茅，永爲魏藩輔。往欽哉！公其祗服朕命，克廣德心，以終乃顯烈。」食邑萬户，賜絹萬匹，奴婢百人，他物稱是。子孫爲三都尉、封侯者五

十餘人。〔三〕尚書令樊建、侍中張紹、光禄大夫譙周、秘書令郤正、殿中督張通，並封列侯。〔四〕

漢晉春秋曰：司馬文王與禪宴，爲之作故蜀技，〔五〕旁人皆爲之感愴，而禪喜笑自若。王謂賈充曰：「人之無情，乃可至於是乎！〔六〕雖使諸葛亮在，不能輔之久全，而況姜維邪？」充曰：「不如是，殿下何由并之？」他日王問禪曰：「頗思蜀否？」禪曰：「此間樂，不思蜀。」郤正聞之，求見禪，曰：〔七〕若王後問，宜泣而答曰：「先人墳墓，遠在隴、蜀，乃心西悲，無日不思，〔八〕因閉其目。」會王復問，對如前。王曰：「何乃似郤正語邪？」禪驚視，曰：「誠如尊命。」左右皆笑。〔九〕

公太始七年〔一〇〕薨於洛陽。〔一一〕

蜀紀云：〔一二〕謚曰思公，〔一三〕子恂嗣。

〔一〕沈家本曰：「御覽下有在位凡四十年，六字疑是注文佚去。」

〔二〕安樂今順天府順義縣西南，詳見魏志明紀景初二年。華陽國志卷二云：「上庸郡安樂縣，咸熙元年爲公國，封劉後主也。」又卷十一云：「安樂思公世子早没，次子宜嗣。而思公立所愛者，文立諫之，不納。及愛子立，驕暴，二州人士，皆欲表廢，立止之曰：彼自暴其一門，不及百姓，當以先公故得爾也。後安樂公淫亂無道，何攀與上庸太守王崇、涪陵太守張寅爲書諫責，稱當思立言。」晉書地理志：「幽州燕國安樂，國相，蜀主劉禪封此縣公。」與華陽國志異，未知孰是。

〔三〕華陽國志云：「弟兄子孫爲郡都尉、侯者，五十餘人。」沈欽韓曰：「三都尉，謂奉車、駙馬、騎都尉也，並漢武帝置。」沈家本曰：「二主妃子傳：永及輯並拜奉車都尉，封鄉侯，餘無可考。」

〔四〕華陽國志云：「以譙周全國濟民，封城陽亭侯；祕書令郤正舍妻子隨侍後主，相導威儀，封關内侯。於是尚書令樊建、殿中督張通、侍中張紹，亦封侯。劉氏凡得蜀五十年，正稱尊號四十二年。」趙一清曰：「隋書經籍志：梁有蜀平記十卷，蜀漢僞官故事一卷。又晉書地理志曰：濟南郡。或云魏平蜀，徙其豪將家於濟河北，故改爲濟岷郡。而太康地理志無此郡名，未之詳。」方輿紀要卷二十二：「濟岷城在邳州宿遷縣北。東晉時以蜀西濟北流人置濟岷郡。咸和三年，濟岷太守劉闓等殺下邳內史夏侯嘉，以下邳叛入後趙，郡尋廢。」

〔五〕胡三省曰：「蜀技，蜀樂也，如巴渝舞之類也。技與伎同。」

〔六〕可字疑衍。

〔七〕或曰：「求」疑作「來」。一曰：禪在晉爲囚虜，防護必嚴，豈能輕見？當作「求」。

〔八〕胡三省曰：「西悲，用詩東山語，此儒生搜章摘句也。」

〔九〕于慎行曰：「劉禪之對司馬昭，未爲失策也；郤正教之，淺矣。思蜀之心，昭之所不欲聞也，幸而先以己意對，再問之時，已慮有教之者，禪即以正指對。左右雖笑，不知禪之免死，正以是矣。」黄恩彤曰：「先主遺詔勅後主曰：丞相歎卿智量甚大，增修過于所望，審能如此，吾復何憂云云。武侯非面諛，先主非譽兒，足見後主本非不肖也。陳志以爲任賢相則爲循理之君，惑閹豎則爲昏闇之主，洵然。」

〔一〇〕「太」當作「泰」。

〔一一〕在魏、晉八年，凡六十六歲。寰宇記卷三：「後主冢在芒山。」周壽昌曰：「此與魏志明帝紀青龍二年二月庚寅山陽公薨書法同。若吳歸命侯則書皓死於洛陽矣。」

〔一二〕宋本「紀」作「記」。

〔一三〕通鑑考異曰：「晉春秋云：禪謚惠公。今從王隱蜀記。」

評曰：後主任賢相則爲循理之君，惑閹豎則爲昏闇之后。傳曰：「素絲無常，唯所染之。」信矣哉！〔一〕禮，國君繼體，踰年改元，而章武之二年，〔二〕則革稱建興，考之古義，體理爲違。〔三〕又國不置史，注記無官，是以行事多遺，災異靡書。諸葛亮雖達於爲政，凡此之類，猶有未周焉。〔四〕然經載十二，而年名不易；軍旅屢興，而赦不妄下，不亦卓乎！自亮没後，茲制漸虧，優劣著矣。

華陽國志曰：丞相亮時，有言公惜赦者。亮答曰：「治世以大德，不以小惠。故匡衡、吴漢，不願爲赦。〔五〕先帝亦言，吾周旋陳元方、鄭康成閒，每見啓告，治亂之道悉矣，〔六〕曾不語赦也。若劉景升、季玉父子，歲歲赦宥，何益於治！」

臣松之以爲「赦不妄下」，誠爲可稱。至於「年名不易」，猶所未達。案：建武、建安之號，皆久而不改，未聞前史以爲美談。「經載十二」，蓋何足云？豈别有他意，求之未至乎？亮殁後，延熙之號，數盈二十，「茲制漸虧」，事又不然也。〔七〕

〔一〕晉書李密傳：「張華問密曰：安樂公何如？密曰：可次齊桓。華問其故，對曰：齊桓得管仲而霸，用豎刁而蟲流。安樂公得諸葛亮而抗魏，任黄皓而喪國，是知成敗一也。」

〔二〕宋本「二」作「三」，是。

〔三〕宋唐庚三國雜事駁陳説，見卷首。李清植曰：「是時皇綱解紐，先主遽喪，民志必生惶惑。未踰年而改元，雖違古義，實遵漢舊藉，此以新視聽而悚遠邇，奠民心以濟大業，應權通變，計宜出此。史家以是譏亮，毋乃失之拘乎！」何焯曰：「介於二寇，加之南中煽動，必執踰年之禮，非所以繫屬人心、鎮撫方夏也。」

〔四〕史通曲筆篇曰：「黄氣見於秭歸，羣烏墮於江水，成都言有景星出，益州言無宰相氣。若史官不置，此事從何而書？

蓋由父辱受髡，故加茲謗議也。」又史官篇曰：「蜀志稱王崇補東觀，許蓋掌禮儀，又郤正爲祕書郎，廣求益部書籍。斯則典校無闕，屬辭有所矣。而陳壽評云：蜀不置史官，得非厚誣諸葛乎！」李安溪曰：「不置史官，朱文公謂其志大，而有所未暇，是矣。且百度具舉，記注雖略，奚害乎！」何焯曰：「吳、蜀之主，雖均曰傳，然皆編年紀事，於史家之例，實亦紀也。紀則災異當詳書，而舊史闕其承傳，是以作者用此自明，非欲持此以詆毀葛相。」錢儀吉曰：「何說未是。如果有史官而遭亂湮滅，當云舊史失傳，不當云史官不置也。」梁章鉅曰：「後主景耀元年，明載史官言景星見，於是大赦，改年。此蜀有史官之顯證。」劉咸炘曰：「郝懿行筆記又舉華陽國志後主志稱大長秋南陽許慈，普記載籍，典章舊文。又舉西州後賢志王化弟崇，蜀時東觀郎，陳壽祕書郎，不知此皆不足駁陳氏也。陳氏所言無官者，乃記注之史，黄氣、羣烏，不必史官所言。蓋蜀本多術數之學，至奏景星見者，乃占天之史官，許慈、王崇、郤正則掌書之官，皆非記注之史。知幾所謂典校無闕，乃掌書之謂，而屬辭有所則臆度之詞。東觀乃真記注之職，然沿舊制而有此官，未必有其地行其職。不然，則承祚躬爲祕書郎，豈善忘至此？即誣諸葛，又何如是之拙乎！」弼按：季漢輔臣贊所頌述，皆當時可傳之人，承祚自注，多云失其行事，故不爲傳。評語所謂注記無官，行事多遺者此也。劉説爲允。

〔五〕漢書匡衡上疏曰：「比年大赦，使百姓得改行自新，天下幸甚。臣竊見大赦之後，姦邪不爲衰止，今日大赦，明日犯法，相隨入獄，此殆導人未得其務也。」後漢書：「吳漢病篤，車駕親臨，問所欲言。對曰：臣愚無所知識，惟願陛下慎無赦而已。」

〔六〕何焯曰：「陳元方、鄭康成皆避地徐州，而先主以建安元年領徐州牧，其啟告以治亂之道，在此時也。」

〔七〕錢大昭曰：「赦不妄下，亦謂諸葛亮爲相時耳。亮卒之後，延熙元年、六年、九年、十四年、十七年、二十年、景耀元年、四年，皆大赦矣。孟光責費禕以爲赦者，偏枯之物非明世所宜有，衰敝窮極，不得已然後乃可權而行之。今有何旦夕之危，倒懸之急，而數施非常之恩，以惠姦宄之惡，不其然哉！」錢大昕曰：「昭烈之没，政由葛氏，禮樂征伐，自下出者十餘年。以曹、馬之輩當此，其改元自立必矣。自古大臣握重權者，身死之後，嗣君親政，亦必改元，更革其舊。後主信任孔明，不以存殁有閒，張邈上書詆亮，下獄誅死，其任賢勿疑，有足稱者。孔明卒于建興十二年，前此不改元，孔明事君之忠也；繼此不改元，後主知人之哲也。君明臣忠，此承祚所謂卓也。不然，建興之號，終于十五，何不云十五，而云十二乎？裴氏所譏，殊未達其旨趣也。」梁章鉅引袁枚後主論，文繁不録。

# 蜀書四

## 二主妃子傳第四〔一〕

〔一〕梁章鉅曰：「標題雖稱二主妃子，而列傳則大書先主甘皇后、穆皇后，後主敬哀皇后、張皇后，皆稱皇后。而孫吳諸后，則降稱夫人，可見承祚厚以天子之制予蜀也。」（本錢大昕說。）潘眉曰：「陳承祚不爲孫夫人立傳，夫人還吳，同於大歸。」錢大昕曰：「蜀志稱昭烈曰先主，安樂公曰後主。後主之太子璿特爲立傳，且正其太子之號。吳志則曰權、曰亮、曰休、曰晧，皆斥其名，可見承祚未嘗儕蜀於吳也。」

先主甘皇后，沛人也。先主臨豫州，住小沛，〔一〕納以爲妾。先主數喪嫡室，〔二〕常攝內事。隨先主於荆州，産後主。值曹公軍至，追及先主於當陽長阪，〔三〕于時困偪，棄后及後主，賴趙雲保護，得免於難。〔四〕后卒，葬于南郡。章武二年，追謚皇思夫人，〔五〕遷葬於蜀，未至而先主殂隕。丞相亮上言：「皇思夫人履行修仁，淑慎其身。大行皇帝昔在上將，嬪妃作合，〔六〕載育聖躬，大命不融。大行皇帝存時，篤義垂恩，念皇思夫人神柩，在遠飄颻，特遣使者奉迎。會大行皇帝崩，今皇思夫人神柩以到，又梓宮在道，園陵將成，安厝有期。臣輒與太常臣賴恭等議：禮記曰：立愛自親始，教民孝也；立敬自長始，教民順也。不忘其親所由生也。春秋之義，母以子貴。昔高皇帝追尊太上昭靈夫人爲昭靈皇后；〔七〕孝和皇帝改葬其母梁貴人，尊號曰恭懷皇后；〔八〕孝愍皇帝亦改葬其母王夫人，尊號曰靈懷皇后。〔九〕今皇思夫人宜有尊號，以慰寒泉之思。〔一〇〕輒與恭等〔一一〕案謚法，宜曰昭烈皇后。詩曰：穀則異室，死則同穴。〔一二〕

禮云：上古無合葬，中古後因時方有。

故昭烈皇后宜與大行皇帝合葬。臣請太尉告宗廟，〔一三〕布露天下，具禮儀別奏。」制曰：「可。」

〔一〕小沛見先主傳。

〔二〕康發祥曰：「先主轉軍海西守小沛之日，妻子屢爲呂布、高順所虜，究不知何氏，史失其實矣。」

〔三〕當陽長阪見先主傳。

〔四〕拾遺記卷八云：「先主甘后，沛人也。生於賤微。里中相者云，此女後貴，位極宮掖。及后長而體貌特異，至十八玉質柔肌，態媚容冶。先主召入綃帳中，於戶外望者，如月下聚雪。河南獻玉人，高三尺，乃取玉人置后側，晝則講說軍謀，夕則擁后而玩。人常稱玉之所貴，德比君子，況爲人形而不可玩乎？后與玉人潔白齊潤，觀者殆相亂惑。嬖寵者非惟嫉於甘后，亦妬於玉人也。后常欲琢毀壞之，乃誡先主曰：昔子罕不以玉爲寶，春秋美之。今吳、魏未滅，安以妖玩繼懷？凡淫惑生疑，勿復進焉。先主乃撤玉人像，嬖者皆退。當斯之時，君子議以甘后爲神智婦人焉。」

〔五〕康發祥曰：「先主轉軍廣陵海西，麋竺進妹於先主爲夫人。麋夫人不聞與謚，史亦不爲立傳，何也？」

〔六〕宋本「妃」作「配」。

〔七〕「太」，毛本作「大」，誤。漢書高帝紀：「五年，追尊先媼曰昭靈夫人。」高后紀：「七年，尊昭靈夫人曰昭靈后。」梁章鉅曰：「高祖之母，死於小黄，高祖五年，追謚昭靈夫人。吕后七年，尊爲昭靈皇后。皇后之稱，吕后所加，此謂高祖追尊，恐係信筆之誤。」

〔八〕范書和帝紀：「永元九年，追尊皇妣梁貴人爲皇太后，改葬恭懷皇后于西陵。」

〔九〕范書獻帝紀：「興平元年，追尊謚皇妣王氏爲靈懷皇后，改葬于文昭陵。」錢大昭曰：「孝愍皇帝，即漢獻帝也。在章武元年，獻帝見害，追謚孝愍，猶可託之傳聞。至後主嗣位，已閲二年之久，山陽公之存殁，豈不知之？而猶稱爲孝愍皇帝者，不過欲因此以討魏室篡弑之罪，有以藉口耳。不然，獻帝見在，大敵未克，而玄德晏然自立，嗣主繼體踐祚，雖曰漢帝子孫，與魏文之僭位，何以異乎？所謂掩耳盜鈴也。」劉咸炘曰：「此説非也。不可無君，昭烈不得不立，愍帝雖不死，亦失國之君。陷身賊中，受其公爵，豈可遥奉耶？知其未死，而無以稱之，即以上謚爲號，禮以義起也。」

〔一〇〕詩邶風凱風之章：「爰有寒泉，在浚之下，有子七人，母氏勞苦。」

〔一一〕太常賴恭也。

〔一二〕詩王風大車之章。毛傳云：「穀，生也。生在於室，則外内異；死則神合，同爲一也。」

〔一三〕洪飴孫曰：「太尉不詳何人，蓋置而不常設，可考者一人，上官勝，見唐書宰相世系表。」

先主穆皇后，〔一〕陳留人也。兄吴壹，〔二〕少孤。壹父素與劉焉有舊，是以舉家隨焉入蜀。焉有異志，而聞善相者相后當大貴，焉時將子瑁自隨，遂爲瑁納后。瑁死，后寡居。先主既

定益州，而孫夫人還吴，〔三〕

漢晉春秋曰：先主入益州，吴遣迎孫夫人，夫人欲將太子歸吴，諸葛亮使趙雲勒兵斷江留太子，乃得止。〔四〕

羣下勸先主娉后，先主疑與瑁同族。〔五〕法正進曰：「論其親疏，何與晉文之於子圉乎？」〔六〕於是納后爲夫人。〔七〕

習鑿齒曰：夫婚姻人倫之始，王化之本，匹夫猶不可以無禮，〔八〕而況人君乎！晉文廢禮行權，以濟其業，故子犯曰：「有求於人，必先從之；將奪其國，何有於妻？」〔九〕非無故而違禮教者也。今先主無權事之偪，而引前失以爲譬，非導其君以堯舜之道者，先主從之，過矣。

建安二十四年，立爲漢中王后。章武元年夏五月，策曰：「朕承天命，奉至尊，臨萬國。今以后爲皇后，遣使持節丞相亮授璽綬，承宗廟，母天下，皇后其敬之哉！」建興元年五月，後主即位，〔一〇〕尊后爲皇太后，稱長樂宫。壹官至車騎將軍，封縣侯。延熙八年，后薨，合葬惠陵。

孫盛蜀世譜曰：〔一一〕壹孫喬，没李雄中三十年，不爲雄屈也。

〔一〕穆皇后、敬哀皇后皆未書姓，以下有兄吴壹，張飛長女之文，似宜書姓。下文云兄壹，飛長女，方合。

〔二〕壹事見季漢輔臣贊。

〔三〕梁章鉅曰：「孫夫人之事，此爲再見。」王曇曰：「此不明敍所以還吴之故，則法正已進劉瑁妻吴氏于宫中，舟船之迎，實夫人見幾之哲。是歲建安之二十年乙未，正權襲取長沙分界連和之日，可想見蜀主與夫人同牢已七年矣。此陳壽所以有綢繆恩紀之筆也。」

〔四〕趙雲別傳：「孫夫人以權妹驕豪，權聞備西征，大遣舟船迎妹，而夫人內欲將後主還吳。雲與張飛勒兵截江，乃得後主還。」何焯曰：「漢晉春秋所云爲妄。先主定益州時，諸葛公與張、趙等泝流至蜀，孫夫人還吳，當在建安二十年爭荆州時。」弼按：趙雲別傳：權聞備西征，乃迎妹，正爲爭荆州之時。漢晉春秋所云，亦謂先主入益州之後，非謂定益州之時，何説似泥。康發祥曰：「孫夫人一見先主傳，再見穆皇后傳，三見法正傳。承祚不爲立傳，豈以故劍未還，故闕而不書邪？」

〔五〕毛本「瑁」作「媢」，誤。

〔六〕左傳僖公十七年：「晉太子圉爲質於秦，秦歸河東而妻之。二十二年，圉逃歸，惠公卒，圉立，是爲懷公。晉文公至秦，秦伯納女五人，懷嬴與焉。」杜注：「懷嬴，子圉妻。子圉謚懷公，故號爲懷嬴。」錢大昭曰：「何與，猶言何如也。」

〔七〕梁章鉅曰：「法正導君以非禮，先主始疑而終遂之，君臣均失，諸葛公亦不匡正，何也？」

〔八〕監本「匹」作「焉」，誤。

〔九〕事見國語。

〔一〇〕毛本複「即」字，誤。

〔一一〕沈家本曰：「蜀世譜，隋、唐志不著録。此傳引二條，一條記後主太子璿弟六人，一條記吳壹之孫喬。費詩傳一條，記詩子立；吕凱傳二條，一記吕氏之徙不韋縣，一記凱子詳；張嶷傳一條，記嶷孫奕。後書蠻夷傳注引不韋縣事，與吕凱傳同。是其書體例不專蜀主之世系，凡士大夫世系悉詳之，與隋志所録之漢氏帝世譜、齊梁帝譜不同矣。」

後主敬哀皇后，車騎將軍張飛長女也。〔一〕章武元年，納爲太子妃；建興元年，立爲皇后。十五年薨，葬南陵。

〔一〕張飛妻，夏侯霸從妹。

後主張皇后，前后敬哀之妹也。建興十五年，入爲貴人。延熙元年春正月，策曰：「朕統承大業，君臨天下，奉郊廟社稷。今以貴人爲皇后，使行丞相事左將軍向朗持節授璽綬，〔一〕勉修中饋，恪肅禋祀，皇后其敬之哉！」咸熙元年，隨後主遷于洛陽。漢晉春秋曰：魏以蜀宮人賜諸將之無妻者，李昭儀曰：「我不能二三屈辱。」乃自殺。

〔一〕周壽昌曰：「故事，持節册封使臣例書名，不書姓，前後册文可證。向字疑衍。」

劉永字公壽，先主子，後主庶弟也。章武元年六月，使司徒靖立永爲魯王，〔一〕策曰：「小子永，〔二〕受茲青土，朕承天序，繼統大業，遵脩稽古，建爾國家，封于東土，奄有龜蒙，世爲藩輔。嗚呼！恭朕之詔，惟彼魯邦，〔三〕一變適道，風化存焉。人之好德，世茲懿美，〔四〕王其秉心率禮，綏爾士民，是饗是宜，其戒之哉！」建興八年，改封爲甘陵王。初，永憎宦人黄皓，皓既信任用事，譖搆永於後主，後主稍疎外永，至不得朝見者十餘年。咸熙元年，永東遷洛陽，拜奉車都尉，封爲鄉侯。

〔一〕姚範曰：「梁、魯皆虚名，策中遂有龜蒙䜋甸之言，亦不典也。」杭世駿曰：「鼎録：章武三年，先主作二鼎，一與魯王，文曰：富貴昌，宜侯王。一與梁王，文曰：大吉羊，宜王公。並古隸書，高二尺。」

〔二〕宋本「小」作「少」。官本考證曰：「當作小。」

〔三〕周壽昌曰：「邦字宜避。此與先主祭天文漢邦字誤同。」

〔四〕周壽昌曰：「承祚晉臣，此懿字亦當避，疑字有誤。」

劉理字奉孝，亦後主庶弟也，與永異母。章武元年六月，使司徒靖立理爲梁王，策曰：「小子理，朕統承漢序，祗順天命，遵脩典秩，建爾于東，爲漢藩輔。惟彼梁土，畿甸之邦，民狎教化，易導以禮。往悉乃心，懷保黎庶，以永爾國，王其敬之哉！」建興八年，改封理爲安平王。〔一〕延熙七年，卒，謚曰悼王。子哀王胤嗣，十九年，卒，子殤王承嗣，二十年卒。景耀四年，詔曰：「安平王，先帝所命，三世早夭，國嗣頹絶，朕用傷悼。其以武邑侯輯襲王位。」輯，理子也。咸熙元年，東遷洛陽，拜奉車都尉，封鄉侯。

〔一〕馬超女配安平王理，見超傳。

後主太子璿，〔一〕字文衡。母王貴人，本敬哀張皇后侍人也。延熙元年正月，策曰：「在昔帝王，繼體立嗣，副貳國統，古今常道。今以璿爲皇太子，昭顯祖宗之威，命使行丞相事左將軍朗持節授印綬。其勉脩茂質，祗恪道義，諮詢典禮，敬友師傅，斟酌衆善，翼成爾德。可

不務脩，以自勗哉！」時年十五。〔一〕景耀六年冬，蜀亡。咸熙元年正月，鍾會作亂於成都，璿爲亂兵所殺。〔二〕

孫盛蜀世譜曰：璿弟瑶、琮、瓚、諶、詢、璩六人，〔三〕蜀敗，諶自殺，〔四〕餘皆内徙。值永嘉大亂，子孫絶滅，唯永孫玄奔蜀，李雄僞署安樂公，以嗣禪後。永和三年，討李勢，盛參戎行，見玄於成都也。〔五〕

〔一〕錢大昕曰：「此承祚特筆，且正其爲太子之號，視吴志之曰權、曰亮、曰休、曰晧者，判然矣。」

〔二〕璿好騎射，出入無度，見霍峻傳。費禕長女配太子璿爲妃，見禕傳。

〔三〕宋本「殺」作「害」。諸葛瞻尚公主，見本傳；費禕子恭尚公主，見禕傳；關羽孫統尚公主，見羽傳。

〔四〕潘眉曰：「依後主傳及蜀紀，詢當爲恂，璩當爲虔，諶、恂、虔意義不相遠。又詢、璩説文無，並俗字。」

〔五〕周壽昌曰：「北地王諶何以不爲立傳？僅於後主傳中紀其事乎？若非裴注引漢晉春秋數語，則王之武烈忠憤，幾無可見。通鑑雖不帝蜀，而此數語全引之，則承祚良史之筆，於此不無闕失也。」康發祥曰：「北地王諶，慷慨激昂，洵賢王也。不爲作傳，殊不可解。」

評曰：易稱有夫婦然後有父子，夫人倫之始，恩紀之隆，莫尚於此矣！是故紀録，以究一國之體焉。〔一〕

〔一〕潘眉曰：「陳仁錫本脱評語三十五字，俗本之陋如此。」劉咸炘曰：「此評無謂極矣，豈以吴志不書太子，而蜀志書之，故自明乎？或曰：諸王不知其母，注記無官，信矣。」

# 蜀書五

三國志三十五

## 諸葛亮傳第五

諸葛亮字孔明，琅邪陽都人也。〔一〕漢司隸校尉諸葛豐後也。〔二〕父珪，字君貢，〔三〕漢末爲太山郡丞。〔四〕亮早孤，從父玄爲袁術所署豫章太守，〔五〕玄將亮及亮弟均之官。會漢朝更選朱晧代玄，玄素與荆州牧劉表有舊，往依之。

獻帝春秋曰：初，豫章太守周術病卒，劉表上諸葛玄爲豫章太守，治南昌。漢朝聞周術死，遣朱晧代玄。〔六〕晧從揚州太守劉繇求兵擊玄，〔七〕玄退屯西城，〔八〕晧入南昌。建安二年正月，西城民反，殺玄，送首詣繇。此書所云，與本傳不同。〔九〕

玄卒，亮躬畊隴畝，〔一〇〕好爲梁父吟。〔一一〕

漢晉春秋曰：亮家于南陽之鄧縣，〔一二〕在襄陽城西二十里，號曰隆中。〔一三〕

身長八尺，每自比於管仲、樂毅，時人莫之許也。〔一四〕惟博陵崔州平、〔一五〕潁川徐庶元直，與亮

友善，謂爲信然。〔一六〕

按崔氏譜：〔一七〕州平，太尉烈子，〔一八〕均之弟也。〔一九〕

魏略曰：亮在荆州，以建安初與潁川石廣元、〔二〇〕徐元直、汝南孟公威等〔二一〕俱游學，三人務於精熟，而亮獨觀其大略。每晨夜從容，常抱膝長嘯，而謂三人曰：「卿三人仕進，可至刺史、郡守也。」三人問其所至，〔二二〕亮但笑而不言。後公威思鄉里，欲北歸，亮謂之曰：「中國饒士大夫，遨遊何必故鄉邪？」〔二三〕

臣松之以爲：魏略此言，謂諸葛亮爲公威計者可也，若謂兼爲己言，可謂未達其心矣。老氏稱知人者智，自知者明，凡在賢達之流，固必兼而有焉。以諸葛亮之鑒識，豈不能自審其分乎？夫其高吟俟時，情見乎言，志氣所存，既已定於其始矣。若使游步中華，騁其龍光，豈夫多士所能沈翳哉！委質魏氏，展其器能，誠非陳長文、司馬仲達所能頡頏，而況於餘哉！苟不患功業不就，道之不行，雖志恢宇宙，而終不北向者，蓋以權御已移，漢祚將傾，方將翊贊宗傑，以興微繼絶、克復爲己任故也。豈其區區利在邊鄙而已乎！此相如所謂「鵾鵬已翔於遼廓，而羅者猶視於藪澤」者矣。〔二四〕公威名建，在魏亦貴達。〔二五〕

〔一〕「也」字衍。陽都，今山東沂州府沂水縣南，詳見魏志諸葛誕傳。

〔二〕諸葛豐事，亦見諸葛誕傳。錢大昕曰：「亮、瑾、誕兄弟，分仕三國，各爲立傳，傳首皆著其郡縣。亮、誕兩傳又皆云諸葛豐之後。蓋三書可分可合，取其首尾完具，不嫌重複也。魏志，鍾繇與子會各有傳，傳首俱云潁川長社人，則重沓無當矣。」

〔三〕元本「君」作「子」。

〔四〕郡國志作「泰山郡」。百官志：「每郡置太守一人，二千石；丞一人。」

〔五〕郡國志：「揚州豫章郡，治南昌。」一統志：「南昌故城，今江西南昌府南昌縣東。」

〔六〕馮本「朱」作「周」，誤。

〔七〕揚州刺史，不得言太守，此誤。

〔八〕胡三省曰：「西城在豫章南昌縣西。」通鑑考異曰：「袁暐獻帝春秋云：劉表上玄領豫章太守，范書陶謙傳亦云劉表所用，而陳志諸葛亮傳云術所用。按：許劭勸繇依表，必不攻其所用也。今從亮傳。」弼按：范書陶謙傳無此語，不知考異何據。趙一清曰：「方輿紀要八十四：豫章城有西城，在子城西。子城亦名牙城。」

〔九〕吳志劉繇傳：「笮融殺太守朱晧，繇進討融，融爲民所殺。繇尋病卒。」通鑑：「獻帝興平二年，笮融殺晧，代領郡事。劉繇討融，融爲民所殺。詔以前太傅掾華歆爲豫章太守。」此皆興平二年事，此云建安二年殺玄，送首詣繇，與事實違異，宜承祚之不取也。互見吳志孫策傳。

〔一〇〕後成都種桑，亦治之有素。

〔一一〕史記秦始皇本紀：「二十八年，禪梁父。」正義曰：「父，音甫，在兗州泗水縣北八十里。」范書光武紀：「中元元年，禪于梁父。」章懷注：「梁父，太山下小山也。」一統志：「梁父山在山東泰安府南一百十里。」水經汶水注：「汶水又東逕東山北，昔諸葛亮好爲梁甫吟，每所登遊，故俗以樂山爲名。」藝文類聚卷十九吟部引蜀志諸葛亮梁父吟云：「步出齊城門，遥望蕩陰里，里中有三墳，纍纍正相似。問是誰家墓，田疆、古治子。力能排南山，文能絶地理。（一作紀）一朝被讒言，二桃殺三士。誰能爲此謀？國相齊晏子。」（弼按：田疆、古治子事見晏子。）郝經曰：「或謂此吟專譏晏子以二桃殺三士，指爲譏曹操之殺孔融輩。按：曹操殺孔融在建安十三年，則抱膝長吟之意，固不在融也。蓋傷漢季名士，往往失身于人，爲閹豎賊臣禁錮，卒之風節委地，而漢遂亡，所以高卧不起也。」何焯曰：「蔡中郎琴頌云：（弼按：當作琴賦。）梁父悲吟，周公越裳。武鄉之志，其有取於此乎？今所傳之詞，蓋非其作。」梁章鉅曰：「此吟雖傳自唐以前，別無深意，諸葛公又何取此乎？可氏所疑，殆不虛也。」又曰：「姚寬西溪叢語云：梁父吟不知何義，張衡四愁詩云：欲往從之梁父艱。注云：泰山東岳也。君有德則封此山，願輔佐君王，致於有道，而爲小人讒邪之所阻。梁父，泰山下小山名，諸葛好爲此吟，恐取此義。」弼按：藝文類聚十九引陳武別傳曰：「陳武字國本，休屠胡人。常騎驢牧羊，諸家牧豎十數人，或有知歌謠者，武遂學太山梁父吟、幽州馬客吟及行路難之屬。」是梁父吟本爲古歌謠，諸葛吟之遺興耳。

〔一二〕郡國志：「南陽郡鄧。」一統志：「鄧縣故城，今湖北襄陽府襄陽縣北。」方輿紀要：「在府城東北二十里鄧城鎮。」文選出師表注引荆州圖曰：「鄧城舊縣西南一里，隔沔有諸葛宅，是劉備三顧處。」

〔一三〕水經沔水注：「沔水又東逕隆中，歷孔明舊宅北。亮語劉禪云：先帝三顧臣於草廬之中，咨臣以當世之事，即此宅也。車騎沛國劉季和之鎮襄陽也，與犍爲人李安共觀此宅，命安作宅銘。（弼按：文見本傳末裴注。）後六十餘年，習鑿齒又爲其宅銘焉。」藝文類聚六十四、初學記二十四載習鑿齒諸葛武侯宅銘云：「達人有作，振此頹風，雕薄蔚采，鴟闌唯豐。義範蒼生，道格時雄，自昔爰止，於焉盤桓，躬耕西畝，永嘯東巒。迹逸中林，神凝巖端，罔窺其奧，誰測斯歎？堂堂偉匠，婉翮揚朝，傾巖搜寶，高羅九霄。慶雲集矣，鸞駕亦招。」胡三省曰：「東坡詩：萬山西北古隆中。故其萬山詩云：回頭望西北，隱隱龜背起，傳云古隆中，萬樹桑柘美。」元和志：「諸葛亮宅在襄陽縣西北二十里。」輿地紀勝：「在襄陽縣西隆村。」一統志：「在襄陽縣西隆中山東。」縣志：「隆中山畔爲草廬山，半爲抱膝石，隆起如墩，可坐十數人，下爲躬耕田。」寰宇記：「諸葛宅有井深四丈，廣尺五寸，迄今壘砌如初。」縣志：「隆中山畔孔明隱處有智井，名六角井。」

〔一四〕胡應麟少室山房筆叢史書佔俾四云：「管九合一匡，才誠不世，而所輔桓公，所用齊國，挾天子，令諸侯，其勢易舉，績用易成。武侯扶弱主，藉偏邦，人心去漢，（迴）〔迴〕不侔也。至規模局量，則檻車三顧，寵辱異觀；五畝三歸，宏隘殊域，不待言矣。樂策士之雄耳，内襲燕昭之鋭，外因齊湣之湛，中入蘇代之間，即他帥行師，臨淄反掌，何難於毅而武侯匹哉！大抵孔明爲當時言，不容大盡。」

〔一五〕博陵詳見魏志張燕傳、夏侯玄傳。州平，史失其名。

〔一六〕水經沔水注：「沔水又東合檀谿水，谿之陽有徐元直、崔州平故宅，悉人居。故習鑿齒與謝安書云：每省家舅，縱目檀谿，念崔、徐之交，未嘗不撫膺躊躇，惆悵終日矣。」名勝志：「徐庶宅，地名甘耳沖，今清虚菴是乃其故址。」一統志：「徐庶宅在襄陽縣東。」

〔一七〕崔氏譜，隋、唐志均不著録。

〔一八〕「烈」，監本、毛本誤作「列」。

〔一九〕范書崔駰傳：「駰字亭伯，涿郡安平人。子瑗孫寔，寔從兄烈，有重名於北州，歷位郡守、九卿。靈帝時，開鴻都門榜賣官爵，烈因傅母入錢五百萬，得爲司徒。及拜日，帝曰：悔不小靳，可至千萬。程夫人曰：崔公冀州名士，豈肯買官，賴我得是，反不知姝邪？烈於是聲譽衰減。久之，不自安，從容問其子鈞曰：吾居三公，於議者何如？鈞曰：論者嫌其銅臭。烈後拜太尉。鈞少交結英豪，有名稱，爲西河太守。獻帝初，鈞與袁紹俱起兵山東，董卓收烈，付郿獄。卓既誅，拜烈城門校尉。及李傕入長安，爲亂兵所殺。」惠棟曰：「摯虞文章志：烈字威考，駰之孫，瑗之兄子。世系云：駰子盤生烈。案：博陵太守孔彪碑陰有司徒掾博陵崔烈，字威考也。世系又云：鈞字州平。九州春秋曰：鈞字元平。案崔氏譜，州平爲鈞之弟，世系誤。梁祚魏國統曰：州平兄元平，爲議郎，以忠直稱。董卓之亂，烈爲卓兵所害，元平常思有報復之心，會病卒。」

〔二〇〕廣元名韜，見後注引魏略。

〔二一〕孟公威事，見魏志温恢傳注引魏略。

〔二二〕宋本「至」作「志」。

〔二三〕宋本「丈」作「大」。

〔二四〕世期此論，可謂諸葛知己。

〔二五〕胡應麟曰：「抱朴子逸民篇云：魏武帝刑法嚴峻，果於殺戮，乃心欲用乎孔明。孔明自陳不樂出仕，武帝謝遣之，曰：義不使高世之士，辱於汙君之朝也。其鞭撻九有，草創皇基，宜哉！稚川去魏未遥，孔明傳注俱不載。或曰：孔明謝遣，仲達逼出，天將亡魏，即孟德亦有莫知其然而然者耶？」

時先主屯新野，〔一〕徐庶見先主，先主器之。〔二〕謂先主曰：「諸葛孔明者，卧龍也，將軍豈願見之乎？」

襄陽記曰：〔三〕劉備訪世事於司馬德操，德操曰：「儒生俗士，豈識時務；識時務者，在乎俊傑。此閒自有伏龍、鳳雛。」備問爲誰？曰：「諸葛孔明、龐士元也。」

先主曰：「君與俱來。」庶曰：「此人可就見，不可屈致也。將軍宜枉駕顧之。」由是先主遂詣亮。凡三往，乃見。〔四〕因屏人曰：「漢室傾頹，姦臣竊命，主上蒙塵。孤不度德量力，欲信大義於天下，〔五〕而智術淺短，遂用猖獗，〔六〕至于今日。然志猶未已，君謂計將安出？」亮答曰：「自董卓已來，豪傑並起，跨州連郡者不可勝數。曹操比於袁紹，則名微而衆寡，然操遂能克紹，以弱爲强者，非惟天時，抑亦人謀也。今操已擁百萬之衆，挾天子以令諸侯，〔七〕此誠不可與爭鋒。孫權據有江東，已歷三世，國險而民附，賢能爲之用，此可以爲援而不可圖也。荆州北據漢、沔，利盡南海，〔八〕東連吴會，〔九〕西通巴、蜀，此用武之國，而其主不能守。此殆天所以資將軍，將軍豈有意乎？益州險塞，沃野千里，天府之土，高祖因之以成帝業。劉璋闇弱，張魯在北，民殷國富，而不知存恤，智能之士，思得明君。〔一〇〕將軍既帝室之胄，〔一一〕信義著於四海，總攬英雄，思賢如渴。若跨有荆、益，保其巖阻，西和諸戎，南撫夷、越，外結好孫權，内修政理，〔一二〕天下有變，則命一上將將荆州之軍以向宛、洛，〔一三〕將軍身率益州之衆以出秦川，〔一四〕百姓孰敢不簞食壺漿以迎將軍者乎？誠如是，則霸業可成，漢室可興矣。」〔一五〕先主曰：「善！」於是與亮情好日密。關羽、張飛等不悦，先主解之曰：「孤之有孔明，猶魚之有水也。〔一六〕願諸君勿復言。」羽、飛乃止。〔一七〕

魏略曰：劉備屯於樊城。是時曹公方定河北，亮知荆州次當受敵，而劉表性緩，不曉軍事。亮乃北行見備，備與亮非舊，又以其年少，以諸生意待之。坐集既畢，衆賓皆去，而亮獨留，備亦不問其所欲言。備性好結毦，〔一八〕時適有人以髦牛尾與備者，備因手自結之。亮乃進曰：「明將軍當復有遠志，但結毦而已邪？」備知亮非常人也，乃投毦而言曰：〔一九〕「是何言與？我聊以忘憂耳。」亮遂言曰：「將軍度劉鎮南孰與曹公邪？」備曰：「不及。」亮又曰：「將軍自度何如也？」備曰：「亦不如。」曰：「今皆不及，而將軍之衆不過數千人，以此待敵，得無非計乎？」備曰：「我亦愁之，當若之何？」亮曰：「今荆州非少人也，而著籍者寡，平居發調，則人心不悦。可語鎮南，令國中凡有游户，皆使自實，因録以益衆可也。」備從其計，故衆遂强。備由此知亮有英略，乃以上客禮之。九州春秋所言亦如之。臣松之以爲亮表云：「先帝不以臣卑鄙，猥自枉屈，三顧臣於草廬之中，諮臣以當世之事。」則非亮先詣備明矣。雖聞見異辭，各生彼此，然乖背至是，亦良爲可怪。

〔一〕新野見先主傳。

〔二〕胡三省曰：「物之有用者謂之器，器之者，器重之也。重其才之足以用世也。」

〔三〕沈家本曰：「隋志：襄陽耆舊記五卷，習鑿齒撰。二唐志卷同，記作傳。宋志卷同，傳作記。文選南都賦注引亦作記。崇文總目三卷，今佚，有任兆麟心齋十種本，有脱誤。」章宗源曰：「郡齋讀書後志曰：記五卷，前載襄、漢人物，中載山川城邑，後載牧守。觀其記録叢雜，非傳體，名當從隋志。愚按：續漢郡國志注：蔡陽有松子亭，下有神陂，引襄陽耆舊傳。文選兩都賦引之，則稱耆舊記。劉昭生處梁代，其所引在隋志前，則知稱傳之名，其來已久。三國志注多省文，稱襄陽記。」

〔四〕胡三省曰：「備以梟雄之才，聞徐庶一言，三枉駕以見孔明，此必庶之才器有以取重於備，備遂信之也。庶自辭備歸操之後，寂無所聞，今觀其捨舊從新之言，質天地而無愧，則其人從可知矣。或曰：有莘之後，此爲僅見，真足以光史册，長人志氣。」

〔五〕胡三省曰：「屏，必郢翻；度，徒洛翻；量，音良；信，讀曰申。」

〔六〕通鑑「獗」作「蹶」。胡注：「猖，披猖；蹶，顛蹶。」

〔七〕宋本「以」作「而」，通鑑同。

〔八〕胡三省曰：「謂自桂陽、蒼梧跨有交州，則利盡南海也。」

〔九〕胡三省曰：「吴會者，言吴爲東南一都會也。」

〔一〇〕胡三省曰：「張松、法正之徒，雖未與亮交際，亮固逆知之矣。」

〔一一〕胄，裔也。

〔一二〕通鑑「理」作「治」。

〔一三〕毛本「洛」作「落」，誤。

〔一四〕宋本作「出於秦川」。

〔一五〕當時大勢，瞭如指掌。胡三省曰：「所謂俊傑者，量時審勢，規畫定於胸中，儻非其人，未易與之言也。」通鑑輯覽曰：「孔明於備，方竄身無所，表又尚在之時，早識荆州爲起事之地，北向宛、洛，西出秦川二言，早爲後日六出祁山張本，真不愧王佐之才。三分割據，良非本願，杜甫可謂知言。」或曰：後事已如鐙取影，隆中居平籌畫，遇識者而陳之，坐言起行，求志達道，三代下孔明庶幾不負。」

〔一六〕胡三省曰：「魚有水則生，無水則死。」

〔一七〕胡應麟曰：「莘野躬耕，南陽抱膝，處同也；成湯三聘，豫州三顧，出同也；伐桀弔民，出師復漢，心同也；德感嗣王，誠格庸主，道同也。尹奮乎千載之上，故人亡異詞；亮崛起三代之後，故家肆臆喙。杜詩謂伯仲之間見伊、呂，千載論孔明者，至是始定。」

〔一八〕馮本「眊」作「毦」，仍吏切，讀若餌。潘眉曰：「通俗文云：毛飾曰毦。按旄牛毦出冉駹，青衣道夷等處，古但施于犬馬，至漢季始用于軍中，故韋昭注晉語曰：若今將軍負毦。甘寧負毦帶鈴，武侯與吳主書：所送白毦薄少，與兄瑾書：先主帳下白毦。是也。説文從毛，耳聲。曹憲廣雅音音二，後俗本訛二爲毛，故今淺學亦有誤讀若耄者。」

〔一九〕宋本「言」作「答」。

劉表長子琦，亦深器亮。表受後妻之言，〔二〇〕愛少子琮，不悦於琦。琦每欲與亮謀自安之術，亮輒拒塞，未與處畫，琦乃將亮游觀後園，共上高樓，飲宴之閒，令人去梯。〔二一〕因謂亮曰：「今日上不至天，下不至地，言出子口，入於吾耳，可以言未？」亮答曰：「君不見申生在内而危。重耳在外而安乎？」〔二二〕琦意感悟，陰規出計。會黄祖死，得出，遂爲江夏太守。俄而表卒，琮聞曹公來征，遣使請降。先主在樊，聞之，率其衆南行，亮與徐庶並從，爲曹公所追破，獲庶母。庶辭先主而指其心曰：「本欲與將軍共圖王霸之業者，以此方寸之地也。今已失老母，方寸亂矣，無益於事，請從此別。」遂詣曹公。〔四〕

魏略曰：庶先名福，本單家子，〔五〕少好任俠擊劍。中平末，嘗爲人報讎，白堊突面，〔六〕被髮而走，爲吏所得，問其姓名，〔七〕閉口不言。吏乃於車上立柱維磔之，擊鼓以令於市鄽，莫敢識者，而其黨伍共篡解之，得脱。於是感激，棄其刀戟，更疎巾單衣，〔八〕折節學問。始詣精舍，諸生聞其前作賊，不肯與共止。福乃卑躬早起，常獨埽除，動静先意，聽習經業，義理精熟。遂與同郡石韜相親愛。初平中，中州兵起，乃與韜南客荆州。到，又與諸葛亮特相善。及荆州内附，孔明與劉備相隨去，福與韜俱來北。至黄初中，韜仕歷郡守、典農校尉，福至右中郎將、御史中丞。逮大和中，諸葛亮出隴右，聞元直、廣元仕財如此，〔九〕歎曰：「魏殊多士邪，何彼二人不見用乎？」〔一〇〕庶後數年病卒，有碑在彭城，今猶存焉。〔一一〕

〔一〕蔡諷長女爲黄承彦妻，小女爲劉表後婦。黄承彦女，孔明婦也。

〔二〕元和志：「劉琦臺，琦與諸葛亮登臺去梯之所。」一統志：「臺在襄陽縣東。」弼按：傳言共上高樓，非臺也，後人傳會點綴名勝耳。

〔三〕胡三省曰：「申生，晉獻公之太子，爲驪姬所譖，自縊而死。重耳，申生之弟，懼驪姬之譖，出奔。獻公卒後，重耳入，是爲文公，遂爲霸主。重，直龍翻。或曰：於此見亮之慎密，亦善處人骨肉之道。」

〔四〕李安溪曰：「千古處變，合於道者，一人而已。或曰，較王陵、温嶠爲何如？是得竊負家法者。」

〔五〕錢大昕曰：「魏略列傳以徐福、嚴幹、李義等十人共卷，幹、義皆馮翊東縣人，馮翊東縣舊無冠族，故二人竝單家。（見裴潛傳注。）又魏略儒宗傳：薛夏，天水人也。天水舊有姜、閻、任、趙四姓，常推於郡中，而夏爲單家。隗禧，京兆人也，世單家。（見王肅傳注。）魏略吴質傳：始質爲單家，少游遨貴戚間。（見王粲傳注。）張既傳：既世單家。

（見既傳注。）凡云單家者，猶言寒門，非郡之著姓耳。徐庶爲單家子，與此一例。流俗讀單爲善，疑其本姓單，後改爲徐，妄之甚矣。後漢書趙壹傳：恩澤不逮於單門，亦單家之意也。」潘眉曰：「單音單複之單，猶言寒家。魚豢單家字屢用。」林暢園曰：「魏志注中言單家非一，猶言單寒之家，以別於大姓右族耳。裴潛傳注引魏略列傳以徐福、嚴幹、李義等同卷，亦云幹、義二人並單家。而明代小説乃以徐庶自隱姓名，別稱單福，則似以單爲姓，可笑也。」

〔六〕堊音惡，塗飾也。

〔七〕宋本「名」作「字」。

〔八〕趙一清曰：「巾乃布之譌。」

〔九〕潘眉曰：「馮本廣誤作龐，汲古本又將元仕二字誤倒，遂誤爲龐士元矣。士元之士既非仕，士元亦未爲魏臣，此皆淺人妄改。財與裁同。」弼按：宋本、元本不誤。

〔一〇〕或曰：抱膝長嘯時，已以刺史、郡守相許，又何怪歎之有。

〔一一〕水經獲水注：「彭城郡内有魏中郎將徐庶碑，植於街右，曾爲楚相也。」

先主至於夏口，〔一〕亮曰：「事急矣，請奉命求救於孫將軍。」時權擁軍在柴桑，〔二〕觀望成敗。亮説權曰：「海内大亂，將軍起兵，據有江東，劉豫州亦收衆漢南，與曹操並爭天下。今操芟夷大難，〔三〕略已平矣，遂破荆州，威震四海。英雄無所用武，故豫州遁逃至此。將軍量力而處之，若能以吴、越之衆與中國抗衡，〔四〕不如早與之絶；若不能當，何不案兵束甲，北面而事之？今將軍外託服從之名，而内懷猶豫之計，事急而不斷，禍至無日矣！」權曰：「苟如君言，劉豫州何不遂事之乎？」亮曰：「田横，齊之壯士耳，猶守義不辱。況劉豫州王室之胄，〔五〕英才蓋世，衆士慕仰，若水之歸海。若事之不濟，此乃天也，安能復爲之下乎！」權勃然曰：〔六〕「吾不能舉全吴之地，十萬之衆，受制於人，吾計決矣！非劉豫州莫可以當曹操者。然豫州新敗之後，安能抗此難乎？」亮曰：「豫州軍雖敗於長阪，今戰士還者及關羽水軍精甲萬人，劉琦合江夏戰士亦不下萬人。曹操之衆，遠來疲弊，聞追豫州，輕騎一日一夜行三百餘里，此所謂强弩之末，勢不能穿魯縞者也。〔七〕故兵法忌之曰：必蹶上將軍。〔八〕且北方之人，不習水戰，又荆州之民附操者，偪兵勢耳，非心服也。今將軍誠能命猛將統兵數萬，與豫州協規同力，破操軍必矣。操軍破，必北還，如此，則荆、吴之勢彊，鼎足之形成矣。〔九〕成敗之機，在於今日。」權大悦，即遣周瑜、程普、魯肅等水軍三萬，隨亮詣先主，并力拒曹公。〔一〇〕

袁子曰：張子布薦亮於孫權，亮不肯留。人問其故，曰：「孫將軍可謂人主，然觀其度，能賢亮而不能盡亮，吾是以不留。」

臣松之以爲袁孝尼著文立論，〔一一〕甚重諸葛之爲人，至如此言，則失之殊遠。觀亮君臣相遇，可謂希世一時，終始之分，誰能閒之？寧有中違斷金，甫懷擇主；設使權盡其量，便當翻然去就乎？葛生行己，豈其然哉！關羽爲曹公所獲，遇之甚厚，可謂能盡其用矣，猶義不背本，曾謂孔明之不若雲長乎〔一二〕！

曹公敗于赤壁，〔一三〕引軍歸鄴。先主遂收江南，以亮爲軍師中郎將，〔一四〕使督零陵、桂陽、長沙三郡，〔一五〕調其賦税，以充軍實。

零陵先賢傳曰：亮時住臨蒸。〔一六〕

〔一〕夏口即今湖北漢口，詳見魏志武紀建安十三年。

〔二〕郡國志：「揚州豫章郡柴桑。」胡三省曰：「柴桑縣屬豫章郡，晉置尋陽郡於江南，即此柴桑縣地也。今江西德化縣西南九十里，有柴桑山。」一統志：「柴桑故城，今江西九江府德化縣西南。三國吴改屬武昌郡，晉咸和中，移尋陽郡來治，其後江州亦治此。」

〔三〕杜預曰：「芟，刈也；夷，殺也。」芟，所銜翻；難，乃旦翻。

〔四〕胡三省曰：「衡以取平，上下相當。無所卑屈曰抗。」

〔五〕胡三省曰：「胄，系也。」

〔六〕胡三省曰：「勃然作色，愠怒也。」

〔七〕胡三省曰：「前書韓安國云：衝風之衰，不能起毛羽；强弩之末，力不能入魯縞。」師古注曰：「縞，素也。曲阜之地，俗善作之，尤爲輕細，故以取喻也。」

〔八〕元本、馮本「蹷」作「厥」。兵法：「百里而趨利者，蹷上將。」

〔九〕胡三省曰：「荆謂備，吴謂權。鼎足之形，謂天下三分也。」

〔一〇〕梁章鉅曰：「周瑜傳：劉備爲曹公所破，欲引南渡江，與魯肅遇於當陽，遂共圖計，因進住夏口，遣諸葛亮詣權。權遂遣瑜及程普等與備并力逆曹公云云，與此傳所載是一事。蜀、吴通好之時，瑜、亮二人會合蹤跡，見于史者，不過如此。而小説家鋪張其事，遂使二人居然有不能並立之勢，可謂厚誣前賢。王應奎柳南續筆云：既生瑜何生亮二語，出三國演義，實正史所無。而王阮亭古詩凡例、尤悔菴滄浪亭詩序，並襲用之。以二公之博雅，且猶不免此誤，今之臨文者，可不慎歟？」杭世駿引説寶孔明借風事，乃小説附會之辭，不録。

〔一一〕元本、監本「尼」作「居」，誤。論見本傳末。

〔一二〕世期此論，亦極明通。

〔一三〕赤壁詳見魏志武紀建安十三年。

〔一四〕軍師中郎將見先主傳。

〔一五〕三郡均見先主傳。

〔一六〕晉書地理志：「孫權分長沙立衡陽、湘東二郡。」又云：「湘東郡臨烝。」宋書州郡志：「湘東太守。臨烝，吳屬衡陽，晉太康地志屬湘東。」元和志：「臨烝本漢酃縣地，吳分置臨蒸，屬衡山郡。」又云：「故城東傍湘江，北背蒸水。」水經湘水注：「承水至湘東臨承縣北，東注于雲，謂之承口，臨承即故酃縣也。縣即湘東郡治也。郡舊治在湘水東，故以名郡。」耒水注：「酃縣故城西北去臨承縣十五里。」一統志：「臨烝故城，今湖南衡州府衡陽縣治，後漢置縣。烝一作承。」謝鍾英曰：「諸葛亮住臨蒸，是縣爲桓、靈後所置。」吳增僅曰：「亮屯臨烝縣，疑漢末立。」弼按：謝、吳二說，與一統志合。晉、宋志、元和志、水經注所云，皆長沙郡屬吳以後事，當建安十三年赤壁戰後，諸葛亮住臨蒸，爲漢末置縣無疑。此縣居長沙、零陵、桂陽三郡之中，調其賦税，最爲要地也。趙一清曰：「蒸當作烝。方輿紀要卷八十：衡州府衡陽縣，漢承陽、酃二縣地。後漢改承陽曰烝陽，三國吳析二縣地置臨烝縣。又耒陽縣有侯計山，相傳武侯憩此計兵，一名侯憩山。安仁縣西有相公山寨，相傳武侯屯兵處。又紀要卷八十一：永州府東安縣南有諸葛嶺，先主遣武侯督長沙三郡賦，曾屯駐於此。沅州黔陽縣西有鐔成廢縣，縣有諸葛古城二，一在城南四十里，其地有卧龍嶺；一在城東五十里之安江堡，俗亦謂之諸葛營。相傳武侯撫綏谿洞諸蠻，嘗駐於此。又紀要卷七十八：萬乘湖在荆州石首縣東四十里，相傳武侯屯兵處。」

建安十六年，益州牧劉璋遣法正迎先主，使擊張魯。亮與關羽鎮荆州。先主自葭萌還攻璋，〔一〕亮與張飛、趙雲等率衆泝江分定郡縣，〔二〕與先主共圍成都。成都平，〔三〕以亮爲軍師將軍，署左將軍府事。〔四〕先主外出，亮常鎮守成都，足食足兵。〔五〕二十六年，羣下勸先主稱尊號，先主未許。亮説曰：「昔吴漢、耿弇等初勸世祖即帝位，世祖辭讓，前後數四。耿純進言曰：『天下英雄喁喁，冀有所望。如不從議者，士大夫各歸求主，無爲從公也。』〔六〕世祖感純言深至，遂然諾之。今曹氏篡漢，天下無主，〔七〕大王劉氏苗族，紹世而起，今即帝位，乃其宜也。士大夫隨大王久勤苦者，亦欲望尺寸之功，如純言耳。」先主於是即帝位，策亮爲丞相曰：〔八〕「朕遭家不造，奉承大統，兢兢業業，不敢康寧，思靖百姓，懼未能綏。於戲！丞相亮其悉朕意，〔九〕無怠輔朕之闕，助宣重光，以照明天下，君其勖哉！」亮以丞相録尚書事，假節。張飛卒後，領司隸校尉。〔一〇〕

蜀記曰：晉初，扶風王駿鎮關中，〔一一〕司馬高平劉寶、〔一二〕長史滎陽桓隰〔一三〕諸官屬士大夫共論諸葛亮，于時談者多譏亮託身非所，勞困蜀民，力小謀大，不能度德量力。金城郭沖〔一四〕以爲亮權智英略，有踰管、晏，功業未濟，論者惑焉。條亮五事隱没不聞於世者，〔一五〕寶等亦不能復難。扶風王慨然善沖之言。

臣松之以爲：亮之異美，誠所願聞。然沖之所説，實皆可疑，謹隨事難之如左。〔一六〕其一事曰：亮刑法峻急，刻剥百姓，〔一七〕自君子小人，咸懷怨歎。法正諫曰：「昔高祖入關，約法三章，秦民知德。今君假借威力，跨據一州，初有其國，未垂惠撫。且客主之義，〔一八〕宜相降下，願緩刑弛禁，以慰其望。」亮答曰：「君知其一，未知其二。秦以無道，政苛民怨，匹夫大呼，天下土崩。高祖因之，可以弘濟。劉璋暗弱，自焉以來，有累世之恩，文法羈縻，互相承奉，德政不舉，威刑不肅。蜀土人士，專權自恣，君臣之道，漸以陵替。寵之以位，位極則賤；順之以恩，恩竭則慢。所以致弊，實由於此。吾今威之以法，法行則知恩；限之以爵，爵加則知榮。榮恩並濟，上下有節，爲治之要，於斯而著。」〔一九〕難曰：案法正在劉主前死，今稱法正諫，則劉主在也。諸葛職爲股肱，事歸元首，劉主之世，亮又未領益州，慶賞刑政，不出於己。尋沖所述亮答，專自有其能，有違人臣自處之宜；以亮謙順之體，殆必不然。〔二〇〕又云：亮刑法峻急，刻剥百姓，未聞善政，以刻剥爲稱。其二事曰：曹公遣刺客見劉備，方得交接，開論伐魏形勢，甚合備計。稍欲親近，刺者尚未得便，會既而亮入，魏客神色失措。亮因而察之，亦知非常人。須臾客如廁，備謂亮曰：「向得奇士，足以助君補益。」亮問所在，備曰：「起者其人也。」亮徐歎曰：「觀客色動而神懼，視低而忤數，奸形外漏，邪心内藏，必曹氏刺客也。」追之，已越牆而走。難曰：凡爲刺客，皆暴虎馮河，死而無悔者也。劉主有知人之鑒，而惑於此客，則此客亦一時之奇士也。〔二一〕又語諸葛云「足以助君補益」，則亦諸葛之流亞也。凡如諸葛之儔，鮮有爲人作刺客者矣。時主亦當惜其器用，必不投之死地也。且此人不死，要應顯達爲魏，〔二二〕竟是誰乎？何以寂蔑而無聞！

〔一〕葭萌見劉璋傳。

〔二〕趙一清曰：「寰宇記八十二：梓州銅山縣會軍堂山高三里，先主入蜀，諸葛亮、張飛等分定州界，略地至此。百姓以牛酒犒師，亮因會軍士於此，後傳爲會軍堂山。」

〔三〕何焯曰：「兵勢已合，豈得中息，若議公不當泝流合規者，真迂儒俗士也。智能之士，思得明君，如張松、法正之情，固夙昔所畫，亦未有逆拒不往者耳。」

〔四〕胡三省曰：「署府事者，總録軍府事也。」

〔五〕趙一清曰：「寰宇記七十二：讀書臺在成都縣北一里，諸葛亮相蜀，築此臺以集諸儒，兼以待四方賢士。」何焯曰：「當先主時，但寄以蕭何之任。」

〔六〕范書光武紀：「建武元年，諸將議上尊號。光武曰：寇賊未平，四面受敵，何遽欲正位號乎？耿純進曰：天下士大夫捐親戚，棄土壤，從大王於矢石之間者，其計固望其攀龍鱗附鳳翼，以成其所志耳。今功業即定，天人亦應，而大王留時逆衆，不正號位，純恐士大夫望絶計窮，則有去歸之思，無爲久自苦也。大衆一散，難可復合，時不可留，衆不可逆。純言甚誠切。」袁宏後漢紀所載亦同。然皆與葛公所引，意同辭異。東觀漢記光武紀：「耿純説帝曰：天時人事，已可知矣。」僅此二語。史通正史篇述後漢諸史云：會董卓作亂，大駕西遷，史臣廢棄，舊文散佚，故漢記殘缺，至晉無成。未知葛公當時所見何本，由此可推知蔚宗踵事增華，勝於前史，然亦可爲葛公讀書觀大略之證。

〔七〕陳仁錫本作「曹氏無主」，大誤。

〔八〕劉咸炘曰：「錢大昭云：史於諸葛傳及張、馬、許靖諸傳，均載策，餘俱不載。按：丞相、司徒、車騎、驃騎固當有策，餘將軍以下本無策，非有載有不載也。」

〔九〕宋本「是」作「其」。

〔一〇〕丞相而兼司隸校尉，蜀漢人才之乏歟？抑別有他故歟？」

〔一一〕臧榮緒晉書曰：「扶風王駿，字子臧，宣帝第七子也。」晉書扶風王駿傳：「駿遷鎮西大將軍，代汝南王亮鎮關中。」

〔一二〕高平，漢屬山陽郡，晉置國，以縣屬。今山東兗州府鄒縣西南。

〔一三〕滎陽，漢屬河南尹，晉置郡，以縣屬。今河南開封府滎澤縣西南。詳見魏志武紀初平元年。

〔一四〕金城見魏志武紀卷首，郭沖見杜畿傳注。

〔一五〕沈家本曰：「隋志不著録，二唐志有諸葛亮隱没五事一卷，郭沖撰。裴氏本於王隱蜀記，五事全引，而逐事難之。二唐志所録，疑亦後人從蜀記録出者。」

〔一六〕章學誠曰：「五事實皆可疑。」

〔一七〕或曰：「嚴明有之，刻剥則言者過也。」

〔一八〕胡三省曰：「以亮等初至爲客，益州人士則主也。」

〔一九〕胡三省曰：「孔子謂政寬則濟之以猛，孔明其知之。」

〔二〇〕李安溪曰：「先主外出，既常鎮守成都，則不嫌於專制矣。此難未確。」

〔二一〕宋本「亦」作「必」。

〔二二〕潘眉曰：「爲當作於。」

章武三年春，先主於永安病篤，〔一〕召亮於成都，屬以後事。謂亮曰：「君才十倍曹丕，必能安國，終定大事。若嗣子可輔，輔之；如其不才，君可自取。」〔二〕亮涕泣曰：「臣敢竭股肱之力，效忠貞之節，繼之以死！」〔三〕先主又爲詔敕後主曰：「汝與丞相從事，事之如父。」〔四〕

孫盛曰：夫杖道扶義，體存信順，然後能匡主濟功，終定大業。語曰：「弈者舉棊不定，猶不勝其偶。」況量君之才否，而二三其節，何以摧服强鄰、囊括四海者乎！〔五〕備之命亮，亂孰甚焉！世或有謂備欲以固委付之人，〔六〕且以一蜀人之志。君子曰：不然。苟所寄忠賢，則不須若斯之誨；如非其人，不宜啓篡逆之塗。是以古之顧命，必貽話言；詭僞之辭，非託孤之謂。幸值劉禪闇弱，無猜險之性，諸葛威略，足以檢衛異端，故使異同之心，無由自起耳。不然，殆生疑隙不逞之釁，謂之爲權，不亦惑哉！〔七〕

建興元年，封亮武鄉侯，〔八〕開府治事。頃之，又領益州牧。政事無巨細，咸決於亮。南中諸郡，〔九〕並皆叛亂。亮以新遭大喪，故未便加兵，且遣使聘吳，因結和親，遂爲與國。〔一〇〕

亮集曰：是歲，魏司徒華歆、司空王朗、尚書令陳羣、太史令許芝、謁者僕射諸葛璋，各有書與亮，陳天命人事，欲使舉國稱藩。〔一一〕亮遂不報書，作正議曰：「昔在項羽，起不由德，雖處華夏，秉帝者之勢，卒就湯鑊，爲後永戒。魏不審鑒，今次之矣。免身爲幸，戒在子孫。而二三子各以耆艾之齒，承僞指而進書，有若崇、竦稱莽之功，〔一二〕亦將偪于元禍苟免者邪！昔世祖之創迹舊基，奮羸卒數千，摧莽彊旅四十餘萬於昆陽之郊。夫據道討淫，不在衆寡。及至孟德，以其譎勝之力，舉數十萬之師，救張郃於陽平，勢窮慮悔，僅能自脱。辱其鋒鋭之衆，遂喪漢中之地，深知神器不可妄獲，旋還未至，〔一三〕感毒而死。子桓淫逸，繼之以篡。縱使二三子多逞蘇、張詭靡之説，奉迎驩兜滔天之辭，〔一四〕欲以誣毀唐帝，諷解禹、稷，所謂徒喪文藻、煩勞翰墨者矣。夫大人君子之所不爲也。」又軍誡曰：「萬人必死，横行天下。昔軒轅氏整卒數萬，制四方，定海内，況以數十萬之衆，據道而臨有罪，〔一五〕可得干擬者哉！」

〔一〕永安見先主傳。

〔二〕胡三省曰：「自古託孤之主，無如照烈之明白洞達者。」通鑑輯覽曰：「昭烈於亮，平日以魚水自喻。亮之忠貞，豈不深知，受遺時何至作此猜疑語？三國人情，以譎詐相尚，鄙哉！」

〔三〕胡三省曰：「用晉荀息答獻公語意。」

〔四〕詔勑互見先主傳注引亮集，彼詳此略。

〔五〕宋本「何」作「可」。

〔六〕宋本「人」作「誠」。

〔七〕或曰：「以其不肖者敗之，不若能者成之。昭烈睹嗣子之不肖，慮成業之傾敗，發憤授賢，亦情之所出，何疑爲僞乎！先主於孔明投分，何如於臨終反欲以詐牢籠之乎？且豈不度孔明之爲人與？以詐牢籠，何若誠感；而顧舍此就彼乎？蓋實有所感於中，不覺言之如是。啓釁之説，容暇計乎！堯舜之公道，以天下與人，并不沾戀。嗣子可輔一言，余尚以凝滯大器，無不與之心，顧乃疑於其子大惒邪？孫盛特未之思耳。」

〔八〕寰宇記：「武鄉谷在南鄭縣東北三十一里，即諸葛孔明受封之地。」趙一清曰：「方輿紀要卷五十六：武鄉谷在漢中府南鄭縣，蜀漢封丞相亮爲武鄉侯，蓋邑於此。又褒城縣十七里，有武鄉城，後魏延昌初置武鄉縣，屬褒中郡。」潘眉曰：「十道記以南鄭之武鄉谷爲諸葛武侯受封地，近洪氏補畺城志從之。眉按：諸葛功在魏延上，延尚封南鄭邑侯，不應諸葛僅封南鄭之鄉侯。考武鄉乃縣名，前漢屬琅邪郡，中興省。至建安中，嚴幹已封武鄉侯，可知武鄉侯雖省改於中興，而實復置於漢末矣。三國時封爵之制，皆以本郡邑爲封土。如魏張郃鄭人，封鄭侯；徐晃楊人，封楊侯；吴文欽譙郡人，封譙侯；濮陽興陳留人，封外黄侯。時譙郡、陳留不屬吴，亦遥領之。諸葛琅邪郡人，因以琅邪之武鄉封之。猶張桓侯涿郡人，封西鄉侯。西鄉，涿郡縣名，皆邑侯，非鄉侯也。」惲毓鼎説同。弼按：潘説極是。

〔九〕裴注云：時未有寧州，號爲南中，晉泰始中，始分爲寧州，見李恢傳。晉書地理志：「泰始七年，分益州之建寧、興古、雲南，交州之永昌，合四郡爲寧州。」

〔一〇〕遣鄧芝修好於吴，見芝傳。

〔一一〕唐庚曰：「魏之羣臣，可謂不學無術而昧於識慮矣。使其學術識慮有如漢蕭望之者，當不爲此舉動也。漢宣帝時，呼韓款塞稱藩，望之議以客禮待之，使他日遁去，於漢不爲叛臣。宣帝從之。蓋是時匈奴雖衰，素號敵國，非東甌、南粤比也。名號一正，遂不可易，他日叛去，何以處之？此非徒示以謙德，將爲後日久遠之慮也。魏之自視，何如宣帝；吴、蜀雖弱，尚勝呼韓。彼來稱藩，猶當待以不臣，况未服而强之邪？前此加權封爵，爲權所戲侮，今復喻蜀稱藩，宜爲亮所不報矣。」

〔一二〕漢書王莽傳：「陳崇時爲大司徒司直，與張敞孫竦相善。竦者，博通士，爲崇草奏，稱莽功德，崇奏之。」

〔一三〕或曰：「還疑作輳。」

〔一四〕尚書堯典：「驩兜曰：都，共工方鳩僝功。帝曰：吁！静言庸違，象恭滔天。」孔傳云：「驩兜，臣名；都，於歎美之辭；共工，官稱；鳩，聚；僝，見也。歎共工能方方聚見其功。静，謀；滔，漫也。言共工自爲謀言，起用行事，而違背之貌，象恭敬而心傲很，言不可用。」

〔一五〕宋本「道」上有「正」字。

三年春，亮率衆南征，〔一〕

詔賜亮金鈇鉞一具，曲蓋一，〔二〕前後羽葆、鼓吹各一部，虎賁六十人，事在亮集。

其秋悉平。軍資所出，國以富饒。〔三〕

漢晉春秋曰：亮在南中，所在戰捷。〔四〕聞孟獲者，爲夷、漢並所服，〔五〕募生致之。既得，使觀於營陣之閒，問曰：「此軍何如？」獲對曰：「向者不知虛實，故敗；今蒙賜觀看營陣，〔六〕若祇如此，即定易勝耳。」亮笑，縱使更戰，七縱七禽，〔七〕而亮猶遣獲，獲止不去，曰：「公，天威也，南人不復反矣！」〔八〕遂至滇池。〔九〕南中平，皆即其渠率而用之。〔一〇〕或以諫亮，亮曰：「若留外人，則當留兵，兵留則無所食，一不易也。加夷新傷破，父兄死喪，留外人而無兵者，必成禍患，二不易也。又吏累有廢殺之罪，〔一一〕自嫌釁重，若留外人，終不相信，三不易也。今吾欲使不留兵，〔一二〕不運糧，而綱紀粗定，夷、漢粗安故耳。」〔一三〕

乃治戎講武，以俟大舉。五年，率諸軍北駐漢中，臨發，上疏曰：〔一四〕

「先帝創業未半，而中道崩殂。今天下三分，益州疲弊，此誠危急存亡之秋也。然侍衛之臣，不懈於內，忠志之士，忘身於外者，蓋追先帝之殊遇，〔一五〕欲報之於陛下也。誠宜開張聖聽，以光先帝遺德，恢弘志士之氣，不宜妄自菲薄，引喻失義，以塞忠諫之路也。宮中府中，俱爲一體，〔一六〕陟罰臧否，〔一七〕不宜異同。若有作奸犯科，〔一八〕及爲忠善者，宜付有司，論其刑賞，以昭陛下平明之理，〔一九〕不宜偏私，使内外異法也。〔二〇〕侍中侍郎郭攸之、費禕、董允等，〔二一〕此皆良實，志慮忠純，是以先帝簡拔，以遺陛下。愚以爲宫中之事，事無大小，悉以咨之，然後施行，必能裨補闕漏，有所廣益。將軍向寵，性行淑均，曉暢軍事，試用於昔日，先帝稱之曰能。是以衆議舉寵爲督。愚以爲營中之事，悉以咨之，必能使行陣和睦，優劣得所。〔二二〕親賢臣，遠小人，此先漢所以興隆也；親小人，遠賢臣，此後漢所以傾頹也。先帝在時，每與臣論此事，未嘗不歎息痛恨於桓、靈也。侍中、尚書、長史、參軍，〔二三〕此悉貞良死節之臣，〔二四〕願陛下親之信之，則漢室之隆，可計日而待也。〔二五〕

臣本布衣，躬耕於南陽，〔二六〕苟全性命於亂世，不求聞達於諸侯。〔二七〕先帝不以臣卑鄙，猥自枉屈，〔二八〕三顧臣於草廬之中，諮臣以當世之事，由是感激，遂許先帝以驅馳。後值傾覆，受任於敗軍之際，奉命於危難之閒，〔二九〕爾來二十有一年矣。〔三〇〕

臣松之按：劉備以建安十三年敗，遣亮使吴，亮以建興五年抗表北伐，自傾覆至此，整二十年。然則備始與亮相遇，在敗軍之前一年時也。

先帝知臣謹慎，故臨崩寄臣以大事也。受命以來，夙夜憂歎，恐託付不效，以傷先帝之明，故五月渡瀘，深入不毛。〔三一〕

漢書地理志曰：瀘惟水〔三二〕出牂柯郡句町縣。〔三三〕

今南方已定，兵甲已足，當獎率三軍，北定中原，庶竭駑鈍，攘除奸凶，興復漢室，還于舊都。此臣所以報先帝而忠陛下之職分也。

至於斟酌損益，進盡忠言，則攸之禕允之任也。願陛下託臣以討賊興復之效，不效，則治臣之罪，以告先帝之靈；責攸之禕允等之慢，以彰其咎。〔三四〕陛下亦宜自謀，以諮諏善道，察納雅言。〔三五〕深追先帝遺詔，臣不勝受恩感激。今當遠離，臨表涕零，不知所言。」

遂行，屯于沔陽。〔三六〕

郭沖三事曰：亮屯于陽平，〔三七〕遣魏延諸軍，并兵東下，亮惟留萬人守城。晉宣帝率二十萬衆拒亮，而與延軍錯道，徑至前，當亮六十里所，偵候白宣帝，説亮在城中兵少力弱。亮亦知宣帝垂至，已與相偪，欲前赴延軍，相去又遠，迴迹反追，〔三八〕勢不相及，將士失色，莫知其計。亮意氣自若，勑軍中皆卧旗息鼓，不得妄出菴幔。〔三九〕又令大開四城門，埽地卻灑。宣帝常謂亮持重，而猥見勢弱，疑其有伏兵，於是引軍北趣山。明日食時，亮謂參佐拊手大笑曰：「司馬懿必謂吾怯，將有彊伏，循山走矣。」候邏還白，如亮所言。宣帝後知，深以爲恨。難曰：案陽平在漢中，亮初屯陽平，宣帝尚爲荆州都督，鎮宛城；〔四〇〕至曹真死後，始與亮於關中相抗禦耳。魏嘗遣宣帝自宛由西城伐蜀，值霖雨，不果。〔四一〕此之前後，無復有於陽平交兵事。就如沖言，宣帝既舉二十萬衆，已知亮兵少力弱，若疑其有伏兵，正可設防持重，何至便走乎！案魏延傳云：「延每隨亮出，輒欲請精兵萬人，與亮異道，會于潼關。亮制而不許。延常謂亮爲怯，歎己才用之不盡也。」亮尚不以延爲萬人别統，豈得如沖言，頓使將重兵在前，而以

輕弱自守乎？且沖與扶風王言，顯彰宣帝之短，對子毀父，理所不容。而云「扶風王慨然善沖之言」，故知此書，舉引皆虛。〔四二〕

〔一〕趙一清曰：「方輿紀要卷七十：郁鄢廢縣在敘州府西南，漢縣，屬犍爲郡，後漢省。諸葛武侯南征，置郁鄢戍，晉曰存䣕縣，改屬建寧郡。」

〔二〕古今注：「曲蓋，太公所作也。武王伐紂，大風折蓋，太公因折蓋之形而制曲蓋焉。」

〔三〕互見後主傳。華陽國志四云：「諸葛亮乃爲夷作圖譜，先畫天地、日月、君長、城府，次畫神龍，龍生夷及牛、馬、羊，後畫部主吏，乘馬幡蓋，巡行安卹。又畫牽牛、負酒、齎金寶詣之之象以賜夷，夷甚重之，許致生口直。又與瑞錦鐵券，今皆存。每刺史校尉至，齎以呈詣，動亦如之。」

〔四〕宋本「在」作「至」。

〔五〕宋本無「並」字。劉家立曰：「疑作所並服，非衍文。」

〔六〕通鑑無「看」字。

〔七〕局本誤作「七禽七縱」。通鑑輯覽曰：「七縱七擒，爲記載所豔稱，無識已甚。蓋蠻夷固當使之心服，然以縛渠屢遣，直同兒戲，一再爲甚，又可七乎？即云几上之肉不足慮，而脱韝試鷹，發柙嘗虎，終非善策。且彼時亮之所急者，欲定南而伐北，豈宜屢縱屢擒，躭延時日之理？知其必不出此。」劉家立曰：「張若驌滇雲紀略：七擒孟獲，一擒於白崖，今趙州定西嶺；一擒於鄧瞍豫猪洞，今鄧川州；一擒於佛光塞，今浪穹縣巡檢司東二里；一擒於治渠山；一擒於愛甸，今順寧府地；一擒於怒江邊，今保山縣、騰越州之間；一以火攻，擒於山谷，即怒江之蟠蛇谷。」弼按：滇雲紀略所云，俱在今雲南大理府、永昌府境。

〔八〕此用馬謖攻心之策，所以成功也。

〔九〕胡三省曰：「滇池縣屬益州郡，池周回二百餘里，水源深廣，而末更淺狹，有似倒流，故謂之滇池。滇，音顛。」一統志：「滇池在雲南府昆明縣南，呈貢縣西，晉寧州西北，昆陽州北。一名滇南澤，亦曰昆明池。」史記西南夷傳：「楚威王時，將軍莊蹻至滇池，地方三百里，旁平地肥饒數千里。」雲南通志：「去雲南府城西南八十里，曰海口，與昆陽州接界，即螳螂川之口也。滇池瀠迴至此，惟此一河，洩之若咽喉然。沿海財賦，歲以萬計，利害由其通塞。」

〔一〇〕胡三省曰：「即，就也；渠，大也。渠率，大率也。率，與帥同。」錢振鍠曰：「李恢傳：丞相亮南征後，軍還，南夷復叛，殺害守將。恢身撲討，鉏盡惡類，徙其豪帥于成都。譙周傳：周上疏云，南方遠夷之地，平常無所供爲，猶數反叛。自丞相南征，兵勢逼之，窮乃幸從。是後供出官賦，取以給兵，以爲愁怨，此患國之人也。觀此二傳，則知亮傳注引漢晉春秋南人不復反之說，（馬良傳注亦有此語。）七禽七縱之說，即其渠帥而用之說，皆不可信。馬謖攻心之說，亦未真收其效。承祚一概不取，蓋有故矣。」

〔一一〕宋本、馮本「吏」作「夷」，元本、毛本作「吏」。胡三省曰：「殺，讀曰弑。殺其郡將，是亦弑也。」

〔一二〕毛本作「今欲吾」，誤。

〔一三〕趙一清曰：「水經注卷三十七：葉榆水又東逕漏江縣，洑流山下，復出蝮口，謂之漏江。諸葛亮之平南中也，戰於是水之南，又東與盤江合。盤水出律高縣東南盢町山，北入葉榆水。諸葛亮入南中，戰於盤東是也。寰宇記卷七十四：嘉州犍爲縣有石人，蜀記云：昔諸葛亮南征蠻中，十里刻一石人，今黎雋之路，尚有存者。又卷七十七：周公山在雅州嚴道縣東南，山勢屹然，上有龍穴，常多陰雲。耆老傳云：昔諸葛亮征南於此，夢見周公，遂爲立廟。方輿紀要卷七十二：蔡山在雅州東五里，禹貢蔡蒙旅平，即此蔡山也。武侯祀周公於蔡山，今亦名周公山。又卷一百十三：潞江在永昌府潞江安撫司東北五十里，本名怒江，以波濤洶湧而名也。滇記：諸葛武侯六擒孟獲，駐兵怒江之滸，即此。又卷一百十七：鄧川州東二十里豪豬洞，山頂有石牆遺址，下有龍潭。滇志：孔明縱孟獲於白厓，獲引所部至銀坑，坑一名豪豬洞，險絶，非人力可到。孔明出奇策擒之。洞南有諸葛寨。又卷一百十八：諸葛營在永昌府城南七里，一名諸葛村。舊記，孔明既擒孟獲，移師永昌，即金齒也。城南八里西山下，武侯嘗屯兵其閒，師還，民搆祠祀之。又永平縣東北五里，有關索寨，周迴二里，俗傳蜀漢將關索所築。塞下有洞，首尾相通，樵牧過之，常聞洞中有戈戟聲。一清案：西南夷謂爺爲索，關索寨即關爺寨，皆尊稱也。辰州府城南二酉山下有伍夷灘，以伍胥得名，亦其類爾，非別有關索其人。壯繆子興爲武侯所器異，官侍中、中監軍，或從南征，寨以此名歟？又古今刀劍録曰：「諸葛亮定黔中，從青石祠過，遂抽刀刺山頭，不拔而去，行人莫測。」

〔一四〕此疏文選題曰出師表，疏首有「臣亮言」三字。

〔一五〕文選無「殊」字。李善曰：「遇，謂以恩相接也。」史記豫讓傳曰：「以國士遇我。」

〔一六〕李周翰曰：「宮中，禁中也；府中，大將軍幕府也。」胡三省曰：「蜀後主建興元年，命亮開府治事，所謂府中，蓋丞相府也。」王鳴盛曰：「府者，即三公之府，見前漢書。宮中者，黃門常侍也，宏恭、石顯排擊蕭望之、周堪，曹節、王甫輩反噬陳蕃、竇武，此宮府不一體之禍也。時雖以攸之、禕、允分治宮中政令，猶恐後主柔暗，或有所暱，故首以爲言。其後董允既卒，黃皓專政，而國亡矣。當與允傳同觀。」趙紹祖曰：「府中，通諸官府言之，故下云不宜偏私，使内外異法也。黃皓之事，孔明蓋先見之。」

〔一七〕李周翰曰：「陟，升也；臧否，善惡也。」胡三省曰：「否，皮鄙翻。」

〔一八〕胡三省曰：「科，律條也。」何焯曰：「高明光大之本，涵養成就之功，主於遠小人，故先以作奸犯科爲言。」

〔一九〕文選「理」作「治」。

〔二〇〕胡三省曰：「觀孔明所謂兩不宜，則後主之爲君可知矣。」

〔二一〕李善曰：「楚國先賢傳：郭攸之，南陽人，以器業知名。」胡三省曰：「時攸之、禕爲侍中，允爲黃門侍郎。」錢大昕曰：「諸葛出師疏，本傳已載其全文，而侍中郭攸之、費禕、侍郎董允等，復載允傳；將軍向寵云云，復載向朗傳，亦重出也。」

〔二二〕何焯曰：「馳驅於外，可以使貪使詐，故魏延可任。若宿衛之選，必以性行爲本也。」

〔二三〕李善曰：「蜀志：建興二年，陳震拜尚書。又曰：諸葛亮出駐漢中，張裔領留府長史。又曰：蔣琬還參軍，統留府事。」

〔二四〕文選「良」作「亮」。何焯曰：「攸之等管機密，陳震等統政事，其職各異，以內外分言之。後但言攸之等者，內職諸臣，專以成就君德爲務，震等代理留府事，皆唯公裁決也。或曰：統留府事，易於專權召猜，表其皆貞良死節之臣，明所守之不可奪，親之信之，則小人之閒無自生也。」

〔二五〕何焯曰：「以不懈於內，任羣司以忘身於外自効，以修身正家、納諫任人，責難其主，又興復之本也。真王佐之才，與伊訓、説命相表裏。」

〔二六〕杭世駿曰：「殷芸小説：南陽是襄陽墟名，非南陽郡也。（見困學紀聞。）」全祖望曰：「漢晉春秋云：亮家於南陽之鄧縣，在襄陽城西二十里，號曰隆中，則非墟明矣。」

〔二七〕梁章鉅曰：「此節有引裴松之注曹操欲用孔明事，誤也。曹操欲用之孔明，乃潁川胡昭字孔明，見管寧傳，非諸葛亮也。」

〔二八〕李善曰：「猥，猶曲也。言已曲蒙先帝自枉屈而來也。」

〔二九〕顧炎武曰：「所謂敗軍，乃當陽長坂之敗，其云奉命，則求救於江東也。」

〔三〇〕胡三省曰：「自建安十二年至是年，凡二十一年。」

〔三一〕李善曰：「史記：鄭襄公曰，君王錫不毛之地，使復得改事君王。何休曰：墝埆不生五穀曰不毛。」胡三省曰：「地不生草木爲不毛。」御覽六十五引十道記「不毛」下有「之地」二字。

〔三二〕水經若水篇：「若水又東北至犍爲朱提縣西，爲瀘江水。」酈注云：「瀘津東去朱提縣八十里，水廣六七百步，深十數丈，多瘴氣，鮮有行者。瀘峯最爲傑秀，孤高三千餘丈，水之左右，馬步之徑裁通，而時有瘴氣，三月四月，逕之必死，非此時猶令人悶吐。五月以後，行者差得無害。故諸葛亮表言五月渡瀘，并日而食，臣非不自惜也，顧王業不可偏安於蜀故也。益州記曰：「瀘水源出曲羅巂下三百里曰瀘水，兩峯有殺氣，暑月舊不行，故武侯以夏渡爲艱。瀘水又下合諸水，而總其目焉，故有瀘江之名矣。」寰宇記卷八十：「巂州會川縣本漢邛都縣地，有瀘水。按十道記云：水出蕃中，入黔府，歷郡界出拓州，至此有瀘沽關，關上有石岸，高三千丈，四時多瘴氣，三四月間發，人衝之死，非此時中則人多悶吐，惟五月上伏即無害。故諸葛武侯征越巂上疏云：五月渡瀘，深入不毛。又按地志云：今昆明道渡所見，有武侯道在。按十道記：水峻急而多巉石，土人以牛皮爲船，方涉津涘會無川。在瀘水之南，又有大冢，武侯軍此，士卒遭瘟癘，以大冢葬之。在縣南。」朱國楨湧幢小品云：「今以渡瀘爲瀘州，非也。瀘州古之江陽，瀘水乃今之金沙江，即黑水也。」齊召南水道提綱曰：「鴉龍江即古若水，又名打沖河，即古瀘水，其北即西番界。金沙江自西南來會，其會處在會川衞西百十里，南岸雲南大姚縣，此江源遠不及金沙，而流盛相似也。」潘眉曰：「瀘水即今之金沙江也，在滇、蜀之交，自雲南昭通府北流入四川雷波廳界，其水黑，故以爲瀘耳。在漢爲越巂郡地，若今瀘州在漢爲犍爲江陽縣地，非孔明所渡之瀘水也。」謝鍾英曰：「金沙江合打沖河，後通得瀘水之名。寰宇記以瀘水隸會川縣下，即指今會理州西南之金沙江而言，今四川寧遠府會理州西一百五十里。」官本瀘惟水作瀘津水。李龍官曰：「水經注禁水北注瀘津水，惟字爲津字之訛。」沈家本曰：「漢志作盧唯水，唯、惟字通。此注未必訛，津字轉訛耳。文選注引漢書但言瀘水。」

〔三三〕應劭曰：「故句町國。」師古曰：「音劬挺。」王先謙曰：「句町縣，三國蜀改屬興古郡。汪士鐸云：句町故縣，今貴州興義府興義縣治。案：當在雲南廣南府北境。」

〔三四〕文選此句上「有若無興德之言則」七字。本志董允傳同。梁章鉅曰：「文選初本亦闕此七字，後李善補足之。注云：無此七字，於義有闕。蓋據董允傳補之也。」

〔三五〕胡三省曰：「諮事爲諏。雅，正也。」

〔三六〕沔陽見先主傳。

〔三七〕陽平今陝西漢中府沔縣西北，詳見魏志武紀建安二十年。

〔三八〕宋本「迴」作「回」。

〔三九〕草蓋曰菴，布帳曰幔。

〔四〇〕建興五年，魏太和元年也。晉書宣帝紀：「太和元年六月，天子詔帝屯於宛。」魏志明帝紀：「太和元年十二月，新城太守孟達反，詔司馬宣王討之。二年春正月，宣王攻破新城，斬達。」

〔四一〕此太和四年事。

〔四二〕「舉引」，一校作「衆引」。嚴衍曰：「此事乃晉初郭沖對扶風王駿之言，沖去亮未遠，言必有據。但沖謂此乃亮在陽平時事，夫陽平關在漢中，懿自從魏武破張魯後，未嘗復至漢中，裴松之駁之是也。然因陽平二字，謂沖爲妄言，則又不然。何也？駿，懿之子也，使沖言果妄，駿豈不能爲父辨誣？而乃慨然善沖之言，即在坐劉寶、桓隰輩，皆思尋隙索瑕，以詆亮訣懿者，終亦不能復難，乃知沖言不妄矣。但非陽平時事耳。」

六年春，揚聲由斜谷道取郿，〔一〕使趙雲、鄧芝爲疑軍，據箕谷。〔二〕魏大將軍曹真舉衆拒之。亮身率諸軍攻祁山，〔三〕戎陣整齊，賞罰肅而號令明，〔四〕南安、天水、安定三郡叛魏應亮，關中響震。〔五〕

魏略曰：始，國家以蜀中惟有劉備。備既死，數歲寂然無聞，是以略無備預。〔六〕而卒聞亮出，〔七〕朝野恐懼，隴右、祁山尤甚，故三郡同時應亮。

魏明帝西鎮長安，命張郃拒亮，亮使馬謖督諸軍在前，與郃戰于街亭。〔八〕謖違亮節度，舉動失宜，大爲郃所破。亮拔西縣千餘家，還于漢中，〔九〕

郭沖四事曰：亮出祁山，隴西、南安二郡應時降，圍天水，拔冀城，虜姜維，驅略士女數千人還蜀。人皆賀亮，亮顔色愀然有慼容，謝曰：「普天之下，莫非漢民，國家威力未舉，使百姓困於豺狼之吻，一夫有死，皆亮之罪，以此相賀，能不爲愧。」〔一〇〕於是蜀人咸知亮有吞魏之志，非惟拓境而已。難曰：亮有吞魏之志久矣，不始於此，衆人方知也。且于時師出無成，傷缺而反者衆，三郡歸降，而不能有。姜維，天水之匹夫耳，獲之則於魏何損？拔西縣千家，不補街亭所喪，以何爲功，而蜀人相賀乎！

戮謖以謝衆。上疏曰：「臣以弱才，叨竊非據，親秉旄鉞，以厲三軍。不能訓章明法，臨事而懼，至有街亭違命之闕，箕谷不戒之失。咎皆在臣，授任無方。臣明不知人，恤事多闇，春秋責帥，臣職是當。〔一一〕請自貶三等，以督厥咎。」於是以亮爲右將軍，行丞相事，所總統如前。

漢晉春秋曰：或勸亮更發兵者，亮曰：「大軍在祁山箕谷，皆多於賊，而不能破賊，爲賊所破者，則此病不在兵少也，〔一二〕在一人耳。〔一三〕今欲減兵損將，〔一四〕明罰思過，校變通之道於將來。若不能然者，雖兵多何益！自今已後，諸有忠慮於國，但勤攻吾之闕，則事可定，賊可死，功可蹻足而待矣。」於是考微勞，甄烈壯，〔一五〕引咎責躬，布所失於天下，〔一六〕厲兵講武，以爲後圖；戎士簡練，民忘其敗矣。〔一七〕亮聞孫權破曹休，魏兵東下，關中虛弱。十一月，上言曰：「先帝慮漢賊不兩立，王業不偏安，故託臣以討賊也。以先帝之明，量臣之才，故知臣伐賊才弱敵强也。然不伐賊，王業亦亡；惟坐待亡，〔一八〕孰與伐之？是故託臣而弗疑也。臣受命之日，寢不安席，食不甘味，思惟北征，宜先入南，故五月渡瀘，深入不毛，并日而食。臣非不自惜也，顧王業不可得偏全於蜀都，故冒危難以奉先帝之遺意也。而議者謂爲非計。今賊適疲於西，又務於東，〔一九〕兵法乘勞，此進趨之時也。謹陳其事如左：〔二〇〕高帝明並日月，謀臣淵深，然涉險被創，危然後安。今陛下未及高帝，謀臣不如良、平，而欲以長計取勝，坐定天下，此臣之未解一也。〔二一〕劉繇、王朗，各據州郡，論安言計，動引聖人，羣疑滿腹，衆難塞胸。今歲不戰，明年不征，使孫策坐大，遂并江東，此臣之未解二也。〔二二〕曹操智計，殊絶於人，其用兵也，髣髴孫、吴，〔二三〕然困於南陽，險於烏巢，危於祁連，偪於黎陽，幾敗北山，〔二四〕殆死潼關，然後僞定一時耳。〔二五〕況臣才弱，而欲以不危而定之，此臣之未解三也。曹操五攻昌霸不下，四越巢湖不成，任用李服，而李服圖之；委夏侯，而夏侯敗亡。〔二六〕先帝每稱操爲能，猶有此失，況臣駑下，何能必勝，此臣之未解四也。〔二七〕自臣到漢中，中間朞年耳，然喪趙雲、陽羣、馬玉、閻芝、丁立、白壽、劉郃、鄧銅等及曲長屯將七十餘人，〔二八〕突將無前，賨、叟、青羌散騎、武騎一千餘人，〔二九〕此皆數十年之内，所糾合四方之精鋭，非一州之所有。若復數年，則損三分之二也，當何以圖敵？此臣之未解五也。〔三〇〕今民窮兵疲，而事不可息；事不可息，則住與行勞費正等。而不及虚圖之，〔三一〕欲以一州之地，與賊持久，〔三二〕此臣之未解六也。夫難平者，事也。〔三三〕昔先帝敗軍於楚，當此時，曹操拊手，謂天下已定。〔三四〕然後先帝東連吴、越，西取巴、蜀，舉兵北征，夏侯授首，此操之失計而漢事將成也。然後吴更違盟，關羽毁敗，〔三五〕秭歸蹉跌，曹丕稱帝。凡事如是，難可逆見。臣鞠躬盡力，死而後已，至於成敗利鈍，非臣之明，所能逆覩也。」〔三六〕於是有散關之役。此表亮集所無，出張儼默記。〔三七〕

〔一〕斜谷見後主傳建興八年。郿，今陝西鳳翔府郿縣東北。胡三省曰：「班志：斜水出衙嶺山，北至郿入渭。褒水沿山，則斜谷之路可知矣。郿，師古音媚。郿故城，陳倉縣東北十五里，故郿城是。」弼按：郿縣故城，在陳倉東南，相距約百餘里，身之此注誤。

〔二〕胡三省曰：「今興元府褒縣北十五里，有箕山，鄭子真隱於此。趙雲、鄧芝所據，即此谷也。又據後漢書馮異傳，箕谷當在陳倉之南，漢中之北。」一統志：「箕山在今陝西漢中府褒城縣西北。後漢建武四年，公孫述將程焉出屯陳倉，馮異迎擊破之，焉退走漢川。異追戰於箕谷。」輿地紀勝：「箕山在褒城縣北十五里，上有池，四時不涸，俗號秦王獵池。山内有穴，號丙穴；有谷，號道人谷，即鄭子真隱處。」沈欽韓曰：「紀要：箕谷在鳳翔府寶鷄縣東南四十里，谷口有石如門曰石門，廣二步，深八步，高一丈。相傳蜀五丁所開，漢高通之，以避子午之險。」

〔三〕祁山見後主傳。

〔四〕姜宸英曰：「戎陣整齊，號令嚴肅，此名將之事，柰何謂亮短於將略！」

〔五〕南安郡治豲道，今甘肅鞏昌府隴西縣東北；天水郡治冀，今鞏昌府伏羌縣南；安定郡治臨涇，今甘肅涇州鎮原縣南五十里。三郡均詳見魏志明紀太和元年。

〔六〕胡三省曰：「謂不預爲之備也。」

〔七〕卒，讀曰猝。

〔八〕街亭在今甘肅秦州秦安縣東北，詳見魏志明紀太和二年。趙一清曰：「方輿紀要卷五十九：戎丘城在秦州西城，武侯使馬謖與張郃戰于街亭，親引大軍屯於戎丘，即此。街泉城在秦安縣東北。漢置縣，屬天水郡，後漢省入略陽縣。」

〔九〕西縣在今甘肅秦州西南一百二十里，詳見魏志閻温傳。胡三省曰：「續漢志：西縣前漢屬隴西郡，後漢屬漢陽郡。有嶓冢山、西漢水。」趙一清曰：「寰宇記卷一百三十三：梁州西縣有諸葛城，即孔明拔隴西千餘家還漢中，築此城以處之，因取名焉。」

〔一〇〕李安溪曰：「此言是諸葛心中語，不必難也。」

〔一一〕華陽國志作「職臣是當」，蓋本職汝之由。

〔一二〕姚範曰：「趙雲傳：兵弱敵强，失利於箕谷。」

〔一三〕胡三省曰：「謂兵之勝敗在將也。」

〔一四〕宋本「損」作「省」，通鑑同。

〔一五〕通鑑作「甄壯烈」。胡三省曰：「甄，察也，別也。」

〔一六〕通鑑「天下」作「境內」。

〔一七〕胡三省曰：「善敗者不亡，此之謂也。姜維之敗，則不可復振矣。」

〔一八〕通鑑「坐」下有「而」字。

〔一九〕胡三省曰：「疲於西，謂郿縣祁山之師；務於東，謂江陵東關石亭之師也。」

〔二〇〕元本「如」作「於」。

〔二一〕胡三省曰：「解讀曰懈，言未敢懈怠也。後皆同。」嚴衍曰：「解者，曉也。舊注訓作懈怠之懈，非是。」

〔二二〕胡三省曰：「坐大，言坐致彊大也。策破劉繇在漢獻帝興平二年，破王朗在建安元年。」王士騏曰：「此段有借影而無照應，先後文勢，俱不如此，此下定有一轉，似以劉繇、王朗自譬，而以孫策譬曹氏。」何焯曰：「遂并江東下有脫文，當是指斥孫權之語，吳臣諱而削之。」錢大昭曰：「劉繇爲豫章太守，在興平中；王朗爲會稽太守，在建安初。又孫策之卒，在建安五年，此疏既上于孫權破曹休之時，則建興五年也。相隔二三十年，似不必贅述。且云任用李服，而李服圖之，魏志亦無此人。竊疑是表爲後人僞撰，承祚不采此文，其識高人一等矣。」

〔二三〕胡三省曰：「以操之善兵，亮謂之髣髴孫、吳，孫、吳固未易才也。」

〔二四〕宋本「北」作「伯」，錢大昕曰：「古伯、白通。」趙一清曰：「作北山是，北山謂張燕也。」弼按：曹操無與張燕交戰事，燕號黑山，非北山，趙説誤。姚範曰：「當作北山，蓋攻張魯，陽平有南、北山也。」

〔二五〕胡三省曰：「困於南陽，謂攻穰爲張繡所敗也；險於烏巢，謂攻袁紹將淳于瓊時也；偪於黎陽，謂攻袁譚兄弟時也；幾敗伯山，謂與烏桓戰于白狼山時也；殆死潼關，謂與馬超戰時也；危於祁連，當考。或曰：圍袁尚於祁山時也。僞定者，言雖定一時之功，而有心於篡漢，故曰僞。幾，居希翻。」趙一清曰：「祁連，謂鄴下濫口之戰也。」

〔二六〕胡三省曰：「昌霸，昌豨也。操累攻不下，後命于禁擊斬之。四越巢湖不成，謂攻孫權也。李服，蓋王服也。與董承謀殺操，被誅。夏侯，謂夏侯淵守漢中，爲先主所敗也。」姚範曰：「後漢獻紀及蜀志先主傳，不云王服爲李服，張遼、于禁等傳不云昌豨爲昌霸，先主傳作昌霸。」

〔二七〕胡三省曰：「駑下者，自謙以馬爲喻，若駑駘下乘也。」

〔二八〕胡三省曰：「喪，息浪翻。部，古合翻；又曷閤翻。曲長，一曲之長也。軍行有部，部下有曲，曲各有長。長，丁丈翻。屯將，將屯者也。將，即亮翻。」何焯曰：「趙雲以建興七年卒，散關之役，乃在六年，後人或據此，疑此表爲僞，非也。以元遜傳觀之自明。第此表乃劇論時勢之盡非，若發漢中時所陳，得以激厲士衆，不妨宣洩于外，失之蜀而傳之吴，或伯松寫留箱篋，元遜鈎致之于身後耳。集不載者，益明武侯之慎，非由陳氏之疏。若趙雲傳七年字當爲六年，雲本信臣宿將，箕谷失利，適由兵弱，既貶雜號將軍以明法，散關之役，使其尚在，必別統萬衆，使復所負，而不聞再出，其必歿于是冬之前無疑也。」李慈銘曰：「元遜鈎得後表者，以諸葛恪傳，恪論出軍之意，有云近見家叔父表陳與賊爭競之計，故謂實有後表也。」

〔二九〕胡三省曰：「蜀兵謂之叟，賨、叟，巴、賨之兵也。青羌亦羌之一種，散騎、武騎，當是騎兵分部之名。賨，藏宗翻。」何焯曰：「後漢書董卓傳注云：叟兵即蜀兵也。漢代呼蜀爲叟。又劉焉傳注引孔安國尚書傳云：蜀，叟也。然光武紀注引華陽國志云：武帝元封二年，叟夷反，將軍郭昌討平之，因開爲益州郡。則叟者蜀之西南夷。尚書疏亦云：叟，蜀夷之別名，即今之雲南也。又李恢傳賦出叟、濮耕牛戰馬，此叟之在滇顯證也。青羌則青衣羌耳。」

〔三〇〕胡三省曰：「言不戰而將士耗損，已如此也。」

〔三一〕官本「及虛」作「及今」，本集作「及蚤」。胡三省曰：「亮意欲及魏與吴連兵未解，乘虛圖之也。」

〔三二〕通鑑作「與賊支久」。胡三省曰：「支，持也。」

〔三三〕嚴衍曰：「難平，猶言難料。」

〔三四〕宋本「已」作「以」。胡三省曰：「拊手，乘快之意發見於外也。」

〔三五〕胡三省曰：「此兩然後之然，轉語之辭，與他文然後之義不同。」

〔三六〕胡三省曰：「自祁山之敗，亮益知魏人情僞，故其所言如此。」

〔三七〕晉書文苑傳張翰傳：「翰字季鷹，吴郡吴人。父儼，吴大鴻臚。」史記伍子胥傳注：「張勃，晉人，吴鴻臚儼之子，作吴録。」裴注引之，是儼父子三人皆能文之士也。儼字子節，見吴志孫晧傳寶鼎元年注引吴録。沈家本曰：「隋志嘿記三卷，吴大鴻臚張儼撰，亡。二唐志張儼默記三卷，亦先亡。後出者，裴氏此傳引二條，一爲後出師表，一稱儼述佐篇，是其書各有篇名也。」袁枚曰：「此非孔明作也。夫兵，危事也；伐國，大謀也。張皇六師者有之，一鼓作氣者有之，拊馬而食以肥應客者有之，未有先自危怯，昭布上下，而後出師者也。若果爲亮作，是亮之氣餒，而其精已消亡矣。其前表曰：『復興漢室，還于舊都，不效則治臣之罪，何其壯也！後表曰：『坐而待亡，不如伐之，成敗利鈍，非臣所能逆覩，何其衰也！當是時，街亭雖敗，猶拔西縣千家以歸，蜀之山河天險如故，後主任賢勿貳，非亡國之君。亮再舉而斬王雙，殺張郃，宣王畏蜀如虎，大勢所在，有成無敗，有利無鈍，已較然矣。何至戚戚嗟嗟，遽以才弱敵强，民窮兵疲之語，上危主志，下懈軍心，而又稱難平者事，以豫解其日後無功之罪，雖至愚者不爲，而謂亮之賢而爲之乎？表中六難，屢言曹操之敗，再言先帝之敗，以歸命于天，此日者家言也。將軍出師，而爲此言，無謂；已不解，而欲後主解，無益；胸中抱六不解，而貿貿出師，悖矣！按此表上于建興六年，亮此時年未五十，非當死時也。後死于十二年，天也，非亮之所當知也。諸賢死盡，而勸降之譙周老而不死，天也，又非亮之所當知也。亮不特知漢之必亡，且知已與諸賢之中年必死，豈理也哉？當鄧艾入蜀時，使後主聽姜維之言，早備陰平及陽安關口，則艾不能入。縱入後，其時羅憲、霍弋猶以重兵據要害，故孫盛以爲乞師東國，徵兵南中，則蜀不遽亡。將士在劍閣者，聞後主降，咸怒拔刀斫石。然則亮死後十餘年，蜀猶未可亡。而亮出兵時，乃先云坐而待亡何邪？然則此表誰作？曰：此蜀亡後好亮者附會董廣川明道不計功之説，以誇亮之賢且智，而不知適以毀亮也。裴松之稱此表本集所無，出張儼默記，陳壽削之，真良史也。」錢振鍠曰：「或疑孔明後出師表不真，殆不然。諸葛恪謂近見家叔父表陳與賊爭競之計，按前表未嘗有與賊爭競語，後表差近之。恪謂賊民歲月繁滋諸語，分明襲用後表，後表雖出張儼默記，然儼爲吴大鴻臚，非僞作孔明表者也。且又安肯曰孫策坐大，遂并江東乎？謂恪所謂近見者，即默記之本，則有然矣。」黄以周曰：「武侯内治蜀，外征魏，其勳績赫赫昭人耳目，然當時好大言者，以武侯不能卒厥功，輒短其才。儼作述佐篇，尊諸葛，抑司馬。而難者又謂諸葛處孤絶之地，戰士不滿五萬，不如閉關守險，無事空勞師旅。儼以爲討賊事不可息，成敗利鈍非所逆睹，乃託其辭於諸葛，以爲後出師表，已自道之其意，欲爲諸葛解嘲也。而後世僨軍之將，反從此藉口。昔吾先君子儆居集力辯此表之贋，與前表辭氣迥别。且據趙雲傳雲卒於建興七年，六年出師，雲尚未卒，不得云趙雲之喪。後表不載武侯集，裴注引此表而云出張儼默記，則此表爲張儼擬作明矣。孫晧謂儼有出境才，儼亦自以皇華不辱命爲言，儼有此學，自能擬此表。於趙雲事少有參錯，亦無足怪也。」

冬，亮復出散關，圍陳倉，〔一〕曹真拒之，亮糧盡而還。〔二〕魏將王雙率騎追亮，亮與戰，破之，斬雙。七年，亮遣陳式攻武都、陰平。〔三〕魏雍州刺史郭淮率衆欲攻式，〔四〕亮自出至建威，〔五〕淮退還，遂平二郡。詔策亮曰：「街亭之役，咎由馬謖，而君引愆，深自貶抑。重違君意，聽順所守。前年燿師，馘斬王雙；今歲爰征，郭淮遁走。降集氐、羌，興復二郡，威震凶暴，功勳顯然。方今天下騒擾，元惡未梟，君受大任幹國之重，而久自挹損，非所以光揚洪烈矣。今復君丞相，君其勿辭。」

漢晉春秋曰：是歲，孫權稱尊號，其羣臣以並尊二帝來告。議者咸以爲交之無益，而名體弗順，宜顯明正義，絶其盟好。〔六〕亮曰：「權有僭逆之心久矣，國家所以略其釁情者，求掎角之援也。〔七〕今若加顯絶，讎我必深，便當移兵東戍，〔八〕與之角力，須并其土，乃議中原。彼賢才尚多，將相緝穆，〔九〕未可一朝定也。頓兵相持，坐而須老，〔一〇〕使北賊得計，〔一一〕非算之上者。昔孝文卑辭匈奴，先帝優與吳盟，〔一二〕皆應權通變，弘思遠益，〔一三〕非匹夫之爲分者也。〔一四〕今議者咸以權利在鼎足，不能併力，且志望以滿，〔一五〕無上岸之情，〔一六〕推此皆似是而非也。何者？其智力不侔，故限江自保；權之不能越江，猶魏賊之不能渡漢，〔一七〕非力有餘而利不取也。若大軍致討，彼上當分裂其地，〔一八〕以爲後規，下當略民廣境，示武於内，非端坐者也。〔一九〕若就其不動，而睦於我，我之北伐，無東顧之憂，河南之衆，不得盡西，此之爲利，亦已深矣。〔二〇〕權僭逆之罪，未宜明也。」乃遣衛尉陳震，慶權正號。〔二一〕

〔一〕散關、陳倉均見後主傳建興六年。

〔二〕胡三省曰：「曹真使郝昭先守，故亮不能克。」

〔三〕宋本作陳戒，通鑑同。武都、陰平均見後主傳建興七年。

〔四〕宋本「攻」作「擊」。

〔五〕水經漾水注：「漢水又西，建安川水入焉。其水導源建威西，北山白石戍東南，二源合注，東逕建威城南，又東逕蘭坑城北、建安城南。其地，故西城之歷城也。」一統志：「建威城在今甘肅階州成縣西，後漢末所置戍守處。景耀初，姜維請於西安、建威立諸圍戍。」張翼傳：「延熙中，翼稍遷建威督。」即此。

〔六〕胡三省曰：「天無二日，土無二王，古今之正義也。」

〔七〕胡三省曰：「釁，隙也；情，欲也。左傳：戎子駒支對范宣子曰：譬如捕鹿，晉人角之，諸戎掎之，與晉踣之。杜預注曰：掎其足也。」

〔八〕官本考證曰：「戍當作伐。」

〔九〕通鑑「緝」作「輯」。

〔一〇〕須，待也。

〔一一〕北賊，謂魏也。

〔一二〕胡三省曰：「優，饒也。今人猶謂寬假爲優饒。」

〔一三〕通鑑「弘」作「深」。

〔一四〕官本「也」作「比」，通鑑作「非若匹夫之忿者也」。胡三省曰：「言所計者大也。」

〔一五〕通鑑「以」作「已」。

〔一六〕官本「岸」作「進」。胡三省曰：「謂孫權之志在保江，不能上岸而北向也。」

〔一七〕胡三省曰：「言魏不能渡漢而圖江陵也。」

〔一八〕宋本「上」作「高」，通鑑同。

〔一九〕胡三省曰：「言蜀若破魏，吳亦將分功。」

〔二〇〕胡三省曰：「言蜀與吳和，則雖傾國北伐，不須東顧以備吳，而魏河南之衆，欲留備吳，不得盡西以抗蜀兵也。」

〔二一〕唐庚曰：「孫權稱尊，議者以爲交之無益，而名體弗順，宜絶之。惟孔明以爲未可。或問孔明之不絶吳，權邪？正邪？曰：正也，非權也。六國之時，諸侯皆僭矣，孟子以爲有王者作，不皆比而誅之，必教之不從而後誅之。然則未教之罪，王者有所不誅。孔明之勢既未能有以教吳，則吳之僭擬未可以遞責。此王者之法也，非權也。」

九年，亮復出祁山，以木牛運，〔一〕

漢晉春秋曰：亮圍祁山，招鮮卑軻比能，比能等至故北地石城以應亮。〔二〕於是魏大司馬曹真有疾，司馬宣王自荆州入朝，魏明帝曰：「西方事重，非君莫可付者。」乃使西屯長安，督張郃、費曜、戴陵、郭淮等。〔三〕宣王使曜、陵留精兵四千守上邽，〔四〕餘衆悉出，西救祁山。郃欲分兵駐雍、郿，〔五〕宣王曰：「料前軍能獨當之者，將軍言是也。若不能當而分爲前後，此楚之三軍所以爲黥布禽也。」〔六〕遂進。亮分兵留攻，〔七〕自逆宣王于上邽。郭淮、費曜等徼亮，〔八〕亮破之，因大芟刈其麥，與宣王遇于上邽之東，斂兵依險，軍不得交，亮引而還。宣王尋亮至於鹵城，〔九〕張郃曰：「彼遠來逆我，我請戰不得，〔一〇〕謂我利在不戰，欲以長計制之也。且祁山知大軍以在近，〔一一〕人情自固，可止屯於此，分爲奇兵，示出其後；不宜進前而不敢偪，坐失民望也。今亮縣軍食少，〔一二〕亦行去矣。」宣王不從，故尋亮。〔一三〕既至，又登山掘營，不肯戰。賈詡、魏平數請戰，〔一四〕因曰：「公畏蜀如虎，柰天下笑何！」宣王病之。〔一五〕諸將咸請戰。五月辛巳，乃使張郃攻無當監何平於南圍，〔一六〕自案中道向亮。〔一七〕亮使魏延、高翔、吴班赴拒，大破之，獲甲首三千級，玄鎧五千領，角弩三千一百張，宣王還保營。〔一八〕

糧盡退軍。與魏將張郃交戰，射殺郃。

郭沖五事曰：魏明帝自征蜀，幸長安，遣宣王督張郃諸軍，雍、涼勁卒三十餘萬，潛軍密進，規向劍閣。〔一九〕亮時在祁山，旌旗利器，守在險要，十二更下，在者八萬。〔二〇〕時魏軍始陳，幡兵適交，參佐咸以賊衆强盛，非力不制，〔二一〕宜權停下兵一月，以并聲勢。亮曰：「吾統武行師，以大信爲本，得原失信，古人所惜。〔二二〕去者束裝以待期，〔二三〕妻子鶴望而計日，雖臨征難，義所不廢。」皆催遣令去。於是去者感悅，願留一戰；住者憤踴，思致死命。相謂曰：「諸葛公之恩，死猶不報也。」臨戰之日，莫不拔刃爭先，以一當十，殺張郃，卻宣王，一戰大剋，此信之由也。難曰：臣松之案：亮前出祁山，魏明帝身至長安耳，此年不復自來。且亮大軍在關、隴，魏人何由得越亮徑向劍閣？亮既出戰場，〔二四〕本無久住之規，而方休兵還蜀，皆非經通之言。孫盛、習鑿齒搜求異同，罔有所遺，而並不多載沖言，〔二五〕知其乖刺多矣！〔二六〕

十二年春，亮悉大衆由斜谷出，以流馬運。據武功五丈原，〔二七〕與司馬宣王對於渭南。亮每患糧不繼，使己志不伸，是以分兵屯田，爲久住之基。〔二八〕耕者雜於渭濱居民之閒，而百姓安堵，軍無私焉。〔二九〕

漢晉春秋曰：亮自至，數挑戰。宣王亦表固請戰，使衛尉辛毗持節以制之。姜維謂亮曰：「辛佐治仗節而到，賊不復出矣。」亮曰：「彼本無戰情，所以固請戰者，以示武於其衆耳。將在軍，君命有所不受，〔三〇〕苟能制吾，豈千里而請戰邪！」〔三一〕

魏氏春秋曰：亮使至，問其寢食及其事之煩簡，不問戎事。使對曰：「諸葛公夙興夜寐，罰二十以上，皆親覽焉。〔三二〕所噉食不至數升。」宣王曰：「亮將死矣。」

相持百餘日。其年八月，亮疾病，卒于軍，時年五十四。〔三三〕

魏書曰：亮糧盡勢窮，憂恚嘔血，一夕燒營遁走入谷，道發病卒。

漢晉春秋曰：亮卒於郭氏塢。

晉陽秋曰：有星赤而芒角，自東北西南流，投于亮營，三投再還，往大還小。俄而亮卒。〔三四〕

臣松之以爲亮在渭濱，魏人躡跡，勝負之形，未可測量，而云嘔血，蓋因亮自亡而自誇大也。夫以孔明之略，豈爲仲達嘔血乎？及至劉琨喪師，與晉元帝箋，亦云「亮軍敗嘔血」，此則引虛記以爲言也。其云入谷而卒，緣蜀人入谷發喪故也。

及軍退，宣王案行其營壘處所，曰：「天下奇才也！」〔三五〕

漢晉春秋曰：楊儀等整軍而出，百姓奔告宣王，宣王追焉。姜維令儀反旗鳴鼓，若將向宣王者。宣王乃退，不敢偪。〔三六〕於是儀結陣而去，入谷然後發喪。〔三七〕宣王之退也，百姓爲之諺曰：「死諸葛走生仲達。」〔三八〕或以告宣王，宣王曰：「吾能料生，不便料死也。」〔三九〕

〔一〕通鑑輯覽曰：「木牛流馬，世稱神奇。殊不思巧工設機，只可炫異目前，豈能藉以任重致遠？西法其明徵也。意亮當時軍實未繕，真馬牛或不給於用，因權宜制器，以濟其窮，不過如秧馬纍車之類，非偃師幻人，所可同日而道。」

〔二〕北地郡見魏志傅嘏傳。元和志：「曹魏於馮翊舊祋祤縣置北地郡。」石城未詳。魏志明紀：「太和五年，軻比能詣幽州貢名馬。」即爲建興九年事，恐葛公未必能招致也。

〔三〕戴陵事見魏志文紀黃初元年。

〔四〕上邽今甘肅秦州西南，詳見魏志明紀太和五年。

〔五〕胡三省曰：「雍、郿二縣皆屬扶風郡。」一統志：「雍縣故城，今陝西鳳翔府鳳翔縣南。」郿縣見前。

〔六〕通鑑：「漢高帝十一年，楚爲三軍，欲以相救爲奇。或説楚將曰：布善用兵，今別爲三，彼敗吾一軍，餘皆走，安能相救？不聽。布果破其一軍，其二軍散走。」胡三省曰：「觀懿此言，蓋自知其才不足以敵亮矣。」

〔七〕通鑑下有「祁山」二字。

〔八〕徼，讀曰邀。

〔九〕鹵城在西縣、冀縣之閒，在今甘肅鞏昌府伏羌縣及秦州之閒，詳見魏志夏侯淵傳、閻溫傳、楊阜傳。

〔一〇〕通鑑無下「我」字，是。

〔一一〕通鑑「以」作「已」。

〔一二〕通鑑「縣」作「孤」。
〔一三〕胡三省曰：「有意爲之曰故。尋者，隨而躡其後。」
〔一四〕賈詡，黄初四年已死，此蓋爲别一人，通鑑作賈栩，晉書宣帝紀作賈嗣。沈家本曰：「詡字誤，栩與嗣則未知孰是。」
〔一五〕胡三省曰：「懿實畏亮，又以張郃嘗再拒亮，名著關右，不欲從其計。及進而不敢戰，情見勢屈，爲諸將所笑。」
〔一六〕宋本「千」作「平」，通鑑同。胡三省曰：「無當蓋蜀軍部之號，言其軍精勇，敵人無能當者。使平監護之，故名官曰無當監。南圍，蜀兵圍祁山之南屯。」
〔一七〕胡三省曰：「案，據也。懿分道進兵，欲以解祁山之圍，自據中道，與亮旗鼓相向也。」
〔一八〕互見魏明紀太和五年。
〔一九〕劍閣在今四川保寧府昭化縣南，詳見魏志鄧艾傳。
〔二〇〕趙一清曰：「周官小司徒：均土地以稽其人民，而周知其數。上地家七人，可任也者，家三人；中地家六人，可任也者，二家五人；下地家五人，可任也者，家二人。宋王與之周禮訂義引吕伯恭云：司馬法曰：六尺爲步，步百爲畝，畝百爲夫，夫三爲屋，屋三爲井，井十爲通，通爲匹馬三十，家士一人，徒二人。以小司徒參之，司徒之可任者，如此其多；司馬法之出士徒數，如彼其少。古人用兵，皆爲不勝計，以慮敗也；故不盡用之，雖敗尚可扶持。故小司徒只言其可任者，非實數也。自此以後，調發者皆用實數，幸而一勝，不幸而一敗，則皆不可救矣。晉作州兵，乃是盡數調發，甚非先王之制。他如魯城作丘甲，蘇秦以齊王臨淄之中七萬户，不下户三男子，而卒已二十一萬。曹操謂崔琰曰：昨案户籍，可得三十萬衆，故爲大州。是皆以實數調發，惟諸葛孔明僅有此意，一蜀之大，其兵多不過十二萬，孔明所用八萬，常留四萬，以爲更代。蜀之所以彊者，以孔明不盡用之。及蜀之亡，尚有十萬二千，數年之間，所折者不過二萬耳。」（王鳴盛説同。）何焯曰：「蜀户二十八萬，男女口九十四萬。於二十八萬户中，二家零三分之餘出一人，於五十六萬四千男女口中，四丁零四分發一人，其不忍盡民之力如此。又蜀吏四萬人，除四户復除，則是二家出一也。除其中老弱，則是每丁發一人也。」（何説似有誤字。）

〔二一〕馮本「不」作「所」。

〔二二〕左傳：「晉侯圍原，命三日之糧；原不降，命去之。諜出曰：原將降矣。軍吏曰：請待之。公曰：信，國之寶也，民之所庇也。得原失信，何以庇之？所亡滋多。退一舍而原降。」

〔二三〕郝經續後漢書「去者」作「更者」。

〔二四〕宋本「出」作「在」。

〔二五〕「多」字衍。

〔二六〕宋本無「矣」字，馮本無「多」字。郝經曰：「世期謂無徑向劍閣之理，是也。更兵番下，而亮不失信，御衆之道也。故衆爲盡其死力，而亦以爲不然，非也。」

〔二七〕郡國志：「右扶風武功。」左傳昭公九年杜注：「駘在武功縣所治斄城。」括地志：「故斄城一名武功城。」寰宇記：「後漢省斄縣，復自渭水南移武功縣於斄故城，因謂之武功城。」一統志：「漢武功縣在今郿縣界，即斄縣故城，今武功縣西南三十里。」水經渭水注：「渭水又東逕五丈原北。魏氏春秋曰：諸葛亮據渭水南原，司馬懿謂諸將曰：亮若出武功，依山東轉者，是其勇也；若西上五丈原，諸君無事矣。亮果屯此原，與懿相禦。渭水又東逕郿縣故城南，斜水出武功縣西南衙嶺山，北歷斜谷，逕五丈原東。諸葛亮與步騭書曰：僕前軍在五丈原，原在武功西十里，餘水出武功縣，故亦謂之武功水也。是以諸葛亮表云：臣遣虎步監孟琰據武功水東，司馬懿因水長攻琰營，臣作竹橋越水射之，橋成馳去。其水北流，注于渭。」一統志：「五丈原在今陝西鳳翔府郿縣西南，與岐山縣接界。」

〔二八〕宋本「住」作「駐」，通鑑同。

〔二九〕趙一清曰：「晉書宣帝紀：青龍二年，亮又率衆十餘萬出斜谷，壘於郿之渭水南原，天子憂之，遣征蜀護軍秦朗督步騎二萬，受帝節度。諸將欲住渭北以待之，帝曰：百姓積聚，皆在渭南，此必爭之地也。遂引軍而濟，背水爲壘。因謂諸將曰：亮若勇者，當出武功，依山而東；若西上五丈原，則諸軍無事矣。亮果上原，將北渡渭，帝遣將軍周當屯陽遂以餌之。數日，亮不動。帝曰：亮欲爭原，而不向陽遂，此意可知也。遣將軍胡遵、雍州刺史郭淮共備陽遂，與亮會於積石，臨原而戰。亮不得進，還於五丈原。世說曰：諸葛武侯與司馬宣王治軍渭濱，克日交戰。宣王戎服蒞事，使人視武侯，獨乘素輿，葛巾毛扇，指麾三軍，隨其進止。宣王歎曰：諸葛君可謂名士矣。」又史通敘事篇云：「王隱稱諸葛亮挑戰，冀獲曹咎之利。（弼按：曹咎見史記項羽本紀。）其事相符，言之讜矣。」一清按：武侯數挑戰，懿不出，因遺以巾幗婦女之飾以激怒之。知幾所指，即此事也。」梁章鉅曰：「公北伐者四，凡再出祁山，一出散關，一出斜谷。」

〔三〇〕胡三省曰：「孫武子及司馬穰苴之言也。」

〔三一〕互見魏志明紀青龍二年注引魏氏春秋。通典卷一百五十兵三云：「司馬宣王使二千餘人就軍營東南角，大聲稱萬歲。亮使問之，答曰：吴朝有使至，請降。亮謂曰：計吴朝必無降法，卿是六十老翁，何煩詭誑如此！」

〔三二〕宋本、馮本「覽」作「擥」。趙一清曰：「此條與魏志明帝紀複出。」何焯曰：「罰二十以上，豈無參佐可以平之？孔明雖蹇蹇夙夜，不若是之不諳政體也。」

〔三三〕梁章鉅曰：「以建興十二年公卒，年五十四推之，知其生於漢靈帝辛酉光和四年也。」弼按：梁氏有諸葛公年譜，見三國志旁證卷二十一，文繁不録。或曰：「天下有方踐亨涂，而遽生意外，使可成之志不遂，讀之每爲雪涕竟日。」

〔三四〕晉書宣帝紀：「會有長星墜亮之營。」

〔三五〕胡三省曰：「方亮之出也，懿以爲若西上五丈原，諸將無事矣。及亮既死退軍，懿案行其營壘處所，以爲天下奇才。觀此，則知懿已料亮之必屯五丈原，而力不能制，姑爲此言，以安諸將之心耳。」或曰：「此皆極愛惜推崇之意，何云承祚有不足於武侯邪？」

〔三六〕胡三省曰：「猶恐亮未死也。」

〔三七〕胡三省曰：「入斜谷也。」

〔三八〕胡三省曰：「司馬懿字仲達，以當日百姓之諺觀之，時人之於孔明何如也？」

〔三九〕通鑑作「不能料死故也」。杜佑曰：「孔明料吴不降，明矣；司馬不料亮死，暗矣。」晉書宣帝紀：「關中多蒺藜，（通典云：楊儀多布鐵蒺藜。）帝使軍士二千人，著軟材平底木屐前行，蒺藜悉著屐，然後馬步俱進，追到赤岸，乃知亮死。」

亮遺命葬漢中定軍山，因山爲墳，冢足容棺，斂以時服，不須器物。〔一〕詔策曰：「惟君體資文武，明叡篤誠，受遺託孤，匡輔朕躬，繼絶興微，志存靖亂。爰整六師，無歲不征，神武赫然，威震八荒，將建殊功於季漢，參伊、周之巨勳。如何不弔，事臨垂克，遘疾隕喪！朕用傷悼，肝心若裂。夫崇德序功，紀行命謚，所以光昭將來，刊載不朽。今使使持節左中郎將杜瓊，贈君丞相武鄉侯印綬，謚君爲忠武侯。魂而有靈，嘉兹寵榮。嗚呼哀哉！嗚呼哀哉！」

〔一〕水經沔水注：「沔水又東逕武侯壘南，諸葛武侯所居也。南枕沔水，水南有亮壘。沔水又東逕沔陽縣故城南，其城南臨漢水，北帶通逵，南對定軍山。諸葛亮之死也，遺令葬于其山，因其地勢不起墳壟，惟深松茂柏，攢蔚川阜，莫知墓塋所在。山東名高平，是亮宿營處，有亮廟。亮薨，百姓野祭，習隆、向充共表立廟沔陽。鍾士季征蜀，枉駕設祠塋東，即八陣圖也。遺基略在，崩褫難識。」一統志：「定軍山在陝西漢中府沔縣東南十里，兩峯對峙，山上平坂，可駐萬軍。」何焯曰：「葬漢中者，欲後人嗣事於魏也。」

初，亮自表後主曰：「成都有桑八百株，薄田十五頃，子弟衣食，自有餘饒。至於臣在外任，無別調度，隨身衣食，悉仰於官，不別治生，以長尺寸。若臣死之日，不使內有餘帛，外有贏財，以負陛下。」及卒，如其所言。

亮性長於巧思，損益連弩，木牛流馬，皆出其意。推演兵法，作八陣圖，咸得其要云。〔一〕

魏氏春秋曰：亮作八務、七戒、六恐、五懼，皆有條章，以訓厲臣子。又損益連弩，謂之元戎，以鐵爲矢，矢長八寸，一弩十矢俱發。

亮集載作木牛流馬法曰：「木牛者，方腹曲頭，一脚四足，頭入領中，舌著於腹，載多而行少，宜可大用，不可小使。特行者數十里，羣行者二十里也。曲者爲牛頭，雙者爲牛脚，横者爲牛領，轉者爲牛足，覆者爲牛背，方者爲牛腹，垂者爲牛舌，曲者爲牛肋，刻者爲牛齒，立者爲牛角，細者爲牛鞅，攝者爲牛鞦軸。牛仰雙轅，人行六尺，牛行四步。載一歲糧，日行二十里，而人不大勞。流馬尺寸之數，肋長三尺五寸，廣三寸，厚二寸二分，左右同。前軸孔分墨去頭四寸，徑中二寸。前脚孔分墨二寸，去前軸孔四寸五分，廣一寸。前杠孔去前脚孔分墨二寸七分，孔長二寸，廣一寸。後軸孔去前杠分墨一尺五分，大小與前同。後脚孔分墨去後軸孔三寸五分，大小與前同。後杠孔去後脚孔分墨二寸七分，後載剋去後杠孔分墨四寸五分。前杠長一尺八寸，廣二寸，厚一寸五分。後杠與等板方囊二枚，厚八分，長二尺七寸，（長）〔高〕一尺六寸五分，廣一尺六寸，每枚受米二斛三斗。從上杠孔去肋下七寸，前後同。上杠孔去下杠孔分墨一尺三寸，孔長一寸五分，廣七分，八孔同。前後四脚，廣二寸，厚一寸五分。形制如象，

軒長四寸，徑面四寸三分。孔徑中三脚杠長二尺一寸，廣一寸五分，厚一寸四分，同杠耳。」〔二〕

亮言教書奏，多可觀，別爲一集。〔三〕

〔二〕水經江水注：「江水又東逕諸葛亮圖壘南，石磧平曠，望兼川陸，有亮所造八陣圖，東跨故壘，皆累細石爲之。自壘西去，聚石八行，行間相去二丈，因曰八陣。既成，自今行師，庶不覆敗。皆圖兵勢行藏之權，自後深識者，所不能了。今夏水漂蕩，歲月消損，高處可二三尺，下處磨滅殆盡。」王觀國學林云：「後漢竇憲傳班固作燕然山銘曰：勒以八陣，莅以威神。章懷太子注曰：兵法有八陣圖，由此觀之，則八陣圖蓋古法也，非亮創爲之也。亮能得古法之意，而推行之耳。」劉禹錫嘉話録：「夔州西市，俯臨江岸，沙石下有諸葛亮八陣圖，箕張翼舒，鵝形鸛勢，聚石分布，宛然尚存。峽水大時，巴、蜀雪消之際，澒湧滉瀁，大木枯槎，隨波而下。及乎水落山平，萬物皆失故態，諸葛亮小石之堆，行列依然如是，迨今六七百年。」東原録謂孫紹先言：「武侯夔州八陣圖，用八以石壘；漢州八陣圖用六以沙壘。皆近千年不泯，用六在用八之後，以其兵少未能足其數也。或謂八陣之勢，天、地、風、雲、飛龍、翔鳥、虎翼、蛇蟠也。」郝經曰：「八陣集跡，荊州圖經云在奉節縣西南七里，又云在永安宮南一里。渚下平磧，上有孔明八陣圖，聚細石圍之，各高五尺，皆棋布相當。中間相去九尺，正中開南北巷，悉廣五尺，凡六十四聚，或爲人散亂，或爲夏水所没，及水退復，依然如故。又有二十四聚，作兩層，其後每層各十二聚。成都圖經云：武侯之八陣凡三，在夔者六十有四，方陣法也；在彌牟鎮者，一百二十有八，當頭陣法也；其在棋盤市者，二百五十有六，下營法也。興元志：興元西縣亦有八陣，則八陣凡四矣。」潘眉曰：「宋神宗云：黃帝始制八陣法，敗蚩尤于涿鹿。諸葛亮造八陣圖于魚復平沙之上，壘石爲八行，晉桓溫見之，曰：常山蛇勢也。文武皆莫能識之，此即九軍陣法也。後至隋，韓擒虎深明其法，以授其甥李靖，靖以時遇久亂，將臣深曉其法者頗多，故造六花陣以變九軍之法，使世人不能曉之。大抵八陣即九軍，九軍者，方陣也；六花陣即七軍，七軍者，圓陣也。又云：八陣圖有四，一在廣都之八陣鄉，一百二十有八，當頭陣法也；一在魚復永安宮南江灘水上，六十有四，方陣法也；一在沔陽之高平舊壘，二百五十六，下營法也；一在益州城東南隅棋盤市，亦二百五十有六。」楊慎曰：「八陣圖在蜀者二，一在夔州之永安宮，一在新都之彌牟鎮。在新都者，其地象城門四起，中列土壘，約高六尺，耕者或剗平之，經旬餘復突出。此乃其精誠之貫，天之所支，而不可或壞者，蓋非獨人愛惜之而已。」顧祖禹曰：「漢時都肆已有孫、吳六十四陣，竇憲常勒八陣擊匈奴，晉馬隆用八陣以復涼州，陳勰持白虎幡以武侯遺法教五營士，後魏柔然犯塞，刁雍上表，採諸葛八陣之法，爲平地禦寇之方。李靖對太宗言，六花陣法，本于八陣，是則武侯之前，既有八陣，後亦未嘗亡也。」

〔二〕通鑑胡注引此流馬尺寸，字句少異。

〔三〕隋書經籍志正史類：「論前漢事一卷，蜀丞相諸葛亮撰。」唐書藝文志：「諸（亮葛）〔葛亮〕論前漢事一卷，又音一卷。」通志藝文略：「漢書音一卷，諸葛亮撰。」唐日本國人佐世見在書目雜家：「諸葛武侯上事九卷。」諸葛亮、法正、劉巴、李嚴、伊籍共造蜀科，見本志伊籍傳。唐書藝文志：「諸葛亮貞潔記一卷。」諸葛亮哀牢國譜，見華陽國志。隋志儒家類「諸葛武侯集誡二卷。」又總集類「諸葛武侯誡一卷」，又兵法類「梁有諸葛亮兵法五卷」。通志藝文略：「武侯八陣圖一卷。」隋志：「蜀丞相諸葛亮集二十五卷。」

景耀六年春，詔爲亮立廟於沔陽。〔一〕

襄陽記曰：亮初亡，所在各求爲立廟，朝議以禮秩不聽，百姓遂因時節私祭之於道陌上。〔二〕言事者或以爲可聽立廟於成都者，後主不從。步兵校尉習隆、〔三〕中書郎向充等〔四〕共上表曰：「臣聞周人懷召伯之德，甘棠爲之不伐；〔五〕越王思范蠡之功，鑄金以存其像。〔六〕自漢興以來，小善小德，而圖形立廟者多矣。況亮德範遐邇，勳蓋季世，興王室之不壞，實斯人是賴。〔七〕而烝嘗止於私門，廟像闕而莫立，使百姓巷祭，戎夷野祀，非所以存德念功，述追在昔者也。今若盡順民心，則瀆而無典；〔八〕建之京師，又偪宗廟。此聖懷所以惟疑也。臣愚以爲宜因近其墓，立之於沔陽，使所親屬，以時賜祭。凡其臣故吏，欲奉祠者，皆限至廟。斷其私祀，以崇正禮。」於是始從之。〔九〕秋，魏鎮西將軍鍾會征蜀，至漢川，祭亮之廟，令軍士不得於亮墓所左右芻牧樵採。亮弟均，官至長水校尉。亮子瞻，嗣爵。

襄陽記曰：黄承彦者，高爽開列，爲沔南名士。謂諸葛孔明曰：「聞君擇婦，身有醜女，黄頭黑色，而才堪相配。」孔明許，即載送之。時人以爲笑樂。鄉里爲之諺曰：「莫作孔明擇婦，止得阿承醜女。」〔一〇〕

〔一〕困學紀聞卷十三云：「昭烈謂武侯之才，十倍曹丕。以丕之盛，終身不敢議蜀也。司馬懿畏蜀如虎，非武侯之敵。史通云：陸機晉史，虚張拒葛之鋒；又云：蜀老猶存，知葛亮之多枉。然則武侯事蹟，湮没多矣。」（杭世駿、趙一清均引之。）

〔二〕硯北雜志曰：「漢中之民，當春月男女行哭，首載白楮幣，上諸葛公墓，其哭甚哀。」

〔三〕胡三省曰：「姓譜：習，國名，後以爲姓。風俗通：漢有習響，爲陳相。」

〔四〕元本「向」作「尚」，又一本「充」作「允」，均誤。充爲向寵弟，見寵傳。

〔五〕詩召南甘棠之章：「蔽芾甘棠，勿翦勿伐，召伯所茇。」毛傳云：「蔽芾，小貌；甘棠，杜也。翦，去；伐，擊也。茇，草舍也。」鄭箋云：「召伯聽男女之訟，不重煩勞百姓，止舍小棠之下，而聽斷焉。國人被其德，説其化，思其人，敬其樹。」

〔六〕國語：「范蠡乘輕舟以浮於五湖，莫知其所終極。王命金工以良金寫范蠡之狀，而朝禮之。浹日而令大夫朝之。」

〔七〕水經沔水注引此作：「亮德軌遐邇，勳蓋來世，王室之不壞，實賴斯人。」字句少異，較此爲允。

〔八〕沔水注「濆」作「贕」。

〔九〕宋書禮志四：「何承天曰：周禮，凡有功者祭于太烝，故代遵之，以元勳配饗。允等曾不是式，禪又從之，並非禮也。」

〔一〇〕元本「止」作「正」，陳本「止得」作「正謂」。襄陽耆舊傳：「漢末諸蔡最盛，蔡諷姊，適太尉張温，長女爲黄承彦妻，小女爲劉景升後婦，瑁之姊也。」

## 諸葛氏集目録

開府作牧第一　權制第二
南征第三　北出第四
計算第五　訓厲第六
綜覈上第七　綜覈下第八〔一〕
雜言上第九　雜言下第十〔二〕
貴和第十一　兵要第十二
傳運第十三　與孫權書第十四
與諸葛瑾書第十五　與孟達書第十六
廢李平第十七　法檢上第十八
法檢下第十九　科令上第二十
科令下第二十一　軍令上第二十二

軍令下第二十四

右二十四篇，凡十萬四千一百一十二字。

臣壽等言：「臣前在著作郎，〔三〕侍中領中書監濟北侯臣荀勗、〔四〕中書令關內侯臣和嶠〔五〕奏，使臣定故蜀丞相諸葛亮故事。〔六〕亮毗佐危國，〔七〕負阻不賓，〔八〕然猶存錄其言，恥善有遺，誠是大晉光明至德，澤被無疆，自古以來，未之有倫也。輒删除複重，隨類相從，凡爲二十四篇，篇名如右。

亮少有逸羣之才，英霸之器，身長八尺，容貌甚偉，時人異焉。遭漢末擾亂，隨叔父玄避難荊州，躬耕于野，不求聞達。時左將軍劉備以亮有殊量，乃三顧亮於草廬之中。亮深謂備雄姿傑出，遂解帶寫誠，厚相結納。及魏武帝南征荊州，劉琮舉州委質，而備失勢衆寡，無立錐之地。亮時年二十七，〔九〕乃建奇策，身使孫權，求援吳會。權既宿服仰備，又覩亮奇雅，甚敬重之，即遣兵三萬人以助備。備得用與武帝交戰，大破其軍，乘勝克捷，江南悉平。後備又西取益州，益州既定，以亮爲軍師將軍。備稱尊號，拜亮爲丞相，録尚書事。及備殂没，嗣子幼弱，事無巨細，亮皆專之。於是外連東吳，內平南越，立法施度，整理戎旅，工械技巧，〔一〇〕物究其極。科教嚴明，賞罰必信，無惡不懲，無善不顯。至於吏不容奸，人懷自厲，道不拾遺，彊不侵弱，風化肅然也。〔一一〕

當此之時，亮之素志，進欲龍驤虎視，苞括四海；退欲跨陵邊疆，震蕩宇內。〔一二〕又自以爲無身之日，則未有能蹈涉中原、抗衡上國者，是以用兵不戢，屢耀其武。然亮才於治戎爲長，奇謀爲短，理民之幹，優於將略。而所與對敵，或值人傑，加衆寡不侔，攻守異體，故雖連年動衆，未能有克。〔一三〕昔蕭何薦韓信，〔一四〕管仲舉王子城父，〔一五〕皆忖己之長，未能兼有故也。亮之器能政理，抑亦管、蕭之亞匹也。而時之名將無城父、韓信，故使功業陵遲，大義不及邪？蓋天命有歸，不可以智力爭也。〔一六〕

青龍二年春，亮帥衆出武功，分兵屯田，爲久駐之基。其秋病卒，黎庶追思以爲口實。至今梁、益之民，咨述亮者，言猶在耳，雖甘棠之詠召公，〔一七〕鄭人之歌子產，〔一八〕無以遠譬也。孟軻有云：以逸道使民，雖勞不怨；以生道殺人，雖死不忿。信矣！〔一九〕論者或怪亮文彩不豔，而過於丁寧周至。臣愚以爲咎繇大賢也，周公聖人也，考之尚書，咎繇之謨略而雅，周公之誥煩而悉。何則？咎繇與舜禹共談，周公與羣下矢誓故也。亮所與言，盡衆人凡士，故其文指不及得遠也。〔二〇〕然其聲教遺言，皆經事綜物，公誠之心，形于文墨，足以知其人之意理，而有補於當世。〔二一〕

伏惟陛下，邁縱古聖，〔二二〕蕩然無忌，故雖敵國誹謗之言，咸肆其辭而無所革諱，所以明大通之道也。謹録寫上詣著作。臣壽誠惶誠恐，頓首頓首，死罪死罪。泰始十年二月一日癸巳，平陽侯相臣陳壽上。」〔二三〕

〔一〕毛本「綜」作「宗」，誤。

〔二〕毛本「雜」作「襍」，誤。

〔三〕姚範曰：「在疑佐字。」弼按：晉書壽傳云：「除佐著作郎，出補陽平令，撰蜀相諸葛亮集奏之。」是撰諸葛集時，正官佐著作郎也。

〔四〕晉書荀勖傳：「勖字公曾，潁川潁陰人，漢司空爽曾孫。武帝受禪，封濟北郡公，固辭，爲侯。拜中書監，加侍中，領著作。帝素知太子闇弱，遣勖及和嶠往觀之，勖還，盛稱太子之德。而嶠云太子如初。於是天下貴嶠而賤勖。」

〔五〕晉書和嶠傳：「嶠字長輿，汝南西平人，遷中書令。舊監令共車入朝，時荀勖爲監，嶠鄙爲人，每同乘高抗，專車而坐。乃使監令異車，自嶠始也。」

〔六〕華陽國志十一：「陳壽再爲著作郎，吴平後，壽乃鳩合三國史，著魏、吴、蜀三書六十五篇，號三國志。又著古國志五十篇，品藻典雅。中書監荀勖、令張華深愛之，以班固、史遷不足方也。出爲平陽侯相，華又表令次定諸葛亮故事，集爲二十四篇。時壽良亦集，故頗不同。」唐庚曰：「魏文帝即位，求孔融之文，以爲不減班、揚。晉武帝踐阼，詔定諸葛亮故事。融既魏武之讎恨，亮亦晉宣之對敵，二人之言，宜非當時之所欲聞，而並見收録，惟恐其墜失，蕩然無忌，猶有先王大公至正之道存焉。」

〔七〕詩大雅「天子是毗」鄭箋云：「毗，輔也。」

〔八〕論衡：「化不賓爲齊民。」

〔九〕沈家本曰：「亮之見權，在建安十三年，以建興十二年時年五十四推之，則其時年二十八，恐此七字誤也。」

〔一〇〕毛本「技」作「枝」，誤。

〔一一〕或曰：「此皆極美之詞，無屈抑之意，可知壽非脩怨。」

〔一二〕或曰：「深得武侯之心。」

〔一三〕或曰：「可雪不戢之謗，抑中仍褒。」

〔一四〕漢書韓信傳：「蕭何曰：諸將易得，至如信，國士無雙。必欲爭天下，非信無可與計事者。漢王乃拜信爲大將。」

〔一五〕新序卷四：「管仲言齊桓公曰：平原廣囿，車不結軌，士不旋踵，鼓之而三軍之士，視死若歸，則臣不若王子成甫，請置以爲大司馬。」左傳文公十一年：「齊襄公之二年，鄋瞞伐齊，齊王子成父獲其弟榮如。」杜注：「王子成父，齊大夫。」梁玉繩曰：「王子成父，又作城父。（管子小匡、呂覽勿躬、史齊、魯世家並古通用字。）案：城父不知何王之子。韓昌黎王仲舒神道碑、通志略五以爲姬姓；魏王基碑以爲王子比干之後，（錢大昕金石文跋尾二。）未知孰是。」

〔一六〕何焯曰：「上云人傑，在其子孫之朝故耳；歸之天命，則仍夷之也。」

〔一七〕解見前。

〔一八〕左傳襄公三十年：「輿人誦之曰：我有子弟，子産誨之；我有田疇，子産殖之。子産而死，誰其嗣之！」

〔一九〕何焯曰：「上云用兵不戢，蓋對敵國之詞；此又申明其真王者之師也。」

〔二〇〕馮本作「不得及遠也」。晉書李密傳：「張華問密曰：孔明言教何碎？密曰：昔舜、禹、皋陶相與語，故得簡雅大誥，與凡人言，宜碎。孔明與言者無己敵，言教是以碎耳。華善之。」

〔二一〕或曰：「觀此表而猶疑壽者，可謂失言。」

〔二二〕宋本「縱」作「蹤」。

〔二三〕宋本泰始以下低一字，（元本低二字。）別爲一行。弼按：不必論本傳，即此表文，已可爲武侯一篇佳傳。宋廣漢張栻亦撰武侯傳，事雖詳備，文則遠遜於此也。又按：承祚上表，自署平陽侯相，與華陽國志合，惟與晉書本傳云「補陽平令」異。錢大昕亦疑壽傳爲誤。案晉書地理志：平陽郡平陽，舊堯都，侯國。平陽在漢爲曹參封邑，子孫襲封，後漢末張濟封平陽侯，晉元帝時，李矩封平陽侯，至晉初何人封平陽侯，未詳也。

喬字伯松，亮兄瑾之第二子也。本字仲慎，與兄元遜俱有名於時，論者以爲喬才不及兄，而性業過之。初，亮未有子，求喬爲嗣，瑾啓孫權遣喬來西，亮以喬爲己適子，故易其字焉。拜爲駙馬都尉，隨亮至漢中。

亮與兄瑾書曰：「喬本當還成都，今諸將子弟皆得傳運，思惟宜同榮辱。今使喬督五六百兵，與諸子弟傳於谷中。」書在亮集。

年二十五，建興元年卒。〔一〕子攀，官至行護軍翊武將軍，〔二〕亦早卒。諸葛恪見誅於吳，子孫皆盡，而亮自有冑裔，故攀還復爲瑾後。

〔一〕何焯曰：「公北駐漢中在建興五年，元字誤。思遠之生，即在建興五年也。詳元字當作六。伯松亦以轉運之勤，死於王事。」錢大昭曰：「按霍峻傳云：亮北駐漢中，請爲記室，使與子喬共周旋游處，與喬傳合。然北駐漢中之事，後主傳及諸葛亮、向朗等傳，皆在建興五年，則所云建興元年卒者，誤矣。」

〔二〕洪飴孫曰：「翊武將軍一人，蜀所置。」

瞻字思遠。建興十二年，亮出武功，與兄瑾書曰：「瞻今已八歲，聰慧可愛，嫌其早成，恐不爲重器耳。」〔一〕年十七，〔二〕尚公主，拜騎都尉。其明年，爲羽林中郎將，〔三〕屢遷射聲校尉、〔四〕侍中、尚書僕射，加軍師將軍。瞻工書畫，彊識念，蜀人追思亮，咸愛其才敏。每朝廷有一善政佳事，雖非瞻所建倡，百姓皆傳相告曰：「葛侯之所爲也。」是以美聲溢譽，有過其實。景耀四年，爲行都護衛將軍，與輔國大將軍南鄉侯董厥並平尚書事。六年冬，魏征西將軍鄧艾伐蜀，自陰平由景谷道旁入。〔五〕瞻督諸軍至涪亭住，〔六〕前鋒破，退還，住綿竹。〔七〕艾遣書誘瞻曰：「若降者，必表爲琅邪王。」〔八〕瞻怒，斬艾使。遂戰，大敗，臨陣死。時年三十七，衆皆離散。艾長驅至成都，瞻長子尚，與瞻俱没。〔九〕

干寶曰：瞻雖智不足以扶危，勇不足以拒敵，而能外不負國，内不改父之志，忠孝存焉。

華陽國志曰：尚歎曰：「父子荷國重恩，不早斬黄皓，以致傾敗，用生何爲！」乃馳赴魏軍而死。〔一〇〕

次子京及攀子顯等，咸熙元年，内移河東。

案諸葛氏譜云：〔一一〕京字行宗。〔一二〕

晉泰始起居注〔一三〕載詔曰：「諸葛亮在蜀，盡其心力，其子瞻臨難而死義，天下之善一也。其孫京，隨才署吏。」後爲郿令。〔一四〕

尚書僕射山濤啟事曰：「郿令諸葛京，祖父亮，遇漢亂分隔，父子在蜀，雖不達天命，要爲盡心所事。京治郿自復有稱，臣以爲宜以補東宫舍人，以明事人之理，副梁益之論。」京位至廣州刺史。〔一五〕

〔一〕藝文類聚二十三載武侯誡子書云：「夫君子之行，静以修身，儉以養德，非澹泊無以明志，非寧静無以致遠。夫學，須静也；才，須學也。非學無以廣才，非静無以成學。慆慢則不能勵精，險躁則不能治性。年與時馳，意與歲去，遂成枯落，多不接世，悲守窮廬，將復何及！」

〔二〕延熙六年。

〔三〕元本、馮本、監本、吴本、毛本「羽」作「翰」，宋本作「羽」。趙一清曰：「何焯云：翰林名官始此邪？然其職爲中郎將，則猶之羽林也。後因親信宿衛，遂使才藻藝能之士，皆待詔焉。及後學士代掌王言，乃取翰林子墨客卿之辭爲美名，恐反失其本也。又云：宋本正作羽林。」一清案：周羣爲儒林校尉，則翰林中郎將未足致疑，不必以宋本作羽林字爲證也。」潘眉曰：「唐以前無翰林官，況冠於中郎之上，此翰字乃羽字之譌。羽林中郎將，漢舊官也。」弼按：何説本疑詞，趙説牽强，潘説是。羽林中郎將，見魏志后妃傳毛后傳。

〔四〕射聲校尉，見魏志齊王紀嘉平六年。

〔五〕陰平，今甘肅階州文縣治。魏志鄧艾傳：「從陰平由邪徑經漢德陽亭。」胡三省曰：「此道即所謂陰平景谷道。」華陽國志：「自景谷有步道徑江油左擔行出涪，鄧艾從之伐蜀。」謝鍾英曰：「景谷道在文縣南。」

〔六〕宋本、元本、馮本「亭」作「停」。涪，今四川綿州東，見劉璋傳，又見鄧艾傳。

〔七〕綿竹今綿州德陽縣北，見劉焉傳，又見鄧艾傳。本志黄權傳：「黄崇隨衛將軍諸葛瞻拒鄧艾，到涪縣，瞻盤桓未進。崇勸瞻宜速行據險，瞻猶豫未納，崇至于流涕。會艾長驅而前，瞻却戰，至綿竹。」

〔八〕胡三省曰：「諸葛氏本琅邪人，故以此誘之。」

〔九〕其隨瞻戰死綿竹者，張飛孫遵，見飛傳；黄權子崇，見權傳；李恢弟子球，見恢傳。杜佑曰：「漢州德縣，鄧艾破諸葛瞻於此，因爲京觀。」趙一清曰：「元和郡縣志：初，瞻在涪而艾已入江油。瞻曰：吾内不除黄皓，外不制姜維，進不守江油，吾有三罪，何面而反？遂就綿竹，埋人脚而戰，父子死焉。寰宇記卷七十三：綿竹縣故城，在漢州德陽縣北三十五里。李膺益州記云：石子頭二十里，即故綿竹縣城，諸葛瞻埋人脚戰處也。」

〔一〇〕困學紀聞云：「朱晦翁欲傳末略載瞻及子尚死節事，以見善善及子孫之義，南軒不以爲然。以爲瞻任兼將相，而不能極諫以去黄皓，諫而不聽，又不能奉身而退，以冀主之一悟，可謂不克肖矣。兵敗身死，雖能不降，僅勝於賣國者耳。以其猶能如此，故書子瞻嗣爵，以微見善善之長。以其智不足稱，故不詳其事，不足法也。」何焯云：「思遠於景耀四年以尚書僕射、軍師將軍行都護衛將軍，與董厥共平尚書事，至六年冬亡國，其任事未久，董厥、閻宇位皆在其上，所謂任兼將相者，恐未悉當時事勢也。姜維略言之，而後主不納，逃讒沓中。思遠少爲主壻，亦蜀之宫子奇也，能必入乎？」趙一清曰：「朱子之論，最爲平允，南軒則近於苛矣。」周壽昌曰：「南軒此論，可謂不揣本末，而權輕重者矣。瞻、尚父子，世臣，任兼將相，豈能以一黃皓而輕爲去就？即尚戰死時，猶以不早斬黃皓爲歎，此亦臨難憤語，彼時若真斬皓，不又一袁紹邪？即裴後注引蜀史常璩説長老云：陳壽嘗爲瞻吏，爲瞻所辱，故因此事惡黃皓而云瞻不能匡矯也。是瞻傳所云將護黃皓，瞻無能匡矯之語，未可全信。國敗主降，父子同時赴敵死難，尚謂非忠武侯之肖子，將北地王哭廟殺妻子，旋自殺，亦謂其不能挽回危敗，徒捐生以塞責，非先主之賢孫也？宋儒執論迂謬，令人憤懣不平，多類此；但不知朱子是作何傳，若是修綱目，則無傳；若蜀志則瞻有專傳在後，其子尚即附其父傳內，何煩略載邪！」

〔一一〕諸葛氏譜，隋志未著録。

〔一二〕元本「行」作「仲」。

〔一三〕沈家本曰：「隋志：晉泰始起居注二十卷，李軌撰。二唐志同。」

〔一四〕鄙見前。

〔一五〕宋本「廣」作「江」。

董厥者，丞相亮時爲府令史，亮稱之曰：「董令史，良士也。吾每與之言，思慎宜適。」徙爲主簿。亮卒後，稍遷至尚書僕射，代陳祗爲尚書令，遷大將軍平臺事，〔一〕而義陽樊建代焉。〔二〕

案：晉百官表：〔三〕董厥字龔襲，亦義陽人。建字長元。

延熙二十四年，以校尉使吳，值孫權病篤，〔四〕不自見建。權問諸葛恪曰：「樊建何如宗預也？」恪對曰：「才識不及預，而雅性過之。」後爲侍中，守尚書令。〔五〕自瞻、厥、建統事，姜維常征伐在外，宦人黃皓竊弄機柄，〔六〕咸共將護，無能匡矯。〔七〕

孫盛異同記曰：瞻、厥等以維好戰無功，國内疲弊，宜表後主，召還爲益州刺史，奪其兵權。蜀長老猶有瞻表以閻宇代維故事。晉永和三年，蜀史常璩説蜀長老云：「陳壽嘗爲瞻吏，爲瞻所辱，故因此事歸惡黄皓，而云瞻不能匡矯也。」

然建特不與皓和好往來。蜀破之明年春，厥、建俱詣京都，同爲相國參軍，其秋並兼散騎常侍，使蜀慰勞。〔八〕

漢晉春秋曰：樊建爲給事中，晉武帝問諸葛亮之治國，建對曰：「聞惡必改，而不矜過；賞罰之信，足感神明。」帝曰：「善哉！使我得此人以自輔，豈有今日之勞乎？」建稽首曰：「臣竊聞天下之論，皆謂鄧艾見枉，陛下知而不理，此豈馮唐之所謂雖得頗、牧而不能用者乎！」〔九〕帝笑曰：「吾方欲明之，卿言起我意。」於是發詔治艾焉。〔一〇〕

〔一〕錢大昭曰：「大將軍上當有輔國二字。」

〔二〕義陽今河南南陽府桐柏縣東，見魏志武文世王公傳彭城王據傳。

〔三〕沈家本曰：「隋志：梁有荀綽百官表注十六卷，亡。」

〔四〕何焯曰：「孫權殁於延熙十五年，二字衍文。且延熙止二十年，亦無二十四年也。權寢疾，召諸葛恪於武昌，正延熙十四年事。」

〔五〕錢儀吉曰：「史傳董厥，忽入樊建使吴事。語似不倫。且上文稱厥代陳祗爲尚書令，此景耀元年祗卒而厥代也。又云遷大將軍平臺事，而義陽樊建代焉，此景耀四年厥遷輔國大將軍平尚書事，而建代厥爲尚書令也。既言建代厥爲尚書令，此又言建後爲侍中，守尚書令，前後重出，必非承祚本書。疑此五十字（弼按：應作五十四字。）本在註建字長元之下，而誤爲正文者。惟他書引晉百官表但有名字爵里，而此獨記事，或延熙以上，更有脱文。」

〔六〕劉咸炘曰：「特書此見亮死而漢亡，無人繼之也。」

〔七〕胡三省曰：「揉曲使直曰矯。」

〔八〕劉咸炘曰：「尚云厥、建附此者，以其與瞻將護黄皓，不守亮親小人之戒，蜀漢所以傾頽也。按此二人若合于陳震、董允、吕乂、陳祗傳中，則首尾完具。」

〔九〕史記馮唐傳：「唐事文帝，上曰：嗟乎！吾獨不得廉頗、李牧時爲吾將，吾豈憂匈奴哉！唐曰：主臣，陛下雖得廉頗、李牧，弗能用也。」

〔一〇〕元本「治」作「理」。

評曰：諸葛亮之爲相國也，撫百姓，示儀軌，〔一〕約官職，從權制，開誠心，布公道。盡忠益時者，雖讎必賞；犯法怠慢者，雖親必罰；服罪輸情者，雖重必釋；游辭巧飾者，〔二〕雖輕必戮。善無微而不賞，惡無纖而不貶，庶事精練，物理其本，〔三〕循名責實，虚僞不齒。終於邦域之内，咸畏而愛之，刑政雖峻，而無怨者。以其用心平而勸戒明也，可謂職治之良才，管蕭之亞匹矣。〔四〕然連年動衆，未能成功，蓋應變將略，非其所長歟？〔五〕

袁子曰：或問諸葛亮何如人也？袁子曰：張飛、關羽與劉備俱起，爪牙腹心之臣，而武人也。晚得諸葛亮，因以爲佐相，而羣臣悦服。劉備足信，亮足重故也。〔六〕及其受六尺之孤，攝一國之政，事凡庸之君，專權而不失禮，行君事而國人不疑，如此，即以爲君臣百姓之心欣戴之矣。〔七〕行法嚴而國人悦服，用民盡其力，而下不怨。及其兵出，入如賓，行不寇，芻蕘者不獵，如在國中。其用兵也，止如山，進退如風，兵出之日，天下震動，而人心不憂。亮死至今數十年，國人歌思，如周人之思召公也。孔子曰：「雍也可使南面。」諸葛亮有焉。又問：諸葛亮始出隴右，南安、天水、安定三郡人反應之。若亮速進，則三郡非中國之有也。而亮徐行不進，既而官兵上隴，三郡復，亮無尺寸之功，失此機，何也？袁子曰：蜀兵輕鋭，[八]良將少，亮始出，未知國中强弱，[九]是以疑而嘗之。且大會者不求近功，所以不進也。曰：何以知其疑也？袁子曰：初出遲重，屯營重複，後轉降未進兵欲戰，亮勇而能鬭，三郡反而不速應，此其疑徵也。曰：何以知其勇而能鬭也？袁子曰：亮之在街亭也，前軍大破，亮屯去數里，不救；官兵相接，又徐行，此其勇也。亮之行軍，安静而堅重，安静則易動，堅重則可以進退。亮法令明，賞罰信，士卒用命，赴險而不顧，此所以能鬭也。曰：亮率數萬之衆，其所興造，若數十萬之功，是其奇者也。所至營壘、井竈、圊溷、藩籬、障塞，皆應繩墨。一月之行，去之如始至，勞費而徒爲飾好，何也？袁子曰：蜀人輕脱，亮故堅用之。曰：何以明其然也？[一〇]袁子曰：亮治實而不治名，志大而所欲遠，非求近速者也。曰：亮好治官府、次舍、橋梁、道路，此非急務，何也？袁子曰：小國賢才少，故欲其尊嚴也。亮之治蜀，田疇辟，倉廩實，器械利，蓄積饒，朝會不譁，[一一]路無醉人。夫本立故末治，有餘力而後及小事，此所以勸其功也。曰：子之論諸葛亮則有證也，以亮之才，而少其功，何也？袁子曰：亮持本者也，其於應變，則非所長也。[一二]故不敢用其短。曰：然則吾子美之何也？袁子曰：此固賢者之遠矣，安可以備體責也。夫能知所短而不用，此賢者之大也。知所短則知所長矣。夫前識與言而不中，[一三]亮之所不用也，此吾之所謂可也。

吴大鴻臚張儼作默記，其述佐篇論亮與司馬宣王書曰：漢朝傾覆，天下崩壞，〔一四〕豪傑之士，競希神器。魏氏跨中土，劉氏據益州，並稱兵海内，爲世霸王。諸葛、司馬二相，遭值際會，託身盟主，〔一五〕或收功于蜀漢，或册名於伊、洛。丕、備既没，後嗣繼統，各受保阿之任，輔翼幼主，不負然諾之誠，亦一國之宗臣，〔一六〕霸王之賢佐也。歷前世以觀近事，二相優劣，可得而詳也。孔明起巴蜀之地，蹈一州之土，方之大國，其戰士人民，蓋有九分之一也。而以貢贄大吴，〔一七〕抗對北敵，至使耕戰有伍，刑法整齊，提步卒數萬，長驅祁山，慨然有飲馬河、洛之志。仲達據天下十倍之地，仗兼并之衆，據牢城，擁精鋭，無禽敵之意，務自保全而已。使彼孔明自來自去，若此人不亡，終其志意，連年運思，刻日興謀，則涼、雍不解甲，中國不釋鞍，勝負之勢，亦已決矣。昔子產治鄭，諸侯不敢加兵，蜀相其近之矣。方之司馬，不亦優乎！或曰：兵者，凶器；戰者，危事也。有國者不務保安境内，綏静百姓，而好開闢土地，征伐天下，未爲得計也。諸葛丞相誠有匡佐之才，然處孤絶之地，戰士不滿五萬，〔一八〕自可閉關守險，君臣無事。空勞師旅，無歲不征，未能進咫尺之地，開帝王之基，而使國内受其荒殘，西土苦其役調。魏司馬懿才用兵衆，未易可輕，量敵而進，兵家所慎。若丞相必有以策之，〔一九〕則未見坦然之勳；若無策以裁之，則非明哲之謂，海内歸向之意也。余竊疑焉，請聞其説。答曰：蓋聞湯以七十里、文王以百里之地而有天下，皆用征伐而定之。揖讓而登王位者，惟舜、禹而已。今蜀、魏爲敵戰之國，勢不俱王，自操、備時，彊弱縣殊，而備猶出兵陽平，禽夏侯淵；羽圍襄陽，將降曹仁，生獲于禁。當時北邊，大小憂懼，孟德身出南陽，樂進、徐晃等爲救，圍不即解，故蔣子通言：彼時有徙許渡河之計，會國家襲取南郡，〔二〇〕羽乃解軍。玄德與操，智力多少，士衆衆寡，用兵行軍之道，不可同年而語，猶能暫以取勝，是時又無大吴掎角之勢也。今仲達之才，減於孔明；當時之勢，異於曩日。玄德尚與抗衡，孔明何以不可出軍而圖敵邪？昔樂毅以弱燕之衆，兼從五國之兵，〔二一〕長驅彊齊，下七十餘城。今蜀漢之卒，不少燕軍，君臣之接，信於樂毅，加以國家爲脣齒之援，東西相應，首尾如虵，形勢重大，不比於五國之兵也，何憚於彼而不可哉！夫兵以奇勝，制敵以智，土地廣狹，人馬多少，未可偏恃也。余觀彼治國之體，當時既肅整，遺教在後，及其辭意懇切，陳進取之圖，忠謀謇謇，義形於主，雖古之管、晏，何以加之乎！

蜀記曰：晉永興中，〔二二〕鎮南將軍劉弘〔二三〕至隆中，觀亮故宅，立碣表閭，命太傅掾犍爲李興爲文曰：〔二四〕「天子命我于沔之陽，聽鼓鞞而永思，〔二五〕庶先哲之遺光，登隆山以遠望，軾諸葛之故鄉。蓋神物應機，大器無方，通人靡滯，大德不常。故谷風發而騶虞嘯，〔二六〕雲雷升而潛鱗驤。摯解褐于三聘，〔二七〕尼得招而褰裳；〔二八〕管豹變于受命，〔二九〕貢感激以回莊；〔三〇〕異徐生之摘寶，釋卧龍於深藏；偉劉氏之傾蓋，〔三一〕嘉吾子之周行。〔三二〕夫有知己之主，則有竭命之良，固所以三分我漢鼎，〔三三〕跨帶我邊荒；抗衡我北面，馳騁我魏疆者也。英哉吾子，獨含天靈，豈神之祇？豈人之精？何思之深？何德之清！異世通夢，恨不同生。推子八陣，不在孫、吴，〔三四〕木牛之奇，則亦般、模。〔三五〕神弩之功，一何微妙！千井齊甃，〔三六〕又何祕要！昔在顛、夭，〔三七〕有名無迹，孰若吾儕，〔三八〕良籌妙畫？臧文既没，以言見稱，〔三九〕又未若子，言行並徵。夷吾反坫，〔四〇〕樂毅不終，〔四一〕奚比於爾，明哲守沖。臨終受寄，讓過許由，〔四二〕負扆莅事，民言不流。〔四三〕刑中於鄭，教美於魯，蜀民知恥，河、渭安堵。匪皐則伊，寧比管、晏？豈徒聖宣，〔四四〕慷慨屢歎！昔爾之隱，卜惟此宅，仁智所處，能無規廓。日居月諸，時殞其夕，誰能不歿，貴有遺格。惟子之勳，移風來世，詠歌餘典，懦夫將厲。遐哉邈矣，厥規卓矣，凡若吾子，難可究已。〔四五〕疇昔之乖，萬里殊塗，今我來思，覿爾故墟。漢高歸魂於豐沛，〔四六〕太公五世而反周。〔四七〕想魍魎以髣髴，冀影響之有餘。魂而有靈，豈其識諸！」

王隱晉書云：李興，密之子，一名安。

〔一〕胡三省曰：「儀，度也；軌，法也。」

〔二〕馮本「飾」作「飭」，誤。

〔三〕胡三省曰：「言事事物物，必從其本而治之。」

〔四〕胡三省曰：「亞，次也；匹，偶也。」

〔五〕常璩曰：「諸葛亮雖資英霸之能，而主非中興之器，欲以區區之蜀，假已廢之命，北吞强魏，抗衡上國，不亦難哉！似宋襄求霸者乎？然亮政脩民理，威武外振，爰迄琬、禕，遵修弗革。攝乎大國之閒，以弱爲强，猶可自保。姜維才非亮匹，志繼洪軌，民嫌其勞，家國亦喪矣。」袁宏三國名臣序贊曰：「孔明盤桓，俟時而動，遐思管、樂，遠明風流，治國以禮，民無怨聲，刑罰不濫，没有餘泣，雖古之遺愛，何以加兹！及夫臨終顧託，受遺作相，劉后授之無疑心，武侯處之無懼色，繼體納之無貳情，百姓信之無異辭，君臣之際，良可詠矣。」又曰：「堂堂孔明，基宇宏邈，器同生民，獨禀先覺。標榜風流，遠期管、樂，初九龍盤，雅志彌確。百六道喪，干戈迭用，苟非命世，孰埽雰雺？宗子思寧，薄言解控，釋褐中林，鬱爲時棟。」洪邁容齋隨筆卷八云：「諸葛孔明千載人，用兵行師，本仁義節制，三代以降未有也。操心制行，一出於誠，生於亂世，躬耕隴畝，使無徐庶一言，玄德三顧，必不求聞達。始見玄德，論荆、益可取，言如蓍龜，終身不易。二十餘年之間，君信之，士大夫仰之，夷夏服之，敵人畏之，司馬懿歎爲奇才，鍾會祭其墓，此豈智力策慮所能致哉！」張溥曰：「諸葛亮之説先主借荆州取益州也，其道皆雜王霸行之。及受顧命輔後主，則行事純乎王矣。以王霸雜行者，師出於奇；純乎王者，師出於正。出於奇者，非大勝即大敗；出於正者，無大勝亦無大敗。

輔英主以奇，輔弱主以正，昭烈既崩，亮敢用奇哉？魏延子午之策，彷彿孫、吴，亮危而不用者，知彼知己，計慮審矣。亮所能者，日用兵而民不知兵，日調賦而國不知賦，軍農並興，若行無事，以周公之法，寓於管子之令，而天下莫能窺其間，是以神也。混一之朝，有征無戰，角立之國，有戰有守。蜀，守國也，非戰國也。後主爲君，守而不足；諸葛亮爲相，戰且守而有餘。西晉降而東，汴宋降而南時，可爲十倍蜀矣，其如無亮何！」李安溪曰：「武侯實仁義節制，王者之師，壽以爲短於奇謀，此其識見之差，非有所懟憾。」王鳴盛曰：「晉書稱陳壽作三國志，善敘事，有良史之才。又云壽父爲馬謖參軍，謖爲諸葛亮所誅，壽父亦坐髡。壽爲亮傳，謂將略非長，無應敵之才，議者每以此少之。晉書好引雜説，故多蕪穢，此亦其一也。街亭之敗，壽直書馬謖違亮節度，爲張郃所破，初未嘗以私隙咎亮。至謂亮將略非長，則張儼、袁準之論皆然，非壽一人之私言也。壽入晉後，撰次亮集表上之，推許甚至。本傳特附其目録並上書表，創史家未有之例，尊亮極矣。評中反覆盛稱其刑賞之當，則必不以父坐罪爲嫌。廖立、李平爲亮廢竄，尚能感泣無怨，明達如壽，顧立、平之不若邪？亮六出祁山，（弼按：武侯再出祁山，此云六出，誤。）終無一勝，則可見爲節制之師，於進取稍鈍，自是實録。」于慎行曰：「魏延請假精兵五千，從褒中取長安，而孔明不用。正使延不可使者，諸將之中，更無可使者邪？坐失良圖，以正取勝，數出無功，繼之以死。陳壽之短其用兵，言不漫矣。」黄恩彤曰：「王伯厚謂武侯不用魏延之計，非短于將略。在易師之上六曰：小人勿用。何義門謂魏延雖雄猛，不可專任，蜀兵寡分，則不可以臨敵。王論其理，何論其勢，盡之矣。至謂陳壽因此短其用兵，則亦未嘗詳讀本傳也。按：建興六年，武侯攻祁山，以馬謖違節制敗，然猶拔西縣反。是年冬，復出散關，以糧盡退，斬魏將王雙。九年，復出祁山，以糧盡退，射殺魏將張郃。蓋自出師以來，多因饋餉不繼，致撓其鋭。然每退輒擒馘上將，全師振旅而還，不可謂短于用兵也。且陳壽之推武侯，亦至矣。其初出祁山也，則曰：戎陣整齊，賞罰肅而號令明。其没而軍退也，則曰：宣王案行其營壘，歎爲天下奇才。序述如此，雖孫、吴何以過哉！壽以晉臣，論敵國之相，揚之乎？懼乖立言之體；抑之乎？又失是非之真。是以隱約低昂以見意，一則曰所以對敵，或值人傑，爲仲達之受巾幗諱也。又曰天命有歸，不可以智力爭，以見司馬非諸葛之敵，諸葛非用兵之失也。讀者不察，反謂訾武侯短于用兵，豈知其意者哉！」劉咸炘曰：「黄氏此論，乃據上文集表文，以釋評語應變將略非長之疑也。然表中亦言治戎爲長，奇謀爲短，理民之幹，優於將略。是豈皆詭詞邪？尚氏亦據表文，言壽之評亮，正以蜀人仕晉，不得不爲司馬懿回護耳。夫爲懿回護，不書懿短，可矣；何必貶亮乎？」蔣超伯曰：「俞文豹云：古今論孔明者，莫不以忠義許之，然謂之識時務則可，謂之明大義則未也。其説有四：備雖稱中山靖王之後，服屬疏遠，世數難考，猶宋高祖自稱楚元王後，故通鑑不以紹漢統，周瑜以梟雄目之，司馬懿以詐力鄙之。亮獨何見而委身焉？一也。備之枉駕草廬也，曰：主上蒙塵，欲伸大義於天下，其詞甚正。亮開之以跨荆、益成霸業之利，而備之志始移，無復以獻帝爲念，未嘗使一介行李，詣行在所，二也。求救於吴，無一言及獻帝，而説以鼎足之説。當三國時，而爲是説，獻帝無復染指之望矣。三也。備之稱王漢中，則建安二十四年也。獻帝尚在，敢於自王；聞獻帝遇害，亮不能仗大義連孫吴聲罪討賊，遽請即位，費詩以爲大敵未克，便先自立，恐人心疑惑，亮反怒而黜之，四也。俞説雖刻，然元遺山詩意亦同。豐山懷古云：吴人操等耳，忍與分河、潼；二民漢遺黎，尺地漢故封，一券損半産，二祖寧汝容？端本一以失，孤唱誰當從，至今有遺恨，廟柏號陰風。」

〔六〕局本「信」作「相」，誤。

〔七〕官本考證曰：「君臣疑作羣臣。」

〔八〕「鋭」當作「脱」。

〔九〕「國中」，宋本作「中國」。

〔一〇〕宋本「明」作「知」。

〔一一〕宋本、元本「譁」作「華」。

〔一二〕姜宸英曰：「以亮之才，而陳、袁之徒皆有不能應變之論，信乎人不可以無年。」

〔一三〕或曰：「前識句未詳。」

〔一四〕御覽作「天下分崩」。

〔一五〕册府「盟」作「明」。

〔一六〕御覽「宗」作「守」。

〔一七〕此吳人之辭，不足異也。

〔一八〕沈家本曰：「前注引郭沖五事云：十二更下，在者八萬。沖言雖不可信，而後主降魏之時，帶甲將士十萬二千，乃蜀兵實數也。此稱五萬，蓋非其實。至建興五年詔中，稱統領步騎二十萬衆，乃是虚數。」

〔一九〕宋本「策」作「筭」，下同。

〔二〇〕國家，謂吳也。

〔二一〕史記樂毅傳：「樂毅於是并護趙、楚、韓、魏、燕之兵以伐齊。」索隱云：「護，謂總領之也。」

〔二二〕晉惠帝末年。

〔二三〕弘事見魏志劉馥傳注引晉陽秋。

〔二四〕晉書孝友傳李密傳：「密字令伯，犍爲武陽人。二子賜、興。興字雋石，亦有文才。刺史羅尚辟别駕，尚爲李雄所攻，使興詣鎮南將軍劉弘求救，興因願留，爲弘參軍而不還。尚白弘，弘即奪其手版而遣之。興之在弘府，弘立諸葛孔明、羊叔子碣，使興俱爲之文，甚有辭理。」華陽國志十一曰：「興，太傅參軍。」晉書斠注曰：劉弘未爲太傅，蓋以弘受東海王節制，故誤以爲太傅參軍也。」

〔二五〕元本、馮本、毛本「鞞」作「鞸」，誤。禮記樂記篇：「君子聽鼓鼙之聲，則思將帥之臣。」

〔二六〕詩邶風谷風之章：「習習谷風，以陰以雨。」毛傳云：「東風謂之谷風，陰陽合而谷風至。」詩召南騶虞之章：「于嗟乎騶虞。」毛傳云：「騶虞，義獸也。白虎黑文，不食生物，有至信之德則應之。」鄭箋云：「于嗟，美之也。」

〔二七〕史記（湯）〔殷〕本紀：「伊尹名阿衡。」索隱云：「孫子兵書：伊尹名摯。孔安國亦曰伊摯。然解（音）〔者〕以阿衡爲官名。」孟子：「伊尹耕于有莘之野，湯三使往聘，故就湯而說之。」

〔二八〕史記孔子世家：「孔子字仲尼，季康子以幣迎孔子，孔子歸魯。」

〔二九〕史記管晏列傳：「管仲事公子糾，及小白立爲桓公，公子糾死，管仲囚焉。鮑叔遂進管仲。管仲既用，任政於齊，齊桓公以霸。」

〔三〇〕漢書貢禹傳：「禹字少翁，琅邪人。上書曰：臣禹犬馬之齒八十一，願乞骸骨，及身生歸鄉里。天子報曰：傳曰：亡懷土，何必思故鄉？後以禹爲御史大夫，列於三公。」

〔三一〕史記鄒陽傳：「諺曰：有白頭如新，傾蓋如故，何則？知與不知也。」索隱曰：「服虔云：人不相知，才能交至，白頭猶如新也。傾蓋如故，如吴札、（季）〔鄭〕僑也。家語：孔子遇程子於途，傾蓋而語。又志林云：傾蓋者，道行相遇，軿車對語，兩蓋相切，小欹之義。故云傾蓋也。」文穎曰：「傾蓋，猶交蓋駐車也。」

〔三二〕詩小雅鹿鳴之章：「人之好我，示我周行。」毛傳云：「周，至；行，道也。」鄭箋云：「周行，周之列位也，言己維賢是用也。」

〔三三〕宋本「漢」作「九」。

〔三四〕或校改「在」作「亞」。

〔三五〕官本考證曰：「宋本作則非，言非前人所規也。」禮記檀弓下：「季康子之母死，公輸若方小斂，般請以機封。」鄭注云：「公輸若，匠師般若之族，多技巧。」孟子：「公輸子之巧。」弼按：上文舉孫、吴爲二人此云般、模，亦當爲二人，般、模未詳。

〔三六〕易井卦六四：「井甃无咎。象曰：井甃无咎，修井也。」甃，側舊反。馬云：「爲瓦裏下達上也。」干云：「以甎壘井曰甃。」字林云：「井壁也。」子夏傳云：「甃亦治也。」

〔三七〕史記周本紀：「太顛、閎夭皆執劍以衛武王。」

〔三八〕「儕」字疑作「侯」。

〔三九〕左傳襄公二十四年：「穆叔對范宣子曰：魯有先大夫曰臧文仲，既没，其言立，此之謂不朽。」

〔四〇〕論語：「邦君爲兩君之好，有反坫，管氏亦有反坫。」正義曰：「管仲，齊大夫管夷吾也。反坫，反爵之坫，在兩楹之閒。人君與鄰國爲好會，其獻酢之禮，更酌，酌畢，則各反爵於坫上。大夫則無之。今管仲亦有反爵之坫，僭濫如此，是不知禮也。」

〔四一〕史記樂毅傳：「樂毅下齊七十餘城以屬燕。會燕昭王死，子惠王立，得齊反閒，乃召樂毅，樂毅畏誅，遂西降趙。」

〔四二〕韓非子：「堯以天下讓許由，許由逃之。」

〔四三〕荀子儒効篇：「武王崩，成王幼，周公屏成王而及武王履，天子之籍，負扆而坐，諸侯趨走堂下。」爾雅：「牖户之閒謂之扆。」扆，於宜反，音依。尚書金縢篇：「武王既喪，管叔及其羣弟乃流言於國曰：公將不利於孺子。」

〔四四〕局本「徒」作「徙」，誤。

〔四五〕「已」或作「矣」。

〔四六〕元本作「魂歸」。史記高祖本紀：「高祖謂沛父兄曰：吾雖都關中，萬歲後，吾魂魄猶樂思沛。」

〔四七〕禮記：「太公封於營丘，比及五世，皆反葬於周。」鄭玄曰：「太公受封，留爲太師，死葬於周。五世之後，乃葬齊。」

三國志三十六

# 蜀書六

## 關張馬黃趙傳第六

關羽字雲長，本字長生，〔一〕河東解人也。〔二〕亡命奔涿郡。〔三〕先主於鄉里合徒衆，而羽與張飛爲之禦侮。〔四〕先主爲平原相，〔五〕以羽、飛爲別部司馬，〔六〕分統部曲。先主與二人寢則同牀，恩若兄弟。〔七〕而稠人廣坐，侍立終日；隨先主周旋，不避艱險。〔八〕

蜀記曰：曹公與劉備圍呂布於下邳，〔九〕關羽啓公，布使秦宜禄行求救，〔一〇〕乞娶其妻，公許之。〔一一〕臨破，又屢啓於公，公疑其有異色，先遣迎看，因自留之，〔一二〕羽心不自安。此與魏氏春秋所説異也。〔一三〕

先主之襲殺徐州刺史車胄，使羽守下邳城，行太守事，

魏書云：以羽領徐州。

而身還小沛。〔一四〕

〔一〕梁章鉅曰：「王棠知新録云：當時有范長生，亦事昭烈，至李特時猶存，年一百三十歲。羽先字長生，豈因同范而改

邪？」

〔二〕郡國志：「司隸河東郡解。」一統志：「解縣故城，今山西蒲州府臨晉縣東南。」梁章鉅引關羽祖墓碑記，載羽祖考名字、生卒甲子大略。又云：「僅見宋犖筠廊隨筆中，他無佐證，祇可存備異聞。」

〔三〕涿郡見先主傳。

〔四〕詩大雅緜之章「予曰有禦侮」。毛傳曰：「武臣折衝曰禦武。」

〔五〕平原見先主傳。

〔六〕續百官志：「別領營屬爲別部司馬。」

〔七〕梁章鉅曰：「世俗桃園結義之事，即本此語。」

〔八〕李安溪曰：「大抵東漢之末，識義理之人極多，加以智勇，便爲當世之傑矣。」

〔九〕下邳見先主傳。

〔一〇〕華陽國志：「秦宜禄爲布求救於張楊。」

〔一一〕潘眉曰：「華陽國志，關羽啓公下有妻無子三字，較明晰。」

〔一二〕魏志明紀青龍元年注引獻帝傳曰：「秦宜禄爲呂布使詣袁術，術妻漢宗室女，其前妻杜氏留下邳。關羽求以杜氏爲妻，太祖疑其有色，乃自納之。」又按秦宜禄子名朗，詳見魏志明紀青龍元年注及曹爽傳注引魏略。

〔一三〕「異」上宋本有「無」字。

〔一四〕小沛見先主傳。

建安五年，曹公東征，先主奔袁紹。曹公禽羽以歸，拜爲偏將軍，禮之甚厚。紹遣大將軍顏良〔一〕攻東郡太守劉延於白馬，〔二〕曹公使張遼及羽爲先鋒，擊之。羽望見良麾蓋，〔三〕策馬刺良於萬衆之中，斬其首還，紹諸將莫能當者，遂解白馬圍。〔四〕曹公即表封羽爲漢壽亭侯。〔五〕初，曹公壯羽爲人，而察其心神，無久留之意，謂張遼曰：「卿試以情問之。」既而遼以問羽，羽歎曰：「吾極知曹公待我厚，然吾受劉將軍厚恩，誓以共死，不可背之。吾終不留，吾要當立效以報曹公乃去。」〔六〕遼以羽言報曹公，曹公義之。

傅子曰：遼欲白太祖，恐太祖殺羽；不白，非事君之道。乃歎曰：「公，君父也；羽，兄弟耳。」遂白之。太祖曰：「事君不忘其本，天下義士也。度何時能去？」遼曰：「羽受公恩，必立效報公而後去也。」

及羽殺顏良，曹公知其必去，重加賞賜。羽盡封其所賜，拜書告辭，而奔先主於袁軍。〔七〕左右欲追之，曹公曰：「彼各爲其主，勿追也。」

臣松之以爲曹公知羽不留，而心嘉其志，去不遣追以成其義，自非有王霸之度，孰能至於此乎？斯實曹公之休美。〔八〕

〔一〕官本考證曰：「軍字疑衍。」

〔二〕白馬今河南衛輝府滑縣東二十里，詳見魏志武紀建安五年。

〔三〕胡三省曰：「戎車大將所乘者，設幢麾張蓋。」

〔四〕力寫神勇。

〔五〕郡國志：「荆州武陵郡漢壽，故索。陽嘉三年更名，刺史治。」魏曰魏壽，（見賈詡傳）吴曰吴壽，（見沈志）晉仍曰漢壽。（見晉志）此與益州廣漢郡葭萌改名之漢壽，同名異地。水經沅水注：「漢壽縣治索城，即索縣之故城也。漢順帝陽嘉中改從今名。」一統志：「漢壽故城，今湖南常德府武陵縣東北六十里空籠城，即古漢壽城舊址也。」互見先主傳。姚範、趙翼、梁章鉅、周壽昌皆有説，辨明兩漢壽，文繁不録。趙一清曰：「羽爲佐命元勳，特改葭萌爲漢壽，以寵異之。」沈家本曰：「漢壽乃亭名也。王氏鳴盛、趙氏翼並謂續漢書志武陵屬縣有漢壽，關羽所封即其地。熊方後漢書年表異姓侯内有壽亭關羽，其下格注云：武陵。壽上少一漢字，當是傳寫脱去。是熊方亦謂漢壽在武陵也。然武陵之漢壽乃縣名，非亭名，亭侯之號，不得襲用縣名，恐別有漢壽亭，不可考耳。」

〔六〕康發祥曰：「決言不可留，又不諱言其去，以示不欺。」

〔七〕胡三省曰：「袁紹軍也。」

〔八〕唐庚曰：「羽爲曹公所厚，而忠不忘其君，可謂賢矣。然戰國之士亦能之。曹公得羽不殺，厚待而用其力，可謂賢矣，然戰國之君亦能之。至羽必欲立效以報曹公，然後封還所賜，拜書告辭而去。進退去就，雍容可觀，則殆非戰國之士矣。曹公内能平其氣，不以彼我爲心，外能成羽之忠，不私其力于己，是猶有先王之遺風焉。吾嘗論曹公曰：是人能爲善，而不能不爲惡。能爲善，是以能享國；不能不爲惡，是以不能取天下。」

從先主就劉表。表卒，曹公定荆州，先主自樊將南渡江，別遣羽乘船數百艘會江陵。曹公追至當陽長阪，先主斜趨漢津，適與羽船相值，共至夏口。〔一〕

蜀記曰：初，劉備在許，與曹公共獵。獵中，衆散，羽勸備殺公，備不從。及在夏口，飄飄江渚，羽怒曰：「往日獵中，若從羽言，可無今日之困。」備曰：「是時亦爲國家惜之耳。若天道輔正，安知此不爲福邪！」

臣松之以爲備後與董承等結謀，但事泄不克諧耳。若爲國家惜曹公，其如此言何！〔二〕羽若果有此勸，而備不肯從者，將以曹公腹心親戚，實繁有徒，事不宿構，非造次所行。曹雖可殺，身必不免，故以計而止，何惜之有乎！既往之事，故託爲雅言耳。〔三〕

孫權遣兵佐先主拒曹公，曹公引軍退歸。先主收江南諸郡，乃封拜元勳，以羽爲襄陽太守、盪寇將軍，駐江北。先主西定益州，拜羽董督荊州事。羽聞馬超來降，舊非故人，羽書與諸葛亮，問超人才可誰比類。亮知羽護前，〔四〕乃答之曰：「孟起兼資文武，〔五〕雄烈過人，一世之傑，黥、彭之徒，當與益德並驅爭先，猶未及髯之絕倫逸羣也。」羽美鬚髯，故亮謂之髯。羽省書大悅，以示賓客。〔六〕

〔一〕當陽、長坂、漢津、夏口均見先主傳。
〔二〕毛本誤作「其言如言何」。
〔三〕何焯曰：「蜀記語多淺妄，恐不足信。」
〔四〕吳志朱桓傳：「桓性護前，恥爲人下。」
〔五〕馬超字孟起。
〔六〕寫其矜尚。

羽嘗爲流矢所中，貫其左臂，〔一〕後創雖愈，每至陰雨，骨常疼痛。醫曰：「矢鏃有毒，毒入于骨，當破臂作創，刮骨去毒，然後此患乃除耳。」羽便伸臂，令醫劈之。時羽適請諸將飲食相對，臂血流離，盈於盤器，而羽割炙引酒，言笑自若。〔二〕

〔一〕魏志龐悳傳：悳親與羽交戰，射羽中額，當在建安二十四年。
〔二〕寫其神勇。

二十四年，先主爲漢中王，拜羽爲前將軍，假節鉞。〔一〕是歲，羽率衆攻曹仁於樊，曹公遣于禁助仁。秋，大霖雨，漢水汎溢，禁所督七軍皆没。禁降羽，羽又斬將軍龐悳。梁郟、陸渾羣盜，或遥受羽印號，爲之支黨，〔二〕羽威震華夏。曹公議徙許都以避其鋭，司馬宣王、蔣濟以爲關羽得志，孫權必不願也。可遣人勸權躡其後，許割江南以封權，則樊圍自解。曹公從之。先是權遣使爲子索羽女，羽罵辱其使，不許婚。權大怒。

典略曰：羽圍樊，權遣使求助之，勑使莫速進，又遣主簿先致命於羽。羽忿其淹遲，又自已得于禁等，乃罵曰：「狢子敢爾，〔三〕如使樊城拔，吾不能滅汝邪！」權聞之，知其輕己，僞手書以謝羽，許以自往。臣松之以爲荆、吴雖外睦，而内相猜防，故權之襲羽，潛師密發。按吕蒙傳云：「伏精兵於𦪇𦨣之中，使白衣摇櫓，作商賈服。」以此言之，羽不求助於權，權必不語羽當往也。若許相援助，何故匿其形迹乎？〔四〕

又南郡太守麋芳在江陵，〔五〕將軍傅士仁屯公安，〔六〕素皆嫌羽自輕己。〔七〕羽之出軍，芳、仁供給軍資，不悉相救。〔八〕羽言：「還，當治之。」芳、仁咸懷懼不安。於是權陰誘芳、仁，〔九〕芳、仁使人迎權，〔一〇〕而曹公遣徐晃救曹仁。〔一一〕

蜀記曰：羽與晃宿相愛，遥共語，但説平生，不及軍事。須臾，晃下馬宣令：「得關雲長頭，賞金千斤。」羽驚怖，謂晃曰：「大兄，是何言邪？」晃曰：「此國之事耳。」

羽不能克，引軍退還。權已據江陵，盡虜羽士衆、妻子，羽軍遂散。〔一二〕權遣將逆擊羽，斬羽及子平于臨沮。〔一三〕

蜀記曰：權遣將軍擊羽，獲羽及子平。權欲活羽，以敵劉、曹。左右曰：「狼子不可養，後必爲害。曹公不即除之，自取大患，乃議徙都，今豈可生！」乃斬之。臣松之按吴書：孫權遣將潘璋逆斷羽走路，羽至即斬。且臨沮去江陵二三百里，豈容不時殺羽，方議其生死乎？又云：「權欲活羽，以敵劉、曹。」此之不然，可以絶智者之口。吴歷曰：「權送羽首於曹公，以諸侯禮葬其屍骸。」〔一四〕

〔一〕羽不肯受拜，見費詩傳。

〔二〕南陽守將侯音，執太守與關羽連和，見魏志武紀建安二十四年注引曹瞞傳。陸渾民孫狼等殺縣主簿南附關羽，見魏志管寧傳附胡昭傳。關羽遣别將已在郟下，自許以南，百姓擾擾，見魏志滿寵傳。通鑑二十二年：時關羽彊盛，京兆金禕等謀挾天子以攻魏，南引關羽爲援。侯康曰：「魏横海將軍吕君碑云：關羽蕩摇邊鄙，虔劉民人，而洪水播溢，汜没樊城，平原十刃，外潰潛通，猛將驍騎，載沈載浮。于是不逞作慝，羣凶鼎沸，或保城而叛，或率衆負旌自即敵門。中人以下，並生異心。據各傳及此碑文，可以覘當日情勢。」

〔三〕玉篇狐狢。

〔四〕林國贊曰：「權方欲潛襲荆州，若勒兵前往，不益令羽疑乎？」

〔五〕芳，麋竺之弟。

〔六〕何焯曰：「楊戲輔臣贊、孫權傳、吕蒙傳皆作士仁，傅字衍。陳浩説同。」王鳴盛曰：「吴志有士燮，當時固有士姓。」潘眉曰：「輔臣贊，麋、士、郝、潘爲一贊，皆姓也。」姚範曰：「通鑑亦誤增傅字。」李慈銘曰：「東漢無二名，此下亦屢言芳、仁，則單名仁可知。」弼按：華陽國志亦言傅士仁，通鑑前文云傅士仁，後文僅云士仁，又單云仁，非全誤也。東漢二名甚多，見魏志方伎傳朱建平傳注，李説未審。

〔七〕通鑑無「自」字。

〔八〕通鑑「救」作「及」。吴志吕蒙傳注引吴録云：「南郡城中失火，頗焚燒軍器。」

〔九〕吕蒙令虞翻説降士仁，見蒙傳注引吴書。

〔一〇〕趙一清曰：「方輿紀要卷七十八：擲甲山在荆州府城西龍山門西北隅，相傳關壯繆還救南郡，聞麋芳已降，憤而擲甲於此。」

〔一一〕詳見晃傳。

〔一二〕詳見吕蒙傳、潘璋傳。水經江水注：「江陵舊城，關羽所築。羽北圍曹仁，吕蒙襲而據之。羽曰：此城吾所築，不可攻也，乃引而退。」

〔一三〕吕蒙傳：「羽自知孤窮，乃走麥城西至漳鄉，衆皆委羽而降。權使朱然、潘璋斷其徑路，即父子俱獲。」潘璋傳：「璋與朱然斷羽走道，到臨沮，住夾石。璋部下司馬馬忠禽羽，并羽子平、都督趙累等。」郡國志：「荆州南郡臨沮。」水經漳水注：「漳水又南歷臨沮縣之章鄉南，昔關羽保麥城，詐降而遁，潘璋斬之于此。漳水又南逕當陽縣，又南逕麥城東。」一統志：「臨沮故城，今湖北當陽縣西北；章鄉在當陽縣東北；麥城在當陽縣東南五十里。」古今刀劍録：「關羽爲先主所重，不惜身命，自採都山鐵爲二刀，銘曰萬人敵。及羽敗，羽惜刀，投之水中。」

〔一四〕錢大昕金石文跋尾、閻若璩潛丘劄記均考訂關羽及子平生日，近於星命之説，不録。

追謚羽曰壯繆侯。〔一〕

蜀記曰：羽初出軍圍樊，夢豬嚙其足，語子平曰：「吾今年衰矣，然不得還。」〔二〕

江表傳云：羽好左氏傳，〔三〕諷誦略皆上口。〔四〕

子興嗣。興字安國，少有令問。丞相諸葛亮深器異之。弱冠爲侍中、中監軍，數歲卒。子統嗣，尚公主，官至虎賁中郎將。卒，無子，以興庶子彝續封。

蜀記曰：龐德子會，隨鍾、鄧伐蜀，蜀破，盡滅關氏家。

〔一〕程敏政曰：「先主時惟法正見謚，後主時諸葛功德蓋世，蔣琬、費禕亦見謚，至是關羽、張飛、馬超、龐統、黃忠、趙雲皆得追謚，時論以爲榮。按繆、穆古通用，若秦穆、魯穆在孟子，漢穆生、晉穆彤在史皆爲繆。宋岳飛謚武穆，意與此同。今乃以爲惡謚，如謚法武功不成曰繆，蔡邕獨斷：名實過爽曰繆，豈理也哉！若果爲惡謚，則史不應云追謚之典，時論以爲榮矣。考謚法：布德執義曰穆，中情見貌曰穆。禮記大傳以序昭穆，古本穆作繆；左傳穆多作繆。是穆、繆古今皆通。」梁章鉅曰：「壯繆並非美謚，不知當時何以取此。今殿本改爲忠義，傳末刊載乾隆諭旨云云。」弼按：程説極允，梁説非是。後代易謚，原無不可更易，本傳則不可也。黃恩彤曰：「方關羽之斬龐德虜于禁也，曹仁幾遁，操欲遷都避之。陸渾民孫狼等遥受印號，自許以南，望風景附，史稱其威震華夏，此破竹之勢，千載一時也。乃蜀之君臣，但喜其勝，不虞其敗。權以陸遜屯漳口，吕蒙用奇兵，而蜀不防；操以徐晃爲將軍，將殷署等十二營之兵以救樊城，而蜀不聞遣一將、增一旅以援羽。致使徐晃掎之于前，吕、陸躡之于後，首尾狼狽，勢遂不支，豈非失事機也哉！厥後武侯北征，屢出祁山，功卒不就。則以荆州既失，宛、洛路梗，不克別遣一軍，兩道並進，以分敵之勢，而張我之氣也。以武侯之才，措置荆州，乃不能如其隆中之初計，又非千載下所敢臆度者矣。」姚範曰：「吕蒙之襲江陵，遣陸遜別取宜都，屯夷陵，守峽口以備蜀，而蜀人當時之疏如此。吴人之眈眈於荆州，而忌羽之成功，不待智者而知，而當時若付之度外，劉封傳中略有其緒。蜀之謀士，當不若是之疏，陳氏或不能詳耳。」

〔二〕梁章鉅曰：「吕蒙，蒙字下爲豖，嚙足，則襲後之兆也。」弼按：此説亦近於迷信。

〔三〕馮本無「傳」字，誤。

〔四〕梁章鉅曰：「羽好左氏，史有明文。世俗即謂志在春秋，而不知其非事實也。」黃奭曰：「羽祖石磐、父道遠，並羽三世，皆習春秋。張大本有墓銘言其事，然無徵不可信也。」

張飛字益德，〔一〕涿郡人也。〔二〕少與關羽俱事先主。羽年長數歲，飛兄事之。〔三〕先主從曹公破呂布，〔四〕隨還許，曹公拜飛爲中郎將。先主背曹公，依袁紹、劉表；表卒，曹公入荆州，先主奔江南。曹公追之，一日一夜，及於當陽之長阪。〔五〕先主聞曹公卒至，棄妻子走，〔六〕使飛將二十騎拒後。〔七〕飛據水斷橋，〔八〕瞋目横矛曰：「身是張益德也，〔九〕可來共決死！」敵皆無敢近者，故遂得免。先主既定江南，以飛爲宜都太守、〔一〇〕征虜將軍，封新亭侯。後轉在南郡。〔一一〕先主入益州，還攻劉璋，飛與諸葛亮等泝流而上，分定郡縣。至江州，破璋將巴郡太守嚴顔，〔一二〕生獲顔。飛呵顔曰：「大軍至，何以不降，而敢拒戰？」顔答曰：「卿等無狀，侵奪我州，〔一三〕我州但有斷頭將軍，無有降將軍也！」飛怒，令左右牽去斫頭，〔一四〕顔色不變，曰：「斫頭便斫頭，何爲怒邪！」飛壯而釋之，〔一五〕引爲賓客。

華陽國志曰：初，先主入蜀，至巴郡，顔拊心歎曰：「此所謂獨坐窮山，放虎自衛也。」

飛所過戰克，與先主會於成都。益州既平，賜諸葛亮、法正、飛及關羽金各五百斤，銀千斤，錢五千萬，錦千匹。其餘頒賜各有差。以飛領巴西太守。〔一六〕

〔一〕梁章鉅曰：「飛字益德甚明。呂布傳注引英雄記、周瑜傳注引吴録及楊戲傳張益德贊並同。李商隱詩：益德冤魂終報主，亦是一證。錢大昕金石文跋尾續有金永安四年重修蜀先主廟碑，亦是益德。惟吴琯本華陽國志及近刻水經注、世說並作翼德，蓋以翼與飛生義，皆妄人所爲也。」趙一清曰：「水經沮水注：當陽縣城在綠林長坂南，即張翼德橫矛處也。是翼字。」弼按：法正傳亦作張益德。

〔二〕涿郡見先主傳。

〔三〕梁章鉅曰：「此亦爲俗傳兄弟之一證。」潘眉曰：「近世星家書，推關羽以四戊午生，張飛以四癸亥生，此無稽之言。考先主起兵，在鄉里合徒衆，關、張往從之，時獻帝初平元年。若關戊午生，是年十三歲，張止八歲。至初平三年，關、張爲別部司馬，是年關十五歲，張十歲。如星家言，是飛以八歲從軍，十歲爲別部司馬也。殆不足據。關僅長張數歲，張非癸亥，關亦必非戊午。初平三年，先主已三十二歲，關、張與先主年當相若耳。」錢大昕曰：「關、張二人，史不載其卒年。志於蜀臣書年者，自諸葛亮、龐統、法正、馬超而外，勳德如蔣琬、董允、費禕，武略如關、張、黃忠、趙雲，皆不書年。許靖、譙周年逾七十，於敘事偶及之，初不關乎義例。杜瓊年八十餘，孟光年九十餘，以上壽故書。馬良兄弟死於非命，故亦書之。皆隨便文，非以爲褒貶也。」弼按：霍峻年四十卒，見峻傳，亦敘事及之。

〔四〕下邳之役，益德大敗，失先主妻子，見先主傳注。

〔五〕當陽長阪見先主傳。

〔六〕曹純追劉備於長阪，獲其二女輜重，見曹仁傳。

〔七〕胡三省曰：「拒後，即古之殿也。」

〔八〕趙一清曰：「方輿紀要七十七：當陽縣北六十里有倒流橋，沮、漳二水合流其下，即張飛據水斷橋處。」

〔九〕胡三省曰：「瞋，七人翻。自此迄於梁、陳，士大夫率自謂曰身。」

〔一〇〕宜都見先主傳。

〔一一〕趙一清曰：「方輿紀要卷七十八：張屯湖在荆州石首縣西四十里，相傳張飛嘗屯於此。」古今刀劍録曰：「張飛初拜新亭侯，自命匠鍊赤朱山鐵爲一刀，銘曰：新亭侯蜀大將也。後被范彊所殺，彊將此刀入吴。」弼按：益德鑄刀爲銘，當自署漢將，必不曰蜀將，濛山勒石，自書漢將可證。

〔一二〕巴郡江州見劉璋傳。

〔一三〕我州，謂益州也。

〔一四〕斫，音酌。

〔一五〕或曰：「說得撫劍疾視，人爽然自失。」

〔一六〕巴西見劉璋傳，又詳見魏志武紀建安二十年。

曹公破張魯，留夏侯淵、張郃守漢川。郃別督諸軍下巴西，欲徙其民於漢中，進軍宕渠、蒙頭、盪石，〔一〕與飛相拒五十餘日。飛率精卒萬餘人，從他道邀郃軍交戰，山道迮狹，〔二〕前後不得相救，飛遂破郃。郃棄馬緣山，獨與麾下十餘人從閒道退，引軍還南鄭，巴土獲安。〔三〕先主爲漢中王，拜飛爲右將軍假節。〔四〕章武元年，遷車騎將軍，領司隸校尉，進封西鄉侯。〔五〕策曰：〔六〕「朕承天序，嗣奉洪業，除殘靖亂，未燭厥理。今寇虜作害，民被荼毒，思漢之士，延頸鶴望。朕用怛然，坐不安席，食不甘味，整軍誥誓，將行天罰。以君忠毅，侔蹤召虎，〔七〕名宣遐邇，故特顯命，高墉進爵，兼司于京。其誕將天威，柔服以德，伐叛以刑，稱朕意焉。詩不云乎？匪疚匪棘，王國來極。〔八〕肇敏戎功，用錫爾祉。〔九〕可不勉歟！」

〔一〕宕渠見先主傳建安二十年。潘眉曰：「蒙當爲濛。宕渠山東北有八濛山，即古濛頭也。」沈欽韓曰：「輿地紀勝：八濛山在渠州流江縣東北七里，起伏八處，有水環之，不匝者一里。常有烟霧濛其上，故名，即張飛破張郃處。又名勝志碑目有流江縣題名云：漢將張飛率精兵萬人，大破賊首張郃於八濛，立馬勒石，蓋飛所親書也。」趙一清曰：「方輿紀要卷六十八：先主嘗分巴郡之宕渠、宣漢、漢昌三縣，置宕渠；晉省入巴西廣安州，渠縣即宕渠縣地。縣東北七里，有八濛山，八峯起伏，其下平曠十餘里，江水環之，不匝者一里，常有烟霧濛其上。山下有勒石云：漢將張飛大破賊首張郃於八濛，飛所自題也。」謝鍾英曰：「蒙頭盪石在今四川順慶府渠縣東七里。」

〔三〕迮，音謫。

〔三〕林暢園曰：「巴土不安，則漢中不可得；漢中不得，則蜀中不固。巴土安，桓侯破郃之功也；漢中下，剛侯斬淵之效也。」

〔四〕趙一清曰：「魏志武帝紀：建安二十二年，劉備遣張飛、馬超、吳蘭屯下辨，遣曹洪拒之。明年，曹洪破吳蘭，斬其將任夔等。五月，張飛、馬超走漢中，陰平氐彊端斬吳蘭，傳其首。先主傳：先主率諸將進兵漢中，分遣吳蘭、雷銅等入武都，皆爲曹公軍所没。事亦見楊阜傳。而此傳及馬超、曹洪傳俱略之。方輿紀要卷五十九：鞏昌府成縣，漢武都郡下辨道地，後漢爲武都郡治，縣東南有固山。先主取漢中，使張飛屯下辨，軍於固山，即此矣。」弼按：曹休傳：張飛屯固山，曹洪破吳蘭，飛退走。是飛雖武猛，亦時爲强敵所敗也。

〔五〕趙一清曰：「漢書地理志：涿郡西鄉，侯國。在今涿州西北二十里。張侯涿郡人，故以本土寵之也。」潘眉曰：「涿郡，前漢有西鄉，後漢省。此有西鄉者，蜀漢時復置。」弼按：蜀漢僻在西陲，相隔縣遠，安能於涿郡置縣？蓋遥封此邑，錫以嘉名耳。

〔六〕錢大昭曰：「史於諸葛亮、張飛、馬超、許靖並載策文，餘俱不載。」弼按：封張皇后、魯王、梁王，立太子，皆有策文。

〔七〕召虎，召穆公也。

〔八〕詩大雅江漢之章。鄭箋云：「疚，病；棘，急；極，中也。命召公使以王法征伐，非可以兵病害之也，非可以兵急躁切之也。使來於王國，受政教之中正已。」

〔九〕毛傳云：「肇，謀；敏，疾；戎，大；公，事也。」鄭箋云：「戎猶女也。今謀女之事，乃有敏德，我用是故，將賜女福慶也。」

初，飛雄壯威猛，亞於關羽，魏謀臣程昱等，咸稱「羽、飛，萬人之敵也。」羽善待卒伍，而驕於士大夫；〔一〕飛愛敬君子，而不恤小人。〔二〕先主常戒之曰：「卿刑殺既過差，〔三〕又日鞭撾健兒，〔四〕而令在左右，此取禍之道也。」飛猶不悛。〔五〕先主伐吳，飛當率兵萬人，自閬中會江州。〔六〕臨發，其帳下將張達、范彊殺飛，持其首，順流而奔孫權。〔七〕飛營都督表報先主。先主聞飛都督之有表也，曰：「噫，飛死矣！」〔八〕追謚飛曰桓侯。〔九〕長子苞，早夭；次子紹嗣。官至侍中、尚書僕射。苞子遵爲尚書，隨諸葛瞻於緜竹，與鄧艾戰，死。

〔一〕潘濬與關羽不睦，見季漢輔臣贊。羽罵辱孫權之使，不許婚，又輕視麋芳、士仁，俱見本傳。

〔二〕此漢中之守，所以捨益德而拔魏延也。

〔三〕胡三省曰：「差，次也。過差，猶今人言過次也。」

〔四〕宋本「撾」作「檛」，通鑑同。胡三省曰：「檛，陟加翻，箠也。」

〔五〕胡三省曰：「悛，丑緣翻，改也。」

〔六〕巴西郡治閬中，見魏志武紀建安二十年，又見張魯傳。江州見前。胡三省曰：「此亦由內水下江州也。」

〔七〕沈欽韓曰：「保寧府閬中縣城南二里，有嘉陵江，至重慶府合渠江、涪江，至府城北東南入岷江。此云順流者，謂嘉陵江也。」

〔八〕胡三省曰：「表當自飛上，而都督越次上之，故知其必死也。凡用兵必觀人事，既失關羽，又喪張飛，兵可以無出矣。」

〔九〕飛妻爲夏侯霸從妹，建安五年爲飛所得，產息女爲劉禪皇后，見魏志夏侯淵傳注引魏略。寰宇記八十六：「閬州閬中縣有張飛冢，在刺史廳東二十步，高一丈九尺。」

馬超字孟起，右扶風茂陵人也。〔一〕父騰，靈帝末與邊章、韓遂等俱起事於西州。〔二〕初平三年，遂、騰率衆詣長安，漢朝以遂爲鎮西將軍，遣還金城，騰爲征西將軍，遣屯郿。後騰襲長安，敗走，退還涼州。司隸校尉鍾繇鎮關中，移書遂、騰，爲陳禍福。騰遣超隨繇討郭援、高幹於平陽，超將龐悳親斬援首。〔三〕後騰與韓遂不和，求還京畿。於是徵爲衛尉，以超爲偏將軍，封都亭侯，領騰部曲。〔四〕

典略曰：騰字壽成，馬援後也。桓帝時，其父字子碩，〔五〕嘗爲天水蘭干尉。〔六〕後失官，因留隴西，與羌錯居。家貧無妻，遂娶羌女，生騰。騰少貧，無產業，常從鄣山中斫材木，〔七〕負販詣城市，以自供給。騰爲人長八尺餘，身體洪大，面鼻雄異，而性賢厚，人多敬之。靈帝末，涼州刺史耿鄙，任信姦吏。民王國等〔八〕及氐、羌反叛。州郡募發民中有勇力者，欲討之，騰在募中。州郡異之，署爲軍從事，典領部衆。〔九〕討賊有功，拜軍司馬；後以功遷偏將軍，又遷征西將軍，常屯汧、隴之閒。〔一〇〕初平中，拜征東將軍。是時，西州少穀，騰自表軍人多乏，求就穀於池陽，〔一一〕遂移屯長平岸頭。〔一二〕而將王承等恐騰爲己害，乃攻騰營。時騰近出無備，遂破走，西上。會三輔亂，不復來東，而與鎮西將軍韓遂結爲異姓兄弟，始甚相親，後轉以部曲相侵，又更爲讎敵。騰攻遂，遂走；合衆還攻騰，殺騰妻子，連兵不解。建安之初，國家綱紀始弛，〔一三〕乃使司隸校尉鍾繇、涼州牧韋端和解之。徵騰還屯槐里，〔一四〕轉拜爲前將軍，假節；封槐里侯。北備胡寇，東備白騎，〔一五〕待士進賢，矜救民命，三輔甚安愛之。十五年，徵爲衛尉。〔一六〕騰自見年老，遂入宿衞。初，曹公爲丞相，辟騰長子超，不就。超後爲司隸校尉督軍從事，討郭援，爲飛矢所中，乃以囊囊其足而戰，破斬援首。詔拜徐州刺史，後拜諫議大夫。及騰之入，因詔拜爲偏將軍，使領騰營。又拜超弟休奉車都尉，休弟鐵騎都尉，徙其家屬皆詣鄴，惟超獨留。

〔一〕錢大昕曰：「兩漢書例，惟官名稱左右，若稱人籍貫，但云馮翊、扶風而已。此傳云右扶風茂陵人，及法正傳右扶風郿人，右字皆當省。」潘眉曰：「張既傳，馮翊高陵人，無左字。蘇則傳，扶風武功人，無右字。攷後漢書劉焉傳注引蜀志法正傳無右字，則章懷所見者，古本也。此右字係後人妄增耳。」

〔二〕邊章、韓遂事詳見魏志武紀卷首。

〔三〕互見魏志龐悳傳。

〔四〕韓遂、馬騰事又見魏志董卓傳。

〔五〕趙一清曰：「後漢書董卓傳注引獻帝紀，騰父名平。」

〔六〕天水郡詳見魏志明紀太和二年。郡國志：「涼州漢陽郡蘭干。」王先謙曰：「蘭干縣，三國魏省，晉志無。」李兆洛云：「今地闕。」

〔七〕趙一清曰：「郡國志：隴西郡鄣縣。鄣山，鄣縣之山也。禹貢西傾山在其境。」一統志：「鄣縣故城，今甘肅鞏昌府漳縣西南。」

〔八〕耿鄙事見劉焉傳。范書傅燮傳：「刺史耿鄙，委任治中程球，球爲通姦利，士人怨之。中平六年，鄙率六郡兵討金城賊王國、韓遂等。燮知鄙失衆必敗，行至狄道，果有反者，先殺程球，次害鄙。」

〔九〕宋本、馮本「從」作「行」，誤。

〔一〇〕郡國志：「司隸右扶風汧。」一統志：「汧縣故城，今陝西鳳翔府隴州南。」

〔一一〕郡國志：「司隸左馮翊池陽。」一統志：「池陽故城，今陝西西安府涇陽縣西北。」

〔一二〕長平詳見魏志董卓傳注。范書獻帝紀：「興平元年，韓遂、馬騰與郭汜、樊稠戰於長平觀，遂、騰敗績。」章懷注：「長平，陂名也。上有觀，在池陽宮南，去長安五十里。」

〔一三〕毛本「始」作「殆」。沈家本曰：「綱紀之弛，不始於建安，恐當以殆字爲是。」

〔一四〕扶風郡，治槐里。今西安府興平縣東南十里。

〔一五〕姚範曰：「十六國春秋前秦録云：秦人呼鮮卑爲白虜。」

〔一六〕侯康曰：「五當作三。通鑑考異云：張既傳，曹公將征荊州，令既説騰入朝，蓋三字誤爲五耳。」

超既統衆，遂與韓遂合從，及楊秋、李堪、成宜等相結，進軍至潼關。〔一〕曹公與遂、超單馬會語，超負其多力，陰欲突前捉曹公，〔二〕曹公左右將許褚瞋目眄之，〔三〕超乃不敢動。曹公用賈詡謀，離間超、遂，更相猜疑，軍以大敗。〔四〕

山陽公載記曰：初，曹公軍在蒲阪，〔五〕欲西渡。超謂韓遂曰：「宜於渭北拒之，不過二十日，河東穀盡，彼必走矣。」遂曰：「可聽令渡，蹙於河中，顧不快耶！」超計不得施。曹公聞之，曰：「馬兒不死，吾無葬地也。」

超走保諸戎，曹公追至安定，〔六〕會北方有事，引軍東還。〔七〕楊阜説曹公曰：「超有信、布之勇，甚得羌、胡心。若大軍還，不嚴爲其備，隴上諸郡，非國家之有也。」〔八〕超果率諸戎以擊隴上郡縣，隴上郡縣皆應之，殺涼州刺史韋康，據冀城，有其衆。〔九〕超自稱征西將軍，領并州牧，督涼州軍事。康故吏民楊阜、姜敘、梁寬、趙衢等合謀擊超，阜、敘起於鹵城，〔一〇〕超出攻之，不能下；寬、衢閉冀城門，超不得入。進退狼狽，乃奔漢中，〔一一〕依張魯。魯不足與計事，內懷於邑，〔一二〕聞先主圍劉璋於成都，密書請降。〔一三〕

典略曰：建安十六年，超與關中諸將侯選、程銀、李堪、張橫、梁興、成宜、馬玩、楊秋、韓遂等凡十部，俱反；其衆十萬，同據河、潼，建立營陣。是歲，曹公西征，與超等戰於河、渭之交，超等敗走。超至安定，遂奔涼州。詔收滅超家屬，超復敗於隴上。後奔漢中，張魯以爲都講祭酒，〔一四〕欲妻之以女，〔一五〕或諫魯曰：「有人若此不愛其親，焉能愛人？」魯乃止。初，超未反時，其小婦弟种留三輔，〔一六〕及超敗，种先入漢中。正旦，种上壽於超，超搥胸吐血曰：「闔門百口，一旦同命，今二人相賀邪？」後數從魯求兵，欲北取涼州，魯遣往，無利。又魯將楊白等〔一七〕欲害其能，超遂從武都逃入氐中，轉奔往蜀。是歲，建安十九年也。

〔一〕潼關今陝西同州府潼關廳東南。

〔二〕趙一清曰：「御覽卷七百四引江表傳云：魏太祖與馬超單馬會語，超負其多力，嘗製六斛米囊，東西走馬，輒提米囊，以量太祖輕重。太祖尋知之，曰：幾爲狡虜所欺。」

〔三〕盻，音係。李慈銘曰：「說文、盻，恨視也。从目，兮聲。胡計切。孟子：使民盻盻然。音義：五禮切。」

〔四〕詳見魏志武紀建安十六年。

〔五〕蒲阪，今山西蒲州府城東南。

〔六〕涼州安定郡，治涇原，今甘肅涇州鎮原縣南五十里。

〔七〕魏志楊阜傳：「馬超之戰敗渭南也，走保諸戎。太祖追至安定，而蘇伯反河閒，引軍東還。」

〔八〕胡三省曰：「隴西、南安、漢陽、永陽，皆隴上諸郡也。獻帝起居注：初平四年，分漢陽爲永陽。」弼按：魏志武紀建安十九年，省永陽郡，是旋置旋廢也。

〔九〕漢陽郡治冀，又爲涼州刺史治。故城今甘肅鞏昌府伏羌縣南。

〔一〇〕鹵城詳見魏志夏侯淵傳、閻温傳、楊阜傳，故城在今甘肅秦州西南百二十里。

〔一一〕詳見楊阜傳。

〔一二〕師古曰：「於邑，短氣貌，讀並如字。又於，音烏；邑，音烏合翻。」

〔一三〕本志李恢傳：「遣恢至漢中交好馬超，超遂從命。」

〔一四〕胡三省曰：「魯爲五斗米道，自號師君，其來學者，初名鬼卒，後號祭酒，各領部衆。都講祭酒者，魯使學者都習老子五千文，置都講祭酒，位次師君。」弼按：此事見魏志張魯傳。

〔一五〕超妻楊氏，見魏志楊阜傳注引皇甫謐列女傳。超妻當死於冀城，亦見阜傳。

〔一六〕趙一清曰：「後注引典略曰超庶妻董，則种疑姓董也。」

〔一七〕通鑑作魯將楊昂，魏志武紀亦作昂，本志霍峻傳作楊帛。

先主遣人迎超，超將兵徑到城下。城中震怖，璋即稽首。

典略曰：備聞超至，喜曰：「我得益州矣！」乃使人止超，而潛以兵資之。超到，令引軍屯城北。超至未一旬，而成都潰。

以超爲平西將軍，〔一〕督臨沮，〔二〕因爲前都亭侯。〔三〕

山陽公載記曰：超因見備待之厚，與備言，常呼備字。關羽怒，請殺之。備曰：「人窮來歸我，卿等怒，以呼我字故而殺之，何以示於天下也！」張飛曰：「如是，當示之以禮。」明日大會，請超入，羽、飛並杖刀立直，超顧坐席，不見羽、飛，見其直也，乃大驚，遂一不復呼備字。明日，歎曰：「我今乃知其所以敗，爲呼人主字，幾爲關羽、張飛所殺。」自後乃尊事備。臣松之按以爲超以窮歸備，受其爵位，何容傲慢，而呼備字？且備之入蜀，留關羽鎮荆州，羽未嘗在益土也。故羽聞馬超歸降，以書問諸葛亮，超人才可誰比類，不得如書所云，羽焉得與張飛立直乎？凡人行事，皆謂其可也；知其不可，則不行之矣。超若果呼備字，亦謂於理宜爾也。就令羽請殺超，超不應聞，但見二子立直，〔四〕何由便知以呼字之故，云幾爲關、張所殺乎？言不經理，深可忿疾也。袁暐、樂資等諸所記載，穢雜虚謬，若此之類，殆不可勝言也。〔五〕

先主爲漢中王，拜超爲左將軍，假節。章武元年，遷驃騎將軍，領涼州牧，進封斄鄉侯。〔六〕策曰：「朕以不德，獲繼至尊，奉承宗廟。曹操父子，世載其罪，朕用慘怛，疢如疾首。海内怨憤，歸正反本，暨于氐、羌率服，獯粥慕義。〔七〕以君信著北土，威武並昭，是以委任授君，抗颺虓虎，兼董萬里，求民之瘼。其明宣朝化，懷保遠邇，肅慎賞罰，以篤漢祜，以對于天下。」〔八〕二年，卒。時年四十七。臨没上疏曰：「臣門宗二百餘口，爲孟德所誅略盡，惟有從弟岱，當爲微宗血食之繼。深託陛下，餘無復言。」追謚超曰威侯，子承嗣。岱位至平北將軍，進爵陳倉侯。〔九〕超女配安平王理。

典略曰：初，超之入蜀，其庶妻董及子秋，留依張魯。魯敗，曹公得之，以董賜閻圃，〔一〇〕以秋付魯，魯自手殺之。

〔一〕胡三省曰：「晉百官志：四平立於喪亂，謂平東、平西、平南、平北四將軍也。」

〔一〕臨沮見關羽傳。

〔三〕錢大昕曰：「前字疑衍，先主傳亦稱都亭侯。」趙一清曰：「超本封都亭侯，入蜀後不更封，故云爲都亭侯。此與關壯繆之漢壽亭侯，但改奉邑，而不別封，可以互證。前、爲二字譌倒。」梁章鉅曰：「上已云以超爲偏將軍、封都亭侯，此或當作因前爲都亭侯也。」

〔四〕毛本「但」作「俱」，誤。

〔五〕觀此，益信陳志之優。裴注於樂資山陽公載記、袁暐獻帝春秋二書，極斥其誣罔；前於魏志袁紹傳注論審配事，已痛言之。

〔六〕斄，音離；又音來、音邰。董卓封斄鄉侯，見魏志董卓傳，又見諸葛亮傳武功注。

〔七〕孟子：「故太王事獯鬻。」史記周本紀：「薰育戎狄攻之，欲得財物。」

〔八〕詩大雅皇矣之章：「以篤于周祜，以對于天下。」鄭箋云：「以厚周當王之福，以答天下鄉周之望。」

〔九〕趙一清曰：「晉書宣帝紀：青龍三年，蜀將馬岱入寇，帝遣將軍牛金擊走之。」一清案：此是漢建興十三年，丞相亮薨之次年也。」

〔一〇〕閻圃見魏志張魯傳。

黄忠字漢升，〔一〕南陽人也。荆州牧劉表以爲中郎將，與表從子磐共守長沙攸縣。〔二〕及曹公克荆州，假行裨將軍，仍就故任，統屬長沙太守韓玄。〔三〕先主南定諸郡，忠遂委質，〔四〕隨從入蜀。自葭萌受任，〔五〕還攻劉璋，忠常先登陷陣，勇毅冠三軍。益州既定，拜爲討虜將軍。建安二十四年，於漢中定軍山擊夏侯淵。〔六〕淵衆甚精，忠摧鋒必進，〔七〕勸率士卒，金鼓震天，歡聲動谷，一戰斬淵，淵軍大敗。遷征西將軍。是歲，先主爲漢中王，欲用忠爲後將軍，諸葛亮說先主曰：「忠之名望，素非關、馬之倫也，而今便令同列，馬、張在近，親見其功，尚可喻指；關遥聞之，恐必不悅，〔八〕得無不可乎！」先主曰：「吾自當解之。」遂與羽等齊位，賜爵關内侯。明年，卒；追謚剛侯。子敘早没，無後。

〔一〕官本考證云：「御覽升作叔。」

〔二〕郡國志：「荆州長沙郡攸。」一統志：「攸縣故城，今湖南長沙府攸縣治。」趙一清曰：「長沙府志：黄忠故宅，今爲長沙衛署。其盔甲器械，貯北門城樓上。明後巡案查驗登報，後燬於兵。」

〔三〕先主傳：「先主南征四郡，長沙太守韓玄等皆降。」趙一清曰：「府志：韓玄墓在督學署，左側有韓公祠。」

〔四〕左傳僖公二十三年：「狐突曰：子之能仕，父教之忠，古之制也；策名委質，貳乃辟也。」杜注：「名書於所臣之策，屈膝而君事之，則不可以貳。辟，罪也。」

〔五〕葭萌見劉璋傳。

〔六〕定軍山見先主傳。水經沔水注：「沔水東逕沔陽縣故城南，南對定軍山。曹公南征漢中，張魯降，乃命夏侯淵等守之。劉備自陽平關南渡沔水，遂斬淵首，保有漢中。」又云：「沔水又東逕西樂城北，城在山上，周三十里，甚險固。城側有谷，謂之容裘谷，容裘谿水注之。水左有故城，憑山即險，四面阻絶。昔先主遣黄忠據之，以拒曹公。」杭世駿曰：「古今刀劍録云：黄忠從先主定南郡，得一赤刀如血。於漢中擊夏侯淵，一日之中，手刃百數。」

〔七〕宋本、毛本「摧」作「推」。

〔八〕錢大昭曰：「兩漢將軍以大將軍、驃騎將軍、車騎將軍、衛將軍、前後左右將軍爲貴。張飛爲車騎，馬超爲驃騎，尚在章武元年。拜忠時，先主方爲漢中王，尚未設車騎、驃騎等官，惟以前後左右爲重也。時關爲前將軍，馬爲左將軍，張爲右將軍。今以忠爲後將軍，故云同列。費詩傳：遣詩拜羽爲前將軍，羽聞忠爲後將軍，怒曰：大丈夫終不與老兵同列！詩解之，乃受拜。關羽之意，諸葛已料之審矣。」

趙雲字子龍，常山真定人也。〔一〕本屬公孫瓚。瓚遣先主與田楷拒袁紹，〔二〕雲遂隨從，爲先主主騎。

雲别傳曰：〔三〕雲身長八尺，姿顔雄偉，爲本郡所舉，將義從、吏兵詣公孫瓚。時袁紹稱冀州牧，瓚深憂州人之從紹也，善雲來附，〔四〕嘲雲曰：「聞貴州人皆願袁氏，君何獨迴心，迷而能反乎？」雲答曰：「天下訩訩，未知孰是，民有倒縣之厄，鄙州論議，從仁政所在，不爲忽袁公，私明將軍也。」遂與瓚征討。時先主亦依託瓚，每接納雲，雲得深自結託。雲以兄喪辭瓚暫歸，先主知其不反，捉手而别。雲辭曰：「終不背德也。」先主就袁紹，雲見於鄴。〔五〕先主與雲同牀眠卧，密遣雲合募，得數百人，皆稱劉左將軍部曲，紹不能知。遂隨先主至荆州。

及先主爲曹公所追於當陽長阪，〔六〕棄妻子南走，雲身抱弱子，即後主也；保護甘夫人，即後主母也。皆得免難。遷爲牙門將軍。先主入蜀，雲留荆州。

雲别傳曰：初，先主之敗，有人言雲已北去者。先主以手戟擿之曰：「子龍不棄我走也！」頃之，雲至。從平江南，以爲偏將軍，領桂陽太守，代趙範。〔七〕範寡嫂曰樊氏，有國色，範欲以配雲。雲辭曰：「相與同姓，卿兄猶我兄。」固辭不許。時有人勸雲納之，雲曰：「範迫降耳，心未可測；天下女不少。」遂不取。〔八〕範果逃走，雲無纖介。先是與夏侯惇戰於博望，〔九〕生獲夏侯蘭。蘭是雲鄉里人，少小相知，雲白先主活之，薦蘭明於法律，以爲軍正。雲不用自近，其愼慮類如此。〔一〇〕先主入益州，雲領留營司馬。〔一一〕此時先主孫夫人以權妹驕豪，多將吴吏兵，縱横不法。先主以雲嚴重，必能整齊，特任掌内事。權聞備西征，大遣舟船迎妹，而夫人内欲將後主還吴，雲與張飛勒兵截江，乃得後主還。〔一二〕

〔一〕郡國志：「冀州常山國真定。」一統志：「真定故城，今直隸正定府正定縣南。」

〔二〕「與」，各本皆作「爲」。趙一清曰：「爲字誤。」沈家本曰：「爲讀去聲。詩鳧鷖箋：爲，猶助也。此言助楷拒紹，非誤字也。」弼按：「公孫瓚以田楷爲青州，袁紹破瓚，乃以長子譚爲青州。」

〔三〕趙雲别傳，隋、唐志不著録。

〔四〕元本「善」作「喜」。

〔五〕何焯曰：「本傳先主爲平原相時，雲已隨從主騎，别傳謂就袁紹，雲見於鄴，則在建安五年，後此違反，不可信也。」

〔六〕當陽長阪見先主傳。

〔七〕先主傳：「先主南征四郡，桂陽太守趙範等降。」

〔八〕樊氏國色，且爲寡居，而子龍不取，賢於關羽之乞娶秦宜禄妻者遠矣！

〔九〕博望見先主傳。

〔一〇〕李光地曰：「雲之美德，皆見别傳，而本傳略不及之，何哉？」

〔一一〕胡三省曰：「留營司馬，掌留營軍事也。」

〔一二〕互見先主穆后傳注引漢晉春秋。

先主自葭萌還攻劉璋，〔一〕召諸葛亮。亮率雲與張飛等俱泝江西上，平定郡縣。至江州，分遣雲從外水上江陽，〔二〕與亮會于成都。成都既定，以雲爲翊軍將軍。〔三〕

雲別傳曰：益州既定，時議欲以成都中屋舍及城外園地、桑田分賜諸將。雲駁之曰：「霍去病以匈奴未滅，無用家爲。今國賊非但匈奴，未可求安也。須天下都定，各反桑梓，〔四〕歸耕本土，乃其宜耳。益州人民初罹兵革，田宅皆可歸還，令安居復業，然後可役調，得其歡心。」先主即從之。夏侯淵敗，曹公爭漢中地，運米北山下，數千萬囊。黃忠以爲可取，雲兵隨忠取米。〔五〕忠過期不還，雲將數十騎輕行出圍，迎視忠等。值曹公揚兵大出，〔六〕雲爲公前鋒所擊，方戰，其大衆至，勢偪；遂前突其陣，且鬬且卻。公軍散，已復合，雲陷敵，還趣圍。將張著被創，雲復馳馬還營迎著。公軍追至圍，此時沔陽長張翼〔七〕在雲圍內，翼欲閉門拒守，而雲入營，更大開門，偃旗息鼓。公軍疑雲有伏兵，引去。雲雷鼓震天，惟以戎弩於後射公軍，〔八〕公軍驚駭，自相蹂踐，墮漢水中死者甚多。先主明旦自來至雲營圍，視昨戰處，曰：「子龍一身都是膽也！」〔九〕作樂飲宴至暝，軍中號雲爲虎威將軍。孫權襲荊州，先主大怒，欲討權。雲諫曰：「國賊是曹操，非孫權也。且先滅魏，則吳自服。操身雖斃，子丕篡盜，當因衆心，早圖關中，居河、渭上流，以討凶逆，關東義士，必裹糧策馬以迎王師。不應置魏，先與吳戰，兵勢一交，不得卒解也。」〔一〇〕先主不聽，〔一一〕遂東征，〔一二〕留雲督江州。先主失利於秭歸，雲進兵至永安，〔一三〕吳軍已退。〔一四〕

建興元年，爲中護軍、征南將軍，封永昌亭侯，遷鎮東將軍。五年，隨諸葛亮駐漢中。明年，亮出軍，揚聲由斜谷道，曹真遣大衆當之。亮令雲與鄧芝往拒，而身攻祁山。雲、芝兵弱敵彊，失利於箕谷，〔一五〕然斂衆固守，不至大敗。軍退，貶爲鎮軍將軍。〔一六〕

雲別傳曰：亮曰：「街亭軍退，〔一七〕兵將不復相録，〔一八〕箕谷軍退，兵將初不相失，何故？」芝答曰：「雲身自斷後，「軍資什物，略無所棄，兵將無緣相失。」雲有軍資餘絹，亮使分賜將士。雲曰：「軍事無利，何爲有賜？其物請悉入赤岸府庫，〔一九〕須十月爲冬賜。」〔二〇〕亮大善之。〔二一〕

〔一〕葭萌見劉璋傳。

〔二〕江州、江陽俱見先主傳。胡三省曰：「江陽縣本屬犍爲郡，劉璋分立江陽郡，唐爲瀘州；犍爲郡，唐爲資、簡、嘉、眉之地，今渝州亦漢巴郡地也。對二水口，右則涪内水，左則蜀外水。自渝上合州至綿州者謂之内水，自渝上戎瀘至蜀者謂之外水。」趙一清曰：「外水即岷江也，對涪内水故曰外。」

〔三〕胡三省曰：「翊軍將軍，備所創置也。」

〔四〕胡三省曰：「都定，猶言皆定也。桑梓，謂其故鄉祖父之所樹者。詩云：維桑與梓，必恭敬止。」

〔五〕官本考證曰：「御覽作雲遣兵，多遣字。」

〔六〕監本「出」作「山」，誤。

〔七〕錢大昕曰：「沔陽當作江陽。」

〔八〕通鑑「戎」作「勁」。

〔九〕胡三省曰：「言其膽大，能以孤軍亢操大兵。」

〔一〇〕胡三省曰：「趙雲之言，可謂知所先後矣。卒，讀曰猝。」

〔一一〕元本「聽」作「應」。

〔一二〕通鑑輯覽曰：「趙雲數語，深切事勢，獨怪諸葛亮隆中之對，已云吳可與爲援，而不可圖，何此日東伐，竟不能止，至事後乃追思法正乎！」

〔一三〕秭歸見劉璋傳，永安見先主傳。

〔一四〕何焯曰：「雲之駮分賜，議甚忠正，然經國之務，有諸葛公在，必得其當，未應反待武臣駮議，殆家傳掠美耳。其諫伐吴，則又諸葛公所不能得之其主，追思孝直，恐散號列將非所及也。別傳大抵依倣諸葛子瑜書及孫權稱尊號，諸葛公不明絶其僭之義爲之。」

〔一五〕箕谷見諸葛亮傳。

〔一六〕胡三省曰：「據晉書職官志，鎮軍將軍在四征、四鎮將軍之上。今趙雲自鎮東將軍貶鎮軍將軍，蓋蜀漢之制以鎮東爲專鎮方面，而以鎮軍爲散號，故爲貶也。」弼按：宋書百官志：鎮軍將軍比四鎮，在四鎮之次。晉志之鎮軍將軍爲鎮軍大將軍，（下文有大字）故在四征、四鎮之上也。

〔一七〕街亭見諸葛亮傳。

〔一八〕胡三省曰：「録，收拾也。」

〔一九〕通鑑無「府」字。胡三省曰：「水經注：褒水西北出衙嶺山東南逕大石門，歷故棧道下谷，俗謂千梁無柱也。諸葛亮與兄瑾書曰：前趙子龍退軍燒壞赤崖閣道，緣谷一百餘里，其閣梁一頭入山腹，一頭立柱於水中，今水大而急，不得安柱。又云：頃大水暴出，赤崖以南，橋閣悉壞。時趙子龍與鄧伯苗一戍赤崖屯田，一戍赤崖口，但得緣崖與伯苗相聞而已。後亮死于五丈原，魏延先退而焚之，即是道也。赤崖即赤岸，蜀置庫於此，以儲軍實。」趙一清曰：「方輿紀要卷五十五：箕谷在寶雞縣東南四十里。又卷五十六：赤崖在漢中府城西北，亦曰赤岸。」

〔二〇〕胡三省曰：「須，待也。」

〔二一〕何焯曰：「諸葛賞罰之肅，雲猶貶號，其下安得濫賜？又足以明其不然。別傳類皆子孫溢美之言，故承祚不取。」

七年，卒，〔一〕追謚順平侯。

〔一〕趙一清曰：「城冢記：南陽縣南十五里爲蜀偏將軍趙雲墓，有石碑。」一清案：子龍卒於蜀，無由葬於南陽，疑記爲誤。」

初，先主時惟法正見謚；後主時諸葛亮功德蓋世，蔣琬、費禕荷國之重，亦見謚。陳祇寵待，特加殊奬；夏侯霸遠來歸國，故復得謚。於是關羽、張飛、馬超、龐統、黄忠及雲乃追謚，時論以爲榮。〔一〕

雲别傳載後主詔曰：「雲昔從先帝，功績既著。朕以幼沖，涉塗艱難，賴恃忠順，濟於危險。夫謚，所以敘元勳也，外議雲宜謚。」大將軍姜維等議，以爲「雲昔從先帝，勞績既著，經營天下，遵奉法度，功效可書。當陽之役，義貫金石，忠以衛上，君念其賞；禮以厚下，臣忘其死。死者有知，足以不朽；生者感恩，足以殞身。謹按謚法，柔賢慈惠曰順，執事有班曰平，克定禍亂曰平，應謚雲曰順平侯。」

雲子統嗣，官至虎賁中郎，督行領軍。次子廣，牙門將，隨姜維沓中，臨陣戰死。〔二〕

〔一〕李慈銘曰：「傳言夏侯霸遠來歸國得謚，故追謚關、張等。是六人得謚，由於霸；而霸謚不見於志。所謂國不立史，蓋所失者多矣。」華陽國志亦不著霸謚。」弼按：龐統謚曰靖侯，是先主時亦不止法正見謚也。

〔二〕姜宸英曰：「趙、關、張及武侯之後先後殉國，一時君臣相得之雅，奕世猶同休戚。千載而下，爲之慨慕不已！」

評曰：關羽、張飛，皆稱萬人之敵，爲世虎臣。羽報效曹公，飛義釋嚴顔，並有國士之風。然羽剛而自矜，飛暴而無恩，以短取敗，理數之常也。〔一〕馬超阻戎負勇，以覆其族，惜哉！能因窮致泰，不猶愈乎！〔二〕黄忠、趙雲，强摯壯猛，並作爪牙，其灌、滕之徒歟？〔三〕

〔一〕王鳴盛曰：「關羽之所以爲國士者，以其乃心王室耳。若其策馬刺顏良於萬衆之中，羽之所以爲國士者，豈專在此哉！且其報曹，正爲歸劉地也。若徒以報曹爲羽義舉，未爲知羽之心，此贊稍嫌不稱。即張桓侯之美，亦不宜以釋嚴顏一事當之。」趙翼曰：「漢以後稱勇者，必推關、張。其見於二人本傳者，袁紹遣顏良攻劉延，關羽望見良麾蓋，即策馬刺良於萬人之中，斬其首還。當陽之役，先主棄妻子走，使張飛以二十騎拒後。飛據水斷橋，瞋目横矛曰：身是張益德，可來共決死。二人之勇，見於傳記者止此。而當其時，無有不震其威名者。魏程昱曰：劉備有英名，關、張皆萬人敵。（魏志昱傳）劉曄勸曹操乘取漢中之勢進取蜀，曰：若小緩之，諸葛亮明于治國而爲相，關、張勇冠三軍而爲將，則不可犯矣。（魏志曄傳）此魏人之服其勇也。周瑜密疏孫權曰：劉備以梟雄之志，而有關、張熊虎之將，必非久屈爲人用者。（吳志瑜傳）此吳人之服其勇也。其他見於後世各史者甚多，不惟同時之人望而畏之，身後數百年，亦無人不震而驚之。威聲所垂，至今不朽，天生神勇，固不虛也。」

〔二〕郝經曰：「馬超父子，勇冠西州，與韓遂頡頏爲寇，殘滅三輔，斲傷漢室。董卓因之，肆其蛇豕，漢遂以亡。天下分裂，不能歸命有德，卒墮操手，闔門誅夷，僨踣不悔，有勇無義，君子悼諸。然潼關之役，操幾不免，孤劍來歸，即厠關、張之列，超亦人豪也哉！」何焯曰：「超幸得所歸，不終名爲賊。」

〔三〕李光地曰：「灌摧項羽於垓下，滕脱孝惠於彭城，比之定軍、當陽之事。」

# 蜀書七



## 龐統法正傳第七

龐統字士元，襄陽人也。少時樸鈍，未有識者。潁川司馬徽清雅有知人鑒，〔一〕統弱冠往見徽，徽採桑於樹上，坐統在樹下，共語自晝至夜。徽甚異之，稱統當爲南州士之冠冕，〔二〕由是漸顯。〔三〕

襄陽記曰：諸葛孔明爲臥龍，龐士元爲鳳雛，司馬德操爲水鏡，〔四〕皆龐德公語也。德公，襄陽人。孔明每至其家，獨拜牀下，德公初不令止。〔五〕德操嘗造德公，值其渡沔，上祀先人墓。〔六〕德操徑入其室，呼德公妻子，使速作黍，「徐元直向云有客當來就我〔七〕與龐公譚」。其妻子皆羅列拜於堂下，奔走供設。須臾德公還，直入相就，不知何者是客也。德操年小德公十歲，兄事之，呼作龐公。故世人遂謂龐公是德公名，非也。德公子山民，〔八〕亦有令名，娶諸葛孔明小姊，〔九〕爲魏黃門吏部郎，早卒。子渙，字世文，〔一〇〕晉太康中爲牂柯太守。〔一一〕統，德公從子也，少未有識者，惟德公重之。年十八，使往見德操，德操與語，既而歎曰：「德公誠知人，此實盛德也！」

後郡命爲功曹。〔一二〕性好人倫，〔一三〕勤於長養；每所稱述，多過其才。時人怪而問之。統答曰：「當今天下大亂，雅道陵遲，善人少而惡人多。方欲興風俗，長道業，不美其譚，即聲名不足慕企；不足慕企，而爲善者少矣。今拔十失五，猶得其半，而可以崇邁世教，使有志者自勵，不亦可乎！」〔一四〕吴將周瑜助先主取荆州，因領南郡太守。〔一五〕瑜卒，統送喪至吴，〔一六〕吴人多聞其名。及當西還，〔一七〕並會昌門，〔一八〕陸績、顧劭、全琮皆往。〔一九〕統曰：「陸子可謂駑馬有逸足之力，〔二〇〕顧子可謂駑牛能負重致遠也。」

張勃吴録曰：〔二一〕或問統曰：「如所目，陸子爲勝乎？」統曰：「駑馬雖精，所致一人耳。〔二二〕駑牛一日行三百里，〔二三〕所致豈一人之重哉！」〔二四〕劭就統宿，語，因問：「卿名知人，吾與卿孰愈？」統曰：「陶冶世俗，甄綜人物，吾不及卿；〔二五〕論帝王之祕策，攬倚伏之要最，吾似有一日之長。」劭安其言而親之。

謂全琮曰：「卿好施慕名，有似汝南樊子昭，

蔣濟萬機論云：〔二六〕許子將褒貶不平，以拔樊子昭而抑許文休。〔二七〕劉曄曰：〔二八〕「子昭拔自賈豎，年至耳順，退能守靜，〔二九〕進能不苟。」〔三〇〕濟答曰：「子昭誠自長幼貌潔，〔三一〕然觀其臿齒牙，樹頰胲，吐脣吻，自非文休敵也。」胲，音改。〔三二〕

雖智力不多，亦一時之佳也。」績、劭謂統曰：「使天下太平，當與卿共料四海之士。」深與統相結而還。

〔一〕世說言語篇劉孝標注引司馬徽別傳曰：「徽字德操，潁川陽翟人，有人倫鑒識。居荆州，知劉表性暗，必害善人，乃括囊不談議。時人有以人物問徽者，初不辨其高下，每輒言佳。其婦諫曰：人質所疑，君宜辨論，而一皆言佳，豈人所以咨君之意乎？徽曰：如君所言，亦復佳。其婉約遜遁如此。嘗有妄認徽豬者，便推與之。後得其豬，叩頭來還，徽又厚辭謝之。劉表子琮往候徽，遣問在不。會徽自鋤園，琮左右問司馬君在邪？徽曰：我是也。琮左右見其醜陋，罵曰：死傭！將軍諸郎欲求見司馬君，汝何等田奴，而自稱是邪？徽歸刈頭著幘，出見琮；左右見徽，故是向老翁，恐向琮道之，琮起，叩頭辭謝。徽乃謂曰：卿真不可，然吾甚羞之，此自鋤園，唯卿知之耳。有人臨蠶求簇箔者，徽自棄其蠶而與之。或曰：凡人損己以贍人者，謂彼急我緩也。今彼此正等，何爲與人？徽曰：人未嘗求己，求之不與，將慚，何有以財物令人慚者！人謂劉表曰：司馬德操，奇士也，但未遇耳。表後見之曰：世間人爲妄語，此直小書生耳。其智而能愚皆此類。荆州破，爲曹操所得。操欲大用，會其病死。」通鑑：「建安十二年，劉備在荆州，訪士於襄陽司馬徽。」又云：「徽同縣龐德公素有重名，徽兄事之。」是通鑑以德操爲襄陽人，與此傳所云潁川人異。當爲原籍潁川，流寓襄陽，遂爲襄陽人耳。

〔二〕世說言語篇注引此「士」下有「人」字。

〔三〕世說言語篇：「南郡龐士元聞司馬德操在潁川，故二千里候之。至，遇德操採桑。士元從車中謂曰：吾聞丈夫處世，當帶金佩紫，焉有屈洪流之量，而執絲婦之事？德操曰：子且下車。子適知邪徑之速，不慮失道之迷。昔伯成耦耕，不慕諸侯之榮，原憲桑樞，不易有官之宅。何有坐則華屋，行則肥馬，侍女數十，然後爲奇？此乃許父所以忼慨，夷、齊所以長歎，雖有竊秦之爵，千駟之富，不足貴也！士元曰：僕生出邊垂，寡見大義，若不一叩洪鐘，伐雷鼓，則不識其音響也。」弼按：郡國志：潁川郡在雒陽東南五百里，南郡在雒陽南一千五百里。襄陽在南郡之北，距潁川不過數百里。世說云，士元二千里往潁川候德操，可證其語之失實。又按司馬徽別傳，德操時居荆州襄陽，故劉琮求見，且與龐德公望衡對宇，見水經沔水注。益證「士元二千里往潁川候德操」之語爲誣。至本傳所云，亦多可疑。後生謁見長者，何必坐之樹下；自晝至夜，豈不饑渴？樹上採桑，何時不可，奚必於接見賓客之際？既負知人之鑒，又深異士元之器識，自應引之入室，竭誠盡歡，何必自晝卜夜，共語桑間，亦豈所以優禮南州冠冕之士？此皆事之不近人情者。大抵魏、晉之閒，習尚超逸，以放誕簡傲爲風雅，遂不覺忘其言之失實，雖承祚亦不免也。李治敬齋古今黈卷四云：「共語之下，宜云徽頗驚賞，因延揖再與談論，自晝至夜。若是，則言意兩足矣。或謂徽與統齒相懸，不可以苛禮責徽。曰：此不然。昔盛孝章爲臺郎，路逢孔融，年十餘歲，孝章以爲異，乃載歸，與之言，知其奇才，便結爲兄弟。統見徽時，蓋已成人，徽雖年高，不應倨傲若此。」

〔四〕宋、元本皆作「水鏡」，通鑑同。

〔五〕胡三省曰：「觀孔明獨拜德公於牀下，孔明所以事德公者爲何如邪？德公初不令止，德公所以自居者爲何如邪？德公於是不可及矣。」

〔六〕范書龐公傳注引此無「祀」字。趙一清曰：「水經沔水注：沔水中有魚梁洲，龐德公所居。士元居漢之陰，在南白沙，世故謂是地爲白沙曲矣。司馬德操宅洲之陽，望衡對宇，懽情自接，泛舟褰裳，率爾休暢，豈特還桂柁於千里，貢深心於永思哉！後漢書逸民傳：龐公居峴山之南，未嘗入城府，躬耕田里，夫妻相敬如賓。荆州刺史劉表數延請不能屈，乃就候之。遂攜其妻子登鹿門山，因採藥不反。宋書武二王傳論曰：襄陽龐公謂劉表曰：若使周公與管、蔡居茅屋之下，藜藿之羹，豈有若斯之難！夫天倫由子，共氣分形，寵愛之分雖同，富貴之情則異也。追味尚長之言，以爲太息。尚長豈龐公字乎？」弼按：水經沔水注又云：「沔水又逕峴山東，又東南逕蔡洲，漢長水校尉蔡瑁居之，故名。有洄湖，停水數十畝，長數里，廣減百步。水色常緑。楊儀居上洄，楊顒居下洄，與蔡洲相對，在峴山南。」水經注疏要删補遺曰：「文苑英華皮日休酒箴序自戲云：醉士居襄陽之洞湖。注：洞湖去襄陽南二十里，龐德公之舊隱也。襄沔記曰：龐公居上洞，楊顒居下洞；作洞。李白詩：嘗聞龐德公，家住洞湖水。孟浩然詩：聞就龐公隱，移居住洞湖。又作洞。是洄、洞、洞錯出，未知孰是。」熊會貞曰：「水經注敘魚梁洲於峴山前，則在峴山東北。

而後漢書逸民傳云龐公居峴山之南。」

〔七〕范書龐公傳注無「有客」二字。

〔八〕各本皆作德公字山民。盧明楷曰：「後漢書注作德公子字山民，可知仕魏者非德公也。各本皆脱去子字。」不然，幾疑德公爲遁操不終矣。或字字即爲子字之誤。」周壽昌曰：「盧説是也，而尚有未盡。攷注引襄陽記先已云德公襄陽人，下有一大段，何至此始出其字？并云亦有令名，宜從後漢書注作德公子方合。惟其爲德公子，故承言爲亦有也。」梁章鉅曰：「後漢書注亦引襄陽記，山民作山人，蓋唐時避諱也。」趙一清曰：「劉表傳注引司馬彪戰略有龐季。水經沔水注宜城縣有太山，此山以建安三年崩，聲聞五六十里，雉皆屋雊，縣人惡之，以問侍中龐季。季云：山崩川竭，國士將亡之占也。十三年，魏武平荆州，沔南彫散。龐季豈即山民歟？」沈均瑲曰：「陳本眉間標龐山民德公，幾於厚誣先哲。」

〔九〕范書注無「小」字。監本「姊」作「妹」。梁玉繩瞥記作「小妹」，蓋據監本也。

〔一〇〕周壽昌曰：「後漢書龐公傳末云：登鹿門山采藥不返，則必非早卒可知。故知山民是龐公之子；名涣者，是山民之子；其情事皆可推測而知。愚疑德公子下、字山民上並脱去其名，觀書子涣字世文可證。不能於其父反不稱名，突出其字也。然此傳注、後漢書注所引同，無可攷矣。」

〔一一〕襄陽耆舊傳：「涣去官歸鄉里，居荆州南白沙鄉，里人宗敬之，相語曰：我家池中，龍種來歸。鄉里仰其德讓，少壯皆代老者擔負。」一統志云：「龐德公宅有二，一在襄陽縣南，即後漢書龐公傳所云居峴山之南者也；一在襄陽縣東北，即水經注所云魚梁洲龐德公所居者也。」按：龐德公居峴山南，後入鹿門山採藥不返，魚梁洲乃其孫奂所居，水經注似誤也。一統志又云：「司馬徽宅在襄陽縣東北漢水北，龐統宅在襄陽縣東。」輿地紀勝：「士元、德操二宅，俱在呼鷹臺側。」

〔一二〕南郡之功曹也。沈家本曰：「此傳統爲功曹在周瑜領南郡之先，不言何人所命，當在劉表之世。而世説注四引蜀志云：周瑜領南郡，士元爲功曹。與今文不同。下文注引江表傳亦云統爲公瑾功曹。疑統先爲功曹，至瑜領郡時尚任事，故瑜卒而統得送喪也。御覽二百六十四引荆州先德傳云：周瑜領南郡，以龐士元名重，州里所信，乃逼爲功曹，任以大事，瑜垂拱而已。是統爲功曹，由瑜所逼，恐未可信。」

〔一三〕本傳評謂龐統雅好人流，許靖傳：「靖與從弟劭並有人倫臧否之稱。」評謂許靖以人物爲意。魏志司馬朗傳：「朗雅好人倫典籍，鄉人李覿等盛得名譽，朗常顯貶下之。」楊俊傳：「俊自少及長，以人倫自任。同郡審固、陳留衛恂本皆出自兵伍，俊資拔奬致，咸作佳士。」吴志顧邵傳：「邵好樂人倫。」陸瑁傳：「子喜好人倫。」范書郭太傳：「太性明知人，好奬訓士類。」郭林宗别傳云：「林宗有人倫鑒識，題品海内之士，或在幼童，或在里肆，後皆成英彦。」范書許劭傳：「劭好人倫，多所賞識，若樊子昭、和陽士者並顯名於世。故天下言拔士者，咸稱許、郭。」又云：「劭與從兄靖，俱有高名，好共覈論鄉黨人物，每月輒更其品題，故汝南俗有月旦評焉。」

〔一四〕何焯曰：「士元此論，東漢之風流已耳，欲興世教，非務實不可也。參取其意，則足以參奬勸。孔子曰：如有所譽者，其有所試矣。有所試而誘之使竟其志，勿徒以浮聲競煽，斯得者多。」

〔一五〕瑜領南郡太守在建安十四年，次年即死於巴丘。

〔一六〕郡國志：「揚州吴郡，治吴。」一統志：「吴縣故城，今江蘇蘇州府吴縣治。」

〔一七〕西還荆州也。

〔一八〕吴縣之昌門也。世説品藻篇注作「並會閶門，與士人言」。

〔一九〕陸績、顧劭皆吴郡吴人，全琮吴郡錢唐人。吴志陸績傳：「龐統荆州令士，年亦差長，與績友善。」顧劭傳：「劭好樂人倫，少與舅陸績齊名。」全琮傳：「中州士人，辟亂而南依琮居者以百數。琮傾家接濟，與共有無，遂顯名遠近。」

〔二〇〕世説品藻篇「力」作「用」。

〔二一〕史記五子胥傳索隱云：「張勃，晉人，吳鴻臚儼之子，作吳録。」故裴氏注引之。張儼有默記，見諸葛亮傳注。隋志正史類：晉有張勃吳録三十卷，亡。二唐志雜史類：吳録三十卷，張勃撰。章宗源曰：「通志略入編年類，史通書志篇張勃曰録。水經浪水注、文選笙賦注、謝靈運登臨海嶠詩注、張衡七命注、初學記獸部並題吳録地理志，類聚御覽寰宇記所引，題地理志尤多。是知史通之言，誤以吳録總名相混，不知録内分篇，實仍名志也。世説賞譽篇注引吳録士林曰吳郡有顧、陸、朱、張，三國之閒，四姓盛焉。士林二字，或其列傳標目，如魏略儒宗之稱，有志有傳，其體不似編年類。」沈家本曰：「是書蓋先亡後出，隋志入正史最是。」趙一清曰：「左傳宣二年正義引吳録地理志，是唐時此書尚存。」黄逢元曰：「據晉書索靖傳，張勃爲敦煌人。」弼按：索靖傳云「同郡張勃」，當爲吳郡之誤。

〔二二〕世説注「精」下有「速」字，「所」作「能」。

〔二三〕官本考證曰：「元修本作三十里。」

〔二四〕世説注作「行百里」，無下「之重」二字。沈家本曰：「牛行遲，未聞有一日行三百里者，況駑牛邪？此文有訛衍無疑。但未知世説與元本果孰是也。」

〔二五〕顧邵傳：「自州郡庶幾及四方人士，往來相見，或言議而去，或結厚而別，風聲流聞，遠近稱之。」

〔二六〕蔣濟萬機論，詳見魏志蔣濟傳。沈家本曰：「文選注引稱蔣子萬機論，與隋志同。裴注但稱蔣濟，不稱蔣子。」

〔二七〕許子將事詳見魏志武紀卷首注引世語、及和洽傳注引汝南先賢傳。樊子昭事亦見和洽傳注。子將與文休不協，見許靖傳。

〔二八〕世説注「曰」上有「難」字。

〔二九〕官本考證曰：「監本訛作退難。」

〔三〇〕世説注引此作「進不苟競」。

〔三一〕世説注作「子昭誠自幼至長，容貌完潔」。

〔三二〕世説注作「頦」。潘眉曰：「説文：胲，足大指毛也。此云頦胲，非許君義。東方朔傳舌齒牙，樹頰胲，吐脣吻。師古曰：頰肉曰胲，音改，以音解之耳。一切經音義：胲，胡賣反，腦縫解也。無上依經云：頂骨無頦，此頦字近之。」沈家本曰：「案胲，説文足大指毛肉也，與頦不相聯屬，當從世説注作頦。玉篇：頦，胡來切，頤下。又記在切。廣韻十六咍：頦，户來切，頤下。十五海：胲，古亥切，頰頦。此注音改，即廣韻之古亥切音也。胲字玉篇古才切，廣韻十六咍古哀切，無上聲。又案：此語本漢書，亦作胲。段若膺以胲字爲朘字之假借。」弼按：吴志顧雍傳注引吴書曰：「雍母弟徽有脣吻。」

先主領荆州，統以從事守耒陽令。〔一〕在縣不治，免官。吴將魯肅遺先主書曰：「龐士元非百里才也，使處治中别駕之任，始當展其驥足耳。」〔二〕諸葛亮亦言之於先主，先主見與善譚，〔三〕大器之，以爲治中從事。

江表傳曰：先主與統從容宴語，問曰：「卿爲周公瑾功曹，孤到吴，聞此人密有白事，勸仲謀相留，有之乎？在君爲君，卿其無隱。」統對曰：「有之。」備歎息曰：「孤時危急，當有所求，故不得不往，殆不免周瑜之手！天下智謀之士，所見略同耳。時孔明諫孤莫行，其意獨篤，亦慮此也。孤以仲謀所防在北，當賴孤爲援，故決意不疑也。此誠出於險塗，非萬全之計也。」〔四〕

親待亞於諸葛亮，〔五〕遂與亮並爲軍師中郎將。

九州春秋曰：統説備曰：「荆州荒殘，人物殫盡，東有吴孫，北有曹氏，鼎足之計，難以得志。今益州國富民彊，户口百萬，〔六〕四部兵馬，所出必具，寶貨無求於外，今可權借以定大事。」備曰：「今指與吾爲水火者，曹操也。〔七〕操以急，吾以寬；操以暴，吾以仁；操以譎，吾以忠。每與操反，事乃可成耳。今以小故而失信義於天下者，吾所不取也。」統曰：「權變之時，固非一道所能定也。兼弱攻昧，〔八〕五霸之事，逆取順守，〔九〕報之以義，事定之後，封以大國，何負於信？今日不取，終爲人利耳。」備遂行。〔一〇〕

亮留鎮荆州，統隨從入蜀。

〔一〕郡國志：「荆州桂陽郡耒陽。」一統志：「耒陽故城，今湖南衡州府耒陽縣治。」

〔二〕胡三省曰：「百官志：司隸校尉從事史十二人，功曹從事主選署及衆事，別駕從事校部行部則奉引録衆事。州牧則改功曹從事爲治中從事。杜佑曰：別駕從事史從刺史行部，別乘一乘傳車，故謂之別駕；治中從事史居中治事，主衆曹；功曹主選用。」

〔三〕胡三省曰：「善譚者，劇論當世事也。譚與談同。」弼按：此即士元自謂論帝王之祕策，有一日之長者也。惜其語不傳耳。

〔四〕周瑜上疏謂宜徙劉備置吴，見瑜傳。

〔五〕魏志劉表傳注引傅子曰：「傅巽目龐統爲半英雄，統遂附劉備，見待次於諸葛亮。」

〔六〕沈家本曰：「案郡國志：益州部户一百五十二萬五千三百五十七，口七百二十四萬二千二十八。此云百萬，未分別是户是口。後主降魏時，惟有户二十八萬，男女口九十四萬，恐此所言百萬者，是口而非户也。」

〔七〕胡三省曰：「言水火者，性相反也。」

〔八〕尚書仲虺之言。

〔九〕陸賈曰：「湯武逆取而順守。」

〔一〇〕通鑑輯覽曰：「凡事與操相反，雖爲矯枉之計，亦屬沽名之舉；龐統之言，自是達識。彼拘文牽義，坐失事機者，罕不爲子莫、執中之流。」何焯曰：「皇極幽昧，漢祚將墜，較其輕重，則取璋不爲非。」唐庚曰：「龐統説先主取益州，先主告之如此。夫寬勝急，仁勝暴，忠勝譎，然操强而備弱，宜勝而反不如者，何也？操，荑稗也，備，五穀之不熟者也。五穀不熟，不如荑稗，非謂寬、仁、忠不能勝急、暴、譎也，備不能勝操耳。故曰苟非其人，道不虚行。」

益州牧劉璋與先主會涪，〔一〕統進策曰：「今因此會，便可執之，則將軍無用兵之勞，而坐定一州也。」先主曰：「初入他國，恩信未著，此不可也。」〔二〕璋既還成都，先主當爲璋北征漢中，統復説曰：「陰選精兵，晝夜兼道，徑襲成都。璋既不武，又素無預備，大軍卒至，〔三〕一舉便定，此上計也。楊懷、高沛，璋之名將，各杖彊兵，據守關頭，〔四〕聞數有牋諫璋，使發遣將軍還荆州。將軍未至，遣與相聞，説荆州有急，欲還救之，並使裝束，外作歸形；此二子既服將軍英名，又喜將軍之去，計必乘輕騎來見。將軍因此執之，進取其兵，乃向成都，此中計也。退還白帝，〔五〕連引荆州，徐還圖之，此下計也。若沈吟不去，將致大困，不可久矣！」先主然其中計，〔六〕即斬懷、沛，還向成都，所過輒克。於涪大會，置酒作樂，謂統曰：「今日之會，可謂樂矣。」統曰：「伐人之國，而以爲歡，非仁者之兵也！」先主醉，怒曰：「武王伐紂，前歌後舞，非仁者邪？〔七〕卿言不當，宜速起出！」於是統逡巡引退。先主尋悔，請還。統復故位，初不顧謝，飲食自若。先主謂曰：「向者之論，阿誰爲失？」〔八〕統對曰：「君臣俱失。」先主大笑，宴樂如初。

習鑿齒曰：夫霸王者，必體仁義以爲本，〔九〕杖信順以爲宗，一物不具，則其道乖矣。今劉備襲奪璋土，權以濟業，負信違情，德義俱愆，雖功由是隆，宜大傷其敗，譬斷手全軀，何樂之有！龐統懼斯言之泄宣，知其君之必悟，故衆中匡其失，而不脩常謙之道；矯然太當，〔一〇〕盡其蹇諤之風。夫上失而能正，是有臣也；納勝而無執，是從理也。有臣則陛隆堂高，從理則羣策畢舉。一言而三善兼明，暫諫而義彰百代，可謂達乎大體矣。若惜其小失，而廢大益，〔一一〕矜此過言，自絶遠讜，能成業濟務者，未之有也。

臣松之以爲謀襲劉璋，計雖出於統，然違義成功，本由詭道，心既內疚，則歡情自戢。故聞備稱樂之言，不覺率爾而對也。備宴酣失時，〔一二〕事同樂禍，自比武王，曾無愧色，此備有非而統無失。其云「君臣俱失」，蓋分謗之言耳。習氏所論，雖大旨無乖，然推演之辭，近爲流宕也。

〔一〕涪見劉璋傳。

〔二〕或曰：「先主之不許士元，亦正慮此，非不忍於璋也。」

〔三〕卒，讀曰猝。

〔四〕胡三省曰：「即白水關頭也。」弼按：白水關詳見先主傳建安十六年。

〔五〕白帝見先主傳。胡三省曰：「白帝即巴東魚服縣城也。」公孫述據成都，自稱白帝，改魚服曰白帝城。

〔六〕通鑑輯覽曰：「劉璋無能，爾時若聽龐統上計，成都可立得。然備雖稱英雄，亦實內怯，宜其聽中計耳。」

〔七〕華陽國志云：「周武王伐紂實得巴、蜀之師。巴師勇鋭，歌舞以淩殷人，前徒倒戈。故世稱之曰武王伐紂，前歌後舞也。」又云：「閬中有渝水，賨民多居水左右，天性勁勇。初爲漢前鋒陷陣，鋭氣喜舞。高帝善之，曰：此武王伐紂之歌也。乃令樂人習學之，今所謂巴渝舞也。」或曰：趙岐孟子注亦曰「殷民厥角，周師歌舞」。

〔八〕顧炎武曰：「阿爲不定何人之辭，古詩：道逢鄉里人，家中有阿誰？三國志龐統傳：阿誰爲失？晉書沈充傳：敦作色曰：小人阿誰？是也。」

〔九〕監本「體」作「休」，誤。

〔一〇〕周壽昌曰：「按文義，太字疑是失字之誤。」

〔一一〕宋本「廢」下有「其」字。

〔一二〕宋本作「酣宴」。

進圍雒縣，〔一〕統率衆攻城，爲流矢所中，卒，〔二〕時年三十六。〔三〕先主痛惜，言則流涕。〔四〕拜統父議郎，遷諫議大夫，諸葛亮親爲之拜。〔五〕追賜統爵關内侯，謚曰靖侯。〔六〕統子宏，字巨師，〔七〕剛簡有臧否，輕傲尚書令陳祗，爲祗所抑，卒於涪陵太守。〔八〕統弟林，以荆州治中從事參鎮北將軍黄權〔九〕征吴，值軍敗，隨權入魏，魏封列侯，至鉅鹿太守。

襄陽記曰：林婦，同郡習禎妹。〔一〇〕禎事在楊戲輔臣贊。曹公之破荆州，林婦與林分隔，守養弱女十有餘年。後林隨黄權降魏，始復集聚。魏文帝聞而賢之，賜牀帳衣服，以顯其節義。

〔一〕雒縣見劉焉傳。

〔二〕水經江水注：「洛水南逕洛縣故城南，廣漢郡治也。劉備自將攻洛，龐士元中流矢死于此。」

〔三〕唐庚曰：「龐德公以孔明爲臥龍，以士元爲鳳雛，則士元之齒，當少於孔明。孔明卒時年五十四，而士元先卒二十二年，則士元物故，尚未三十也，豈不惜哉！建安二十四年，先主始王漢中，是歲關羽卒；明年，黄忠、法正卒；又明年，張飛卒；又明年，馬超、馬良卒。基業未就，而一時功臣相繼淪謝，若有物奪之者。明年，後主踐阼，而舊人獨有孔明、趙雲。後七年，雲卒；又五年，孔明卒，而勳舊於是乎盡。正卒時年四十五，超四十七，良三十五，自餘不著其年。飛傳稱少與關羽俱事先主，羽年長數歲，飛兄事之。則飛卒時年纔五十許。霍峻年四十。此數傑者，皆以高才早逝，而譙周獨年至七十餘而終，天不祚漢明矣。」沈家本曰：「臥龍鳳雛，祇是當日品題如此，非以年之長少分也。傳明言統卒年三十六，安得云尚未三十乎？」梁章鉅曰：「士元死於雒縣城下，而小說家演爲落鳳坡之事，明廣輿志已誤收之，王士禎詩集中亦有落鳳坡弔龐士元之題，皆非正史所有也。」

〔四〕康發祥曰：「華陽國志云：廣漢太守南陽張存曰：統雖可惜，違大雅之體。先主怒曰：統殺身成仁，非仁者乎？即免存官。」弼按：張存名處仁，見楊戲輔臣贊。

〔五〕康發祥曰：「統父既因子拜官，諸葛親爲之拜，豈無名字可傳？志曰統父，何也？」

〔六〕袁宏三國名臣序贊曰：「士元弘長，雅性內融，崇善愛物，觀始知終。喪亂備矣，勝塗未隆，先生標之，振起清風。綢繆哲后，無妄惟時，夙夜匪懈，義在緝熙，三略既陳，霸業已基。」

〔七〕錢大昭曰：「洪适隸續有漢故涪陵太守龐厷神道，厷即宏也，當以碑爲正。」潘眉曰：「王象之涪州碑目有漢涪陵太守龐肱闕，其文云：肱，龐士元子也。宏當依碑作肱。」沈家本曰：「以宏字巨師推之，恐不當作肱。」

〔八〕涪陵郡見後主傳延熙十一年。

〔九〕權下疑有脫文。

〔一〇〕禎字文祥，名亞龐統。

法正字孝直，右扶風郿人也。〔一〕祖父真，有清節高名。〔二〕

三輔決録注曰：真字高卿，〔三〕少明五經，兼通讖緯，學無常師，名有高才。〔四〕常幅巾見扶風守，〔五〕守曰：「哀公雖不肖，猶臣仲尼，〔六〕柳下惠不去父母之邦，〔七〕欲相屈爲功曹，何如？」真曰：「以明府見待有禮，故四時朝覲，若欲吏使之，真將在北山之北、南山之南矣。」扶風守遂不敢以爲吏。初，真年未弱冠，父在南郡，步往候父。已欲去，父留之待正旦，使觀朝吏會。會者數百人，真於牕中闚其與父語。畢，問真「孰賢」？真曰：「曹掾胡廣有公卿之量。」〔八〕其後廣果歷九卿三公之位，世以服真之知人。〔九〕前後徵辟，皆不就。〔一〇〕友人郭正美之，號曰玄德先生。〔一一〕年八十九，中平五年卒。〔一二〕正父衍，字季謀，司徒掾、廷尉左監。

建安初，天下飢荒，正與同郡孟達俱入蜀依劉璋。久之，爲新都令，〔一三〕後召署軍議校尉。〔一四〕既不任用，又爲其州邑俱僑客者所謗無行，志意不得。〔一五〕益州別駕張松與正相善，忖璋不足與有爲，〔一六〕常竊歎息。〔一七〕松於荆州見曹公還，勸璋絶曹公而自結先主。璋曰：「誰可使者？」松乃舉正，正辭讓，不得已而往。〔一八〕正既還，爲松稱説先主有雄略，密謀協規，願共戴奉，而未有緣。後因璋聞曹公欲遣將征張魯之有懼心也，〔一九〕松遂説璋，宜迎先主，使之討魯。復令正銜命。〔二〇〕正既宣指，〔二一〕陰獻策於先主曰：「以明將軍之英才，乘劉牧之懦，〔二二〕張松，州之股肱，〔二三〕以響應於内；然後資益州之殷富，馮天府之險阻，〔二四〕以此成業，猶反掌也。」先主然之。泝江而西，與璋會涪；北至葭萌，〔二五〕南還取璋。

〔一〕右字衍文，解見馬超傳。鄘見諸葛亮傳。

〔二〕真父雄，范書有傳。雄字文彊，齊襄王法章之後。秦滅齊，子孫不敢稱田姓，故以法爲氏。宣帝時徙三輔，世爲二千石。雄初仕郡功曹，後爲青州刺史，州界清静，遷南郡太守。子真，在逸民傳。

〔三〕章懷注：「高一作喬。」

〔四〕范書逸民傳：「法真，南郡太守雄之子，好學而無常家，博通内外圖典，爲關西大儒。弟子自遠方至者，陳留范冉等數百人。性恬静寡欲，不交人事。」

〔五〕幅巾解見魏志華歆傳。

〔六〕左傳哀公十一年：「魯人以幣召，孔子乃歸。」史記孔子世家：「魯終不能用孔子，孔子亦不求仕。」莊子：「哀公告閔子曰：吾與孔丘，非君臣也，德友而已矣。」左傳哀公十六年：「孔丘卒，哀公誄之。子貢曰：生不能用，死而誄之，非禮也。」是皆與扶風守所言不合。

〔七〕列女傳：「柳下惠處魯，三黜而不去。」

〔八〕范書胡廣傳：「廣字伯始，南郡華容人，入郡爲散吏。太守法雄之子真，從家來省其父。真頗知人，會歲終應舉，雄勑真助其求才。雄因大會諸吏，真自於牖閒密占察之，乃指廣以白雄，遂舉孝廉。既到京師，試以章奏，安帝以廣爲天下第一，旬月拜尚書郎，五遷尚書僕射。」

〔九〕「以」下當有「此」字。范書胡廣傳：「廣在公台三十餘年，歷事六帝，凡一履司空，再作司徒，三登太尉，又爲太傅。其所辟命，皆天下名士。與故吏陳蕃、李咸，並爲三司。年八十二，熹平元年薨。漢興以來，人臣之盛，未嘗有也。」

〔一〇〕范書逸民傳：「帝虛心欲致真，前後四徵，深自隱絶，終不降屈。」抱朴子曰：「法高卿再舉孝廉，本州五辟，公府八辟，九舉賢良，博士三徵，皆不就。」

〔一一〕范書逸民傳：「真友人郭正稱之曰：法真名可得聞，身難得而見。逃名而名我隨，避名而名我追，可謂百世之師者矣。乃共刊石，號曰玄德先生。」

〔一二〕胡廣徵士法高卿碑云：「言滿天下，發成篇章，行光宇宙，動爲儀表，四海英儒，履義君子，企望來臻者，不可勝紀也。翻然風舉，匿耀遠邇，名不可得而聞，身難可得而覩。爲堯舜所不知，不飲洗耳之水，超越青雲之上，德踰巢、許之右，所謂逃名而名我隨，避聲而聲我追者已。揆君分量，輕寵傲俗，乃百世之師也。其辭曰：邈元□，膺懿資，宏聖典，研道機。彪童蒙，作世師，辭皇命，確不移，亞洪匡，超由、夷，垂英名，揚景暉。」

〔一三〕郡國志：「廣漢郡新都。」水經江水注：「洛水南逕新都縣，與緜水合。蜀有三都，謂成都、廣都，此其一焉。」方輿紀要：「新都舊城，在今成都府新都縣治東二里。漢屬廣漢郡，蜀漢嘗置新都郡。」謝鍾英曰：「晉志：新都郡晉太始六年置。言蜀置者，誤也。」

〔一四〕胡三省曰：「軍議校尉，使之議軍事，蓋時議必推正之善謀，璋能官之而不能用耳。」

〔一五〕通鑑作：「又爲其州里俱僑客者所鄙，正邑邑不得志。」胡注：「僑，寄也。」

〔一六〕胡三省曰：「忖，度也，思也。忖、寸本翻。」

〔一七〕或曰：「此皆輟耕壟上時也。璋之禍伏於此矣。故曰，好勇疾貧，亂也。爲國者可坐視此輩之失志，而泰然不爲之所哉！」

〔一八〕華陽國志：「扶風法正，留客在蜀，不見禮，恨望。張松舉正，可使交好劉主，璋從之，使正將命。正佯爲不得已而行，又遣正同郡孟達將兵助劉主守禦，前後賂遺無限。」

〔一九〕毛本「將」下脱「征」字，誤。

〔二〇〕趙一清曰：「方輿紀要卷七十八，使君灘在夷陵州西一百十里大江中，或曰益州牧劉璋遣法正迎先主於此。」

〔二一〕宣達劉璋之指也。先主傳注引江表傳：「魯肅與劉備遇於當陽，因宣孫權旨。」意亦正同。

〔二二〕宋本「懦」下有「弱」字，通鑑同。

〔二三〕胡三省曰：「别駕，州之上佐，故曰股肱。」

〔二四〕華陽國志三云：「蜀沃野千里，號爲陸海。旱則引水浸潤，雨則杜塞水門。故記曰：水旱從人，不知飢饉，時無荒年，天下謂之天府也。」又曰：「地稱天府，原曰華陽。」

〔二五〕涪、葭萌均見劉璋傳。

鄭度說璋曰：華陽國志曰：度，廣漢人，爲州從事。〔一〕「左將軍縣軍襲我，〔二〕兵不滿萬，士衆未附，野穀是資，軍無輜重。〔三〕其計莫若盡驅巴西、梓潼民内涪水以西，〔四〕其倉廩野穀，一皆燒除，高壘深溝，靜以待之。彼至，請戰，勿許。久無所資，不過百日，必將自走；走而擊之，則必禽耳。」先主聞而惡之，以問正，正曰：「終不能用，無可憂也。」璋果如正言，謂其羣下曰：「吾聞拒敵以安民，未聞動民以避敵也。」於是黜度，不用其計。及軍圍雒城，正牋與璋曰：「正受性無術，〔五〕盟好違損，懼左右不明本末，必並歸咎，蒙恥没身，辱及執事，是以捐身於外，不敢反命。恐聖聽穢惡其聲，故中間不有牋敬，顧念宿遇，瞻望悢悢。〔六〕然惟前後，披露腹心，自從始初，以至於終，實不藏情，有所不盡，但愚闇策薄，精誠不感，以致於此耳。今國事已危，禍害在速，雖捐放於外，言足憎尤，猶貪極所懷，以盡餘忠。明將軍本心，正之所知也，實爲區區不欲失左將軍之意，而卒至於是者，左右不達英雄從事之道，謂可違信黷誓，而以意氣相致，日月相遷，〔七〕趨求順耳悦目，〔八〕隨阿遂指，不圖遠慮，爲國深計故也。事變既成，又不量彊弱之勢，以爲左將軍縣遠之衆，糧穀無儲，欲得以多擊少，曠日相持。而從關至此，所歷輒破，離宫別屯，日自零落。雒下雖有萬兵，皆壞陣之卒，破軍之將，若欲争一旦之戰，則兵將勢力，實不相當。各欲遠期計糧者，〔九〕今此營守已固，穀米已積，而明將軍土地日削，百姓日困，敵對遂多，所供遠曠。愚意計之，謂必先竭，將不復以持久也。〔一〇〕空爾相守，猶不相堪，今張益德數萬之衆，已定巴東，入犍爲界，〔一一〕分平資中、德陽，三道並侵，〔一二〕將何以禦之？本爲明將軍計者，必謂此軍縣遠無糧，饋運不及，兵少無繼。今荆州道通，衆數十倍，加孫車騎遣弟及李異、甘寧等〔一三〕爲其後繼，若爭客主之勢，以土地相勝者，今此全有巴東，廣漢、犍爲，過半已定，巴西一郡，復非明將軍之有也。計益州所仰惟蜀，〔一四〕蜀亦破壞；三分亡二，吏民疲困，思爲亂者，十户而八。若敵遠則百姓不能堪役，敵近則一旦易主矣。廣漢諸縣，是明比也。又魚復與關頭〔一五〕實爲益州福禍之門，〔一六〕今二門悉開，堅城皆下，諸軍並破，兵將俱盡，而敵家數道並進，已入心腹，坐守都、雒，〔一七〕存亡之勢，昭然可見。斯乃大略，其外較耳，其餘屈曲，難以辭極也。以正下愚，猶知此事不可復成，況明將軍左右明智用謀之士，豈當不見此數哉？旦夕偷幸，求容取媚，不慮遠圖，莫肯盡心獻良計耳。若事窮勢迫，將各索生，求濟門户，展轉反覆，與今計異，不爲明將軍盡死難也。而尊門猶當受其憂。〔一八〕正雖獲不忠之謗，然心自謂不負聖德，顧惟分義，實竊痛心。左將軍從本舉來，舊心依依，實無薄意。〔一九〕愚以爲可圖變化，以保尊門。」

〔一〕華陽國志又云：「鄭度進規，忠諫莫受；雖云天時，抑由人咎。度，廣漢緜竹人。」

〔二〕左將軍，謂劉備也。

〔三〕通鑑作「軍無輜重，野穀是資」。

〔四〕胡三省曰：「梓潼縣屬廣漢郡，漢武帝元鼎元年置。以縣倚梓林而枕潼水爲名。建安二十二年，劉備分立梓潼郡。」

班志：「梓潼有五婦山，馳水所出，南入涪。」應劭曰：「涪水出廣漢南入漢。」水經曰：「涪水出廣漢涪縣西北，東至廣漢，與梓潼水合。又西南流，又南入于墊江。」注云：「涪水出廣漢屬國剛氐道徼外，梓潼水即五婦水也。同入于墊江，即所謂内水也。」

〔五〕「性」疑作「任」。

〔六〕悢，音諒。官本考證曰：「監本悢悢作恨恨，今改正。」

〔七〕各本「遷」作「選」，誤。

〔八〕吴本、毛本「趨」作「趍」，誤。

〔九〕「各」字疑「若」字之誤。

〔一〇〕或曰：「前遑游詞，後張虛聲，讀之生忿。然皆在理勢之中，此爲奸人之雄。」

〔一一〕犍爲見劉焉傳。

〔一二〕監本「三」作「二」。潘眉曰：「考郡國志，資中、德陽皆漢舊縣，惟無平縣，平即平州也。宋志謂晉太康元年，以野民歸化，立平州者，非。蓋漢建安中，巴西郡已有平州。」沈家本曰：「按下文今此全有巴東，廣漢、犍爲，過半已定，巴西一郡，非復明將軍之有。是則三道並侵者，分向廣漢、犍爲、巴西也。郡國志資中屬犍爲，德陽屬廣漢，則平必屬巴西。劉璋分墊江爲巴西郡，郡國志有平都縣，在墊江下，當屬巴西，疑此平下奪都字，未必如潘説。宋志言平州乃晉置，當有所本，亦未可遽議其非。」弼按：沈説甚辨，謂三道並侵爲分向廣漢、犍爲、巴西，所指亦是。惟云平爲平都，似無確據。平都遠在資中、德陽之東，既已進至資中、德陽，不必並舉平都。愚意分平資中、德陽者，謂已分別平定資中、德陽也。似不必泥於三道並侵之語，指平爲平都也。華陽國志云：「趙雲自江州分定江陽、犍爲，張飛攻巴西，諸葛亮定德陽。」通鑑云：「分遣趙雲從外水定江陽、犍爲，張飛定巴西、德陽。」亦與分別平定資中、德陽相合。一統志：「資中故城，今四川資州資陽縣，北臨中江水。」德陽詳見魏志鄧艾傳。一統志云：

「按蜀志，張飛自荊州由墊江入定巴西，蜀將張裔拒之德陽陌下，其時德陽已在廣漢，其在梓潼郡界鄧艾傳謂之漢德陽者，自是季漢時所置亭名。晉以後爲漢德縣，即華陽國志梓潼郡之德陽，實與廣漢之德陽無涉也。」馬與龍曰：「據張裔傳，飛由墊江入，裔拒之於德陽，知是時德陽已徙而南，非梓潼北之舊縣也。」弼按：此傳之德陽在今四川潼川府遂寧縣界。

〔一三〕劉備表孫權行車騎將軍，見權傳建安十四年。此李異與劉璋傳之李異，别爲一人。

〔一四〕蜀郡也。

〔一五〕魚復見先主傳，關頭即白水關，亦見先主傳。龐統傳：「楊懷、高沛，劉璋名將，各杖彊兵，據守關頭。」先主斬懷、沛，則劉璋已失關頭，故法正云爾。謝鍾英謂關頭一名陽安關口，又名關城，亦名關。凡四易名，皆係一地。詳見魏志鍾會傳注。弼按：此傳之關頭乃指白水關，是時張魯猶據漢中，劉璋兵力不能及陽安關也。謝説謂陽安關口又名關城，亦名關，是也；謂關頭即陽安關口，誤也。趙一清曰：「方輿紀要卷六十六：瞿唐關在夔州府城東八里，以瞿唐峽而名。峽在城東三里，或謂之西陵峽，或謂之廣漢峽，三峽之一也。志云：瞿唐關即故江關，巴、楚相攻時置。漢有江關都尉，治魚復。華陽國志：江關舊在赤甲城，後移在江南岸，對白帝城，或謂之捍關。」弼按：法正明言魚服與關頭實爲兩地，趙氏似以江關爲關頭，誤爲一地也。

〔一六〕毛本「禍」作「禍」，誤。文類「福禍」作「禍福」。

〔一七〕趙一清曰：「都、雒，謂成都、雒縣也。」

〔一八〕胡三省曰：「尊門，謂璋家門。」

〔一九〕胡三省曰：「蓋時人以璋倚備爲用，備反襲璋，議備之薄也。」

十九年，進圍成都。璋蜀郡太守許靖將踰城降，〔一〕事覺，不果。璋以危亡在近，故不誅靖。璋既稽服，先主以此薄靖，不用也。〔二〕正説曰：「天下有獲虚譽而無其實者，許靖是也。〔三〕然今主公始創大業，〔四〕天下之人不可户説，〔五〕靖之浮稱，播流四海，若其不禮，天下之人以是謂主公爲賤賢也。宜加敬重，以眩遠近，〔六〕追昔燕王之待郭隗。」先主於是乃厚待靖。

孫盛曰：夫禮賢崇德，爲邦之要道，封墓式閭，先王之令軌。故必以體行英邈，高義冠世，〔七〕然後可以延視四海，振服羣黎。苟非其人，道不虚行。靖處室則友于不穆，出身則受位非所，語信則夷險易心，論識則殆爲釁首。安在其可寵先而有以感致者乎！若乃浮虚是崇，偷薄斯榮，則秉直杖義之士，將何以禮之？正務眩惑之術，違貴尚之風，譬之郭隗，非其倫矣。

臣松之以爲：郭隗非賢，猶以權計蒙寵，況文休名聲夙著，天下謂之英偉，雖末年有瑕，而事不彰徹，若不加禮，何以釋遠近之惑乎？法正以靖方隗，未爲不當，而盛以封墓式閭爲難，何其迂哉！然則燕昭亦非，豈唯劉翁？〔八〕至於友于不穆，失由子將，尋蔣濟之論，知非文休之尤。盛又譏其受任非所，〔九〕將謂仕於董卓。卓初秉政，顯擢賢俊，受其策爵者，森然皆是。文休爲選官，在卓未至之前，後遷中丞，不爲超越。以此爲貶，則荀爽、陳紀之儔，皆應擯棄於世矣。

以正爲蜀郡太守、揚武將軍，外統都畿，〔一〇〕内爲謀主。一飡之德，睚眦之怨，無不報復，擅殺毀傷己者數人。〔一一〕或謂諸葛亮曰：「法正於蜀郡太縱横，將軍宜啓主公，抑其威福。」亮答曰：「主公之在公安也，北畏曹公之彊，東憚孫權之逼，近則懼孫夫人生變於肘腋之下。當斯之時，進退狼跋。法孝直爲之輔翼，令翻然翺翔，不可復制。〔一二〕如何禁止法正，使不得行其意邪！」〔一三〕初，孫權以妹妻先主，妹才捷剛猛，有諸兄之風。侍婢百餘人，皆親執刀侍立，

先主每入，衷心常凜凜。〔一四〕亮又知先主雅愛信正，故言如此。〔一五〕

孫盛曰：夫威福自下，亡家害國之道；刑縱於寵，毀政亂理之源。安可以功臣而極其陵肆，嬖幸而藉其國柄者哉！故顛頡雖勤，不免違命之刑；〔一六〕楊干雖親，猶加亂行之戮。〔一七〕夫豈不愛？王憲故也。諸葛氏之言，於是乎失政刑矣！〔一八〕

〔一〕劉咸炘曰：「尚云：老蘇極稱史、漢與善隱惡之法，而不及三國志。案：魏高堂隆傳累載其忠懇之諫疏，至以張掖異石爲祥瑞之失，則見於張穆傳；郭淮傳累載其用兵之勝算，至陽谿之敗則書於蜀志；蜀許靖傳累載其待人篤厚之事，至踰城出降之惡，則書於法正傳。即史、漢之遺法也。吴志張昭傳隱其勸迎曹操之謀，至吕蒙傳末乃見，亦是此法。按史本多互見，老蘇誤以爲與善隱惡。既已書之，復何隱乎！碑頌行狀，皆不書惡，豈遂可爲史法乎？尚氏又沿之，陋矣！」

〔二〕何焯曰：「薄靖而不薄李嚴，是先主之所見，以其虚名無實用，不爲大節。」

〔三〕胡三省曰：「許靖與弟劭並有高名，汝南月旦評，二人者爲之也。」

〔四〕胡三省曰：「主公之稱，始於東都。改明公，稱主公，尊事之爲主也。」

〔五〕胡三省曰：「不可户户而説之也。」

〔六〕通鑑作「以慰遠近之望」。弼按：不如陳志原文四字，爲得其實。

〔七〕宋本「冠」作「蓋」。

〔八〕周壽昌曰：「松之稱先主爲劉翁，亦太隨筆不檢。」林國贊曰：「孫皓傳注陸機辨亡論亦稱劉翁。文選改作公，殆未知彼時原有此稱謂。」

〔九〕何焯校改「任」作「位」。

〔一〇〕胡三省曰：「備都成都，以蜀都爲都畿。」
〔一一〕何焯曰：「所殺即前所云州里俱僑客者。」
〔一二〕胡三省曰：「謂迎備入益州也。」
〔一三〕通鑑「得」下有「少」字。何焯曰：「艱難之初，權以濟事，未宜以常道論也。」
〔一四〕胡三省曰：「恐爲所圖也。」康發祥曰：「衷字義，内也。先主每入衷，入閫内也。此以衷字屬上句，别爲一解。」
〔一五〕林暢園曰：「以孫夫人之横，而但任趙雲、法正二人，便足以制之，賢者之有益於人國如此。」
〔一六〕晉公子重耳出奔，顛頡從。重耳反晉國，即位伐曹，令無入僖負羈之宫，報施也。顛頡曰：勞之不圖，報於何有！爇僖負羈氏。殺顛頡以徇于師。事見左傳僖公二十八年。
〔一七〕左傳襄公三年：「晉侯之弟楊干，亂行於曲梁，魏絳戮其僕。」
〔一八〕唐庚曰：「秦昭王以范雎之故，至質平原君，移書趙王，以購魏齊之首。李廣誅霸陵尉，上書自劾。武帝曰：報恩復讎，朕之所望於將軍也，復何疑哉！國家郭進爲西山巡檢，民訴進掠奪其女。太祖怒曰：汝小民配女，當得小民，今得吾貴臣，顧不可邪！驅出之。而三人者，卒皆有以報國。古之英主，所以役使豪傑，彼自有道。孔明之於法正，亦是此意。孫盛所見者小矣！」何焯曰：「先主初定益州，與晉君祖宗世守之國勢殊；且諸葛公方以審配不容許攸爲鑒也。」

二十二年，正説先主曰：「曹操一舉而降張魯，定漢中，不因此勢以圖巴、蜀，而留夏侯淵、張郃屯守，身遽北還，此非其智不逮而力不足也，必將内有憂偪故耳。今策淵、郃才略，不勝國之將帥，舉衆往討，則必可克。之克之日，〔一〕廣農積穀，觀釁伺隙，上可以傾覆寇敵，尊獎王室，中可以蠶食雍、涼，廣拓境土，〔二〕下可以固守要害，爲持久之計。此蓋天以與我，時不可失也。」〔三〕先主善其策，乃率諸將進兵漢中，正亦從行。二十四年，先主自陽平南渡沔水，緣山稍前，於定軍、興勢作營。〔四〕淵將兵來爭其地，正曰：「可擊矣。」先主命黄忠乘高鼓譟攻之，大破淵軍，淵等授首。曹公西征，聞正之策，曰：「吾故知玄德不辦有此，〔五〕必爲人所教也。」〔六〕

臣松之以爲蜀與漢中，其由脣齒也。劉主之智，豈不及此？將計略未展，〔七〕正先發之耳。夫聽用嘉謀，以成功業，霸王之主，誰不皆然？魏武以爲人所教，亦豈劣哉！此蓋恥恨之餘辭，非測實之常言也。〔八〕

〔一〕通鑑作「必可克之，克之之日」。何焯曰：「則必可克爲句，下作克之之日。」

〔二〕胡三省曰：「晉志云：漢改周之雍州爲涼州，以地處西方常寒涼也。地勢西北，邪出在南山之閒，南隔西羌，西通西域，于時號爲斷匈奴右臂。獻帝時，涼州數亂，河西五郡，去州隔遠，乃別立雍州，末又依古典爲九州，乃令關右盡爲雍州，魏時復分以爲涼州。」

〔三〕何焯曰：「孝直智術不下公瑾，且猶知尊獎王室，非碌碌程、郭惟思攀附孟德者也。」

〔四〕定軍、興勢詳見先主傳建安二十四年。

〔五〕宋、元本「辦」作「辨」。康發祥曰：「此孟德解嘲語耳。況天下英雄，唯使君與操，前言猶在，豈忘之乎？」

〔六〕華陽國志云：「曹公曰：吾收奸雄略盡，獨不得正邪？」

〔七〕元本「將」作「特」。

〔八〕宋、元本「常」作「當」。

先主立爲漢中王，以正爲尚書令、護軍將軍。〔一〕明年，卒，時年四十五。〔二〕先主爲之流涕者累日，謚曰翼侯。賜子邈爵關内侯，官至奉車都尉、漢陽太守。〔三〕諸葛亮與正雖好尚不同，以公義相取。亮每奇正智術。〔四〕先主既稱尊號，〔五〕將東征孫權，以復關羽之恥，羣臣多諫，一不從。章武二年，大軍敗績，還住白帝。亮歎曰：「法孝直若在，則能制主上，令不東行；就復東行，必不傾危矣。」〔六〕

〔一〕護軍將軍，蜀所置。

〔二〕士元、孝直俱以英才而不永年，合傳之意，其在斯乎？

〔三〕錢大昕曰：「漢陽即天水也，三國屬魏，更名天水。法邈蓋遥領之，若楊儀遥署弘農太守，張翼領扶風太守之類耳。」弼按：郡國志犍爲屬國有漢陽，蜀嘗置郡，説見費詩傳。

〔四〕孝直人品才幹，具見此數語中。

〔五〕宋、元本「稱」作「即」。

〔六〕於此見蜀中人才之少。胡三省曰：「觀孔明此言，不以漢主伐吴爲可，然而不諫者，以漢主怒盛，而不可阻，且得上流，可以勝也。兵執無常，在於觀變出奇，故曰孝直在，必不傾危。」陳景雲曰：「評後注當在此。裴氏以葛相有孝直若在之歎，故引此事爲證，見正智術有餘，能回人主之意。今誤移評後，並脱所引書名，皆傳録之失也。」李龍官、姜宸英説同。

評曰：龐統雅好人流，〔一〕經學思謀，于時荆、楚謂之高俊。法正著見成敗，有奇畫策算，

然不以德素稱也。儗之魏臣，統其荀彧之仲叔，正其程、郭之儔儷邪？〔一〕

先主與曹公爭，〔二〕勢有不便，宜退，而先主大怒，不肯退，無敢諫者。矢下如雨，正乃往當先主前。先主云：「孝直避箭。」正曰：「明公親當矢石，況小人乎？」先主乃曰：「孝直，吾與汝俱去。」遂退。〔四〕

〔一〕楊戲輔臣贊：「王輔好人流言議。」或曰：「人流，猶人倫也；謂流敘人物也。」

〔二〕周壽昌曰：「仲叔，言其亞；儔儷，言其侶。」

〔三〕林國贊曰：「正佐先主與夏侯淵爭，言曹公誤。」

〔四〕潘眉曰：「凡注皆先標書目人名，裴氏自注亦必署臣松之云云，此注獨不詳，係脱誤。」

# 蜀書八

三國志三十八

## 許麋孫簡伊秦傳第八〔一〕

〔一〕劉咸炘曰：「此卷皆名士談客，惟秦子勑似宜與杜微等合傳。」

許靖字文休，汝南平輿人。〔二〕少與從弟劭俱知名，並有人倫臧否之稱，〔三〕而私情不協。〔三〕劭爲郡功曹，〔四〕排擯靖不得齒敘，以馬磨自給。潁川劉翊爲汝南太守，乃舉靖計吏，察孝廉，除尚書郎，典選舉。靈帝崩，董卓秉政，以漢陽周毖爲吏部尚書，〔五〕與靖共議謀，進退天下之士，〔六〕沙汰穢濁，顯拔幽滯。〔七〕進用潁川荀爽、韓融、陳紀等爲公、卿、郡守，〔八〕拜尚書韓馥爲冀州牧，侍中劉岱爲兗州刺史，潁川張咨爲南陽太守，陳留孔伷爲豫州刺史，東郡張邈爲陳留太守，而遷靖巴郡太守。不就，補御史中丞。馥等到官，各舉兵還向京都，欲以誅卓。卓怒毖曰：「諸君言當拔用善士，卓從君計，〔九〕不欲違天下人心。而諸君所用人，至官之日，還來相圖，卓何用相負！」叱毖令出，於外斬之。靖從兄陳相瑒，又與伷合規，靖懼

誅，奔佃。〔一〇〕

蜀記曰：靖後自表曰：「黨賊求生，情所不忍；守官自危，死不成義。竊念古人當難詭常，權以濟其道。」

佃卒，依揚州刺史陳禕。〔一一〕禕死，吴郡都尉許貢、〔一二〕會稽太守王朗素與靖有舊，故往保焉。〔一三〕靖收恤親里，〔一四〕經紀振贍，出於仁厚。

〔一〕郡國志：「豫州汝南郡，治平輿。」一統志：「平輿故城，今河南汝寧府汝陽縣東南六十里。」

〔二〕「人倫」解見龐統傳。

〔三〕許劭事詳見魏志武紀卷首及和洽傳注引汝南先賢傳。范書許劭傳：「劭少俊名節，好人倫，多所賞識。故天下言拔士者，咸稱許、郭。與從兄靖不睦，時議以此少之。初，劭與靖俱有高名，好共覈論鄉黨人物，每月輒更其品題，故汝南俗有月旦評焉。」典論云：「劭與族兄靖俱避地江東，保吴郡，爭論於太守許貢座，至於手足相加。」沈家本曰：「范史許劭傳稱劭南到廣陵，復投揚州刺史劉繇於曲阿。及孫策平吴，劭與繇南奔豫章而卒。吴志劉繇傳注引漢紀：繇將奔會稽，許子將曰：不如豫章。繇從之。是劭渡江後，始終在劉繇所，繇先以揚州刺史駐曲阿，不在吴郡，則劭亦未嘗保吴郡，何緣於吴郡太守前與靖爭論哉！典論之言，恐非其實。又考靖與曹公書，言昔在會稽，得所貽書，迫於袁術，津塗四塞，欲行靡由。正禮師退，術兵前進，會稽傾覆，景興失據。是劉繇與孫策相持之時，靖已在會稽，不在吴，其不得與劭相遇明矣。」周壽昌曰：「典論本多不足信，此言恐亦因排擯而過甚其辭也。」

〔四〕毛本「劭」作「邵」，誤。

〔五〕周毖事詳見魏志董卓傳注。錢大昭曰：「西漢置尚書四人，分爲四曹，曰常侍曹、曰二千石曹、曰民曹、曰客曹。靈帝以侍中梁鵠爲選部尚書，非吏部也。至曹魏時，始改選部爲吏部，主選部事。蔡質漢儀云：世祖改常侍曹爲吏曹，亦非吏部，是獻帝時尚未有吏部尚書，此疑傳寫有誤。」又曰：「傳以毖爲漢陽人，而董卓傳注引英雄記以毖爲武威人，亦未知孰是也。」

〔六〕宋本「議謀」作「謀議」。

〔七〕何焯曰：「此靖所以名盛一時。」

〔八〕范書董卓傳：「卓雖行無道，而猶忍性矯情，擢用羣士，乃任吏部尚書漢陽周珌、侍中汝南伍瓊、尚書鄭公業、長史何顒等，以處士荀爽爲司空。其染黨錮者，陳紀、韓融之徒，皆爲列卿。幽滯之士，多所顯拔。」

〔九〕應作「卓從諸君計」。

〔一〇〕伷事見魏志武紀初平元年。

〔一一〕毛本「禕」作「褘」。揚州刺史陳温見魏志武紀初平元年，又見袁術傳。與陳禕是否一人，未詳。

〔一二〕孫策傳作「吳郡太守許貢」。

〔一三〕何焯曰：「文休與子魚、景興，文物相等，使處平世，猶不失爲公望。」

〔一四〕姚範曰：「親里，又見譙周傳末注。」

孫策東渡江，皆走交州以避其難，靖身坐岸邊，先載附從，疏親悉發，乃從後去，當時見者，莫不歎息。既至交趾，太守士燮厚加敬待。陳國袁徽以寄寓交州，〔一〕徽與尚書令荀彧書曰：「許文休英才偉士，智略足以計事。自流宕已來，與羣士相隨，每有患急，常先人後己；與九族中外，同其饑寒。其紀綱同類，仁恕惻怛，〔二〕皆有效事，不能復一二陳之耳。」鉅鹿張翔

萬機論云：「翔字元鳳。」

衍王命使交部，乘勢募靖，〔三〕欲與誓要，靖拒而不許。靖與曹公書曰：

世路戎夷，禍亂遂合，駑怯偷生，自竄蠻貊，成闊十年，吉凶禮廢。昔在會稽，得所貽書，辭旨款密，久要不忘。迫於袁術，方命圮族，〔四〕扇動羣逆，津塗四塞，雖縣心北風，欲行靡由。正禮師退，術兵前進，〔五〕會稽傾覆，景興失據，〔六〕三江五湖，〔七〕皆爲虜庭。臨時困厄，無所控告。便與袁沛、鄧子孝等浮涉滄海，南至交州。經歷東甌、閩、越之國，行經萬里，不見漢地。漂薄風波，絶糧茹草，飢殍薦臻，死者大半。〔八〕既濟南海，與領守兒孝悳相見，知足下忠義奮發，整勑元戎，〔九〕西迎大駕，巡省中嶽。承此休問，且悲且憙。即與袁沛及徐元賢復共嚴裝，欲北上荆州。會蒼梧諸縣〔一〇〕夷、越蠭起，州府傾覆，道路阻絶。元賢被害，老弱並殺。靖尋循渚岸五千餘里，復遇疾癘，伯母隕命，並及羣從；自諸妻子，一時略盡。復相扶侍，〔一一〕前到此郡，計爲兵害及病亡者，十遺一二。生民之艱，辛苦之甚，豈可具陳哉！

臣松之以爲孔子稱賢者避世，其次避地，蓋貴其識見安危，去就得所也。許靖羈客會稽，閭閻之士，孫策之來，於靖何爲？而乃泛萬里之海，入疫癘之鄉，致使尊弱塗炭，百罹備經，可謂自貽矣。謀臣若斯，難以言智。孰若安時處順，端拱吴、越，與張昭、張紘之儔，同保元吉者哉？〔一二〕

懼卒顛仆，永爲亡虜，憂瘁慘慘，忘寢與食。欲附奉朝貢使，自獲濟通，歸死闕庭，而荆州水陸無津，交部驛使斷絶。欲上益州，復有峻防，故官長吏，一不得入。前令交阯太守士威彥，〔一三〕深相分託於益州兄弟，又靖亦自與書，辛苦懇惻，而復寂寞，未有報應。雖仰瞻光靈，延頸企踵，何由假翼自致哉？

知聖主允明，〔一四〕顯授足下專征之任，凡諸逆節，多所誅討，想力競者一心，順從者同規矣。又張子雲昔在京師，志匡王室，今雖臨荒域，不得參與本朝，亦國家之藩鎮，足下之外援也。

子雲名津，南陽人，爲交州刺史，見吳志。〔一五〕

若荆、楚平和，王澤南至，足下忽有聲命於子雲，勤見保屬，令得假途由荆州出，不然，當復相紹介於益州兄弟，使相納受。儻天假其年，人緩其禍，得歸死國家，解逋逃之負，泯軀九泉，將復何恨！若時有險易，事有利鈍，人命無常，隕没不達者，則永銜罪責，入於裔土矣。

昔營丘翼周，杖鉞專征；〔一六〕博陸佐漢，虎賁警蹕。〔一七〕

漢書霍光傳曰：光出都肄郎羽林，〔一八〕道上稱警蹕，〔一九〕未詳虎賁所出也。

今日足下扶危持傾，爲國柱石，秉師望之任，兼霍光之重，五侯九伯，制御在手，自古及今，人臣之尊，未有及足下者也。夫爵高者憂深，禄厚者責重，足下據爵高之任，當責重之地，言出於口，即爲賞罰；意之所存，便爲禍福。行之得道，即社稷用寧；行之失道，即四方散亂。國家安危，在於足下；百姓之命，縣於執事。自華及夷，顒顒注望。足下任此，豈可不遠覽載籍廢興之由，榮辱之機，棄忘舊惡，寬和羣司，審量五材，爲官擇人？苟得其人，雖讎必舉；苟非其人，雖親不授。以寧社稷，以濟下民，事立功成，則繫音於管絃，勒勳於金石，願君勉之，爲國自重，爲民自愛。

翔恨靖之不自納，搜索靖所寄書疏，盡投之于水。

〔一〕袁徽事見魏志袁渙傳，又見吳志士燮傳。

〔二〕宋本「怛」作「隱」。

〔三〕「募」疑作「慕」。

〔四〕尚書堯典「方命圮族」孔傳云：「圮，毁；族，類也。言鯀性狠戾，好此方名，命而行事，輒毁敗善類。」蔡沈曰：「方命者，逆命而不行也。王氏曰：圓則行，方則止。方命，猶今言廢閣詔令也。蓋鯀之爲人，悻戾自用，不從上令也。」

〔五〕劉繇字正禮，術兵，孫策也。

〔六〕王朗字景興。

〔七〕尚書禹貢：「淮海惟揚州，三江既入，震澤底定。」韋昭曰：「三江，謂吳松江、錢塘江、浦陽江也。」吳地記云：「松江東北行七十里，得三江口，東北入海，爲婁江；東南入海，爲東江；並松江爲三江。」國語：「子胥曰：吳之與越，三江環之，民無所移。范蠡曰：與我爭三江五湖之利者，非吳邪？」韋昭曰：「三江，吳江、錢唐江、浦陽江也；五湖，今太湖也。」史記河渠書：「於吳則通渠三江五湖。」集解引韋昭曰：「五湖，湖名耳，實一湖，今太湖是也。在吳西南。」索隱曰：「三江，按地理志北江從會稽毗陵縣北東入海，中江從丹陽蕪湖縣東北至會稽陽羨縣東入海，南江從會稽吳縣南東入海。故禹貢有北江、中江也。五湖，郭璞江賦云：具區兆滆彭蠡，青草洞庭。又云：太湖周五百里，故曰五湖。」漢書地理志注師古曰：「三江謂北江、中江、南江也。震澤在吳西，即具區也。」范書馮衍傳章懷注引越絶書曰：「太湖周三萬六千頃。虞翻云：太湖有五湖，故謂之五湖。滆湖、洮湖、射湖、貴湖及太湖爲五湖，並太湖之小支，俱連太湖，故太湖兼得五湖之名，在今湖州東也。」孫詒讓周禮正義卷六十三職方氏篇引證三江五湖極詳，文繁不録。此傳所指之三江五湖，自以在吴、越境者爲是。

〔八〕宋本「大」作「太」。

〔九〕宋本「勑」作「飭」。

〔一〇〕蒼梧見魏志陶謙傳。

〔一一〕何焯云：「自當作洎，侍當作持，並從册府改。」

〔一二〕李龍官曰：「謀臣，疑當作謀身，蓋譏文休避地交州，室家顛沛，無保身之哲也。」何焯曰：「袁術僭盗，策爲其部曲，文休避地，未可厚非。」又曰：「文休雖曰覊客，然名滿八區，誠畏爲袁氏僞命所污。當時誰能預料伯符絶術，厥後兄弟相繼開吴鼎立哉！即於季玉，非有君臣之分，慕仰宗傑，希欲歸命，亦與臨難邀利殊科，論者原其本末可也。」康發祥曰：「文休可議，不在蹈海，而在踰城。如必以泛海爲口實，則邴根矩、管幼安之往依公孫，又何稱焉？」

〔一三〕士燮字威彦。

〔一四〕官本考證曰：「册府允作光。」

〔一五〕張津事見孫策傳、士燮傳、薛綜傳。何焯曰：「張津即袁紹使説何進誅宦官者，故云志匡王室。」

〔一六〕史記齊太公世家：「周武王已平商而王天下，封師尚父於齊營丘。及周成王少時，管、蔡作亂，淮夷畔周，乃使召康公命太公曰：東至海，西至河，南至穆陵，北至無棣，五侯九伯，實得征之。齊由此得征伐，爲大國，都營丘。」

〔一七〕漢書霍光傳：「武帝遺詔封光爲博陸侯。」

〔一八〕宋本「肄」作「肆」，誤。

〔一九〕漢書光傳無「警」字，「蹕」作「趩」。孟康曰：「都，試也；肄，習也。」師古曰：「謂總閱試習武備也。」王先謙曰：「都，大總也；肄，試習也；若今軍營大操也。」

後劉璋遂使使招靖，靖來入蜀，璋以靖爲巴郡、廣漢太守。南陽宋仲子於荆州與蜀郡太守王商書曰：「文休倜儻瑰瑋，有當世之具，足下當以爲指南。」〔一〕

益州耆舊傳曰：商字文表，廣漢人。以才學稱，聲問著于州里。劉璋辟爲治中從事。是時王塗隔絶，州之牧伯，猶七國之諸侯也。而璋懦弱多疑，不能黨信大臣。〔二〕商奏記諫璋，璋頗感悟。初，韓遂與馬騰作亂關中，數與璋父焉交通信。〔三〕至騰子超，復與璋相聞，有連蜀之意。〔四〕商謂璋曰：「超勇而不仁，見得不思義，不可以爲脣齒。老子曰：國之利器，不可以示人。今之益部，土美民豐，寶物所出，斯乃狡夫所欲傾覆，超等所以西望也。若引而近之，則由養虎，〔五〕將自遺患矣。」璋從其言，乃拒絶之。荆州牧劉表及儒者宋忠咸聞其名，遺書與商，敍致殷勤。許靖號爲臧否，至蜀，見商而稱之曰：「設使商生於華夏，雖王景興無以加也。」璋以商爲蜀郡太守。成都禽堅有至孝之行，商表其墓，追贈孝廉。〔六〕又與嚴君平、李弘立祠作銘，以旌先賢。〔七〕修學廣農，百姓便之。在郡十載，卒於官。許靖代之。

建安十六年，轉在蜀郡。〔八〕

山陽公載記曰：建安十七年，漢立皇子熙爲濟陰王，懿爲山陽王，敦爲東海王。〔九〕靖聞之，曰：「將欲歙之，必固張之；〔一〇〕將欲取之，必固與之。其孟德之謂乎！」〔一一〕

十九年，先主克蜀，以靖爲左將軍長史。先主爲漢中王，靖爲太傅。〔一二〕及即尊號，策靖曰：「朕獲奉洪業，君臨萬國，夙宵惶惶，懼不能綏。百姓不親，五品不遜，汝作司徒，其敬敷五教，在寬。〔一三〕君其勖哉！秉德無怠，稱朕意焉。」

〔一〕王商初爲治中從事，上劉璋爲益州刺史，見璋傳注。商事又見秦宓傳。華陽國志卷三云：「蜀郡太守，著德垂績者，廣漢王商，犍爲楊洪，皆見詠懷。」又卷十云：「文表汜博，提攜士彦。王商字文表，廣漢人也。博學多聞。州牧劉璋辟爲治中，試守蜀郡太守。荆州牧劉表、大儒南陽宋仲子，遠慕其名，皆與交好。許文休稱商中夏王景興輩也。商勸璋攬奇拔雋，甚善匡捄，薦致名士安漢趙韙及陳實盛先，墊江龔楊、趙敏、黎景，閬中王澹，江州孟彪，皆至州右職郡守。又爲嚴、李立祠，正諸祀典，在官一十年而卒。」

〔二〕「黨」字疑誤。

〔三〕疑有脱誤。

〔四〕何焯校改「蜀」作「屬」。

〔五〕「由」當作「猶」。

〔六〕華陽國志十云：「孟由至孝，遐葉晞風。禽堅字孟由，成都人也。父信爲縣使越嶲，爲夷所得，傳賣歷十一種。去時，堅方妊，六月，生母更嫁。堅壯，乃知父湮没，鬻力傭賃，求碧珠以求父。一至漢中，三出徼外，周旋萬里，經六年四月，突瘴毒狼虎，乃至夷中得父，父相見悲感。夷徼哀之，即將父歸，迎母致養。州郡嘉其孝，召功曹，辟從事，列上東觀。太守王商，追贈孝廉，令李苾爲立碑銘，迄今祠之。」

〔七〕漢書王吉傳序：「谷口有鄭子真，蜀有嚴君平，皆修身自保。君平卜筮於成都市，以爲卜筮賤業，而可以惠衆。人有邪惡非正之問，則依著龜爲言利害。揚雄著書，言當世士，稱此二人。」師古曰：「地理志謂君平爲嚴遵，三輔決録云子真名樸。君平名尊，則君平、子遵皆其字也。」高士傳：「蜀有富人羅沖者，問君平曰：君何以不仕？君平曰：無以自發。沖爲君平具車馬衣糧。君平曰：吾病耳，非不足也。我前宿子家，人定而役未息，晝夜汲汲，未嘗有足。今我以卜爲業，不下床而錢自至，猶餘數百，塵埃厚寸，不知所用，此非我有餘而子不足邪？沖大慚。君平歎曰：益我貨者損我神，生我名者殺我身，竟不仕。」華陽國志卷十云：「嚴平恬泊，皓然沈冥。嚴遵字君平，成都人也。雅性澹泊，學業加妙，專精大易，躭於老、莊。常卜筮於市，假蓍龜以教。與人子卜，教以孝；與人弟卜，教以悌；與人臣卜，教以忠。於是風移俗易，上下茲和，日閱人得百錢，則閉肆下簾，授老、莊，著指歸，爲道書之宗。揚雄少師之，稱其德。杜陵李强爲益州刺史，謂雄曰：吾真得君平矣。雄曰：君但可見，不能屈也。强以爲不然，至州，脩禮交遵。遵見之，强服其清高，而不敢屈也。歎曰：揚子雲真知人也。年九十卒。雄稱之曰：不慕夷即由矣。不作苟見，不治苟得，久幽而不改其操，雖隨、和何以加諸？」又云：「仲元抑抑，邦家儀形。李弘字仲元，成都人。少讀五經，不爲章句，處陋巷淬勵金石之志，威儀容止，邦家師之。以德行爲郡功曹，一月而去。子贅以見辱殺人，太守曰：賢者之子，必不殺人，放之。贅自以枉語家人，弘遣亡命。太守怒讓弘，弘對曰：贅爲殺人之賊，明府私弘枉法，君子不誘而誅也。石碏殺厚，春秋譏之。孔子稱父子相隱，直在其中。弘實遣贅，太守無以詰也。州命從事，常以公正諫爭爲志。揚子雲稱之曰：李仲元爲人也，不屈其志，不累其身，不夷不惠，可否之閒。見其貌者，肅如也；觀其行者，穆如也；聞其言者，愀如也。非正不言，非正不行，非正不聽，吾先師之所畏。」

〔八〕靖爲蜀郡太守，將踰城降，見法正傳。

〔九〕錢大昕曰：「東海王祇以建安五年薨，子羨嗣。魏受禪始除，不應別封皇子，當是北海之譌。」

〔一〇〕范書獻帝紀章懷注引此「固」作「姑」，下「固」字同。

〔一一〕何焯曰：「斯時稍覺悟操之將篡，非復歸死國家故意，故應優於劉子初也。」

〔一二〕靖列名勸進，見先主傳。

〔一三〕此尚書堯典之辭。孔傳云：「五品，謂五常；遜，順也。布五常之教務在寬，所以得人心。」正義曰：「品，謂品秩也。一家之内，尊卑之差，即父母兄弟子是也。教之義、慈、友、恭、孝，此事可常行，乃爲五常耳。五常據教爲言，不據品也。左傳文十八年：布五教於四方，父義、母慈、兄友、弟恭、子孝，是布五常之教也。」

靖雖年逾七十，愛樂人物，誘納後進，清談不倦。丞相諸葛亮皆爲之拜。〔一〕章武二年卒。〔二〕子欽，先靖夭没。欽子游，景耀中爲尚書。始靖兄事潁川陳紀，與陳郡袁煥、〔三〕平原華歆、東海王朗等親善。歆、朗及紀并子羣，〔四〕魏初爲公輔大臣，咸與靖書，申陳舊好，情義款至。文多，故不載。

魏略：王朗與文休書曰：〔五〕「文休足下：消息平安，甚善甚善！豈意脱別三十餘年，而無相見之緣乎？詩人比一日之別於歲月，豈況悠悠歷累紀之年者哉！自與子別，若没而復浮，若絶而復連者數矣。而今而後，居升平之京師，攀附於飛龍之聖主，儕輩略盡，幸得老與足下並爲遺種之叟，而相去數千里，加有邅蹇之隔，時聞消息於風聲，託舊情於思想，眇眇異處，與異世無以異也。往者，隨軍到荆州，見鄧子孝、桓元將，粗聞足下動静，云夫子既在益州，執職領郡，德素規矩，老而不墮。是時侍宿武皇帝於江陵劉景升聽事之上，共道足下於通夜，拳拳飢渴，誠無已也。自天子在東宫，及即位之後，每會羣賢，論天下髦儁之見在者，豈獨人盡易爲英，士鮮易取最，故乃猥以原壤之朽質，感夫子之情聽，每敘足下，以爲謀首，豈其注意，乃復過於前世？書曰人惟求舊；易稱同聲相應，同氣相求。劉將軍之與大魏，兼而兩之。總此二義，前世邂逅，以同爲睽，非武皇帝之旨。頃者蹉跌，其泰而否，亦非足下之意也。深思書、易之義，利結分於宿好，故遣降者送吴所獻致名馬、貂、罽，得因無嫌。道初開通，展敘舊情，以達聲問。久闊情慉，非夫筆墨所能寫陳，亦想足下同其志念。今者，親生男女凡有幾人？年並幾何？僕連失一男一女，今有二男，大男名肅，〔六〕年二十九，〔七〕生於會稽；小兒裁歲餘。臨書愴恨，〔八〕有懷緬然。」又曰：「過聞受終於文祖之言於尚書，〔九〕又聞歷數在躬、允執其中之文於論語。〔一〇〕豈自意得於老耄之齒，正值天命受於聖主之會，親見三讓之弘辭，觀衆瑞之總集，覩升堂穆穆之盛禮，瞻燔燎焜曜之青烟。于時，忽自以爲處唐、虞之運，際於紫微之天庭也。徒慨不得攜子之手，共列於世有二子之數，〔一一〕以聽有唐欽哉之命也。〔一二〕子雖在裔土，想亦極目而迴望，〔一三〕側耳而遐聽，延頸而鶴立也。昔汝南陳公初拜，不依故常，讓上卿於李元禮。〔一四〕以此推之，吾宜退身以避子位也。苟得避子以竊讓名，然後綬帶委質，〔一五〕游談於平、勃之間，與子共陳往時避地之艱辛，樂酒酣讌，高談大噱，亦足遺憂而忘老。捉筆陳情，隨以喜笑。」又曰：「前夏有書而未達，今重有書，而并致前問。〔一六〕皇帝既深悼劉將軍之早世，〔一七〕又愍其孤之不易，又惜使足下孔明等士人氣類之徒，〔一八〕遂沈溺於羌、夷異種之間，永與華夏乖絶，而無朝聘中國之期緣，瞻睎故土桑梓之望也，故復運慈念而勞仁心，重下明詔，以發德音，申勑朗等，使重爲書與足下等。以足下聰明，揆殷勤之聖意，亦足悟海岱之所常在，知百川之所宜注矣。昔伊尹去夏而就殷，陳平違楚而歸漢，猶曜德於阿衡，著功於宰相。若足下能弼人之遺孤，定人之猶豫，去非常之僞號，事受命之大魏，客主兼不世之榮名，上下蒙不朽之常耀，功與事並，聲與勳著，考績效，足以超越伊、吕矣。〔一九〕既承詔直，〔二〇〕且服舊之情，情不能已。若不言足下之所能，陳足下之所見，則無以宣明詔命，弘光大之恩，敘宿昔夢想之思。若天啓衆心，子導蜀意，誠此意有攜手之期。若險路未夷，子謀不從，則懼聲問或否，復面何由！前後二書，〔二一〕言每及斯，希不切然有動於懷。足下周游江湖，以暨南海，歷觀夷俗，可謂偏矣；想子之心，結思華夏，可謂深矣。爲身擇居，猶願中土；爲主擇居安，豈可以不繫意於京師，〔二二〕而持疑於荒裔乎？詳思愚言，速示還報也。」

〔一〕何焯曰：「文休一生不逾漢末名士風格，求之以知幾，望之以匡世，誠所不暇；若以諸葛公所敬而輕相詆毀，亦安國輩之不自量也。」
〔二〕隋志：「梁又有蜀司徒許靖集二卷，録一卷，亡。」
〔三〕魏志本傳作「渙」。
〔四〕沈家本曰：「陳紀之卒，在建安初，時魏國猶未建也。此傳并字，乃衍文。」弼按：古文苑邯鄲淳鴻臚陳君碑云：「建安四年六月卒。」沈説是。
〔五〕趙一清曰：「此書，諸葛公所謂偪於元禍而苟免者也。」
〔六〕宋本「男」作「兒」。
〔七〕以肅生年計之，此書當在黄初四年。
〔八〕「恨」疑作「悢」。
〔九〕官本考證曰：「册府過作愚。」
〔一〇〕姜宸英曰：「王景興漢室舊臣，中原名士，而豔稱禪受之事，誇張富貴之樂，與華子魚輩，同一賊耳！」
〔一一〕李慈銘曰：「世當作廿。此用舜典之咨汝二十有二人也。」
〔一二〕或曰：「無恥之極小人，視故君如弁髦，可爲長歎。」
〔一三〕册府「迴」作「面」。
〔一四〕李膺字元禮。范書陳蕃傳：「蕃字仲舉，汝南平輿人。延熹八年，代楊秉爲太尉。蕃讓曰：聰明亮達，文武兼姿，臣不如弛刑徒李膺。」
〔一五〕册府「綬」作「緩」。
〔一六〕何焯曰：「靖亡於章武二年，則此書不及見矣。」
〔一七〕李清植曰：「本傳，靖於章武二年卒，此書乃在先主既喪之後，則靖不及見矣。豈異國乖隔，靖雖殁而朗不知邪？」

諸葛集云：「朗等有書與亮，陳天命人事，亮不答，而作正議。此書當是一時事。」

〔一八〕册府「十」作「四」。

〔一九〕李慈銘曰：「考下當脫一其字。」

〔二〇〕何焯校改「直」作「旨」。

〔二一〕文類「二」作「三」。

〔二二〕潘眉曰：「居字涉上文而衍。或曰：居、安、豈三字，必有一衍。」

麋竺〔一〕字子仲，東海朐人也。〔二〕祖世貨殖，僮客萬人，〔三〕貲産鉅億。〔四〕

搜神記曰：竺嘗從洛歸，未達家數十里，路傍見一婦人，從竺求寄載。行可數里，婦謝去，謂竺曰：「我，天使也，當往燒東海麋竺家。感君見載，故以相語。」竺因私請之，婦曰：「不可得不燒。如此，君可馳去，我當緩行。日中火當發。」竺乃還家，遽出財物。日中，而火大發。〔五〕

後徐州牧陶謙，辟爲別駕從事。謙卒，竺奉謙遺命，迎先主於小沛。建安元年，呂布乘先主之出拒袁術，襲下邳，虜先主妻子。先主轉軍廣陵海西，〔六〕竺於是進妹於先主爲夫人，奴客二千，〔七〕金銀貨幣以助軍資；于時困匱，賴此復振。後曹公表竺領嬴郡太守。〔八〕

曹公集載公表曰：〔九〕「泰山郡界廣遠，〔一〇〕舊多輕悍，權時之宜，可分五縣爲嬴郡，揀選清廉以爲守將。偏將軍麋竺，素履忠貞，文武昭烈，請以竺領嬴郡太守，撫慰吏民。」

竺弟芳爲彭城相，皆去官，隨先主周旋。先主將適荆州，遣竺先與劉表相聞，以竺爲左將軍從事中郎。益州既平，〔一一〕拜爲安漢將軍，班在軍師將軍之右。〔一二〕竺雍容敦雅，而幹翮非所長。〔一三〕是以待之以上賓之禮，未嘗有所統御。然賞賜優寵，無與爲比。

〔一〕麋，姓，解見先主傳。元本、馮本「竺」作「笁」，誤。下同。

〔二〕朐，音渠。郡國志：「徐州東海郡朐。」一統志：「朐縣故城，今江蘇海州南。」

〔三〕僮，家僮；客，客作也。

〔四〕趙一清曰：「寰宇記卷二十二：牛欄村在郁州島上。郡國志云麋竺放牧之所。今民祭祀，猶呼云麋堆。（弼按：今本郡國志無此語。）山海經曰：都洲在海中，都，音郁。水經注曰：朐縣東北海中有大洲，謂之郁洲。昔有道者，學徒十人，遊於鬱州蒼梧之上，四百年皆得至道。其山自蒼梧徙至東海之上，今猶有南方草木生焉。故崔琰遂初賦曰：郁州者，故蒼梧山也。古老傳言，此島上人，皆先是麋家之隸。今有牛欄村，舊有麋家莊，祀祭呼曰麋郎。臨祭之日，著犁鏵，執耕鞭。又言，初取婦者，必先見麋郎，否則爲祟。又曰，朐縣麋竺家，郡國志云：刻石爲人馬禽獸之狀，名之爲鬼神市。一清按：竺死於蜀中，安能返海州？蓋記事者失實之辭，或是竺先世之墳塋耳。」

〔五〕趙一清曰：「拾遺記云：麋竺用陶朱計術，日益億萬之利，貲擬王家，有寶庫千間。竺性能振生卹死，家內馬廐屋側有古冢，中有伏尸，夜聞涕泣聲。竺乃尋其泣聲之處，忽見一婦人，袒背而來，訴云：昔漢末妾爲赤眉所害，扣棺見剝，今袒在地，羞晝見人，垂二百年。今就將軍，乞更深埋，并弊衣以掩形骸。竺許之，即命爲棺槨，以青布爲衣衫，置於家中。設祭既畢，歷一年，行於路西，忽見前婦人，所著衣皆是青布，語竺曰：君財寶可支一世，合遭火厄，今以青蘆杖一枚，長九尺，報君棺槨衣服之惠。竺挾杖而歸。所住鄰中，常見竺家有青氣如龍蛇之形。或有人謂竺曰：將非怪也？竺乃疑此異，問其家僮，云：時見青蘆杖自出門間，疑其神，不敢言也。竺爲性多忌，信厭術之事，有言中忤，即加刑戮，故家僮不敢言。竺貨財如山，不可算計，內以方諸盆缾。設大珠如卵，散滿於庭，謂之寶庭，而外人不得窺。數日，忽青衣童子數十人來云：「麋竺家當有火厄，萬不遺一，賴君能卹斂枯骨，天道不辜君德，故來禳卻此火，當使財物不盡；自今以後，亦宜防衛。」竺乃掘溝渠，周繞其庫。旬日，火從庫内起，燒其珠玉十分之一。皆是陽燧，旱爍自能燒物。火盛之時，見數十青衣童子來撲火，有青氣如雲，覆於火上，即滅。童子又云：「多聚鸛鳥之類，以禳火災。鸛能聚水巢上也。」家人乃收鵁鶄數千頭，養於池渠中，以厭火。竺歎曰：「人生財運有限，不得盈溢，懼爲身之患害。」時三國交鋒，軍用萬倍，乃輸其寶物車服，以助先主黃金一億斤，錦繡氈罽，積如丘壠，駿馬萬疋。及蜀破，後無復所有，飲恨而終。」

〔六〕小沛、下邳、海西均見先主傳。

〔七〕奴客見魏志文德郭后傳。

〔八〕郡國志：「兖州泰山郡嬴。」一統志：「嬴縣故城，今山東泰安府萊蕪縣西北。」錢大昕曰：「嬴郡蓋分泰山所置。竺既去官，嬴亦旋廢，故晉志不及之。」吴增僅曰：「嬴縣漢末別立郡，尋省還。魏武表云：『宜分五縣爲嬴郡。』今考嬴南、武陽、南城、牟平、陽五縣，均泰山郡極南地，地形長狹，錯居東莞、琅邪、東海、魯郡之間，晉以之立南城郡，疑即漢末嬴郡之五縣矣。」謝鍾英曰：「五縣，嬴、博、奉高、梁甫、鉅平。」弼按：謝説不知何據。奉高爲泰山郡治，不至劃歸嬴郡，似以吴説爲可信。然旋置旋省，亦無足深考也。

〔九〕魏武集見魏志武紀建安二十五年注引魏書。沈家本曰：「二唐志三十卷，殆梁時之本復出歟？裴氏稱曹公者，當是魏未受禪以前之本。」

〔一〇〕馮本「廣」作「曠」。

〔一一〕御覽「平」作「定」。

〔一二〕通鑑：「劉備入成都，以從事中郎麋竺爲安漢將軍，簡雍爲昭德將軍，北海孫乾爲秉忠將軍。」胡三省曰：「漢大將軍府有從事中郎，職參謀議。安漢、昭德、秉忠，皆劉所置將軍號也。」

〔一三〕御覽「幹」作「翰」。

芳爲南郡太守，與關羽共事，而私好攜貳，叛迎孫權，羽因覆敗。竺面縛請罪，先主慰諭以兄弟罪不相及，崇待如初。竺慙恚，發病，歲餘，卒。子威，官至虎賁中郎將。威子照，虎騎監。〔一〕自竺至照，皆便弓馬，善射御云。

〔一〕洪飴孫曰：「虎騎監一人，蜀所置，掌宿衛士。此官蓋與虎步監同，如漢武騎常侍之類。」

孫乾字公祐，北海人也。先主領徐州，辟爲從事，鄭玄傳云：〔一〕玄薦乾於州。乾被辟命，玄所舉也。後隨從周旋。先主之背曹公，遣乾自結袁紹，將適荆州。乾又與麋竺俱使劉表，皆如意指。後表與袁尚書，說其兄弟分爭之變，曰：「每與劉左將軍、孫公祐共論此事，未嘗不痛心入骨，相爲悲傷也。」〔二〕其見重如此。〔三〕先主定益州，乾自從事中郎爲秉忠將軍，見禮次麋竺，與簡雍同等。頃之，卒。

〔一〕鄭玄別傳見魏志高貴鄉公紀甘露三年，此云鄭玄傳，是否一書，未詳。

〔二〕章樵注本古文苑卷十載劉表與袁尚書云：「表與左將軍及北海孫公祐，共說此事，未嘗不痛心入骨，相爲悲傷也。」樵注云：「左將軍劉玄德，北海太守孫公祐，時在荆州。」弼按：孫公祐爲北海人，非北海太守也。

〔三〕劉咸炘曰：「此與劉巴傳引陳羣書，皆引他人不足重之語爲重，類俗之行狀。」

簡雍字憲和，涿郡人也。少與先主有舊，隨從周旋。先主至荆州，雍與麋竺、孫乾同爲從事中郎，常爲談客，往來使命。先主入益州，劉璋見雍，甚愛之。後先主圍成都，遣雍往説璋，璋遂與雍同輿而載，出城歸命。先主拜雍爲昭德將軍，優游風議，性簡傲跌宕，在先主坐席，猶箕踞傾倚，威儀不肅，自縱適；諸葛亮已下，則獨擅一榻，項枕臥語，無所爲屈。〔一〕時天旱禁酒，釀者有刑。吏於人家索得釀具，論者欲令與作酒者同罰。雍與先主游觀，見一男女行道，謂先主曰：「彼人欲行淫，何以不縛？」先主曰：「卿何以知之？」雍對曰：「彼有其具，與欲釀者同。」先主大笑，而原欲釀者。雍之滑稽，皆此類也。〔二〕

或曰：雍本姓耿，幽州人語謂「耿」爲「簡」，〔三〕遂隨音變之。

〔一〕何焯曰：「視恃舊不虔見誅者，度量相越，是以當困厄而歸之多也。」

〔二〕康發祥曰：「雍傳無甚建白，不過傳其諫禁釀酒刑酒具一事，語近滑稽而已。其譎諫之旨，以視漢東方曼倩有所不逮，或附於他傳可耳。陳壽特爲立傳，似可不必。」

〔三〕吴本、毛本「謂」作「諸」，誤。

伊籍字機伯，山陽人。〔一〕少依邑人鎮南將軍劉表。先主之在荆州，籍常往來自託。表卒，遂隨先主南渡江，從入益州。益州既定，以籍爲左將軍從事中郎，見待亞於簡雍、孫乾等。遣東使於吴，孫權聞其才辯，欲逆折以辭。籍適入拜，權曰：「勞事無道之君乎？」籍即對曰：「一拜一起，未足爲勞。」籍之機捷，類皆如此，權甚異之。〔二〕後遷昭文將軍，〔三〕與諸葛亮、法正、劉巴、李嚴共造蜀科。蜀科之制，由此五人焉。〔四〕

〔一〕潘眉曰：「山陽，郡名，其邑未詳。下云少依邑人劉表，然則籍山陽高平人也。」

〔二〕康發祥曰：「籍傳亦無事績，其對孫權不過拜起一語，便捷已耳。陳壽爲之立傳，其以與孔明等共造蜀科乎？」

〔三〕洪飴孫曰：「蜀置昭文將軍一人。」

〔四〕諸葛亮集有科令篇，當爲當時涉於科令之文。周壽昌曰：「蜀科雖一時之律令，而以諸葛公諸人所造，必在律章句之上，惜後世無傳也。」

秦宓字子勅，〔一〕廣漢緜竹人也。〔二〕少有才學，州郡辟命，輒稱疾不往。奏記州牧劉焉，薦儒士任定祖曰：「昔百里、蹇叔以耆艾而定策，〔三〕甘羅、子奇以童冠而立功，〔四〕故書美黄髮，而易稱顔淵，固知選士用能，不拘長幼，明矣。乃者以來，海内察舉，率多英儁，而遺舊齒，衆論不齊，異同相半，此乃承平之翔步，非亂世之急務也。夫欲救危撫亂，修己以安人，則宜卓犖超倫，與時殊趣，震驚鄰國，駭動四方，上當天心，下合人意。天人既和，内省不疚，雖遭凶亂，何憂何懼！昔楚葉公好龍，神龍下之；好僞徹天，何況於真？今處士任安，〔五〕仁義直道，流名四遠，如令見察，〔六〕則一州斯服。昔湯舉伊尹，不仁者遠；何武貢二龔，雙名竹帛，〔七〕故貪尋常之高，而忽萬仞之嵩，樂面前之飾，而忘天下之譽，斯誠往古之所重慎也。甫欲鑿石索玉，剖蚌求珠，今乃隨、和炳然，有如皎日，復何疑哉！誠知晝不操燭，自有餘光，〔八〕但餘情區區，〔九〕貪陳所見。」

益部耆舊傳曰：安，廣漢人。少事聘士楊厚，〔一〇〕究極圖籍。游覽京師，還家講授，與董扶俱以學行齊聲。〔一一〕郡請功曹，州辟治中別駕，終不久居。舉孝廉、茂才，太尉載辟，除博士，公車徵，皆稱疾不就。州牧劉焉表薦安味精道度，厲節高邈，揆其器量，國之元寶，宜處弼疑之輔，以消非常之咎。玄纁之禮，所宜招命。王塗隔塞，遂無聘命。年七十九，建安七年卒。〔一二〕門人慕仰，爲之碑銘。〔一三〕後丞相亮問秦宓，以安所長。宓曰：「記人之善，忘人之過。」

〔一〕范書董扶傳作秦密，華陽國志作宓。錢大昕曰：「蜀志作宓，字子勑，當取謹宓之宓，世俗借用堂密字。」

〔二〕緜竹見劉焉傳。

〔三〕史記秦本紀：「百里傒年已七十餘，秦繆公釋其囚，與語國事，三日，大悅，授之國政。百里傒讓曰：臣不及臣友蹇叔。繆公使人厚幣迎蹇叔，以爲上大夫。」尚書秦誓篇「尚猷詢兹黃髮，則罔所愆」，亦指蹇叔也。

〔四〕史記甘茂傳：「茂，下蔡人。羅，茂孫。年十二，事秦相文信侯呂不韋，秦封甘羅以爲上卿。太史公曰：甘羅年少，然出一奇計，聲稱後世。」說苑：「子奇年十八，齊君使治阿。既行，齊君悔，遣使追之。使者返曰：子奇必能矣，共載者，皆白首者也。子奇至阿，以私兵戰，遂敗魏師。」

〔五〕不應州郡辟命曰「處士」。

〔六〕毛本「令」作「今」。

〔七〕漢書何武傳：「武字君公，蜀郡郫縣人。武爲人仁厚，好進士獎稱人之善。爲楚內史，厚兩龔；在沛郡，厚兩唐。及爲公卿，薦之朝廷，此人顯於世者，何侯力也。世以此多焉。」師古曰：「兩龔，龔勝、龔舍也；兩唐，唐林、唐遵也。」

〔八〕宋本、毛本「自」作「日」。

〔九〕宋本「餘」作「愚」。

〔一〇〕楊厚事見劉焉傳注。

〔一一〕董扶事見劉焉傳注。

〔一二〕范書儒林傳：「任安字定祖，廣漢緜竹人。少游大學，受孟氏易，兼通數經。又從同郡楊厚學圖讖，究極其術。學終還家，教授諸生，自遠而至。州牧劉焉表薦之。」經典釋文序録：「後漢任安傳孟氏易。」

〔一三〕宋本「之」作「立」。華陽國志云：「董任循志，束帛戔戔。」又云：「弟子杜微、何宗、杜瓊，皆名士，至卿佐。」

劉璋時，宓同郡王商爲治中從事，〔一〕與宓書曰：「貧賤困苦，亦何時可以終身！卞和衒玉以耀世，〔二〕宜一來，與州尊相見。」宓答書曰：「昔堯優許由，非不弘也，洗其兩耳；楚聘莊周，非不廣也，執竿不顧。易曰：確乎其不可拔，夫何衒之有！且以國君之賢，子爲良輔，不以是時建蕭、張之策，未足爲智也。僕得曝背乎隴畝之中，誦顏氏之簞瓢，詠原憲之蓬户，時翺翔於林澤，與沮、溺之等儔，聽玄猿之悲吟，察鶴鳴於九皋，安身爲樂，無憂爲福。處空虚之名，居不靈之龜，〔三〕知我者希，則我貴矣。斯乃僕得志之秋也，何困苦之戚焉！」後商爲嚴君平、李弘立祠，〔四〕宓與書曰：「疾病伏匿，甫知足下爲嚴、李立祠，可謂厚黨勤類者也。觀嚴文章，冠冒天下，由、夷逸操，山嶽不移，使揚子不歎，固自昭明。如李仲元不遭法言，令名必淪，其無虎豹之文故也，可謂攀龍附鳳者矣。如揚子雲潛心著述，有補於世，泥蟠不滓，行參聖師，于今海内，談詠厥辭，邦有斯人，以耀四遠，怪子替兹，不立祠堂。蜀本無學士，文翁遣相如東受七經，還教吏民，於是蜀學比於齊、魯。〔五〕故地里志曰：文翁倡其教，相如爲之師。〔六〕漢家得士，盛於其世。仲舒之徒，不達封禪，相如制其禮。〔七〕夫能制禮造樂，移風易俗，非禮所秩有益於世者乎！雖有王孫之累，〔八〕猶孔子大齊桓之霸，公羊賢叔術之讓。〔九〕僕亦善長卿之化，〔一〇〕宜立祠堂，速定其銘。」

〔一〕王商事見許靖傳注。

〔二〕史記鄒陽傳：「昔卞和獻寶，楚王刖之。」應劭曰：「卞和得玉璞，獻之武王，武王示玉人，曰：石也。刖右足。復獻文王，玉人復曰：石也。刖左足。至成王時，卞和抱璞哭於郊，乃使玉尹攻之，果得寶玉。」

〔三〕趙一清曰：「二語管輅亦云，疑古語也。」

〔四〕詳見許靖傳注。

〔五〕漢書循吏傳：「文翁，廬江舒人也。景帝末，爲蜀郡守，見蜀地僻陋，有蠻夷風，文翁欲誘進之，乃選郡縣小吏、開敏有材者張叔等十餘人，親自飭厲，遣詣京師，受業博士，或學律令。蜀地學於京師者，比齊、魯焉。」沈欽韓曰：「常璩蜀志：文翁遣雋士張叔等十八人，東詣博士受七經。還，叔爲博士，明天文災異，始作春秋章句，官至侍中、揚州刺史。」齊召南曰：「秦宓云：文翁遣司馬相如東受七經，還教吏民。然則相如即文翁所拔，以爲蜀人師者。其語與地理志所云文翁倡其教，相如爲之師正合。但文翁傳及相如傳並無明文。」蔣超伯曰：「文翁傳云：遣張叔等十餘人。宓傳謂遣相如，未知何據。」

〔六〕漢書地理志云：「景、武閒，文翁爲蜀守，教民讀書法令，未能篤信道德，反以好文刺譏，貴慕權埶。及司馬相如游宦京師諸侯，以文辭顯於世，鄉黨慕循其迹，後有王襃、嚴遵、揚雄之徒，文章冠天下，繇文翁倡其教，相如爲之師。」

〔七〕何焯曰：「相如雖爲封禪書，臨歿乃成，未與諸儒共定其禮。蜀士多誇，往往過實。」

〔八〕謂相如與卓王孫女文君通殷勤，文君夜亡奔相如也。

〔九〕公羊傳昭公三十一年：「賢者孰謂？謂叔術也。何賢乎叔術？讓國也。叔術有妻嫂之事。」

〔一〇〕司馬相如字長卿，蜀郡成都人。

先是李權從宓借戰國策，宓曰：「戰國從横，用之何爲！」權曰：「仲尼、嚴平，〔一〕會聚衆書，以成春秋、指歸之文。〔二〕故海以合流爲大，君子以博識爲弘。」宓報曰：「書非史記周圖，仲尼不采；道非虛無自然，嚴平不演。海以受淤，歲一蕩清；君子博識，非禮不視。今戰國反覆，儀、秦之術，殺人自生，亡人自存，經之所疾。故孔子發憤作春秋，大乎居正；復制孝經，廣陳德行。杜漸防萌，預有所抑。是以老氏絶禍於未萌，豈不信邪！成湯大聖，覩野魚而有獵逐之失；定公賢者，見女樂而棄朝事。〔三〕

臣松之案：書傳魯定公無善可稱，〔四〕宓謂之賢者，淺學所未達也。〔五〕

若此輩類，焉可勝陳？道家法曰：『不見所欲，使心不亂。』是故天地貞觀，〔六〕日月貞明；其直如矢，君子所履。洪範記災，發於言貌，何戰國之譎權乎哉！」

〔一〕沈家本曰：「嚴君平而曰嚴平，史中罕見。」弼按：華陽國志即云「嚴平恬泊」。

〔二〕錢大昭曰：「隋書經籍志：嚴遵老子指歸十一卷，陸德明作十四卷。嚴平，即嚴君平也。」

〔三〕史記孔子世家：「齊人曰：『孔子爲政，必霸；霸，則吾地近焉，我之爲先并矣。』於是選齊國中女子好者八十人，皆衣文衣，而舞康樂。文馬三十駟，遺魯君。往觀終日，怠於政事。」何焯曰：「湯事未詳。」

〔四〕馮本「善」作「業」，誤。

〔五〕趙一清曰：「定公能用孔子，故稱之爲賢者。」

〔六〕元本「貞」作「真」。

或謂宓曰：「足下欲自比於巢、許四皓，何故揚文藻見瓌穎乎？」〔一〕宓答曰：「僕文不能盡言，言不能盡意，〔二〕何文藻之有揚乎！昔孔子三見哀公，言成七卷，事蓋有不可嘿嘿也。劉向七略曰：〔三〕孔子三見哀公，作三朝記七篇，今在大戴禮。〔四〕臣松之案：中經部〔五〕有孔子三朝八卷，一卷目録，餘者所謂七篇。接輿行且歌，論家以光篇；漁父詠滄浪，賢者以耀章。此二人者，非有欲於時者也。夫虎生而文炳，鳳生而五色，豈以五采自飾畫哉？天性自然也。蓋河、洛由文興，六經由文起，君子懿文德，采藻其何傷！以僕之愚，猶恥革子成之誤，況賢於己者乎！」臣松之案：今論語作棘子成。〔六〕子成曰：「君子質而已矣，何以文爲！」屈於子貢之言，故謂之誤也。

〔一〕康發祥曰：「宓作遠遊篇，其辭曰：遠遊何所見，所見邈難紀；巖穴非我鄰，林麓無知己。虎則豹之兄，鷹則鶡之弟，困獸走環岡，飛鳥驚巢起；猛氣何咆㘁，陰風起千里。遠遊長太息，太息遠遊子。其辭之瓌穎，大都如是。」

〔二〕管輅傳注亦有此二語。官本考證曰：「册府作僕聞書不能盡言，言不能盡意。或曰：本文自佳，册府反失其意。」

〔三〕漢書藝文志：「成帝時，以書頗散亡，使謁者陳農求遺書於天下，詔光禄大夫劉向校經傳諸子詩賦，步兵校尉任宏校兵書，太史令尹咸校數術，侍醫李柱國校方技。每一書已，向輒條其篇目，撮其指意，録而奏之。會向卒，哀帝使向子侍中奉車都尉歆卒父業。歆於是總羣書而奏其七略，故有輯略、有六藝略、有諸子略、有詩賦略、有兵書略、有術數略、有方技略。」師古曰：「輯與集同，謂諸書之總要也。」隋書經籍志：「七略別録二十卷，劉向撰；七略七卷，劉歆撰。」又云：「漢時劉向別録、劉歆七略，剖析條流，各有其部。」山陰姚振宗有七略別録佚文極詳，文繁不備録。

〔四〕漢書藝文志：「孔子三朝七篇。」師古曰：「今大戴禮有其一篇，蓋孔子對哀公語也。三朝見公，故曰三朝。」王應麟曰：「七篇，千乘、四代、虞戴德、誥志、小辨、用兵、少閒也。」

〔五〕中經部詳見魏志王肅傳注。

〔六〕漢書藝文志：「論語古二十一篇，齊二十二篇，魯二十篇，傳十九篇。」經典釋文敘録云：「論語者，孔子應答弟子及時人所言，或弟子相與言，而接聞於夫子之語也。當時弟子各有所記，夫子既終，微言已絶，弟子恐離居以後，各生異見，而聖言永滅，故相與論撰，因輯時賢及古明王之語，合成一法，謂之論語。鄭康成云：仲弓、子夏等所撰定。漢興，傳者則有三家：魯論語者，魯人所傳，即今所行篇次是也；齊論語者，齊人所傳；古論語者，出自孔氏壁中。張禹受魯論，又受齊論，擇善而從，號曰張侯論，行於漢世。鄭玄就魯論考之齊、古，爲之注，何晏爲之集解，盛行於世。」張宗泰曰：「詩匪棘其欲，禮記引作匪革其猶。革、棘聲相近，非誤也。」

先主既定益州，廣漢太守夏侯纂請宓爲師友祭酒，領五官掾，〔一〕稱曰仲父。宓稱疾，臥在茅舍，〔二〕纂將功曹古朴、主簿王普，廚膳即宓第宴談，宓臥如故。纂問朴曰：「至於貴州養生之具，實絶餘州矣，不知士人何如餘州也？」朴對曰：「乃自先漢以來，其爵位者或不如餘州耳，至於著作爲世師式，不負於餘州也。嚴君平見黄、老作指歸，〔三〕揚雄見易作太玄，見論語作法言，司馬相如爲武帝制封禪之文，于今天下所共聞也。」纂曰：「仲父何如？」宓以簿擊頰

簿，手版也。〔四〕

曰：「願明府勿以仲父之言假於小草，民請爲明府陳其本紀。蜀有汶阜之山，江出其腹，帝以會昌，神以建福，故能沃野千里。〔五〕

河圖括地象曰：〔六〕岷山之地上爲東井絡，〔七〕帝以會昌，神以建福，上爲天井。左思蜀都賦曰：〔八〕遠則岷山之精，上爲井絡，天地運期，而會昌景福，肸蠁而興作。〔九〕

淮、濟四瀆，江爲其首，〔一〇〕此其一也。禹生石紐，今之汶山郡是也。〔一一〕

帝王世紀曰：〔一二〕鯀納有莘氏女曰志，是爲脩己。上山行，見流星貫昴，夢接意感，又吞神珠，臆圮胸坼，〔一三〕而生禹於石紐。〔一四〕譙周蜀本紀曰：禹本汶山廣柔縣人也。生於石紐，其地名刳兒坪，見世帝紀。〔一五〕

昔堯遭洪水，鯀所不治，禹疏江決河，東注于海，爲民除害。生民已來，功莫先者，此其二也。天帝布治房心，決政參伐，參伐則益州分野，〔一六〕三皇乘祇車出谷口，今之斜谷是也。〔一七〕

蜀記曰：三皇乘祇車出谷口，未詳宓所由知爲斜谷也。

此便鄙州之阡陌，明府以雅意論之，何若於天下乎？」於是纂逡巡無以復答。

〔一〕師友祭酒、五官掾，皆郡職。

〔二〕宋本「茅」作「第」。趙一清曰：「寰宇記卷七十三：漢州德陽縣有秦宓宅，李膺紀云：三造亭，秦子勑之舊宅也。守夏侯纂三造門，故爲名其宅。綿水衝毀，僅有餘迹。」

〔三〕錢大昭曰：「嚴氏於黃帝書未見，指歸之作，疑因老而連及黃耳。」

〔四〕趙一清曰：「春秋左氏傳疏引徐廣車服儀制曰：古者貴賤皆執笏，今手版也。然則笏與簿，手版之異名耳。秦宓見太守，以簿擊頰，則漢、魏以來，皆執手版。」周壽昌曰：「左傳衮冕黻珽杜注：珽，玉笏也；若今吏之持簿。是魏、晉閒稱笏爲簿之證。」

〔五〕水經江水注：「岷山即瀆山也，又謂之汶阜山，在徼外，江水所導也。」

〔六〕隋書經籍志：「河圖二十卷。」又云：「光武以圖讖興，遂盛行於世。宋大明中，始禁圖讖。隋高祖受禪，禁之踰切。煬帝即位，搜天下書籍，與讖緯相涉者，皆焚之；自是無復其學矣。」

〔七〕水經江水注引此作「岷山之精，上爲井絡」。

〔八〕左思集見管寧傳注。

〔九〕李善注：「岷山之地，上爲東井維絡，岷山之精，上爲天之井星也。」上林賦曰：「肸蠁布寫。」呂向曰：「肸蠁，濕生蟲蚊類是也。其羣望之如氣之布寫也。言大福之興，有如此蟲羣飛而多也，興、作皆起也。」

〔一〇〕爾雅釋水篇：「江、河、淮、濟爲四瀆。四瀆者，發源注海者也。」華陽國志卷三云：「夏書曰：岷山導江，東別爲沱，泉源深盛，爲四瀆之首。」

〔一一〕汶山郡詳見後主傳延熙十年。

〔一二〕隋書經籍志雜史類：「帝王世紀十卷，皇甫謐撰。起三皇，盡漢魏。」二唐志「世」作「代」，宋志九卷，列編年類，今存輯本一卷。章宗源曰：「尚書堯典正義曰：晉書皇甫謐傳云：姑子外弟梁柳得古文尚書，故作帝王世紀，往往載孔傳五十八篇之書。（今晉書謐傳無此語，當是逸晉書。）玉海書目曰：晉正始初，安定皇甫謐以漢紀殘缺，博案經傳，旁觀百家，著帝王世紀並年曆合十二篇，起太昊帝訖漢獻帝。史通論贊篇曰：皇甫謐、葛洪，列具所號。續漢志注云：蔡邕分星次與皇甫謐不同。謐所列在郡國志。史記索隱（五帝紀）云：皇甫謐號玄晏先生，今所引者是其所作帝王代紀也。又云：（補三皇紀）案神農之後凡八代，事見帝王代紀及古史，然古典亡矣。譙、（譙周）皇二氏，皆前代博聞君子，考校古書，而爲此説，豈至今鑿空乎？愚按：周易繫辭正義引謚紀太皞、神農、（皇）〔黃〕帝、少皞、帝嚳、堯、舜事，禮記正義、初學記帝王部、類聚帝王部並引之，而御覽皇王部所引尤詳。（左傳昭公正義引窮桑、少皞之號，神農本起烈山。）其言放勳、重華、文命爲堯、舜、禹名。尚書正義從之，惟取易卦以制象九事，謚皆以爲黃帝之功。易正義云：若如所論，則堯、舜無事，易、繫何須連言，則皇甫之言，未可用也。類聚職官部：穆王命伯臩（古冏字）爲太僕，今尚書君牙、伯冏二篇是也。此與書序不同。（書序：命君牙爲大司徒，作君牙；命伯冏爲周太僕正，作冏命。）後漢書野王二老傳注嗚條之地，謚謂孔安國書注之説爲近。御覽州郡部載謚所記都邑，其書徵引春秋傳、世本、戰國策、國語、秦本紀、漢地理志，體裁主於考證。若仲丁徙囂河，亶甲居相，祖乙圮於耿，謚皆用書序。至葛伯仇餉，初征自葛，則稱古文仲虺之誥。又謚言封帝摯於高辛氏，本於東海衞宏所傳，（二語見御覽皇親部）衞宏從杜林受古文尚書，謚得其傳，則不徒資諸梁柳矣。篇終論贊稱玄晏先生曰：羈勒英雄，鞭驅天下，乃漢高論贊；平暴反正，遂建中興，乃光武論贊，（二事見御覽皇王部列玄晏號。）是可與史通相證。初學記帝王部引魏武進爵，魏文受禪，御覽皇王部引高貴鄉公爲成濟所害，陳留王就國治鄴，正符隋志盡漢、魏之語。宋人書目謂訖漢獻帝，誤也。宋志入編年類，考御覽諸書所引，似謚記乃分類爲篇，體裁惟在博考，故隋、唐志並入雜史，宋史恐誤。」

〔一三〕毛本「坼」作「折」。

〔一四〕大戴禮記：「顓頊產鯀，鯀產文命，是爲禹。」又曰：「鯀娶於有莘氏，有莘氏之子謂之女志氏，產文命。」吳越春秋：「鯀娶於有莘氏之女，名曰女嬉，年壯未孳。嬉於砥山得薏苡而吞之，因而姙孕，剖脅而產。高密家於西羌，地曰石紐。石紐在蜀西川也。」

〔一五〕郡國志：「蜀郡廣柔。」劉昭注引帝王世紀曰：「禹生石紐，縣有石紐邑。」王先謙曰：「廣柔縣，三國蜀改屬汶山郡。」一統志：「廣柔故城，今四川茂州汶川縣西北；石紐村在汶川縣西北。」方輿紀要七十三：「石紐山在龍安府石泉縣治南一里。」近人陳志良著禹生石紐考，見説文月刊第一卷合訂本五三九頁。

〔一六〕何焯曰：「漢書地理志：蜀系秦分，統于輿鬼東井。參伐，乃魏地星也。此云參伐則益州分野，未詳。」

〔一七〕白虎通：「三皇，謂伏羲、神農、燧人也。或曰：伏羲、神農、祝融也。」

益州辟宓爲從事祭酒。〔一〕先主既稱尊號，將東征吳，宓陳天時必無其利，坐下獄幽閉，然後貸出。〔二〕建興二年，丞相亮領益州牧，選宓迎爲别駕，尋拜左中郎將、長水校尉。吳遣使張温來聘，百官皆往餞焉。衆人皆集，而宓未往。亮累遣使促之。温曰：「彼何人也？」亮曰：「益州學士也。」及至，温問曰：「君學乎？」宓曰：「五尺童子皆學，何必小人！」温復問曰：「天有頭乎？」宓曰：「有之。」温曰：「在何方也？」宓曰：「在西方。詩曰：乃眷西顧。以此推之，頭在西方。」温曰：「天有耳乎？」宓曰：「天處高而聽卑，詩云：鶴鳴九皋，〔三〕聲聞于天。若其無耳，何以聽之？」温曰：「天有足乎？」宓曰：「有。詩云：天步艱難，之子不猶。若其無足，何以步之？」温曰：「天有姓乎？」宓曰：「有。」温曰：「何姓？」宓曰：「姓劉。」温曰：「何以知之？」答曰：「天子姓劉，故以此知之。」温曰：「日生於東乎？」宓曰：「雖生於東，而没於西。」答問如響，應聲而出，於是温大敬服。宓之文辯，皆此類也。遷大司農。四年，卒。初，宓見帝系之文，五帝皆同一族，宓辯其不然之本。又論皇帝王霸養龍之説，〔四〕甚有通理。譙允南少時數往諮訪，記録其言於春秋然否論，〔五〕文多，故不載。

〔一〕通鑑作「廣漢處士秦宓」。胡注：「不應州郡辟命，故曰處士。」弼按：宓已官從事祭酒，非處士也。通鑑誤。
〔二〕貸，原也，赦也。
〔三〕宋本「鳴」下有「于」字。
〔四〕何焯曰：「養當作豢。」
〔五〕潘眉曰：「此五經然否論之一。」

評曰：許靖夙有名譽，既以篤厚爲稱，又以人物爲意，雖行事舉動，未悉允當，蔣濟以爲「大較廊廟器」也。

萬機論論許子將曰：許文休者，大較廊廟器也，而子將貶之。若實不貴之，是不明也；誠令知之，蓋善人也。〔一〕

麋竺、孫乾、簡雍、伊籍，皆雍容風議，見禮於世。秦宓始慕肥遯之高，而無若愚之實。然專對有餘，文藻壯美，可謂一時之才士矣。〔二〕

〔一〕盧明楷曰：「善人或疑作人善，然此句文義殊晦。夫文休本廊廟之器，而子將貶之。不知，則咎在不明；知之，又近於蔽善。兩無當也。」
〔二〕何焯曰：「承祚此書，大趣簡質，而獨推秦子勑之文藻，異於諸傳，斯則文無定體之謂邪？」劉咸炘曰：「陳壽師譙周，而宓乃周所嚴事，從聞其文，論而載之耳。其文皆佳，載之可代文苑傳。」

三國志三十九

# 蜀書九

## 董劉馬陳董呂傳第九〔一〕

〔一〕劉咸炘曰：「董和參署府事，馬良、董允、陳祇皆爲侍中，劉巴、陳震、董允、陳祇、呂乂俱爲尚書令，故合之。」

董和字幼宰，南郡枝江人也。〔一〕其先本巴郡江州人〔二〕漢末，和率宗族西遷，〔三〕益州牧劉璋以爲牛鞞、〔四〕江原長，〔五〕成都令。蜀土富實，〔六〕時俗奢侈，貨殖之家，侯服玉食，婚姻葬送，傾家竭産。和躬率以儉，惡衣蔬食，防遏踰僭，爲之軌制，所在皆移風變善，畏而不犯。然縣界豪彊，憚和嚴法，説璋轉和爲巴東屬國都尉。〔七〕吏民老弱相攜，乞留和者數千人。璋聽留二年，還遷益州太守，〔八〕其清約如前。與蠻夷從事，務推誠心，南土愛而信之。

〔一〕郡國志：「荆州南郡枝江。」一統志：「枝江故城，今湖北荆州府枝江縣東。」謝鍾英曰：「當在今松滋縣北，當陽縣南。」劉家立曰：「距枝江縣有鎮曰董市，今尚題曰漢董幼宰故里。」

〔二〕巴郡治江州，見劉璋傳。

〔三〕沈家本曰：「此文疑有脱誤。若由巴郡，是東遷，非西遷也。且和既遷南郡，又安得仕於益州牧劉璋哉？疑本云巴郡江州人也，其先本南郡枝江人，於下文方合。」弼按：解作由南郡西遷，亦可通。

〔四〕原注：音髀。

〔五〕郡國志：「益州犍爲郡牛鞞，蜀郡江原。」一統志：「牛鞞故城，今成都府簡州東；江原故城，今成都府重慶州東南。」

〔六〕毛本「實」作「貴」。

〔七〕巴東屬國見後主傳延熙十一年涪陵屬國注。吴增僅曰：「建安六年，劉璋分巴郡置巴東屬國，治涪陵；建安末，先主改屬國爲涪陵郡。」

〔八〕胡三省曰：「此益州太守非漢武帝所開置之益州郡也。武帝所置之益州郡，劉蜀爲南中地宅，蓋劉璋置益州太守，與蜀郡太守並治成都郭下。」弼按：本傳下文與蠻夷從事，務推誠心，南土愛而信之，是仍爲南中之益州郡，後改爲建寧郡者是也，胡注誤。

先主定蜀，徵和爲掌軍中郎將，〔一〕與軍師將軍諸葛亮並署左將軍大司馬府事，〔二〕獻可替否，共爲歡交。自和居官食禄，外牧殊域，内幹機衡，〔三〕二十餘年，死之日，家無儋石之財。亮後爲丞相，教與羣下曰：「夫參署者，集衆思，廣忠益也。〔四〕若遠小嫌，難相違覆，曠闕損矣。〔五〕違覆而得中，猶棄弊蹻而獲珠玉。〔六〕然人心苦不能盡，惟徐元直處茲不惑，又董幼宰參署七年，事有不至，至于十反，來相啓告。〔七〕苟能慕元直之十一，幼宰之殷勤，有忠於國，則亮可少過矣。」又曰：「昔初交州平，〔八〕屢聞得失；後交元直，勤見啓誨；前參事於幼宰，每言則盡；後從事於偉度，數有諫止。雖姿性鄙暗，不能悉納，然與此四子，終始好合，亦足以明其不疑於直言也。」其追思和如此。〔九〕

偉度者，〔一〇〕姓胡，名濟，義陽人。〔一一〕爲亮主簿，〔一二〕有忠藎之效，故見褒述。亮卒，爲中典軍，統諸軍，封成陽亭侯，遷中監軍、前將軍，督漢中，假節領兗州刺史，至右驃騎將軍。濟弟博，歷長水校尉、尚書。

〔一〕掌軍中郎將一人，蜀所置。

〔二〕胡三省曰：「署府事者，總録軍府事也。」何焯曰：「董和並署，李嚴並託，皆所慰蜀士大夫之心，特幼宰端良正方傾邪耳。若使黃公衡不因喪敗隔絶，則受遺當屬斯人，不傷昭烈之明矣。」

〔三〕「幹」，疑作「斡」。

〔四〕胡三省曰：「參署，謂所行之事，參其同異，署而行之也。」

〔五〕胡三省曰：「違，異也；覆，審也。難於違異，難於覆審，則事有曠闕損矣。遠，于願翻。」

〔六〕胡三省曰：「蹻，訖約翻，屐也；草履也。」

〔七〕胡三省曰：「此所謂相違覆也。」

〔八〕胡三省曰：「亮躬耕隴畝，與崔州平、徐庶等友善。」

〔九〕或曰：和傳末無「子允自有傳之語」，何也？

〔一〇〕趙一清曰：「此注脱書名。」

〔一一〕義陽見魏志明紀景初元年。

〔一二〕此與姜維傳之鎮西大將軍胡濟或別爲一人。

劉巴字子初，零陵烝陽人也。〔一〕少知名。零陵先賢傳曰：巴祖父曜，蒼梧太守；父祥，江夏太守、盪寇將軍。時孫堅舉兵討董卓，以南陽太守張咨不給軍糧，殺之。祥與同心，南陽士民由此怨祥，舉兵攻之，與戰，敗亡。劉表亦素不善祥，拘巴，欲殺之。〔二〕數遣祥故所親信人密詐謂巴曰：「劉牧欲相危害，可相隨逃之。」如此再三，巴輒不應，具以報表，〔三〕表乃不殺巴。年十八，郡署戶曹史主記主簿。劉先主欲遣周不疑就巴學，〔四〕巴答曰：「昔游荊北，時涉師門，記問之學，不足紀名，內無楊朱守靜之術，外無墨翟務時之風，猶天之南箕，虛而不用。賜書乃欲令賢甥摧鸞鳳之豔，遊燕雀之宇，將何以啓明之哉？愧於有若無、實若虛，何以堪之！」荊州牧劉表連辟，及舉茂才，皆不就。表卒，曹公征荊州，先主奔江南，荊、楚羣士從之如雲，而巴北詣曹公。曹公辟爲掾，使招納長沙、零陵、桂陽。〔五〕零陵先賢傳曰：曹公敗於烏林，〔六〕還北時，欲遣桓階，階辭不如巴，巴謂曹公曰：「劉備據荊州，不可也。」公曰：「備如相圖，孤以六軍繼之也。」會先主略有三郡，巴不得反使，遂遠適交阯，〔七〕零陵先賢傳云：巴往零陵，事不成，欲游交州，道還京師。時諸葛亮在臨烝，〔八〕巴與亮書曰：「乘危歷險，到值思義之民，自與之衆，承天之心，順物之性，非余身謀所能勸動。若道窮數盡，將託命於滄海，不復顧荊州矣。」亮追謂曰：「劉公雄才蓋世，據有荊土，莫不歸德，天人去就，已可知矣。足下欲何之？」巴曰：「受命而來，不成當還，此其宜也。足下何言邪！」先主深以爲恨。

〔一〕郡國志："荆州零陵郡烝陽。"顧祖禹曰："吴改屬衡陽郡，故城在今湖南衡州府衡陽縣西一百七十里。"

〔二〕李清植曰："本傳下文云：荆州牧劉表連辟，及舉茂才，皆不就。則表初未必有欲殺巴之事，此蓋零陵先賢傳傳訛之談。"

〔三〕監本"具"作"且"。

〔四〕陳浩曰："主記疑作主計，劉先主，主字疑衍。劉表傳中別駕劉先，是其人也。"周壽昌曰："記亦通計，且疑其時有主記一官，猶書記也。先主，主字似非衍。觀巴辭謝書有云：欲令賢甥摧鸞鳳之豔，游燕雀之宇，此豈對常人語乎？惜周不疑無考，劉先亦别無所見也。"弼按：劉先之甥周不疑事，詳見魏志劉表傳注引零陵先賢傳，是劉先之下"主"字宜衍，周説誤。

〔五〕三郡俱見先主傳。

〔六〕烏林詳見魏志武紀建安十三年赤壁注。吴志魯肅傳注引吴書云："關羽曰：烏林之役，左將軍身在行間。"胡三省曰："即謂赤壁之戰也。"

〔七〕交阯見劉焉傳。

〔八〕臨烝見諸葛亮傳注。

巴復從交阯至蜀。

零陵先賢傳曰：巴入交阯，更姓爲張，與交阯太守士燮計議不合，乃由牂牁道去，〔一〕爲益州郡所拘留。太守欲殺之，主簿曰："此非常人，不可殺也。"主簿請自送至州，見益州牧劉璋，璋父焉昔爲巴父祥所舉孝廉，見巴驚喜，每大事，輒以咨訪。

臣松之案：劉焉在漢靈帝時已經宗正、太常，出爲益州牧，祥始以孫堅作長沙時爲江夏太守，不得舉焉爲孝廉，明也。

俄而先主定益州，巴辭謝罪負，先主不責。〔二〕

零陵先賢傳曰：璋遣法正迎劉備。巴諫曰：「備，雄人也。〔三〕入必爲害，不可内也。」既入，巴復諫曰：「若使備討張魯，是放虎於山林也。」璋不聽，巴閉門稱疾。備攻成都，令軍中曰：「其有害巴者，誅及三族。」〔四〕及得巴，甚喜。

而諸葛孔明數稱薦之，〔五〕先主辟爲左將軍西曹掾。

零陵先賢傳曰：張飛嘗就巴宿，巴不與語，飛遂忿恚。諸葛亮謂巴曰：「張飛雖實武人，敬慕足下。主公今方收合文武，〔六〕以定大事，足下雖天素高亮，〔七〕宜少降意也。」巴曰：〔八〕「大丈夫處世，當交四海英雄，如何與兵子共語乎？」備聞之，〔九〕怒曰：「孤欲定天下，而子初專亂之。其欲還北，假道於此，豈欲成孤事邪？」備又曰：「子初才智絶人，如孤，可任用之；非孤者，難獨任也。」亮亦曰：「運籌策於帷幄之中，吾不如子初遠矣；〔一〇〕若提枹鼓、會軍門、使百姓喜勇，當與人議之耳。」初，攻劉璋，備與士衆約：「若事定，府庫百物，孤無預焉。」及拔成都，士衆皆捨干戈，赴諸藏競取寶物，軍用不足，備甚憂之。巴曰：「易耳，但當鑄直百錢，〔一一〕平諸物賈，令吏爲官市。」備從之，數月之閒，府庫充實。〔一二〕

建安二十四年，先主爲漢中王，巴爲尚書，後代法正爲尚書令。躬履清儉，不治産業，又自以歸附非素，懼見猜嫌，恭默守靜，退無私交，非公事不言。

零陵先賢傳曰：是時中夏人情未一，聞備在蜀，四方延頸。而備鋭意欲即真，巴以爲如此示天下不廣，且欲緩之。與主簿雍茂諫備，備以他事殺茂，由是遠人不復至矣。〔一三〕

先主稱尊號，昭告于皇天上帝、后土神祇，凡諸文誥策命，皆巴所作也。〔一四〕章武二年卒。卒後，魏尚書僕射陳羣與丞相諸葛亮書，問巴消息，稱曰「劉君子初」，甚敬重焉。

零陵先賢傳曰：輔吴將軍張昭嘗對孫權論巴褊阸，不當拒張飛太甚。權曰：「若令子初隨世浮沈，〔一五〕容悦玄德，交非其人，何足稱爲高士乎！」

〔一〕元本「道」作「遁」。

〔二〕何焯曰：「昭烈初定蜀，士人懷反側，其加意於劉子初，即高帝封雍齒之意也。」

〔三〕何焯校改作「人雄」。

〔四〕毛本「誅」作「夷」。

〔五〕潘眉曰：「史例宜稱名，此非是。」

〔六〕馮本「合」作「拾」。

〔七〕官本考證曰：「元本作天分素高亮，多分字。」

〔八〕監本「曰」作「目」，誤。

〔九〕監本「聞」作「固」，誤。

〔一〇〕何焯曰：「子初粗有筆耳，此助而張之，造作劉、葛之語也。」

〔一一〕胡三省曰：「直百錢，一錢直百也。杜佑曰：蜀鑄直百錢，文曰直百，亦有勒爲五銖者，大小稱兩如一焉。並徑七分，重四銖。」

〔一二〕何焯曰：「必無此事。錢至直百，豈復可以通行？初得一州，公私罽然，是五均之續也。以張益德傳中頒賜之差觀之，則聽其赴藏競取，亦不然矣。」梁章鉅曰：「洪遵泉志云：蜀直百錢，建安十九年劉備鑄。舊譜云：徑七分，重四銖。又直百五銖錢，徑一寸一分，重八銖，文曰五銖直百。又有傳形五銖錢。」顧烜曰：「傳形五銖，今所謂蜀錢；時有勒爲直百者，亦有勒爲五銖者，大小稱量如一，三吳諸縣行之。」

〔一三〕李清植曰：「本傳下文，凡諸文誥册命，皆巴所作，則先主之稱尊號，巴亦未以爲非也。零陵先賢傳蓋勦敵國謗誹之辭，亦不足信。」劉家立曰：「此注與正傳情事不合，不足爲信，松之偶疏於刊正耳。」

〔一四〕文誥册命，固尚書所典也。

〔一五〕宋本作「沈浮」。

馬良字季常，襄陽宜城人也。〔一〕兄弟五人，並有才名，鄉里爲之諺曰：「馬氏五常，白眉最良。」良眉中有白毛，故以稱之。先主領荆州，辟爲從事。及先主入蜀，諸葛亮亦從後往，良留荆州，與亮書曰：「聞雒城已拔，此天祚也。尊兄應期贊世，配業光國，魄兆見矣。〔二〕

臣松之以爲：良蓋與亮結爲兄弟，或相與有親。亮年長，良故呼亮爲尊兄耳。〔三〕

夫變用雅慮，審貴垂明，於以簡才，宜適其時。若乃和光悦遠，邁德天壤，使時閑於聽，世服於道，齊高妙之音，正鄭、衛之聲，並利於事，無相奪倫，此乃管絃之至，牙、曠之調也。雖非鍾期，敢不擊節！」〔四〕先主辟良爲左將軍掾。

〔一〕宜城見先主傳，又見魏志杜襲傳注。三國魏改屬襄陽郡。

〔二〕尚書武成篇：「旁死魄。」又曰：「既生魄。」康誥曰：「惟三月哉生魄。」陸德明音義云：「月始生魄然貌。」

〔三〕周壽昌曰：「後漢書趙岐之稱皇甫爲仁兄，此傳馬良之稱諸葛爲尊兄，展敬聯情，均此誼也。」

〔四〕李冶敬齋古今黈卷四云：「擊節，猶今節樂拍手及用拍板也。馬良謂敢不擊節，謂敢不賞音也。吴諸葛恪與丞相陸遜書云：誠獨擊節。恪意獨擊節以賞之耳。」

後遣使吳，良謂亮曰：「今銜國命，協穆二家，幸爲良介於孫將軍。」亮曰：「君試自爲文。」良即爲草曰：「寡君遣掾馬良，通聘繼好，以紹昆吾、豕韋之勳。〔一〕其人吉士，〔二〕荆楚之令，〔三〕鮮於造次之華，〔四〕而有克終之美，願降心存納，以慰將命。」權敬待之。

〔一〕史記楚世家：「陸終生子六人，其長一曰昆吾。昆吾氏，夏之時嘗爲侯伯。」國語鄭語：「大彭豕韋爲商伯矣。」韋注云：「豕韋，彭姓之別封於豕韋者也。殷衰，二國相繼爲商伯。」

〔二〕宋、元本「其」作「奇」。

〔三〕爾雅釋詁：「令，善也。」

〔四〕機辯捷對，皆造次之華也。

先主稱尊號，以良爲侍中。及東征吳，遣良入武陵，招納五溪蠻夷；〔一〕蠻夷渠帥，皆受印號，咸如意指。〔二〕會先主敗績於夷陵，〔三〕良亦遇害。先主拜良子秉爲騎都尉。

〔一〕武陵、五溪蠻夷，均詳見先主傳。水經沅水注：「沅水又東與序溪合，水出武陵郡義陵縣，縣治序溪，其城，劉備之秭歸。馬良出五溪，綏撫蠻夷，良率諸蠻所築也。所治序溪，最爲沃壤。」趙一清曰：「義陵縣，後漢廢。先主軍次秭歸，遣馬良安撫五溪蠻夷，良所築城，即故義陵城也。之，猶往也。」

〔二〕監本、官本「指」作「旨」。

〔三〕夷陵見魏志文紀黃初三年。

良弟謖，字幼常，以荆州從事隨先主入蜀，除緜竹、成都令，越巂太守。才器過人，好論軍計，丞相諸葛亮深加器異。先主臨薨，謂亮曰：「馬謖言過其實，不可大用，君其察之！」亮猶謂不然，〔一〕以謖爲參軍，每引見談論，自晝達夜。〔二〕

襄陽記曰：建興三年，亮征南中，謖送之數十里。亮曰：「雖共謀之歷年，今可更惠良規。」〔三〕謖對曰：「南中恃其險阻，〔四〕不服久矣。雖今日破之，明日復反耳。今公方傾國北伐，以事彊賊，彼知官勢內虛，〔五〕其叛亦速。若殄盡遺類，以除後患，既非仁者之情，且又不可倉卒也。夫用兵之道，攻心爲上，攻城爲下；心戰爲上，兵戰爲下。願公服其心而已。」〔六〕亮納其策，赦孟獲以服南方。故終亮之世，南方不敢復反。〔七〕

〔一〕毛本、官本無「謂」字，宋本有之。朱璘曰：「先主於永安病篤，始召孔明於成都，託孤之外，不聞品評一人，何於馬謖諄諄邪？且孔明之事先主，極其謹慎，平日無一事任意而行者。設果有是命，必詳加審察，何至竟云亮以爲不然？是可疑也。知人則哲，古帝難之，馬謖之敗，孔明引咎，所謂日月之食也。惟此數語，若出於事後之附會，不可不辨。」朱邦衡曰：「當日託孤，事勢危迫，宿將如子龍，時望如陳震、董和，不聞一及，馬謖是時名位卑微，亦未顯有過失，先主何以預爲丁寧？朱氏之辨甚是。」

〔二〕胡三省曰：「以孔明之明略，所以待謖者如此，亦足以見其善論軍計矣。觀孔明南征之時，謖陳攻心之論，豈悠悠坐論者所能及哉？」

〔三〕局本「可」作「日」，誤。

〔四〕宋本「阻」作「遠」，通鑑同。

〔五〕胡三省曰：「漢俗謂天子爲縣官，亦謂爲國家。官埶，猶言國埶也。」

〔六〕胡三省曰：「此馬謖所以爲善論軍計者也。」

〔七〕林國贊曰：「此耳食之言也。據後主傳：武侯以建興三年平南方，十一年南夷復反，馬忠破之，又閱一年，武侯殁。豈得謂終亮之世，南方不敢復反？況據李恢、張嶷傳，實則亮軍既還，南夷隨叛，殺害太守，莫可誰何。蓋其反不始十一年，而亦不僅一二次矣。」

建興六年，亮出軍向祁山，〔一〕時有宿將魏延、吴壹等，論者皆言以爲宜令爲先鋒，而亮違衆拔謖，統大衆在前，與魏將張郃戰于街亭，〔二〕爲郃所破，〔三〕士卒離散。亮進無所據，退軍還漢中。謖下獄物故，〔四〕亮爲之流涕。良死時年三十六，謖年三十九。

襄陽記曰：謖臨終與亮書曰：「明公視謖猶子，謖視明公猶父，願深惟殛鯀興禹之義，使平生之交，不虧於此，謖雖死，無恨於黄壤也。」于時十萬之衆，爲之垂泣。亮自臨祭，待其遺孤若平生。〔五〕蔣琬後詣漢中，謂亮曰：「昔楚殺得臣，然後文公喜可知也。〔六〕天下未定，而戮智計之士，豈不惜乎！」〔七〕亮流涕曰：「孫武所以能制勝於天下者，用法明也。〔八〕是以楊干亂法，魏絳戮其僕。〔九〕四海分裂，兵交方始，若復廢法，何用討賊邪！」

習鑿齒曰：諸葛亮之不能兼上國也，豈不宜哉！夫晉人規林父之後濟，故廢法而收功；楚成闇得臣之益己，故殺之以重敗。今蜀僻陋一方，才少上國，而殺其俊傑，退收駑下之用，明法勝才，不師三敗之道，將以成業，不亦難乎！且先主誡謖之不可大用，豈不謂其非才也？亮受誡而不獲奉承，明謖之難廢也。爲天下宰匠，欲大收物之力，而不量才節任，隨器付業，知之大過，則違明主之誡；裁之失中，即殺有益之人。難乎其可與言智者也！〔一〇〕

〔一〕祁山見後主傳。

〔二〕街亭今甘肅秦州秦安縣東北，見諸葛亮傳。

〔三〕謖至街亭，高詳屯列柳城。張郃擊謖，郭淮攻詳營，皆破之。見魏志郭淮傳。

〔四〕「物故」，詳見劉璋傳注。趙一清曰：「同時敗者，尚有高詳。又謖之受誅，亦以軍敗而逃耳，見向朗傳。」潘眉曰：「劉琰傳書琰竟棄市，周羣傳書裕遂棄市。或云伏辜，或云伏誅，無書物故者。輔臣贊注：馬謖敗績，亮殺之。王平傳：丞相亮誅馬謖。諸葛亮傳：戮謖以謝衆。謖之見殺，明矣。物故之稱，似乖史例。」周壽昌曰：「街亭之敗，戮謖謝衆，已見於諸葛本傳矣。即此注引襄陽記，謖引殛鯀之語，蔣琬述楚殺得臣之言，習鑿齒爲殺有益之人之論，是謖被誅，無可疑者。此傳忽稱謖下獄物故，似是獄中瘦死者。然疑物故是誅之二字之誤。」

〔五〕胡三省曰：「殺之者，王法也；恩之者，故人之情不忘也。」

〔六〕胡三省曰：「左傳：晉文公及楚子玉得臣戰于城濮，楚師敗績。晉入楚，軍三日穀，文公猶有憂色。曰：得臣猶在，憂未歇也。及楚殺得臣，然後喜可知也。杜預曰：謂喜見於顔色。」

〔七〕胡三省曰：「觀此，則蔣琬亦重謖矣。」

〔八〕胡三省曰：「孫子始計篇曰：法令孰行，言法令行者，必勝也。故其教吴宫美人兵，必殺吴王寵姬二人，以明其法。」

〔九〕胡三省曰：「左傳曰：悼公合諸侯，其弟楊干亂行，魏絳戮其僕。悼公謂魏絳能以刑佐民，使佐新軍。」

〔一〇〕何焯曰：「魏延、吴壹輩，皆蜀之宿將，亮不用爲先鋒，而違衆用謖，其心已不樂矣。今謖敗而不誅，則此輩必益曉曉，而後來者將有以藉口，豈不惜一人而亂大事乎？凡亮之治蜀，所以能令人無異議者，徒以其守法嚴而用情公也。習氏之論，亦不達於當時之勢矣。」錢振鍠曰：「向朗傳：朗素與馬謖善，謖逃亡，朗知情不舉，亮恨之，免官。據此，則謖軍敗後，嘗畏罪而逃，逃而被獲，於是乎其罪不可赦。不然，未必見戮也。馬良傳謂謖下獄物故，蓋録馬氏私書而未改。」

陳震字孝起，南陽人也。先主領荆州牧，辟爲從事，部諸郡，隨先主入蜀。蜀既定，爲蜀郡北部都尉。因易郡名，爲汶山太守，〔一〕轉在犍爲。〔二〕建興三年，入拜尚書，遷尚書令，奉命使吴。七年，孫權稱尊號，以震爲衛尉，賀權踐阼。諸葛亮與兄瑾書曰：「孝起忠純之性，老而益篤。及其贊述東西，歡樂和合，有可貴者。」震入吴界，移關候曰：「東之與西，驛使往來，冠蓋相望，申盟初好，日新其事。東尊應保聖祚，告燎受符，剖判土宇，天下響應，各有所歸。於此時也，以同心討賊，則何寇不滅哉！西朝君臣，引領欣賴。震以不才，得充下使，奉聘敘好，踐界踴躍，入則如歸。獻子適魯，犯其山諱，〔三〕春秋譏之。望必啓告，使行人睦焉。即日張旍誥衆，各自約誓。順流漂疾，國典異制，懼或有違，幸必斟誨，示其所宜。」震到武昌，孫權與震升壇歃盟，〔四〕交分天下：以徐、豫、幽、青屬吴，并、涼、冀、兖屬蜀。其司州之土，以函谷關爲界。〔五〕震還，封城陽亭侯。九年，都護李平坐誣罔廢，諸葛亮與長史蔣琬、侍中董允書曰：「孝起前臨至吴，爲吾説正方腹中有鱗甲，〔六〕鄉黨以爲不可近。吾以爲鱗甲者，但不當犯之耳，不圖復有蘇、張之事，出於不意。〔七〕可使孝起知之。」十三年，震卒，子濟嗣。

〔一〕汶山郡詳見後主傳延熙十年。錢大昕曰：「據後漢書西南夷傳，汶山立郡，其來已久，或漢末仍復并省，至先主定蜀後，復爲郡也。」趙一清曰：「晉太康地志云：蜀漢時復置。」沈家本曰：「宋書州郡志亦云，汶山郡劉氏立，而范史西南夷傳云：靈帝時，復分蜀郡北部爲汶山郡。未詳孰是。」

〔二〕犍爲郡見劉焉傳。

〔三〕周壽昌曰：「左傳：申繻曰：先君獻、武廢二山。蓋具、敖，魯兩山名。獻公名具，武公名敖，此魯之山諱也。又案晉語：范獻子聘於魯，問具山、敖山，魯人以其鄉對。獻子曰：不爲具、敖乎？對曰：先君獻、武之諱也。」

〔四〕盟詞見孫權傳黃龍元年。

〔五〕胡三省曰：「漢武帝置司隸校尉，所部三輔、三河諸郡，其界西得雍州之京兆、扶風、馮翊三郡，北得冀州之河東、河內二郡，東得豫州之河南、弘農二郡，位望隆乎牧伯，銀印青綬，在十三部刺史之上。後漢省朔方刺史，以隸并州，合司隸於十三部之數。魏以司隸所部河東、河南、河內、弘農并冀州之平陽，合五郡置司州，以三輔還屬雍州。此言司州以函谷關爲界，以漢司隸所部分之也。」

〔六〕李嚴字正方。

〔七〕胡三省曰：「謂蘇秦、張儀捭闔其說，以反覆諸侯之閒。今李平復爲之。」通鑑輯覽曰：「腹中鱗甲，不圖蘇、張云云，語涉恢詭。賢如孔明，尚有此語，可知其時人心風俗也。」

董允，字休昭，掌軍中郎將和之子也。先主立太子，允以選爲舍人，徙洗馬。〔一〕後主襲位，遷黃門侍郎。丞相亮將北征，住漢中，慮後主富於春秋，朱紫難別，以允秉心公亮，欲任以宮省之事。上疏曰：〔二〕「侍中郭攸之、費禕，侍郎董允等，先帝簡拔，以遺陛下。至於斟酌規益，進盡忠言，則其任也。愚以爲宮中之事，事無大小，悉以咨之，必能裨補闕漏，有所廣益。若無興德之言，則戮允等，以彰其慢。」亮尋請禕爲參軍，允遷爲侍中，領虎賁中郎將，統宿衛親兵。攸之性素和順，備員而已；〔三〕楚國先賢傳曰：攸之，南陽人，以器業知名於時。獻納之任，允皆專之矣。允處事爲防制，甚盡匡救之理。後主常欲采擇，以充後宫，允以爲古者天子后妃之數，不過十二，今嬪嬙已具，不宜增益。終執不聽。後主益嚴憚之。尚書令蔣琬領益州刺史，上書以讓費禕及允，〔四〕又表「允内侍歷年，翼贊王室，宜賜爵土，以褒勳勞」。允固辭不受。後主漸長大，愛宦人黄皓，皓便僻佞慧，〔五〕欲自容入。允常上則正色匡主，下則數責於皓。皓畏允，不敢爲非；終允之世，皓位不過黄門丞。〔六〕

〔一〕太子舍人，見魏志明紀青龍三年；太子洗馬，見倉慈傳。趙一清曰：「漢書百官公卿表，太子太傅、少傅屬官有先馬、舍人。後漢百官志，舍人二百石，更直宿衛，如三署郎中；洗馬比六百石，職如謁者。太子出，則當直者在前導威儀。」

〔二〕何焯曰：「此疏已載諸葛本傳，此傳及向寵傳中可勿重出。」

〔三〕何焯曰：「既任宫省，兼統宿衛，孔明蓋用周公立政之言治内也。時來敏爲中郎將，丞相駐漢中，請爲軍祭酒，故休昭兼領之。和順與公亮者，相參並在左右，則劑之使平，徐以養成君德，無暌否之憂矣。」趙一清曰：「廖立傳：立曰：中郎郭演長從人者耳，不足以經大事，而作侍中。演豈攸之之名乎？」康發祥曰：「承祚不爲攸之立傳，於此二語可見。」

〔四〕宋本「書」作「疏」。

〔五〕「僻」當作「辟」。

〔六〕康發祥曰：「此數語寫得方正嚴恪，裁抑閹寺，最得大臣之體。嗣是陳祗代允爲侍中，與黄皓互相表裏，操弄威福，終至覆國。噫！進退之權，操於宰執，興亡之機，勢不旋踵。黄皓之佞幸，不足責，陳祗身爲大臣，相與朋比。易曰：開國承家，小人勿用，陳祗之謂也；詩曰：人之云亡，邦國殄瘁，董允之謂也。先後相形，厥旨微矣。」

允嘗與尚書令費禕、中典軍胡濟等〔一〕共期游宴，嚴駕已辦，而郎中襄陽董恢詣允脩敬。恢年少官微，見允停出，逡巡求去，允不許，曰：「本所以出者，欲與同好游談也。今君已自屈，方展闊積，捨此之談，就彼之宴，非所謂也。」乃命解驂，禕等罷駕不行。其守正下士，凡此類也。

襄陽記曰：董恢字休緒，襄陽人。入蜀，以宣信中郎副費禕使吳。孫權嘗大醉問禕曰：「楊儀、魏延，牧豎小人也。雖嘗有鳴吠之益於時務，然既已任之，勢不得輕，若一朝無諸葛亮，必爲禍亂矣。諸君憒憒，〔二〕曾不知防慮於此，豈所謂貽厥孫謀乎？」禕愕然四顧視，不能即答。〔三〕恢目禕曰：「可速言儀、延之不協，起於私忿耳，而無黥、韓難御之心也。〔四〕方今埽除强賊，〔五〕混一區夏，功以才成，業由才廣，若捨此不任，防其後患，是猶備有風波，而逆廢舟楫，非長計也。」權大笑樂。諸葛亮聞之，以爲知言。還，未滿三日，辟爲丞相府屬，遷巴郡太守。

臣松之案：漢晉春秋亦載此語，不云董恢所教，辭亦小異。此二書俱出習氏，而不同若此。本傳云恢年少官微，若已爲丞相府屬，出作巴郡，〔六〕則官不微矣。以此疑習氏之言爲不審的也。

延熙六年，加輔國將軍；七年，以待中守尚書令，〔七〕爲大將軍費禕副貳。九年，卒。

華陽國志曰：時蜀人以諸葛亮、蔣琬、費禕及允爲四相，一號四英也。

〔一〕胡濟見董和傳注。
〔二〕胡三省曰：「憒，古對翻。釋曰：心亂也。」
〔三〕費禕傳云：「諸葛恪、羊衜等論難鋒至，禕據理以答，終不能屈。」此蓋襄陽記欲彰董恢之美，遂不覺其辭之誣。設禕不能專對，何以諸葛亮妙簡使才，而禕頻煩至吴乎？
〔四〕黥布、韓信也。
〔五〕宋本作「令方」。
〔六〕毛本「出則巴郡」，「則」字誤。
〔七〕允代禕爲尚書令，欲斅禕之所行，事多愆滯，見費禕傳注。

陳祗代允爲侍中，與黄皓互相表裏，皓始預政事。祗死後，皓從黄門令爲中常侍、奉車都尉，操弄威柄，終至覆國。蜀人無不追思允。〔一〕及鄧艾至蜀，聞皓姦險，收閉，將殺之。而皓厚賂艾左右，得免。

〔一〕或曰：「民思主怨，不言端而端自見。」又曰：「此篇多因事附見，殊有深微之旨，不特綜事無遺爲貴也。」

祗字奉宗，汝南人，許靖兄之外孫也。少孤，長於靖家。弱冠知名。稍遷至選曹郎，矜厲有威容。多技藝，挾數術，費禕甚異之，故超繼允内侍。吕乂卒，祗又以侍中守尚書令，〔一〕加鎮軍將軍。大將軍姜維雖班在祗上，常率衆在外，希親朝政。祗上承主指，下接閹豎，深見信愛，權重於維。景耀元年卒，後主痛惜，發言流涕，乃下詔曰：「祗統職一紀，柔嘉惟則，幹肅有章，和義利物，庶績允明。命不融遠，朕用悼焉！夫存有令問，則亡加美謚，謚曰忠侯。」賜子粲爵關内侯，拔次子裕爲黄門侍郎。自祗之有寵，後主追怨允日深，謂爲自輕，由祗媚兹一人，皓搆閒浸潤故耳。允孫宏，晉巴西太守。

臣松之以爲：陳羣子泰，陸遜子抗，傳皆以子繫父，不别載姓。及王肅、杜恕、張承、顧劭之流，莫不皆然。惟董允獨否，未詳其意。當以允名位優重，事跡踰父故邪？〔二〕夏侯玄、陳表並有騂角之美，〔三〕而亦如泰者，魏書總名此卷云諸夏侯曹傳，故不復稍加品藻。陳武與表俱至偏將軍，以位不相過故也。

〔一〕胡三省曰：「祗爲尚書令，黄皓自此愈用事矣。」弼按：事在延熙十四年，魏嘉平三年也。

〔二〕何焯曰：「允事關蜀存亡，故與和傳别出。」沈家本曰：「允既與父和同傳，自當并於和傳之後，中閒不應隔以劉巴等三人。如謂允位望重於一時，應立專傳，似不便與父和同在一卷，此似可議，裴氏回互之辭，未必是也。何義門以爲允事關蜀存亡，故與和傳别出，其説誠爲有見。惟既别出，即不當同卷也。」周壽昌曰：「允以名位優重，事跡踰父，專爲一傳，猶可言也；獨以陳祗之佞，黄皓之奸，附列傳内，題目書名，則驥蹇同驅，蘭艾並進，未免不倫。允之傳，允之辱也。」劉咸炘曰：「尚云：陳祗、黄皓附董允傳者，以允既卒，祗、皓互相表裏，皓始預政事，著皓之覆國，實祗爲罪魁也。允不與父同傳者，以其係漢之存亡，如漢書之元后，不與外戚同傳也。史例隨時而變，初無定體，裴氏不察，以爲子應係父，不可别載。然鍾會與繇，諸葛恪與父瑾，亦未嘗同傳，但隔卷耳。按：陳、董、吕相代司樞機，故連文，此圓神之遺也，不必如尚説，元后更非此比。」

〔三〕論語：「子謂仲弓曰：犂牛之子，騂且角；雖欲勿用，山川其舍諸！」集解云：「犂，雜文；騂，赤也。角者，角周正中犧牲，雖欲以其所生犂而不用，山川寧肯舍之乎？言父雖不善，〔不〕害於子之美。」

吕乂字季陽，南陽人也。父常，送故將軍劉焉入蜀，〔一〕值王路隔塞，遂不得還。乂少孤，好讀書鼓琴。初，先主定益州，置鹽府校尉，〔二〕較鹽鐵之利，後校尉王連請乂及南陽杜祺、南鄉劉幹等〔三〕並爲典曹都尉。〔四〕乂遷新都、緜竹令，乃心隱卹，百姓稱之，爲一州諸城之首。遷巴西太守。丞相諸葛亮連年出軍，調發諸郡，多不相救，乂募取兵五千人詣亮，慰喻檢制，無逃竄者。徙爲漢中太守，兼領督農，供繼軍糧。亮卒，累遷廣漢、蜀郡太守。蜀郡一都之會，户口衆多，又亮卒之後，士伍亡命，更相重冒，〔五〕姦巧非一。乂到官，爲之防禁，開喻勸導，數年之中，漏脱自出者萬餘口。後入爲尚書，代董允爲尚書令，衆事無留，門無停賓。乂歷職内外，治身儉約，謙靖少言。爲政簡而不煩，號爲清能；然持法刻深，好用文俗吏，故居大官，名聲損於郡縣。延熙十四年，卒。子辰，景耀中爲成都令。辰弟雅，謁者。雅清厲有文才，著恪論十五篇。〔六〕

〔一〕朱邦衡曰：「軍字當衍。焉爲南陽太守，乂之郡將也。」

〔二〕王連傳作司鹽校尉。

〔三〕南鄉見魏志鍾繇傳注引先賢行狀。晉書地理志：「建安十三年，魏武盡得荆州之地，分南陽西界立南鄉郡。」輿地廣記：「魏置南鄉郡，治南鄉。」水經丹水注：「丹水又南逕南鄉縣故城東北。漢建安中，割南陽右壤爲南鄉郡，逮晉封宣帝孫暢爲順陽王，因立爲順陽郡，而南鄉爲縣，舊治酇城。」馬與龍曰：「舊治酇城者，謂順陽郡治酇也。晉志可證。未改順陽以前，南鄉爲郡治也。」

〔四〕錢大昭曰：「典曹疑典農之誤。」沈家本曰：「此鹽府校尉所請，則非典農事者，曹字未必誤。王連傳云：遷司鹽校尉，於是簡取良材，以爲官屬，若呂乂、杜祺、劉幹等。此典曹都尉，官屬也。」

〔五〕周壽昌曰：「即今虚籍僞名、頂替冒充之類。」

〔六〕宋本「恪」作「格」。姚振宗曰：「霍峻傳注引襄陽記，羅憲於泰始中薦高陽吕雅，高陽實南陽之譌，則雅當爲晉人。」

杜祺歷郡守、監軍、大將軍司馬，劉幹官至巴西太守，皆與乂親善，亦有當時之稱，而儉素守法，不及於乂。

評曰：董和蹈羔羊之素，〔一〕劉巴履清尚之節，馬良貞實，稱爲令士，陳震忠恪，老而益篤，董允匡主，義形於色，皆蜀臣之良矣。吕乂臨郡則垂稱，處朝則被損，亦黄、薛之流亞矣。〔二〕

〔一〕詩召南羔羊篇序云：「召南之國，化文王之政，在位皆節儉正直，德如羔羊也。」

〔二〕漢書循吏傳：「黄霸字次公，淮陽陽夏人。爲潁川太守，外寬内明，得吏民心，户口歲增，治爲天下第一。代邴吉爲丞相，霸材長於治民，及爲丞相，總綱紀，號令風采，不及丙、魏、于定國，功名損於治郡時。」又薛宣傳：「宣字贛君，東海郯人。爲臨淮太守，政教大行。後代張禹爲丞相，官屬譏其煩碎無大體，不稱賢也。」

# 蜀書十

三國志四十

## 劉彭廖李劉魏楊傳第十

劉封者，本羅侯寇氏之子，〔一〕長沙劉氏之甥也。先主至荆州，以未有繼嗣，養封爲子。及先主入蜀，自葭萌還攻劉璋，時封年二十餘，有武藝，氣力過人，將兵俱與諸葛亮、張飛等泝流西上，所在戰克。益州既定，以封爲副軍中郎將。〔二〕

〔一〕左傳桓公十三年：「楚屈瑕伐羅。」杜注：「羅，熊姓國，在宜城縣西山中，後徙南郡枝江縣。」漢書地理志：「長沙國羅。」應劭曰：「楚文王徙羅，子自枝江居此。」郡國志：「南郡枝江侯國，本羅國。長沙郡羅。」水經江水注：「枝江故羅國，蓋羅徙也。羅故居宜城西山，楚文王又徙之于長沙，今羅縣是矣。」湘水注：「汨水又西逕羅縣北，本羅子國也。故在襄陽宜城縣西，楚文王移之于此。秦立長沙郡，因以爲縣，水亦謂之羅水。」一統志：「羅縣故城，在今湖南長沙府湘陰縣東北。」弼按：宜城爲羅故國，一遷於枝江，再遷於長沙也。趙一清曰：「羅侯，地名。傳言繼統羅國，豈寇恂之後有封於羅者乎？」沈家本曰：「寇恂封雍奴侯，其後有徙封者，無可考。郡國志：長沙郡屬縣羅。不言是侯國，則羅國之封，在永和五年後也。」

〔二〕何焯曰：「副軍之名，失之尊寵太過，是以事當慎始。」洪飴孫曰：「副軍中郎將一人，蜀所置。」

初，劉璋遣扶風孟達副法正，〔一〕各將兵二千人，使迎先主。先主因令達并領兵衆，〔二〕留屯江陵。蜀平後，以達爲宜都太守。〔三〕建安二十四年，命達從秭歸北攻房陵，〔四〕房陵太守蒯祺爲達兵所害，〔五〕達將進攻上庸，〔六〕先主陰恐達難獨任，乃遣封自漢中乘沔水下統達軍，與達會上庸。上庸太守申耽舉衆降，遣妻子及宗族詣成都。先主加耽征北將軍，領上庸太守，員鄉侯如故。〔七〕以耽弟儀爲建信將軍、西城太守，〔八〕遷封爲副軍將軍。自關羽圍樊城、襄陽，連呼封、達，令發兵自助。封、達辭以山郡初附，未可動摇，不承羽命。會羽覆敗，先主恨之。又封與達忿爭不和，封尋奪達鼓吹。〔九〕達既懼罪，又忿恚封，遂發表辭先主，率所領降魏。

魏略載達辭先主表曰：「伏惟殿下將建伊、吕之業，追桓、文之功，大事草創，假勢吴、楚，是以有爲之士，深覩歸趣。臣委質已來，愆戾山積，臣猶自知，況于君乎！今王朝以興，英俊鱗集，臣内無輔佐之器，外無將領之才，列次功臣，誠自愧也。臣聞范蠡識微，浮于五湖；〔一〇〕咎犯謝罪，逡巡于河上。〔一一〕夫際會之閒，請命乞身。何則？欲潔去就之分也。況臣卑鄙，無元功巨勳，自繫于時，竊慕前賢，早思遠恥。昔申生至孝，見疑于親；子胥至忠，見誅于君；蒙恬拓境，而被大刑；樂毅破齊，而遭讒佞。臣每讀其書，未嘗不慷慨流涕；而親當其事，益以傷絶。何者？荆州覆敗，大臣失節，百無一還，惟臣尋事，自致房陵、上庸，而復乞身，自放于外。伏想殿下聖恩感悟，愍臣之心，悼臣之舉。臣誠小人，不能始終，知而爲之，敢謂非罪！臣每聞交絶無惡聲，去臣無怨辭，臣過奉教于君子，〔一二〕願君王勉之也。」

魏文帝善達之姿才容觀，〔一三〕以爲散騎常侍、建武將軍，〔一四〕封平陽亭侯。〔一五〕合房陵、上庸、西城三郡，〔一六〕達領新城太守。〔一七〕遣征南將軍夏侯尚、右將軍徐晃與達共襲封。達與封書曰：

古人有言：疏不閒親，新不加舊。此謂上明下直，讒慝不行也。若乃權君譎主，賢父慈親，猶有忠臣蹈功以罹禍，孝子抱仁以陷難。種、商、白起、孝已、伯奇，皆其類也。〔一八〕其所以然，非骨肉好離，親親樂患也。或有恩移愛易，亦有讒閒其閒，雖忠臣不能移之于君，孝子不能變之於父者也。勢利所加，改親爲讎，況非親親乎！故申生、衛伋、禦寇、楚建稟受形之氣，當嗣立之正，〔一九〕而猶如此。〔二〇〕今足下與漢中王，道路之人耳。親非骨血，而據勢權；義非君臣，而處上位。征則有偏任之威，居則有副軍之號，遠近所聞也。自立阿斗爲太子已來，〔二一〕有識之人，相爲寒心。如使申生從子輿之言，必爲太伯；〔二二〕衛伋聽其弟之謀，無彰父之譏也。〔二三〕且小白出奔，入而爲霸；〔二四〕重耳踰垣，卒以克復。〔二五〕自古有之，非獨今也。

夫智貴免禍，明尚夙達，僕揆漢中王慮定於內，疑生於外矣；慮定則心固，疑生則心懼，亂禍之興作，未曾不由廢立之閒也。私怨人情，不能不見，恐左右必有以閒于漢中王矣。然則疑成怨聞，其發若踐機耳。今足下在遠，尚可假息一時；若大軍遂進，足下失據而還，竊相爲危之。昔微子去殷，智果別族，違難背禍，猶皆如斯。

國語曰：智宣子將以瑤爲後。〔二六〕智果曰：「不如宵也。」〔二七〕宣子曰：「宵也佷。」〔二八〕對曰：「宵也佷在面，〔二九〕瑤之賢于人者五，其不逮者一也。〔三〇〕美鬢長大則賢，〔三一〕射御足力則賢，技藝畢給則賢，〔三二〕巧文辯慧則賢，〔三三〕强毅果敢則賢，如是而甚不仁，以其五賢陵人，〔三四〕而不仁行之，〔三五〕其誰能待之！〔三六〕若果立瑤也，智宗必滅。」不聽。智果別族于太史氏，爲輔氏。〔三七〕及智氏亡，惟輔果在焉。〔三八〕

今足下棄父母而爲人後，非禮也；知禍將至而留之，非智也；見正不從而疑之，非義也。自號爲丈夫，爲此三者，何所貴乎？以足下之才，棄身來東，繼嗣羅侯，不爲背親也；北面事君，以正綱紀，不爲棄舊也；怒不致亂，以免危亡，不爲徒行也。加陛下新受禪命，虛心側席，以德懷遠。若足下翻然内向，非但與僕爲倫，受三百户封，繼統羅國而已；當更剖符大邦，爲始封之君。陛下大軍，金鼓以震，當轉都宛、鄧；〔三九〕若二敵不平，軍無還期，足下宜因此時，早定良計。易有「利見大人」，詩有「自求多福」，行矣！今足下勉之，無使狐突閉門不出。〔四〇〕

封不從達言。

〔一〕達爲孟他之子，詳見明紀太和元年注引三輔決録。

〔二〕宋本「兵」作「其」，郝書作「正」。

〔三〕宜都郡見先主傳章武元年。張勃吳録云：「劉備分南郡立宜都郡，領夷道、佷山、夷陵三縣。」

〔四〕秭歸見劉璋傳。房陵今湖北鄖陽府房縣治，詳見魏志文紀延康元年注引魏略「以孟達領新城太守」注。

〔五〕胡三省曰：「房陵縣本屬漢中郡，此郡疑劉表所置，使蒯祺守之；否則，祺自立也。」

〔六〕上庸今湖北鄖陽府竹山縣東南，詳見魏志武紀建安二十年注。

〔七〕周壽昌曰：「員鄉即鄖鄉縣。水經沔水注：漢水又東逕長利谷南入谷，有長利故城舊縣也。又云：漢水又東逕鄖鄉縣故城南，謂之鄖鄉灘，縣故黎也，即長利之鄖鄉矣。蓋長利在前漢屬漢中郡，後漢省并於錫縣，晉太康五年，始立爲鄖鄉縣，此時已爲鄉侯之邑矣。」

〔八〕西城郡即漢西城縣，在今陝西興安府西北，詳見魏志武紀建安二十年。趙一清曰：「方輿紀要卷七十九：鄖陽府房縣，秦爲房陵縣，漢屬漢中郡。先主置房陵郡於此。或云：郡，劉表所置。竹山縣，秦上庸縣地，建安末置上庸郡。建安二十四年，上庸太守申耽降蜀，蓋是時已分漢中爲上庸郡也。又卷五十六：漢中府城固縣舊城在縣東八里，有南北二城，北城漢縣治也，南城蜀將劉封所築。水經沔水注：鄖鄉縣即長利之鄖鄉，晉太康五年立爲縣。西城故漢中郡之屬縣也，漢末爲西城郡。」

〔九〕胡三省曰：「樂纂曰：司馬法：軍中之樂，鼓笛爲上，使聞之者壯勇。而樂和細絲高竹，不可用也，慮悲聲感人，士卒思歸之故也。唐紹曰：鼓吹之樂，以爲軍容。昔黄帝涿鹿有功，以爲警衛。劉昫曰：鼓吹本軍旅之音，馬上奏之，自漢以來，北狄之樂，總歸鼓吹署。余按漢制，萬人將軍給鼓吹。吹，昌瑞翻。」

〔一〇〕國語：「越滅吴，范蠡乘輕舟以浮於五湖，莫知其所終極。」

〔一一〕左傳僖公二十四年：「秦伯納公子重耳，及河，子犯以璧授公子曰：臣負羈紲，從君巡於天下，臣之罪甚多矣。臣猶知之，而況君乎？請由此亡。」

〔一二〕或疑「過」作「故」。

〔一三〕毛本「容」作「雄」。魏志劉曄傳：「延康元年，蜀將孟達率衆降。達有容止才觀，文帝甚器愛之。」

〔一四〕洪飴孫曰：「建武將軍一人，第四品，魏置。」

〔一五〕趙一清曰：「方輿紀要卷五十六：魏置平陽縣，屬魏興郡，在今興安州東。」謝鍾英曰：「平陽，沈志：魏立，晉改曰興晉。一統志：今鄖西縣西北。」鍾英按：當在今鄖陽府鄖西縣西、甲河西。」弼按：此與山西之平陽，同名異地。

〔一六〕三郡下當有「爲新城郡」四字，水經沔水注及通鑑皆有之。

〔一七〕魏文帝與達書，見魏志明紀太和元年注引魏略。

〔一八〕史記越王句踐世家：「范蠡遺大夫種書曰：蜚鳥盡，良弓藏，狡兔死，走狗烹。越王爲人，長頸烏喙，可與共患難，不可與共樂。子何不去？種見書稱病不朝，人或讒種且作亂。越王乃賜種劍曰：子教寡人伐吴七術，寡人用其三而敗吴，其四在子，子爲我從先王試之。種遂自殺。」又商君傳：「商君者，衛之諸庶孽公子也。名鞅，姓公孫氏。變法治秦，秦人富彊，天子致胙，封之於、商十五邑，號曰商君。秦孝公卒，公子虔之徒告商君欲反，車裂商君以殉。」又白起傳：「白起者，郿人也。善用兵，攻楚拔郢，秦以郢爲南郡，白起遷爲武安君。秦王使使者賜之劍自裁。武安君曰：長平之戰，趙卒降者數十萬人，我詐而盡阬之，是足以死。遂自殺。」家語：「曾參遣妻告其子曰：高宗以後妻殺孝已，尹吉甫以後妻殺伯奇。」

〔一九〕馮本「正」作「政」。

〔二〇〕左傳莊公二十八年：「晉獻公烝於齊姜，生秦穆夫人及太子申生。僖公四年，晉獻公欲以驪姬爲夫人，驪姬譖太子，太子縊于新城。」史記衛世家：「衛宣公愛夫人夷姜，夷姜生子伋，以爲太子。爲取齊女，未入室，宣公自取之，生子壽及朔。太子伋母死，宣公使伋於齊，而令盜遮界上殺之。」（事見左傳桓公十六年。）史記陳世家：「陳宣公有嬖姬，生子款，欲立之，乃殺其太子禦寇。」（事見左傳莊公二十二年。）史記楚世家：「楚平王使費無極如秦，爲太子建娶婦。平王自娶之，無忌讒太子，太子亡奔宋。」（事見左傳昭公二十年。）

〔二一〕陳景雲曰：「斗當作升。後主一字升之，見魏志明帝紀注。古升斗字易混，觀漢書食貨志可見。」潘眉曰：「此太子是漢中王太子，非皇太子，魏立五官中郎將不爲魏太子，載魏武本紀；吴立登爲王太子，載吴主傳。蜀漢立王太子，先主傳獨不書，而於此傳見之。」

〔二二〕左傳閔公元年：「晉使太子城曲沃，士蔿曰：太子不得立矣，不如逃之，無使罪至，爲吴太伯，不亦可乎？」士蔿字子輿。

〔二三〕伋弟壽告之使行，伋不從。

〔二四〕左傳莊公八年：「齊襄公立無常，鮑叔牙奉公子出奔莒。亂作，桓公自莒先入。」

〔二五〕左傳僖公五年：「公使寺人披伐蒲(重耳居蒲城。)重耳踰垣而走。」

〔二六〕韋注：「智宣子，晉卿荀躒之子甲也。瑶，宣子之子襄子智伯。」

〔二七〕「霄」，國語作「宵」，下同。韋注：「智果，晉大夫，智氏之族。宵，宣子之庶子也。」

〔二八〕韋注：「佷，佷戾不從人也。」

〔二九〕國語作「宵之佷在面，瑶之佷在心。心佷敗國，面佷不害。」沈家本曰：「無下文十三字，則文義不全。疑係傳寫奪去，非裴删。」

〔三〇〕韋注：「不仁也。」

〔三一〕國語「鬚」作「鬢」。韋注：「鬢，髮穎也。」

〔三二〕韋注：「給，足也。」

〔三三〕國語「慧」作「惠」，慧、惠古通。韋注：「巧文，巧於文辭也。」

〔三四〕宋本作「以五者賢陵人」。

〔三五〕國語「而」下有「以」字，此奪。

〔三六〕韋注：「待猶假也。」

〔三七〕國語無上「氏」字。韋注：「太史掌氏姓。」

〔三八〕韋注：「善其知人。」

〔三九〕郡國志：「荆州南陽郡宛、鄧。」一統志：「宛縣故城，今河南南陽府南陽縣治；鄧縣故城，今湖北襄陽府襄陽縣北。」蓋言魏將向西南進兵也。

〔四〇〕國語：「晉公使太子申生伐東山，申生欲戰，狐突諫，不聽；果敗狄於稷桑而反，讒言益起。狐突閉門不出。君子曰：善深謀也。」

申儀叛封，封破，走還成都。申耽降魏，魏假耽懷集將軍，〔一〕徙居南陽；儀魏興太守，〔二〕封真鄉侯，屯洵口。〔三〕

魏略曰：申儀兄名耽，字義舉。初在西平、上庸閒〔四〕聚衆數千家，後與張魯通，又遣使詣曹公，曹公加其號爲將軍，因使領上庸都尉。至建安末，爲蜀所攻，以其郡西屬。黄初中，儀復來還，詔即以兄故號加儀，因拜魏興太守，封列侯。太和中，儀與孟達不和，數上言達有貳心于蜀。及達反，儀絶蜀道，使救不到。達死後，儀詣宛見司馬宣王，宣王勸使來朝。儀至京師，詔轉拜儀樓船將軍，〔五〕在禮請中。〔六〕

封既至，先主責封之侵陵達，又不救羽。諸葛亮慮封剛猛，易世之後，終難制御，勸先主因此除之。於是賜封死，使自裁。〔七〕封歎曰：「恨不用孟子度之言！」先主爲之流涕。達本字子敬，避先主叔父敬，改之。〔八〕

封子林爲牙門將，咸熙元年内移河東。達子興爲議督軍，是歲，徙還扶風。〔九〕

〔一〕洪飴孫曰：「懷集將軍一人，第五品。」

〔二〕魏興郡見魏志武紀建安二十年。

〔三〕洵口，今陝西興安府洵陽縣東南。趙一清曰：「晉書宣帝紀：申儀久在魏興，專威疆埸，輒承制刻印，多所假授。達既誅，有自疑心。時諸郡守以帝新克捷，奉禮求賀，皆聽之。帝使人諷儀，儀至，問承制狀，執之歸於京師。水經沔水注：漢水東合旬水，水北出旬山，東南注漢，謂之旬口。」一清案：儀襲兄封員鄉侯，真字爲誤。」弼按：司馬懿斬孟達事，見魏志明紀太和二年。

〔四〕趙一清曰：「西平誤，當作西城。」

〔五〕洪飴孫曰：「樓船將軍一人，第五品。」

〔六〕趙一清曰：「禮請，即後世之所謂奉朝請也。」

〔七〕何焯曰：「先主無他枝葉，後嗣庸弱，封地處疑逼，又嘗將兵，一朝作難，則禍生肘腋，國祚方危，故不得不因其罪速斷也。後代如潞王從珂事，可以參鑒。或曰：封雖有罪，然爲孟達所誘，終無二心，脱身歸蜀，不失爲忠。亮勸先主除之，過矣。」錢振鍠曰：「以不救關羽誅封，封復何辭？若慮後難制御，是殺無罪也。孔明此事，乃爲孟達所料，甚哉，申、韓之害人也！先主爲之流涕，爲其所不爲亦甚矣。」林國贊曰：「襄陽圍，封不能救；上庸破，封不能死；均罪不容誅。即非剛猛，戮之可也。徒因剛猛戮之，豈非失刑？且武侯不難制魏延於身後，何難制封於易世後耶？」

〔八〕劉咸炘曰：「尚云：孟達乃反覆無恥之小人，故以其始末附見劉封、費詩兩傳，而譏其無款誠之心。按：譏達是也，若其不立傳，則止以事少不須别立耳，若以小人之故，則史之所立傳者，豈皆君子乎？」

〔九〕馮本「還」作「環」，誤。達後事見費詩傳。何焯曰：「按此則孟達家且不誅，況黄公衡乎？其不承信王沖之言不虚也。」

彭羕字永年，廣漢人。〔一〕身長八尺，容貌甚偉。姿性驕傲，多所輕忽。〔二〕惟敬同郡秦子勅，薦之于太守許靖曰：「昔高宗夢傳説，周文求呂尚，爰及漢祖，納食其於布衣，〔三〕此乃帝王之所以倡業垂統，緝熙厥功也。今明府稽古皇極，允執神靈，體公劉之德，〔四〕行勿翦之惠，〔五〕清廟之作，於是乎始；褒貶之義，於是乎興。然而六翮未之備也。伏見處士緜竹秦宓，膺山甫之德，履雋生之直，枕石漱流，吟詠緼袍，偃息于仁義之途，恬惔于浩然之域，高概節行，守貞不虧，〔六〕雖古人潛遁，〔七〕蔑以加旃。若明府能招致此人，必有忠讜落落之譽，豐功厚利，建跡立勳，〔八〕然後紀功于王府，飛聲于來世，不亦美哉！」〔九〕

〔一〕何焯曰：「如永年者，自可不爲立傳。」
〔二〕有此二語，足以敗身。
〔三〕史記酈生傳：「酈生食其者，陳留高陽人，好讀書，家貧落魄，無以爲衣食。業爲里監門吏。沛公至高陽傳舍，使人召酈生，酈生長揖不拜。因言六國縱横時，遂下陳留，號酈食其爲廣野君。」
〔四〕鄭箋云：「公劉，后稷之曾孫也，有居民之道。」
〔五〕詩召南：「蔽芾甘棠，勿翦勿伐，召伯所茇。」
〔六〕宋本「貞」作「真」，郝書作「守直」。
〔七〕宋本「遁」作「道」，郝書作「遯」。
〔八〕宋本「立」作「之」。
〔九〕劉咸炘曰：「承祚尊秦子勅，故録此文。」

羕仕州不過書佐，後又爲衆人所謗毁於州牧劉璋，璋髠鉗羕爲徒隸。會先主入蜀，泝流北行。羕欲納説先主，乃往見龐統。統與羕非故人，又適有賓客，羕徑上統牀臥，謂統曰：「須客罷，當與卿善談。」統客既罷，往就羕坐。羕又先責統食，然後共語，因留信宿，至于經日。統大善之，而法正宿自知羕，遂並致之先主。先主亦以爲奇，數令羕宣傳軍事，指授諸將，奉使稱意，識遇日加。成都既定，先主領益州牧，拔羕爲治中從事。羕起徒步，一朝處州人之上，形色囂然，自矜得遇滋甚。諸葛亮雖外接待羕，而內不能善，屢密言先主：「羕心大志廣，難可保安。」先主既敬信亮，加察羕行事，意以稍疏，左遷羕爲江陽太守。

羕聞當遠出，私情不悦，往詣馬超。超問羕曰：「卿才具秀拔，主公相待至重，謂卿當與孔明、孝直諸人齊足並驅，寧當外授小郡，失人本望乎？」羕曰：「老革荒悖，可復道邪！」

楊雄方言曰：〔一〕㦖、鰓、乾、都、耇、革，老也。〔二〕郭璞注曰：「皆老者〔三〕皮色枯瘁之形也。」〔四〕臣松之以爲皮去毛曰革，古者以革爲兵，故語稱兵革，革，猶兵也。羕罵備爲「老革」，猶言「老兵」也。〔五〕

又謂超曰：「卿爲其外，我爲其內，天下不足定也。」超羈旅歸國，常懷危懼，聞羕言，大驚，默然不答。羕退，具表羕辭，于是收羕付有司。

〔一〕漢書楊雄傳：「雄字子雲，蜀郡成都人。其意欲求文章成名於後世，以爲經莫大於易，故作太玄；傳莫大於論語，作法言；史篇莫善於蒼頡，作訓纂；箴莫善於虞箴，作州箴；賦莫深於離騷，反而廣之；辭莫麗於相如，作四賦。」華陽國志云：「典莫正於爾雅，故作方言。」劉歆與楊雄從取方言書略曰：「屬聞子雲獨采集先代絶言，異國殊語，以爲十五卷。其所解略多矣，而不知其目，非子雲澹雅之才，沈鬱之思，不能經年銳集，以成此書，良爲勤矣。今聖朝留心典誥，適子雲攘意之秋也。今謹使密人奉手書，願頗與其最目，得使入録云。」隋志：「方言十三卷，漢楊雄撰，郭璞注。附論語類。」唐志小學類：「楊雄别國方言十三卷。」四庫提要曰：「漢書楊雄傳備列所著之書，不及方言，藝文志亦無方言。東漢一百九十年中，亦無稱雄作方言者。至漢末，應劭風俗通序始稱雄作方言，劭注漢書，亦引楊雄方言一條。魏孫炎注爾雅，晉杜預注左傳，遞相徵引，沿及東晉，郭璞遂注其書。」沈欽韓曰：「藝文志載訓纂而不及方言，應劭序風俗通始言之。常璩志不言四賦，而云典莫正於爾雅，作方言。應劭云：凡九千字，其所發明，猶未若爾雅之閎麗也。亦以比爾雅，則班序脱之耳。」盧文弨曰：「劉歆求方言入録，子雲不與，故藝文志無之。」沈家本曰：「雄作法言，謂賦乃童子雕蟲篆刻，壯夫不爲；而復擬麗辭於相如，何自相矛盾邪？恐常氏所言，爲得其實也。至漢志小學家有别字十三卷，或即以爲方言，似不足據。」

〔二〕方言本書與此同。宋、元本，馮本「惐」作「滅」，「耇」作「耆」，誤。

〔三〕何焯校改「皆」作「革」。

〔四〕毛本「色」作「毛」。

〔五〕周壽昌曰：「老革非但如松之言罵爲老兵也。易云鞏用黄牛之革，傳曰殺老牛莫之敢尸，而況君乎？蓋直以老牛詈其主矣。觀下文羕與亮書，以主公未老自解，不敢承受革字之失也。」周樹模曰：「松之謂革爲兵，殊失之鑿。下文羕獄中書，有被酒脱失老語，主公殊未老也，立業豈在老少等語，以訓革爲老爲是，不得謂革爲兵。」沈均瑲曰：「革從方言訓老爲是。」

羕于獄中與諸葛亮書曰：「僕昔有事于諸侯，以爲曹操暴虐，孫權無道，振威闇弱，〔一〕其惟主公有霸王之器，可與興業致治，故乃翻然有輕舉之志。會公來西，僕因法孝直自衒鬻，龐統斟酌其間，遂得詣公于葭萌，指掌而譚，論治世之務，講霸王之義，建取益州之策，公亦宿慮明定，即相然贊，遂舉事焉。僕於故州不免凡庸，憂於罪罔，得遭風雲激矢之中，求君得君，志行名顯，從布衣之中，擢爲國士，盜竊茂才。分子之厚，誰復過此？

臣松之以爲分子之厚者，羕言劉主分兒子厚惠，〔二〕施之于己，故其書後語云「負我慈父，罪有百死」也。

羕一朝狂悖，自求葅醢，爲不忠不義之鬼乎！先民有言，左手據天下之圖，右手刎咽喉，愚夫不爲也。況僕頗別菽麥者哉！所以有怨望意者，不自度量，苟以爲首興事業，而有投江陽之論，不解主公之意，意卒感激，頗以被酒侻失『老』語，〔三〕此僕之下愚薄慮所致，主公實未老也。且夫立業，豈在老少？西伯九十，寧有衰志；負我慈父，罪有百死！至于内外之言，欲使孟起立功北州，戮力主公，共討曹操耳，寧敢有他志邪？孟起説之是也，但不分別其間，痛人心耳。昔每與龐統共相誓約，庶託足下末蹤，盡心于主公之業，追名古人，載勳竹帛。統不幸而死，僕敗以取禍。自我墮之，〔四〕將復誰怨！〔五〕足下，當世伊、吕也，宜善與主公計事，濟其大猷。天明地察，神祇有靈，復何言哉！貴使足下明僕本心耳。行矣！努力自愛，自愛！」羕竟誅死，時年三十七。

〔一〕振威，劉璋也。

〔二〕宋本「惠」作「恩」。

〔三〕元本「侻」作「脱」。

〔四〕宋本「墮」作「惰」。

〔五〕康發祥曰：「羕文回護最妙，但其罪莫贖，哀哉！或曰：事後申辯，何如當時謹言。」

廖〔一〕立字公淵，武陵臨沅人。〔二〕先主領荆州牧，辟爲從事；年未三十，擢爲長沙太守。先主入蜀，諸葛亮鎮荆土，孫權遣使通好於亮，因問士人皆誰相經緯者？亮答曰：「龐統、廖立，楚之良才，當贊興世業者也。」建安二十年，權遣呂蒙奄襲南三郡，〔三〕立脱身走，自歸先主。先主素識待之，不深責也，以爲巴郡太守。二十四年，先主爲漢中王，徵立爲侍中。後主襲位，徙長水校尉。

〔一〕原注：「音理救反。」胡三省曰：「廖，力弔反，姓也。姓譜：廖姓，周文王子伯廖之後，後漢有廖湛。風俗通曰：古有廖叔安，左傳作飂，蓋其後也。」姚範曰：「集韻、廣韻，廖、方照切，音料。惟後漢方術傳廖扶有力弔、力救二音，今廖姓俱從前音。」

〔二〕武陵郡治臨沅，見先主傳。

〔三〕長沙、零陵、桂陽三郡也。

立本意，自謂才名宜爲諸葛亮之貳，而更游散在李嚴等下，常懷怏怏。後丞相掾李邵、蔣琬至，〔一〕立計曰：「軍當遠出，卿諸人好諦其事，〔二〕昔先主不取漢中，〔三〕走與吳人爭南三郡，卒以三郡與吳人，徒勞役吏士，無益而還。既亡漢中，使夏侯淵、張郃深入于巴，幾喪一州。後至漢中，使關侯身死無孑遺，上庸覆敗，徒失一方。是羽怙恃勇名，作軍無法，直以意突耳，故前後數喪師衆也。〔四〕如向朗、文恭，凡俗之人耳。〔五〕恭作治中無綱紀，朗昔奉馬良兄弟，謂爲聖人，今作長史，素能合道。中郎郭演長，從人者耳，〔六〕不足與經大事，而作侍中。今弱世也，欲任此三人，爲不然也。王連流俗，苟作掊克，使百姓疲弊，以致今日。」郃、琬具白其言於諸葛亮，亮表立曰：「長水校尉廖立，坐自貴大，臧否羣士，〔七〕公言國家不任賢達而任俗吏，又言萬人率者，皆小子也。誹謗先帝，疵毀衆臣。人有言國家兵衆簡練，部伍分明者，立舉頭視屋，憤咤作色曰：何足言！凡如是者不可勝數。羊之亂羣，猶能爲害，況立託在大位，中人以下識真僞邪！」〔八〕

亮集有亮表曰：「立奉先帝無忠孝之心，守長沙則開門就敵，領巴郡則有闇昧闒茸其事，〔九〕隨大將軍〔一〇〕則誹謗譏訶，侍梓宮則挾刃斷人頭于梓宮之側。陛下即位之後，普增職號，立隨比爲將軍，面語臣曰：我何宜在諸將軍中！不表我爲卿，上當在五校！〔一一〕臣答：將軍者，隨大比耳。至于卿者，正方亦未爲卿也。且宜處五校。〔一二〕自是之後，快快懷恨。」詔曰：「三苗亂政，有虞流宥。廖立狂惑，朕不忍刑，亟徙不毛之地。」〔一三〕

於是廢立爲民，徙汶山郡。〔一四〕立躬率妻子，耕殖自守。聞諸葛亮卒，垂泣歎曰：「吾終爲左衽矣！」後監軍姜維率偏軍經汶山，往詣立，稱立意氣不衰，言論自若。立遂終于徙所，妻子還蜀。

〔一〕盧明楷曰：「楊戲輔臣贊注云：李邵字永南，建興元年，丞相亮辟爲西曹掾。此作李郃，未詳孰是。」趙一清曰：「作邵是，觀其字永南知之。下文郃、琬亦應改邵。李慈銘有説，見輔臣贊注。」

〔二〕周壽昌曰：「説文：諦，審也。魏志明紀注引魏略：君諦視之，勿誤也。」

〔三〕劉咸炘曰：「主當作帝，他處亦多誤。」

〔四〕此雖忿言，然當日情勢實如此。何焯曰：「此實前事之失，亦當參取觀之。當呂蒙襲奪三郡，即與吴追好棄惡，先收漢中，以圖關、隴。於時生齒殷盛，録其客户爲兵，聲勢十倍也。」

〔五〕錢大昭曰：「華陽國志：丞相參軍文恭，字仲寶，梓潼人。」沈家本曰：「文恭即杜微傳之文仲寶也。」

〔六〕錢大昕曰：「演長當是攸之字。」

〔七〕毛本「羣」作「郡」，誤。

〔八〕劉咸炘曰：「此及李平傳皆載葛公之表，所以表其公忠。」

〔九〕郝書「有」作「尤」，李慈銘曰：「有當作又。」

〔一〇〕李慈銘曰：「疑衍將字。」

〔一一〕李慈銘曰：「上疑作止。」

〔一二〕潘眉曰：「漢制，以步兵校尉、屯騎校尉、越騎校尉、長水校尉、射聲校尉爲五校。魏制與漢同。羣臣奏永寧宫，五校連名，蜀亦沿漢制，步兵校尉見輔臣贊注，屯騎校尉見孟光傳，越騎校尉見楊洪傳，射聲校尉見向朗傳，長水校尉見廖立傳。時立爲長水校尉，故云且宜處五校。其餘如司隸校尉、儒林校尉、典學校尉、昭信校尉、司鹽校尉等，不在五校之列也。」

〔一三〕何焯曰：「方受付託主少國，疑不得不廢立，以懲不恪，非度之未宏也。」

〔一四〕汶山郡見後主傳延熙十年。

李嚴字正方，南陽人也。少爲郡職吏，以才幹稱。〔一〕荆州牧劉表使歷諸郡縣。曹公入荆州時，嚴宰秭歸，遂西詣蜀，劉璋以爲成都令，復有能名。建安十八年，署嚴爲護軍，拒先主于緜竹，嚴率衆降先主，先主拜嚴裨將軍。成都既定，爲犍爲太守、〔二〕興業將軍。〔三〕二十三年，盜賊馬秦、高勝等起事于郪，〔四〕合聚部伍數萬人，到資中縣。〔五〕時先主在漢中，嚴不更發兵，但率將郡士五千人討之，斬秦、勝等首。枝黨星散，悉復民籍。又越嶲夷率高定〔六〕遣軍圍新道縣，〔七〕嚴馳往赴救，〔八〕賊皆破走，加輔漢將軍，〔九〕領郡如故。〔一〇〕章武二年，先主徵嚴詣永安宮，〔一一〕拜尚書令。三年，先主疾病，嚴與諸葛亮並受遺詔輔少主，以嚴爲中都護，統內外軍事，留鎮永安。〔一二〕建興元年，封都鄉侯，假節，加光祿勳。四年，轉爲前將軍。以諸葛亮欲出軍漢中，嚴當知後事，移屯江州，〔一三〕留護軍陳到駐永安，〔一四〕皆統屬嚴。嚴與孟達書曰：「吾與孔明俱受寄託，憂深責重，思得良伴。」亮亦與達書曰：「部分如流，趣捨罔滯，正方性也。」〔一五〕其見貴重如此。

諸葛亮集有嚴與亮書，勸亮宜受九錫，進爵稱王。亮答書曰：「吾與足下相知久矣，可不復相解。〔一六〕足下方誨以光國，戒之以勿拘之道，是以未得默已。吾本東方下士，誤用于先帝，位極人臣，祿賜百億。今討賊未效，知己未答，而方寵齊、晉，坐自貴大，非其義也。若滅魏斬叡，帝還故居，與諸子並升，雖十

命可受，況于九邪！」〔一七〕

八年，遷驃騎將軍。以曹真欲三道向漢川，〔一八〕亮命嚴將二萬人赴漢中。亮表嚴子豐爲江州都督督軍，典嚴後事。〔一九〕亮以明年當出軍，命嚴以中都護署府事。〔二〇〕嚴改名爲平。〔二一〕

〔一〕趙一清曰：「御覽四百九十六引江表傳曰：嚴少爲郡職吏，用情深刻，苟利其身。鄉里爲嚴諺曰：難可狎，李鱗甲。」

〔二〕華陽國志云：「犍爲郡去成都百五十里，渡大江，昔人作大橋曰漢安橋，廣一里半。每秋夏水盛斷絶，歲歲修理，百姓苦之。建安二十一年，太守南陽李嚴乃鑿天社山，尋江通車道，省橋梁三津，吏民悦之。嚴因更造起府寺觀，壯麗爲一州勝宇云。」

〔三〕洪飴孫曰：「興業將軍一人，蜀所置。」

〔四〕原注：「音淒。」郪，今四川潼川府三臺縣南，見魏志鍾會傳。

〔五〕資中見法正傳。

〔六〕越嶲郡見後主傳。

〔七〕潘眉曰：「兩漢無新道縣，蜀漢置，屬越嶲郡。」謝鍾英曰：「時李嚴爲犍爲太守，犍爲西接越嶲，新道當在今四川敘州府雷波廳西北境。何焯改新道爲新城。考三國蜀無新城縣，南齊寧州西平郡始有之，在今曲靖府境，爲蜀建寧郡地，與犍爲地形隔絶，兵勢不相及。義門誤改，不足據。」

〔八〕馮本、監本、吴本、毛本「赴」作「起」，誤。

〔九〕洪飴孫曰：「蜀置輔漢將軍一人。」

〔一〇〕領犍爲郡也。

〔一一〕永安宮見先主傳。

〔一二〕何焯曰：「李嚴所以並當大任者，既蜀土故臣，宜加奬慰，又南陽人，諸葛公僑客兹郡，有鄉黨之分，必能協規。荆土歸操，嚴獨西奔，似有志操，理民治戎，幹略亦優，是故取之。然自其歸降，即領郡於外，不共帷幄，何由得其腹心，昭烈用人，必由試可，嚴特未試之于左右，周旋歷年，所以猶有失也。」又曰：「武帝失之於弘羊，昭烈失之於李嚴，人固難知，而權位相逼，猜嫌易搆，亦事勢之常矣。」

〔一三〕巴郡治江州，見劉璋傳。

〔一四〕趙一清曰：「陳到字叔至，見楊戲輔臣贊。」侯康曰：「陳到汝南人，官征西將軍，見華陽國志。」

〔一五〕何焯曰：「使正方胸無鱗甲，則文偉匹也。」

〔一六〕郝書「可」作「何」。

〔一七〕何焯曰：「孔明恭遜，十命之語，未必出自其口。諸葛氏集，當以承祚敍録者爲正。或曰：上公九命，言十則何所至邪？此辭過激壯之失也。」

〔一八〕魏三道進兵，見後主傳。曹真傳：「太和四年八月，真發長安從子午道南入，司馬宣王泝漢水，當會南鄭，諸軍或從斜谷道，或從武威入。」

〔一九〕胡三省曰：「李嚴本都督江州，今赴漢中，令其子爲督軍，以典後事。」

〔二〇〕胡三省曰：「蜀置左、右、中三都護署府事，置漢中留府事也。」

〔二一〕康發祥曰：「傳中不宜前後異名，宜始終以平名之，以從馬忠、陸遜諸傳之例。」

九年春，亮軍祁山，平催督運事。秋夏之際，〔一〕值天霖雨，運糧不繼，平遣參軍狐忠、〔二〕督軍成藩〔三〕喻指，呼亮來還；〔四〕亮承以退軍。平聞軍退，乃更陽驚，說「軍糧饒足，何以便歸？」欲以解己不辦之責，顯亮不進之愆也。又表後主，説「軍僞退，欲以誘賊與戰」。〔五〕亮具出其前後手筆書疏本末，平違錯章灼。平辭窮情竭，首謝罪負。于是亮表平曰：「自先帝崩後，平所在治家，尚爲小惠，安身求名，無憂國之事。臣當北出，欲得平兵，以鎮漢中。平窮難縱横，無有來意，而求以五郡，爲巴州刺史。去年臣欲西征，欲令平主督漢中，平説司馬懿等開府辟召。臣知平鄙情欲，因行之際，偪臣取利也。是以表平子豐督主江州，隆崇其遇，以取一時之務。〔六〕平至之日，都委諸事，羣臣上下，皆怪臣待平之厚也。正以大事未定，漢室傾危，伐平之短，莫若褒之。然謂平情在於榮利而已，不意平心顛倒乃爾。若事稽留，將致禍敗，是臣不敏，言多增咎。」

亮公文上尚書曰：「平爲大臣，受恩過量，不思忠報，横造無端，危恥不辨，迷罔上下，論獄棄科，導人爲姧，挾情志狂，〔七〕若無天地。自度姧露，嫌心遂生，聞軍臨至，西鄉託疾還沮、漳，〔八〕軍臨至沮，復還江陽。〔九〕平參軍狐忠勤諫，乃止。〔一〇〕今篡賊未滅，社稷多難，國事惟和，可以克捷，不可苞含，以危大業。輒與行中軍師車騎將軍都鄉侯臣劉琰，使持節前軍師征西大將軍領涼州刺史南鄭侯臣魏延、前將軍都亭侯臣袁綝、左將軍領荆州刺史高陽鄉侯臣吴壹、〔一一〕督前部右將軍玄鄉侯臣高翔、督後部後將軍安樂亭侯臣吴班、領長史綏軍將軍臣楊儀、督左部行中監軍揚武將軍臣鄧芝、行前監軍征南將軍臣劉巴、〔一二〕行中護軍偏將軍臣費禕、行前護軍偏將軍漢成亭侯臣許允、〔一三〕行左護軍篤信中郎將臣丁咸、〔一四〕行右護軍偏將軍臣劉敏、〔一五〕行護軍征南將軍當陽亭侯臣姜維、〔一六〕行中典軍討虜將軍臣上官雝、行中參軍昭武中郎將臣胡濟、〔一七〕行參軍建義將軍臣閻晏、〔一八〕行參軍偏將軍臣爨習、〔一九〕行參軍禆將軍臣杜義、行參軍武略中郎將臣杜祺、〔二〇〕行參軍綏戎都尉臣盛勃、〔二一〕領從事中郎武略中郎將臣樊岐等議，輒解平任，免官禄、節傳、印綬、符策，〔二二〕削其爵土。」〔二三〕

乃廢平爲民，徙梓潼郡。〔二四〕

諸葛亮又與平子豐教曰：〔二五〕「吾與君父子戮力以奬漢室，此神明所聞，非但人知之也。表都護典漢中，委君於東關者，〔二六〕不與人議也。謂至心感動，終始可保，何圖中乖乎！昔楚卿屢絀，亦乃克復，思道則福應，自然之數也。願寬慰都護，勤追前闕。今雖解任，〔二七〕形業失故，奴婢賓客，百數十人，君以中郎參軍居府，〔二八〕方之氣類，猶爲上家。若都護思負一意，〔二九〕君與公琰推心從事者，否可復通，逝可復還也。詳思斯戒，明吾用心，臨書長歎，涕泣而已。」

十二年，平聞亮卒，發病死。平常冀亮當自補，復策後人不能，故以激憤也。

習鑿齒曰：昔管仲奪伯氏駢邑三百，没齒而無怨言，聖人以爲難。〔三〇〕諸葛亮之使廖立垂泣，李平致死，豈徒無怨言而已哉！〔三一〕夫水至平而邪者取法，鏡至明而醜者亡怒，〔三二〕水鏡之所以能窮物而無怨者，以其無私也；水鏡無私，猶以免謗，況大人君子，懷樂生之心，流矜恕之德，法行于不可不用，刑加乎自犯之罪，爵之而非私，誅之而不怒，天下有不服者乎！諸葛亮于是可謂能用刑矣。自秦、漢以來，未之有也。

豐官至朱提太守。〔三三〕

蘇林漢書音義曰：〔三四〕朱，音銖；提，音如北方人名士曰提也。〔三五〕

〔一〕或改作「夏秋之際」。

〔二〕狐忠即馬忠，見馬忠傳。姓譜：「狐，周王子狐之後，又晉有狐突。」

〔三〕毛本「藩」作「平」，誤。

〔四〕胡三省曰：「喻以後主指，言運糧不繼。」

〔五〕胡三省曰：「此又欲解以上指喻亮之罪也。」

〔六〕華陽國志：「嚴初求以五郡爲巴州，書告亮言，魏大臣陳羣、司馬懿並開府。亮乃加嚴中都護，以嚴子豐爲江州都督。」

〔七〕宋本「挾」作「狹」，或改作「情狹志狂」，或疑「挾情」作「猜狹」。

〔八〕沮、漳疑誤。下文沮字同。此時沮、漳皆爲吴地，李平安能還至沮、漳也？

〔九〕江陽疑作江州。

〔一〇〕「勤」疑作「勸」。

〔一一〕吴壹、吴班俱見輔臣贊。

〔一二〕盧明楷曰：「此別一劉巴，若子初已卒於章武二年，且並未爲征南將軍也。」潘眉説同。

〔一三〕此又一許允。

〔一四〕洪飴孫曰：「篤信中郎將一人，蜀置。」

〔一五〕劉敏見蔣琬傳。

〔一六〕錢大昕曰：「征南當作征西。」

〔一七〕胡濟見董和傳注。洪飴孫曰：「昭武中郎將一人，蜀置。」

〔一八〕洪飴孫曰：「蜀置建義將軍一人。」

〔一九〕華陽國志四云：「諸葛亮平南中，收其俊傑建寧爨習、朱提孟琰、建寧孟獲爲官屬，習官至領軍。」弼按：習事又見李恢傳。

〔二〇〕杜祺見呂乂傳。洪飴孫曰：「武略中郎將一人，蜀置。」

〔二一〕洪飴孫曰：「綏戎都尉一人，蜀置。」

〔二二〕何焯校改「禄」作「録」。

〔二三〕胡三省曰：「平蓋嘗封侯也。」

〔二四〕互見後主傳建興九年。通鑑輯覽曰：「李平曾受詔輔遺，而督糧不繼，更設計傾亮，視國事如秦、越，罪之宜也。」

〔二五〕同時二李豐。

〔二六〕胡三省曰：「東關謂江州。」

〔二七〕或曰：「古人廢爲民，亦稱解任。」

〔二八〕何焯曰：「平既見廢，豐猶居留府，非公之公忠，無此量也。」

〔二九〕胡三省曰：「思負，謂思其罪負也；一意，謂一意於爲國，無復詭變以自營也。」

〔三〇〕胡三省曰：「見論語。鄭氏曰：小國之下大夫采地方一成，其定税三百家，故三百户也。其實大國下大夫亦三百户，故論語云：管仲奪伯氏駢邑三百。一成所以三百家者，一成九百夫，宮室、塗巷、山澤，三分去一，餘有六百夫。又不易、再易，通率一家受二夫之田，是定税三百家也。」

〔三一〕監本、官本無「怨」字，誤。

〔三二〕宋本「亡」作「無」，元本作「忘」，通鑑同。

〔三三〕漢書：「犍爲郡朱提。山出銀。」應劭曰：「朱提山在西南。」蘇林曰：「朱音銖，提音時。北方人名匕曰匙。」郡國志：「益州犍爲屬國治朱提，山出銀、銅。」華陽國志：「朱提郡本犍爲南部，孝武帝元封二年置，建武後省爲犍爲屬國，至建安二十年鄧方爲都尉，先主因易名太守。」水經若水篇：「若水又東北至犍爲朱提縣西，爲瀘江水。」酈注云：「朱提，山名也。」建安二十年立朱提郡，郡治縣故城。郡西南二百里，得所綰堂琅縣西北行上高山，羊腸繩屈八十餘里，或攀木而升，或繩索相牽而上。」洪亮吉曰：「朱提郡之立，當從華陽國志、水經注在建安二十年爲是。晉志章武元年始置，元和志諸葛亮南征時所置，恐皆誤。」楊守敬説同。一統志：「朱提故城，在今四川敘州府屏山縣境；朱提山在敘州府宜賓縣西五十里。」

〔三四〕蘇林事詳見魏志劉劭傳注引魏略。沈家本曰：「顔師古漢書敘例與魏略所序蘇林官職，先後不同。高堂隆傳稱散騎常侍林，與劉劭傳合。是林之官終于散騎常侍。師古序散騎常侍于先者，誤文。紀注魏受禪時有給事中博士蘇林上表，是亦在勸進之列，故得侯也。魏略雖不言林撰漢書音義，而云通古今字指，書傳危疑皆釋之。是林精于小學，所撰當不止漢書音義一書。隋志録爲漢書音訓者，如服虔、韋昭、劉顯、夏侯詠、蕭該諸家皆係單行，則林書當亦必單行，故裴氏獨引之也。其後臣瓚集注，諸家並已採入，而單行之本遂漸亡矣。」

〔三五〕宋本「士」作「匕」。姚範曰：「地理志蘇林曰：提音時。北方人名匕曰匙。何屺瞻以如字爲句，非。又也字上疑脱提音時三字。」錢坫曰：「余得漢漢安洗，朱提字作榐。案玉篇，榐即匙字，是義與蘇林合。諸葛武侯云：漢嘉金、朱提銀，采之不足以自食，謂此。」徐松曰：「爨龍顔碑陰有功曹參軍朱緹、李融之，又作緹。」

劉琰字威碩，魯國人也。先主在豫州，辟爲從事，以其宗姓，有風流，善談論，厚親待之，遂隨從周旋，常爲賓客。先主定益州，以琰爲固陵太守。〔一〕後主立，封都鄉侯，班位每亞李嚴，爲衛尉中軍師後將軍，遷車騎將軍。然不豫國政，但領兵千餘，隨丞相亮諷議而已。車服飲食，號爲侈靡，侍婢數十，皆能爲聲樂，又悉教誦讀魯靈光殿賦。〔二〕建興十年，與前軍師魏延不合，言語虚誕，亮責讓之。琰與亮牋謝曰：「琰稟性空虚，本薄操行，加有酒荒之病。

自先帝以來，紛紜之論，殆將傾覆。頗蒙明公本其一心在國，原其身中穢垢，扶持全濟，致其祿位，以至今日。閒者迷醉，言有違錯，慈恩含忍，不致之于理，使得全完，保育性命。雖必克己責躬，改過投死，以誓神靈，無所用命，則靡寄顏。」于是亮遣琰還成都，官位如故。

〔一〕華陽國志：「獻帝初平元年，益州牧劉璋以朐忍至魚服爲固陵郡。建安六年，魚服蹇胤爭巴名，璋乃改固陵爲巴東郡。」又云：「巴東郡，先主入益州改爲江關都尉。建安二十一年，以朐忍、魚服等六縣爲固陵郡，武陵康立爲太守。章武元年，朐忍徐惠、魚服蹇機以失巴名上表自訟，先主聽復爲巴東，南郡輔匡爲太守。」錢大昕曰：「固陵即巴東也。據此傳，知先主定蜀，復爲固陵。」吳增僅曰：「劉璋分巴郡置固陵郡，建安六年改名巴東。建安二十一年，先主復改爲固陵郡，章武元年復改名巴東。」

〔二〕魯靈光殿賦見文選卷十一。序云：「魯靈光殿者，蓋景帝程姬之子共王餘之所立也。恭王好治宮室，遭漢中微，西京未央、建章之殿皆見隳壞，而靈光巋然獨存。」范書云：「王逸字叔師，南郡宜城人。子延壽，字文考，有儁才。游魯，作靈光殿賦。」何焯曰：「誦靈光者，以宗姓隨從，惟琰一人也。本出魯國文考，此賦自負若爲己作，又於侈靡中炫其風流耳。」

琰失志慌惚，十二年正月，琰妻胡氏入賀太后，太后令特留胡氏，經月乃出。胡氏有美色，琰疑其與後主有私，呼卒五百撾胡，〔一〕至于以履搏面，而後棄遣。胡具以告言琰，〔二〕琰坐下獄。有司議曰：「卒非撾妻之人，面非受履之地。」琰竟棄市。〔三〕自是大臣妻母，朝慶遂絕。〔四〕

〔一〕潘眉曰：「卒字當衍。按漢書鼂錯傳：四里一連，連有假五百。注：服虔曰：五百，帥名也。後漢書禰衡傳：令五百將出。注：五百，猶今之問事也。宦者曹節傳、越騎營五百妻有美色注引韋昭辯釋名曰：五百本爲伍伯。伍，當也；伯，導也。使之導引當道陌中，以驅除也。今俗呼行杖人爲五百。宋百官志云：諸官府至郡，各置五百。又禮志云：車前五百者，卿行旅從五百人爲一旅，漢氏一統，故去其人，留其名也。據諸説，五百即卒也。傳言呼卒五百，既云卒，又云五百，於文爲複。魏志荀彧傳：顧伍伯捉頭出。梁習傳注：使使伍伯曳五官掾孫弼入。並不加卒字。」

〔二〕疑作胡具以琰言告。郝書無言琰二字。姚範曰：「琰下疑有脱字。」

〔三〕或曰：「丞相未亡，遂有斯事，此固休昭之防制匡救意外所不及也。至棄市者，當別有醜惡之語。」

〔四〕劉家立曰：「劉琰因撾妻，罪至棄市，不知主何律，得毋失刑？豈後主果與胡氏有私乎？」

魏延字文長，義陽人也。〔一〕以部曲隨先主入蜀，數有戰功，遷牙門將軍。先主爲漢中王，還治成都，〔二〕當得重將以鎮漢川，〔三〕衆論以爲必在張飛，飛亦以心自許。先主乃拔延爲督漢中鎮遠將軍，〔四〕領漢中太守，一軍盡驚。〔五〕先主大會羣臣，問延曰：「今委卿以重任，卿居之欲云何？」延對曰：「若曹操舉天下而來，請爲大王拒之；偏將十萬之衆至，請爲大王吞之。」先主稱善，衆咸壯其言。先主踐尊號，進拜鎮北將軍。建興元年，封都亭侯。五年，諸葛亮駐漢中，更以延爲督前部，領丞相司馬、〔六〕涼州刺史。〔七〕八年，使延西入羌中，魏後將軍費瑶、雍州刺史郭淮與延戰于陽谿，延大破淮等，遷爲前軍師、征西大將軍，假節，進封南鄭侯。〔八〕

〔一〕義陽見魏志明紀景初元年。胡三省曰：「魏文帝分南陽郡立義陽郡，又立義陽縣屬焉。此在延入蜀之後，史追書也。」

〔二〕「還」，各本均作「遷」。官本考證曰：「當作還。」

〔三〕監本「川」作「州」，誤。

〔四〕胡三省曰：「鎮遠將軍，備所創置。」

〔五〕何焯曰：「拔延而益德不見怨望，非君臣相信之深，何以能然？」

〔六〕胡三省曰：「漢丞相有長史，而無司馬，是時用兵，故置司馬。」

〔七〕趙一清曰：「蜀涼州只有武都、陰平二郡，蓋亦遥領。」

〔八〕互見後主傳建興八年。

延每隨亮出，輒欲請兵萬人，與亮異道，會于潼關，如韓信故事，〔一〕亮制而不許。延常謂亮爲怯，歎恨己才用之不盡。

魏略曰：夏侯楙爲安西將軍，鎮長安。亮于南鄭與羣下計議，延曰：「聞夏侯楙少，主壻也，〔二〕怯而無謀。今假延精兵五千，負糧五千，直從褒中出，循秦嶺而東，當子午而北，〔三〕不過十日，可到長安。楙聞延奄至，必乘船逃走。〔四〕長安中惟有御史、京兆太守耳。〔五〕横門邸閣〔六〕與散民之穀，足周食也。〔七〕比東方相合聚，尚二十許日，而公從斜谷來，必足以達。〔八〕如此，則一舉而咸陽以西可定矣。」亮以此爲縣危，〔九〕不如安從坦道，可以平取隴右，十全必克而無虞，故不用延計。〔一〇〕

延既善養士卒，勇猛過人，又性矜高，當時皆避下之。唯楊儀不假借延，延以爲至忿，有如水火。〔一一〕十二年，亮出北谷口，延爲前鋒。出亮營十里，延夢頭上生角，以問占夢趙直，直詐延曰：「夫麒麟有角而不用，此不戰而賊欲自破之象也。」退而告人曰：「角之爲字，刀下用也。〔一二〕頭上用刀，其凶甚矣！」

〔一〕姚範曰：「延此計蓋在建興六年武鄉初出祁山之時，是年爲魏太和二年，魏明西征，召楙爲尚書。韓信故事，史記未詳。」

〔二〕楙爲魏武壻，尚清河公主，見夏侯惇傳。當以少字爲句。通鑑無少字，惟誤作夏侯淵子。陳本以少主壻也爲句，誤。

〔三〕胡三省曰：「褒中縣屬漢中郡，子午道通褒斜路。三秦記曰：子午，長安正南山名，秦嶺谷一名樊川。」吳熙載曰：「欲由陝西漢中府褒城縣、漢中、城固、洋縣、石泉、鄠縣至西安也。循南山不由諸棧道。方輿紀要：褒中，今陝西漢中府褒城縣北十里褒谷中。」

〔四〕通鑑作「必棄城逃走」。

〔五〕胡三省曰：「時遣督軍御史與京兆太守共守長安。晉志曰：文帝受禪，改漢京兆尹爲太守。」

〔六〕潘眉曰：「邸閣，貯糧之所也。李傕謂我邸閣儲偫少，王基分兵取雄父邸閣，收米三十餘萬斛。又南頓有大邸閣，計足軍人四十日糧。孫策渡江攻牛渚營，盡得邸閣糧穀、戰具。吳主遣全琮燒安城邸閣，諸葛公運米治斜谷邸閣。」

〔七〕胡三省曰：「魏置邸閣於橫門以積粟，民聞兵至，必逃散，可收其穀以周食。橫，音光。」

〔八〕通鑑「必」作「亦」。

〔九〕通鑑「縣危」作「危計」。

〔一〇〕胡三省曰：「由今觀之，皆以亮不用延計爲怯。凡兵之動，知敵之主，知敵之將。亮之不用延計者，知魏主之明略，而司馬懿輩不可輕也。亮欲平取隴右，且不獲如志，況欲乘險僥倖，盡定咸陽以西邪？」

〔一一〕胡三省曰：「言不可同處也。」錢振鍠曰：「費禕傳：魏延與楊儀相憎惡，延或舉刃擬儀。初謂延、儀交惡，不直在儀，及觀延舉刃擬儀，則於儀無怪也。延之鹵莽如此，豈堪大任？孔明之不大用延，亦以此哉。」

〔一二〕潘眉曰：「此解從俗體。」

秋，亮病，因密與長史楊儀、司馬費禕、護軍姜維等〔一〕作身殁之後退軍節度，令延斷後，〔二〕姜維次之；若延或不從命，軍便自發。〔三〕亮適卒，祕不發喪，儀令禕往揣延意指。〔四〕延曰：「丞相雖亡，吾自見在。〔五〕府親官屬，便可將喪還葬；〔六〕吾自當率諸軍擊賊，云何以一人死，廢天下之事邪？〔七〕且魏延何人，當爲楊儀所部勒，作斷後將乎！」因與禕共作行留部分，令禕手書，與己連名，告下諸將。〔八〕禕紿延曰：「當爲君還解楊長史，長史文吏，稀更軍事，必不違命也。」禕出門馳馬而去，延尋悔，追之已不及矣。〔九〕延遣人覘儀等，遂使欲按亮成規，〔一〇〕諸營相次引軍還。延大怒，纔儀未發，〔一一〕率所領徑先南歸，所過燒絶閣道。〔一二〕延、儀各相表叛逆，一日之中，羽檄交至。後主以問侍中董允、留府長史蔣琬，琬、允咸保儀疑延。儀等槎山通道，〔一三〕晝夜兼行，亦繼延後。延先至，據南谷口，〔一四〕遣兵逆擊儀等，儀等令何平在前禦延。〔一五〕平叱延先登曰：「公亡，身尚未寒，汝輩何敢乃爾！」延士衆知曲在延，莫爲用命，軍皆散。〔一六〕延獨與其子數人逃亡，奔漢中，儀遣馬岱追斬之，〔一七〕致首于儀，儀起自踏之曰：「庸奴！復能作惡不？」遂夷延三族。〔一八〕初，蔣琬率宿衛諸營赴難北行，行數十里，延死問至，〔一九〕乃旋。原延意不北降魏而南還者，但欲除殺儀等。平日諸將素不同，冀時論必當以代亮。本指如此，不便背叛。〔二〇〕

魏略曰：諸葛亮病，謂延等云：「我之死後，但謹自守，慎勿復來也。」〔一一〕令延攝行己事，密持喪去。延遂匿之，行至褒口，乃發喪。亮長史楊儀宿與延不和，見延攝行軍事，懼爲所害，乃張言延欲與衆北附，〔一二〕遂率其衆攻延。延本無此心，不戰軍走，追而殺之。臣松之以爲此蓋敵國傳聞之言，不得與本傳爭審。

〔一〕宋本「因」作「困」，通鑑同。
〔二〕史炤釋文曰：斷，都玩切；絶也。胡三省辨誤曰：「斷後者，爲殿也。勒兵在後，以斷追兵。斷，丁管反。」
〔三〕胡三省曰：「亮固知延非儀所能令矣。」
〔四〕通鑑「儀」字在「祕」字上。
〔五〕胡三省曰：「此魏延矜高之語也。」
〔六〕胡三省曰：「府親官屬，謂長史以下也。」
〔七〕或曰：「文長自是鬬將，語雖不合，氣自足壯。」
〔八〕胡三省曰：「時禕爲亮司馬，延知儀必不己從，故因禕來，劫與共作行留處分。行，謂當從亮喪還者；留，謂當留拒敵者。延欲令禕手書處分之語，告其下諸將也。」
〔九〕通鑑「馳馬」作「奔馬」。胡三省曰：「尋，繼也；言繼時而悔也。」
〔一〇〕「使」疑作「便」，通鑑無「使欲」二字。
〔一一〕通鑑「纔」作「攙」。胡三省曰：「攙，初銜翻，自後爭前曰攙，今人猶言攙先。」
〔一二〕趙一清曰：「水經沔水注云：閣道緣谷百餘里，其閣梁一頭入山腹，一頭立柱於水中。魏延焚之，自後案舊修路者，悉無復水中柱；逕涉者，浮梁振動，無不摇心眩目也。」周壽昌曰：「沔水注引諸葛亮與兄瑾書云：前趙子龍退軍燒壞赤崖以北閣道，緣谷百餘里，其閣梁一頭入山腹，其一頭立柱於水中。今水大而急，不得安柱，此其窮極不可強也。又云：頃大水暴至，赤崖以南，橋閣悉壞。時趙子龍與鄧伯苗一戍赤崖屯田，一戍赤崖口，但將緣崖與伯苗相聞而已。後諸葛亮死于五丈原，魏延先退而焚之，謂是道也。」

〔一三〕毛本「槎」作「栳」，誤。胡三省曰：「槎，仕下翻，邪斫木也。」或曰：「所過燒絕閣道，故槎山通道。」

〔一四〕胡三省曰：「南谷即褒谷也。南口曰褒，北口曰斜，長四百七十里，同爲一谷。」

〔一五〕胡三省曰：「何平即王平也，本養外家何氏，後復姓王，此從其初姓。」

〔一六〕何焯曰：「丞相之澤，數十年追思不忘，況此日乎！順逆一明，則延雖善養士卒，一叱即散矣。」

〔一七〕馬岱見馬超傳。

〔一八〕郝經曰：「楊儀有幹略而不知義，不能自附廉、藺先國家之急，新喪元帥，以私憾殺大將，罪浮於延矣。」劉家立曰：「魏延特與楊儀相仇，故畔；然其功不可沒。夷其三族，亦太甚矣。」

〔一九〕胡三省曰：「問，音訊也。」

〔二〇〕胡三省曰：「延雖無反意，使其輔政，是速蜀之亡也。」

〔二一〕李光地曰：「亮如遺命不來者，公琰極謹慎，遵亮遺規，不應仍惓惓於興復也。」

〔二二〕宋本「與」作「舉」。

楊儀字威公，襄陽人也。〔一〕建安中，爲荊州刺史傅羣主簿，〔二〕背羣而詣襄陽太守關羽。〔三〕羽命爲功曹，遣奉使西詣先主。〔四〕先主與語，論軍國計策，政治得失，大悅之，因辟爲左將軍兵曹掾。及先主爲漢中王，拔儀爲尚書。先主稱尊號，東征吳，儀與尚書令劉巴不睦，左遷遥署弘農太守。建興三年，丞相亮以爲參軍，署府事，將南行。五年，隨亮漢中。八年，遷長史，加綏軍將軍。〔五〕亮數出軍，儀常規畫分部，籌度糧穀，不稽思慮，斯須便了。〔六〕軍戎節度，取辦于儀。亮深惜儀之才幹，憑魏延之驍勇，常恨二人之不平，不忍有所偏廢也。〔七〕十二年，隨亮出屯谷口。亮卒于敵場，儀既領軍還，又誅討延，自以爲功勳至大，宜當代亮秉政，呼都尉趙正以周易筮之，卦得家人，默然不悦。而亮平生密指，以儀性狷狹，〔八〕意在蔣琬，琬遂爲尚書令、益州刺史。儀至，拜爲中軍師，無所統領，從容而已。

〔一〕水經沔水注云：「蔡州東岸西有洄湖，停水數十畝，長數里，廣減百步。水色常緑。楊儀居上洄，楊顒居下洄，與蔡洲相對，在峴山南廣昌里。」趙一清曰：「松陵集皮日休答陸龜蒙讀襄陽耆舊傳詩云：偉哉洄上隱，卓爾隆中耨，即指儀、顒所居之地。集韻：泂，烏猛切，音眚。與洄字音畫異而義同。」弼按：楊儀里居，互見龐統傳注引襄陽記下。

〔二〕錢大昕曰：「傅羣蓋曹公所授。」趙一清曰：「此是魏荆州，治穰。」楊守敬曰：「水經沔水注：魏武平荆州，分南郡立爲襄陽郡，荆州刺史治。酈氏於淯水篇言荆州刺史治宛。雖不言魏治，而舍魏無可指者，故通典言魏荆州治宛。此又云治襄陽，何耶？按夏侯尚傳：假鉞，進荆州牧。荆州荒殘，外接蠻夷，而與吴阻漢水爲境。則荆州治宛審矣。若襄陽則已在漢水之南。又按王昶傳：正始中都督荆、豫。昶以爲今屯宛，去襄陽三百餘里，諸軍散屯云云，亦荆州刺史治宛之證。劉表爲荆州牧，則治襄陽。」弼按：魏荆州刺史治宛，詳見魏志王昶傳注。

〔三〕錢大昭曰：「建安十三年，魏武分南郡以北置襄陽郡。遷寇爲太守時，郡已西屬。」

〔四〕遣、奉二字，必有一誤。

〔五〕洪飴孫曰：「綏軍將軍一人，蜀所置。」

〔六〕胡三省曰：「斯，此也；須，待也。言即此待之，便可辦事。」

〔七〕孫權論楊儀、魏延之必爲禍，見董允傳注。

〔八〕胡三省曰：「密指，蓋亮密以語諸僚佐，特儀不知耳。狷，吉掾翻。」

初，儀爲先主尚書，琬爲尚書郎，後雖俱爲丞相參軍長史，儀每從行，當其勞劇，自惟年、官先琬，〔一〕才能踰之，於是怨憤形于聲色，歎咤之音發于五內。〔二〕時人畏其言語不節，莫敢從也，惟後軍師費禕往慰省之。〔三〕儀對禕恨望，前後云云，〔四〕又語禕曰：「往者，丞相亡没之際，吾若舉軍以就魏氏，處世寧當落度如此邪？〔五〕令人追悔，不可復及！」〔六〕禕密表其言。十三年，廢儀爲民，徙漢嘉郡。〔七〕儀至徙所，復上書誹謗，辭指激切，遂下郡收儀。儀自殺，其妻子還蜀。

楚國先賢傳云：儀兄慮，字威方。少有德行，爲江南冠冕。〔八〕州郡禮召，諸公辟請，皆不能屈。年十七，夭。鄉人號曰德行楊君。〔九〕

〔一〕宋本「官」作「宦」，通鑑同。

〔二〕胡三省曰：「咤，叱稼翻，噴也，叱怒也。五內，五藏之內也。」

〔三〕各本「惟」作「爲」，誤。

〔四〕云云，師古曰：「猶言如此如此也。」

〔五〕史記酈食其傳：「家貧落魄，無以爲衣食業。」應劭曰：「落魄，志行衰惡之貌也。」晉灼曰：「落薄、落託，義同。」胡三省曰：「度，徒洛翻。落度，失意也。」李慈銘曰：「度當讀鐸。落度，猶落拓，即落魄也。」

〔六〕通鑑輯覽曰：「魏延之叛，楊儀實激成之，繼復嫉琬秉政，怨憤不休。舉軍就魏云云，與韓信悔不聽蒯通語相似。劉禪憒憒，安能明正其悖逆之罪耶？」何焯曰：「何乃無賴，自棄至此！然公琰亦有以致之。稍崇其禄位，以答前勞，不亦優乎？自審不能駕馭，唯勿寄以重任可耳。」

〔七〕漢嘉郡見先主傳。

〔八〕襄陽耆舊記「江」作「沔」。

〔九〕襄陽耆舊記所云，與此同。楊慮事又見魏志呂布傳注。

評曰：劉封處嫌疑之地，而思防不足以自衛。彭羕、廖立，以才拔進，李嚴以幹局達，魏延以勇略任，楊儀以當官顯，劉琰舊仕，並咸貴重。覽其舉措，迹其規矩，招禍取咎，無不自己也。〔一〕

〔一〕或曰：「諸人皆有超拔之才，而同致廢除，蓋無器識以將之，則才多反以致患也。」

# 蜀書十一

三國志四十一

## 霍王向張楊費傳第十一

霍峻字仲邈，南郡枝江人也。〔一〕兄篤，於鄉里合部曲數百人。〔二〕篤卒，荆州牧劉表令峻攝其衆。表卒，峻率衆歸先主，先主以峻爲中郎將。先主自葭萌南還襲劉璋，留峻守葭萌城。張魯遣將楊帛誘峻，求共守城。峻曰：「小人頭可得，城不可得。」帛乃退去。後璋將扶禁、向存等帥萬餘人，由閬水上，〔三〕攻圍峻，且一年，不能下。峻城中兵纔數百人，伺其怠隙，選精鋭出擊，大破之，即斬存首。先主定蜀，嘉峻之功，乃分廣漢爲梓潼郡，〔四〕以峻爲梓潼太守、裨將軍。在官三年，年四十卒。還葬成都。先主甚悼惜，乃詔諸葛亮曰：「峻既佳士，加有功於國，欲行酹。」遂親率羣僚，臨會弔祭，因留宿墓上，當時榮之。

〔一〕枝江見董和傳。

〔二〕各本「部」皆作「郡」，誤。宋、元本不誤。潘眉曰：「部曲是也。凡領兵營有五部，部有校尉及軍司馬。部下有曲，曲有軍候。」

〔三〕胡三省曰：「扶姓，禁名。帥，讀曰率。閬水即西漢水，禹貢所謂嶓冢導漾，東流爲漢者也。水經注：漾水出隴西氐道縣嶓冢山，謂之西漢水，東南至廣漢白水縣西，又東南至葭萌縣，又東南過巴郡閬中縣，與閬水會。水出閬陽縣，而東逕其縣南，又東注漢水。昔劉璋攻霍峻於葭萌也，自此水上，又東南入漢州江津縣東南入于江。余據此水，今謂之嘉陵江。」

〔四〕梓潼郡見後主傳建興九年。

子弋，字紹先，先主末年爲太子舍人。後主踐阼，除謁者。丞相諸葛亮北駐漢中，請爲記室，使與子喬共周旋游處。亮卒，爲黄門侍郎。後主立太子璿，以弋爲中庶子。〔一〕璿好騎射，出入無度，弋援引古義，盡言規諫，甚得切磋之體。後爲參軍庲降屯副貳都督，〔二〕又轉護軍，統事如前。時永昌郡夷獠〔三〕恃險不賓，數爲寇害，乃以弋領永昌太守，率偏軍討之，遂斬其豪帥，破壞邑落，郡界寧静。遷監軍翊軍將軍，領建寧太守，還統南郡事。〔四〕景耀六年，進號安南將軍。是歲，蜀并于魏，弋與巴東領軍襄陽羅憲各保全一方，舉以内附，咸因仍前任，寵待有加。

漢晉春秋曰：霍弋聞魏軍來，弋欲赴成都，後主以備敵既定，不聽。及成都不守，弋素服號哭，大臨三日。諸將咸勸宜速降，弋曰：「今道路隔塞，未詳主之安危，大故去就，不可苟也。若主上與魏和，見遇以禮，則保境而降，不晚也；若萬一危辱，吾將以死拒之，何論遲速邪！」得後主東遷之問，始率六郡將守上表曰：〔五〕「臣聞人生於三，事之如一；〔六〕惟難所在，則致其命。今臣國敗主附，守死無所，是以委質，不敢有二。」〔七〕晉文王善之，又拜南中都督，委以本任。後遣將兵救援呂興，平交阯、日南、九真三郡，〔八〕功封列侯，進號崇賞焉。弋孫彪，晉越巂太守。

襄陽記曰：羅憲字令則，〔九〕父蒙，避亂于蜀，官至廣漢太守。憲少以才學知名，年十三，能屬文。〔一〇〕後主立太子，爲太子舍人，遷庶子、尚書吏部郎。以宣信校尉〔一一〕再使於吴，吴人稱美焉。〔一二〕時黄皓預政，衆多附之，憲獨不與同。皓恚，左遷巴東太守。時右大將軍閻宇都督巴東，爲領軍，後主拜憲爲宇副貳。魏之伐蜀，召宇西還，〔一三〕留宇二千人，令憲守永安城。尋聞成都敗，城中擾動，江邊長吏，皆棄城走。憲斬稱成都亂者一人，百姓乃定。得後主委質問至，乃帥所統臨于都亭三日。〔一四〕吴聞蜀敗，起兵西上，外託救援，内欲襲憲。憲曰：「本朝傾覆，吴爲脣齒，不恤我難，而徼其利，背盟違約。且漢已亡，吴何得久，寧能爲吴降虜乎！」保城繕甲，告誓將士，厲以節義，莫不用命。吴聞鍾、鄧敗，百城無主，有兼蜀之志，而巴東固守，兵不得過，使步協率衆而西。〔一五〕憲臨江拒射，不能禦，遣參軍楊宗突圍北出，告急安東將軍陳騫，又送文武印綬、任子詣晉王。協攻城，憲出與戰，大破其軍。孫休怒，復遣陸抗等帥衆三萬人增憲之圍。〔一六〕被攻凡六月日而救援不到，城中疾病大半。或説憲奔走之計，〔一七〕憲曰：「夫爲人主，百姓所仰，危不能安，急而棄之，君子不爲也，畢命於此矣！」陳騫言於晉王，遣荆州刺史胡烈救憲，抗等引退。〔一八〕晉王即委前任，拜憲淩江將軍，〔一九〕封萬年亭侯。會武陵四縣舉衆叛吴，以憲爲武陵太守巴東監軍。泰始元年，改封西鄂縣侯。〔二〇〕憲遣妻子居洛陽，武帝以子襲爲給事中。三年冬，入朝，進位冠軍將軍，假節。〔二一〕四年三月，從帝宴於華林園，詔問蜀大臣子弟，後問先輩宜時敘用者。憲薦蜀郡常忌、〔二二〕杜軫、〔二三〕壽良、〔二四〕巴西陳壽、〔二五〕南郡高軌、〔二六〕高陽呂雅、〔二七〕許國，〔二八〕江夏費恭，〔二九〕琅邪諸葛京，〔三〇〕汝南陳裕，〔三一〕即皆敘用，咸顯於世。憲還，襲取吴之巫城，〔三二〕因上伐吴之策。憲方亮嚴正，待士不倦，輕財好施，不治產業。六年，薨。贈安南將軍，謚曰烈侯。子襲以淩江將軍領部曲，早卒。追贈廣漢大守。襲子徽，順陽内史，永嘉五年爲王如所殺。此作「獻」，名與本傳不同，未詳孰是也。〔三三〕

〔一〕後主猶用弋、憲爲宫僚，則慎選家法之善可知。

〔二〕本志李恢傳：「章武元年，庲降都督鄧方卒，以恢爲庲降都督，住平夷縣。」裴注云：「庲降，地名，去蜀二千餘里。時未有寧州，號爲南中，立此職以總攝之。晉泰始中，始分爲寧州。」馬忠傳：「故都督常住平夷縣，至忠，乃移治味縣。」華陽國志卷四云：「建安十九年，劉先主定蜀，遣南郡鄧方以朱提太守庲降都督治南昌縣。方亡，先主用李恢爲都督，治平夷縣。諸葛亮平四郡，改益州爲建寧，以李恢爲太守，移治味縣。李恢卒，以張翼爲都督。夷帥劉胄反，以馬忠代之。忠卒，以張表代之，以楊羲爲參軍，副貳之。後以閻宇爲都督，霍弋爲參軍。弋甚善參毗之禮，代宇爲監軍、安南將軍，撫和異俗，爲之立法施教，輕重允當，夷、晉安之。」又云：「建寧郡治味縣，故庲降都督屯也。」胡三省曰：「平夷縣屬牂柯郡，余據蜀志庲降督治平夷，蓋僑治，非庲降之本地也。至馬忠爲庲降督，乃自平夷移住建寧味縣，後遂爲寧州治所。」又云：「水經注：寧州建寧縣，故庲降都督屯，蜀後主建興三年，分益州郡置之。」吴增僅曰：「建安十九年，先主定蜀，置庲降都督，統南中諸郡。初治南昌，旋徙治平夷。延熙中，又徙治味縣。」又云：「蜀置四都督，惟庲降都督統南中諸郡，異於永安、江州、漢中三都督。」洪亮吉曰：「建寧郡本漢益州郡，蜀漢建興三年改今名，郡治味縣。蜀漢庲降都督自平夷縣移治此。」謝鍾英曰：「南昌縣，蜀立，地缺。一統志：平夷廢縣，今雲南曲靖府平夷縣境。又云：平夷廢縣在今貴州遵義府仁懷縣西南。唐志有平夷縣，在今雲南陸涼州界，非此縣也。二説未知孰是。」建寧郡味縣，見後主傳建興三年。

〔三〕永昌郡見後主傳建興三年。

〔四〕蕭常續後漢書音義曰：「南郡屬吴，無還統之理，時弋領永昌，復領建寧，故曰兩郡。」趙一清曰：「南郡字誤。蜀稱益州爲南中，非漢荆州之南郡，或是南中郡縣，史省文。」

〔五〕胡三省曰：「南中七郡，而此言六郡者，蓋越巂已降魏也。」

〔六〕胡三省曰：「無父母烏生？無君烏以爲生？所謂人生在三也。」

〔七〕宋本「二」作「貳」，通鑑同。

〔八〕吕興事及三郡，均見魏志陳留王紀咸熙元年。

〔九〕胡三省曰：「姓譜：羅本顓頊末胤，受封於羅國，爲楚所滅，子孫以爲氏。」

〔一〇〕晉書羅憲傳：「早知名，師事譙周，周門人稱爲子貢。」

〔一一〕洪飴孫曰：「宣信校尉一人，蜀所置，主使命。」

〔一二〕宋本「羨」作「美」，晉書無「羨」字。

〔一三〕閻宇事見馬忠傳、姜維傳。

〔一四〕胡三省曰：「都亭，永安之都亭也。」

〔一五〕胡三省曰：「協，步騭子，吴以爲撫軍將軍。」

〔一六〕胡三省曰：「時吴以陸抗爲鎮軍將軍，都督西陵。」

〔一七〕晉書憲傳：「或勸南出牂柯，北奔上庸，可以保全。」

〔一八〕吴志孫休傳：「永安七年二月，鎮軍陸抗、撫軍步協、征西將軍留平、建平太守盛曼率衆圍巴東守將羅憲。七月，魏使將軍胡烈步騎二萬侵西陵以救羅憲，陸抗等引軍退。」

〔一九〕晉書、通鑑「淩」作「陵」。胡三省曰：「沈約志：魏置淩江將軍，爲四十號之首。言欲陵駕江流，以蕩平吴會也。」

〔二〇〕西鄂見魏志杜襲傳。沈家本曰：「羅憲由亭侯封縣侯，乃進封，非改封，改字疑誤。」

〔二一〕晉書憲傳：「泰始初入朝，詔曰：憲忠烈果毅，有才策器幹，可給鼓吹。又賜山玄玉佩劍。」

〔二二〕華陽國志卷十一云：「常勖字修業，蜀郡江原人。從父閎，漢中、廣漢太守。勖少與閎子忌齊名，忌字茂通，蜀謁者、黄門侍郎。喪親以致孝聞，察孝廉，爲郎。使吴稱職。晉武帝踐阼，拜騎都尉，除河内令。」

〔二三〕華陽國志云：「杜軫字超宗，蜀郡成都人。父雄，字伯休，安漢、雒令。軫少師譙周，發明高經於譙氏之門，郡命爲功曹。」

〔二四〕華陽國志云：「壽良字文淑，蜀郡成都人。父、祖二世犍爲太守。良少與犍爲張徵、費緝並知名，治春秋三傳，貫通五經，澡身貞素。州從事、散騎黄門侍郎。」

〔二五〕華陽國志云：「陳壽字承祚，巴西安漢人也。少受學於散騎常侍譙周，治尚書、三傳，鋭精史、漢，聰警敏識，屬文富豔。初應州命，衛將軍主簿、東觀祕書郎、散騎黄門侍郎。大同後察孝廉，爲本郡中正。益部自建武後，蜀郡鄭伯邑、大尉趙彦信及漢中陳申伯、祝元靈，廣漢王文表皆以博學洽聞，作巴蜀耆舊傳。壽以爲不足經遠，乃并巴、漢撰爲益部耆舊傳十篇。散騎常侍文立表呈其傳，武帝善之。再爲著作郎。吴平後，壽乃(熄)〔鳩〕合三國史，著魏、吴、蜀三書六十五篇，號三國志。又著古國志五十篇，品藻典雅。中書監荀勖、令張華深愛之，以班固、史遷不足方也。出爲平陽侯相，華又表令次定諸葛亮故事集爲二十四篇，時壽良亦集故顛不同，復入爲著作。鎮南將軍杜預表爲散騎侍郎。詔曰：昨適用蜀人壽良具員，且可以爲侍御史。上官司論七篇，依據典故，議所因革。又上釋諱、廣國論，華表令兼中書郎。而壽魏志有失勗意，勗不欲其處内，表爲長廣太守。繼母遺令不附葬，以是見譏。數歲，除太子中庶子，再兼散騎常侍。惠帝謂司空張華曰：壽才宜真，不足久兼也。華表欲登九卿，會受誅，忠賢排擯，壽遂卒洛下。位望不充其才，當時冤之。」

〔二六〕沈家本曰：「軌疑高翔之後。」

〔二七〕宋本「高」作「南」，是。南陽呂雅，見前呂乂傳。

〔二八〕沈家本曰：「國疑許慈之後。」

〔二九〕費恭見費禕傳。

〔三〇〕諸葛京見諸葛亮傳。

〔三一〕裕，陳祗子，見董允傳。

〔三二〕巫城見先主傳章武元年。

〔三三〕何焯曰：「觀裴注所云，知襄陽記本作獻，今爲後人追改，注爲贅矣。晉書校文云：襄陽耆舊傳作獻，以字令則推之，當從此傳作憲。」趙一清曰：「晉書羅尚傳：憲兄子尚，字敬之，一名仲。父式，牂柯太守。尚，太康末爲梁州刺史，假節，平西將軍，益州刺史，西戎校尉。性貪少斷，蜀人言曰：尚之所愛，非邪則佞；尚之所憎，非忠則正。富擬魯、衛，家成市里，貪如豺狼，無復極已。又曰：蜀賊尚可，羅尚殺我；平西將軍，反更爲禍。尚破斬李特，特子雄僭號，都於郫城。尚卒，雄遂據有蜀土。」

王連字文儀，南陽人也。劉璋時入蜀，爲梓潼令。〔一〕先主起事葭萌，〔二〕進軍來南，連閉城不降，先主義之，不强偪也。及成都既平，以連爲什邡令，〔三〕轉在廣都，〔四〕所居有績。遷司鹽校尉，〔五〕較鹽鐵之利，利入甚多，有裨國用；於是簡取良才，以爲官屬，若呂乂、杜祺、劉幹等，〔六〕終皆至大官，自連所拔也。遷蜀郡太守、興業將軍，領鹽府如故。〔七〕建興元年，拜屯騎校尉，領丞相長史，封平陽亭侯。時南方諸郡不賓，諸葛亮將自征之，連諫，以爲「此不毛之地，疫癘之鄉，不宜以一國之望，冒險而行」。亮慮諸將才不及己，意欲必往，而連言輒懇至，故停留者久之。會連卒。子山嗣，官至江陽太守。

〔一〕梓潼見後主傳建興九年。

〔二〕葭萌見劉璋傳。

〔三〕郡國志：「益州廣漢郡什邡。」一統志：「故城今四川成都府什邡縣南。」

〔四〕廣都見後主傳建興十四年。

〔五〕呂乂傳作鹽府校尉。沈家本曰：「司鹽校尉領鹽府，故亦稱鹽府校尉。」

〔六〕杜祺、劉幹均見呂乂傳。

〔七〕蔣超伯南漘楛語卷一曰：「三國時，吳、蜀皆資鹽賦，吳有司鹽校尉，章武亦設是官。蜀志王連傳云：遷司鹽校尉，較鹽鐵之利，利入甚多，有裨國用。迨連遷蜀郡太守、興業將軍，領鹽府如故。利權一而信任專，此蜀之所以能立國乎？其以典戎之官，管牢盆之政，隨地巡緝，盜無所容，尤權時之要策也。」

向朗字巨達，襄陽宜城人也。〔一〕

襄陽記曰：朗少師事司馬德操，與徐元直、韓德高、龐士元皆親善。

荆州牧劉表以爲臨沮長。〔二〕表卒，歸先主。先主定江南，使朗督秭歸、夷道、巫山、夷陵四縣軍民事。〔三〕蜀既平，以朗爲巴西太守，〔四〕頃之，轉任牂柯，〔五〕又徙房陵。〔六〕後主踐阼，爲步兵校尉，代王連領丞相長史。丞相亮南征，朗留統後事。五年，隨亮漢中。朗素與馬謖善，謖逃亡，朗知情不舉，亮恨之，〔七〕免官還成都。數年，爲光禄勳。亮卒後，徙左將軍，〔八〕追論舊功，封顯明亭侯，位特進。初，朗少時雖涉獵文學，然不治素檢，以吏能見稱。自去長史，優游無事，垂三十年，

臣松之案：朗坐馬謖免長史，則建興六年中也。朗至延熙十年卒，整二十年耳，此云「三十」，字之誤也。〔九〕

乃更潛心典籍，孜孜不倦。年踰八十，猶手自校書，刊定謬誤，積聚篇卷，於時最多。〔一〇〕開門接賓，誘納後進，但講論古義，不干時事，以是見稱。上自執政，下及童冠，皆敬重焉。延熙十年，卒。

襄陽記曰：朗遺言戒子曰：「傳稱師克在和，不在衆，此言天地和則萬物生，君臣和則國家平，九族和則動得所求，静得所安。是以聖人守和，以存以亡也。吾楚國之小子耳，而早喪所天，爲二兄所誘養，使其性行不隨禄利以墮，今但貧耳。貧非人患，惟和爲貴，汝其勉之！」

子條嗣，景耀中爲御史中丞。

襄陽記曰：條字文豹，亦博學多識。入晉，爲江陽太守、南中軍司馬。

〔一〕宜城見先主傳。

〔二〕臨沮見關羽傳。

〔三〕秭歸，今湖北宜昌府歸州治，詳見魏志文紀黄初三年。夷道，今湖北荆州府宜都縣西北，詳見先主傳章武二年。巫山當爲巫縣。沈欽韓曰：「寰宇記：巫縣故城在今巫山縣北，隋加山字。是隋志以前皆無山字，此則後人妄加也。」

夷陵今湖北宜昌府東湖縣東，詳見魏志文紀黄初三年。

〔四〕巴西見魏志武紀建安二十年。

〔五〕牂柯見後主傳建興元年。

〔六〕新城郡治房陵，今湖北鄖陽府房縣治，詳見魏志文紀延康元年。錢大昭曰：「房陵郡晉志所無，不知置於何時。」劉封傳：「建安二十四年，命達從秭歸北攻房陵，房陵太守蒯祺爲達所害。」趙一清曰：「孟達殺太守蒯祺，朗徙房陵，當在此時。但孟達以房陵降魏，在章武元年。如朗在郡，何得有此失？抑或召還，非後主時，於事有參錯矣。」梁章鉅曰：「元和郡縣志：漢末以房陵縣爲房陵郡。」

〔七〕何焯曰：「謖逃亡之事，本傳無之，此又不詳，只一及耳。」朱邦衡曰：「此即街亭之役，謂謖違命致敗，朗不諫故耳。若在官私逸，中材所不屑爲，況謖素負才名，爲丞相器異者乎？此非文有脱誤，即承祚屬辭晦澀故也。」周壽昌曰：「街亭之敗，在建興六年；若五年，則武侯駐軍漢中，馬謖正參軍事，不容無故逃亡，若軍敗後事，何以諸葛公傳及謖傳俱未敍及，又何誤作五年耶？」

〔八〕何焯曰：「朗爲左將軍行丞相事，見後主張皇后册文中，而此傳失之。」

〔九〕何焯曰：「二十年之功，何書不可讀？朗去長史已六十餘，老而好學，正吾儕過時者所宜師法也。雖公淵之口，終能以凡俗批詆邪？」弼按：廖立字公淵，論向朗凡俗，見立傳。

〔一〇〕藏書既富，又治校勘之學。

朗兄子寵，先主時爲牙門將。秭歸之敗，寵營特完。建興元年，封都亭侯，後爲中部督，典宿衛兵。諸葛亮當北行，表與後主曰：「將軍向寵，性行淑均，曉暢軍事，試用於昔，先帝稱之曰能。是以衆論舉寵爲督。愚以爲營中之事，悉以咨之，必能使行陣和睦，優劣得所

也。」遷中領軍。延熙三年，征漢嘉蠻夷，遇害。寵弟充，歷射聲校尉、尚書。〔一〕

襄陽記曰：魏咸熙元年六月，鎮南將軍衞瓘〔二〕至於成都，得璧玉印各一枚，文似「成信」字。魏人宣示百官，藏于相國府。充聞之，曰：「吾聞譙周之言，先帝諱備，其訓具也；後主諱禪，其訓授也。如言劉已具矣，當授與人也。今中撫軍名炎，而漢年極於炎興，瑞出成都，而藏之於相國府，此殆天意也。」是歲，拜充爲梓潼太守。明年十二月，而晉武帝即尊位，炎興於是乎徵焉。〔三〕

孫盛曰：昔公孫述自以起成都，號曰成氏。二玉之文，殆述所作乎？」〔四〕

〔一〕向充上表請爲諸葛亮立廟，見亮傳注，充事又見來敏傳。

〔二〕宋本「南」作「西」，晉書瓘傳同。

〔三〕何焯曰：「此語即漢晉春秋之所由作也。」

〔四〕何焯曰：「此語已見魏書三少帝紀，此重出。」

張裔字君嗣，蜀郡成都人也。治公羊春秋，博涉史、漢。汝南許文休入蜀，謂裔幹理敏捷，是中夏鍾元常之倫也。劉璋時，舉孝廉，爲魚復長，〔一〕還州署從事，領帳下司馬。張飛自荆州由墊江入，璋授裔兵，拒張飛於德陽陌下，〔二〕軍敗，還成都。爲璋奉使詣先主，先主許以禮其君而安其人也，裔還，城門乃開。先主以裔爲巴郡太守，還爲司金中郎將，〔三〕典作農戰之器。〔四〕先是益州郡殺太守正昂，耆率雍闓恩信著于南土，〔五〕使命周旋，遠通孫權。乃以裔爲益州太守，徑往至郡。闓遂趦趄不賓，假鬼教曰：「張府君如瓠壺，外雖澤而內實麤，不足殺，令縛於吳。」〔六〕於是遂送裔於權。

〔一〕魚復見先主傳建安十六年。

〔二〕德陽詳見法正傳。趙一清有說，乃陰平道之德陽亭，說誤不録。

〔三〕司金中郎將見魏志王脩傳。

〔四〕裔列名勸進，見先主傳；裔爲偏將軍，本傳未書。

〔五〕事見後主傳建興元年。通鑑：「益州郡耆率雍闓殺太守正昂，因士燮以求附於吳。」胡三省曰：「正，姓也；秦有正先。耆，渠伊翻；長也，老也。今嵊、剡之閒猶謂閭里之長曰耆。雍，於用翻；姓也。闓，音開，又可亥翻。闓自交州道求附於吳。」

〔六〕宋本「於」作「與」。

會先主薨，諸葛亮遣鄧芝使吳，亮令芝言次可從權請裔。裔自至吳數年，流徙伏匿，權未之知也，故許芝遣裔。裔臨發，權乃引見，問裔曰：「蜀卓氏寡女，亡奔司馬相如，貴土風俗，何以乃爾乎？」裔對曰：「愚以爲卓氏之寡女，猶賢於買臣之妻。」〔一〕權又謂裔曰：「君還，必用事西朝，終不作田父於閭里也，將何以報我？」裔對曰：「裔負罪而歸，將委命有司。若蒙徼倖，得全首領，五十八已前，父母之年也；自此已後，大王之賜也。」〔二〕權言笑歡悅，有器裔之色。裔出閤，深悔不能陽愚，即便就船，倍道兼行。權果追之，裔已入永安界數十里，〔三〕追者不能及。

〔一〕漢書司馬相如傳：「相如字長卿，蜀郡成都人。卓王孫有女文君新寡，好音。相如飲卓氏，弄琴，文君竊從户窺，心悦而好之，夜亡奔相如。」朱買臣傳：「買臣字翁子，吴人。家貧，好讀書，不治産業，妻求去。買臣爲會稽太守，入吴界，見其故妻，妻夫治道。買臣駐車，呼令後車，載其夫妻到太守舍，置園中給食之。居一月，妻自經死。」此蓋權以卓氏寡女譏蜀，裔以買臣之妻譏吴也。

〔二〕劉咸炘曰：「蜀書多載應對書疏，殆以事少之故。」

〔三〕已入永安，則入蜀境矣。林國贊曰：「是時吴、蜀通好，無緣更遣追裔，以挑嫌隙。況蜀使如費禕、鄧芝、宗預有口辯者頗多，權皆不留，何獨追裔？此未可信。」

既至蜀，丞相亮以爲參軍，署府事；又領益州治中從事。亮出駐漢中，裔以射聲校尉領留府長史，〔一〕常稱曰：「公賞不遺遠，罰不阿近，爵不可以無功取，刑不可以貴勢免，此賢愚之所以僉忘其身者也。」其明年，北詣亮諮事，送者數百，車乘盈路。裔還書與所親曰：「近者涉道，晝夜接賓，不得寧息。人自敬丞相長史，男子張君嗣附之，疲倦欲死。」其談啁流速，〔二〕皆此類也。〔三〕

臣松之以爲：談啁貴於機捷，書疏可容留意。今因書疏之巧，以著談啁之速，非其理也。

少與犍爲楊恭友善，恭早死，遺孤未數歲，裔迎留，與分屋而居，事恭母如母。恭之子息長大，爲之娶婦，買田宅産業，使立門户。撫恤故舊，振贍衰宗，行義甚至。〔四〕加輔漢將軍，領長史如故。建興八年卒，子毣嗣，〔五〕

毣，音忙角反，見字林，曰：「毣，思貌也。」〔六〕

歷三郡守監軍。罷弟郁，太子中庶子。

〔一〕何焯曰：「既重裔幹理，亦不欲但用公琰、文褘署府事，一府皆楚人，失蜀士心也。」

〔二〕「啁」與「嘲」同。

〔三〕何焯曰：「語頗輕薄，然深悟此理，即無死權之愚也。豈惟長史，即貴極公侯，亦猶是耳。戀慕外物，薾然疲役，不無謂乎！」

〔四〕何焯曰：「行義如此，故諸葛公以貞良死節許之。不緣季休之言，遂與威公一視。」弼按：楊洪字季休，楊儀字威公。

〔五〕毛本無嗣字，誤；宋本有之。

〔六〕罷，音木。沈家本曰：「隋志：字林七卷，晉弦令呂忱撰。唐志同，宋志五卷。是此書宋世尚存，不知亡於何時。」元魏書江式傳：「晉世，義陽王典祠，令任城呂忱表上字林六卷，尋其況趣，附託許氏說文，而按偶章句，隱別古籀奇惑之字，文得正隸，不差篆意也。」

楊洪字季休，犍爲武陽人也。〔一〕劉璋時，歷部諸郡。先主定蜀，太守李嚴命爲功曹。〔二〕嚴欲徙郡治舍，洪固諫不聽，遂辭功曹，請退。嚴欲薦洪於州，〔三〕爲蜀部從事。〔四〕先主爭漢中，急書發兵，軍師將軍諸葛亮以問洪，洪曰：「漢中則益州咽喉，存亡之機會；若無漢中，則無蜀矣，〔五〕此家門之禍也。方今之事，男子當戰，女子當運，發兵何疑！」時蜀郡太守法正，從先主北行，亮於是表洪領蜀郡太守。衆事皆辦，遂使即真。〔六〕頃之，轉爲益州治中從事。〔七〕

〔一〕犍爲郡治武陽，見劉焉傳。

〔二〕犍爲郡之功曹。

〔三〕劉家立曰：「此欲字乃涉上文欲字而誤衍者，當删去。」

〔四〕蜀疑作益。或曰：「部疑作郡。」

〔五〕潘眉曰：「黄權亦曰：若失益州，則三巴不振，此爲割蜀之股臂也。先主殺夏侯淵，據漢中，爲蜀重鎮。建安二十四年，拔魏延爲都督，鎮漢中。後主建興五年，諸葛亮出屯漢中。十二年，亮卒，吴壹假節督漢中。十五年，王平代壹督漢中。延熙元年，蔣琬出屯漢中。六年，還，住涪，王平統漢中。十一年，費禕出屯漢中。景耀元年，姜維始令督漢中。胡濟卻住漢壽，使將分守漢、樂二城。於舊法爲一變。蓋即王平守漢中時諸將之策也。」

〔六〕胡三省曰：「遂使之代法正。」

〔七〕洪列名勸進，見先主傳。

先主既稱尊號，征吴不克，還住永安。漢嘉太守黄元素爲諸葛亮所不善，聞先主疾病，懼有後患，舉郡反，燒臨邛城。〔一〕時亮東行省疾，成都單虚，是以元益無所憚。洪即啓太子，遣其親兵，使將軍陳曶、鄭綽討元。衆議以爲元若不能圍成都，當由越巂據南中。〔二〕洪曰：「元素性凶暴，無他恩信，何能辦此？不過乘水東下，冀主上平安，面縛歸死。如其有異，奔吴求活耳。勑曶、綽但于南安峽口遮，即便得矣。」〔三〕曶、綽承洪言，果生獲元。洪，〔四〕建興元年賜爵關内侯，復爲蜀郡太守、忠節將軍；〔五〕後爲越騎校尉，領郡如故。

〔一〕永安、漢嘉、臨邛俱見先主傳。

〔二〕胡三省曰：「南中，漢益州、永昌二郡之地。」弼按：南中解見諸葛亮傳。

〔三〕「即」疑作「擊」。郡國志：「益州犍爲郡南安。」水經江水注：「江水又東南逕南安縣西，有熊耳峽，縣治青衣江，會襟帶二水矣。縣南有峨眉山，有濛水，即大渡水也。」一統志：「南安故城，今四川嘉定府夾江縣西北二十里南安鎮。」錢坫曰：「今嘉定府城。」謝鍾英曰：「今嘉定府樂山縣治。」胡三省曰：「此順蜀青衣水東下也。」水經注：青衣水出青衣縣西蒙山，東至蜀郡臨邛縣，與沫水合。又東至犍爲南安入於江，所謂南安峽口也。」謝鍾英曰：「按當在今嘉定府城南青衣江入江處。」

〔四〕趙一清曰：「此洪字是史羨文。」

〔五〕洪飴孫曰：「忠節將軍一人，蜀置。」

五年，丞相亮北住漢中，欲用張裔爲留府長史，問洪何如？洪對曰：「裔天姿明察，長于治劇，才誠堪之。然性不公平，恐不可專任，不如留向朗。朗情僞差少，裔隨從目下，效其器能，於事兩善。」初，裔少與洪親善。裔流放在吴，洪臨裔郡，裔子郁給郡吏，微過受罰，不特原假。裔後還聞之，深以爲恨，與洪情好有損。及洪見亮出，至裔許，具說所言。裔答洪曰：「公留我了矣，明府不能止。」〔一〕時人或疑洪意自欲作長史，或疑洪知裔自嫌，不願裔處要職，典後事也。後裔與司鹽校尉岑述不和，至于忿恨。亮與裔書曰：「君昔在柏下，營壞，〔二〕吾之用心，食不知味。後流迸南海，相爲悲歎，寢不安席。及其來還，委付大任，同獎王室，自以爲與君古之石交也。石交之道，舉讎以相益，割骨肉以相明，猶不相謝也，況吾但委意于元儉，〔三〕而君不能忍邪？」論者由是明洪無私。

〔一〕或曰：「部民謂郡將爲明府，即故交猶然，當日已如此。」

〔二〕「柏」，宋本作「栢」，元本作「桕」。趙一清曰：「當作陌下，即張裔傳所謂德陽陌下也。」

〔三〕宋本「噫」作「意」。官本考證曰：「監本訛作委噫，今改正。」沈家本曰：「元儉蓋岑述字。」弼按：廖化字元儉，爲丞相參軍，見宗預傳。

洪少不好學問，而忠清款亮，憂公如家，事繼母至孝。六年卒官。始洪爲李嚴功曹，嚴未至犍爲，〔一〕而洪已爲蜀郡。洪迎門下書佐何祗，〔二〕有才策功幹，〔三〕舉郡吏；數年，爲廣漢太守。時洪亦尚在蜀郡。是以西土咸服諸葛亮能盡時人之器用也。〔四〕

益部耆舊傳雜記曰：每朝會，祗次洪坐，嘲祗曰：「君馬何駛？」祗曰：「故吏馬不敢駛，但明府未著鞭耳。」衆傳之以爲笑。

祗字君肅，少寒貧，爲人寬厚通濟，體甚壯大，又能飲食，好聲色，不持節儉，〔五〕故時人少貴之者。嘗夢井中生桑，〔六〕以問占夢趙直。〔七〕直曰：「桑非井中之物，會當移植；然桑字四十下八，君壽恐不過此。」祗笑言：「得此足矣。」初仕郡，〔八〕後爲督軍從事。時諸葛亮用法峻密，陰聞祗游戲放縱，不勤所職，常奄往録獄。〔九〕衆人咸爲祗懼。祗密聞之，夜張燈火見囚，讀諸解狀。諸葛晨往，祗悉已闇誦，答對解釋，無所凝滯，亮甚異之。出補成都令，時郫縣令缺，〔一〇〕以祗兼二縣。二縣户口猥多，切近都治，饒諸奸穢，每比人，常眠睡，值其覺寤，輒得奸詐，衆咸畏祗之發擿，或以爲有術，無敢欺者。使人投算，祗聽其讀而心計之，不差升合，其精如此。汶山夷不安，以祗爲汶山太守，〔一一〕民夷服信。遷廣漢。後夷反叛，辭：「令得前何府君，乃能安我耳。」時難屈祗，拔祗族人爲汶山，汶山復得安。〔一二〕轉祗爲犍爲。年四十八卒，如直所言。後有廣漢王離，字伯元，亦以才幹顯。爲督軍從事，推法平當，稍遷，代祗爲犍爲太守，治有美績，雖聰明不及祗，而文采過之也。

〔二〕錢大昭曰：「至疑當作去。」弼按：通鑑作「去」。
〔三〕「迎」字疑衍，通鑑作「舉」。何祗見張嶷傳。
〔三〕胡三省曰：「漢制，郡閣下及諸曹各有書佐幹主文書。靈帝光和二年，樊毅復華下民租口筭碑載其上尚書奏牘，前書年月朔日弘農太守臣毅頓首死罪上尚書，後書臣毅誠惶誠恐頓首頓首死罪死罪上尚書，後繫掾臣條屬臣淮書佐臣謀。」
〔四〕因事推美諸葛。
〔五〕何焯曰：「儉疑作檢。」
〔六〕宋本「㮚」作「桑」。沈家本曰：「作㮚方與四十下八之語合。」
〔七〕趙直見魏延傳。楊儀傳「呼都尉趙正以周易筮之」，當别爲一人。
〔八〕毛本「仕」作「往」。
〔九〕馮本「常」作〔當〕〔嘗〕。
〔一〇〕郡國志：「益州蜀郡郫。」一統志：「郫縣故城，今四川成都府郫縣治，古蜀王杜宇所都。」
〔一一〕汶山郡見後主傳延熙十年。
〔一二〕御覽二百六十一「辭」下有「曰」字，「難」下有「復」字，「爲」下有「之」字。

費詩字公舉，犍爲南安人也。〔一〕劉璋時爲緜竹令，〔二〕先主攻緜竹時，詩先舉城降。成都既定，先主領益州牧，以詩爲督軍從事，出爲牂柯太守，還爲州前部司馬。先主爲漢中王，遣詩拜關羽爲前將軍。羽聞黃忠爲後將軍，羽怒曰：〔三〕「大丈夫終不與老兵同列！」不肯受拜。詩謂羽曰：「夫立王業者，所用非一。昔蕭、曹與高祖少小親舊，而陳、韓亡命後至，論其班列，韓最居上，〔四〕未聞蕭、曹以此爲怨。今漢王以一時之功，隆崇於漢室，〔五〕然意之輕重，寧當與君侯齊乎！〔六〕且王與君侯，譬猶一體，同休等戚，禍福共之。愚爲君侯，不宜計官號之高下，爵祿之多少爲意也。僕一介之使，銜命之人，君侯不受拜，如是便還；但相爲惜此舉動，恐有後悔耳！」羽大感悟，遽即受拜。

〔一〕南安見楊洪傳。

〔二〕綿竹見劉焉傳。

〔三〕御覽「怒」上無「羽」字。

〔四〕胡三省曰：「謂陳平、韓信自楚而來，韓信王而蕭、曹侯，故曰韓最居上。」

〔五〕陳浩曰：「漢王，御覽作漢中王。漢室，疑當作漢升，黃忠字也。」趙一清曰：「先主時爲漢中王，不應單稱漢王。或曰：御覽作漢叔，叔字草書似升字耳。」

〔六〕胡三省曰：「言備以一時使忠與羽班，而意之輕重，則不在此。曹操嘗表羽爲漢壽亭侯，故稱之爲君侯。」

後羣臣議欲推漢中王稱尊號，詩上疏曰：「殿下以曹操父子偪主篡位，故乃羈旅萬里，糾合士衆，將以討賊。今大敵未克，而先自立，恐人心疑惑。昔高祖與楚約，先破秦者王。

及屠咸陽，獲子嬰，猶懷推讓；況今殿下未出門庭，便欲自立邪？愚臣誠不爲陛下取也。」由是忤指，左遷部永昌從事。〔一〕

習鑿齒曰：夫創本之君，須大定而後正己，〔二〕纂統之主，俟速建以係衆心，〔三〕是故惠公朝虜，而子圉夕立，〔四〕更始尚存，而光武舉號。〔五〕夫豈忘主徼利，社稷之故也。今先主糾合義兵，將以討賊，賊彊禍大，主沒國喪，二祖之廟，絶而不祀，苟非親賢，孰能紹此？嗣祖配天，非咸陽之譬，杖正討逆，何推讓之有？於此時也，不知速尊有德，〔六〕以奉大統，使民欣反正，世覩舊物，杖順者齊心，附逆者同懼，可謂闇惑矣。其黜降也宜哉！

臣松之以爲鑿齒論議，惟此議最善。〔七〕

建興三年，隨諸葛亮南行，歸至漢陽縣，〔八〕降人李鴻來詣亮，亮見鴻，時蔣琬與詩在坐。鴻曰：「閒過孟達許，適見王沖從南來，言往者達之去就，明公切齒，欲誅達妻子，賴先主不聽耳。達曰：諸葛亮見顧有本末，終不爾也。盡不信沖言，委仰明公無復已已。」亮謂琬、詩曰：「還都當有書與子度相聞。」〔九〕詩進曰：「孟達小子，昔事振威不忠，〔一〇〕後又背叛先主。反覆之人，何足與書邪！」亮默然不答。亮欲誘達以爲外援，〔一一〕竟與達書曰：「往年南征，歲未及還，〔一二〕適與李鴻會於漢陽，承知消息，慨然永歎，以存足下平素之志，豈徒空託名榮，貴爲華離乎！〔一三〕嗚呼孟子，斯實劉封侵陵足下，以傷先主待士之義。〔一四〕又鴻道王沖造作虚語，云足下量度吾心，不受沖說。尋表明之言，追平生之好，依依東望，故遺有書。」〔一五〕達得亮書，數相交通，辭欲叛魏。魏遣司馬宣王征之，即斬滅達。亮亦以達無款誠之心，故不救助也。〔一六〕蔣琬秉政，以詩爲諫議大夫，卒於家。

〔一〕胡三省曰：「爲益州刺史部從事，部永昌郡。」何焯曰：「費詩左遷，雍茂見殺，固由不宏，亦其暮氣。」

〔二〕官本「須」作「俟」。

〔三〕官本「俟」作「須」。

〔四〕左傳僖公十五年：「秦獲晉侯以歸。晉陰飴甥會秦伯盟于王城。對秦伯曰：小人恥失其君，不憚征繕，以立圉也。」杜注：「圉，惠公太子懷公也。」

〔五〕范書光武紀：「更始遣侍御史立光武爲蕭王，悉令罷兵詣行在所。光武辭以河北未平，不就徵，自是始貳於更始。諸將議上尊號，光武於是命有司設壇場於鄗南，即皇帝位。」

〔六〕宋本「知」作「如」，誤。

〔七〕李光地曰：「詩，正論；習，通論也。不可相無。」或曰：「縞素犒師，故爵統衆，三軍之氣，或更倍也。大義既申，人自戴之，何不足以繫衆心乎？光武攜貳更始，豈可引喻？子圉固守本國，未聞即尊。苟漢帝既亡，吾業漸立，徐踐大位，未便後也。不然，與人同行，而目之爲賊，誰能服焉？習氏目爲闇惑，松之復善其識，不知果何見也。」

〔八〕郡國志：「益州犍爲屬國漢陽。」一統志：「漢陽故縣，在今四川敘州府慶符縣南，漢置，屬犍爲郡，爲都尉治。後漢屬犍爲屬國，蜀漢屬朱提郡。法正子邈爲漢陽太守，蓋嘗置郡。」又云：「漢陽山在慶符縣北八十里，諸葛武侯南征，駐軍此山。今崖壁上鐫武侯征蠻故道，六字猶存。」又云：「石門山在慶符縣南，即古石門道。」水經江水注：「唐蒙鑿石開閣，以通南中，迄于建寧，二千餘里。山道廣丈餘，深三四丈，鏨鑿之迹猶存。」馬與龍曰：「以蜀志李恢、費詩傳觀之，諸葛亮南征，由越巂渡越巂河而歸，從漢陽石門道也。」

〔九〕孟達字子度。

〔一〇〕振威，劉璋也。

〔一一〕劉咸炘曰：「此節當入劉封傳孟達事中。」

〔一二〕姜宸英曰：「未及當作末乃。後主傳，亮以建興三年三月南征，十二月還成都。」

〔一三〕宋本「華」作「乖」，通志、册府同。

〔一四〕林國贊曰：「彼時蜀臣稱先主曰先帝，稱後主曰陛下，或主上，無稱先主、後主者。費詩、廖立、杜瓊各傳稱先主，杜瓊傳及來敏傳注引諸葛亮集稱後主，皆追改。」

〔一五〕書詞動人，諸葛公亦譎矣。其默然不答，非費詩所能知也。

〔一六〕趙一清曰：「晉書宣帝紀，蜀、吳各遣其將向西城安橋木蘭塞以救達，又克達之後，蜀將姚靜、鄭他等帥其屬七千餘人來降。水經沔水注：木蘭塞，吳朝遣軍救孟達於此。則蜀、吳皆有救達之事，此云不救，何也？」

王沖者，廣漢人也。爲牙門將，統屬江州督李嚴，爲嚴所疾，懼罪降魏。魏以沖爲樂陵太守。

孫盛蜀世譜曰：詩子立，〔一〕晉散騎常侍。自後益州諸費有名位者，多是詩之後也。

〔一〕監本「立」作「在」，誤。

評曰：霍峻孤城不傾，王連固節不移，向朗好學不倦，張裔膚敏應機，〔一〕楊洪乃心忠公，費詩率意而言，皆有可紀焉。以先主之廣濟，諸葛之準繩，詩吐直言，猶用陵遲，〔二〕況庸后

乎哉！〔三〕

〔一〕詩大雅文王之篇「殷士膚敏」毛傳曰：「殷士，殷侯也。膚，美敏，疾也。」鄭箋云：「殷之臣壯美而敏也。」

〔二〕毛本「陵」作「淩」。

〔三〕馮本無「哉」字。或曰：「感諷無限，古人所以比直言於藥石也。」

# 蜀書十二

## 杜周杜許孟來尹李譙郤傳第十二

杜微字國輔，〔一〕梓潼涪人也。〔二〕少受學於廣漢任安。〔三〕劉璋辟爲從事，以疾去官。及先主定蜀，微常稱聾，閉門不出。建興二年，丞相亮領益州牧，選迎皆妙簡舊德，以秦宓爲別駕，五梁爲功曹，〔四〕微爲主簿。微固辭，轝而致之。既至，亮引見微，微自陳謝。亮以微不聞人語，於坐上與書曰：「服聞德行，饑渴歷時，清濁異流，無緣咨覯。王元泰、李伯仁、王文儀、楊季休、丁君幹、李永南兄弟、文仲寶等，〔五〕每歎高志，未見如舊。猥以空虛，統領貴州，德薄任重，慘慘憂慮。朝廷主公，今年始十八，〔六〕天姿仁敏，愛德下士，天下之人，思慕漢室，欲與君因天順民，輔此明主，以隆季興之功，著勳於竹帛也。以謂賢愚不相爲謀，故自割絕，守勞而已，不圖自屈也。」微自乞老病求歸，亮又與書答曰：「曹丕篡弒，自立爲帝，是猶土龍芻狗之有名也。欲與羣賢因其邪僞，以正道滅之。怪君未有相誨，便欲求還於山野，丕又大興勞役，以向吳、楚。今因丕多務，且以閉境勤農，〔七〕育養民物，並治甲兵，以待其挫，然後伐之，可使兵不戰民不勞而天下定也。君但當以德輔時耳，不責君軍事，何爲汲汲欲求去乎！」其敬微如此。〔八〕拜爲諫議大夫，以從其志。

〔一〕錢大昭曰：「漢季輔臣贊作字輔國。」

〔二〕梓潼郡見後主傳建興九年，涪見劉璋傳。

〔三〕任安見秦宓傳注引益部耆舊傳。

〔四〕周壽昌曰：「五，即伍姓也。漢書藝文志伍子胥俱作五子胥。」錢大昕曰：「五，古伍字。呂氏春秋：五員亡荆，人表伍參亦作五參，非文之譌。」

〔五〕王謀字元泰，見季漢輔臣贊。王連字文儀。楊洪字季休，均有傳。李永南兄弟亦見輔臣贊。文恭字仲寶，見廖立傳。李伯仁、丁君幹未詳。錢大昕曰：「君幹疑即出師表所稱丁立也。」

〔六〕朱邦衡曰：「主公二字疑衍。亭林云：武侯集中凡稱先主，本稱先帝，傳入中原，魏人追改是也。此處既有朝廷字，則此二字定屬衍文。」

〔七〕元本「勤」作「勸」。

〔八〕李光地曰：「三代以下，宰相誰有此盛德事乎？聲教遺言，猶足振興乎百世，況親受乎！」

五梁者，字德山，犍爲南安人也，〔一〕以儒學節操稱。從議郎遷諫議大夫、五官中郎將。

〔一〕南安見楊洪傳。

周羣字仲直，〔一〕巴西閬中人也。〔二〕父舒，字叔布，少學術於廣漢楊厚，名亞董扶、任安。〔三〕數被徵，終不詣。時人有問春秋讖曰：「代漢者當塗高，此何謂也？」舒曰：「當塗高者，魏也。」〔四〕鄉黨學者，私傳其語。羣少受學於舒，專心候業。於庭中作小樓，家富多奴，常令奴更直於樓上視天災，纔見一氣，即白羣，羣自上樓觀之，不避晨夜。故凡有氣候，無不見之者，是以所言多中。〔五〕州牧劉璋辟以爲師友從事。〔六〕

續漢書曰：建安七年，越嶲有男子化爲女人。時羣言，哀帝時亦有此，將易代之祥也。〔七〕至二十五年，獻帝果封于山陽。十二年十月有星孛于鶉尾，荊州分野。羣以爲荊州牧將死而失土。明年秋，劉表卒，曹公平荊州。十七年十二月，星孛于五諸侯。羣以爲西方專據土地者，皆將失土。是時劉璋據益州，張魯據漢中，韓遂據涼州，宋建據枹罕。明年冬，曹公遣偏將擊涼州。十九年，獲宋建；韓遂逃于羌中，被殺。其年秋，璋失益州。二十年秋，曹公攻漢中，張魯降。

先主定蜀，署儒林校尉。〔八〕先主欲與曹公爭漢中，問羣，羣對曰：「當得其地，不得其民也。若出偏軍，必不利，當戒慎之！」時州後部司馬蜀郡張裕亦曉占候，而天才過羣，〔九〕諫先主曰：「不可爭漢中，軍必不利。」先主竟不用裕言，果得地而不得民也。〔一〇〕遣將軍吳蘭、雷銅等入武都，皆沒不還，〔一一〕悉如羣言。於是舉羣茂才。

〔一〕錢大昭曰：「季漢輔臣贊作字仲宣。」

〔二〕巴西郡，治閬中，見魏志武紀建安二十年。

〔三〕楊厚、董扶均見劉焉傳注，任安見秦宓傳注。

〔四〕范書公孫述傳：「帝與述書曰：代漢者當塗高，君豈高之身邪？」東觀記曰：「光武與述書曰：承赤者，黄也；姓當塗，其名高也。」文選景福殿李注引獻帝紀，以爲故白馬令李雲之言。當塗高互見魏志文紀延康元年注引禪代衆事。

〔五〕拾遺記卷八云：「周羣妙閑算術讖説，游岷山採藥，見一白猿從絶峯而下，對羣而立。羣抽所佩書刀抗猿，猿化爲一老翁，握中有玉版，長八寸，以授羣。羣問曰：公是何年生？答曰：已衰邁也，忘其年月。猶憶軒轅時始學厤數，風后、容成皆黄帝之史，就余授厤術，至顓頊時考定日月星辰之運，尤多差異。及春秋時，有子韋、子野、裨竈之徒，權略雖驗，未得其門。邇來世代興亡，不復可記，因以相襲。至大漢時，有洛下閎，頗得其旨。羣服其言，更精勤算術，及考校年厤之運驗於圖緯，知蜀應滅。及明年，歸命奔吴。皆云周羣詳陰陽之精妙也。蜀人謂之後聖。白猿之異，有似越人所記，而事皆迂誕，似是而非。」

〔六〕師友從事，見吴志士燮傳。

〔七〕續漢志五行志五所載與此同，惟云時周羣上言。按：此乃羣自言占驗，非上言也。

〔八〕洪飴孫曰：「儒林校尉一人，蜀所置。」

〔九〕原注：「裕字南和。」

〔一〇〕或曰：「曹操自至漢中引出張郃等諸軍，未聞移其民也。羣言得地不得民，妄甚。」弼按：魏志杜襲傳：「襲隨太祖到漢中討張魯，太祖還，襲留督漢中軍事。綏懷開導，百姓自樂出徙洛、鄴者八萬餘口。」此爲得地不得民之證。

〔一一〕事見魏志武紀建安二十三年，先主傳作雷同。

裕又私語人曰：「歲在庚子，天下當易代，劉氏祚盡矣。主公得益州，九年之後，寅卯之間，當失之。」〔一〕人密白其言。初，先主與劉璋會涪，時裕爲璋從事，侍坐。其人饒鬚，先主嘲之曰：「昔吾居涿縣，特多毛姓，東西南北，皆諸毛也。涿令稱曰：『諸毛繞涿居乎！』」裕即答曰：「昔有作上黨潞長，遷爲涿令。涿令者，去官還家，時人與書，欲署潞則失涿，欲署涿則失潞，乃署曰潞涿君。」先主無鬚，故裕以此及之。〔二〕先主常銜其不遜，加忿其漏言，乃顯裕諫爭漢中不驗，下獄，將誅之。諸葛亮表請其罪，先主答曰：「芳蘭生門，不得不鉏！」裕遂棄市。〔三〕後魏氏之立，先主之薨，皆如裕所刻。〔四〕又曉相術，〔五〕每舉鏡視面，自知刑死，未嘗不撲之于地也。

〔一〕潘眉曰：「先主以建安十九年得益州，至章武二年壬寅，凡九年。明年癸卯殂，故云九年之後，寅卯之間，當失之，非謂失益州也。」

〔二〕何焯曰：「及字當作反。」劉咸炘曰：「此等嘲語，載之無謂，下開晉書之弊，孰謂承祚爲簡絜邪？」

〔三〕或曰：「昭烈以蜀方新造，恐其煽惑人心，俾無固志，誅之是也。裕知數而不知慎密之義，未聞道耳。善術者當以杜瓊爲法。」

〔四〕或曰：「先主雖殂，益州未失，何得云如裕所刻乎？」

〔五〕張裕善相，見鄧芝傳。或曰：「先主英雄，曹操畏之，自有出羣之表。張裕不識，焉得曉相術乎！」

羣卒，子巨頗傳其術。

杜瓊字伯瑜，蜀郡成都人也。少受學於任安，精究安術。劉璋時辟爲從事。先主定益州，領牧，以瓊爲議曹從事。〔一〕後主踐阼，〔二〕拜諫議大夫，遷左中郎將、〔三〕大鴻臚、太常。爲人靜默少言，闔門自守，不與世事。蔣琬、費禕等，皆器重之。雖學業入深，初不視天文有所論說。後進通儒譙周，常問其意。瓊答曰：「欲明此術甚難，須當身視，識其形色，不可信人也。晨夜苦劇，然後知之，復憂漏泄；不如不知，是以不復視也。」周因問曰：「昔周徵君以爲當塗高者魏也，其義何也？」瓊答曰：「魏，闕名也。當塗而高，聖人取類而言耳。」又問周曰：「寧復有所怪邪？」周曰：「未達也。」瓊又曰：「古者名官職不言曹，始自漢已來，名官盡言曹，吏言屬曹，卒言侍曹，此殆天意也。」〔四〕瓊年八十餘，延熙十三年卒。著韓詩章句十餘萬言，不教諸子，內學無傳業者。周緣瓊言，乃觸類而長之曰：「春秋傳著晉穆侯名太子曰仇，弟曰成師。師服曰：異哉，君之名子也！嘉耦曰妃，怨耦曰仇。今君名太子曰仇，弟曰成師，始兆亂矣，兄其替乎！其後果如服言。及漢靈帝名二子曰史侯、董侯，既立爲帝，後皆免爲諸侯，與師服言相似也。先主諱備，其訓具也；後主諱禪，其訓授也。如言劉已具矣，當授與人也。意者，甚於穆侯、靈帝之名子。」〔五〕後宮人黃皓弄權於內，景耀五年，宮中大樹，無故自折，周深憂之，無所與言。乃書柱曰：「衆而大，期之會，具而授，若何復？」言曹者，衆也；魏者，大也。衆而大，天下其當會也；具而授，如何復有立者乎？蜀既亡，咸以周言爲驗。周曰：「此雖己所推尋，然有所因，由杜君之辭而廣之耳，殊無神思獨至之異也。」

〔一〕瓊列名勸進，見先主傳。
〔二〕毛本「阼」作「祚」。
〔三〕後主使瓊持節贈諸葛亮武鄉侯印綬，見亮傳。
〔四〕劉咸炘曰：「蜀中内學本盛，周舒以當塗高爲魏，其子羣則又以黄氣證西有天子。（見先主傳）譙周孰聞其緒言，故以漢數當亡而勸降。承祚師譙周，具載其讖語，直至常道將猶津津言周之讖。蜀之不能申大義者，以圖讖也。」
〔五〕何焯曰：「君子好仇，豈怨耦之謂？師服已屬附會，後人不必持此，自喜爲知微也。宋明帝之多諱，皆譙叟輩啓之，何關治亂興亡乎！」錢振鍠曰：「妖言惑衆，其罪死；勸降，又其小者。」

許慈字仁篤，南陽人也。師事劉熙，〔一〕善鄭氏學，治易、尚書、三禮、毛詩、論語。〔二〕建安中，與許靖等俱自交州入蜀。時又有魏郡胡潛，字公興，不知其所以在益土。潛雖學不沾洽，然卓犖彊識，祖宗制度之儀，喪紀五服之數，皆指掌畫地，舉手可采。先主定蜀，承喪亂歷紀，學業衰廢，乃鳩合典籍，沙汰衆學，慈、潛並爲博士，〔三〕與孟光、來敏等典掌舊文。值庶事草創，動多疑議，慈、潛更相克伐，謗讟忿爭，形於聲色；書籍有無，不相通借，時尋楚撻，以相震攇。〔四〕其矜己妒彼，乃至於此。先主愍其若斯，羣僚大會，使倡家假爲二子之容，傚其訟鬩之狀，酒酣樂作，以爲嬉戲，〔五〕初以辭義相難，終以刀杖相屈，用感切之。〔六〕潛先没，慈，後主世稍遷至大長秋，卒。〔七〕

孫盛曰：蜀少人士，故慈、潛等並見載述。〔八〕

子勛，傳其業；復爲博士。

〔一〕隋書經籍志：「梁有謚法三卷，後漢安南太守劉熙注，亡。釋名八卷，劉熙撰。」直齋書録解題：「釋名八卷，漢徵士北海劉熙成國撰，凡二十七篇。」四庫提要云：「釋名八卷，漢劉熙撰。熙字成國，北海人。其書二十篇，以同聲相諧，推論稱名辨物之意，中閒頗傷於穿鑿。然可因以考見古音，又去古未遠，所釋器物，亦可因以推求古人制度之遺。又後漢書劉珍傳稱珍撰釋名五十篇，（五當作三）其書名相同，姓又相同，然歷代相傳，無引劉珍釋名者，則珍書久佚，不得以此書當之也。」畢沅釋名疏證序云：「劉熙釋名其自序云二十七篇。案後漢書文苑傳，劉珍字秋孫，一名寶，撰釋名三十篇，以辯萬物之稱號。而韋曜、顔之推等皆云劉熙製釋名，熙或作熹。案三國吴志曜傳，曜在獄中上辭有云，見劉熙所作釋名，信多佳者，然物類衆多，難得詳究，故時有得失，而爵位之事，又有非是云云。玩曜之語，則熙之書吴末乃始流布，是熙之去曜，年代必當不遠，一也。舊本題安南太守劉熙撰，近時校者以二漢無安南郡，或云當作南安。今考劉昭注續漢書稱三秦記曰中平五年分漢陽置南安郡，元和郡縣志亦云漢靈帝立。是郡置已在漢末，二也。此書釋州國篇有司州，案魏志又晉書地理志，魏以漢司隸所部河南、河東、河内、宏農，併冀州之平陽合五郡，置司州。是建安以前，無司州之名，三也。又云：西海郡海在其西。據劉昭注則西海郡亦獻帝建安末立，其時去魏受禪不遠，四也。釋天等篇於光武列宗之諱，均不避，五也。以此而推，則熙爲漢末或魏受禪以後之人無疑。又自序云二十七篇，而文苑劉珍傳云三十篇，篇目亦不甚縣遠。疑此書兆于劉珍，踵成于熙，至韋曜又補官職之缺也。其書參校方俗，考合古今，晰名物之殊，辨典禮之異，洵爲爾雅、説文以後不可少之書。今分觀其所釋，亦時有與爾雅、説文諸書異者。」明區大任百越先賢志云：「劉熙字成國，交州人，先北海人也。博覽多識，名重一時，薦辟不就，避地交州，人謂之徵士。往來蒼梧、南海，客授生徒數百人，著謚法三卷行於世。建安末，卒於交州，崇山下有劉熙墓云。（自注：據交廣春秋、文獻通考參修）」又云：「劉熙即名物以釋義，推揆事原，致意精微，作釋名二十七篇，自爲之序。」嚴可均曰：「劉熙字成國，北海人，官位未詳。後漢文苑劉珍傳：撰釋名三十篇：蓋別有一書，或珍創始而劉熙踵成之也。隋、唐志作劉熙撰，不書官位。今所見舊刻本，或題安南太守，或題徵士。隋志大戴禮注梁有謚法三卷，後漢安南太守劉熙注，則舊刻本亦有所據，然恐不確。唐調露元年始改交州總管府爲安南都護府，前此交趾並無安南之稱。近人或云、當作南安，亦不確。南安本漢天水，東漢改爲漢陽。續志漢陽郡注補引秦州記：中平二年，分置南安郡，魏爲廣魏，晉爲略陽，其地屬涼州刺史部。而劉熙久居交州，陳壽言之再四。蜀志許慈傳：師事劉熙，建安中自交州入蜀。吴志韋曜傳：見劉熙所作釋名，信多佳者。程秉傳：避亂交州，與劉熙考論大義，遂博通五經。薛綜傳：少避地交州，從劉熙學計。熙在交州，值獻帝初年，或先士燮爲太守，殆未可知。然不當稱安南，其爲徵士，亦不見于史，故皆不從。又案：後漢光武十五王傳別有劉熙，建安十一年嗣琅邪王。魏志劉馥傳：馥孫熙，嘉平六年嗣建成鄉侯，姓名偶同，非即其人也。」又云：「世説言語篇注引伏滔青楚人物論，以劉成國爲青土有才德者。」洪亮吉曉讀書齋初録云：「釋名舊本題安南太守劉熙撰，考據家並云漢無安南郡。今考晉書循吏傳，魯芝當魏時行安南太守，則舊本所言不誤。」姚振宗曰：「按湖廣舊志云：劉珍撰釋名三十篇，以辨萬物之稱號，劉熙序之。然攷熙自序止二十七篇，亦絶不言前人有是作，豈今本劉熙非全文，佚其本末歟？序末有云：其於答難解惑，王父幼孫，朝夕侍問，以塞可謂之士，聊可省諸。其語不甚明白，豈劉熙爲劉珍之孫，幼時嘗質問其義，後踵成其王父之書，如嚴氏所説歟？疑不能明也。」弼按：劉珍爲南陽蔡陽人，劉熙爲北海人，畢、嚴二氏皆謂熙踵成珍書，殊無佐證。嚴氏謂南安屬涼州，駁畢説之誤，誠是。其歷引蜀志、吴志謂劉熙之久居交州，實爲信而有徵。畢氏謂劉熙生漢、魏之際，其説亦是。安南太守疑爲日南太守之誤。日南屬交州，或較南安爲近是歟？宋翔鳳孟子劉注序云：「隋書經籍志：孟子七卷，劉熙注。劉注不傳，唐人注書時，引劉説南河、牛山諸注，考其地形，並勝於趙。劉字成國，見世説新語。」

〔二〕范書鄭玄傳：「玄字康成，北海高密人也。凡玄所注周易、尚書、毛詩、儀禮、禮記、論語、孝經、尚書大傳凡百餘萬言。」經典釋文敘録云：「鄭玄注易、尚書、三禮、論語、尚書大傳、五經中候。箋毛詩，作毛詩譜。」錢大昕曰：「三禮皆康成注，流傳至今。乃鄭玄傳有儀禮、禮記而無周禮，此傳寫之脱漏。」弼按：經典釋文云：鄭注三禮，此傳亦云許慈善鄭氏學，治三禮，可證范書之誤。何焯曰：「鄭氏尚書注，今與易皆僅存於正義中。」姚範曰：「唐世禮記爲大經，詩、周禮、儀禮爲中經，易、尚書爲小經。」

〔三〕馮本「博」作「學」，誤。傳末子勛復爲博士，作「博」是。

〔四〕原注：「攄，虚晚反。」姚範曰：「攄，廣韻軒上聲，此作歡上聲。」周壽昌曰：「攄，虚偃切。博雅：擬也；一曰：手約物也。通雅：震攄猶搴拏也。」或曰：「以學相商，竟至於此，士君子當慎其初念，無名心，無矜氣。」

〔五〕元本「戲」作「笑」。

〔六〕錢振鍠曰：「此事不惟爲漢儒門户之終，且爲後世梨園之始。」

〔七〕何焯曰：「大長秋掌奉宣中宫命，西京或用士人，中興常用宦者。今皆用通經之士爲之，則可以修周官内宰之職。一隅之制，其善如此。」

〔八〕何焯曰：「仁篤通大經四，小經三，即在中士，亦烏可無述！」

孟光字孝裕，河南洛陽人，漢太尉孟郁之族。〔一〕靈帝末爲講部吏。獻帝遷都長安，遂逃入蜀，劉焉父子待以客禮。博物識古，無書不覽，尤鋭意三史，長於漢家舊典。〔二〕好公羊春秋，而譏呵左氏，每與來敏爭此二義，光常譊譊讙咋。〔三〕先主定益州，拜爲議郎，與許慈等並掌制度。後主踐阼，爲符節令、屯騎校尉、長樂少府，遷大司農。〔四〕延熙九年秋，大赦，光於衆中責大將軍費褘曰：「夫赦者，偏枯之物，〔五〕非

〔一〕續漢書云：郁，中常侍孟賁之弟。

明世所宜有也。衰弊窮極，必不得已，然後乃可權而行之耳。今主上仁賢，百僚稱職，有何旦夕之危，倒縣之急，而數施非常之恩，以惠姦宄之惡乎！又鷹隼始擊，而更原宥有罪，上犯天時，〔六〕下違人理。老夫耄朽，不達治體，竊謂斯法難以經久，豈具瞻之高美，〔七〕所望於明德哉！」禕但顧謝踧踖而已。〔八〕光之指摘痛癢，多如是類。故執政重臣，心不能悅，爵位不登；每直言無所回避，爲代所嫌。〔九〕太常廣漢鐔承、

華陽國志曰：承字公文，歷郡守、少府。〔一〇〕

光祿勳河東裴儁等，年資皆在光後，而登據上列，處光之右，蓋以此也。

傅暢裴氏家記曰：〔一一〕儁字奉先，魏尚書令潛弟也。儁姊夫爲蜀中長史，儁送之，時年十餘歲，遂遭漢末大亂，不復得還。既長知名，爲蜀所推重也。子越，字令緒，爲蜀督軍。蜀破，遷還洛陽，拜議郎。

〔一〕梁章鉅曰：「後漢書靈帝紀：太常河南孟戫。即此人。戫古郁字。說文戫戫乎文，今論語亦作郁。」錢大昕曰：「按成陽堯廟碑，濟陰太守河南匽師孟府君，諱郁，字敬達，治尚書經，歷典六郡，威教若神，即其人也。戫與郁同。碑立於永康元年，至熹平六年，相距十年矣。注云字叔達，而碑云敬達。叔、敬二文相似，碑已亡失，莫能決其然否。」何焯曰：「蜀志孟光傳注引續漢書云：郁，中常侍孟賁之弟。」惠棟曰：「案郁當作戫。郁字敬達，河南偃師人，桓帝永嘉初爲濟陰太守，見隸釋。蜀志誤以郁爲戫也。」侯康曰：「後漢書考異及補表皆以孟戫、孟郁爲一人，惠氏分之是也。蜀志孟光傳：河南洛陽人，漢太尉孟郁之族。若濟陰太守碑，則偃師人，是縣不同也。章懷注：戫字叔達，濟陰太守碑字敬達，是字不同也。戫、郁雖可相通，而實分二字，故說文兩收之，是名不同也。蜀志之誤無疑。」今案：袁紀孟戫之戫，即皆作郁，則援說文爲之分辨，終是不確。蓋後漢實有兩孟郁，蜀志孟光傳所引，本即後漢書

靈帝紀之孟戫，三國志注所稱中常侍孟賁之弟也。明年，戫罷，太常常山張顥繼爲太尉。顥亦即中常侍張奉之弟，宦族方盛，事同一轍。蜀志初不誤，至濟陰太守碑立於桓帝永康元年，碑中明言諱郁，則前卒已久，抑無爲太尉之事，固與范書、陳志皆不相涉，自別爲一人。」弼按：侯説詳明，分辨極是。竹汀素稱精審，此亦偶誤，然亦有莫決然否之語，亦懷疑之詞也。

〔二〕沈家本曰：「此文稱長於漢家舊典，則所謂三史者，皆屬漢史，惟後漢書並魏、晉以後人所作，必不在三史之數，豈馬、班之外，兼數東觀漢記歟？」

〔三〕原注：「譊，音奴交反；讙，音休袁反；咋，音徂格反。」

〔四〕潘眉曰：「太后三卿，衞尉、少府、太僕。後主皇太后稱長樂宫，此長樂少府，其一卿也。魏制在同名卿下，羣臣奏永寧宫，永寧衞尉、太僕署名在衞尉太僕後。蜀制在同名卿上，與漢中興制同，故光由長樂少府遷大司農。」

〔五〕胡三省曰：「木之一邊碩茂，一邊焦槁者，謂之偏枯，赦者，赦有罪也，有罪者赦，則姦惡之人抵法而獲免於罪，良善之人受抑而不獲伸，故謂之偏枯之物。」

〔六〕或曰：「此非赦時，蓋秋正用刑也。」

〔七〕詩小雅節南山之章：「赫赫師尹，民具爾瞻。」毛傳云：「具，俱；瞻，視也。」鄭箋云：「言天下之民，俱視女之所爲也。」

〔八〕論語：「君在，踧踖如也。」何晏集解：「馬曰，踧踖，恭敬之貌。」

〔九〕或曰：「承祚不應以世爲代，蓋承唐人寫本，未及改正耳。」

〔一〇〕華陽國志贊云：「優游容與，特進太常。」又云：「承，鄭人也。時費、姜秉政，孟光、來敏皆棲遲，承以和獨立，特進之也。」

〔一一〕沈家本曰：「是書隋、唐志不著録。隋志别有裴氏家傳四卷，裴松之撰。二唐志作家記三卷。梁書裴子野傳：子野續裴氏家傳三卷。」

後進文士祕書郎郤正數從光諮訪，〔一〕光問正太子所習讀，並其情性好尚。正答曰：「奉親虔恭，夙夜匪懈，有古世子之風；接待羣僚，舉動出於仁恕。」光曰：「如君所道，皆家戶所有耳。〔二〕吾今所問，欲知其權略智調何如也。」〔三〕正曰：「世子之道，在於承志竭歡，〔四〕既不得妄有所施爲；且智調藏於胸懷，權略應時而發，此之有無，焉可豫設也？」〔五〕光解正慎宜，〔六〕不爲放談。乃曰：「吾好直言，無所回避，每彈射利病，爲世人所譏嫌，疑省君意，〔七〕亦不甚好吾言。然語有次。今天下未定，智意爲先，智意雖有自然，然不可力强致也。〔八〕此儲君讀書，〔九〕寧當傚吾等竭力博識，以待訪問，如博士探策講試，以求爵位邪！〔一〇〕當務其急者。」正深謂光言爲然。後光坐事免官，年九十餘卒。

〔一〕胡三省曰：「東漢以馬融爲祕書郎，詣東觀典校書，祕書郎蓋自融始。」
〔二〕胡三省曰：「謂其才行不踰中人也。」
〔三〕通鑑「調」作「謀」，下同。
〔四〕胡三省曰：「承志，謂承君父之志；竭歡，謂左右就養，承順顏色，以盡親之歡。」
〔五〕通鑑「設」作「知」。
〔六〕官本考證曰：「宜疑作密。」胡三省曰：「慎宜者，謹言語，擇其所宜言乃言也。」周壽昌曰：「從慎字斷句。言光解郤正之慎，下云宜不爲放談，言職分宜爾也。」
〔七〕李慈銘曰：「疑字似衍。以嫌疑二字習見而誤。」

〔八〕李光地曰：「可下有不字。」李慈銘曰：「不疑作亦。」

〔九〕官本考證曰：「儲君，監本作諸君，誤。」

〔一〇〕胡三省曰：「按漢書音義：作簡策難問，例置案上，在試者意投射取而答之，謂之射策，即探策也。若録政化得失，顯而問之，謂之對策。」

來敏〔一〕字敬達，義陽新野人，〔二〕來歙之後也。〔三〕父豔，爲漢司空。〔四〕

華嶠後漢書曰：豔好學下士，開館養徒衆。少歷顯位，靈帝時位至司空。

漢末大亂，敏隨姊夫奔荆州。姊夫黄琬，是劉璋祖母之姪，〔五〕故璋遣迎琬妻，敏遂俱與姊入蜀，常爲璋賓客。涉獵書籍，善左氏春秋，尤精於倉、雅訓詁，〔六〕好是正文字。先主定益州，署敏典學校尉，〔七〕及立太子，以爲家令。後主踐阼，〔八〕爲虎賁中郎將。丞相亮住漢中，請爲軍祭酒、輔軍將軍，〔九〕坐事去職。〔一〇〕

亮集有教曰：「將軍來敏對上官顯言：新人有何功德，而奪我榮資與之邪？諸人共憎我，何故如是？敏年老狂悖，生此怨言。昔成都初定，議者以爲來敏亂羣，〔一一〕先帝以新定之際，故遂含容，無所禮用。後劉子初選以爲太子家令，先帝不悦，而不忍拒也。後主即位，〔一二〕吾闇於知人，遂復擢爲將軍祭酒，違議者之審見，背先帝所疎外，自謂能以敦厲薄俗，帥之以義。今既不能，表退職，使閉門思愆。」〔一三〕

亮卒後，還成都爲大長秋，〔一四〕又免。後累遷爲光禄大夫，〔一五〕復坐過黜。前後數貶削，皆以語言不節，舉動違常也。時孟光亦以樞機不慎，議論干時，然猶愈于敏，俱以其耆宿學士，見禮於世。而敏荆楚名族，東宮舊臣，特加優待，是故廢而復起。後以敏爲執慎將軍，〔一六〕欲令以官重自警戒也。年九十七，景耀中卒。子忠，亦博覽經學，有敏風，與尚書向充等〔一七〕並能協贊大將軍姜維，維善之，以爲參軍。

〔一〕世系云：「來氏出自子姓，商之支孫，食采於郲，因以爲氏。其後避難去邑，秦末徙新野。」

〔二〕義陽郡見魏志明紀景初元年；新野見魏志武紀建安十三年。

〔三〕范書來歙傳：「歙字君叔，南陽新野人。父仲，娶光武祖姑生歙，歙後攻公孫述，爲刺客所害。」沈家本曰：「案范書歙傳，豔爲歙之來孫，則敏乃歙之晜孫。」

〔四〕范書靈帝紀：「建寧四年四月，太常來豔爲司空，尋免。光和元年，復拜，尋卒。」章懷注：「豔字季德，南陽新野人。」

〔五〕錢大昕曰：「此又一黄琬。」李慈銘曰：「黄琬死於董卓之亂，無奔荆州事。上句姊夫，夫字涉下句而衍。」弼按：李説是。下文敏遂與姊入蜀可證。錢説誤。

〔六〕潘眉曰：「同時爲倉、雅之學者，有魏博士張揖埤倉、廣雅，來敏學失傳。」弼按：三蒼詳見魏志武紀建安五年注。侯康曰：「水經注二十七、又三十三並引來敏本蜀論。據此兩條，則是地記之書，寰宇記益州條下亦引之。」

〔七〕洪飴孫曰：「典學校尉一人，蜀所置。」

〔八〕毛本「阼」作「祚」。

〔九〕洪飴孫曰：「輔軍將軍一人，蜀所置。」

〔一〇〕何焯曰：「請敏軍職而以董允領宿衛，此楊洪勸留向朗之意，故敏言奪我榮資也。」

〔一一〕姚範曰：「宋書：王微與江湛書云，諸葛孔明云，來敏亂羣，過於孔文舉。」

〔一二〕周壽昌曰：「後主二字恐誤。觀教中稱先帝，不稱先主，可見。又案姜維傳：諸葛與張裔蔣琬書有云：當遣詣宮，觀主上，不稱後主也。」沈家本曰：「主下疑奪上字。」

〔一三〕蔣超伯南漘楛語卷一曰：「來敏家世三公，長于文學，傳稱其尤精倉、雅，善左氏春秋，爲當時宿學士。即或言語不節，何至目爲狂悖？褊哉亮也！所以亮卒而李邈上書，詆爲身仗强兵，狼顧虎視也。其後敏與孟光，壽俱近百。當干戈俶擾之際，而成都二老，九十不衰，可云人瑞矣。」弼按：諸葛卒後，來敏復坐過黜。前後數貶，此不能責葛公之褊也。蔣説失之。

〔一四〕潘眉曰：「大長秋，皇后卿，後漢用宦者爲之。蜀選用士人，變漢制。」

〔一五〕敏爲光禄大夫，與費禕對弈，見禕傳。

〔一六〕洪飴孫曰：「執慎將軍一人，蜀所置。」周壽昌曰：「執慎將軍，因時立名，非官號也。前漢初有慎將，見功臣表。」

〔一七〕向充見向朗傳。

尹默字思潛，梓潼涪人也。〔一〕益部多貴今文而不崇章句，〔二〕默知其不博，乃遠游荆州，從司馬德操、宋仲子等受古學。〔三〕皆通諸經史，又專精于左氏春秋。自劉歆條例，鄭衆、賈逵父子、陳元方、服虔注説，咸略誦述，不復按本。〔四〕先主定益州，領牧，以爲勸學從事。〔五〕及立太子，以默爲僕射，〔六〕以左氏傳授後主。後主踐阼，〔七〕拜諫議大夫。丞相亮住漢中，請爲軍祭酒。亮卒，還成都，拜太中大夫，卒。子宗，傳其業，爲博士。

宋仲子後在魏。魏略曰：其子與魏諷謀反，伏誅。魏太子答王朗書曰：「昔石厚與州吁游，父碏知其與亂，〔八〕韓子昵田蘇，穆子知其好仁。〔九〕故君子游必有方，居必就士，誠有以也。嗟乎！宋忠無石子先識之明，老罷此禍。今雖欲願行滅親之誅，立純臣之節，尚可得邪！」

〔一〕梓潼郡見後主傳建興九年，涪見劉璋傳。

〔二〕范書桓譚傳：「譚徧習五經，習詁訓大義，不爲章句，尤好古學。」章懷注：「説文曰：詁訓，古言也。章句，謂離章辨句，委曲枝派也。」沈欽韓曰：「賈逵爲古學，而教授仍用今文，蓋利禄之徒，非是則莫肯來學。終漢之世，兼通五經古學者，惟賈、馬、鄭三君耳。」

〔三〕司馬德操見諸葛亮傳，宋仲子見魏志劉表傳、王肅傳。

〔四〕漢書劉向傳：「向字子政，本名更生。少子歆，最知名。歆字子駿。歆校祕書，見古文春秋左氏傳，大好之。初，左氏傳多古字古言，學者傳訓故而已。及歆治左氏，引傳文以解經，轉相發明，由是章句義理備焉。歆以爲左丘明好惡與聖人同，親見夫子，而公羊、穀梁在七十子後，傳聞之與親見之，其詳略不同。歆數以難向，向不能非閒也。歆欲建立左氏春秋，列於學官。哀帝令歆與五經博士講論其義，諸博士或不肯置對，歆因移書太常博士責讓之。」范書鄭興傳：「興字少贛，河南開封人。少學公羊春秋，晚善左氏傳，將門人從劉歆講正大義。歆美興才，使撰條例章句訓詁。興好古學，尤明左氏、周官，世言左氏者多祖於興，而賈逵自傳其父業，故有賈、鄭之學。興子衆，衆字仲師，年十二，從父受左氏春秋，作春秋難記條例，其後受詔作春秋刪十九篇。」又賈逵傳：「逵字景伯，扶風平陵人。父徽，從劉歆受左氏春秋，作左氏條例二十一篇。逵悉傳父業，弱冠能誦左氏傳，及五經本文。雖爲古學，兼通五家穀梁之説，尤明左氏傳、國語，爲之解詁五十一篇。」又陳元傳：「元字長孫，蒼梧廣信人。父欽，習左氏春秋，事黎陽賈護，與劉歆同時，而別自名家。元少傳父業，爲之訓詁。建武初，元與桓譚、杜林、鄭興俱爲學者所宗。時議欲立左氏傳，博士范升奏，以爲左氏淺末，不宜立。元上疏爭之，帝卒立左氏學，太常選博士四人，元爲第一。」又儒林傳服虔傳：「虔字子慎，河南滎陽人，作左氏春秋傳解，行之至今。」何焯曰：「陳元方，衍方字。」陳浩、潘眉説同。弼按：父子二字，似應在陳元下。緣鄭衆、賈逵、陳元皆父子治左氏傳也。俞正燮曰：「不復案本，言能背誦也。」

〔五〕默列名勸進，見先主傳。

〔六〕趙一清曰：「續漢書百官志：太子僕一人，千石。注曰：主車馬，職如太僕。此射字似衍文。譙周傳云：後主立太子，以周爲僕是也。李譔傳：遷爲僕射。射字亦羨文。」

〔七〕毛本「阼」作「祚」。

〔八〕左傳隱公三年：「衛公子州吁，嬖人之子也，有寵而好兵，衛莊公弗禁。石碏諫，弗德。碏子厚與州吁游，禁之，不可；桓公立，乃老。四年春，衛州吁弒桓公而立，九月，衛人使殺州吁于濮，石碏使殺石厚于陳。君子曰：石碏，純臣也，惡州吁，而厚與焉。大義滅親，其是之謂乎！」

〔九〕左傳襄公七年：「晉韓獻子告老，穆子有廢疾，將立之。辭曰：無忌不才，讓其可乎，請立起也。與田蘇游，而曰好仁；立之，不亦可乎！」杜注：「穆子名無忌，韓厥長子也。起，無忌弟，宣子也。田蘇，晉賢人也。蘇言起好仁。」

李譔字欽仲，梓潼涪人也。〔一〕父仁，字德賢，與同縣尹默俱游荆州，從司馬徽、宋忠等學，〔二〕譔具傳其業。又從默講論義理，五經諸子，無不該覽；加博好技藝，算術、卜數、醫藥、弓弩、機械之巧，皆致思焉。始爲州書佐、尚書令史。延熙元年，後主立太子，以譔爲庶子，遷爲僕射，〔三〕轉中散大夫、右中郎將，猶侍太子。太子愛其多知，甚悦之。然體輕脱，好戲啁，故世不能重也。著古文易、尚書、毛詩、三禮、左氏傳，太玄指歸，皆依準賈、馬，異於鄭玄。與王氏殊隔，初不見其所述，而意歸多同。〔四〕景耀中卒。時又有漢中陳術，字申伯，亦博學多聞，著釋問七篇、益部耆舊傳及志，〔五〕位歷三郡太守。〔六〕

〔一〕經典釋文敘録云：「梓潼李仲欽著左氏指歸。」此作字欽仲，與華陽國志同。

〔二〕華陽國志梓潼士女贊云：「章武之興，亦迪才倫，德賢好古，澹心藝文。」仁受古學，以修文自終也。何焯曰：「司馬二人，於前傳稱字，於此傳稱名，似疎。」錢大昕曰：「一稱名，一稱字，雖文可互見，要爲體例未一，且不免重出之病。」

〔三〕射字疑衍，見尹默傳。

〔四〕或曰：「王肅名著，李譔不傳，譔位微而肅顯也。」俞正燮癸巳存稿卷十四云：「魏王肅字子雍、何晏字平叔、王弼字輔嗣，晉皇甫謐字士安，唐啖助字叔佐、趙匡字伯循、陸質字伯仲，宋孫復字明復、王安石字介甫，此九人蔑棄典文，幽沈仁義，游辭浮説，波蕩後生，使易、書、禮、春秋、論語舊説盡亂。王肅最爲精悍，兼采馬融、賈逵之與鄭異者羅織之，時蜀李譔亦依準賈、馬，與王氏殊隔，而意歸多同。」

〔五〕陳術益部耆舊傳亦見劉焉傳注引陳壽益部耆舊傳。

〔六〕華陽國志云：「陳術字申伯，作耆舊傳，失其行事。歷新城、魏興、上庸三郡太守。」

譙周字允南，巴西西充國人也。〔一〕父𡸫，〔二〕字榮始，治尚書，兼通諸經及圖、緯。州郡辟請，皆不應。州就假師友從事。周幼孤，與母兄同居。既長，耽古篤學，家貧未嘗問產業。誦讀典籍，欣然獨笑，以忘寢食。研精六經，尤善書札。頗曉天文，而不以留意；諸子文章，非心所存，不悉偏視也。身長八尺，體貌素朴，性推誠不飾，無造次辯論之才，然潛識內敏。

〔一〕郡國志：「巴郡充國，永元二年分閬中置。」宋書州郡志云：「巴西太守，西充國令。」漢書地理志：「巴郡有充國縣。」

續漢郡國志：「和帝永元二年，分閬中立充國縣。」二志不同。晉太康地志有西、南二充國，屬巴西。王先謙曰：「後漢初省入閬中，和帝復置，三國蜀改曰西充國，屬巴西郡。一統志：故城今四川保寧府南部縣西北。」沈欽韓曰：「晉志：巴西郡有西充國、南充國二縣。案續志注巴記曰：初平四年，復分爲南充國縣，言南，則舊充國即西矣。是季漢本有西充國也。太平寰宇記果州西充縣亦云取得漢西充縣爲名，而唐以來地志，但敘武德四年析南充置西充，了不及漢、晉本有此縣矣。」趙一清曰：「今據此傳，蜀漢已有西充國之名，不始於晉。楊戲輔臣贊李福注云爲西充國長，張嶷傳云巴郡南充國人。此二縣分立之確證也。」

〔二〕何焯云：「峅，宋本作峅。」

建興中，丞相亮領益州牧，命周爲勸學從事。〔一〕

蜀記曰：周初見亮，左右皆笑。既出，有司請推笑者。亮曰：「孤尚不能忍，況左右乎！」〔二〕

亮卒於敵庭，〔三〕周在家聞問，即便奔赴，尋有詔書禁斷，惟周以速行得達。大將軍蔣琬領刺史，徙爲典學從事，〔四〕總州之學者。

〔一〕周列名勸進，見先主傳，顧亭林駁之。

〔二〕周壽昌曰：「諸葛丞相必不肯自稱孤，此孤字疑誤。」弼按：公、孤之稱，自古有之。三公、三孤，見尚書周官篇。

〔三〕周壽昌曰：「諸葛卒於營中，不過臨敵之時，不能謂之敵庭也。」觀後張嶷傳注致身敵庭云云，卒以臨敵隕身可知，敵庭是死敵也。」

〔四〕胡三省曰：「典學從事，典學校及部諸郡文學掾。漢諸州刺史有孝經師主監試經，月令師主時節祭祀，魏、晉合其職爲典學從事。」

後主立太子，以周爲僕，轉家令。時後主頗出游觀，增廣聲樂。〔一〕周上疏諫曰：「昔王莽之敗，豪傑並起，跨州據郡，欲弄神器，於是賢才智士，思望所歸，未必以其勢之廣狹，惟其德之薄厚也。〔二〕是故於時更始、公孫述及諸有大衆者多已廣大，然莫不快情恣欲，怠於爲善，游獵飲食，不恤民物。世祖初入河北，馮異等勸之曰：當行人所不能爲。遂務理冤獄，節儉飲食，動遵法度，故北州歌歎，聲布四遠。〔三〕於是鄧禹自南陽追之。吴漢、寇恂，未識世祖，遥聞德行，遂以權計舉漁陽、上谷突騎，迎于廣阿。〔四〕其餘望風慕德者，邳彤、耿純、劉植之徒，至于輿病齎棺，繦負而至者，不可勝數。〔五〕故能以弱爲强，屠王郎，吞銅馬，折赤眉，而成帝業也。及在洛陽，嘗欲小出，車駕已御，銚期諫曰：天下未寧，臣誠不願陛下細行數出。即時還車。〔六〕及征隗囂，潁川盜起，世祖還洛陽，但遣寇恂往。恂曰：潁川以陛下遠征，故姦猾起叛，未知陛下還，恐不時降；陛下自臨潁川，賊必即降。遂至潁川，竟如恂言。〔七〕故非急務，欲小出不敢；至於急務，欲自安不爲。故帝者之欲善也如此。故傳曰：百姓不徒附。誠以德先之也。今漢遭厄運，天下三分，雄哲之士，思望之時也。〔八〕陛下天姿至孝，喪踰三年，言及隕涕，雖曾、閔不過也。敬賢任才，使之盡力，有踰成、康。故國内和一，大小勠力，臣所不能陳。然臣不勝大願，願復廣人所不能者。夫輓大重者，其用力苦不衆；拔大艱者，其善術苦不廣。且承事宗廟者，非徒求福祐，所以率民尊上也。至於四時之祀，或有不臨，池苑之觀，或有仍出，臣之愚滯，私不自安。夫憂責在身者，不暇盡樂，先帝之志，堂構未成，〔九〕誠非盡樂之時。願省減樂官，後宫所增造，但奉修先帝所施，下爲子孫節儉之教。」徙爲中散大夫，〔一〇〕猶侍太子。

〔一〕何焯曰：「延熙元年立子璿爲皇太子，至八年冬蔣琬始卒。然則自琬之存，後主已荒縱矣。故傳於建興十四年至湔看汶水，旬日而還，識其不恤國事，盤游無度，自此始也。傷大臣不能正書以示譏，後不書者，不可諫則不足譏也。」

〔二〕通鑑「狹」作「陿」，「薄厚」作「厚薄」。

〔三〕范書馮異傳：「異進説曰：更始諸將，縱横暴虐，所至虜掠，百姓失望，無所依戴。今公專命方面，施行恩德，夫有桀、紂之亂，乃見湯、武之功。人久飢渴，易爲充飽，宜亟分遣官屬，循行郡縣，理冤結，布惠澤。光武納之。」

〔四〕范書寇恂傳：「上谷太守耿況，遣恂到漁陽結謀彭寵，恂遂與況子弇等俱南及光武於廣阿。」漢書：鉅鹿郡廣阿，續志：後漢省。光武初拔廣阿，登城樓與鄧禹披輿地圖，其時尚有此縣。高誘以鉅鹿澤爲即廣阿澤，知後廣阿并入鉅鹿矣。一統志：「廣阿故城，今直隸趙州隆平縣東十二里舊城村。」

〔五〕局本「繈」作「襁」。范書邳彤傳：「彤聞世祖自薊還，失軍，欲至信都，乃選精騎二千餘匹，緣路迎世祖軍。」又耿純傳：「純謁見世祖，求自結納，老病者皆載木自隨，奉迎於育。」又劉植傳：「植聞世祖從薊還，迺開門迎。」

〔六〕范書銚期傳：「帝嘗輕與期門近出，期頓首車前曰：臣聞古今之戒，變生不意，誠不願陛下微行數出。帝爲之回輿而還。」

〔七〕范書寇恂傳：「潁川盜賊羣起，帝謂恂曰：潁川迫近京師，當以時定，惟念獨卿能平之耳。恂對曰：潁川剽輕，聞陛下遠踰阻險，有事隴、蜀，故狂狡乘閒，相詿誤耳。如聞乘輿南向，賊必惶怖歸死。臣願執鋭前驅，即日車駕南征，恂從至潁川，盜賊悉降。」

〔八〕胡三省曰：「言思望賢主混一。」

〔九〕尚書大誥曰：「若考作室，既底法，厥子乃弗肯堂，矧肯構。」

〔一〇〕胡三省曰：「續漢志曰：中散大夫，秩六百石。漢官曰：秩比二千石。胡廣曰：光祿大夫本爲中大夫，武帝元狩五年置諫大夫，爲光祿大夫。世祖中興，以爲諫議大夫，又有太中、中散大夫，此四等於古者爲天子之下大夫，視列國之上卿。」

於時軍旅數出，百姓彫瘁，周與尚書令陳祗論其利害，退而書之，謂之仇國論。其辭曰：「因餘之國小，而肇建之國大，並爭於世，而爲仇敵。因餘之國有高賢卿者，問於伏愚子曰：今國事未定，上下勞心，往古之事，能以弱勝强者，其術何如？伏愚子曰：吾聞之，處大無患者恒多慢，處小有憂者恒思善；多慢則生亂，思善則生治，理之常也。故周文養民，〔一一〕以少取多，句踐卹衆，以弱斃彊，此其術也。〔一二〕賢卿曰：曩者項彊漢弱，相與戰爭，無日寧息。然項羽與漢約，分鴻溝爲界，各欲歸息民。張良以爲民志既定，則難動也，尋帥追羽，終斃項氏，豈必由文王之事乎！肇建之國方有疾疢，我因其隙，陷其邊陲，覬增其疾而斃之也。伏愚子曰：當殷、周之際，王侯世尊，〔一三〕君臣久固，民習所專，〔一四〕深根者難拔，據固者難遷。當此之時，雖漢祖安能杖劒鞭馬而取天下乎？當秦罷侯置守之後，〔一五〕民疲秦役，天下土崩，或歲改主，或月易公，鳥驚獸駭，莫知所從。於是豪彊並爭，虎裂狼分，疾博者獲多，遲後者見吞。今我與肇建，皆傳國易世矣，既非秦末鼎沸之時，實有六國並據之勢，故可爲文王，難爲漢祖。夫民疲勞則騷擾之兆生，上慢下暴則瓦解之形起。諺曰：射幸數跌，不如審發。〔一六〕是故智者不爲小利移目，不爲意似改步，〔七〕時可而後動，數合而後舉，故湯、武之師，不再戰而克，〔八〕誠重民勞而度時審也。如遂極武黷征，〔九〕土崩勢生，不幸遇難，雖有智者，將不能謀之矣。〔一〇〕若乃奇變縱横，出入無間，衝波截轍，超谷越山，不由舟楫而濟盟津者，我愚子也，實所不及。」

〔一〕官本考證曰：「宋本人作文。」弼按：以下文可爲文王之語證之，作文爲是。

〔二〕胡三省曰：「文王治岐，由方百里起，三分天下有其二，所謂以少取多也。句踐歸越，弔死問疾，十年生聚，十年教訓，以弱越斃强吴。」

〔三〕胡三省曰：「言世世居尊位也。」

〔四〕胡三省曰：「民習見君臣之分明，故專於戴上。」

〔五〕官本考證曰：「宋本當作及。」胡三省曰：「謂罷列國諸侯，分置三十六郡，郡置守也。」

〔六〕胡三省曰：「跌，差也。射數差而不中，不如審而後發也。書曰：若虞機張往省括于度則釋。」

〔七〕孔穎達曰：「舉足謂之步。」

〔八〕胡三省曰：「湯伐桀，鳴條一戰而革夏命；武王伐紂，一戎衣而天下大定。」

〔九〕胡三省曰：「征伐不欲數，數則黷。」

〔一〇〕胡三省曰：「姜維以數戰亡蜀，卒如譙周之言。」

後遷光禄大夫，位亞九列。周雖不與政事，以儒行見禮，時訪大議，輒據經以對，而後生好事者，亦咨問所疑焉。

景耀六年冬，魏大將軍鄧艾克江由，〔一〕長驅而前。而蜀本謂敵不便至，不作城守調度，及聞艾已入陰平，〔二〕百姓擾擾，皆迸山野，〔三〕不可禁制。後主使羣臣會議，計無所出。或以爲蜀之與吴，本爲和國，宜可奔吴；或以爲南中七郡，〔四〕阻險斗絶，易以自守，宜可奔南。惟周以爲「自古已來，無寄他國爲天子者也。今若入吴，固當臣服。〔五〕且政理不殊，則大能吞小，此數之自然也。由此言之，則魏能并吴，吴不能并魏，明矣。等爲小稱臣，孰與爲大？〔六〕再辱之恥，何與一辱？〔七〕且若欲奔南，則當早爲之計，然後可果；〔八〕今大敵已近，禍敗將及，羣小之心，無一可保，恐發足之日，其變不測，何至南之有乎！」〔九〕羣臣或難周曰：「今艾以不遠，恐不受降，如之何？」周曰：「方今東吴未賓，事勢不得不受；之受之後，不得不禮。〔一〇〕若陛下降魏，魏不裂土以封陛下者，周請身詣京都，〔一一〕以古義爭之。」衆人無以易周之理。

〔一〕「軍」字疑衍，「由」當作「油」。江由今四川龍安府江由縣城東，見鄧艾傳。

〔二〕陰平，今甘肅階州文縣治，見鄧艾傳。何焯曰：「黄崇云：速行拒險，無令敵得入平地，後人誤加陰字。」

〔三〕通鑑「野」作「澤」。

〔四〕胡三省曰：「南中七郡，越嶲、朱提、牂柯、雲南、興古、建寧、永昌也。」

〔五〕通鑑「固」作「亦」。

〔六〕通鑑作「等爲稱臣，爲小孰與爲大。」

〔七〕胡三省曰：「謂今降魏，一辱而已。若奔吴稱臣，是一辱矣。與吴俱亡，又將臣服於魏，是爲再辱。」

〔八〕胡三省曰：「果，決也，克也。」

〔九〕胡三省曰：「謂衆心已離，既行之後，中道潰散，必不能至南中。」

〔一〇〕通鑑作「事勢不得不受，受之不得不禮。」

〔一一〕胡三省曰：「京都，謂洛陽魏都。晉景王諱師，晉人避之，率謂京師爲京都。蜀方議降，譙周已爲晉人諱矣，吁！」

後主猶疑於入南，周上疏曰：「或説陛下以北兵深入，有欲適南之計，臣愚以爲不安。何者？南方遠夷之地，平常無所供爲，〔一〕猶數反叛。自丞相亮南征，兵勢偪之，窮乃幸從。〔二〕是後供出官賦，取以給兵，以爲愁怨，此患國之人也。今以窮迫，欲往依恃，恐必復反叛，一也。北兵之來，非但取蜀而已，若奔南方，必因人勢衰，及時赴追，二也。若至南方，外當拒敵，内供服御，費用張廣，他無所取，耗損諸夷必甚，〔三〕甚必速叛，三也。昔王郎以邯鄲僭號，時世祖在信都，畏偪于郎，欲棄還關中。邳彤諫曰：明公西還，則邯鄲城民不肯捐父母，背城主而千里送公，其亡叛可必也。世祖從之，遂破邯鄲。今北兵至，陛下南行，誠恐邳彤之言，復信於今，四也。〔四〕願陛下早爲之圖，可獲爵土；〔五〕若遂適南，勢窮乃服，其禍必深。〔六〕易曰：亢之爲言，知得而不知喪，知存而不知亡。知得失存亡而不失其正者，其惟聖人乎！言聖人知命而不苟必也。〔七〕故堯、舜以子不善，知天有授，而求授人；子雖不肖，禍尚未萌，而迎授與人，況禍以至乎！〔八〕故微子以殷王之昆，面縛銜璧，而歸武王，豈所樂哉，不得已也。」於是遂從周策，劉氏無虞，一邦蒙賴，周之謀也。〔九〕

孫綽評曰：〔一〇〕譙周説後主降魏，可乎？曰：自爲天子而乞降請命，何恥之深乎！夫爲社稷死，則死之；爲社稷亡，則亡之。先君正魏之篡，不與同天矣。推過於其父，俛首而事讎，可謂苟存，豈大居正之道哉！

孫盛曰：春秋之義，國君死社稷，卿大夫死位，況稱天子而可辱於人乎！周謂萬乘之君，偷生苟免，亡禮希利，要冀微榮，惑矣。且以事勢言之，理有未盡。何者？禪雖庸主，實無桀、紂之酷；戰雖屢北，未有土崩之亂。縱不能君臣固守，背城借一，自可退次東鄙，以思後圖。是時羅憲以重兵據白帝，霍弋以强卒鎮夜郎，蜀土險狹，山水峻隔，絶巘激湍，非步卒所涉。若悉取舟楫，保據江州，徵兵南中，乞師東國，如此，則姜、廖五將，自然雲從，吴之二師，〔一一〕承命電赴，〔一二〕何投寄之無所，而慮於必亡邪？魏師之來，褰國大舉，欲追則舟楫靡資，欲留則師老多虞。且屈伸有會，情勢代起，徐因思奮之民，以攻驕惰之卒，此越王所以敗闔閭，田單所以摧騎劫也。何爲怱怱遽自囚虜，下堅壁於敵人，致斫石之至恨哉！葛生有云：事之不濟，則已耳，安能復爲之下！壯哉斯言，可以立懦夫之志矣。觀古燕、齊、荆、越之敗，或國覆主滅，或魚縣鳥竄，終能建功立事，康復社稷，豈曰天助，抑人謀也。向使懷苟存之計，納譙周之言，何邦基之能構，令名之可獲哉？禪既闇主，周實駑臣，方之申包胥、〔一三〕田單、范蠡、大夫種，不亦遠乎！〔一四〕

〔一〕胡三省曰：「言其民既不出租税，以供上用；又不出力爲上，有所施爲。」

〔二〕通鑑「幸」作「率」。

〔三〕「秏」，宋本作「耗」。

〔四〕事見范書邳彤傳。萬承蒼曰：「王郎方據邯鄲，其民安得送光武還長安？邯鄲城三字必傳寫之訛。考異作邯鄲勢成，下文城主作成主，亦於事理不切。邯鄲城民當作二郡之民，謂和成、信都二郡也。蓋承上文奮二郡之兵而言。」王補曰：「蜀志譙周傳引此文與范史無一字之異，故漢春秋、袁紀及淮陽王紀俱有改易，於義未安。竊意邯鄲城城字當從通鑑作成，三字句絶。謂光武西則邯鄲成也，民字屬下句讀，城主仍從范史作城，謂信都、和成也。民亦自主二郡言，不待訓釋。如此，則范史非有誤也。」黄山曰：「邯鄲猶言王郎耳。光武如棄信都之城不守，則城與民即爲邯鄲城民，邯鄲便爲城主矣。城民之充兵者，顧重父母，自不肯背城主而陷其父母，是傳文本自明白易曉。邯鄲城民本對上信都之兵言，城主亦對上城民言，則如撫我則后，虐我則讎之則，都不須改字。」

〔五〕何焯曰：「此所料皆是奔南亦歸于亡，不若以此勸之死守，君臣共殉社稷，不亦爲四百年之光乎？邳彤之言，世祖從之，以破邯鄲，豈從之以降王郎！何周之昧于義而愚于術，必使其主蹈軹道之轍也。」

〔六〕何焯曰：「此則不然，但爲張魯之入巴，則再辱耳。」

〔七〕或曰：「周知命而不知義。義者何？曰：效死勿去。」

〔八〕此尤引喻失倫。

〔九〕何焯曰：「從周之謀，則蜀人免屠戮之慘，故鄉邦韙之，非萬世公議也。」劉咸炘曰：「竟贊其功，承祚之陋，師承所在，奚足怪哉。」

〔一〇〕孫綽事見魏志劉放傳注引晉陽秋，孫綽評見夏侯玄傳。

〔一一〕宋本「二」作「三」。

〔一二〕林國贊曰：「五將雲從是也，二師電赴恐未然。據孫休傳及霍峻傳注引襄陽記，吴聞蜀破，不惟不救，且遣兵西上，外託赴援，内徼分割。及爲羅憲敗，又增兵圍憲。吴人惟利是視如此，如盛説，與開門揖盜何異？」

〔一三〕宋、元本無「胥」字。

〔一四〕何焯曰：「指畫實自了了。從來轉亡爲存，因敗爲功，苟有可資，務盡人事，則事機俄返，此非書生事外作好語也。

然而能爲此者，必其君之有志者也，公嗣非所及也。時羣臣但以恐不受降爲難，則退次東鄙，亦無可俱達之臣矣。」

時晉文王爲魏相國，以周有全國之功，封陽城亭侯。〔一〕又下書辟周，周發至漢中，困疾不進。咸熙二年夏，巴郡文立從洛陽還蜀，過見周，周語次，因書板示立曰：「典午忽兮，月酉没兮。」典午者，謂司馬也；月酉者，謂八月也。至八月而文王果崩。

華陽國志曰：文立字廣休，少治毛詩、三禮，兼通羣書。刺史費禕命爲從事，入爲尚書郎，復辟禕大將軍東曹掾，稍遷尚書。蜀并于魏，梁州建，首爲別駕從事，〔二〕舉秀才。晉泰始二年，拜濟陰太守，遷太子中庶子。立上言：「故蜀大官及盡忠死事者，子孫雖仕郡國，或有不才，同之齊民爲劇。又諸葛亮、蔣琬、費禕等子孫，流徙中畿，各宜量才敍用，以慰巴、蜀之心，傾吳人之望。」事皆施行。轉散騎常侍，獻可替否，多所補納。稍遷衞尉，中朝服其賢雅，爲時名卿。咸寧末卒。立章奏、詩、賦、論、頌，凡數十篇。〔三〕

晉室踐阼，累下詔所在，發遣周。周遂輿疾詣洛，泰始三年至。以疾不起，就拜騎都尉。周乃自陳無功而封，求還爵土，皆不聽許。

〔一〕華陽國志作城陽亭侯，隋志作義陽亭侯。

〔二〕馮本「梁」作「涼」，誤。沈家本曰：「晉志：泰始三年，分益州立梁州於漢中。文立，巴郡人也，郡屬梁州，故文立首爲別駕從事也。」又云：「若據此注，則梁州之立，在泰始之前矣。」弼按：分益州置梁州，見魏志陳留王紀景元四年，又見華陽國志，本在泰始之前也。

〔三〕毛本「頌」作「誦」，誤。晉書儒林傳：「文立字廣休，巴郡臨江人。蜀時游太學，專毛詩、三禮，師事譙周門人，以立爲顔回，陳壽、李虔爲游、夏，羅憲爲子貢，仕至尚書。蜀平，舉秀才，除郎中。泰始初拜濟陰太守，入爲太子中庶子。詔曰：太子中庶子文立，忠貞清實，有思理器幹。前在濟陰，政事修明，後事東宫，盡輔導之節。昔光武平隴、蜀，皆收其賢才以敘之，蓋所以拔幽滯而濟殊方也。其以立爲散騎常侍，蜀故尚書犍爲程瓊，雅有德業，與立深交。武帝聞其名，以問立。對曰：臣至知其人，但年垂八十，稟性謙退，無復當時之望，不以上聞耳。瓊聞之曰：廣休可謂不黨矣，故吾善夫人也。」華陽國志又云：「立，咸寧末卒。帝緣立有懷舊性，乃送葬於蜀，使者護喪事，郡縣修墳塋，當時榮之。」

五年，予嘗爲本郡中正，清定事訖，求休還家，〔一〕往與周別。〔二〕周語予曰：「昔孔子七十二，〔三〕劉向、楊雄七十一而没，今吾年過七十，〔四〕庶慕孔子遺風，可與劉、楊同軌，恐不出後歲，必便長逝，不復相見矣。」疑周以術知之，假此而言也。六年秋，爲散騎常侍，疾篤，不拜；至冬，卒。

晉陽秋載詔曰：「朕甚悼之，賜朝服一具，衣一襲，錢十五萬。」周息熙上言：「周臨終屬熙曰：久抱疾，未曾朝見，若國恩賜朝服衣物者，勿以加身。〔五〕當還舊墓，道險行難，豫作輕棺，殯斂已畢，上還所賜。」詔曰：「還衣服，〔六〕給棺直。」

凡所著述，撰定法訓、〔七〕五經論、〔八〕古史考書之屬〔九〕百餘篇。〔一〇〕

益部耆舊傳曰：益州刺史董榮圖畫周像於州學，命從事李通頌之曰：「抑抑譙侯，〔一一〕好古述儒，寶道懷真，鑒世盈虚。雅名美迹，終始是書，我后欽賢，無言不譽；〔一二〕攀諸前哲，丹青是圖，嗟爾來葉，鑒兹顯模！」

周三子，熙、賢、同。少子同，頗好周業，亦以忠篤質素爲行。舉孝廉，除錫令、〔一三〕東宮洗馬，召不就。周長子熙，熙子秀，字元彦。〔一四〕

晉陽秋曰：秀性清静，不交於世。知將大亂，豫絶人事，從兄弟及諸親里不與相見。州郡辟命，及李雄盜蜀，安車徵秀，又雄叔父驤、驤子壽辟命，皆不應。常冠鹿皮，躬耕山藪。〔一五〕永和三年，安西將軍桓温平蜀，表薦秀曰：「臣聞大朴既虧，則高尚之標顯；道喪時昏，則忠貞之義彰。故有洗耳投淵，以振玄邈之風；〔一六〕亦有秉心矯迹，以惇在三之節。〔一七〕是以上代之君，莫不崇重斯軌，所以篤俗訓民，静一流競。伏惟大晉，應符御世，運無常通，時有屯蹇，神州丘墟，三方圮裂，兔罝絶響於中林，〔一八〕白駒無聞于空谷，〔一九〕斯有識之所悼心，大雅之所歎息者也。陛下聖德嗣興，方恢天緒，臣昔奉役，有事西土，鯨鯢既縣，思宣大化，訪諸故老，搜揚潛逸，庶武羅於羿、浞之墟，想王蠋於亡齊之境。〔二〇〕竊聞巴西譙秀，植操貞固，抱德肥遁，揚清渭波。于時皇極遘道消之會，羣黎蹈顛沛之艱，中華有顧瞻之哀，幽谷無遷喬之望。凶命屢招，姦威仍偪，身寄虎吻，危同朝露，而能抗節玉立，誓不降辱，杜門絶迹，不面僞庭，進免龔勝亡身之禍，〔二一〕退無薛方詭對之譏。〔二二〕雖園、綺之棲商、洛，管寧之默遼海，方之於秀，殆無以過。於今西土，以爲美談。夫旌德禮賢，化道之所先；崇表殊節，聖哲之上務。方今六合未康，豺狼當路，遺黎偷薄，義聲弗聞，益宜振起道義之徒，以敦流遁之弊。若秀蒙蒲帛之徵，足以鎮静頹風，軌訓嚚俗；幽遐仰流，九服知化矣。」〔二三〕及蕭敬叛亂，避難宕渠川中，鄉人宗族馮依者以百數。秀年八十，衆人以其篤老，欲代之負擔。秀拒曰：「各有老弱，當先營救，吾氣力自足堪此，不以垂朽之年累諸君

也。」後十餘年，卒於家。〔二四〕

〔一〕周壽昌曰：「周傳中陳壽忽自敘還來，亦史中僅見。」

〔二〕錢大昕曰：「承祚撰蜀志，不立敘傳，惟於此傳一見爲郡中正事。又泰始十年撰定諸葛集上表一篇，附見亮傳，自署平陽侯相。晉書云補陽平令者，誤。」

〔三〕趙一清曰：「春秋哀公十六年夏四月己丑，孔丘卒。杜注：魯襄二十二年生，至今七十三也。陸氏釋文本或作魯襄二十三年生，至今七十二，則與孔子世家異，非也。五代史馮道傳，道卒，年七十三，時以與孔子同壽。而此言七十二，蓋誤以魯襄公二十三年生也。」

〔四〕王應麟曰：「君子小人之壽夭，可以占世道之否泰。諸葛孔明年止五十四，法孝直纔四十五，龐士元僅三十六。而年過七十者，乃奉書乞降之譙周也。天果厭漢德哉！」

〔五〕李清植曰：「周雖勸降，然不仕魏、晉，至臨終所囑又如此，則其勸降也，蓋度殉國之義，非後主所辦，故姑以此爲全君計耳。視夫誤其君以榮其身者，則有閒矣。」

〔六〕「曰」字衍。

〔七〕隋書經籍志：「譙子法訓八卷，譙周撰。」兩唐志同。馬國翰法訓輯本序曰：「此書稱法訓者，擬於古之格言，亦如楊子雲書稱法言之類。隋、唐志並八卷，原書散佚。陶宗儀説郛輯録十節，其輓歌一節，文句不全，又雜入譙周喪服圖一條，頗爲疏略。茲更蒐采得十三節，合訂一卷。」嚴可均全晉文曰：「譙子法訓，御覽四百六引齊交篇，其他如齊民要術自序北堂書鈔文選注、初學記御覽所引，無篇名者凡二十條。」姚振宗曰：「宋刻全本意林有譙子法訓五條，馬、嚴二家輯本，皆未采入。張介侯蜀典著作類輯存二十二條，亦不及意林。」黃以周曰：「譙周勸後主降魏，推過於其父，俛首而事讎，孫綽子謂之苟存。然法訓一書，初不可以是揜也。」

〔八〕隋書經籍志：「五經然否論五卷，晉散騎常侍譙周撰。」兩唐志同。王謨輯本序曰：「周書已久亡，羣書稱引絶少，御覽亦不載其目。經義攷鈔出後漢書注、通典三條，今從穀梁傳注鈔出一條，詩正義一條，禮記正義二條，其他引譙周説，俱當屬五經然否論，悉附録之。」馬國翰輯本序曰：「此書隋、唐志皆五卷，今佚。穀梁傳疏引一節，通典引二十餘節，内有明標五經然否論者三節，參以後漢補志注、劉恕通鑑外紀所引並同，又引譙周禮記集志二節，緦服圖集圖各一節，説祭禮、喪服，似是論之篇目，餘只標蜀譙周，省文也。合輯一帙，以明言書名者列前，其標集志、集圖及止稱名者附後。周經説長於禮服，宜陳壽以潛識内敏稱之也。」

〔九〕「書」字衍。隋書經籍志正史類：「古史考二十五卷，晉義陽亭侯譙周撰。」兩唐志同。史通正史篇：「譙周作古史考二十五篇，今與史記並行於代。」又摹擬篇曰：「當秦有天下，地廣殷、周，變諸侯爲帝王，目宰輔爲丞相，而譙周撰古史考，思欲擯抑馬記，師放孔經，其書李斯之棄市也，乃云秦殺其大夫李斯。夫以諸侯之大夫，名天子之丞相，以此而擬春秋，所謂貌同而心異也。」晉書司馬彪傳：「初，譙周以司馬遷史記書周、秦以上，或采俗語百家之言，不專據正經。周于是作古史考二十五篇，皆憑舊典，以糾遷之謬誤。彪復以周爲未盡善也，條古史考中凡百二十二事爲不當，多據汲冢紀年之義，亦行於世云。」姚振宗隋志攷證卷十一云：「按蜀志本傳，周卒於泰始六年之冬，後十一年爲太康二年，汲冢竹書始出，是汲冢紀年爲周所不及見。然晉書引司馬彪之言，則甚可信。而陳壽記其師卒之歲，亦不當有誤。豈今本蜀志泰始當作太康，周卒於太康六年，得見汲冢紀年，因據以爲是攷歟？」弼按：晉書司馬彪傳所云多據汲冢紀年之義，謂彪條列古史考中不當之事，據汲冢紀年以正之，非謂譙周據汲冢紀年爲古史考也。姚説誤。章宗源古史考輯本序曰：「史通外篇稱古史考與史記並行於代，觀知幾所言，雖與史記並論，證以史考之名，檢其逸篇，體例實異正史。唐志列於雜史者，是也。文選王元長詩注引公孫述竊位，蜀人任永記目盲一事，蔚宗書亦載之。是又兼及後漢事，不獨糾遷書矣。」章宗源隋志考證曰：「詞意多主辨駁，體裁實異正史。唐志列諸雜史類，得之。」姚振宗曰：「隋、唐人以此爲考史之書，故附史記以行。隋志亦從而録於諸家注義之後，史通所言，蓋即指此，猶漢書之後，系以劉寶駮議。姚察定疑三國志之後，系以何常侍之論，徐爰之評一例，其書實史評之屬，列之雜史，亦未盡當。」姚振宗隋志考證卷十一云：「是書專爲考史記百三十篇而作，每篇皆有所考。就所存佚文觀之，其體例略可想見。蜀人任永一事，或其論辨中語，所引世本作篇，則其攷補之辭。隋志列史記一類之末，正得體裁，章氏一再言唐志入雜史爲得，實未得也。」

〔一〇〕隋志：「梁有譙周注論語十卷，亡。」釋文敘録：「論語譙周注十卷。」馬國翰輯本序曰：「七録有譙周論語注十卷，唐志不著録，而釋文敘録有之，今佚。」晉書司馬彪傳：「漢氏中興，訖於建安忠臣義士，亦以昭著。而時無良史，記述煩雜，譙周雖已删除，然猶未盡。安、順以下，亡缺者多。彪乃討論衆書，綴其所聞，號曰續漢書。」司馬彪續漢書五行志序曰：「故泰山太守應劭、給事中董巴、散騎常侍譙周，並撰建武以來災異，今合而論之，以續前志。」續漢禮儀志劉昭注：「謝承書曰：太傅胡廣，博綜舊儀，立漢制度，蔡邕因以爲志。譙周後改定以爲禮儀志。」續漢天文志劉昭注：「謝沈書曰：蔡邕撰建武以後星驗著明，以續前志，譙周接繼其下者。」晉書天文志序曰：「及班固敘漢史馬續述天文，而蔡邕、譙周各有撰録。司馬彪采之，以繼前志。」姚振宗曰：「譙允南删補東觀漢記，見於晉書及續漢志，碻有明證。蜀志本傳但檃括其詞曰所著述撰定古史考書之屬百餘篇。其云撰定，則有此書在内也。其書殆亡於永嘉之亂，不至江左，故梁七録亦不善。」侯康曰：「御覽五百四十引譙周喪服圖，又通典八十一引譙周縗服圖，蓋即一書。喪服其大名，縗服則其中之一也。通典凶禮門中屢引譙周，又九十四卷引譙周喪服集圖，必皆出此書矣。」余蕭客古經解鉤沈敘録曰：「晉譙周喪服集圖，通典引之。」馬國翰玉函山房敘録曰：「周經説長於禮服。高似孫子略曰：意林目録云：譙周五教五卷，並是禮記語。隋志：梁有譙子五教志五卷，亡。」姚振宗曰：「尚書敬敷五教注、五常之教。是書命名以此。」潘眉曰：「五經論即五經然否論，古史考書，書字衍文。玉海四十二引此文作法訓、五經論、古史考之屬，無書字，想見宋板之善。法訓、古史考、太平御覽諸書多引之，五經然否，劉昭注禮儀志引之。」隋志：「三巴記一卷，譙周撰。」文選蜀都賦注引譙周益州記。

〔一一〕詩大雅：「抑抑威儀，維德之隅。」毛傳云：「抑抑，密也。」鄭箋云：「人密審於威儀抑抑然，是其德必嚴正也。」

〔一二〕礜，音餘。

〔一三〕錫縣見魏志武紀建安二十年。趙一清曰：「郡國志漢中郡錫。師古曰：即春秋所謂錫穴。」沈家本曰：「案陳壽志凡魏臣仕晉者，祇載其魏時仕履而止，不以晉事攙入魏也。則蜀志體例，必無乖異。同除錫令，錫縣三國時曾爲郡，又廢爲縣，後主之世，早屬於魏，則此云爲錫令者，當在晉世，而不在蜀時也。晉時仕履，必不附見於蜀志，致與魏志體例相乖。然則此傳自少子同云云以下，皆非陳氏原文，蓋皆裴氏注文，傳寫誤耳。」

〔一四〕何焯曰：「元彥之去承祚遠矣，周長子熙以下十字，皆裴注之文。」錢大昕曰：「桓温以晉穆帝永和三年丁未歲平蜀，上表薦秀，秀年及八十。而承祚修史，大約在太康之世，即云在太康末，秀亦纔弱冠，又無名位，何用書其名字？當是裴注，後來攙入正史也。」李龍官曰：「上文既云周三子熙、賢、同，此又云周長子熙，於文義爲贅，其爲裴注無疑。」

〔一五〕官本「山」作「田」。晉書隱逸傳：「秀少而静默，郡察孝廉，州舉秀才，皆不就。常冠皮弁弊衣，躬耕山藪。」

〔一六〕文選李善注：「洗耳，許由也。琴操曰：堯大許由之志，禪爲天子。由以其不善，乃臨河洗耳。莊子曰：舜以天下讓其友北人無擇，無擇曰：異哉，后之爲人也！欲以其辱行慢我，吾羞見之。因自投清泠之淵。」郝經曰：「荀子：負石而赴河，是行之難爲者也。而申徒能之注曰：申徒狄恨道不行，發憤負石自沈于河。莊子音義曰：殷時人。韓詩外傳曰：申徒狄將自投于河，崔嘉聞而止之，不從。」

〔一七〕國語：「人生於三，事之如一。父生之，師教之，君食之。」韋昭曰：「三，君、父、師也。」

〔一八〕詩周南：「肅肅兔罝，施于中林。」毛傳云：「肅肅，敬也；兔罝，兔罟也；中林，林中也。」鄭箋云：「兔罝之人，鄙賤之事，猶能恭敬，則是賢者衆多也。」

〔一九〕詩小雅：「皎皎白駒，在彼空谷。」毛傳曰：「宣王之末，不能用賢，賢者有乘白駒而去者。空，大也。」

〔二〇〕左傳：「羿棄武羅、伯因、熊髡、尨圉，而用寒浞。」史記：「樂毅勝齊，聞畫邑王蠋賢，令軍中環畫邑三十里無入，使人請蠋，蠋謝不往。燕人曰：不來，吾且屠畫邑。蠋曰：忠臣不事二君，烈女不更二夫，齊王不用吾諫，故退而耕于野。國破君亡，吾不能存，而又劫之以兵，吾與其不義而生，不若死。遂經其頸于樹枝，自奮絶脰而死。」

〔二一〕漢書龔勝傳：「王莽遣使者奉璽書迎勝，勝不受。勅以棺斂喪事，遂不復開口飲食，積十四日死，死時七十九矣。有父老來弔，哭甚哀。既而曰：嗟虖！薰以香自燒，膏以明自銷，龔生竟夭天年，非吾徒也！」周壽昌曰：「七十九死而謂之夭，悲其不能隱去，與不令終也。」

〔二二〕漢書鮑宣傳：「薛方嘗爲郡掾，祭酒嘗徵，不至。及莽以安車迎方，方因使者辭謝曰：堯、舜在上，下有巢、由。今明主方隆唐、虞之德，小臣欲守箕山之節也。使者以聞，莽說其言，不强致。」

〔二三〕晉書隱逸傳：「桓温滅蜀，上疏薦之。朝廷以秀年在篤老，兼道遠，故不徵。遣使勑所在，四時存問。」

〔二四〕趙一清曰：「元和郡縣志：譙周墓在巴西縣南十六里。周將亡，戒諸子曰：吾後嗣當有黄頭黑齒，幾亡吾族。及周孫縱之生也，頭黄齒黑。晉末，刺史毛璩使縱領白徒七百人，由涪水下討桓玄。西人不樂遠征，乃逼縱爲主，攻陷巴西，遂屠益州，既害毛璩，自號成都王。義熙九年，朱齡石討平之，卒如周言。」弼按：晉書譙縱傳：「縱，巴西南充人。祖獻之，有重名於西土。縱少而謹慎，蜀人愛之」云云，不言其爲允南之孫也。

郤正字令先，河南偃師人也。〔一〕祖父儉，靈帝末爲益州刺史，爲盜賊所殺。〔二〕會天下大亂，故正父揖因留蜀。揖爲大將軍孟達營都督，〔三〕隨達降魏，爲中書令史。〔四〕正本名纂，少以父死母嫁，單煢隻立，而安貧好學，博覽墳籍。〔五〕弱冠能屬文，入爲祕書吏，〔六〕轉爲令史，遷郎，至令。〔七〕性澹於榮利，而尤耽意文章，自司馬、王、楊、班、傅、張、蔡之儔，遺文篇賦，及當世美書善論，益部有者，則鑽鑿推求，略皆寓目。自在内職，與宦人黄皓比屋周旋，〔八〕經三十年。皓從微至貴，操弄威權，正既不爲皓所愛，亦不爲皓所憎，是以官不過六百石，而免於憂患。

〔一〕郡國志：「司隸河南尹偃師。」一統志：「故城今河南河南府偃師縣治。」

〔二〕錢大昭曰：「儉，賦斂煩擾，貪殘放濫，詳見劉焉傳及劉艾靈帝紀。盜賊，謂涼州馬相、趙祗也。」

〔三〕大字衍。孟達未爲大將軍。

〔四〕洪飴孫曰：「中書令史員數無考，第八品。」

〔五〕御覽「覽」作「涉」。

〔六〕御覽「吏」作「史」。

〔七〕洪飴孫曰：「蜀置祕書令一人，六百石，掌校祕書。郤正傳：官不過六百石。是蜀秩與漢制同也。祕書郎四人，四百石，第六品；令史員數無考，第八品。」

〔八〕胡三省曰：「比，毗至翻，近也，並也，聯也。又簿必翻，相次也。」

依則先儒，假文見意，號曰釋譏，〔一〕其文繼于崔駰達旨。〔二〕其辭曰：

或有譏余者曰：「聞之前記，夫事與時並，名與功偕，然則名之與事，前哲之急務也。是故創制作範，匪時不立，流稱垂名，匪功不記。名必須功而乃顯，事亦俟時以行止，身没名滅，君子所恥。是以達人研道，探賾索微，觀天運之符表，考人事之盛衰，辯者馳説，智者應機，謀夫演略，武士奮威，雲合霧集，風激電飛，量時揆宜，用取世資，小屈大申，存公忽私，雖尺枉而尋直，終揚光以發輝也。今三方鼎峙，九有未乂，悠悠四海，嬰丁禍敗，嗟道義之沈塞，愍生民之顛沛，此誠聖賢拯救之秋，烈士樹功之會也。吾子以高朗之才，珪璋之質，兼覽博闚，留心道術，無遠不致，無幽不悉，挺身取命，幹茲奥祕，躊躇紫闥，喉舌是執，九考不移，有入無出，

尚書曰：三載考績，三考黜陟幽明。九考則二十七年。

究古今之真僞，計時務之得失，雖時獻一策，偶進一言，釋彼官責，慰此素餐，固未能輸竭忠款，盡瀝胸肝，排方入直，惠彼黎元，俾吾徒草鄙並有聞焉也。盍亦綏衡緩轡，回軌易塗，輿安駕肆，思馬斯徂，〔三〕審厲揭以投濟，〔四〕要夷庚之赫憮，〔五〕播秋蘭以芳世，副吾徒之彼圖，〔六〕不亦盛與！」

余聞而歎曰：「嗚呼，有若云乎邪！夫人心不同，實若其面；子雖光麗，既美且豔，管闚筐舉，守厥所見，未可以言八紘之形埒，信萬事之精練也。」

或人率爾仰而揚衡曰：〔七〕「是何言與！是何言與！」

余應之曰：「虞帝以面從爲戒，孔聖以悦己爲尤，若子之言，良我所思，將爲吾子論而釋之。昔在鴻荒，矇昧肇初，三皇應籙，五帝承符，爰曁夏、商，前典攸書；姬衰道缺，霸者翼扶；嬴氏慘虐，吞嚼八區。於是從横雲起，狙詐如星，〔八〕奇邪蠭動，智故萌生，或飾真以讎僞，或挾邪以干榮，或詭道以要上，或鬻技以自矜。背正崇邪，棄直就佞，忠無定分，義無常經。故鞅法窮而慝作，斯義敗而姦成，呂門大而宗滅，韓辯立而身刑。夫

何故哉？利回其心，寵耀其目，赫赫龍章，鑠鑠車服，媮幸苟得，如反如仄，淫邪荒迷，恣睢自極。和鸞未調，而身在轅側；庭宁未踐，而棟折榱覆。天收其精，地縮其澤，人弔其躬，鬼芟其頟。初升高岡，終隕幽壑，朝含榮潤，夕爲枯魄。是以賢人君子，深圖遠慮，畏彼咎戾，超然高舉，寧曳尾於塗中，穢濁世之休譽。彼豈輕主慢民，而忽於時務哉？蓋易著行止之戒，詩有靖恭之歎，乃神之聽之而道使之然也。

自我大漢，應天順民，政治之隆，晧若陽春。俯憲坤典，仰式乾文，播皇澤以熙世，揚茂化之醲醇。君臣履度，各守厥貞。上垂詢納之弘，下有匡救之責，士無虛華之寵，民有一行之迹，粲乎亹亹，〔九〕尚此忠益。然而道有隆窳，〔一〇〕物有興廢，有聲有寂，有光有翳。朱陽否於素秋，〔一一〕玄陰抑於孟春，羲和逝而望舒係，運氣匿而耀靈陳。沖、質不永，桓、靈墜敗，英雄雲布，豪傑蓋世，家挾殊議，人懷異計，故從横者欻披其胸，狙詐者暫吐其舌也。〔一二〕

今天綱已綴，德樹西鄰，丕顯祖之宏規，縻好爵於士人，興五教以訓俗，豐九德以濟民，肅明祀以礿祭，幾皇道以輔真。雖跱者未一，僞者未分，聖人垂戒，蓋均無貧。故君臣協美于朝，黎庶欣戴于野，動若重規，静若疊矩，濟濟偉彦，元凱之倫也；有過必知，顔子之仁也；侃侃庶政，冉、季之治也；鷹揚鷙騰，伊、望之事也。總羣俊之上略，含薛氏之三計，〔一三〕敷張、陳之祕策，故力征以勤世，援華英而不遑，豈暇修枯籜于榛穢哉！

然吾不才，在朝累紀，託身所天，心焉是恃。樂滄海之廣深，歎嵩、嶽之高跱，聞仲尼之贊商，感鄉校之益已，彼平仲之和羹，亦進可而替否。故矇冒瞽說，時有攸獻，譬遒人之有采於市閭，游童之吟詠乎疆畔，庶以增廣福祥，輸力規諫。若其合也，則以闇協明，進應靈符；如其違也，自我常分，退守己愚。進退任數，不矯不誣，循性樂天，夫何恨諸？此其所以既入不出，有而若無者也。狹屈氏之常醒，濁漁父之必醉，溷柳季之卑辱，褊夷叔之高懟。合不以得，違不以失，得不充詘，失不慘悸；不樂前以顧軒，不就後以慮輊，不粥譽以干澤，〔一四〕不辭愆以忌絀。何責之釋？何餐之卹？何方之排？何直之入？九考不移，固其所執也。

方今朝士山積，髦俊成羣，猶鱗介之潛乎巨海，毛羽之集乎鄧林，游禽逝不爲之尠，浮魴臻不爲之殷。且陽靈幽于唐葉，陰精應爲商時，〔一五〕陽盱請而洪災息，桑林禱而甘澤滋。

淮南子曰：〔一六〕禹爲水以身請于陽盱之河，〔一七〕湯苦旱以身禱于桑林之際，〔一八〕聖人之憂民，如此其明矣。〔一九〕

呂氏春秋曰：昔殷湯克夏桀，而天下大旱，三年不收。〔二〇〕湯乃以身禱于桑林，曰：「余一人有罪，無及萬方；萬方有罪，在余一人。無以一人之不敏，使上帝毀傷民之大命。」〔二一〕湯於是翦其髮，攦其爪，〔二二〕自以爲犧牲，用祈福于上帝。民乃甚悅，雨乃大至。

行止有道，啓塞有期，我師遺訓，不怨不尤，委命恭己，我又何辭！辭窮路單，將反初節，綜墳典之流芳，尋孔氏之遺藝，綴微辭以存道，憲先軌而投制，韙叔肸之優游，〔二三〕美疏氏之遐逝，〔二四〕收止足以言歸，汎皓然以容裔，〔二五〕欣環堵以恬娛，免咎悔于斯世，顧兹心之未泰，懼末塗之泥滯，仍求激而增憤，肆中懷以告誓。昔九方考精于至貴，秦牙沈思于殊形，

淮南子曰：〔二六〕秦穆公謂伯樂曰：「子之年長矣，子姓有可使求馬者乎？」〔二七〕對曰：「良馬者，可以形容筋骨相也。相天下之馬者，若滅若没，若失若亡，〔二八〕其一若此馬者，絶塵卻轍。〔二九〕臣之子，皆下材也，可告以良馬，而不可告以天下之馬。天下之馬，臣有所與共儋纆采薪九方堙，〔三〇〕此其相馬，非臣之下也，請見之。」穆公見之，使之求馬。三月而反，報曰：「已得馬矣，在于沙丘。」穆公曰：「何馬也？」對曰：「牝而黄。」使人往取之，牡而驪。穆公不悦，召伯樂而問之曰：「敗矣，子之所使求馬者也！〔三一〕毛物牝牡尚弗能知，又何馬之能知？」伯樂喟然太息曰：「一至此乎！是乃所以千萬里臣而無數者也。〔三二〕若堙之所觀者天機也，得其精而忘其麤，〔三三〕在其内而忘其外，見其所見而不見其所不見，視其所視而遺其所不視，〔三四〕若彼之所相者，乃有貴乎馬者。」馬至，而果天下之馬也。

淮南子又曰：伯樂、寒風、秦牙、葛青，所相各異，其知馬一也。蓋九方觀其精，秦牙察其形。

薛燭察寶以飛譽，

越絶書曰：〔三五〕昔越王句踐有寶劒五枚，聞於天下。客有能相劒者，名薛燭，王召而問之：「吾有寶劒五，請以示子。」乃取其豪曹、巨闕，薛燭曰：「皆非也。」又取純鈎、湛盧，燭曰：「觀其劒鈔，爛爛如列宿之行；〔三六〕觀其光，渾渾如水之將溢于塘；觀其文，涣涣如冰將釋；此所謂純鈎邪？」王曰：「是也。」

王曰：「客有直之者，有市之鄉三，駿馬千匹，千户之都二，可乎？」薛燭曰：「不可。當造此劒之時，赤堇之山破而出錫，若邪之谿涸而出銅，雨師埽灑，雷公擊鼓，〔三七〕太一下觀，天精下之，歐冶乃因天之精，悉其伎巧，一曰純鈎，二曰湛盧。〔三八〕今赤堇之山已合，若邪之谿深而不測，歐冶子已死，雖傾城量金，珠玉竭河，猶不得此一物。〔三九〕有市之鄉三，駿馬千匹，千户之都二，亦何足言與！」

瓠梁託弦以流聲，

淮南子曰：瓠巴鼓瑟而鱏魚聽之。又曰：瓠梁之歌可隨也，而以歌者不可爲也。

齊隸拊髀以濟文，

臣松之曰：按此謂孟嘗君田文下坐客，能作雞鳴以濟其厄者也。凡作雞鳴，必先拊髀，以傚雞之拊翼也。

楚客潛寇以保荆；

淮南子曰：〔四〇〕楚將子發好求技道之士，〔四一〕楚有善爲偷者往見曰：「聞君求技道之士，臣偷也，願以技備一卒。」〔四二〕子發聞之，衣不及帶，冠不暇正，出見而禮之。左右諫曰：「偷者，天下之盜也，何爲禮之？」君曰：「此非左右之所得與。」後無幾何，齊興兵伐楚，子發將師以當之，兵三卻。楚賢大夫〔四三〕皆盡其計而悉其誠，齊師愈强。於是卒偷進請曰：〔四四〕「臣有薄技，願爲君行之。」君曰「諾」。〔四五〕偷即夜出解齊將軍之帳，〔四六〕而獻之子發，子發使人歸之，曰：「卒有出採薪者，得將軍之帳，使使歸於執事。」明日又復往取枕，子發又使歸之。明日又復往取簪，子發又使歸之。齊師聞之大駭，將軍與軍吏謀曰：「今日不去，楚軍恐取吾頭矣！」即旋師而去。

雍門援琴而挾説，

桓譚新論曰：〔四七〕雍門周以琴見，孟嘗君曰：〔四八〕「先生鼓琴，亦能令文悲乎？」對曰：「臣之所能令悲者，先貴而後賤，昔富而今貧，擯壓窮巷，不交四鄰，不若身材高妙，懷質抱真；逢讒罹謗，〔四九〕怨結而不得信，不若交歡而結愛，無怨而生離；遠赴絶國，無相見期，不若幼無父母，壯無妻兒，出以野澤爲鄰，入用堀穴爲家，〔五〇〕困于朝夕，無所假貸。若此人者，但聞飛鳥之號，秋風鳴條，〔五一〕則傷心矣。臣一爲之援琴而長太息，〔五二〕未有不悽惻而涕泣者也。〔五三〕今若足下，居則廣廈高堂，連闥洞房，〔五四〕下羅帷，來清風，倡優在前，諂諛侍側，揚激楚，舞鄭妾，流聲以娱耳，練色以淫目。水戲〔五五〕則舫龍舟，建羽旗，鼓釣乎不測之淵；〔五六〕野游則登平原，馳廣囿，强弩下高鳥，勇士格猛獸，置酒娱樂，沈醉忘歸。方此之時，視天地曾不若一指，雖有善鼓琴，未能動足下也。」孟嘗君曰：「固然！」雍門周曰：「然臣竊爲足下有所常悲。夫角帝而困秦者，君也；連五國而伐楚者，又君也。天下未嘗無事，不從即衡，從成則楚王，衡成則秦帝。夫以秦、楚之彊，而報弱薛，猶磨蕭斧而伐朝菌也，有識之士，莫不爲足下寒心。天道不常盛，寒暑更進退，千秋萬歲之後，宗廟必不血食，高臺既已傾，曲池又已平，墳墓生荊棘，狐狸穴其中，游兒牧豎〔五七〕躑躅其足而歌其上〔五八〕曰：孟嘗君之尊貴，亦猶若是乎！」於是孟嘗君喟然太息，涕淚承睫而未下。雍門周引琴而鼓之，徐動宫徵，叩角羽，終而成曲。孟嘗君遂歔欷而就之曰：「先生鼓琴，令文立若亡國之人也。」

韓哀秉轡而馳名，

吕氏春秋曰：韓哀作御。

王褒聖主得賢臣頌曰：〔五九〕「及至駕齧膝，參乘旦，〔六〇〕王良執靶，韓哀附輿，〔六一〕縱馳騁騖，忽如景靡，〔六二〕過都越國，蹶如歷塊，追奔電，逐遺風，〔六三〕周流八極，萬里一息，何其遼哉！人馬相得也。」

盧敖翱翔乎玄闕，若士竦身於雲清。

淮南子曰：〔六四〕盧敖游乎北海，〔六五〕經乎太陰，入乎玄闕，至于蒙轂之上，〔六六〕見一士焉，深目而玄準，戾頸而鳶肩，豐上而殺下，軒軒然方迎風而舞，顧見盧敖，慢然下其臂，遁逃乎碑下。〔六七〕盧敖俯而視之，方卷龜殼而食合梨。〔六八〕盧敖乃與之語曰：「惟敖爲背羣離黨，窮觀於六合之外者，非敖而已乎！敖幼而好游，長不喻解。〔六九〕周行四極，惟北陰之不闚。今卒睹夫子於是，子殆可與敖爲交乎！」〔七〇〕若士者齤然而笑曰：「嘻乎！子中州民，寧肯而遠至此？此猶光乎日月而戴列星，〔七一〕陰陽之所行，四時之所生，此其比夫不名之地，猶窔奧也。〔七二〕若我南游乎罔㝗之野，〔七三〕北息于沈墨之鄉，〔七四〕西窮冥冥之黨，〔七五〕東貫鴻濛之光，〔七六〕此其下無地，而上無天，聽焉無聞，視焉則眴，〔七七〕此其外猶有沈沈之汜，〔七八〕其餘一舉而千萬里，〔七九〕吾猶未能之在。〔八〇〕今子游始至于此，〔八一〕乃語窮觀，豈不亦遠哉！然子處矣，吾與汗漫期於九垓之上，〔八二〕吾不可以久。」〔八三〕若士舉臂而竦身，遂入雲中。盧敖仰而視之，弗見乃止。〔八四〕曰：「吾比夫子也，猶黃鵠之與壤蟲，〔八五〕終日行不離咫尺，〔八六〕自以爲遠，不亦悲哉！」

余實不能齊技于數子，故乃静然守己而自寧。」

景耀六年，後主從譙周之計，遣使請降於鄧艾。其書，正所造也。〔八七〕明年正月，鍾會作亂成都，後主東遷洛陽，時擾攘倉卒，蜀之大臣，無翼從者，〔八八〕惟正及殿中督汝南張通捨妻子單身隨侍。後主賴正相導宜適，舉動無闕，〔八九〕乃慨然太息，恨知正之晚。時論嘉之。賜爵關內侯。泰始中，除安陽令，〔九〇〕遷巴西太守。泰始八年，詔曰：「正昔在成都，顛沛守義，不違忠節。及見受用，盡心幹事，有治理之績，其以正爲巴西太守。」〔九一〕咸寧四年卒。〔九二〕凡所著述詩、論、賦之屬，垂百篇。〔九三〕

〔一〕錢大昕曰：「承祚志以簡質勝，然如曹植責躬應詔之詩，郤正之釋譏，華覈之草文，薛瑩之獻詩，魏文帝策吳王九錫文，吳主罪張溫之令，許靖與曹公之書，周魴譎曹休之詞，駱統理張溫之表，胡綜托吳質之文，事無繫乎興亡，語不關於勸戒，準之史例，似可從删。楊戲季漢輔臣贊既全録其文，而志不立傳者，復注其行事於下，西州文獻，藉以不墜，厥功誠偉矣。然自我作古，亦非前史之例也。」梁章鉅曰：「承祚書以辭多勸戒，語能簡質稱於世，若如此傳之全載釋譏，則似可以已矣。」劉咸炘曰：「載此以存一朝之文，不爲蕪也。他處蕪者尚多，梁氏不知摘而摘此，亦淺矣。」

〔二〕范書崔駰傳：「駰字亭伯，涿郡安平人。駰年十三，能通詩、易、春秋，博學有偉才，盡通古今訓詁百家之言。善屬文，少游太學，與班固、傅毅同時齊名，常以典籍爲業。時人或譏其太玄静，將以後名失實，駰擬揚雄解嘲作達旨以答焉。」

〔三〕詩魯頌駉之章：「思無邪，思馬斯徂。」鄭箋云：「徂，猶行也。思遵伯禽之法，專心無復邪意也。牧馬使可走行。」

〔四〕詩邶風匏有苦葉之章：「匏有苦葉，濟有深涉；深則厲，淺則揭。」毛傳云：「以衣涉水爲厲，謂由帶以上也。揭，褰裳也。遭時制宜，如遇水深則厲，淺則揭矣。」

〔五〕左傳成公十八年：「以塞夷庚。」杜注云：「夷庚，吳、晉往來之要道。」孔疏云：「夷，平也。詩序云：由庚萬物，得由其道，是以庚爲道也。」文選束晳補亡詩：「蕩蕩夷庚，物則由之。」陸機辨亡論：「旋皇輿於夷庚。」何焯曰：「憮疑作膴。」

〔六〕官本攷證曰：「彼，册府作披。」

〔七〕蔡邕釋誨：「揚衡含笑。」左思魏都賦：「乃盱衡而誥曰。」李善注：「眉上曰衡。」

〔八〕馮本、毛本「狙」作「徂」，誤。

〔九〕耷，同亹。

〔一〇〕窳，音與。

〔一一〕蕭常曰：「朱陽，朱夏也。猶言朱明、望舒，月也。」

〔一二〕毛本「狙」作「徂」，誤。

〔一三〕史記黥布傳：「滕公言之上曰：臣客故楚令尹薛公者，有籌筴之計，可問。上迺召見，問薛公。薛公對曰：黥布反，不足怪也。使布出於上計，山東非漢之有也；出於中計，勝敗之數未可知也；出於下計，陛下安枕而臥矣。」

〔一四〕官本攷證曰：「元本粥作徵。」

〔一五〕宋本「爲」作「於」。

〔一六〕沈家本曰：「漢志：雜家淮南内二十一篇，淮南外三十三篇。顔注：内篇論道，外篇雜說。隋志：淮南子二十一卷，漢淮南王劉安撰，許慎注。又二十一卷，高誘注。舊唐志：淮南商詁二十一卷，劉安撰，不言何人注。又高誘注二十一卷。新志列許慎、高誘二注並二十一卷。又高誘淮南鴻烈音二卷，舊志稱何誘撰，疑何誘乃高誘之訛也。宋志，許慎注卷同，高誘注十三卷。今則高注存而許注亡矣。漢書本傳：招致賓客方術之士數千人，作爲内書二十一篇，外書甚衆。又有中篇八卷，言神仙黄白之術，亦二十餘萬言。高誘序：此書其旨近老子，大較歸之於道，號曰鴻烈。鴻，大也；烈，明也。以爲大明道之言也。」

〔一七〕見淮南子修務訓，「請」作「解」。高誘注：「爲治水解禱，以身爲質。解讀解除之解。陽盱河蓋在秦地。」水經注河水篇：「自陽紆西(自)〔至〕河首四千里。」又云：「河水又出于陽紆陵門之山。穆天子傳曰：天子西征，至陽紆之山。淮南子曰：昔禹治洪水，具禱陽紆，蓋于此也。高誘以爲陽紆秦藪，非也。」趙一清曰：「陽盱即陽紆。漢志：冀州藪曰陽紆，爾雅作陽陓，又一陽紆也。」

〔一八〕今本淮南子作桑山之林。高誘注：「桑山之林，能興雲致雨，故禱之。」莊逵吉曰：「御覽引作桑林之下。」

〔一九〕宋本「矣」作「也」，淮南子同。

〔二〇〕今本呂氏春秋作五年，說苑作七年。

〔二一〕宋本作「使上帝鬼神傷民之命」，今本呂氏春秋同。

〔二二〕攦，音列。

〔二三〕羊舌肸字叔向。左傳襄公二十一年：「范宣子殺羊舌虎，囚叔向。人謂叔向曰：子離於罪，其爲不知乎？叔向曰：與其死亡，若何詩曰優哉游哉，聊以卒歲，知也。」杜注云：「詩小雅言君子優游於衰世，所以辟害卒其壽，是亦知也。」

〔二四〕漢書疏廣傳：「廣字仲翁，東海蘭陵人。廣兄子受，字公子。父子並爲師傅，（周壽昌曰：「漢時從父從子稱父子。」）廣謂受曰：吾聞知足不辱，知止不殆，功遂身退，天之道也。今仕宦至二千石，官成名立，如此不去，懼有後悔，豈如父子相隨，出關歸老故鄉，以壽命終，不亦善乎！」

〔二五〕蕭常曰：「容裔，自適之貌。」

〔二六〕以下爲淮南子道應訓之辭。李治敬齋古今黈卷四云：「九方相馬事，具列子。列子前淮南子數百年，列子作九方皋，淮南子作九方堙。裴據淮南子而不引列子，非也。凡注解文字，當引前人，在後者略之可也。」

〔二七〕高誘注：「子姓，謂伯樂子。」

〔二八〕今本淮南子無「若没」二字。高誘注：「若滅其相，不可見也；若失，乍入乍出也；若亡，髣髴不及也。」

〔二九〕今本淮南子「卻」作「弭」。高誘注：「絕塵，不及也；弭轍，引迹疾也。」

〔三〇〕今本淮南子「薪」下有「者」字。高誘注：「纆，索也；九方堙，人姓名。」

〔三一〕今本淮南子無「也」字。

〔三二〕宋本「臣」作「馬」，今本淮南子作「是乃其所以千萬臣而無數者也」。

〔三三〕馮本「麤」作「麄」，誤。

〔三四〕馮本無「固」字。

〔三五〕史記孫武傳注索隱云：「越絶書，子貢所著，恐非也。其書多記吳、越亡後土地，或後人所録。」正義云：「七録：越絶十六卷，或云伍子胥撰。」隋書經籍志雜史類：「越絶記（「記」當作「書」。）十六卷，子貢撰。」舊唐志：「越絶書十六卷，子貢撰。」新唐志同。直齋書録解題亦作「十六卷，無撰人名氏，相傳以爲子貢者，非也。其書雜記吳、越事，下及秦、漢，直至建武二十八年，蓋戰國後人所爲，而漢人又附益之耳。」四庫提要曰：「越絶書十五卷，不著撰人名氏。書中吳地傳稱句踐徙琅邪，到建武二十八年，凡五百六十七年，則後漢初人也。書末敘外傳記以庾詞隱其姓名，其云以去爲姓，得衣乃成，是袁字也。厥名有米覆之以庚，是康字也。禹來東征，死葬其疆，是會稽人也。又云文詞屬定自于邦賢，以口爲姓，承之以天，是吳字也。楚相屈原與之同名，是平字也。然則此書爲會稽袁康所作，同郡吳平所定也。隋、唐志皆云子貢作，非其實矣。其文縱横曼衍，與吳越春秋相類，而博麗奥衍則過之。中如計倪内經軍氣之類，多雜術數家言，皆漢人專門之學，非後來所能依託也。」周中孚鄭堂讀書記云：「崇文目、通考、宋志俱作十五卷，與今傳本同者，首篇外傳本事，不入卷數，而隋、唐諸志俱入卷數也。」

〔三六〕沈家本曰：「今本越絶書作觀其鈲爛如列星之行。案：鈔乃鈲之訛，劍亦衍字。」

〔三七〕沈家本曰：「今本越絶鼓作槖。」

〔三八〕沈家本曰：「今本越絶作一曰湛盧，二曰純鈎。」

〔三九〕沈家本曰：「今本越絶獨作猶。」

〔四〇〕下文亦見道應訓。

〔四一〕莊逵吉曰：「御覽此下有注云，士有術者無不養。」

〔四二〕御覽作「臣，楚市偷也，願以技該一卒。」注：「該，備也；卒，一人。」

〔四三〕今本淮南子「賢」下有「良」字。

〔四四〕今本淮南子「卒」作「市」。

〔四五〕今本淮南子作「子發曰：諾。不問其辭而遣之」。

〔四六〕今本淮南子作「幬帳」。

〔四七〕范書桓譚傳：「譚字君山，沛國相人。譚好音律，善鼓琴，博學多通，尤好古學。爲六安郡丞。譚著書言當世行事二十九篇，號曰新論，上書獻之，世祖善焉。琴道一篇未成，肅宗使班固續成之。」隋書經籍志儒家：「桓子新論十七卷，後漢六安丞桓譚撰。」二唐志同。嚴可均曰：「此書宋時不著録，今依羣書治要、意林次第，以類相從，定爲三卷。諸引但琴道有篇名，餘無篇名，今望文分繫，仍加各篇舊名，取便檢閲。君山博學多通，同時劉子駿七略徵引其琴道篇，揚子雲難窮，立毀所作蓋天圖。其後班孟堅漢書據用甚多，王仲任論衡超奇篇、佚文篇、定賢篇、案書篇、對作篇皆極推崇，至謂子長、子雲論説之徒，君山爲甲。則其書漢時早有定論，惜久佚失，所得見者僅此。然其尊王賤霸，非圖讖，無仙道，綜覈古今，偭偝失得，以反儀象典章、人文樂律，精華略具，則雖謂此書未嘗佚失可也。」黄以周儆季雜箸子敘篇曰：「桓譚新論十六篇，本造、閔友、琴道各一篇，餘皆分上下，故亦偁二十九篇。其標題篇第，具見范史本傳及章懷注。王充作論衡，睥睨一切，而獨折服是書。嘗謂君山作新論，論世閒事，辨照然否，虚妄之辭，僞飾之辭，莫不證定。甚且謂新論之義，與春秋會一，其推譽可謂至矣。孫鳳卿輯是書，殺雜無倫，重複迭見，無由見本書之檃括。嚴鐵橋更爲編輯，其書未見，讀其漫藁中所載自序，乃以羣書治要所録十五事，意林所録三十五事爲綱，而以義之相類者，比附其閒，是豈能一復本書之舊哉！武斷之譏，恐不能免矣。然魏、馬二書所録，皆仍本書次第，今以類相從，而不標題篇目，殘文片語，別附書後，豈不愈於孫輯之雜陳疊見哉！」

〔四八〕嚴可均曰：「據文選笙賦注、別賦注、豪士賦序注，孟嘗君下重孟嘗君三字，蜀志注無之，轉寫脱也。」

〔四九〕毛本「謗」作「誇」，誤。

〔五〇〕官本「穴」作「坎」，誤。

〔五一〕李陵答蘇武書注「烏」作「鳥」，「鳴」作「蕭」。

〔五二〕別賦注「援」作「揮」。

〔五三〕別賦注作「未有不悽愴而流涕者也」。

〔五四〕陸士衡日出東南隅行注「闉」作「邃」，説苑書説篇亦作「邃」。

〔五五〕西京賦注、七命注「戲」作「嬉」。

〔五六〕官本「鈞」作「鉤」，誤。沈約宋書樂志一作「吹」。

〔五七〕七哀詩注「游」作「樵」。

〔五八〕七哀詩注此句下有「行人見之悽愴」六字。

〔五九〕李善曰：「漢書曰：王襃既爲益州刺史，王襃作中和樂職宣布詩，襃因奏言襃有軼才，上乃徵襃。既至，詔爲聖主得賢臣頌。」

〔六〇〕應劭曰：「馬怒有餘氣，常齧膝而行也。」張晏曰：「齧膝乘旦，皆良馬名，駕則旦至，故以爲名。」孟康曰：「良馬低頭口至膝，故曰齧膝。」

〔六一〕張晏曰：「王良，郵無卹也。或曰：靶音霸，謂轡也。韓哀，韓文侯也。」

〔六二〕文選「景」作「影」。

〔六三〕李善曰：「遺風，風之疾者也。」

（六四）下文亦見道應訓。

（六五）高誘注：「盧敖，燕人，秦始皇召以爲博士，使求神仙，亡而不反也。」

（六六）高誘注：「太陰，北方也；玄闕，北方之山也。蒙轂，山名。」「轂」作「穀」。

（六七）高誘注：「慢然，止舞也，匿於碑陰。」

（六八）今本淮南子「俯」作「就」，「卷」作「倦」，「合」作「蛤」。高誘注：「楚人謂倨爲倦，龜殼，龜甲也；蛤梨，海蚌也。」

（六九）今本淮南子作「至長不渝」。莊逵吉曰：「御覽此下有注云：渝，解也。」劉家立曰：「應有解字。」

（七〇）今本淮南子「交」作「友」。

（七一）高誘注：「言太陰之地，尚見日月也。」

（七二）突，音要。今本淮南子「突」作「窔」。高誘注：「言我所游，不可字名之地，以盧敖所行比之，則如窔奧中也。」

（七三）罠，音浪。

（七四）宋本「于」作「乎」。

（七五）今本淮南子「冥冥」作「窅冥」。莊逵吉曰：「黨，所也，方言云。」

（七六）今本淮南子「貫」作「開」。

（七七）眴，音楦，目搖也。又同瞬。今本淮南子「則眴」作「無矚」。

（七八）今本淮南子「沈沈」作「汰汰」。高誘注：「汰汰，四海與天之際水流聲也。汜，涯也。」

（七九）高誘注：「千萬里，汰汜之外也。」

（八〇）高誘注：「吾尚未至此地。」

（八一）今本淮南子無「至」字。

（八二）今本淮南子「上」作「外」。高誘注：「汗漫，不可知之也；九垓，九天之外。」

〔八三〕今本淮南子「久」下有「駐」字。

〔八四〕今本淮南子此句下有「駕柸治悖、若有喪也」八字。高誘注：「止其所駕之車。楚人謂恨不得爲柸治也。」

〔八五〕毛本「與」作「興」，誤。

〔八六〕高誘注：「壤蟲，蟲之幼也。八尺爲咫，十寸爲尺。」

〔八七〕梁章鉅曰：「陸游籌筆驛詩：一種人間管城子，不堪譙叟作降箋。不知造書者爲郤正也。」

〔八八〕胡三省曰：「姜維既死，張翼、廖化、董厥必亦死於亂兵矣。」弼按：張翼隨鍾會至成都，爲亂兵所殺；廖化内徙洛陽，道病卒；董厥詣京都，爲相國參軍，使蜀慰勞。均見各本傳，是三人惟張翼死於亂兵。胡氏謂廖化、董厥亦死者，誤也。

〔八九〕郤正相導後主事，見後主傳注引漢晉春秋。胡三省曰：「宜，當也；適，亦當也。禪初入洛，見魏君臣，其禮各有所當。嗚呼！使正束帶立於朝，上而擯贊漢主，下而與賓客言事，事合宜而無闕失，豈非人臣之至願哉！」周壽昌曰：「宜適應作儀適。宜、儀音近而誤也。」

〔九〇〕安陽今陝西漢中府城固縣東，見魏志武紀建安二十年。

〔九一〕上文有泰始中遷巴西太守，下文不應又載泰始八年之詔，當爲裴注誤入正文也。

〔九二〕錢大昭曰：「泰始中以下，至咸寧四年卒，五十七字，皆入晉後事，可不必載。」

〔九三〕隋書經籍志：「晉巴西太守郤正集一卷。」二唐志同。嚴可均録存爲後主作降書、姜維論、釋譏凡三篇。姚振宗曰：「史言郤令先著百篇，隋、唐志著録乃祇一卷，所佚多矣。」

評曰：杜微修身隱静，不役當世，庶幾夷、皓之概。周羣占天有徵，杜瓊沈默慎密，諸生之純也。許、孟、來、李，博涉多聞；尹默精于左氏，雖不以德業爲稱，信皆一時之學士。譙周詞理淵通，爲世碩儒，有董、揚之規；〔一〕郤正文辭粲爛，有張、蔡之風，加其行止，君子有取焉。二子處晉事少，在蜀事多，故著于篇。〔二〕

張璠以爲譙周所陳降魏之策，蓋素料劉禪懦弱，心無害戾，故得行也。如遇忿肆之人，雖無他算，然矜殉鄙恥，或發怒妄誅，以立一時之威，快其斯須之意者，此亦夷滅之禍云。〔三〕

〔一〕李光地曰：「以揚雄比周可也，但多一董字。」

〔二〕劉咸炘曰：「但贊諸儒學業，又推其師擬於董、揚。然據傳中所録之事，諸儒僻好術數，忿爭褊躁，或陳曹氏之符，或獻勸降之策，皆陋劣鄙儒也。吾蜀不幸無人可紀，乃使諸儒列名史策。」

〔三〕何焯曰：「張璠識陋旨迂，注家何以取諸？」劉家立曰：「此注應在譙周傳中，今附總評下，疑誤。」

# 蜀書十三

三國志四十三

## 黄李吕馬王張傳第十三

黄權字公衡，巴西閬中人也。〔一〕少爲郡史，〔二〕州牧劉璋召爲主簿。時别駕張松建議宜迎先主，使伐張魯。權諫曰：「左將軍有驍名，〔三〕今請到，欲以部曲遇之，則不滿其心；欲以賓客禮待，則一國不容二君。若客有泰山之安，則主有累卵之危。可但閉境，以待河清。」〔四〕璋不聽，竟遣使迎先主，出權爲廣漢長。〔五〕及先主襲取益州，將帥分下郡縣，郡縣望風景附。權閉城堅守，須劉璋稽服，〔六〕乃詣降先主。〔七〕先主假權偏將軍。〔八〕

徐衆評曰：〔九〕權既忠諫於主，又閉城堅守，〔一〇〕得事君之禮。武王下車，封比干之墓，表商容之閭，所以大顯忠賢之士，而明示所貴之旨。先主假權將軍，善矣；然猶薄少，未足彰忠義之高節，而大勸爲善者之心。

及曹公破張魯，魯走入巴中，權進曰：「若失漢中，則三巴不振，此爲割蜀之股臂也。」〔一一〕於是先主以權爲護軍，率諸將迎魯。魯已還南鄭，北降曹公。然卒破杜濩、朴胡，〔一一〕殺夏侯淵，據漢中，皆權本謀也。

〔一〕巴西郡治閬中，今四川保寧府閬中縣西，詳見魏志武紀建安二十年。

〔二〕宋本「史」作「吏」。梁章鉅曰：「楊戲輔臣贊稱黄權爲越騎。」弼按：輔臣贊稱楊季休爲越騎，非贊黄公衡也。梁說誤。

〔三〕范書劉焉傳：「黄權諫曰：劉備有梟名。」章懷注：「梟即饒也。」胡三省曰：「曹操表劉備爲左將軍，故稱之。」

〔四〕通鑑作「不若閉境，以待時清」。

〔五〕郡國志：「益州廣漢郡廣漢。」水經：「涪水南至小廣魏，與梓潼水合。」注：「小廣魏即廣漢縣地。」舊志云：「漢時縣名，與郡同者，類加小字以別之。今縣屬廣漢郡，亦宜曰小廣漢。水經本曹魏時人所作，故改漢爲魏也。」一統志：「故城今四川潼川府遂寧縣東北。」

〔六〕胡三省曰：「稽，音啟。言稽顙服從也。」

〔七〕章懷注引此無「降」字。

〔八〕何焯曰：「先主獎拔公衡，故霍弋、羅憲皆不失事君之禮。」

〔九〕趙一清曰：「衆當作爰。」弼按：詳見魏志臧洪傳注。

〔一〇〕宋本「堅」作「拒」。

〔一一〕胡三省曰：「三巴，巴東、巴西、巴郡也。」錢大昭曰：「漢中爲益州咽喉，最稱要害，故楊洪亦以爲若無漢中，則無蜀矣。按：初平六年，以臨江屬永寧郡。建安六年，劉璋改永寧爲巴東郡，分巴郡墊江置巴西郡，合之巴郡，是爲三巴也。」弼按：三巴詳見魏志武紀建安二十年注。

〔一二〕杜濩、朴胡亦見魏志武紀建安二十年。

先主爲漢中王，猶領益州牧，以權爲治中從事。〔一〕及稱尊號，將東伐吴，權諫曰：「吴人悍戰，又水軍順流，進易退難。臣請爲先驅以嘗寇，〔二〕陛下宜爲後鎮。」先主不從，以權爲鎮北將軍，督江北軍以防魏師，先主自在江南。〔三〕及吴將軍陸議〔四〕乘流斷圍，〔五〕南軍敗績，先主引退。而道隔絶，權不得還，故率將所領降于魏。有司執法，白收權妻子。先主曰：「孤負黄權，權不負孤也。」〔六〕待之如初。

臣松之以爲漢武用虚罔之言，滅李陵之家，劉主拒憲司所執，宥黄權之室，二主得失，縣邈遠矣！〔七〕詩云「樂只君子，保艾爾後」，〔八〕其劉主之所謂也。〔九〕

〔一〕權列名勸進，見先主傳。
〔二〕通鑑「順流」作「沿流」，「嘗寇」作「當寇」。
〔三〕郝書「在」作「軍」。
〔四〕陸議即陸遜。
〔五〕章懷注引此，「流」作「虚」。
〔六〕胡三省曰：「以不能用權言也。」
〔七〕「遠」字疑衍。
〔八〕詩小雅南山有臺之辭。毛傳云：「艾，養；保，安也。」宋本「艾」作「乂」。
〔九〕宋本無「所」字。

魏文帝謂權曰：「君捨逆効順，欲追蹤陳、韓邪？」[一]權對曰：「臣過受劉主殊遇，降吳不可，還蜀無路，是以歸命。且敗軍之將，免死爲幸，何古人之可慕也！」文帝善之，拜爲鎮南將軍，封育陽侯，[二]加侍中，使之陪乘。[三]蜀降人或云「誅權妻子」。權知其虛言，未便發喪，

漢魏春秋曰：文帝詔令發喪。權答曰：「臣與劉、葛推誠相信，明臣本志。疑惑未實，請須後問。」[四]

後得審問，果如所言。及先主薨，問至，魏羣臣咸賀，而權獨否。文帝察權有局量，欲試驚之，[五]遣左右詔權，[六]未至之閒，累催相屬，馬使奔馳，交錯於道，官屬侍從，莫不碎魄，而權舉止、顔色自若。後領益州刺史，徙占河南。[七]大將軍司馬宣王深器之，問權曰：「蜀中有卿輩幾人？」權笑而答曰：「不圖明公見顧之重也！」宣王與諸葛亮書曰：「黃公衡，快士也，每坐起歎述足下，不去口實。」景初三年，蜀延熙二年，權遷車騎將軍，儀同三司。[八]

蜀記曰：魏明帝問權：「天下鼎立，當以何地爲正？」權對曰：「當以天文爲正。往者熒惑守心而文皇帝崩，吴、蜀二主平安，此其徵也。」[九]

明年卒，謚曰景侯。[一〇]子邕嗣。邕無子，絶。

[一]胡三省曰：「陳、韓，謂韓信、陳平，去楚歸漢。」
[二]胡三省曰：「自此以後，皆名號侯，不復注其國邑。」
[三]胡三省曰：「陪乘，猶驂乘也。」弼按：權降魏事，詳見魏志文紀黃初三年及注引魏書。

〔四〕胡三省曰：「葛謂諸葛孔明也。須，待也。」

〔五〕元本作「欲驚試之」。

〔六〕監本無「遺」字，誤。

〔七〕趙一清曰：「水經注：淯水南逕預山東，山南有魏車騎將軍黄權夫妻二冢，地道潛通其冢。前有四碑，其二魏明帝立，二是其子及臣吏所樹者也。」

〔八〕范書鄧騭傳：「拜騭車騎將軍，儀同三司，始自騭也。」惠棟曰：「東觀記：儀同三司有開府之號，始自騭也。李涪云騭爲開府儀同三司，謂别開一府，得比三公。」侯康曰：「晉志云：漢殤帝延平元年，鄧騭爲車騎將軍，儀同三司；儀同之名，始自此也。及魏黄權以車騎將軍開府，儀同三司，開府之名，起于此也。則鄧騭但稱儀同，不稱開府，東觀記本無有開府之號句，惠誤引。」黄山曰：「今案以儀同三司及開府名官，雖或如晉志自鄧騭、黄權始，而其事則已具見於前。蓋漢以司馬、司徒、司空爲三公，亦名三司。司馬主兵，即太尉，又稱三府，掾屬皆得自辟召。至開府儀同三司，則將軍制也。前漢武帝亟用兵，大將軍衛青、驃騎將軍霍去病皆兼大司馬位。光武中興，吴漢亦以大將軍爲大司馬，均在三司之中，故不另開府。及明帝以弟東平王蒼爲驃騎大將軍輔政，置長史掾史員四十人，位在三公上，開東閣，延英雄。班固奏記説王：一則曰幕府新開，廣延羣俊；再則曰宜及府開，以慰遠方。是爲後漢開府之始。然儀淩三司，固不必下同三司也。章帝建初三年，令舅車騎將軍馬防與九卿絶席，班同三司，是又即爲後漢儀同三司之始。既同三司，自得開府辟召，故明帝並令防置掾吏十人，歲舉吏二人。騭之以車騎將軍儀同三司，明即用防故事，觀黄權雖實開府，而蜀志權傳仍止云遷車騎將軍，儀同三司而已，固不待明言開府也。」弼按：儀同三司，互見魏志高貴鄉公紀甘露二年。

〔九〕王應麟曰：「三國鼎峙，司馬公通鑑以魏爲正統，朱子綱目以蜀漢爲正統。然稽於天文，則熒惑守心，魏文帝殂，而吴、蜀無它，此黄權對魏帝之言也。若可以魏爲正矣。月犯心大星，王者惡之，漢昭烈殂，而魏、吴無它，權又將何辭以對乎？」何焯曰：「公衡舍統系而以天文爲詞，所謂文與而實不與也。大凡取精多而用物宏者，皆能上應天象，太白入太微而漢兵誅莽，何嘗非僭竊之應？公衡亦姑爲遜詞耳。」又曰：「三國史並無熒惑守心之文，黄初六年五月十六日壬戌，熒惑入太微，至二十七日癸酉乃出，疑是太微，非守心也。」弼按：此皆無稽之言，不足徵信。

〔一〇〕袁宏三國名臣序贊曰：「公衡沖達，秉心塞淵，媚兹一人，臨難不惑。疇昔不造，假翮鄰國，進能輝音，退不失德。」

權留蜀子崇，爲尚書郎，隨衛將軍諸葛瞻拒鄧艾，到涪縣，瞻盤桓未進，崇屢勸瞻，宜速行據險，無令敵得入平地。〔一〕瞻猶豫未納，〔二〕崇至于流涕。會艾長驅而前，瞻卻戰，至緜竹，崇帥厲軍士，期於必死，臨陣見殺。〔三〕

〔一〕元本無「地」字。梁章鉅曰：「姜維傳亦有使敵不得入平之語。」

〔二〕周壽昌曰：「瞻豈以崇父權降魏，遂不信其言邪？」

〔三〕何焯曰：「黄崇死國，此劉、葛推誠之效也。」

李恢字德昂，建寧俞元人也。〔一〕任郡督郵，〔二〕姑夫爨習爲建伶令，〔三〕有違犯之事，〔四〕恢坐習免官。太守董和〔五〕以習方土大姓，寢而不許。〔六〕

華陽國志云：習後官至領軍。

後貢恢於州，涉道未至，聞先主自葭萌還攻劉璋，恢知璋之必敗，先主必成，乃託名郡使，北詣先主，遇於緜竹。先主嘉之，從至雒城，遣恢至漢中交好馬超，超遂從命。成都既定，先主領益州牧，以恢爲功曹書佐主簿。後爲亡虜所誣，引恢謀反，有司執送，先主明其不然，更遷恢爲別駕從事。章武元年，庲降都督鄧方卒，〔七〕先主問恢：「誰可代者？」恢對曰：「人之才能，各有長短，故孔子曰：其使人也器之。且夫明主在上，則臣下盡情，是以先零之役，趙充國曰：莫若老臣。臣竊不自揆，〔八〕惟陛下察之。」先主笑曰：「孤之本意，亦已在卿矣。」遂以恢爲庲降都督，使持節，領交州刺史，〔九〕住平夷縣。〔一〇〕

臣松之訊之蜀人云，庲降，地名，去蜀二千餘里。時未有寧州，號爲南中，立此職以總攝之。晉泰始中，始分爲寧州。〔一一〕

〔一〕後主傳：「建興三年，改益州郡爲建寧郡。」郡國志：「益州郡俞元。」三國蜀改屬建寧郡。一統志：「故縣在今雲南澂江府河陽縣境，李恢墓在河陽縣西五里。」

〔二〕宋本「任」作「仕」。督郵見魏志董卓傳。

〔三〕爨習見李嚴傳注。郡國志：「益州郡建伶。」三國蜀改屬建寧郡。一統志：「故縣今雲南雲南府昆明縣西北。」

〔四〕宋本「犯」作「法」。

〔五〕董和傳：「劉璋時和爲益州太守。」

〔六〕華陽國志卷四云：「分羸弱配大姓焦、雍、婁、爨、孟、量、毛、李爲部曲。」

〔七〕庲降都督，詳見霍峻傳。

〔八〕宋本「揆」作「量」。

〔九〕趙一清曰：「此是遥領。顧祖禹謂蜀漢分益州置交州，非是。」沈家本曰：「按下文云：建興七年，以交州屬吴，解恢刺史，更領建寧太守，蓋是年與吴盟，交分天下，見後主及陳震傳。交州屬吴，故遥領之，職亦因之而改也。晉書地理志云：「蜀以李恢爲建寧太守，遥領交州刺史，此趙稱遥領之證，據顧説誠誤。」

〔一〇〕平夷見霍峻傳。

〔一一〕晉書地理志：「寧州於漢、魏爲益州之域，泰始七年，武帝以益州地廣，分益州之建寧、興古、雲南，交州之永昌，合四郡爲寧州。」

先主薨，高定恣睢于越巂，雍闓跋扈于建寧，〔一〕朱褒反叛于牂柯，〔二〕丞相亮南征，先由越巂，而恢案道向建寧。諸縣大相糾合，圍恢軍於昆明。〔三〕時恢衆少敵倍，又未得亮聲息，紿謂南人曰：「官軍糧盡，欲規退還，吾中間久斥鄉里，〔四〕乃今得旋，不能復北，欲還與汝等同計謀，故以誠相告。」南人信之，故圍守怠緩。於是恢出擊，大破之，追犇逐北，南至槃江，〔五〕東接牂柯，與亮聲勢相連。南土平定，恢軍功居多，封漢興亭侯，〔六〕加安漢將軍。〔七〕後軍還，南夷復叛，〔八〕殺害守將。恢身往撲討，鉏盡惡類，徙其豪帥于成都，賦出叟、濮〔九〕耕牛戰馬，金銀犀革，充繼軍資，于時費用不乏。

〔一〕潘眉曰：「建寧本益州郡，建興三年，丞相亮南征後，始改此名。今敘雍闓事，不宜先書建寧也。馬忠傳建寧郡殺太守正昂，失與此同。」

〔二〕三事均詳見後主傳建興元年。

〔三〕昆明即滇池，滇池詳見諸葛亮傳注引漢晉春秋。趙一清曰：「郡國志：益州郡滇池，出鐵，有池澤。劉昭注補曰：澤在縣西，見前書。南中志曰：池周二百五十里。方輿紀要卷百十三：滇池在雲南府城南，一名昆明池，亦曰滇南澤。滇地記云：郡城金馬、碧雞二山，東西夾護，商山北來，而環列於前，中開一大都會，滇池受邵甸牧羊山諸泉及黑、白龍潭、海源泂諸水，匯爲巨浸，延袤三百餘里。軍民田廬，環列其旁，而洩於稍西一小河，又折而北，不見其去，故又名滇海。」

〔四〕斥，音尺，遠也。

〔五〕水經葉榆水注：「葉榆水東北逕滇池縣南，又東逕同並縣南，又東逕漏江縣伏流山下，復出蝮口，謂之漏江。諸葛亮之平南中也，戰于是水之南。葉榆水又逕賁古縣北，東與盤江合。盤水出律高縣東南盢町山，東逕梁水郡北賁古縣南。水廣百餘步，深處十丈，甚有瘴氣。朱褒之反，李恢追至盤江者也。盤水北入葉榆水，諸葛亮入南，戰于盤東是也。」楊守敬水經注疏要删云：「酈氏之所謂温水者，即今之南盤江；酈氏之所謂盤江者，今無其水。據其所敘，似今彌勒瀑布河，倒流入葉榆者。」

〔六〕趙一清曰：「水經葉榆水注：盤水又東逕漢興縣，此縣不見晉、宋史志，疑是蜀立，在今雲南省臨安府境。」

〔七〕安漢將軍見麋竺傳。

〔八〕何焯曰：「觀此傳及馬忠、張嶷二傳中，皆有南夷復反事，蓋雖諸葛公猶不能要其終不反也。」

〔九〕叟兵詳見劉璋傳注。華陽國志卷四云：「李恢遷濮民數千落於雲南建寧界，以實二郡。」

建興七年，以交州屬吴，解恢刺史，更領建寧太守，以還居本郡，徙居漢中。九年，卒。子遺嗣。恢弟子球，羽林右部督，〔一〕隨諸葛瞻拒鄧艾，臨陣授命，死於緜竹。

〔一〕洪飴孫曰：「蜀置羽林左、右部督各一人。有右部督則有左可知。」

呂凱字季平，永昌不韋人也。〔一〕

孫盛蜀世譜曰：初，秦徙呂不韋子弟宗族於蜀漢。漢武帝時，開西南夷，置郡縣，徙呂氏以充之，因曰不韋縣。

仕郡五官掾功曹。時雍闓等聞先主薨于永安，驕黠滋甚。都護李嚴與闓書六紙，解喻利害，闓但答一紙曰：「蓋聞天無二日，土無二王，今天下鼎立，正朔有三，是以遠人惶惑，不知所歸也。」其桀慢如此。闓又降於吳，吳遥署闓爲永昌太守。〔二〕永昌既在益州郡之西，道路壅塞，與蜀隔絶，而郡太守改易，凱與府丞蜀郡王伉帥厲吏民，閉境拒闓。〔三〕闓數移檄永昌，稱説云云。凱答檄曰：「天降喪亂，姦雄乘釁，天下切齒，萬國悲悼，臣妾大小，莫不思竭筋力，肝腦塗地，以除國難。伏維將軍，世受漢恩，以爲當躬聚黨衆，率先啓行，上以報國家，下不負先人，書功竹帛，遺名千載。何期臣僕吳、越，背本就末乎！昔舜勤民事，隕于蒼梧，〔四〕書籍嘉之，流聲無窮。崩于江浦，何足可悲！文、武受命，成王乃平。先帝龍興，海内望風，宰臣聰睿，自天降康。而將軍不覩盛衰之紀，成敗之符，譬如野火在原，蹈履河冰，火滅冰泮，將何所依附？曩者將軍先君雍侯，造怨而封，〔五〕竇融知興，歸志世祖，皆流名後葉，世歌其美。今諸葛丞相英才挺出，深覩未萌，受遺託孤，翊贊季興，〔六〕與衆無忌，録功忘瑕。將軍若能翻然改圖，易跡更步，古人不難追，鄙土何足宰哉！蓋聞楚國不恭，齊桓是責；〔七〕夫差僭號，晉人不長。〔八〕況臣于非主，誰肯歸之邪？竊惟古義，臣無越境之交，是以前後有來無往。重承告示，發憤忘食，故略陳所懷，惟將軍察焉。」凱威恩内著，爲郡中所信，故能全其節。

〔一〕永昌郡，治不韋，詳見後主傳建興三年。

〔二〕錢大昭曰：「永昌郡在益州郡西，非吳所有也，故云遥署。蜀楊儀亦遥署弘農太守。」

〔三〕趙一清曰：「方輿紀要卷百十八：永昌金雞村北有將臺，高丈餘，廣倍之，相傳呂凱築以拒雍闓。」

〔四〕史記五帝本紀：「舜南巡狩，崩於蒼梧之野，葬於江南九疑，是爲零陵。」皇覽曰：「舜冢在零陵營浦縣，其山九谿皆相似，故曰九疑。」

〔五〕史記留侯世家：「上曰：雍齒與我故，數嘗窘辱我，我欲殺之，爲其功多，故不忍。留侯曰：今急，先封雍齒，以示羣臣。乃封爲什方侯。」周壽昌曰：「據此傳，雍闓是雍齒之後。後主傳内所云益州郡大姓也。」

〔六〕潘眉曰：「次於中興曰季興。魏武帝紀注引三輔決録曰：覩漢祚將移，謂可季興。」吳鳴鈞曰：「時人以後漢爲中漢，蜀漢爲季漢，故楊戲作贊，名季漢輔臣贊。序曰：自我中漢之末，王綱棄柄。」

〔七〕左傳僖公四年：「齊侯伐楚，管仲曰：爾貢包茅不入，王祭不共，無以縮酒，寡人是徵。」

〔八〕左傳哀公十三年：「吳、晉爭先，吳人曰：於周室我爲長；晉人曰：於姬姓我爲伯，乃先晉人。」

及丞相亮南征討闓，既發在道，而闓已爲高定部曲所殺。〔一〕亮至南，上表曰：「永昌郡吏呂凱、府丞王伉等，執忠絶域，十有餘年。雍闓、高定偪其東北，而凱等守義，不與交通。臣不意永昌風俗，敦直乃爾！」以凱爲雲南太守，〔二〕封陽遷亭侯。會爲叛夷所害，子祥嗣；而王伉亦封亭侯，爲永昌太守。

蜀世譜曰：呂祥後爲晉南夷校尉，祥子及孫世爲永昌太守。李雄破寧州，諸呂不肯附，舉郡固守。〔三〕王伉等亦守正節。

〔一〕通鑑：「諸葛亮由越嶲入，斬雍闓及高定。」弼按：據呂凱傳，雍闓爲高定部曲所殺，非亮所斬，通鑑誤。

〔二〕雲南郡見後主傳建興三年。

〔三〕華陽國志四云：「凱子祥，太康中獻光珠五百斤，還臨本郡，遷南夷校尉。祥子元康末爲永昌太守，值南夷作亂，閩濮反，乃南移永壽，去故郡千里，遂與州隔絶。呂氏世官領郡，於今三世矣。」

馬忠字德信，巴西閬中人也。〔一〕少養外家，姓狐名篤，後乃復姓，改名忠，爲郡吏。建安末，舉孝廉，除漢昌長。〔二〕先主東征，敗績猇亭，〔三〕巴西太守閻芝發諸縣兵五千人，以補遺闕，遣忠送往。先主已還永安，見忠與語，謂尚書令劉巴曰：「雖亡黄權，復得狐篤，此爲世不乏賢也。」建興元年，丞相亮開府，以忠爲門下督。三年，亮入南，拜忠牂柯太守。郡丞朱褒反。〔四〕叛亂之後，忠撫育恤理，甚有威惠。八年，召爲丞相參軍，副長史〔五〕蔣琬，署留府事；又領州治中從事。明年，亮出祁山，忠詣亮所，經營戎事。軍還，督將軍張嶷等，討汶山郡叛羌。〔六〕十一年，南夷豪帥劉胄反，擾亂諸郡，徵庲降都督張翼還，〔七〕以忠代翼。忠遂斬胄，平南土。加忠監軍奮威將軍，封博陽亭侯。初，建寧郡殺太守正昂，縛太守張裔于吴，〔八〕故都督常駐平夷縣。至忠，乃移治味縣，〔九〕處民、夷之閒。又越嶲郡亦久失土地，〔一〇〕忠率將太守張嶷開復舊郡，由此就加安南將軍，進封彭鄉亭侯。〔一一〕延熙五年，還朝，因至漢中，見大司馬蔣琬，宣傳詔旨，加拜鎮南大將軍。七年春，大將軍費禕北禦魏敵，留忠成都，平尚書事。禕還，忠乃歸南。十二年，卒。子修嗣。

修弟恢，恢子義，晉建寧太守。〔一二〕

〔一〕閬中見黃權傳。

〔二〕譙周巴西記曰：「和帝永元中，分宕渠之地，置漢昌縣，屬巴郡。」郡國志：「巴郡漢昌。」三國蜀改屬巴西郡。一統志：「故城今四川保寧府巴州治。」

〔三〕猇亭見先主傳。

〔四〕後主傳：「建興元年，牂柯太守朱褒擁郡反。」此傳云「郡丞」，未知孰是。官本「丞」作「承」。趙一清曰：「承即丞也，音同通用。」林國贊曰：「反字衍。蓋謂忠承褒叛亂之後，能撫育耳。」弼按：當作郡承朱褒叛亂之後。

〔五〕李平遣參軍狐忠喻指，呼諸葛亮還軍，見李嚴傳。

〔六〕汶山郡見後主傳延熙十年，張嶷事見後。

〔七〕庲降都督詳見霍峻傳，張翼事見翼傳。

〔八〕此建寧郡應作益州郡，說見李恢傳。錢大昕曰：「後主傳、張裔傳俱作益州郡。考益州郡之改建寧，在丞相亮南征以後，此時不當云建寧也。」

〔九〕平夷見霍峻傳，味縣見後主傳建興三年。

〔一〇〕越巂郡見後主傳建興元年。

〔一一〕錢大昭曰：「亭字衍文。」潘眉曰：「常志作彭鄉侯。」

〔一二〕此注未引書名。華陽國志四云：「建寧爨谷爲交阯太守，谷死，晉更用馬忠子融代谷。」據此，是馬忠尚有一子名融也。」

忠爲人，寬濟有度量，但詼啁大笑，忿怒不形於色。然處事能斷，威恩並立，是以蠻夷畏

而愛之。及卒，莫不自致喪庭，流涕盡哀，爲之立廟祀，迄今猶在。〔一〕

〔一〕華陽國志卷四云：「忠在南，柔遠能邇，甚垂惠愛。卒後，南人爲之立祠，水旱禱之。」一統志：「馬忠祠在今曲靖府南寧縣。」

張表，時名士，〔一〕清望踰忠。閻宇，宿有功幹，於事精勤，繼踵在忠後，其威風稱績，皆不及忠。〔二〕

益部耆舊傳曰：張表，肅子也。

華陽國志云：表，張松子，未詳。〔三〕閻宇字文平，南郡人也。

〔一〕趙一清曰：「時上有脱文。」錢儀吉改作「時名士張表。」

〔二〕姜維傳有「右大將軍閻宇」，霍峻傳注有閻宇事。趙一清曰：「宋書州郡志：巴東領縣有南浦令，建興八年十月，益州牧閻宇表改羊渠立。羊渠不詳，何志吴立。方輿紀要卷六十九：夔州府萬縣，漢朐䏰縣地。三國漢建興八年，置南浦縣，屬巴東郡。本名羊渠，蜀前此所置縣也。」

〔三〕張松見劉璋傳，張表見楊戲傳。華陽國志卷四云：「馬忠卒後，以蜀郡張表爲代，加安南將軍。」

王平字子均，巴西宕渠人也。〔一〕本養外家何氏，後復姓王。隨杜濩、朴胡詣洛陽，〔二〕假校尉，從曹公征漢中，因降先主，拜牙門將、裨將軍。建興六年，屬參軍馬謖先鋒。謖舍水上山，舉措煩擾，平連規諫謖，謖不能用，大敗於街亭。〔三〕衆盡星散，惟平所領千人，鳴鼓自持，魏將張郃疑其伏兵，不往偪也。於是平徐徐收合諸營遺迸，率將士而還。〔四〕丞相亮既誅馬謖及將軍張休、李盛，奪將軍黄襲等兵，平特見崇顯，加拜參軍，統五部兼當營事，〔五〕進位討寇將軍，封亭侯。〔六〕九年，亮圍祁山，〔七〕平別守南圍。魏大將軍司馬宣王攻亮，張郃攻平，平堅守不動，郃不能克。十二年，亮卒於武功，〔八〕軍退還。魏延作亂，一戰而敗，平之功也。〔九〕遷後典軍、安漢將軍，〔一〇〕副車騎將軍〔一一〕吴壹住漢中，又領漢中太守。〔一二〕十五年，進封安漢侯，〔一三〕代壹督漢中。延熙元年，大將軍蔣琬住沔陽，〔一四〕平更爲前護軍，〔一五〕署琬府事。六年，琬還住涪，〔一六〕拜平前監軍、〔一七〕鎮北大將軍，統漢中。

〔一〕宕渠見先主傳建安二十年。

〔二〕杜濩、朴胡見魏志武紀建安二十年。

〔三〕街亭見諸葛亮傳。

〔四〕胡三省曰：「據王平傳，平所識不過十字，觀其收馬謖敗散之兵，拒曹爽猝至之師，則用兵方略，固不在於多識字也。迸，北孟翻。」

〔五〕胡三省曰：「既總統五部兵，時亮屯漢中，又使之兼當營屯之事。」

〔六〕胡三省曰：「後漢之制，列侯有縣侯、鄉侯、亭侯。」

〔七〕祁山見後主傳建興七年。

〔八〕武功見諸葛亮傳。

〔九〕魏延傳中之何平，即王平也。

〔一〇〕安漢將軍見麋竺傳。
〔一一〕蜀置左右車騎將軍，又有副車騎將軍。
〔一二〕漢中郡見劉焉傳。
〔一三〕郡國志：「巴郡安漢。」三國蜀改屬巴西郡。一統志：「故城今四川順慶府南充縣北。」
〔一四〕沔陽見先主傳建安二十四年。
〔一五〕洪飴孫曰：「蜀置前、後、左、右護軍各一人。」
〔一六〕涪見劉璋傳。
〔一七〕胡三省曰：「蜀置前監軍、後監軍、中監軍，位三軍師之下。」

七年春，魏大將軍曹爽率步騎十餘萬向漢川，前鋒已在駱谷。〔一〕時漢中守兵不滿三萬，諸將大驚。或曰：「今力不足以拒敵，聽當固守漢、樂二城，〔二〕遇賊令入，〔三〕比爾間，涪軍足得救關。」〔四〕平曰：「不然。漢中去涪垂千里，賊若得關，便爲禍也。〔五〕今宜先遣劉護軍、〔六〕杜參軍據興勢，〔七〕平爲後拒。若賊分向黄金，〔八〕平率千人下自臨之，比爾間，涪軍行至，此計之上也。」惟護軍劉敏與平意同，即便施行。涪諸軍及大將軍費禕自成都相繼而至，魏軍退還，如平本策。〔九〕是時鄧芝在東，〔一〇〕馬忠在南，平在北境，咸著名迹。〔一一〕

〔一〕駱谷見魏志曹爽傳。胡三省曰：「駱谷在漢中成固縣東北，北達扶風郿縣。」
〔二〕漢、樂二城見後主傳建興五年。
〔三〕宋本「今」作「令」。

〔四〕胡三省曰：「自蔣琬屯涪，蜀之重兵在焉。關，關城也。杜佑曰：關城，俗名張魯城，在西縣西四十里。」趙一清曰：「關，謂陽安關城也。」弼按：關城詳見魏志鍾會傳。據杜說，關城俗名張魯城，則當爲陽平關，（陽平關詳見魏志武紀建安二十年。）據趙說，則爲陽安關。然審當日情勢，此傳之關城當以杜說爲是。杜云在西縣西四十里，唐之西縣，在沔縣西，非漢之西縣也。

〔五〕通鑑作「便爲深禍」。胡三省曰：「垂，及也。嗚呼！王公設險以守其國，其後關城失守，鍾會遂平行至漢中。王平謂賊若得關，便爲深禍，斯言驗矣。」

〔六〕劉護軍即劉敏也，見蔣琬傳。

〔七〕杜參軍，杜祺也。見李嚴傳注。興勢見先主傳建安二十四年。

〔八〕胡三省曰：「黃金谷在興道縣，山有黃金峭。黃金谷有黃金戍，傍山依峭，險折七里。杜佑曰：黃金戍在洋州黃金縣西北八十里，張魯所築，南接漢川，北枕古道，險固之極。」潘眉曰：「黃金，谷名。元和志：黃金谷去黃金縣九里，其谷水陸艱險。語曰：山水艱阻，黃金、子午。」洪亮吉曰：「黃金，魏黃初中分安陽立，後屬蜀漢，有黃金戍。梁州記：張魯所築，南接漢川，北枕故道，俗號爲鐵城。有黃金谷，魏遣曹爽由駱谷伐蜀，蜀將王平拒之於興勢，張旗幟於此谷。」謝鍾英曰：「元和郡縣志：黃金縣本漢安陽縣地，後魏文帝於此分置黃金縣。寰宇記：後魏大統十二年，置黃金縣，因縣界黃金水爲名。洪氏以元魏爲曹魏，誤甚。輿地紀勝：柳隱爲黃金督，魏鍾會伐蜀，別將攻之不能克。後主既降，以手令敕隱，乃降。水經注：漢水東逕大小黃金，南北對黃金谷，有黃金戍。南齊書高帝紀：黃金山，張魯舊戍，南接漢川，北枕驛道，險要之極。通典：在黃金縣西北八十里。漢中府志：今洋縣東八十里，漢水逕其中，亦謂之黃金峽。灘石迅惡，舟楫難通。元和志又云：張旗幟於黃金谷，即黃金戍也。一統志：黃金戍在今陝西漢中府洋縣東北。」沈家本曰：「晉書地理志：漢中郡有黃金縣，疑此縣是蜀置，而晉因之。」

〔九〕費禕進兵據三領以截曹爽，見魏志曹爽傳注引漢晉春秋。

〔一〇〕監本「芝」作「艾」，誤。鄧芝督江州，故云在東。
〔一一〕劉咸炘曰：「何不以此三人合傳？」

平生長戎旅，手不能書，其所識不過十字，〔一〕而口授作書，皆有意理。使人讀史漢諸紀傳，聽之，備知其大義；往往論説不失其指。遵履法度，言不戲謔，從朝至夕，端坐徹日，憒無武將之體。〔二〕然性狹侵疑，〔三〕爲人自輕，〔四〕以此爲損焉。十一年，卒，子訓嗣。

〔一〕宋本「其」作「而」。
〔二〕周壽昌曰：「憒，廣韻、集韻並音忽麥切。玉篇乖戾也，頑也。」
〔三〕毛本「狹」作「狡」，誤。或改侵作猜。
〔四〕此語疑有誤與上文言不戲謔相反。

初，平同郡漢昌句〔一〕扶，〔二〕忠勇寬厚，數有戰功，功名爵位亞平，官至左將軍，封宕渠侯。

華陽國志曰：後張翼、廖化並爲大將軍，時人語曰：「前有王、句，後有張、廖。」〔三〕

〔一〕原注：「句，古侯反。」
〔二〕潘眉曰：「侯當作候。廣韻句收去聲。注：前有王、句，後有張、廖。廖，力救切。句與廖叶，應爲古候反。句扶字孝興，見華陽國志。」

〔三〕華陽國志卷一云：「漢昌縣，和帝時置，大姓句氏。」

張嶷字伯岐，巴西郡南充國人也。〔一〕

益部耆舊傳曰：嶷出自孤微，而少有通壯之節。

弱冠爲縣功曹。先主定蜀之際，山寇攻縣，縣長捐家逃亡。嶷冒白刃，攜負夫人，夫人得免。由是顯名，州召爲從事。時郡內士人龔祿、姚伷〔二〕位二千石，當世有聲名，皆與嶷友善。建興五年，丞相亮北住漢中，廣漢緜竹山賊張慕等鈔盜軍資，劫略吏民，嶷以都尉將兵討之。嶷度其鳥散，難以戰禽，乃詐與和親，克期置酒。酒酣，嶷身率左右，因斬慕等五十餘級，渠帥悉殄。尋其餘類，〔三〕旬日清泰。後得疾病，困篤；家素貧匱，廣漢太守蜀郡何祗，〔四〕名爲通厚，嶷宿與疎闊，乃自轝詣祗，託以治疾。祗傾財醫療，數年除愈。其黨道信義，皆此類也。拜爲牙門將，屬馬忠，北討汶山叛羌，〔五〕南平四郡蠻夷，輒有籌畫戰克之功。

益部耆舊傳曰：嶷受兵馬三百人，隨馬忠討叛羌。嶷別督數營在先，至他里邑。〔六〕所在高峻。嶷隨山立上四五里，羌於要厄作石門，於門上施牀，積石於其上，過者下石搥擊之，無不糜爛。〔七〕嶷度不可得攻，乃使譯告曉之曰：「汝汶山諸種反叛，害傷良善，天子命將討滅惡類。汝等若稽顙過軍，資給糧費，福祿永隆，其報百倍。若終不從，大兵致誅，雷擊電下，雖追悔之，亦無益也。」耆帥得命，即出詣嶷，給糧過軍。軍前討餘種，餘種聞他里已下，悉恐怖失所，或迎軍出降，或奔竄山谷，放兵攻擊，軍以克捷。

後南夷劉冑又反，以馬忠爲督庲降討冑，〔八〕嶷復屬焉。戰鬬常冠軍首，遂斬冑。平南事訖，牂柯興古獠種復反，〔九〕忠令嶷領諸營往討，嶷内招降得二千人，悉傳詣漢中。

十四年，武都氐王苻健請降，〔一〇〕遣將軍張尉往迎，過期不到，大將軍蔣琬深以爲念。嶷平之曰：〔一一〕「苻健求附款至，必無他變，素聞健弟狡黠，又夷狄不能同功，將有乖離，是以稽留耳。」數日，問至，健弟果將四百户就魏，〔一二〕獨健來從。

〔一〕錢大昭曰：「郡、國二字，疑皆衍文。」沈家本曰：「續漢志：巴郡充國，永元二年分閬中置。劉昭注引巴記曰：初平四年，復分爲南充國縣。是此縣由充國而分，故加南字以别之。迨後至梁代，改曰南部，而南充國之名遂廢。至隋志巴西郡之南充縣，乃安漢縣改名，與漢時之南充國異地。疑國字爲衍文者，非也。」王先謙曰：「巴西郡領漢舊縣五，改充國曰西充國，分置南充國。沈志：巴西太守南充國令譙周，巴記：初平六年分充國爲南充國。一統志：故城今四川保寧府南部縣治。」

〔二〕龔禄字德緒，巴西安漢人，見季漢輔臣贊。姚伷字子緒，巴西閬中人，見輔臣贊注。

〔三〕朱邦衡曰：「尋下脱散字，或討字。」

〔四〕何祇見楊洪傳及注。

〔五〕汶山郡見後主傳延熙十年。

〔六〕潘眉曰：「他里，汶山縣名。」沈家本曰：「晉、宋二志，汶山郡屬縣皆無他里縣名，未知潘氏所據。」

〔七〕趙一清曰：「方輿紀要卷七十三：四川松潘衛至茂州三百里，山嘴險惡，一蠻擲石，百人不能過其路。」

〔八〕庲降都督見霍峻傳。

〔九〕牂柯郡見後主傳建興元年，興古郡見後主傳建興三年。

〔一〇〕官本「符」作「苻」，下同。此與晉書載記前秦之苻健同姓名，詳見後主傳建興十四年注。
〔一一〕潘眉曰：「平同評。高誘淮南時則訓注：平、正讀評議之評。又同辯，堯典平章，今文尚書作辯章。又可作料字解。武侯表曰：夫難平者，事也。」
〔一二〕晉書宣帝紀：「青龍四年，武都氐王苻雙、强端率其屬六千餘人來降。」林國贊曰：「據後主傳：建興十四年，徙武都氐王苻健及氐民四百餘户於廣都，與此相反。」

初，越巂郡自丞相亮討高定之後，〔一〕叟夷數反，〔二〕殺太守龔禄、焦璜，〔三〕是後太守不敢之郡，只住安定縣，去郡八百餘里，〔四〕其郡徒有名而已。時論欲復舊郡，除嶷爲越巂太守。嶷將所領往之郡，誘以恩信，蠻夷皆服，頗來降附。北徼捉馬最驍勁，不承節度，嶷乃往討，生縛其帥魏狼，又解縱告喻，使招懷餘類。表拜狼爲邑侯，種落三千餘户，皆安土供職。諸種聞之，多漸降服，嶷以功賜爵關内侯。

〔一〕事在建興三年。
〔二〕叟夷解見李恢傳。
〔三〕輔臣贊注：「建興三年，龔禄爲越巂太守，隨丞相亮南征，爲蠻夷所害。」此傳云殺龔在丞相亮討高定之後。
〔四〕華陽國志：「章武三年，越巂高叟大帥高定元稱王恣睢，遣都督李承之殺將軍梓潼焦璜，破没郡土。丞相亮遣越巂太守龔禄住安上縣，遥領太守。安上去郡八百里，有名而已。」胡三省曰：「安定縣不見於志，當是因越巂移治而暫立也。」錢大昕曰：「兩漢、晉、宋諸志益州郡無安定縣，以華陽國志考之，蓋安上縣也。安上縣屬越巂，晉志亦不載。」潘眉曰：「定字譌，當爲安上縣。安上，蜀新置縣，屬越巂郡。下云，更由安上，即此安上縣也。」

蘇祁邑君冬逢，[一]逢弟隗渠等，已降復反，嶷誅逢。逢妻旄牛王女，[二]嶷以計原之，而渠逃入西徼。渠剛猛捷悍，[三]爲諸種深所畏憚。遣所親二人詐降嶷，實取消息。嶷覺之，許以重賞，使爲反間，二人遂合謀殺渠。渠死，諸種皆安。又斯都耆帥李求承，[四]昔手殺龔祿，嶷求募捕得，數其宿惡而誅之。

[一]郡國志：「越巂郡蘇示。」惠棟曰：「示當作亓，與祇同。」錢大昕曰：「蘇祁，漢志作蘇示。」趙一清曰：「師古云：示讀曰祇，即蘇祁邑也。」弼按：范書西南夷傳：蘇祁叟二百餘人。章懷注引續漢書志曰：蘇祁縣屬越巂郡，是范書及續志均作蘇祁也。一統志：「故縣今四川寧遠府西昌縣北。」

[二]郡國志：「蜀郡屬國旄牛。」劉昭注引華陽國志曰：「旄，地也，在邛崍山表。邛人自蜀入，度此山甚險難，南人毒之，故名邛崍。有鮮水、若水，一名洲江。」范書西南夷傳：「莋都夷者，武帝所開，元鼎六年，以爲沈黎郡。至天漢四年，併蜀爲西部，置兩都尉，一居旄牛，主徼外夷；一居青衣，主漢人。永平中，益州刺史梁國朱輔宣示漢德，威懷遠夷，自汶山以西，白狼、槃木、唐菆等百餘國，舉種奉貢。和帝永元十二年，旄牛徼外白狼、樓薄蠻夷王唐繒等，遂率種人十七萬口歸義內屬。延光二年春，旄牛夷叛，攻零關。益州刺史張喬擊破之，於是分置蜀郡屬國都尉。靈帝時，以蜀郡屬國爲漢嘉郡。」一統志：「旄牛故城，在今四川雅州府清溪縣南五十里。」

[三]「悍」，宋本作「捍」。

[四]沈家本曰：「斯都疑邛都之誤。」

始嶷以郡郛宇頽壞，更築小塢。在官三年，徙還故郡，[一]繕治城郭，夷種男女，莫不致力。

〔一〕越巂郡治邛都，邛都耆帥既誅，故得還故郡也。

定莋、〔一〕臺登、〔二〕卑水〔三〕三縣去郡三百餘里，舊出鹽鐵及漆，而夷徼久自固食。〔四〕嶷率所領奪取，署長吏焉。嶷之到定莋，定莋率豪狼岑，槃木王舅，甚爲蠻夷所信任。忿嶷自侵，不自來詣。嶷使壯士數十，直往收致，撻而殺之，持尸還種，厚加賞賜，喻以狼岑之惡。且曰：「無得妄動，動即殄矣！」種類咸面縛謝過。嶷殺牛饗宴，重申恩信，遂獲鹽鐵，器用周贍。

〔一〕「莋」音「昨」。郡國志：「越巂郡定莋。」劉昭注引華陽國志云：「縣在郡西，度瀘水賓岡徼白摩沙夷有鹽坑，積薪以齊水灌而後焚之，成白鹽。漢末夷等習錮之。」惠棟曰：「常璩云：莋，笮夷也。汶山曰夷，南中曰昆明，漢嘉，越巂曰笮，蜀曰邛，皆夷種也。說文：莋從草，作聲。」王先謙曰：「元和志：凡言笮者，夷人，於大江水上置藤橋，謂之笮。定笮、大笮，皆是近水置藤橋處。一統志：定莋廢縣在今四川寧遠府鹽源縣南。」

〔二〕郡國志：「越巂郡臺登，出鐵。」劉昭注引華陽國志曰：「有孫水，一曰白沙江，山有砮，火燒成鐵。」惠棟曰：「今華陽國志曰：山有砮石，火燒成鐵，剛利；禹貢厥賦砮是也。」一統志：「臺登廢縣，在今寧遠府冕寧縣東。」

〔三〕郡國志：「越巂郡卑水。」孟康曰：「卑，音班。」華陽國志曰：「水通馬湖。」一統志：「卑水廢縣，在今寧遠府會理州東北。」謝鍾英曰：「卑水即今會通河，故城在會通河西，舊會理州東北。」熊會貞曰：「錢氏漢志斠注以今之芭蕉溪當卑水，是也。汪士鐸、謝鍾英謂即今之會通河，誤。」（說見水經注疏要删卷三十六。）弼按：卑水據謝說在越巂郡東南，據熊說在越巂郡東北，未知孰是。然均距郡三百餘里。

〔四〕趙一清曰：「固當作錮，從後漢書校改。」

漢嘉郡界，〔一〕旄牛夷種類四千餘户，其率狼路，欲爲姑壻冬逢報怨，遣叔父離將逢衆，相度形勢。嶷逆遣親近，齎牛酒勞賜，又令離姊逆逢妻，〔一〕宣暢意旨。離既受賜，並見其姊，姊弟歡悦，悉率所領將詣嶷，嶷厚加賞賜，〔二〕遣還。旄牛由是輒不爲患。

〔一〕漢靈帝時，以蜀郡屬國爲漢嘉郡，見前旄牛注，互見先主傳章武二年。

〔二〕潘眉曰：「姊字衍文。逢妻即離姊，不當更有姊字在逆字上也。下云離既受賜，並見其姊，姊弟歡悦，可見。」

〔三〕宋本「賜」作「待」。

郡有舊道，經旄牛中至成都，既平且近；自旄牛絶道，已百餘年，更由安上，既險且遠。〔一〕嶷遣左右齎貨幣賜路，重令路姑喻意，路乃率兄弟妻子悉詣嶷，嶷與盟誓，開通舊道，千里肅清，復古亭驛。奏封路爲旄牛㽛毗王，〔二〕遣使將路朝貢。後主于是加嶷撫戎將軍，〔三〕領郡如故。

〔一〕謝鍾英曰：「華陽國志：丞相亮南征，由安上水路入越巂，張嶷延熙二年自安上還舊郡，興復七縣。鍾英按：故城當在嶲邊、越巂兩廳之間，武侯所由水路，即自今嶲邊廳越巂河至越巂復自冕寧縣順安寧河渡金沙江也。唐志：武德元年，置安上縣；七年，改爲朱提。蜀典謂安上即今屏山縣地，今考屏山之安上，係唐縣，非蜀漢時故址。蜀漢安上果在屏山，水路便由金沙江而下。當日瀘水瘴毒，渡瀘且難，況舟行瀘水中，幾及千里邪？」錢大昭曰：「郡，越巂郡也。安上縣去郡八百餘里，故云險遠。」

〔二〕㽛，音渠。

〔三〕洪飴孫曰：「撫戎將軍一人，蜀所置。」

禕初見費禕爲大將軍，恣性汎愛，〔一〕待信新附太過，禕書戒之曰：「昔岑彭率師，來歙杖節，咸見害於刺客。〔二〕今明將軍位尊權重，宜鑒前事，少以爲警。」後禕果爲魏降人郭脩所害。

吴太傅諸葛恪以初破魏軍，大興兵衆，以圖攻取。侍中諸葛瞻，丞相亮之子，恪從弟也。禕與書曰：「東主初崩，帝實幼弱，太傅受寄託之重，〔一〕亦何容易！親以周公之才，猶有管、蔡流言之變，〔二〕霍光受任，亦有燕、蓋、上官逆亂之謀。〔三〕賴成、昭之明，以免斯難耳。昔每聞東主殺生賞罰，不牟下人，〔四〕又今以垂没之命，卒召太傅，〔五〕屬以後事，誠實可慮。加吴、楚剽急，乃昔所記，〔六〕而太傅離少主，履敵庭，恐非良計長算之術也。雖云東家綱紀肅然，上下輯睦，〔七〕百有一失，非明者之慮邪？〔八〕取古則今，今則古也，〔九〕自非郎君進忠言于太傅，〔一〇〕誰復有盡言者也！〔一一〕旋軍廣農，務行德惠，數年之中，東西並舉，實爲不晚，願深採察！」恪竟以此夷族。禕識見多如是類。〔一二〕

〔一〕胡三省曰：「汎，廣也。言無所不愛也。」

〔二〕岑彭傳：「蜀刺客詐爲亡奴降，夜刺殺彭。」來歙傳：「蜀人使刺客刺歙，歙抽刃而絶。」

〔一〕胡三省曰：「吴在蜀東，故謂其君爲東主。帝，謂吴主亮。諸葛恪爲太傅，故稱之。」

〔二〕胡三省曰：「謂周公之才，而有叔父之親，且不能免於管、蔡之流言。」

〔三〕漢書昭帝紀：「元鳳元年九月，鄂邑長公主、燕王旦與左將軍上官桀、桀子安謀反，伏誅。」

〔四〕宋本「牟」作「任」，通鑑同。

〔五〕卒，讀曰猝。

〔六〕胡三省曰：「周亞夫云：吳、楚剽輕。太史公云：楚俗剽輕，易發怒。自漢以來，皆有是言。」

〔七〕胡三省曰：「東家，亦謂吳立國於東也。」

〔八〕通鑑「邪」作「也」。

〔九〕胡三省曰：「則，刌劓也，樣也。言取古事以刌劓今之事，今猶古也。」

〔一〇〕胡三省曰：「自漢以來，門生故吏，率稱恩門子弟爲郎君。」

〔一一〕通鑑「也」作「邪」。

〔一二〕錢振鍠曰：「張嶷戒費禕防刺客，勸諸葛瞻進忠言於諸葛恪，嶷非有言責，非有親故於禕、恪，而忠誠款款如此，此豈自愛潔身者所能及哉！」

在郡十五年，邦域安穆。屢乞求還，乃徵詣成都。夷民戀慕，〔一〕扶轂涕泣。過旄牛邑，邑君襁負來迎。及追尋至蜀郡界，其皆督率隨嶷朝貢者百餘人。〔二〕嶷至，拜盪寇將軍。慷慨壯烈，士人咸多貴之；然放蕩少禮，人亦以此譏焉。

益部耆舊傳曰：時車騎將軍夏侯霸謂嶷曰：「雖與足下疎闊，然託心如舊，宜明此意。」嶷答曰：「僕未知子，子未知我。大道在彼，何云託心乎！願三年之後，徐陳斯言。」有識之士，以爲美談。

是歲，延熙十七年也。魏狄道長李簡，密書請降，〔三〕衞將軍姜維率嶷等因簡之資以出隴西。

益部耆舊傳曰：嶷風溼固疾，至都寖篤，扶杖然後能起。李簡請降，衆議狐疑，而嶷曰「必然」。姜維之出，時論以嶷初還，股疾不能在行中，由是嶷自乞肆力中原，致身敵庭。臨發，辭後主曰：「臣當值聖明，受恩過量，加以疾病在身，常恐一朝隕没，辜負榮遇。天不違願，得豫戎事。若涼州克定，臣爲藩表守將；若有未捷，殺身以報。」後主慨然，爲之流涕。既到狄道，簡悉率城中吏民出迎軍。軍前與魏將徐質交鋒，嶷臨陣隕身；然其所殺傷亦過倍。〔四〕既亡，封長子瑛西鄉侯，次子護雄襲爵。南土越巂民夷聞嶷死，無不悲泣，爲嶷立廟，四時水旱，輒祀之。〔五〕

益部耆舊傳曰：余觀張嶷儀貌辭令，不能駭人，而其策略足以入算，果烈足以立威，爲臣有忠誠之節，處類有亮直之風，而動必顧典，後主深崇之。雖古之英士，何以遠踰哉！

蜀世譜曰：嶷孫奕，晉梁州刺史。

〔一〕御覽作「民夷戀慕」。
〔二〕「其皆督率」宋本作「其督相率」。朱邦衡曰：「督率乃耆率之誤。蠻夷君長曰耆率，不名督也。」
〔三〕隴西郡狄道，今甘肅蘭州府狄道州西南，見魏志武紀建安十九年。
〔四〕康發祥曰：「是歲延熙十七年，應在此句下。」
〔五〕梁章鉅曰：「一統志：張嶷墓在褒城縣南柏香街，世呼爲褒德將軍墓。」

評曰：黃權弘雅思量，李恢公亮志業，呂凱守節不回，馬忠擾而能毅，

尚書曰：擾而毅。〔一〕鄭玄注曰：擾，馴也；致果曰毅。〔二〕

王平忠勇而嚴整，張嶷識斷明果，咸以所長，顯名發迹，遇其時也。

〔一〕皐陶謨之辭。

〔二〕孔傳云：「擾，順也，致果爲毅。」孔疏云：「和順而能果毅也。」周禮太宰云：「以擾萬民。」鄭玄云：「擾，猶馴也。」司徒云：「安擾邦國。」鄭云：「擾亦安也。」擾是安馴之義，故爲順也。致果爲毅，謂能致果敢殺敵之心，是爲强毅也。

# 三國志四十四

# 蜀書十四

## 蔣費姜傳第十四

蔣琬字公琰，零陵湘鄉人也。〔一〕弱冠與外弟泉陵劉敏俱知名。〔二〕琬以州書佐隨先主入蜀，〔三〕除廣都長。〔四〕先主常因游觀、奄至廣都，見琬衆事不理，時又沈醉；〔五〕先主大怒，將加罪戮。軍師將軍諸葛亮請曰：「蔣琬社稷之器，非百里之才也。其爲政以安民爲本，不以修飾爲先，願主公重加察之。」〔六〕先主雅敬亮，乃不加罪，倉卒但免官而已。琬見推之後，夜夢有一牛頭在門前，流血滂沲，意甚惡之。呼問占夢趙直，直曰：「夫見血者，事分明也。牛角及鼻，公字之象，君位必當至公，大吉之徵也。」頃之，爲什邡令。〔七〕先主爲漢中王，琬入爲尚書郎。建興元年，丞相亮開府，辟琬爲東曹掾，舉茂才。琬固讓劉邕、陰化、龐延、廖淳。〔八〕亮教答曰：「思惟背親捨德，以殄百姓，衆人既不隱於心，實又使遠近不解其義，是以君宜顯其功舉，以明此選之清重也。」遷爲參軍。五年，亮住漢中，〔九〕琬與長史張裔統留府事。八年，代裔爲長史，加撫軍將軍。〔一〇〕亮數外出，琬常足食足兵，以相供給。〔一一〕亮每言：「公琰託志忠雅，當與吾共贊王業者也。」密表後主曰：「臣若不幸，後事宜以付琬。」

〔一〕零陵郡治泉陵，見先主傳。湘鄉縣後漢屬零陵郡，三國吴改屬衡陽郡。一統志：「湘鄉故城，今湖南長沙府湘鄉縣治。」

〔二〕趙一清曰：「永州府志：蔣珩泉陵人，仕吴，始興太守、廣州都督。後仕晉，開基江表，中原庶士，相率歸化，珩有力焉。疑亦是琬之昆季，而分仕二國耳。」

〔三〕趙一清曰：「寰宇記卷七十二：蔣琬宅在益州華陽縣東七里，又犀浦縣有蔣橋，蔣琬宅於此，因以名橋。」

〔四〕廣都見後主傳建興十四年。

〔五〕胡三省曰：「沈醉，言爲酒所沈滯也。」

〔六〕胡三省曰：「言再三加察也。」

〔七〕什邡見王連傳。

〔八〕劉邕字南和，見季漢輔臣贊，陰化見鄧芝傳，廖淳即廖化，見宗預傳，龐延未詳。

〔九〕毛本「住」作「位」，誤。

〔一〇〕洪飴孫曰：「蜀置撫軍將軍一人。」

〔一一〕公琰既足食足兵，何以武侯屢因糧盡退軍？

亮卒，以琬爲尚書令，俄而加行都護，假節，領益州刺史，遷大將軍，録尚書事，封安陽亭侯。時新喪元帥，遠近危悚，琬出類拔萃，〔一〕處羣僚之右，既無戚容，又無喜色，神守舉止，有如平日，由是衆望漸服。延熙元年，詔琬曰：「寇難未弭，曹叡驕凶，遼東三郡，苦其暴虐，遂相糾結，與之離隔。叡大興衆役，還相攻伐。曩秦之亡，勝、廣首難，今有此變，斯乃天時。君其治嚴，總帥諸軍屯住漢中，須吳舉動，東西掎角，以乘其釁。」又命琬開府，明年就加爲大司馬。

〔一〕胡三省曰：「類，倫也；萃，聚也。」

東曹掾楊戲，素性簡略，琬與言論，時不應答。或欲搆戲於琬曰：「公與戲語，而不見應，戲之慢上，不亦甚乎！」琬曰：「人心不同，各如其面；〔一〕面從後言，古人之所誡也。〔二〕戲欲贊吾是邪，則非其本心；欲反吾言，則顯吾之非；是以默然，是戲之快也。」又督農楊敏曾毀琬曰：「作事憒憒，〔三〕誠非及前人。」〔四〕或以白琬，主者請推治敏。琬曰：「吾實不如前人，無可推也。」〔五〕主者重據聽不推，則乞問其憒憒之狀。琬曰：「苟其不如，則事不當理；〔六〕事不當理，則憒憒矣。復何問邪？」後敏坐事繫獄，衆人猶懼其必死，琬心無適莫，〔七〕得免重罪。〔八〕其好惡存道，皆此類也。

〔一〕胡三省曰：「左傳：鄭子產謂子皮曰：人心不同，各如其面，吾豈謂子面如吾面乎？」
〔二〕胡三省曰：「尚書舜、禹君臣之相告戒，其言曰：汝無面從，退有後言。」
〔三〕胡三省曰：「督農，猶魏、吳之典農也。憒，古悔翻，悶悶也。」又云：「憒，古對翻。釋云，心亂也。」
〔四〕通鑑「非」作「不」。

〔五〕何焯曰：「自反必期於當理，此伊、傅之心，非獨寬厚。」

〔六〕通鑑無「當」字，下句同。

〔七〕論語：「孔子曰：君子之於天下也，無適也，無莫也，義之與比。」謝顯道曰：「適可也，莫不可也。」

〔八〕通鑑「得」上有「敏」字。胡三省曰：「此諸葛孔明所以屬琬也。」

琬以爲昔諸葛亮數闚秦川，〔一〕道險運艱，竟不能克，不若乘水東下。乃多作舟船，〔二〕欲由漢、沔襲魏興、上庸。〔三〕會舊疾連動，未時得行。而衆論咸謂如不克捷，還路甚難，非長策也。〔四〕於是遣尚書令費褘、中監軍姜維等喻指。〔五〕琬承命上疏曰：「芟穢弭難，臣職是掌。自臣奉辭漢中，已經六年，〔六〕臣既闇弱，加嬰疾疢，規方無成，夙夜憂慘。今魏跨帶九州，〔七〕根蔕滋蔓，平除未易。若東西併力，首尾犄角，雖未能速得如志，且當分裂蠶食，先摧其支黨。然吳期二三，連不克果，〔八〕俯仰惟艱，實忘寢食。輒與費褘等議，以涼州胡塞之要，進退有資，賊之所惜；且羌、胡乃心，思漢如渴，又昔偏軍入羌，郭淮破走，〔九〕算其長短，以爲事首，宜以姜維爲涼州刺史，〔一〇〕若維征行，銜持河右，〔一一〕臣當帥軍爲維鎮繼。今涪水陸四通，惟急是應，若東北有虞，〔一二〕赴之不難。」〔一三〕由是琬遂還住涪。〔一四〕疾轉增劇，至九年，卒。謚曰恭。〔一五〕

〔一〕胡三省曰：「關中之地，沃野千里，秦之故國，謂之秦川。」

〔二〕宋本「船」作「舩」。

〔三〕胡三省曰：「漢、沔之水，自漢中東歷魏興、上庸，以達於襄陽。欲爭天下，則當出兵秦川，魏興、上庸，非其地也。」

〔四〕何焯曰：「此即黃公衡所諫先主者，衆論不爲非也。」

〔五〕胡三省曰：「中監軍，即中護軍之任也。」

〔六〕延熙元年，詔琬屯住漢中。

〔七〕司、豫、冀、兗、徐、青、涼、并、幽，共九州也。然魏當時尚有揚州、荊州之半，又分置雍州、秦州，實不止九州也。

〔八〕胡三省曰：「克，能也；果，決也。言不能決然進兵也。」

〔九〕事在建興八年，見魏延傳。

〔一〇〕胡三省曰：「涼州之地，蜀惟得武都、陰平二郡而已。」

〔一一〕通鑑「持」作「制」。

〔一二〕通鑑「北」作「西」。

〔一三〕何焯曰：「蜀本僻在一隅，必圖關中，則義聲可以震動天下。若能克敵，則洛陽皆有匡勷之勢。今入羌圖隴，借使挫之，未爲壞其心腹，中原念舊者，漸無所繫屬矣。昔三郡嘗反應王師，而丞相不速行赴利，蓋不欲舉我之全力，顧用於彼之偏師。魏延入羌，蓋聊欲掩其不備，斷賊右臂，仍不階此爲進取，雖勝敵而不再往也。維先琬繼，所規則小矣。雜耕跨渭，遺蹟未遠，若之何計止於略民廣境，與東吳之士共矜邊角之勢哉！雖然，君子猶有取焉，異乎蹈丞相所料，坐而待亡者也。」

〔一四〕涪見劉璋傳。胡三省曰：「涪縣漢屬廣漢郡，蜀屬梓潼郡。涪，音浮。」

〔一五〕應作謚曰恭侯。袁宏三國名臣序贊曰：「公琰植根，不忘中正，豈曰模擬，實在雅性。亦既羈勒，負荷時命；推賢恭己，久而可敬。」隋書經籍志：「喪服要記一卷，蜀丞相蔣琬撰。」

子斌嗣，爲綏武將軍、〔一〕漢城護軍。〔二〕魏大將軍鍾會至漢城，〔三〕與斌書曰：「巴、蜀賢智文武之士多矣，至於足下。諸葛思遠，〔四〕譬諸草木，吾氣類也。桑梓之敬，古今所敦。西到，欲奉瞻尊大君公侯墓，〔五〕當洒埽塋墳，〔六〕奉祠致敬。願告其所在。」斌答書曰：「知惟臭味意眷之隆，雅託通流，未拒來謂也。亡考昔遭疾疢，亡於涪縣，卜云其吉，遂安厝之。知君西邁，乃欲屈駕脩敬墳墓。視子猶父，〔七〕顏子之仁也。聞命感愴，以增情思。」會得斌書報，嘉歎意義，及至涪，如其書云。

〔一〕洪飴孫曰：「綏武將軍一人，蜀所置。」
〔二〕漢城即漢、樂二城之漢城也，見後主傳建興五年。
〔三〕「軍」字衍，或衍「大」字。
〔四〕諸葛瞻，字思遠。
〔五〕「公」疑作「恭」，琬謚曰「恭」。寰宇記卷八十三：「蔣琬墓在綿州西七里。」鍾會傳：「會出陽安口，遣人祭諸葛亮之墓。」
〔六〕宋本作「墳塋」。
〔七〕宋本「子」作「予」，是。此論語孔子之辭。邢昺疏云：「言顏回師事於己，視予猶其父也。」

後主既降鄧艾，斌詣會於涪，待以交友之禮。隨會至成都，爲亂兵所殺。斌弟顯，爲太子僕，會亦愛其才學，與斌同時死。

劉敏，左護軍、揚威將軍，與鎮北大將軍王平俱鎮漢中。魏遣大將軍曹爽襲蜀，時議者或謂但可守城，不出拒敵，必自引退。敏以爲男女布野，農穀栖畝，若聽敵入，則大事去矣。

遂帥所領與平據興勢，多張旗幟，彌亙百餘里。〔一〕會大將軍費禕從成都至，魏軍即退，敏以功封雲亭侯。〔二〕

〔一〕亙見王平傳。宋本「亙」作「亘」。

〔二〕趙一清曰：「永州府志：劉優，零陵人。父綽，起家彭城，出補零陵太守，遂家焉。優少有儁聲，舉孝廉。獻帝時爲御史大夫，遷尚書僕射。孫敏，弱冠與蔣琬俱知名，舉孝廉。後主時，除侍御史，糾察名實，廷中稱當。以功封雲亭侯，加中書侍郎，拜成都尹」。

費禕〔一〕字文偉，江夏鄳人也。〔二〕少孤，依族父伯仁。伯仁姑，益州牧劉璋之母也。〔三〕璋遣使迎仁〔四〕，仁將禕游學入蜀。會先主定蜀，禕遂留益土，與汝南許叔龍、南郡董允齊名。時許靖喪子，允與禕欲共會其葬所。允白父和請車，和遣開後鹿車給之。允有難載之色，禕便從前先上。及至喪所，諸葛亮及諸貴人悉集，車乘甚鮮，允猶神色未泰，而禕晏然自若。持車人還，和問之，知其如此，乃謂允曰：「吾常疑汝於文偉，優劣未別也。而今而後，吾意了矣。」

〔一〕毛本「禕」作「褘」，誤。趙明誠金石録卷十七漢梁相費汎碑跋尾云：「予家所收姓氏，文字麤備，以諸書參考，頗多牴牾不合。姓苑云：費氏禹後，漢有長房。蜀志有丞相禕。又云：今琅邪亦有此姓，音父位反。李利涉編古命氏云：費氏出自魯桓公，少子季友，有勳於社稷，賜汶陽之田，封邑於費，子孫氏焉。漢有費將軍，其後有費忠、費柔，柔適蜀爲寧蜀人。忠之孫徙於荆州，後遷江夏。忠十代孫奕，奕孫禕，又家於蜀。晉平蜀，禕之子承復歸江夏。林寶元和姓纂云：費氏亦音祕。史記：紂幸臣費中，夏禹之後。楚有無極，漢有直，蜀有禕，晉有詩。又云：琅邪費氏，直之後也。陳湘姓林云：費氏音蜚，夏禹之後。余嘗考之，此字有兩姓，音讀不同，源流亦異。其一音蜚，嬴姓，出於伯翳。史記所載費昌、費中，楚費無極、漢費將軍、費直、費長房、蜀費禕之徒，是其後也。其一音祕，姬姓，出於魯季友。姓苑所載琅邪費氏，而此碑所謂梁相費君，是其後也。然則姓苑、姓纂、姓林皆云夏禹之後，姓纂又云亦音祕，及謂琅邪費氏爲直之後，皆其差誤。而編古命氏以費將軍、費禕之徒出於魯季友，亦非也。余又按春秋僖公賜季友汶陽之田及費，而左傳亦以謂季友有功於魯，受費以爲上卿。今以爲季文有功封費者，蓋碑之誤。」

〔二〕原注：「鄳，音盲。」郡國志：「荆州江夏郡鄳。」劉昭注引史記曰：「無忌説魏安僖王曰，秦不敢攻冥阸之塞，徐廣云即此縣也。」一統志：「鄳縣故城，在今河南汝寧府羅山縣西南九十里，即春秋楚冥阸之地。平靖關在今汝寧府信陽州東南九十里，南至湖北應山縣亦九十里。其地爲天下九塞之一，有大、小石門，鑿山通道，極爲險隘，即春秋時冥阸也。」

〔三〕趙一清曰：「楊戲輔臣贊注云：費賓伯名觀，江夏鄳人，劉璋母，觀之族姑，豈即伯仁耶！」

〔四〕錢大昭曰：「上言伯仁，下單言仁，非史例也。」

先主立太子，禕與允俱爲舍人，遷庶子。後主踐位，爲黄門侍郎。丞相亮南征還，羣寮於數十里逢迎，年位多在禕右，而亮特命禕同載，由是衆人莫不易觀。〔一〕亮以初從南歸，以禕爲昭信校尉〔二〕使吳。〔三〕孫權性既滑稽，嘲啁無方；諸葛恪、羊衜等才博果辯，論難鋒至。禕辭順義篤，據理以答，終不能屈。〔四〕

禕別傳曰：〔五〕孫權每別酌好酒以飲禕，視其已醉，然後問以國事，並論當世之務，辭難累至。禕輒辭以醉退，而撰次所問，事事條答，無所遺失。〔六〕權甚器之，謂禕曰：「君天下淑德，必當股肱蜀朝，恐不能數來也。」

禕別傳曰：權乃以手中所執寶刀贈之。〔七〕禕答曰：「臣以不才，何以堪明命？然刀所以討不庭、禁暴亂者也，但願大王勉建功業，同獎漢室，臣雖闇弱，終不負東顧。」

還，遷爲侍中。〔八〕亮北住漢中，請禕爲參軍，以奉命稱旨，頻煩至吳。〔九〕建興八年，轉爲中護軍，後又爲司馬。值軍師魏延〔一〇〕與長史楊儀相憎惡，每至並坐爭論，延或舉刃擬儀，儀泣涕橫集。禕常入其坐閒，諫喻分別，終亮之世，各盡延、儀之用者，禕匡救之力也。亮卒，禕爲後軍師。頃之，代蔣琬爲尚書令。

禕別傳曰：于時軍國多事，〔一一〕公務煩猥，〔一二〕禕識悟過人，每省讀書記，〔一三〕舉目暫視，已究其意旨。其速數倍於人，終亦不忘。常以朝晡聽事，其閒接納賓客，飲食嬉戲，加之博奕，每盡人之歡，事亦不廢。董允代禕爲尚書令，欲敦禕之所行，旬日之中，事多愆滯。〔一四〕允乃歎曰：「人才力相縣，若此甚遠，此非吾之所及也！聽事終日，猶有不暇爾。」〔一五〕

琬自漢中還涪，禕遷大將軍，録尚書事。

〔一〕華陽國志卷七云：「建興三年十二月，諸葛亮至，羣臣皆道迎，而亮命侍郎費禕參乘。禕官小年幼，衆士於是莫不易觀。」何焯曰：「御覽無人字。」

〔二〕毛本「昭」作「照」，誤。錢大昭曰：「吳呂岱爲昭信中郎將，亦其類也。」洪飴孫曰：「昭信校尉一人，蜀所置，主使命。」

〔三〕趙一清曰：「寰宇記卷七十二：萬里橋在益州南二里，亦名篤泉橋。橋之南有篤泉，費禕聘吳，諸葛亮祖之。禕歎曰：萬里之路，始於此橋，故曰萬里橋。御覽卷七百七十八引荊州先賢傳曰：吳與蜀和，遣使張溫來修好，溫辨論鮮有抑之者。諸葛亮以禕有俊才，宜遣報溫，使以禕爲奉信校尉。權時竊尊號，意猶豫不決。禕爲陳興亡之由，晝開國建家之策，權甚悅。權性滑稽，時知名士皆在會，並使各發異端之難。禕應輒答，坐席稱之，由是愛敬焉。」弼按：鄧芝傳，孫權請和，先主屢遣宗瑋、費禕等報答。後主即位，初遣鄧芝往吳。次年，吳遣張溫報聘，蜀復令芝重往。荊州先賢傳云遣禕報溫者，誤也。又按權稱尊號在吳黃龍元年，即蜀建興七年，是時蜀遣衛尉陳震往賀。禕之使吳，在權未稱尊號以前，當在蜀建興三、四、五年，吳黃武四、五、六年。史言頻煩至吳，即此數年閒事。蓋繼鄧芝之後，而在陳震之前也。

〔四〕吳志薛綜傳注引江表傳、諸葛恪傳注引恪別傳，皆載與禕嘲笑之語。何焯曰：「仲謀氣象，無異子桓，雖昭烈猶不免以諸毛繞喙取侮，豈漢末風氣使然？」

〔五〕費禕別傳，隋、唐志不著録。

〔六〕孫權嘗大醉問禕楊儀、魏延之爲人。禕答儀、延不協，起於私忿，無難御之事。見董允傳注引襄陽記。

〔七〕宋本「中」下有「常」字。

〔八〕此即建興五年，諸葛出師表中所謂「侍中費禕，志慮忠純」者也。

〔九〕顧炎武曰：「晉書刑法志：詔旨使問頻繁。山濤傳：手詔頻繁。文選庾亮讓中書令表：頻繁省闥。潘尼詩：頻繁登二宮。杜甫詩：三顧頻繁天下計。費禕、山濤二傳繁作煩，蓋後人減筆書也。」

〔一〇〕趙一清曰：「文長未爲軍師，或是帥字之誤。」弼按：建興八年，魏延爲前軍師，見延傳，趙說誤。

〔一一〕宋本「軍」作「戰」，通鑑同。胡三省曰：「戰國者，謂國日有戰爭也。」

〔一二〕猥，雜也。

〔一三〕通鑑作「每省讀文書」。

〔一四〕愆，違也。

〔一五〕通鑑輯覽曰："子賤鳴琴而單父治，巫馬期日夜不處，而單父亦治。此久爲記載家蹈襲套語。禕雖才優于允，其不逮諸葛甚明。諸葛猶孜孜奉國，食少事煩，而禕乃欲以清静名高，豈可爲法？"

延熙七年，〔一〕魏軍次于興勢，〔二〕假禕節，率衆往禦之。光禄大夫來敏至禕許別，求共圍棊。于時羽檄交馳，人馬擐甲，〔三〕嚴駕已訖，禕與敏留意對戲，色無厭倦。敏曰："向聊觀試君耳！君信可人，必能辨賊者也。"〔四〕禕至，敵遂退。〔五〕封成鄉侯。

殷基通語曰：〔六〕司馬懿誅曹爽，禕設甲乙論，平其是非。〔七〕甲以爲曹爽兄弟凡品庸人，苟以宗子枝屬，得蒙顧命之任，而驕奢僭逸，交非其人，私樹朋黨，謀以亂國，懿奮誅討，一朝殄盡，此所以稱其任，副士民之望也。乙以爲懿感曹仲，〔八〕附己不一，〔九〕豈爽與相干？事勢不專，以此陰成疵瑕。初無忠告侃爾之訓，一朝屠戮，讒其不意，〔一〇〕豈大人經國篤本之事乎！若爽信有謀主之心，大逆已搆，而發兵之日，更以芳委爽兄弟，懿父子從後閉門舉兵，蹙而向芳，必無悉寧，忠臣爲君深慮之謂乎！〔一一〕以此推之，爽無大惡明矣。若懿以爽奢僭，廢之刑之可也，滅其尺口，被以不義，絶子丹血食，及何晏子魏之親甥，亦與同戮，爲僭濫不當矣！

琬固讓州職，禕復領益州刺史。禕當國功名，略與琬比。

禕別傳曰：禕雅性謙素，〔一二〕家不積財，兒子皆令布衣素食，出入不從車騎，無異凡人。

十一年，出住漢中。自琬及禕，雖自身在外，慶賞刑威，皆遥先諮斷，〔一三〕然後乃行，其推任如此。後十四年夏，還成都。成都望氣者云，都邑無宰相位，故冬復北屯漢壽。〔一四〕延熙十五年，〔一五〕命褘開府。十六年，歲首大會，魏降人郭循在坐。〔一六〕褘歡飲沈醉，爲循手刃所害。〔一七〕謚曰敬侯。子承嗣，爲黄門侍郎；承弟恭，尚公主。

褘别傳曰：恭爲尚書郎，顯名當時，〔一八〕早卒。

褘長女配太子璿爲妃。

〔一〕魏正始五年。

〔二〕興勢見先主傳建興二十四年。

〔三〕擐，胡貫翻，貫甲也。

〔四〕通鑑「辦」作「辨」。通鑑輯覽曰：「曹爽興師不以正，且失地勢，故褘得用逸待勞耳。若以從容圍棊，爲足能辦賊器量，較謝安矯情鎮物，尤爲不及矣。」

〔五〕褘進據三嶺，以截曹爽，見魏志曹爽傳注引漢晉春秋。晉書文帝紀：「大將軍曹爽之伐蜀也，以帝爲征蜀將軍，副夏侯玄，出駱谷，次于興勢。蜀將王林夜襲帝營，帝堅臥不動。林退，帝謂玄曰：費褘以據險距守，進不獲戰，攻之不可，宜亟旋軍，以爲後圖。爽等引旋，褘果馳兵趨三嶺，爭險乃得過，遂還。」

〔六〕吴志顧邵傳：「雲陽殷禮，零陵太守。」裴注：「禮子基作通語曰：禮字德嗣，與張温俱使蜀，諸葛亮甚稱歎之。文士傳曰：禮子基著通語數十篇。」又吴志張温傳：「權罪温，幽之有司，下令曰：殷禮本占候召，而温乞將到蜀，扇揚異國，爲之譚論。」又趙達傳：「闞澤、殷禮，皆名儒善士。」隋書經籍志儒家：「通語十卷，晉尚書左丞殷興撰。」舊唐志：「通語十卷，文禮撰，殷興續。」新唐志：「文禮通語十卷，殷興續。」侯康曰：「殷興續者，是先有其書，而興續之，蓋即續殷基之書，而二書遂合爲一。裴注費褘傳、顧邵傳、朱據傳、孫和傳俱引殷基通語，意林載通語八卷，不署名，疑亦引殷基書。」姚振宗曰：「嚴可均全晉文云：殷興一作殷基，雲陽人，吴零陵太守殷禮子，仕吴爲無難督。入晉，遷尚書左丞，有春秋釋滯十卷，通語十卷。按嚴氏之說，蓋據隋志春秋、儒家兩類，又證以裴注所稱引，定殷興即殷基。信如所言，則兩唐志稱殷興續者，即殷基續，續其父禮書也。蜀志費禕傳注引殷基通語，司馬懿誅曹爽，禕設甲乙論，平其是非云云，禮與張溫使蜀故得見禕此論，筆之通語中。」弼按：張溫使蜀在蜀建興二年，即魏黃初五年；司馬懿誅曹爽在魏嘉平元年，相去二十餘年。費禕豈能於二十餘年前，預知司馬懿誅曹爽之事，而設甲乙之論乎？姚氏謂殷禮與張溫使蜀，故得見費禕此論，筆之通語中，真可謂時日顛倒，事實錯誤矣。黃以周儆季雜箸子敘云：「文士傳晉張隱所作，松之宋人，二家所見，當得其實。隋、唐志載通語十卷，多意林標目二卷，蓋殷基通語本止八卷，殷興續之爲十卷。舊唐志云殷興續，當亦得其實。其以爲文禮撰者，蓋以基自敘其書有父禮字悳嗣云云，讀者誤仞爲文禮也。禮，吳零陵太守，基，吳無難督；興，晉尚書左丞。馬竹吾輯是書，以興爲基之字，誤。又以其官職不符，遂謂吳亡入晉，官至左丞，未免武斷矣。然書成當在吳亡後，觀其斥言孫權可知。御覽引殷興通語，較裴注詳，蓋即興之所修而續者。意林標目八卷，爲基書，非興書也。」

〔七〕「平」與「評」同，見張嶷傳。

〔八〕宋本「憾」作「感」，誤。

〔九〕宋本「附」作「付」。

〔一〇〕「譭」，當作「攙」。

〔一一〕宋本「閉」作「閈」。何焯曰：「李氏以門字、向字、悉字爲讀，然似忠臣上有脫文，當以兵字、芳字爲讀，悉下元本尚有一字不辨，寧字屬下句讀。」

〔一二〕馮本、毛本「雅」作「推」，誤。

〔一三〕胡三省曰：「諮斷者，諮之使斷決也。」

〔一四〕胡三省曰：「以禕之才識，乃復信望氣者之說邪？葭萌漢屬廣漢郡，蜀先主改曰漢壽，屬梓潼郡。」通鑑輯覽曰：

「禕秉鈞專閫，當以君國爲重，豈宜自計，乃惑于術數，率爾遷屯，鄙陋若此，安足與任大事？亮素以忠純目禕，失精鑒哉！」

〔一五〕前有延熙二字，此衍。

〔一六〕循，魏志三少帝紀、本志張嶷傳皆作修，官本亦作修。循、修二字，隸書相近，易誤。

〔一七〕禕待新附太過，張嶷以書戒之，見嶷傳。通鑑輯覽曰：「光武推心置腹，何嘗不信任新附？或且因以建功，要之駕馭有道耳。禕之于郭循，平日既非深知，且爲將而沈湎于酒，以致遭患，其失在禕，更非岑、來可比。」

〔一八〕宋本「時」作「世」。

姜維字伯約，天水冀人也。〔一〕少孤，與母居，好鄭氏學。

傅子曰：維爲人好立功名，陰養死士，不修布衣之業。

仕郡上計掾，州郡爲從事。〔二〕以父冏昔爲郡功曹，值羌、戎叛亂，身衛郡將，没于戰場，〔三〕賜維官中郎，參本郡軍事。建興六年，丞相諸葛亮軍向祁山，〔四〕時天水太守適出案行，〔五〕維及功曹梁緒、主簿尹賞、主記梁虔等從行。太守聞蜀軍垂至，而諸縣響應，疑維等皆有異心，於是夜亡保上邽。〔六〕維等覺太守去，追遲，至城門，城門已閉，不納。維等相率還冀，冀亦不入維等，〔七〕維等乃俱詣諸葛亮。會馬謖敗於街亭，〔八〕亮拔將西縣千餘家及維等還，〔九〕故維遂與母相失。

魏略曰：天水太守馬遵將維及諸官屬，隨雍州刺史郭淮偶自西至洛門案行，〔一〇〕會聞亮已到祁山，淮顧遵曰：「是欲不善！」遂驅東還上邽。遵念所治冀縣界乎西偏，〔一一〕又恐吏民樂亂，亦隨淮去。時維謂遵曰：「明府當還冀。」遵謂維等曰：「卿諸人回復，信皆賊也！」〔一二〕各自行。」維亦無如遵何，而家在冀，遂與郡吏上官子修等還冀，冀中吏民見維等，大喜，便令見亮。〔一三〕二人不獲已，乃共詣亮。亮見大悅，未及遣迎冀中人，會亮前鋒爲張郃、費繇等所破，〔一四〕遂將維等卻縮，維不得還，遂入蜀。諸軍攻冀，皆得維母妻子，亦以維本無去意，故不没其家，〔一五〕但繫保官以延之。〔一六〕此語與本傳不同。

亮辟維爲倉曹掾，〔一七〕加奉義將軍，〔一八〕封當陽亭侯，時年二十七。〔一九〕亮與留府長史張裔、參軍蔣琬書曰：「姜伯約忠勤時事，思慮精密，考其所有，永南、季常諸人不如也。〔二〇〕其人涼州上士也。」又曰：「須先教中虎步兵五六千人。〔二一〕姜伯約甚敏于軍事，既有膽義，深解兵意。此人心存漢室，而才兼於人，畢教軍事，當遣詣宮，覲見主上。」

孫盛雜記曰：初，姜維詣亮，與母相失，復得母書，令求當歸。維曰：「良田百頃，不在一畝，但有遠志，不在當歸也。」〔二二〕

後遷中監軍、征西將軍。

〔一〕天水郡即漢陽郡，漢陽郡治冀，冀縣在今甘肅鞏昌府伏羌縣南，又爲涼州刺史治。天水郡詳見魏志明紀太和二年及王肅傳注引魏略、薛夏傳。一統志：「鐵堂莊在甘肅秦州西。」元一統志：姜維鐵堂莊在天水縣東十里鐵堂峽内，四山環抱，對面有孤塚，相傳爲維祖塋。」一統志又云：「姜維墓在伏羌縣西南五十里，又有姜氏墓，去維墓不數武，維先塋也。」

〔二〕宋本「郡」作「辟」。

〔三〕毛本「埸」作「場」。

〔四〕祁山在今甘肅鞏昌府西和縣西北七十里，詳見魏志明紀青龍二年。

〔五〕太守馬遵，見注。

〔六〕上邽在今甘肅秦州西南，見魏志明紀太和五年。

〔七〕宋本無「等」字。

〔八〕街亭在今甘肅秦州秦安縣東北，見魏志明紀太和二年。

〔九〕西縣在今甘肅秦州西南一百二十里，見諸葛亮傳。

〔一〇〕西，西縣也。郡國志：「漢陽郡冀縣有雒門聚。」劉昭注：「來歙破隗囂處。」一統志：「落門聚在鞏昌府伏羌縣西。」

〔一一〕宋本「乎」作「在」。

〔一二〕宋本「囘」作「亘」。

〔一三〕宋本「便」下有「推」字。

〔一四〕「繇」當作「瑶」。

〔一五〕宋本「没」作「殺」。

〔一六〕梁章鉅曰：「官當作宫。漢書蘇武傳：老母繫保宫。少府官屬有保宫令丞，主領工徒役作。案：彼時刑獄繁多，郡邸官寺，皆别置獄，故保宫亦有獄也。」沈家本曰：「魏書明紀太和元年注：保官空虚，初無資任。何義門曰：魏制，凡鎮守部曲將及外官長吏，並納質任，有家口應從坐者，收繫保官。此資當作質，然則保官乃收質任之所，未必爲保宫之誤。」

〔一七〕續漢志：「丞相倉曹掾，主倉穀事。」

〔一八〕洪飴孫曰：「蜀置奉義將軍一人。」

〔一九〕亦諸葛武侯從先主之年。

〔二〇〕李永南名邵，見季漢輔臣贊；馬良字季常，有傳，見前。

〔二一〕梁章鉅曰：「水經渭水注云：諸葛亮表曰：臣遣虎步監孟琰據武功水東。案：蜀官有虎步監，蓋羽林監之比，有中、左、右三營。」

〔二二〕通鑑考異曰：「維粗知學術，恐不至此。」梁章鉅曰：「晉書五行志在作計。古今注云：相招，召贈之以文，無文、無名，當歸。廣雅釋草：蕀苑，遠志也，其上謂之小草。王念孫疏證云：上謂臺也。」

十二年，亮卒，維還成都，爲右監軍輔漢將軍，統諸軍，進封平襄侯。延熙元年，隨大將軍蔣琬住漢中。琬既遷大司馬，以維爲司馬，數率偏軍西入。〔一〕六年，遷鎮西大將軍，領涼州刺史。十年，遷衛將軍，與大將軍費禕共録尚書事。是歲，汶山平康夷反，〔二〕維率衆討定之。〔三〕又出隴西南安金城界，與魏大將軍郭淮、夏侯霸等戰於洮西。〔四〕胡王治無戴等，舉部落降，維將還安處之。〔五〕十二年，假維節，復出西平，〔六〕不克而還。維自以練西方風俗，〔七〕兼負其才武，欲誘諸羌、胡以爲羽翼，謂自隴以西可斷而有也。每欲興軍大舉，費禕常裁制不從，與其兵不過萬人。〔八〕

漢晉春秋曰：費禕謂維曰：「吾等不如丞相〔九〕亦已遠矣。丞相猶不能定中夏，況吾等乎！且不如保國治民，敬守社稷。〔一〇〕如其功業，以俟能者，無以爲希冀徼倖而決成敗於一舉。〔一一〕若不如志，悔之無及。」〔一二〕

〔一〕胡三省曰：「蜀諸軍時皆屬蔣琬，姜維所領，偏軍耳。」

〔二〕汶山、平康俱見後主傳延熙十年。

〔三〕杭世駿曰：「舊唐書地理志云：維州薛城縣，漢已前徼外羌冉駹之地，蜀劉禪時，蜀將姜維、馬忠等討汶山叛羌，即此地也。今州城即姜維故壘。」

〔四〕「大」字衍。或衍「軍」字。胡三省曰：「水經注：洮水與蜀白水俱出西傾山，山南即白水源，山東即洮水源。洮水東流，逕吐谷渾中，又東逕臨洮、安故、狄道，又北至枹罕入於河。諸縣皆在洮東，若洮西則羌虜所居也。」

〔五〕此皆蜀延熙十年事，即魏正始八年也。互見後主傳及魏志郭淮傳。

〔六〕西平見後主傳。

〔七〕胡三省曰：「姜維本天水冀人，故自以爲練西方風俗。練，習也。」

〔八〕何焯曰：「欲斷隴則當及曹爽初誅，衆志二三，未遑外事之時。文偉身駐漢川，以牽關中之救，伯約以萬衆招誘羌、胡，披剖西鄙，過相裁制，又失事機，元遜輕舉于東，文偉坐待于西，皆若天之假助典午以成其奸者，可長太息。」

〔九〕丞相，謂諸葛亮。

〔一〇〕通鑑「敬」作「謹」。

〔一一〕通鑑無「以」字「而」字。

〔一二〕通鑑：「及禕死，維得行其志。」胡三省曰：「費禕死，蜀諸臣皆出維下，故不能裁制之。」又曰：「此爲維以勞民亡蜀張本。」通鑑輯覽曰：「禕之言似是而非。試思後主昏庸，信任奸宦，安能保國治民？若姜維雖近冒昧，然其志固在乘機恢復也。少與之兵，自是敗國事，安得謂忠？庸腐者流，但言息兵，則撫掌大悦，宜其以禕爲是耳。」

十六年〔一〕春，禕卒。夏，維率數萬人出石營，〔二〕經董亭，〔三〕圍南安，〔四〕魏雍州刺史陳泰解圍至洛門，〔五〕維糧盡退還。明年，加督中外軍事，復出隴西，〔六〕守狄道，〔七〕狄道長李簡舉城降。進圍襄武，與魏將徐質交鋒，斬首破敵，魏軍敗退。維乘勝多所降下，拔河間、狄道、臨洮三縣民還。〔八〕後十八年，復與車騎將軍夏侯霸等，俱出狄道，大破魏雍州刺史王經於洮西，經衆死者數萬人。經退保狄道城，維圍之。魏征西將軍陳泰進兵解圍，維卻住鍾題。〔九〕

〔一〕魏嘉平五年。

〔二〕毛本「營」作「营」，誤。石營在今甘肅鞏昌府西和縣西北，見魏志陳泰傳、郭淮傳。胡三省曰：「石營在董亭西南，維蓋自武都出石營也。」

〔三〕董亭在鞏昌府寧遠縣西南，見魏志鄧艾傳。

〔四〕南安見後主傳延熙十六年。

〔五〕洛門見前。胡三省曰：「即天水冀縣落門聚。」

〔六〕隴西郡治狄道，安帝永初五年，徙治襄武。襄武故城，在今鞏昌府城東南五里。

〔七〕「守」字疑誤。宋本無下「狄道」二字。

〔八〕河間當作河關。河關、狄道、臨洮均詳見後主傳延熙十七年。

〔九〕鍾題見後主傳延熙十八年。是時張翼勸維不宜復進，見翼傳。何焯曰：「此功若在秦川，不亦偉哉！吳殷禮言於仲謀曰：民疲威消，時往力竭，不能不相爲惜此小用也。」

十九年春，就遷維爲大將軍，更整勒戎馬，與鎮西大將軍胡濟期會上邽。〔一〕濟失誓不至，故維爲魏大將鄧艾所破於段谷，〔二〕星散流離，死者甚衆。〔三〕衆庶由是怨讟，而隴已西亦騷動不寧。維謝過引負，求自貶削爲後將軍，行大將軍事。

〔一〕上邽在今甘肅秦州東南，見鄧艾傳。何焯曰：「此胡濟又一人，非胡偉度。」弼按：胡偉度見董和傳注。

〔二〕段谷在甘肅秦州東南，見鄧艾傳。趙一清曰：「寰宇記卷百五十：段谷水出秦州清水縣東南山下。」

〔三〕胡三省曰：「言士卒迸散如星，不能收拾成隊伍。」

二十年，魏征東大將軍諸葛誕反于淮南，分關中兵東下。維欲乘虛向秦川，〔一〕復率數萬人出駱谷，〔二〕徑至沈嶺。〔三〕時長城積穀甚多，而守兵乃少；聞維方到，衆皆惶懼。魏大將軍司馬望拒之，鄧艾亦自隴右，皆軍於長城。〔四〕維前住亡水，〔五〕皆倚山爲營。〔六〕望、艾傍渭堅圍，維數下挑戰，望、艾不應。景耀元年，維聞誕破敗，乃還成都，復拜大將軍。〔七〕

〔一〕胡三省曰：「秦地四塞以爲固，渭水貫其中，渭川左右，沃壤千里，世謂之秦川。」

〔二〕駱谷在今陝西西安府盩厔縣西南，見後主傳建興二十年。

〔三〕沈嶺在盩厔，見曹爽傳三嶺注。趙一清曰：「寰宇記卷三十：姜維嶺本名沈嶺，在盩厔縣南五十里。」

〔四〕長城在今盩厔縣東南，見鄧艾傳。

〔五〕亡水在駱谷東，見後主傳延熙二十年。趙一清曰：「水經渭水注：芒水出南山芒谷，北流逕玉女房，又北逕盩厔縣之竹圃，中分爲二水，此亡字誤。」梁章鉅曰：「盩厔縣志：黑水谷在縣東南，即芒谷也。水黑色，故亦名黑水谷。明監本誤作亡水，殿本已據鄧艾傳改正。」

〔六〕「皆」字疑衍。

〔七〕胡三省曰：「維以段谷之敗，貶行大將軍事。」

初，先主留魏延鎮漢中，皆實兵諸圍，以禦外敵，敵若來攻，使不得入。及興勢之役，王平捍拒曹爽，皆承此制。維建議，以爲錯守諸圍，雖合周易「重門」之義，然適可禦敵，不獲大利。不若使聞敵至，諸圍皆斂兵聚穀，退就漢、樂二城，〔一〕使敵不得入平，〔二〕且重關鎮守以捍之。〔三〕有事之日，令游軍並進，〔四〕以伺其虚；敵攻關不克，野無散穀，千里縣糧，自然疲乏。引退之日，然後諸城並出，與游軍併力搏之，此殄敵之術也。〔五〕於是令督漢中胡濟卻住漢壽，監軍王含守樂城，護軍蔣斌守漢城，〔六〕又于西安、建威、武衛、石門、武城、建昌、臨遠皆立圍守。〔七〕

〔一〕諸葛亮築漢、樂二城，見後主傳建興七年，即魏明帝太和三年。

〔二〕通鑑作「聽敵入平」。胡三省曰：「謂縱敵使入平地也。」

〔三〕通鑑作「重關頭鎮守以捍之」。

〔四〕通鑑「並進」作「旁出」。

〔五〕通鑑輯覽曰：「外户不守，而卻屯以引敵，且欲俟其退而出搏之，真開門揖盜之見。劉友益以爲維之失計，漢所以亡，良然。」

〔六〕胡三省曰：「姜維自棄險要，以開狡焉啓疆之心，書此爲亡蜀張本。」

〔七〕西安圍見楊戲輔臣贊末王嗣傳，建威在甘肅階州成縣北，見諸葛亮傳。武城在甘肅鞏昌府寧遠縣西南，見鄧艾傳，餘未詳。趙一清曰：「諸城在今階成、鳳沔間。」蕭常曰：「皆巴漢之境。」范書光武紀十一年注：「武衛即下辨，屬武都郡。今成州同谷縣，舊名武衛城，石門即龍門。杜甫龍門鎮詩：「石門雲雷隘，古鎮峯巒集。」

五年，維率衆出漢，侯和〔一〕爲鄧艾所破，還在沓中。〔二〕維本羇旅託國，累年攻戰，功績不立，而宦臣黄皓等弄權於内，右大將軍閻宇〔三〕與皓協比。而皓陰欲廢維樹宇，維亦疑之，故自危懼，不復還成都。

華陽國志曰：維惡黄皓恣擅，啓後主欲殺之。後主曰：「皓趨走小臣耳，往董允切齒，吾常恨之，君何足介意！」維見皓枝附葉連，懼於失言，遜辭而出。後主勑皓詣維陳謝，維説皓求沓中種麥，以避内逼爾。〔四〕

六年，維表後主：「聞鍾會治兵關中，欲規進取，宜並遣張翼、廖化督諸軍，分護陽安關口、陰平橋頭，〔五〕以防未然。」〔六〕皓徵信鬼巫，謂敵終不自致，〔七〕啓後主寢其事，而羣臣不知。〔八〕及鍾會將向駱谷，鄧艾將入沓中，然後乃遣右車騎廖化詣沓中爲維援；左車騎張翼、輔國大將軍董厥等詣陽安關口，以爲諸圍外助。比至陰平，聞魏將諸葛緒向建威，故住待之。月餘，維爲鄧艾所摧，還住陰平。〔九〕鍾會攻圍漢、樂二城，遣别將進攻關口，蔣舒開城出降，傅僉格鬭而死。〔一〇〕

漢晉春秋曰：蔣舒將出降，乃詭謂傅僉曰：「今賊至不擊，而閉城自守，非良圖也。」僉曰：「受命保城，惟全爲功，今違命出戰，若喪師負國，死無益矣。」舒曰：「子以保城獲全爲功，我以出戰克敵爲功，請各行其志。」遂率衆出。僉謂其戰也。〔一一〕至陰平，以降胡烈。烈乘虚襲城，僉格鬭而死，魏人義之。

蜀記曰：蔣舒爲武興督，在事無稱。〔一二〕蜀令人代之，因留舒助漢中守。舒恨，故開城出降。

會攻樂城不能克，聞關口已下，長驅而前。翼、厥甫至漢壽，維、化亦舍陰平而退，適與翼、厥合，皆還保劍閣以拒會。〔一三〕會與維書曰：「公侯以文武之德，懷邁世之略，功濟巴、漢，聲暢華夏，遠近莫不歸名。每惟疇昔，嘗同大化，吴札、鄭僑，能喻斯好。」〔一四〕維不答書，列營守險。會不能克，糧運縣遠，將議還歸。

〔一〕侯和，今甘肅洮州廳南，見魏志陳留王紀景元三年。

〔二〕沓中在今洮州西南，見陳留王紀景元四年。

〔三〕閻宇見馬忠傳，又見霍峻傳注引襄陽記。

〔四〕胡三省曰：「司馬昭因是決計絆維於沓中而伐蜀。」

〔五〕陽安關口在寧羌州西北一百里，詳見鍾會傳；陰平橋頭在甘肅階州文縣南，詳見鄧艾傳。胡三省曰：「陽安關口，意即陽平關也。」

〔六〕何焯曰：「此密表而不關尚書，故思遠不能力爭。伯約不貽思遠書言其事，當以素非同心故也。」

〔七〕胡三省曰：「致，至也。又詣也，送也。」

〔八〕通鑑輯覽曰：「會艾方鋭意圖蜀，蜀之君臣，即防守阨塞，尚恐不足禦之，反以閹豎信巫，致使從中掣肘，不亡何待？禪之庸闇，更不止於燕雀處堂矣。」

〔九〕趙一清曰：「方輿紀要卷五十九：文縣東七里麻關谷口有鄧艾城，艾入蜀時所築，旁有姜維城，爲維與艾相守處。」

〔一〇〕僉，傅彤子。先主征吴，彤戰死，見季漢輔臣贊注。

〔一一〕通鑑此句下有「不設備」三字。胡三省曰：「使舒果迎戰，亦未可保其必勝，僉何爲不設備邪？關城失守，僉亦有罪焉。」

〔一二〕胡三省曰：「宋白曰：武興，漢武都沮縣地，元和興州城，即古武興城也。蜀以處當衝要，置武興督以守之。無稱，言其庸庸無可稱者。」謝鍾英曰：「水經注：漢水東逕武興城南。元和志即興州城，城周五百許步，惟開西北一門，外有倉壘，三面周匝。方輿紀要：今陝西漢中府略陽縣治。」

〔一三〕劍閣，今四川保寧府昭化縣南，詳見鄧艾傳。杭世駿曰：「益州記，姜維抗鍾會故壘，其山峭壁千丈，下臨絕澗。」

〔一四〕宋本「僑」作「喬」，監本「僑」作「有」，均誤。左傳襄公二十九年：「吳季札聘于鄭，見子產如舊相識，與之縞帶，子產獻紵衣焉。」僑字子產。

而鄧艾自陰平由景谷道傍入，〔一〕遂破諸葛瞻於緜竹。〔二〕後主請降於艾，艾前據成都。維等初聞瞻破，或聞後主欲固守成都，或聞欲東入吳，或聞欲南入建寧，〔三〕於是引軍由廣漢、郪道以審虛實。〔四〕尋被後主敕令，乃投戈放甲，詣會於涪軍前，將士咸怒，拔刀斫石。〔五〕

干寶晉紀云：會謂維曰：「來何遲也？」維正色流涕曰：「今日見此爲速矣！」會甚奇之。

〔一〕胡三省曰：「陰平景谷道即漢德陽亭故處。」詳見鄧艾傳。

〔二〕緜竹見劉焉傳。

〔三〕建寧郡治味，今雲南曲靖府南寧縣西十五里，詳見後主傳建興三年。

〔四〕郪縣，今四川潼川府三臺縣南，見鍾會傳。謝鍾英曰：「郪道，郪縣之道也。」或曰：「審虛實，已有去就之意矣，與諸葛緜竹之師不同。」

〔五〕胡三省曰：「觀此，則蜀之將士，豈肯下人哉？其主不能用之耳！」

會厚待維等，皆權還其印號節蓋。〔一〕會與維出則同轝，坐則同席，謂長史杜預曰：〔二〕「以伯約比中土名士，公休、太初〔三〕不能勝也。」

世語曰：時蜀官屬〔四〕皆天下英俊，無出維右。

會既搆鄧艾，艾檻車徵，因將維等詣成都，自稱益州牧以叛。〔五〕

漢晉春秋曰：會陰懷異圖，維見而知其心，謂可搆成擾亂，以圖克復也。乃詭說會曰：「聞君自淮南已來，算無遺策，〔六〕晉道克昌，皆君之力。今復定蜀，威德振世，民高其功，主畏其謀，欲以此安歸乎！〔七〕夫韓信不背漢于擾攘，以見疑於既平，大夫種不從范蠡於五湖，卒伏劍而妄死，彼豈闇主愚臣哉？〔八〕利害使之然也。今君大功既立，大德已著，何不法陶朱公泛舟絶迹，全功保身，〔九〕登峨嵋之嶺，〔一〇〕而從赤松遊乎？」〔一一〕會曰：「君言遠矣，我不能行。且爲今之道，或未盡於此也。」〔一二〕維曰：「其他則君智力之所能，無煩于老夫矣。」〔一三〕由是情好歡甚。〔一四〕

華陽國志曰：維教會誅北來諸將，既死，徐欲殺會，盡坑魏兵，還復蜀祚，〔一五〕密書與後主曰：「願陛下忍數日之辱，臣欲使社稷危而復安，日月幽而復明。」〔一六〕

孫盛晉陽秋曰：盛以永和初〔一七〕從安西將軍平蜀，〔一八〕見諸故老，及姜維既降之後密與劉禪表疏，說欲僞服事鍾會，因殺之以復蜀土。會事不捷，遂至泯滅，蜀人於今傷之。盛以爲古人云：非所困而困焉，名必辱；非所據而據焉，身必危。既辱且危，死其將至，其姜維之謂乎！鄧艾之入江由，士衆鮮少，維進不能奮節緜竹之下，退不能總帥五將，擁衞蜀主，思後圖之計，而乃反覆於逆順之閒，希違情於難冀之會，以衰弱之國，而屢觀兵於三秦，已滅之邦，冀理外之奇舉，不亦闇哉！〔一九〕

臣松之以爲盛之譏維，又爲不當。於時鍾會大衆，既造劍閣，維與諸將，列營守險，會不得進，已議還計，全蜀之功，幾乎立矣。但鄧艾詭道傍入，出於其後，諸葛瞻既敗，成都自潰，維若回軍救內，則會乘其背。當時之勢，焉得兩濟？而責維不能奮節緜竹，擁衛蜀主，非其理也。會欲盡坑魏將，以舉大事，授維重兵，使爲前驅。若令魏將皆死，兵事在維手，殺會復蜀，不爲難也。〔二〇〕夫功成理外，然後爲奇，不可以事有差手，〔二一〕而抑謂不然。設使田單之計，邂逅不會，〔二二〕復可謂之愚闇哉！

欲授維兵五萬人，使爲前驅。〔二三〕魏將士憤發，殺會及維，維妻子皆伏誅。〔二四〕

世語曰：維死時見剖，膽如斗大。〔二五〕

〔一〕通鑑「號」作「綬」。

〔二〕杜預事見魏志杜畿傳注。

〔三〕諸葛誕字公休，夏侯玄字太初。

〔四〕趙一清曰：「蜀上疑落征字。」

〔五〕鍾會傳：「會內有異志，因鄧艾承制專事，密白艾有反狀，於是詔書檻車徵艾。會所憚惟艾，艾既禽而會獨統大衆，遂謀反。」

〔六〕謂毌丘儉、諸葛誕之役。

〔七〕此蒯通説韓信語也。漢書蒯通傳：「通説信曰：足下挾不賞之功，戴震主之威，歸楚，楚人不信；歸漢，漢人震恐，足下欲持是安歸乎！」師古曰：「安，焉也。」

〔八〕馮本「主」作「王」，誤。

〔九〕胡三省曰：「越大夫范蠡既與越王句踐滅吴，以雪會稽之恥，乃扁舟五湖，汎海而止於陶。欲絶其迹，乃號曰陶朱公。」

〔一〇〕一統志：「峨嵋山在今四川嘉定府峨眉縣西南，有大峨、中峨、小峨三山。」左思蜀都賦：「抗峨眉之重阻。」華陽國志：「南安縣南有峨眉山。」水經注：「峨眉山去成都千里，然秋日清澄，望見兩山相峙，如峨眉焉。」

〔一一〕漢書張良傳：「良曰：今以三寸舌爲帝者師，封萬户，位列侯，此布衣之極，於良足矣。願棄人閒事，欲從赤松子遊耳。」師古曰：「赤松子，仙人號也。神農時爲雨師，服水玉，教神農能入火自燒。至昆山上，常止西王母石室，隨風雨上下。炎帝少女追之，亦得仙俱去。」

〔一二〕此時士季年方四十，血氣正盛，又習見曹氏、司馬氏篡奪之事，自謂强兵在握，大功可成，操之過急，變生倉卒，則爲士季所不及料耳。

〔一三〕胡三省曰：「言爲亂也。維之智固足以玩弄鍾會於掌股之上，迫於時，制於命，柰之何哉！」弼按：會之用維，以其非司馬氏之黨，且爲亡國之將，而其才亦可用也。」

〔一四〕劉咸炘曰：「維之忠謀，承祚不能發明，不如習、孫尚舉其事，此本不須諱，何爲不書耶？蓋素不喜維之私見也。」

〔一五〕監本「還」作「遠」，誤。

〔一六〕胡三省曰：「姜維之心，始終爲漢，千載之下，炳炳如丹。陳壽、孫盛、干寶之譏貶，皆非也。」

〔一七〕何焯曰：「永和三年，李勢破滅，是年丁未，去蜀亡景耀六年癸未，凡六十五年。」

〔一八〕晉書孫盛傳：「庾翼代庾亮，以盛爲安西諮議參軍。會桓温代翼，留盛爲參軍，與俱伐蜀。蜀平，賜爵安懷縣侯。」

〔一九〕王崇曰：「鄧艾以疲兵二萬，溢出江油，姜維舉十萬之師，案道南歸，艾爲成禽。禽艾已訖，復還拒會，則蜀之存亡，未可量也。乃迴道之巴，遠至五城，使艾輕進，徑及成都，兵分家滅，已自招之。然以鍾會之智略，稱爲子房，姜維陷之莫至，尅揵籌筭，相應優劣，惜哉！愚以爲維徒能謀一會，不慮窮兵十萬，難爲制御，美意播越矣。見華陽國志七。」

〔二〇〕宋、元本「也」作「矣」。何焯曰：「殺會易，復蜀難。」

〔二一〕宋本「手」作「牙」，按：當作「互」。

〔二二〕元本「會」作「集」。

〔二三〕鍾會傳：「會欲使姜維等皆將蜀兵出斜谷，會自將大衆隨其後。」

〔二四〕詳見鍾會傳。

〔二五〕胡三省曰：「斗非身所能容，恐當作升。」何焯曰：「古升字與斗字相類，亭林亦云。」

郤正著論論維曰：「姜伯約據上將之重，處羣臣之右，宅舍敝薄，資財無餘，側室無妾媵之褻，後庭無聲樂之娛，衣服取供，輿馬取備，飲食節制，不奢不約，官給費用，隨手消盡。察其所以然者，非以激貪厲濁，抑情自割也；直謂如是爲足，不在多求。凡人之談，常譽成毀敗，扶高抑下，咸以姜維投厝無所，身死宗滅，以是貶削，不復料擿，異乎春秋褒貶之義矣！如姜維之樂學不倦，清素節約，自一時之儀表也。」〔一〕

孫盛曰：異哉，郤氏之論也。夫士雖百行，操業萬殊，至於忠孝義節，百行之冠冕也。姜維策名魏室，而外奔蜀朝，違君徇利，不可謂忠；捐親苟免，不可謂孝；害加舊邦，不可謂義；敗不死難，不可謂節；且德政未敷，而疲民以逞；居禦侮之任，而致敵喪守；於夫智勇，莫可云也。凡斯六者，維無一焉。實有魏之逋臣，亡國之亂相，而云人之儀表，斯亦惑矣。縱維好書，〔二〕而微自藻潔，〔三〕豈異夫盜者分財之義，而程、鄭降階之善也。〔四〕

臣松之以爲郤正此論，取其可稱，不謂維始終行事皆可準則也。所云一時儀表，止在好學與儉素耳。

本傳及魏略皆云維本無叛心，以急逼歸蜀。盛相譏貶，惟可責其背母；餘既過苦，〔五〕又非所以難郤正也。

〔一〕或曰：「幽滯之人，當感泣地下也，安得世有斯人，使負累之士，一爲伸眉也哉！」劉咸炘曰：「此論捨大而贊其細，正乃譙周之黨，宜其言如此。」

〔二〕宋本「維」作「雅」，馮本作「雖」。

〔三〕馮本「潔」作「絜」。

〔四〕史記貨殖傳：「程、鄭，山東遷虜也，亦冶鑄，賈椎髻之民，富埒卓氏，俱居臨邛。」

〔五〕何焯校改「苦」作「苛」。

維昔所俱至蜀，梁緒官至大鴻臚，尹賞執金吾，梁虔大長秋，皆先蜀亡没。

評曰：蔣琬方整有威重，費禕寬濟而博愛，咸承諸葛之成規，因循而不革，是以邊境無虞，邦家和一；〔一〕然猶未盡治小之宜，居静之理也。

臣松之以爲蔣、費爲相，克遵畫一，未嘗徇功妄動，有所虧喪。外卻駱谷之師，内保寧緝之實，治小之宜，居静之理，何以過於此哉！今譏其未盡而不著其事，故使覽者不知所謂也。〔二〕

姜維粗有文武，志立功名，而翫衆黷旅，明斷不周，終致隕斃。老子有云：「治大國者，猶烹小鮮。」〔三〕况于區區蕞爾，而可屢擾乎哉！〔四〕

干寶曰：姜維爲蜀相，國亡主辱弗之死，而死於鍾會之亂，惜哉！非死之難，處死之難也。是以古之烈士，見危授命，投節如歸，非不愛死也，固知命之不長，而懼不得其所也。〔五〕

〔一〕或曰：「因事推美，決知陳壽無致憾諸葛之事。」

〔二〕何焯曰：「此皆承祚在晉之遜詞，裴注駁之，或未喻其指也。」

〔三〕見老子六十章。王弼注云：「不擾也。躁則多害，靜則全真，故其國彌大，而其主彌靜，然後乃能廣得衆心矣。」

〔四〕何焯曰：「宫中府中，理民治戎，立國一不可闕。今伯約孤立，後主昏蔽，其本已搖，加之政刑非昔，不能使民忘其敗。上邽之役，甚於街亭，伯約但見前人裁制之過，不知失文偉之助，亦不復可以有爲，此誠志士爲之深悲者也。」劉咸炘曰：「尚云：『維虐用其民，開門揖盜，評責其翫衆黷旅，一切僞降之謀，皆削而不載，所以深罪之。』按尚説是陳意，陳之貶姜，乃承其師譙周之論。」

〔五〕毛本「所」作「死」。王鳴盛曰：「姜維志在復蜀，不成被殺，其赤心則千載如生。陳壽蜀人而入晉，措詞之際，有難焉者。史評於其死事，反置不論，而但譏其翫衆黷旅，以致隕斃。壽豈不知不伐賊，王業亦亡，惟坐而待亡，孰與伐之？特敵國之詞云爾。若以維之謀殺鍾會爲非，則壽不肯爲此言，此其所以展轉詭説，以避咎也。維之於蜀，猶張世傑、陸秀夫之於宋耳。」何焯曰：「蜀事以葛始，以姜終，十卷實相爲首尾。其末卷則特爲楊戲之贊而設也。蜀都賦曰：匪葛匪姜，疇能是恤！」劉咸炘曰：「何説似是而實不然。楊戲與鄧、張諸人，實不相連貫。鄧、張諸人，固當居蔣、費之後，自不得終於姜，以楊贊終，固有意；而鄧、張次此卷，則非特置也。」

# 蜀書十五

三國志四十五

## 鄧張宗楊傳第十五

鄧芝字伯苗，義陽新野人，〔一〕漢司徒禹之後也。漢末入蜀，未見知待。時益州從事張裕善相，〔二〕芝往從之。裕謂芝曰：「君年過七十，位至大將軍，〔三〕封侯。」芝聞巴西太守龐羲好士，往依焉。〔四〕先主定益州，芝爲郫邸閣督。〔五〕先主出至郫，與語，大奇之，擢爲郫令，遷廣漢太守。所在清嚴，有治績，入爲尚書。

〔一〕錢大昕曰：「義陽不在蜀境内，漢末亦未有義陽郡，蓋史據魏、晉之郡縣書之。來敏傳同。」弼按：義陽郡詳見魏志明紀景初元年，新野縣見魏志武紀建安十三年。

〔二〕張裕曉占候，見周羣傳。

〔三〕沈家本曰：「大字衍。」

〔四〕龐羲見劉焉傳。

〔五〕郫縣見楊洪傳。

先主薨於永安。先是吳王孫權請和，先主累遣宋瑋、費禕等與相報答。〔一〕丞相諸葛亮深慮權聞先主殂隕，恐有異計，未知所如。芝見亮曰：「今主上幼弱，初在位，宜遣大使重申吳好。」〔二〕亮答之曰：「吾思之久矣，未得其人耳，今日始得之。」芝問其人爲誰？亮曰：「即使君也。」乃遣芝修好於權，權果狐疑，不時見芝。芝乃自表請見權曰：「臣今來亦欲爲吳，非但爲蜀也。」權乃見之，語芝曰：「孤誠願與蜀和親，然恐蜀主幼弱，國小勢偪，爲魏所乘，不自保全，以此猶豫耳。」芝對曰：「吳、蜀二國，四州之地，〔三〕大王命世之英，諸葛亮亦一時之傑也。蜀有重險之固，〔四〕吳有三江之阻，〔五〕合此二長，共爲脣齒，進可兼併天下，退可鼎足而立，此理之自然也。大王今若委質於魏，魏必上望大王之入朝，下求太子之內侍。若不從命，則奉辭伐叛，蜀必順流〔六〕見可而進，如此，江南之地，非復大王之有也。」權默然良久曰：「君言是也。」遂自絶魏，與蜀連和，遣張溫報聘於蜀。蜀復令芝重往。權謂芝曰：「若天下太平，二主分治，不亦樂乎！」芝對曰：「夫天無二日，土無二王，如併魏之後，大王未深識天命者也，君各茂其德，臣各盡其忠，將提枹鼓，則戰爭方始耳。」〔七〕權大笑曰：「君之誠款，乃當爾邪？」權與亮書曰：「丁厷掞張，

掞，音夷念反，或作豔。臣松之案：漢書禮樂志曰：「長離前掞光耀明。」〔八〕左思蜀都賦：「摛藻掞天庭。」孫權蓋謂丁厷之言多浮豔也。

陰化不盡，〔九〕和合二國，唯有鄧芝。」及亮北住漢中，以芝爲中監軍、揚武將軍。〔一〇〕亮卒，遷

前軍師、前將軍，領兗州刺史，封陽武亭侯。頃之，爲督江州。〔一一〕權數與芝相聞，饋遺優渥。延熙六年，就遷爲車騎將軍，後假節。十一年，涪陵國人殺都尉反叛，芝率軍征討，即梟其渠帥，百姓安堵。〔一二〕

華陽國志曰：芝征涪陵，見玄猿緣山。芝性好弩，手自射猿，中之；猿拔其箭，卷木葉塞其創。芝曰：「嘻！吾違物之性，其將死矣。」一日，芝見猿抱子在樹上，引弩射之，中猿母，其子爲拔箭，以木葉塞創，芝乃歎息，投弩水中，自知當死。

十四年，卒。〔一三〕

〔一〕官本考證曰：「先主傳作宗瑋。」

〔二〕胡三省曰：「申亦重也，所以申固盟約也。」

〔三〕胡三省曰：「四州，荆、揚、梁、益也。」弼按：四州，荆、揚、益、交也。是時未有梁州，胡注誤。

〔四〕胡三省曰：「重險，謂外有斜、駱、子午之險，内有劍閣之險也。」

〔五〕三江詳見許靖傳。

〔六〕通鑑「必」作「亦」。

〔七〕沈欽韓曰：「史記吴王濞傳。膠西王相諫王曰：今大王與吴西鄉，第令事成，兩主分爭，患乃始結，芝語本此。」

〔八〕今本漢志作「長麗前掞光耀明」。晉灼曰：「掞即光炎字也。」臣瓚曰：「長麗，靈鳥也。故相如賦曰：前長麗而後矞皇。舊説云鸞也。張衡思玄賦亦曰：前長麗使拂羽。」師古曰：「晉、瓚二説是也。麗，音離；掞，音豔。」

〔九〕陰化見蔣琬傳。華陽國志丁厷作丁宏，不盡作不實。

〔一〇〕建興六年，芝失利於箕谷，見趙雲傳。

〔一〕趙一清曰：「寰宇記卷百二十：黔州彭水縣三峿山，鄧芝曾大戰於此。水經江水注曰：巴之三關，陽關一也。延熙中，蜀車騎將軍鄧芝爲江州都督，治此。」

〔二〕後主傳：「延熙十一年，涪陵屬國民夷反。」此脱「屬」字。華陽國志云：「延熙十三年，涪陵大姓徐巨反，車騎將軍鄧芝討平之，乃移其豪徐藺、謝危五千家於蜀，爲獵射官，分羸弱配督將韓蔣，名爲助郡軍，遂世掌部曲，爲大姓。」

〔三〕趙一清曰：「寰宇記卷八十七：遂州青石縣，以界内有青石山爲名，鄧芝見此山美之，後遂葬焉。又魏書地形志：恆農郡北陝縣有鄧芝祠。一清案：伯苗無聞於中土，疑是鄧艾祠，芝字誤也。」

芝爲大將軍二十餘年，〔一〕賞罰明斷，善卹卒伍，身之衣食，資仰於官，不苟素儉，然終不治私産，妻子不免饑寒。死之日，家無餘財。性剛簡，不飾意氣，不得士類之和。〔二〕於時人少所敬貴，唯器異姜維云。子良，襲爵，景耀中爲尚書左選郎，〔三〕晉朝廣漢太守。〔四〕

〔一〕錢大昕曰：「芝止爲車騎將軍，未嘗爲大將軍，大字衍。」沈家本曰：「芝以建興五年爲揚武將軍，十二年遷前將軍，延熙六年遷車騎將軍，十四年卒，凡爲將軍二十五年，未嘗爲大將軍也。」

〔二〕芝性驕傲，見宗預傳。

〔三〕洪飴孫曰：「蜀郎中有吏部左選、右選、度支諸曹。」

〔四〕梁章鉅曰：「此六字殊贅。」錢大昭曰：「此敘蜀事，不必説到晉。」沈家本曰：「此六字疑是裴注之文，傳寫誤入正文者。」

張翼字伯恭，犍爲武陽人也。〔一〕高祖父司空浩，〔二〕曾祖父廣陵太守綱，皆有名迹。〔三〕

益部耆舊傳曰：浩字叔明，治律、春秋。游學京師，〔四〕與廣漢鐔粲、〔五〕漢中李郃、〔六〕蜀郡張霸，〔七〕共結爲友善。大將軍鄧騭辟浩，稍遷尚書僕射，出爲彭城相，薦隱士閭丘遡等，〔八〕徵拜廷尉。延光三年，安帝議廢太子，唯浩與太常桓焉、太僕來歷議以爲不可。順帝初立，拜浩司空，年八十三，卒。〔九〕

續漢書曰：綱字文紀，少以三公子經明行修舉孝廉，不就；司徒辟，以高第爲侍御史。漢安元年，拜光禄大夫，與侍中杜喬等八人同日受詔，持節分出，案行天下貪廉，墨綬有罪便收，刺史、二千石以驛表聞。威惠清忠，名振郡國，號曰八儁。〔一〇〕是時大將軍梁冀侵擾百姓，喬等七人皆奉命四出，唯綱獨埋車輪于洛陽都亭，不去。〔一一〕曰：「豺狼當路，安問狐狸！」〔一二〕遂上書曰：「大將軍梁冀、河南尹不疑，蒙外戚之援，荷國厚恩，以芻蕘之姿，安居阿保，〔一三〕不能敷揚五教，翼贊日月，而專爲封豕長蛇，肆其貪饕，〔一四〕甘心好貨，縱恣無厭，多樹諂諛，以害忠良，誠天威所不赦，大辟所宜加也。謹條其無君之心十五事於左，皆忠臣之所切齒也。」書奏御，〔一五〕京師震悚。時冀妹爲皇后，内寵方盛，冀兄弟權重於人主，順帝雖知綱言不誣，然無心治冀。冀深恨綱。會廣陵賊張嬰等衆數萬人，殺刺史、二千石，冀欲陷綱，乃諷尚書以綱爲廣陵太守，〔一六〕若不爲嬰所殺，則欲以法中之。前太守往，輒多請兵。及綱受拜，詔問當得兵馬幾何？綱對曰：無用兵馬。遂單車之官，徑詣嬰壘門，示以禍福。嬰大驚懼，走欲閉門。綱又於門外罷遣吏兵，留所親者十餘人，以書語其長老素爲嬰所信者，請與相見。問以本變，因示以詔恩，使還請嬰。〔一七〕嬰見綱意誠，即出見綱。綱延置上坐，〔一八〕問其疾苦。禮畢，乃謂之曰：「前後二千石，〔一九〕多非其人，杜塞國恩，肆其私求，鄉郡遠，天子不能朝夕聞也。故民人相聚以避害，二千石信有罪矣；爲之者乃非義也。忠臣不欺君以自榮，孝子不捐父以求福，〔二〇〕天子聖人，〔二一〕欲文德以來之，故使太守來，思以爵祿相榮，不願以刑也。今誠轉禍爲福之時也。若聞義不服，天子赫然發怒，〔二二〕大兵雲合，豈不危乎！〔二三〕宜深計其利害。」嬰聞泣曰：「荒裔愚人，數爲二千石所侵枉，不堪其困，故遂相聚偷生。明府仁及草木，乃嬰等更生之澤，但恐投兵之日，不免孥戮耳。」綱曰：「豈其然乎？要之以天地，誓之以日月，方當相顯以爵位，何禍之有乎！」嬰曰：「苟赦其罪，得全首領，以就農畝，則抱戴没齒，爵祿非所望也。」嬰雖爲大賊，起於狂暴，自以爲必死。及得綱言，曠然開明，乃辭還營。明日，遂將所部萬餘人，與妻子面縛詣綱降。綱悉釋縛慰納，謂嬰曰：「卿諸人一旦解散，方垂盪然，當條名上之，必受封賞。」嬰曰：「乞歸故業，不願以穢名汙明時也。」綱以其至誠，乃各從其意，親爲安處居宅。子弟欲爲吏者，隨才任職；欲爲民者，勸以農桑。田業並豐，南州晏然。〔二四〕論功，綱當封，爲冀所遏絶，故不得侯。天子美其功，徵欲用之，嬰等上書，乞留在郡二歲。建康元年，病卒官。時年三十六。〔二五〕嬰等三百餘人，皆衰杖送綱喪至雒陽。〔二六〕葬訖，爲起家立祠，四時奉祭，思慕如喪考妣。天子追念不已，下詔褒揚，除一子爲郎。〔二七〕

先主定益州，領牧，翼爲書佐。建安末，舉孝廉，爲江陽長，〔二八〕徙涪陵令，〔二九〕遷梓潼太守，累遷至廣漢、蜀郡太守。建興九年，爲庲降都督、〔三〇〕綏南中郎將。〔三一〕翼性持法嚴，〔三二〕不得殊俗之歡心。耆率劉胄背叛作亂，翼舉兵討胄。胄未破，會被徵當還；羣下咸以爲宜便馳騎即罪。〔三三〕翼曰：「不然。吾以蠻夷蠢動，不稱職，故還耳。然代人未至，吾方臨戰場，〔三四〕當運糧積穀，爲滅賊之資，豈可以黜退之故而廢公家之務乎！」於是統攝不懈，代到乃發。馬忠因其成基，以破殄胄。丞相亮聞而善之。亮出武功，以翼爲前軍都督，領扶風太守。亮卒，拜前領軍，追論討劉胄功，賜爵關内侯。延熙元年，入爲尚書，稍遷督建威，〔三五〕假節；進封都亭侯，征西大將軍。

〔一〕犍爲郡，治武陽，見劉焉傳。

〔二〕范書「浩」作「晧」。晧字叔明。爾雅釋天釋文云：「晧，光明也。」

〔三〕華陽國志卷十云：「張翼，文紀孫也。」似當作文紀曾孫。

〔四〕范書張晧傳：「六世祖良，高帝時爲太子少傅，封留侯。」

〔五〕華陽國志卷十中云：「鐔顯字子誦，郪人。與張霸、李郃、張晧、陳禪爲友。」事跡相同而名異，或爲一人，未可知也。

〔六〕范書方術傳：「李郃字孟節，漢中南鄭人。郃歲中舉孝廉，五遷尚書令，又拜太常，代袁敞爲司空。數陳得失，有忠臣節。復爲司徒，謀立順帝，封涉都侯，辭讓不受。年八十餘，卒於家。」

〔七〕范書張霸傳：「張霸字伯饒，蜀郡成都人。年數歲而知孝讓，鄉人號爲張曾子。七歲通春秋，復欲進餘經。父母曰：「汝小，未能也。」霸曰：「我饒爲之。」故字曰饒焉。永元中爲會稽太守，郡中爭厲志節，習經者以千數，道路但聞誦聲，後當爲五更，會疾卒。

〔八〕華陽國志「邈」作「遷」。

〔九〕華陽國志贊云：「張公執憲，克智克聰，極位青紫，實作司空。」又云：「清河趙騰，坐謗訕當誅，所引八十餘人。晧以聖賢明義爭之，咸稱平當。」

〔一〇〕范書順帝紀：「漢安元年八月丁卯，遣侍中杜喬、光禄大夫周舉、守光禄大夫郭遵、馮羨、欒巴、張綱、周栩、劉班等八人，分行州郡，班宣風化，舉實臧否。」周舉傳：「拜舉爲侍中，與侍中杜喬、守光禄大夫周栩、前青州刺史馮羨、尚書欒巴、侍御史張綱、兖州刺史郭遵、太尉長史劉班，並守光禄大夫，分行天下。其刺史二千石有臧罪顯明者，驛馬上之；墨綬以下，便輒收舉。其有清忠惠利，爲百姓所安，宜表異者，皆以狀上。於是八使同時俱拜，天下號曰八俊。」胡三省曰：「刺史、二千石大吏，驛馬上奏其罪，取旨黜免。驛馬，欲速達京闕也。墨綬，縣令長也；令長以下，便收案舉劾。」惠棟曰：「案漢法：墨綬有罪先請。今權時定制，如前漢呂步舒治淮南獄，顓斷於外，不請也。」沈家本曰：「威惠清忠句，上下疑有奪文。以周舉傳證之，司馬雖不必與范史同，然上文既云案行天下貪廉，下文不應偏舉一事也。」

〔一一〕范書張綱傳：「漢安元年，選遣八使，徇行風俗，皆耆儒知名，多歷顯位。唯綱年少，官次最微。餘人受命之部，而綱獨埋其車輪於洛陽都亭。」蘇輿曰：「案孫子九地篇方馬埋輪注：埋輪，持不動也。馬融傳：埋根行道，以先吏士。注：埋根，言不退。傳亦謂駐車輪於此，不肯之部，非真埋之於地也。」

〔一二〕章懷注：「前書京兆督郵侯文之辭。」

〔一三〕范書作「居阿衡之任」。

〔一四〕左傳：申包胥曰：「吳爲封豕長蛇，薦食上國也。」

〔一五〕章懷注：「御，進也。」

〔一六〕華陽國志卷十中云：「綱出宮埋車，先奏太尉桓焉、司徒劉壽，尸祿素餐，不堪其職。出城，又奏司隸校尉趙峻、河南尹梁不疑、汝南太守梁乾等，贓污濁亂，檻車送廷尉治罪。天子以乾梁冀叔父，貶秩；免峻等。又奏魯相寇儀，儀自殺。威風大行，郡縣莫不肅懼。還，冀恨之，出爲廣陵太守。」

〔一七〕王補曰：「其事與韓愈曹成王碑討良相類。」

〔一八〕王先謙曰：「蓋即嬰營外別爲會所以延之。」

〔一九〕二千石，謂太守也。

〔二〇〕馮本「捐」作「損」。

〔二一〕范書作「今主上仁聖」。

〔二二〕范書「發」作「震」，下有「荆揚兗豫」四字。

〔二三〕范書此句下云：「若不料强弱，非明也；棄善取惡，非智也；去順效逆，非忠也；身絶血嗣，非孝也；背正從邪，非直也；見義不爲，非勇也。六者，成敗之幾，利害所從，公其深計之。」

〔二四〕或曰：「廣陵屬徐州刺史部，距雒陽千里而近。而曰荒裔，曰南州，豈以徐戎、淮夷，即謂之裔地歟？」沈欽韓曰：「寰宇記，張綱溝在廣陵縣東三十里，從岱石湖入四里，至溝中心，與海陵分界。綱爲廣陵太守，勸課農桑，於東陵村東開此溝，引湖水灌田，以此立名。」

〔二五〕袁宏紀作四十六。

〔二六〕范書綱傳：「百姓老幼相攜，詣府赴哀者不可勝數。綱自被疾，吏人咸爲祠祀祈福，皆言千秋萬歲，何時復見此君！張嬰等五百餘人，制服行喪，送到犍爲，負土成墳。」弼按：范書本傳云葬犍爲，續漢書云送綱喪至雒陽。雒字或爲武字之誤。方輿勝覽：綱墓在眉州犍爲縣崌崍山東。

〔二七〕范書綱傳：「詔曰：故廣陵太守張綱，大臣之苗，剖符統務，正身導下，班宣德信，降集劇賊，未升顯爵，不幸早卒，朕甚愍焉。拜綱子續爲郎中，賜錢百萬。」

〔二八〕江陽見先主傳建安十六年。翼爲沔陽長，見趙雲傳注。錢大昕曰：「當作江陽。」

〔二九〕涪陵見後主傳延熙十一年。

〔三〇〕庲降都督見霍峻傳。

〔三一〕洪飴孫曰：「綏南中郎將一人，蜀所置。」

〔三二〕毛本「持」作「恃」，誤。

〔三三〕通鑑作「其人謂翼宜速歸即罪。」胡注：「其人，謂召翼者也；即，就也。」

〔三四〕毛本「塲」作「場」。

〔三五〕建威見諸葛亮傳。

十八年，與衛將軍姜維俱還成都。維議復出軍，唯翼廷爭，以爲國小民勞，不宜黷武。維不聽，將翼等行，進翼位鎮南大將軍。維至狄道，〔一〕大破魏雍州刺史王經，經衆死於洮水者以萬計。翼曰：「可止矣。不宜復進，進或毁此大功。」維大怒曰：「爲蛇畫足！」〔二〕維竟圍經於狄道，城不能克。自翼建異論，維心與翼不善，然常牽率同行，翼亦不得已而往。景耀二年，遷左車騎將軍，領冀州刺史。六年，與維咸在劍閣，共詣降鍾會于涪。明年正月，隨會至成都，爲亂兵所殺。

華陽國志曰：翼子微，篤志好學，官至廣漢太守。

〔一〕狄道見後主傳延熙十七年。

〔二〕通鑑「爲蛇畫足」在「進或毁此大功」之下，亦爲翼語。華陽國志同，此傳失之。劉家立曰：「維大怒曰四字，疑衍文。」胡三省曰：「戰國策：昭陽爲楚伐魏，覆軍殺將，移師攻齊，陳軫爲齊王使見昭陽曰：楚有祠者，賜其舍人酒一巵，舍人相謂曰：數人飲之不足，一人飲之有餘，請各畫地爲蛇，先成者飲酒。一人先成，引酒飲之，乃左手持巵，右手畫蛇曰：吾能爲之足。爲足未成，一人之蛇後成，奪其巵曰：蛇固無足，子安能爲之足？遂飲酒。今君攻魏既勝，復移師攻齊，是爲蛇足者也。昭陽悟，乃還軍。」

宗預字德豔，南陽安衆人也。〔一〕建安中，隨張飛入蜀。建興初，丞相亮以爲主簿，遷參軍、右中郎將。及亮卒，吳慮魏或承衰取蜀，增巴丘守兵萬人，〔二〕一欲以爲救援，二欲以事分割也。蜀聞之，亦益永安之守，〔三〕以防非常。〔四〕預將命使吳，孫權問預曰：「東之與西，譬猶一家，而聞西更增白帝之守，何也？」預對曰：「臣以爲東益巴丘之戍，西增白帝之守，皆事勢宜然，俱不足以相問也。」權大笑，嘉其抗直，〔五〕甚愛待之。見敬亞于鄧芝、費禕。〔六〕遷爲侍中，徙尚書。延熙十年，爲屯騎校尉。時車騎將軍鄧芝自江州還，來朝，謂預曰：「禮，六十不服戎，而卿甫受兵，何也？」預答曰：「卿七十不還兵，我六十何爲不受邪？」

臣松之以爲芝以年啁預，是不自顧。然預之此答，觸人所忌，載之記牒，近爲煩文。

芝性驕傲，自大將軍費禕等皆避下之，而預獨不爲屈。預復東聘吳，孫權捉預手涕泣而別曰：「君每銜命結二國之好，今君年長，孤亦衰老，恐不復相見！」遺預大珠一斛，

吳歷曰：預臨別謂孫權曰：「蜀土僻小，雖云鄰國，東西相賴，吳不可無蜀，蜀不可無吳。君臣憑恃，唯陛下重垂神慮。」又自說年老多病，恐不復得奉聖顏。

孫盛曰：夫帝王之保，〔七〕唯道與義，道義既建，雖小可大，殷、周是也。苟任詐力，雖彊必敗，秦、項是也。況乎居偏鄙之城，恃山水之固，而欲連横萬里，求相資賴哉！〔八〕昔九國建合從之計，而秦人卒併六國，〔九〕囂、述營輔車之謀，〔一〇〕而光武終兼隴、蜀。夫以九國之彊，隴、漢之大，莫能相救，坐觀屠覆，何者！道德之基不固，而彊弱之心難一故也。而云吳不可無蜀，蜀不可無吳，豈不諂哉！

乃還。遷後將軍，督永安，就拜征西大將軍，〔一一〕賜爵關內侯。景耀元年，以疾徵還成都。後

爲鎮軍大將軍，領兗州刺史。時都護諸葛瞻初統朝事，廖化過預，欲與預共詣瞻許。預曰：「吾等年踰七十，所竊已過，但少一死耳，何求於年少輩而屑屑造門邪！」遂不往。

〔一〕安衆，今河南南陽府鎮平縣東南，見魏志武紀建安二年。

〔二〕巴丘見魏志武紀建安十三年。胡三省曰：「此巴丘即巴陵也。今岳州巴陵縣有天岳山，臨大江，一名幕阜，前有培塿，謂之巴蛇冢，相傳以爲羿屠巴蛇於洞庭，其骨若陵，因謂之巴陵。」

〔三〕永安見先主傳章武二年。

〔四〕何焯曰：「永安益守，則圖關中者力又減矣，此劉、葛所以優與吳盟，然斯時公琰未有遠名，於事勢宜然。」

〔五〕御覽「直」作「蓋」，通鑑作「盡」。胡三省曰：「謂抗言不爲吳屈，又盡情無所隱也。」

〔六〕胡三省曰：「蜀先主殂，諸葛亮當國，始遣鄧芝使吳。」弼按：先主未殂以前，已遣宗瑋、費禕使吳，矣不始於鄧芝也。

〔七〕元本「保」作「寶」。

〔八〕宋本「求」作「永」。

〔九〕史記秦始皇本紀索隱云：「六國者，韓、魏、趙、燕、楚、齊是也。與秦爲七雄。又六國與宋、衞、中山爲九國，其三國蓋微，又前亡。」

〔一〇〕范書隗囂傳：「囂遣使稱臣於公孫述，述以囂爲朔寧王。」

〔一一〕華陽國志「征西」作「征北」。

廖化字元儉，本名淳，〔一〕襄陽人也。〔二〕爲前將軍關羽主簿。羽敗，屬吳，思歸先主。乃詐死，時人謂爲信然，因攜持老母，晝夜西行。會先主東征，遇于秭歸，〔三〕先主大悅，以化爲宜都太守。〔四〕先主薨，爲丞相參軍，後爲督廣武，〔五〕稍遷至右車騎將軍，假節，領并州刺史，封中鄉侯，以果烈稱。官位與張翼齊，而在宗預之右。

漢晉春秋曰：景耀五年，姜維率衆出狄道，廖化曰：「兵不戢，必自焚，〔六〕伯約之謂也。知不出敵，而力少於寇，用之無厭，何以能立？〔七〕詩云：不自我先，不自我後，今日之事也。」

〔一〕廖淳爲陰平太守，見魏志明紀景初二年。注引魏書作惇。潘眉曰：「惇乃淳字之譌。」

〔二〕襄陽耆舊傳云：「中廬人。」

〔三〕秭歸今湖北宜昌府歸州治，詳見魏志文紀黃初三年。

〔四〕宜都郡見先主傳章武二年。

〔五〕廣武未詳，其地當如姜維傳所云西安、建威諸圍守，又如張翼傳督建威之例。

〔六〕左傳：「魯衆仲曰：兵，猶火也，不戢，將自焚。」

〔七〕通鑑作「將何以存」。胡三省曰：「謂較智則不出敵人之上，而較力則又弱小也。」

咸熙元年春，化、預俱內徙洛陽，道病卒。

楊戲〔一〕字文然，犍爲武陽人也。〔二〕少與巴西程祁公弘、〔三〕巴郡楊汰季儒、蜀郡張表伯達〔四〕並知名。戲每推祁，以爲冠首。〔五〕丞相亮深識之。戲年二十餘，從州書佐爲督軍從事，職典刑獄，論法決疑，號爲平當，府辟爲屬主簿。亮卒，爲尚書右選部郎，〔六〕刺史蔣琬請爲治中從事史。琬以大將軍開府，又辟爲東曹掾，〔七〕遷南中郎參軍，副貳庲降都督，〔八〕領建寧太守。〔九〕以疾徵還成都，拜護軍監軍，出領梓潼太守，入爲射聲校尉，所在清約不煩。延熙二十年，隨大將軍姜維出軍，至亡水。〔一〇〕戲素心不服維，酒後言笑，每有傲弄之辭。維外寬内忌，竟不能堪。〔一一〕軍還，有司承旨奏戲，免爲庶人。〔一二〕後景耀四年，卒。

〔一〕潘眉曰：「華陽國志作楊羲，羲、戲古字通。伏羲，莊、荀俱作宓戲，然則楊戲之戲，當讀作平聲。」
〔二〕犍爲郡治武陽，見劉焉傳。
〔三〕祁程，畿子，見輔臣贊注。
〔四〕張表見馬忠傳。
〔五〕馮本「每」作「毋」，誤。
〔六〕洪飴孫曰：「蜀郎中有吏部左選、右選、度支諸曹。」
〔七〕蔣琬傳：「東曹掾楊戲，素性簡略，琬與言論，時不應答。」
〔八〕庲降都督見霍峻傳。
〔九〕建寧郡治味，見後主傳建興三年。
〔一〇〕亡水見後主傳延熙二十年，又見姜維傳。
〔一一〕宋本「竟」作「意」。
〔一二〕或校改作「奏免戲爲庶人」。何焯曰：「伯約於此，不及公琰遠矣。」

戲性雖簡惰省略，未嘗以甘言加人，過情接物。書符指事，希有盈紙。然篤於舊故，居誠存厚。與巴西韓儼、黎韜童幼相親厚，後儼痼疾廢頓，韜無行見捐，戲經紀振卹，恩好如初。又時人謂譙周無當世才，少歸敬者，唯戲重之。嘗稱曰：「吾等後世，終自不如此長兒也。」〔一〕有識以此貴戲。

〔一〕譙周身長八尺，故云。

張表有威儀風觀，始名位與戲齊，後至尚書，督庲降後將軍，先戲沒。祁、汝各早死。

戲同縣後進有李密者，〔一〕字令伯。華陽國志曰：密祖父光，朱提太守。〔二〕父早亡，母何氏，更適人，〔三〕密見養于祖母，治春秋左氏傳，博覽多所通涉，〔四〕機警辨捷。事祖母以孝聞，其侍疾則泣涕側息，日夜不解帶，膳飲湯藥，必自口嘗。本郡禮命不應，州辟從事，〔五〕尚書郎，大將軍主簿，太子洗馬，奉使聘吳。吳主問蜀馬多少，對曰：「官用有餘，人閒自足。」吳主與羣臣汎論道義，謂寧爲人弟。密曰：「願爲人兄矣。」〔六〕吳主曰：「何以爲兄？」密曰：「爲兄供養之日長。」吳主及羣臣皆稱善。〔七〕蜀平後，征西將軍鄧艾聞其名，請爲主簿。及書招，欲與相見，皆不往。以祖母年老，心在色養，〔八〕晉武帝立太子，徵爲太子洗馬，詔書累下，郡縣偪遣，於是密上書曰：〔九〕「臣以險釁，〔一〇〕夙遭閔凶，〔一一〕生孩六月，慈父見背；行年四歲，舅奪母志。祖母劉愍臣孤弱，躬親撫養。臣少多疾病，九歲不行，零丁孤苦，至於成立，既無伯叔，終鮮兄弟，門衰祚薄，〔一二〕晚有兒息。外無朞功强近之親，内無應門五尺之童，煢煢孑立，形影相弔。而劉早嬰疾病，常在牀蓐，臣侍湯藥，未嘗廢離。逮奉聖朝，沐浴清化，前太守臣逵，察臣孝廉；後刺史臣榮，舉臣秀才。臣以供養無主，辭不赴命，詔書特下，拜臣郎中，尋蒙國恩，除臣洗馬。〔一三〕猥以微賤，當侍東宮，非臣隕首，所能上報。〔一四〕臣具表聞，〔一五〕辭不就職，詔書切峻，責臣逋慢，郡縣逼迫，催臣上道，州司臨門，急於星火。臣欲奉詔奔馳，則劉病日篤；苟順私情，〔一六〕則告訴不許。

臣之進退，實爲狼狽。〔一七〕伏惟聖朝，以孝治天下，凡在故老，猶蒙矜愍，〔一八〕況臣孤苦，特爲尤甚。〔一九〕且臣少仕僞朝，歷職郎署，本圖宦達，不矜名節。〔二〇〕今臣亡國賤俘，至微至陋，〔二一〕猥蒙拔擢，寵命優渥，〔二二〕豈敢盤桓，有所希冀？但以劉日薄西山，氣息奄奄，人命危淺，朝不慮夕。〔二三〕臣無祖母，無以至今日；祖母無臣，亦無以終餘年。〔二四〕母孫二人，更相爲命，是以區區不敢廢遠。〔二五〕臣今年四十有四，〔二六〕祖母劉，今年九十有六。是臣盡節於陛下之日長，報養劉之日短也。烏鳥私情，願乞終養。〔二七〕臣之辛苦，非徒蜀之人士及二州牧伯〔二八〕所見明知，皇天后土，實所共鑒。願陛下矜愍愚誠，聽臣微言，〔二九〕庶劉僥倖，保卒餘年。臣生當隕首，死當結草，〔三〇〕臣不勝犬馬怖懼之情！」〔三一〕武帝覽表曰：「密不空有名也。」嘉其誠款，賜奴婢二人，下郡縣，供養其祖母奉膳。及祖母卒，服終，從尚書郎〔三二〕爲河內溫縣令，〔三三〕政化嚴明。中山諸王每過溫縣，必責求供給，溫吏民患之。及密至，中山王過縣，欲求芻茭薪蒸，密牋引「高祖過沛，賓禮老幼，桑梓之供，一無煩擾。伏惟明王，孝思惟則，動識先戒，本國望風，式歌且舞，誅求之碎，所未聞命」。自後諸王過，不敢有煩。隴西王司馬子舒深敬友密，而貴勢之家憚其公直。密去官，爲州大中正，性方直，不曲意勢位。後失荀勖、張華指，左遷漢中太守，諸王多以爲冤。一年去官，年六十四卒。〔三四〕著述理論十篇，安東將軍胡熊與皇甫士安並善之。〔三五〕

〔一〕華陽國志「密」作「宓」。晉書孝友傳：「密一名虔。」文選李注同。梁章鉅曰：「虔字當是虙字之誤。」沈家本曰：「密、宓古通用。本書秦宓，范史作密，此其證也。若密、宓、虙則義不同。書傳虙字有誤作宓者，疑此乃密又誤虙，虙又誤虔字也。」

〔二〕朱提郡見李嚴傳。

〔三〕晉書孝友傳李密傳：「密時年數歲，感戀彌至，烝烝之性，遂以成疾。」

〔四〕晉書密傳：「密師事譙周，周門人方之游、夏。」

〔五〕「事」下疑脱一字。

〔六〕今本常志無「矣」字。

〔七〕晉書密傳：「密少仕蜀爲郎，數使吳，有才辯，吳人稱之。」

〔八〕魏志吕虔傳注：「王祥性至孝，事後母色養無怠。」今本常志此句下有「拒州郡之命，獨獎學立旌授生」二語。

〔九〕宋本「書」作「疏」。

〔一〇〕沈家本曰：「馮本、毛本、官本舋作亹，並誤。晉書、文選作釁，釁、舋同字。」

〔一一〕李善注：「賈逵國語注曰：釁，兆也。左氏傳：楚少宰曰：寡君少遭閔凶。」

〔一二〕李善注：「字書曰：祚，福也。」

〔一三〕李善注：「如淳漢書注曰：凡言除者，除故官就新官也。漢書曰：太子屬官有洗馬，如淳曰：前驅也。」

〔一四〕李善注：「廣雅曰：猥，頓也。漢書：谷永上書王鳳曰：齊客隕首公門，以報恩施。史記曰：孟嘗君相齊，使其舍人魏子收邑，三反而不致。孟嘗君問其故，對曰：有賢，竊假之數年。或毀孟嘗，孟嘗乃奔魏子。所與粟賢者聞之，乃上書言孟嘗不作亂，請身盟，遂自刎宫門，以明孟嘗。」

〔一五〕晉書、文選「具」下有「以」字。

〔一六〕文選「苟」上有「欲」字，晉書「順」作「徇」。

〔一七〕李善注：「孔叢子：孔子曰：吾於狼狽見聖人之志。荀悦漢紀論曰：周勃狼狽失據，塊然囚執。」

〔一八〕晉書「愍」作「卹」，文選作「育」。爾雅曰：「矜，憐也。」

〔一九〕晉書作「阸羸之極」。

〔二〇〕禮記鄭玄注曰：「矜，謂自尊大也。」何焯曰：「此明非有僞託，以解逋慢之責。」葉樹藩曰：「僞朝一語，前人共惜其悖，楊用修引釋藏，謂本作荒朝。其曰僞者，蓋晉人改之入史耳。然張悛求爲諸孫置守冢人表，亦稱僞烈皇帝，則又何說？帝魏寇蜀，昉自陳壽，後儒如司馬温公，且以昭烈於漢世系荒忽，擬之南唐李昪之列，況當時亡國俘臣，體例固應爾邪？」

〔二一〕賈逵國語注曰：「伐人取國曰俘。」

〔二二〕文選「猥」作「過」。毛詩曰：「既優且渥。」

〔二三〕李善注：「揚雄反騷曰：臨汨羅而自隕兮，恐日薄于西山。廣雅曰：奄，困迫也。左傳：趙孟曰：朝不謀夕，何其長也。」

〔二四〕晉書、文選無「亦」字。

〔二五〕文選「敢」作「能」，晉書「廢」作「棄」。

〔二六〕晉書、文選「臣」下有「密」字。

〔二七〕毛詩曰：「蓼莪，孝子不得終養也。」翁方綱曰：「後世乞終養之名，殆始於此。晉書取密此節，列於孝友傳，郝經乃置之高士傳，豈不知其始事漢終事晉，而第以其乞養不出爲高邪？」

〔二八〕文選五臣注：「二州，謂益州、梁州；牧伯，謂榮、逵也。」

〔二九〕宋本「言」作「志」，晉書、文選同。

〔三〇〕左傳：「晉魏顆敗秦師于輔氏，獲杜回，秦之力人也。初，魏武子有嬖妾無子，武子疾，命顆曰：吾死，嫁之。及困，曰：以殉。顆嫁之，曰：疾病則亂，吾從其治也。及輔氏之役，魏顆見老人結草以亢杜回，杜回躓而顛，故獲之。夜夢之曰：余乃所嫁婦人之父也。」

〔三一〕文選此句下有「謹拜表以聞」五字。

〔三二〕今本常志「從」作「徙」。

〔三三〕温縣今河南懷慶府温縣西南三十里，見魏志司馬芝傳。晉書李密傳：「後劉終服闋，復以洗馬徵至洛。司空張華問之曰：『安樂公何如？』密曰：『可次齊桓。』華問其故，對曰：『齊桓得管仲而霸，用豎刁而蟲流；安樂公得諸葛亮而抗魏，任黄皓而喪國，是知成敗一也。』（次問孔明事，密答語見諸葛亮傳注。）華善之，出爲温令。」

〔三四〕晉書密傳：「密有才能，常望内轉，而朝廷無援，乃遷漢中太守。自以失分懷怨，及賜餞東堂，詔密令賦詩，末章曰：『人亦有言，有因有緣，官無中人，不如歸田。明明在上，斯語豈然？』武帝忿之，於是都官從事奏免密官，後卒於家。」

〔三五〕胡熊一作胡羆，詳見魏志胡質傳注引晉陽秋。皇甫謐字士安，詳見魏志武紀建安十三年注引皇甫謐逸士傳。今本常志云：「密著述理論，論中和仁義、儒學道化之事，凡十篇。又與士安論夷、齊及司馬文中、杜超宗、郗令先、文廣休等，議論往返，言經訓詁，衆人服其理趣。釋河内趙子聲讖詩賦之屬二十餘篇。壽良、李驤與陳承祚相長短，宓公議其得失，而切責之。常言：吾獨立於世，顧景爲疇，而不懼者，心無彼此於人故也。宓六子，皆英挺秀逸，號曰六龍。長子賜，字宗碩，州別駕，舉秀才，汶山太守。少與東海王司馬元超友昵，每書詩往返，雅有新聲。少子興，字雋碩，太傅參軍。幼子盛□碩寧浦太守。」晉書密傳：「密二子，賜、興。賜字宗石，少能屬文，嘗爲玄鳥賦，詞甚美。州辟別駕，舉秀才，未行而終。」李興事見諸葛亮傳注引蜀記。

戲以延熙四年著季漢輔臣贊，〔一〕其所頌述，今多載于蜀書，是以記之于左。〔二〕自此之後，卒者則不追謚，〔三〕故或有應見稱紀而不在乎篇者也。其戲之所贊而今不作傳者，余皆注疏本末於其辭下。〔四〕可以粗知其髣髴云爾。〔五〕

〔一〕既贊昭烈，不應曰「輔臣」，「輔」字疑爲「君」字之誤。且篇末尚有叛臣，不盡爲輔臣也。

〔二〕何焯曰：「承祚身入晉室，奉命修史，彼自謂三禪相承，同符舜、禹，不得不以魏爲正。乃于蜀書之末，記文然之贊，假託網羅散軼，陰著中漢、季漢皇統，斯在躋蜀于曹氏之上，大書贊昭烈皇帝，則己之所述曰先主傳者，明其遜詞，實以文然所贊，代己序傳也。」

〔三〕錢大昕曰：「追謚，猶言追美也。蔣公琰、費文偉、鄧伯苗、宗德豔、馬德信、王子均、張伯岐之屬，皆卒于延熙四年以後，故不著於贊。」沈家本曰：「白虎通：謚之爲言引也。此云追謚，猶言追引耳。訓謚爲美，書傳未見。」

〔四〕何焯曰：「注中凡引他書者，皆裴注。卷末所採益部耆舊雜記載王嗣、常播、衛繼三人亦然。」潘眉曰：「輔臣贊注，陳壽作。其王元泰、習文祥注引襄陽記，李永南、李偉南注引華陽國志，李孫德、李偉南注引益部耆舊記，張文進注引蜀記，皆裴松之注。」

〔五〕宋、元本皆與下文接連，馮本、毛本另提行。

昔文王歌德，武王歌興，夫命世之主，樹身行道，非唯一時，亦由開基植緒，光于來世者也。自我中漢之末，王綱棄柄，雄豪並起，役殷難結，生人塗地。於是世主感而慮之，〔一〕初自燕、代則仁聲洽著，行自齊、魯則英風播流，寄業荆、郢則臣主歸心，顧援吴、越則賢愚賴風，奮威巴、蜀則萬里肅震，厲師庸、漢則元寇斂迹，故能承高祖之始兆，復皇漢之宗祀也。然而姦凶懟險，天征未加，猶孟津之翔師，〔二〕復須戰于鳴條也。〔三〕天禄有終，奄忽不豫。雖攝歸一統，萬國合從者，當時儁乂扶攜翼戴，明德之所懷致也，蓋濟濟有可觀焉。遂乃並述休風，動于後聽。其辭曰：

〔一〕朱邦衡曰：「世主二字，疑本作先帝，而晉人追改也。」

〔二〕史記周本紀：「諸侯不期而會孟津者，八百諸侯。諸侯皆曰：紂可伐矣。武王曰：女未知天命，未可也。乃還師。」

〔三〕史記殷本紀：「桀敗於有娀之虛，桀犇於鳴條，夏師敗績。」括地志云：「高涯原在蒲州安邑縣北三十里南坂口，即古鳴條陌也。鳴條戰地，在安邑西。」

皇帝遺植，爰滋八方，別自中山，靈精是鍾，順期挺生，傑起龍驤。始于燕、代，伯豫君荊，吳、越憑賴，望風請盟；挾巴跨蜀，庸漢以并。乾坤復秩，宗祀惟寧，躡基履迹，播德芳聲。華夏思美，西伯其音；開慶來世，歷載攸興。

贊昭烈皇帝

忠武英高，獻策江濱，攀吳連蜀，權我世真。受遺阿衡，整武齊文，敷陳德教，理物移風。賢愚競心，僉忘其身。誕靜邦內，四裔以綏；屢臨敵庭，實耀其威；研精大國，恨於未夷！

贊諸葛丞相

司徒清風，是咨是臧，識愛人倫，孔音鏘鏘。

贊許司徒

關、張赳赳，出身匡世，扶翼攜上，雄壯虎烈。藩屏左右，翻飛電發，濟于艱難，贊主洪業；侔迹韓、耿，齊聲雙德。交待無禮，並致姦慝，悼惟輕慮，隕身匡國。

贊關雲長、張益德

驃騎奮起，連横合從，首事三秦，保據河、潼。宗計於朝，或異或同，敵以乘釁，家破軍亡，乖道反德，託鳳攀龍。

贊馬孟起

翼侯良謀，料世興衰，委質于主，是訓是諮，暫思經算，覩事知機。

贊法孝直

軍師美至，雅氣曄曄，致命明主，忠情發臆，惟此義宗，亡身報德。

贊龐士元

將軍敦壯，摧鋒登難，立功立事，于時之幹。　贊黃漢升

掌軍清節，亢然恆常，讜言惟司，民思其綱。　贊董幼宰

安遠彊志，允休允烈，輕財果壯，當難不惑；以少禦多，殊方保業。　贊鄧孔山

孔山名方，南郡人也。〔一〕以荊州從事隨先主入蜀，蜀既定，爲犍爲屬國都尉。〔二〕因易郡名，爲朱提太守，〔三〕選爲安遠將軍、〔四〕庲降都督，〔五〕住南昌縣。〔六〕章武二年卒，失其行事，故不爲傳。〔七〕

〔一〕此爲陳壽自注。沈家本曰：「官本改此注爲中字單行，殆以其爲承祚語也。然此贊中如所引襄陽記、華陽國志等，皆裴注，乃一律改爲中字單行，殊與全書體例不合。」

〔二〕監本「屬」作「蜀」，誤。

〔三〕朱提郡見李嚴傳。

〔四〕宋本「選」作「遷」，是。

〔五〕庲降都督見霍峻傳。

〔六〕南昌見霍峻傳。錢大昕曰：「南昌不見於兩漢志，華陽國志朱提郡有南昌縣，故都督治有鄧安遠城。此縣蓋先主所置矣。宋書州郡志：南秦縣本名南昌，晉太康元年更名。據常璩書，朱提屬縣五，有南昌，又有南秦。據蜀人所言，當不誤，宋志未可信也。」

〔七〕劉咸炘曰：「洪云：凡志無傳而有贊者，皆以失其行事爲詞。案：吴壹位則大將，誼兼外戚，又注其姓氏官階，本末無不備具。若列作大字，不減於孫乾、伊籍等傳，有何遺缺，而言失其行事乎？承祚於蜀志簡最甚，即此一端可知。按：徒有姓氏官階，便可立傳，乃後史之陋，古無是也。孫、伊之傳，已爲濫矣。」

揚威才幹，〔一〕欷歔文武，當官理任，衎衎辯舉，圖殖財施，有義有敘。　贊費賓伯

〔一〕錢大昕曰：「按注費觀爲振威將軍，二文當有一誤。」

賓伯名觀，江夏鄳人也。〔一〕劉璋母，觀之族姑，璋又以女妻觀。觀，建安十八年參李嚴軍，拒先主於緜竹，與嚴俱降。先主既定益州，拜爲裨將軍，後爲巴郡太守、江州都督。建興元年，封都亭侯，加振威將軍。觀爲人善於交接，都護李嚴性自矜高，護軍輔匡等年位與嚴相次，而嚴不與親褻。觀年少嚴二十餘歲，而與嚴通狎如時輩云。年三十七卒，失其行事，故不爲傳。〔二〕

〔一〕鄳見費禕傳。

〔二〕或曰：「賓伯蓋文偉之羣從，於正方又故主之壻，安得不如時輩也。」

屯騎主舊，固節不移，既就初命，盡心世規，軍資所恃，是辨是裨。　贊王文儀

尚書清尚，敕行整身，抗志存義，味覽典文，倚其高風，好侔古人。　贊劉子初

安漢雍容，或婚或賓，〔一〕見禮當時，是謂循臣。　贊麋子仲

〔一〕馮本「婚」作「昏」。

少府脩慎，鴻臚明真，諫議隱行，儒林天文，宣班大化，或首或林。　贊王元泰、何彥英、杜輔國、〔一〕周仲宣〔二〕

王元泰名謀，漢嘉人也。〔三〕有容止操行。劉璋時，爲巴郡太守，還爲州治中從事。先主定益州，領牧，以爲別駕。先主爲漢中王，用荊楚宿士零陵賴恭爲太常，〔四〕南陽王柱爲光禄勳，〔五〕謀爲少府。〔六〕建興初，賜爵關内侯，後代賴恭爲太常。恭、柱、謀皆失其行事，故不爲傳。恭子厷，爲丞相西曹令史，隨諸葛亮於漢中，早夭，亮甚惜之，與留府長史參軍張裔、蔣琬書曰：「令史失賴厷，掾屬喪楊顒，爲朝中損益多矣。」顒亦荊州人也。後大將軍蔣琬問張休曰：「漢嘉前輩有王元泰，今誰繼者？」休對曰：「至於元泰，州里無繼，況鄙郡乎！」其見重如此。〔七〕

襄陽記曰：〔八〕楊顒字子昭，楊儀宗人也。入蜀爲巴郡太守、丞相諸葛亮主簿。亮嘗自校簿書，顒直入諫曰：「爲治有體，上下不可相侵，請爲明公以作家譬之：今有人使奴執耕稼，婢典炊爨，雞主司晨，犬主吠盜，牛負重載，馬涉遠路，私業無曠，所求皆足，雍容高枕，飲食而已。忽一旦盡欲以身親其役，不復付任，勞其體力，爲此碎務，形疲神困，終無一成，豈其智之不如奴婢雞犬哉？〔九〕失爲家主之法也。是故古人稱坐而論道，謂之王公，〔一〇〕作而行之謂之士大夫。〔一一〕故邴吉不問横道死人，而憂牛喘；〔一二〕陳平不肯知錢穀之數，云自有主者。彼誠達於位分之體也。今明公爲治，乃躬自校簿書，流汗竟日，不亦勞乎！」亮謝之。後爲東曹屬，典選舉。顒死，亮垂泣三日。〔一三〕

何彦英名宗，蜀郡郫人也。〔一四〕事廣漢任安，〔一五〕學精究安術，與杜瓊同師，而名問過之。劉璋時爲犍爲太守。先主定益州，領牧，辟爲從事祭酒。後援引圖、讖，勸先主即尊號。踐阼之後，遷爲大鴻臚。建興中卒。失其行事，故不爲傳。子雙，字漢偶。滑稽談笑，有淳于髡、東方朔之風，爲雙柏長。〔一六〕早卒。

〔一〕本傳作「國輔」。

〔二〕本傳作「仲直」。

〔三〕王元泰見杜微傳，漢嘉郡見先主傳章武二年。

〔四〕劉表遣賴恭代張津爲刺史，吴巨逐恭，恭還零陵，見吴志士燮傳。

〔五〕宋本「王」作「黄」。

〔六〕王謀、賴恭，列名勸進，見先主傳。

〔七〕劉咸炘曰：「此等事瑣，故承祚不立傳。然其立傳者，亦仍有瑣語也。」弼按：諸葛之惜楊顒，通鑑亦採録之，不得謂爲瑣事也。劉説多偏。

〔八〕凡引他書者，皆裴注，識者能辨，不必以中字、小字别異之也。

〔九〕宋本「犬」作「狗」，通鑑同。

〔一〇〕何焯校改「王」作「三」。

〔一一〕胡三省曰：「周官考工記之言。」

〔一二〕胡三省曰：「丙吉相漢宣帝，嘗出逢清道，羣鬭者死傷横道，吉過之，不問。前行，逢人逐牛，牛喘吐舌，吉使騎吏問：逐牛行幾里矣。掾史謂丞相前後失問。吉曰：民鬭相殺傷，長安令、京兆尹職也。方春少陽用事，未可大熱，恐牛近行，用暑故喘，此時氣失節，有所傷害。三公調和陰陽，職當憂，是以問之。掾史乃服，以吉知大體。」

〔一三〕通鑑輯覽曰：「楊顒之言，似是而非。蓋當時主少國疑之日，非亮躬親整頓，國事何賴？觀其發教所稱，集思廣益，足見其忠赤矣。不知此，又何足與言鞠躬盡瘁之義？」弼按：楊顒之言，真識治體，宜其死後，諸葛垂泣三日。輯覽所論，實似是而非矣。

〔一四〕郫見楊洪傳。

〔一五〕任安事見秦宓傳注。

〔一六〕郡國志：「益州郡雙柏，出銀。」王先謙曰：「三國蜀改屬建寧郡。汪士鐸云：故縣今雲南雲南府昆陽州西北。」

車騎高勁，惟其泛愛，以弱制彊，不陷危墜。　贊吴子遠

子遠名壹，陳留人也。隨劉焉入蜀。劉璋時，爲中郎將，將兵拒先主於涪，詣降。先主定益州，以壹爲護軍、討逆將軍，納壹妹爲夫人。〔一〕章武元年，爲關中都督。〔二〕建興八年，與魏延入南安界，破魏將費瑶，徙亭侯，〔三〕進封高陽鄉侯，遷左將軍。十二年，丞相亮卒，以壹督漢中，車騎將軍，假節，領雍州刺史，進封濟陽侯。十五年卒，失其行事，故不爲傳。壹族弟班，字元雄，大將軍何進官屬吴匡之子也。〔四〕以豪俠稱，官位常與壹相亞。先主時，爲領軍。後主世，稍遷至驃騎將軍，假節，封緜竹侯。

〔一〕見二主妃子傳。

〔二〕「關」疑作「閬」。

〔三〕何焯曰：「壹前未有封，而云徙亭侯，於事爲疑。」趙一清曰：「何説非也。郡國志，蜀郡屬國有徙縣。顧祖禹曰：徙陽廢縣，在雅州南。徙，音斯。漢元鼎中，始置縣，屬蜀郡，即斯榆地也。吴壹蓋初封於徙。」梁章鉅曰：「即據此説，徙上亦必有脱文。」劉家立曰：「徙字或爲從字之訛。」

〔四〕吴匡事見魏志董卓傳注引英雄記。

安漢宰南，奮擊舊鄉，翦除蕪穢，惟刑以張；廣遷蠻、濮，國用用强。　贊李德昂

輔漢惟聰，既機且惠，因言遠思，切問近對；贊時休美，和我業世。　贊張君嗣

鎮北敏思，籌畫有方，導師禳穢，遂事成章。偏任東隅，末命不祥，〔一〕哀悲本志，放流殊疆。

贊黃公衡

〔一〕馮本「末」作「永」。

越騎惟忠，厲志自祗，職于内外，念公忘私。　贊楊季休

征南厚重，征西忠克，統時選士，猛將之烈。　贊趙子龍、陳叔至

叔至名到，汝南人也。自豫州隨先主，名位常亞趙雲，俱以忠勇稱。建興初，官至永安都督、征西將軍，封亭侯。

鎮南粗强，監軍尚篤，並豫戎任，任自封裔。　贊輔元弼、劉南和

輔元弼名匡，襄陽人也。隨先主入蜀。益州既定，爲巴郡太守。〔一〕建興中，徙鎮南，爲右將軍，封中鄉侯。

劉南和名邕，義陽人也。〔二〕隨先主入蜀。益州既定，爲江陽太守。〔三〕建興中，稍遷至監軍、後將軍，賜爵關内侯，卒。子式嗣。少子武，有文，與樊建齊名，〔四〕官亦至尚書。

司農性才，敷述允章，藻麗辭理，斐斐有光。　贊秦子勑

正方受遺，豫聞後綱，不陳不僉，造此異端，斥逐當時，任業以喪。贊李正方

文長剛粗，臨難受命，折衝外禦，鎮保國境。不協不和，忘節言亂，疾終惜始，實惟厥性。贊魏文長

威公狷狹，取異衆人，閑則及理，逼則傷侵，舍順入凶，大易之云。贊楊威公

〔一〕錢大昕曰：「巴郡當作巴東。華陽國志：章武元年，南郡輔匡爲巴東太守。」

〔二〕劉邕見蔣琬傳。

〔三〕江陽郡見先主傳建安十六年。

〔四〕樊建見諸葛亮傳。

季常良實，文經勤類，士元言規，處仁聞計。孔休、文祥，或才或臧，播播述志，楚之蘭芳。贊馬季常、衛文經、韓士元、張處仁、殷孔休、習文祥

文經、士元皆失其名實、行事、郡縣。處仁本名存，南陽人也。以荊州從事隨先主入蜀，南攻至雒，〔一〕以爲廣漢太守。存素不服龐統，統中矢卒，先主發言嘉歎。存曰：「統雖盡忠可惜，然違大雅之義。」先主怒曰：「統殺身成仁，更爲非也？」〔二〕免存官。頃之，病卒。失其行事，故不爲傳。

孔休名觀，爲荊州主簿、別駕從事，見先主傳。失其郡縣。文祥名禎，襄陽人也。隨先主入蜀，歷雒、郫令，南廣漢太守。〔三〕失其行事。子忠，官至尚書郎。

襄陽記曰：習禎有風流，善談論，名亞龐統，而在馬良之右。子忠，亦有名。忠子隆，爲步兵校尉，掌校祕書。

〔一〕宋本「攻」作「次」。

〔二〕也，當作邪。

〔三〕錢大昕曰：「蜀有南廣郡，延熙中置，無南廣漢郡。」潘眉曰：「南廣漢，誤。廣漢本漢郡，後主延熙中，分四縣置東廣漢郡，則南廣漢當是東廣漢。又漢犍爲郡有南廣縣，後主延熙中，即南廣縣置南廣郡，則南廣漢當作南廣，衍漢字，或漢字乃郡字之誤。」謝鍾英曰：「按水經注，南廣郡，後主延熙中置，先主時無之。承祚注衍南字耳，錢氏說非。」

國山休風，永南耽思，盛衡、承伯，言藏言時；孫德果鋭，偉南篤常；德緒、義彊，志壯氣剛。濟濟修志，蜀之芬香。贊王國山、李永南、馬盛衡、馬承伯、李孫德、李偉南、龔德緒、王義彊

國山名甫，廣漢郪人也。〔一〕好人流言議。〔二〕劉璋時爲州書佐。先主定蜀後爲緜竹令，還爲荆州議曹從事。隨先主征吳，軍敗於秭歸，遇害。子祐，有父風，官至尚書右選郎。

永南名邵，廣漢郪人也。先主定蜀後爲州書佐部從事。建興元年，丞相亮辟爲西曹掾。〔三〕亮南征，留邵爲治中從事。是歲，卒。

華陽國志曰：邵兄邈，字漢南。劉璋時爲牛鞞長。〔四〕先主領牧，爲從事。正旦命行酒，得進見，讓先主曰：「振威以將軍宗室肺腑，〔五〕委以討賊，元功未效，先寇而滅。邈以將軍之取鄙州，甚爲不宜也！」先主曰：「知其不宜，何以不助之？」邈曰：「匪不敢也，力不足耳。」有司將殺之，諸葛亮爲請得免。久

之，爲犍爲太守、丞相參軍、安漢將軍。建興六年，亮西征，馬謖在前敗績，亮將殺之。邈諫以「秦赦孟明，用伯西戎，楚誅子玉，二世不競。」失亮意，還蜀。十二年，亮卒，後主素服發哀三日。邈上疏曰：「呂祿、霍禹，未必懷反叛之心，〔六〕孝宣不好爲殺臣之君，直以臣懼其偪，主畏其威，故姦萌生。亮身杖强兵，狼顧虎視，五大不在邊，臣常危之。今亮殞没，蓋宗族得全，西戎静息，大小爲慶。」後主怒，下獄誅之。〔七〕

盛衡名勳，承伯名齊，皆巴西閬中人也。〔八〕勳，劉璋時爲州書佐。先主定蜀，辟爲左將軍屬，後轉州别駕從事，卒。齊爲太守張飛功曹，飛貢之先主，爲尚書郎。建興中，從事丞相掾，遷廣漢太守，復爲飛參軍。〔九〕亮卒，爲尚書。勳、齊皆以才幹自顯見，〔一〇〕歸信于州黨，不如姚伷。〔一一〕伷字子緒，亦閬中人。〔一二〕先主定益州後爲功曹書佐。〔一三〕建興元年，爲廣漢太守。丞相亮北駐漢中，辟爲掾。〔一四〕並進文武之士，亮稱曰：「忠益者，莫大於進人，進人者，各務其所尚。今姚掾各存剛柔，〔一五〕以廣文武之用，可謂博雅矣。願諸掾各希此事，以屬其望。」〔一六〕遷爲參軍。亮卒，稍遷爲尚書僕射，時人服其真誠篤粹。延熙五年，卒。在作贊之後。

孫德名福，梓潼涪人也。〔一七〕先主定益州後爲書佐、西充國長、〔一八〕成都令。建興元年，徙巴西太守，〔一九〕爲江州督、揚威將軍，入爲尚書僕射，封平陽亭侯。延熙初，大將軍蔣琬出征漢中，福以前監軍領司馬，卒。

益部耆舊雜記曰：諸葛亮於武功病篤，後主遣福省侍，遂因諮以國家大計。福往具宣聖旨，聽亮所言。

至別去數日，忽馳思未盡其意，遂卻馳騎還見亮。亮語福曰：「孤知君還意。近日言語，雖彌日有所不盡，更來一決耳。〔二〇〕君所問者，公琰其宜也。」福謝「前實失不諮請公。如公百年後，誰可任大事者，故輒還耳。乞復請，蔣琬之後，誰可任者？」亮曰：「文偉可以繼之。」又復問其次，亮不答。〔二一〕福還，奉使稱旨。〔二二〕福爲人精識果鋭，敏於從政。子驤，字叔龍，亦有名。官至尚書郎、廣漢太守。

偉南名朝，永南兄。郡功曹，舉孝廉，臨邛令，入爲別駕從事。隨先主東征吴，章武二年，卒於永安。

益部耆舊雜記曰：朝又有一弟，早亡，各有才望，時人號之李氏三龍。

華陽國志曰：羣下上先主爲漢中王，其文，朝所造也。〔二三〕

臣松之按：耆舊所記，以朝、邵及早亡者爲三龍，邈之狂直，不得在其數。

德緒名祿，巴西安漢人也。〔二四〕先主定益州，爲郡從事牙門將。建興三年，爲越巂太守，隨丞相亮南征，爲蠻夷所害，時年三十一。弟衡，景耀中爲領軍。義彊名士，廣漢郪人，國山從兄也。從先主入蜀，後舉孝廉，〔二五〕爲符節長，〔二六〕遷牙門將，出爲宕渠太守，〔二七〕徙在犍爲。會丞相亮南征，轉爲益州太守，將南行，爲蠻夷所害。

〔一〕郪縣今四川潼川府三臺縣南，見鍾會傳。

〔二〕或曰：「人流，猶人倫；意謂流敘人物也。」

〔三〕李慈銘曰：「下文偉南名朝，永南兄。而華陽國志云：別駕從事李朝，字永南，郪人。丞相西曹。李邵，字偉南，朝弟。永南、偉南彼此互易。然李邵之名，則無可疑，廖立傳作李郃，明是字誤。」

〔四〕牛鞞見董和傳。

〔五〕振威，謂劉璋也。

〔六〕毛本「反」作「及」，誤。

〔七〕周壽昌曰：「五丈原頭，大星夜隕，至今千載下，猶有餘恫。廖元儉、李正方俱爲武侯貶退，侯死，皆痛泣而卒。李邈何人，敢爲此疏，直是全無心肝，使非後主之明斷，則讒慝生心，乘閒搆釁，恐唐魏元成仆碑之慼，明張太岳籍没之慘，不待死肉寒而君心早變矣。見疏生怒，立正刑誅，君子謂後主之賢。於是乎不可及。」或曰：「以諸葛之忠純，尚有以此言進者。」

〔八〕閬中見黄權傳。

〔九〕沈家本曰：「馬勳先爲張飛功曹，建興中飛早卒，此云復爲飛參軍，飛字必誤，或是亮字。」

〔一〇〕自此句以下，疑爲裴注之文，末語在作贊之後可證。

〔一一〕伷，音胄。

〔一二〕姚伷見張嶷傳。

〔一三〕梁玉繩曰：「後，一本作復，恐並譌，當作伷。」沈家本曰：「此傳定蜀後定益州後之文，前後屢見，後字不誤。」

〔一四〕丞相掾也。

〔一五〕宋本「各」作「並」，通鑑同。

〔一六〕胡三省曰：「希，慕也。鄭氏周禮注：屬，合也。」

〔一七〕李福父權，爲劉焉所殺，見焉傳及注。

〔一八〕西充國見譙周傳。

〔一九〕由令爲守，是遷也，「徙」字誤。

〔二〇〕宋本、馮本「一」作「亦」，誤。册府「來」作「求」，通鑑作「更來求決耳」。

〔二一〕胡三省曰：「費禕字文偉。亮不答繼禕之人，非高帝此後亦非乃所知之意，蓋亦見蜀之人士，無足以繼禕者矣。嗚呼！」或曰：「公琰傳言密表後主者是也。以公之謹慎，無口相傳之理。」林國贊曰：「亮平生狹楊儀，器蔣琬，已密表後主，決於身後用琬，具見儀、琬本傳。」

〔二二〕通鑑輯覽曰：「聞病篤而使人諮大計，所謂大計，孰有重於此者？福豈宜忘？且福即不問，亮亦自當及之，何待別去復還邪？此陳壽所以不入正史，特附見於楊戲讚中也。」

〔二三〕能爲此文，不負三龍之譽。

〔二四〕龔祿見張嶷傳，安漢見王平傳。

〔二五〕或曰：「士爲郪人，前此未聞相從也。從字衍。」

〔二六〕（邵）〔郡〕國志：「犍爲郡荷節。」錢大昕曰：「前志有符無荷節，疑荷乃符之譌，而衍一節字也。水經，江水東過符縣，注引符有先絡，僰道有張帛，是後漢亦名符縣矣。或謂東京改名符節，晉時復爲符者，非也。」王先謙曰：「前漢縣作符，三國蜀作符節，改屬江陽郡，見常志。洪志作符，吴表作符節。謝云，輿地廣記東漢符節，晉始曰符，洪氏從晉志作符，非。按：常志、水經皆作符縣，據蜀志作符節，今從之。晉志作符，屬江陽郡。一統志：故縣今瀘州合江縣西。」

〔二七〕宕渠見先主傳建安二十年。

休元輕寇，損時致害；文進奮身，同此顛沛。患生一人，至于弘大。贊馮休元、張文進

休元名習，南郡人。隨先主入蜀。先主東征吴，習爲領軍，統諸軍，大敗于猇亭。〔一〕

文進名南，亦自荆州隨先主入蜀。領兵從先主征吴，與習俱死。時又有義陽傅肜，〔二〕先主退軍，斷後拒戰，兵人死盡。〔三〕吴將語肜令降，肜罵曰：「吴狗！何有漢將軍降者！」遂戰死。拜子僉爲左中郎，後爲關中都督。景耀六年，又臨危授命。〔四〕論者嘉其父子，奕世忠義。〔五〕

蜀記載晉武帝詔曰：「蜀將軍傅僉，前在關城，身拒官軍，致死不顧。僉父肜，復爲劉備戰亡。天下之善，一也；豈由彼此以爲異！」僉息著募，後没入奚官，〔六〕免爲庶人。

〔一〕猇亭，見先主傳章武二年。

〔二〕義陽郡詳見魏志明紀景初元年。胡三省曰：「魏文帝分南陽郡立義陽郡，又立義陽縣屬焉。此在肜入蜀之後，史追書也。」

〔三〕通鑑「人」作「衆」。

〔四〕傳僉死事，見姜維傳。

〔五〕傳氏父子，何以不爲立傳？

〔六〕周禮天官序官「奚三百人」，鄭注云：「古者從坐，男女没入縣官爲奴，其少才知以爲奚，今之侍史官婢。」胡三省曰：「息，子也。著與募，二子之名也。少府有奚官令，凡男女没入者屬焉。魏以來鄴都又有奚官督。」

江陽剛烈，立節明君，兵合遇寇，不屈其身；單夫隻役，隕命于軍。　贊程季然

季然名畿，巴西閬中人也。〔一〕劉璋時爲漢昌長。〔二〕縣有賨人，〔三〕種類剛猛，昔高祖以定關中。巴西太守龐羲，以天下擾亂，郡宜有武衞，頗招合部曲。有讒於璋，説羲欲叛者，璋陰

疑之。義聞，甚懼，將謀自守，遣纖子郁宣旨，〔四〕索兵自助。纖報曰：「郡合部曲，本不爲叛，〔五〕雖有交搆，〔六〕要在盡誠。若必以懼，遂懷異志，非纖之所聞。」並敕郁曰：「我受州恩，當爲州牧盡節；汝爲郡吏，當爲太守效力。〔七〕不得以吾故有異志也。」義使人告纖曰：「爾子在郡，不從太守，家將及禍。」纖曰：「昔樂羊爲將，飲子之羹，非父子無恩，大義然也。今雖復羹子，吾必飲之！」〔八〕義知纖必不爲己，厚陳謝於璋，以致無咎。璋聞之，遷纖江陽太守。〔九〕先主領益州牧，辟爲從事祭酒。〔一〇〕後隨先主征吳，遇大軍敗績，泝江而還。或告之曰：「後追已至，解船輕去，〔一一〕乃可以免。」纖曰：「吾在軍，未曾爲敵走；〔一二〕況從天子，而見危哉！」追人逐及纖船，〔一三〕纖身執戟戰，敵船有覆者。衆大至，共擊之，乃死。

〔一〕閬中見黃權傳。
〔二〕漢昌見馬忠傳。
〔三〕夷人歲入賨錢，口四十，謂之賨民。
〔四〕常志作「郁」，通鑑作「祁」。趙一清曰：「下云公弘名祁，季然之子；此云郁，當別一子也。」
〔五〕通鑑「叛」作「亂」。
〔六〕常志作「縱有讒諛」。
〔七〕胡三省曰：「謂父子當各盡節於所事也。」
〔八〕通鑑作「今雖羹祁以賜纖，纖啜之矣」。

〔九〕江陽見先主傳建安十七年。胡三省曰：「劉璋分犍爲爲江陽郡。」宋白曰：「瀘州之瀘川江安縣本江陽地。」

〔一〇〕胡三省曰：「從事祭酒，諸從事之長也。」

〔一一〕常志作「後追以至，宜解舫輕行」。胡三省曰：「方舟曰舫，又並兩舟曰舫。」

〔一二〕常志「曾」作「習」，「敵」下有「之」字，通鑑同。胡三省曰：「言擐甲執兵以臨敵，固欲就死，未嘗習走也。」

〔一三〕宋本「逐」作「遂」。

贊程公弘

公弘後生，卓爾奇精，夭命二十，悼恨未呈。

公弘名祁，〔一〕季然之子也。

〔一〕宋、元本、吴本、毛本無「公」字，誤。馮本此行頂格，亦誤。

古之奔臣，禮有來偪，怨興司官，〔一〕不顧大德。靡有匡救，倍成奔北，自絶于人，作笑二國。

贊麋芳、士仁、郝普、潘濬〔二〕

麋芳字子方，東海人也。〔三〕爲南郡太守。士仁〔四〕字君義，廣陽人也。〔五〕爲將軍，住公安，統屬關羽。與羽有隙，叛迎孫權。〔六〕郝普字子太，義陽人。〔七〕先主自荆州入蜀，以普爲零陵太守，爲吴將吕蒙所譎，開城詣蒙。〔八〕潘濬字承明，武陵人也。先主入蜀，以爲荆州治中，典留州事。亦與關羽不穆，孫權襲羽，遂入吴。普至廷尉，〔九〕濬至太常，封侯。〔一〇〕

益部耆舊雜記〔一一〕載王嗣、常播、衛繼三人，皆劉氏王蜀時人，故録于篇。〔一二〕

王嗣字承宗，犍爲資中人也。〔一三〕其先，延熙世以功德顯著。舉孝廉，〔一四〕稍遷西安圍督、〔一五〕汶山太守，〔一六〕加安遠將軍。綏集羌、胡，咸悉歸服；諸種素桀惡者皆來首降。嗣待以恩信，時北境得以寧靜。大將軍姜維每出北征，羌、胡出馬、牛、羊、氈毦及義穀裨軍糧，國賴其資。遷鎮軍，故領郡。後從維北征，爲流矢所傷，數月卒。戎夷會葬，贈送數千人，號呼涕泣。嗣爲人美厚篤至，衆所愛信。嗣子及孫，羌、胡見之如骨肉，或結兄弟，恩至於此。

常播字文平，蜀郡江源人也。〔一七〕播仕縣主簿功曹。縣長廣都朱游，〔一八〕建興十五年中被上官誣劾，以逋没官穀，當論重罪。播詣獄訟爭，身受數千杖，肌膚刻爛，毒痛慘至。更歷三獄，幽閉二年有餘。每將考掠，吏先驗問，播不答，言「但急行罰，無所多問！」辭終不撓，事遂分明，長免刑戮。時唯主簿楊玩，亦證明其事，與播辭同。衆咸嘉播忘身爲君，節義抗烈，舉孝廉，除郪長。〔一九〕年五十餘，卒。書於舊德傳，後縣令潁川趙敦圖其像，贊頌之。

衞繼字子業，漢嘉嚴道人也。〔二〇〕兄弟五人。繼父爲縣功曹。繼爲兒時，與兄弟隨父游戲庭寺中，縣長蜀郡成都張君無子，數命功曹呼其子省弄，甚憐愛之。張因言宴之閒，語功曹欲乞繼，功曹即許之，遂養爲子。繼敏達夙成，學識通博，進仕州郡，歷職清顯。而其餘兄弟四人，各無堪當世者。父恆言己之將衰，張明府將盛也。時法禁以異姓爲後，故復爲衞氏。屢遷拜奉車都尉、大尚書，〔二一〕忠篤信厚，爲衆所敬。鍾會之亂，遇害成都。

〔一〕司，疑作同。

〔二〕宋、元本、吴本、毛本無「贊」字。何焯曰：「四子叛臣，故獨書名。」弼按：諸葛丞相、許司徒書官不書字，亦與衆異。

〔三〕芳，東海朐人，麋竺之弟，見竺傳。

〔四〕關羽傳作「傅士仁」，衍「傅」字。

〔五〕廣陽屬幽州。

〔六〕麋芳、士仁事均見呂蒙傳注引吴書及孫權傳建安二十四年。麋芳又見孫權傳黄武二年。

〔七〕義陽見前傅肜傳。

〔八〕郝普事見孫權傳建安十九年，又見呂蒙傳。

〔九〕普事又見吴志胡綜傳及注。

〔一〇〕濬，吴志有傳。何焯曰：「傷天下三分，不歸一統，始於荆州失、關侯敗，故以三叛人終之。並及郝普者，呂蒙襲奪南三郡，荆、吴之釁所由成也。略孟達而專言此，意有所寓矣。先之以馮、張、程者，恨其不能報吴，先主由此崩殂也；係之以季然、公弘，有良子而夭；若後主之壽考，昭烈不得謂之有子也。」

〔一一〕宋、元本、馮本，益部標目頂格。

〔一二〕何焯曰：「益部以下，疑皆裴注。」潘眉曰：「三人皆裴松之引附，非陳承祚本書。毛本凡裴注皆小字，而此獨用大字，蓋誤以爲陳志也。」錢大昕曰：「輔臣贊有贊無傳者，附注爵於下注，亦承祚本文也。贊最後益部耆舊二十六字，及下王嗣、常播、衛繼三傳，皆裴松之注，今刊本皆升作大字，讀者亦認爲承祚正文，則大誤矣。承祚作益部耆舊傳，見于晉書本傳及隋經籍志，若雜記則隋志無之。或云陳術撰，亦必晉人，不應承祚遽引其書。蓋裴氏于李孫德、李偉南二人注下既各引雜記以補本注之闕，而王嗣等三人姓名，不見於承祚書，故附録以傳異聞，此亦裴注